Theodor von Kolde

Die deutsche Augustiner-Congregation und Johann von Staupitz

Ein Beitrag zur Ordens- und Reformationsgeschichte nach meistens ungedruckten Quellen

Theodor von Kolde

Die deutsche Augustiner-Congregation und Johann von Staupitz
Ein Beitrag zur Ordens- und Reformationsgeschichte nach meistens ungedruckten Quellen

ISBN/EAN: 9783742863133

Hergestellt in Europa, USA, Kanada, Australien, Japan

Cover: Foto ©ninafisch / pixelio.de

Manufactured and distributed by brebook publishing software (www.brebook.com)

Theodor von Kolde

Die deutsche Augustiner-Congregation und Johann von Staupitz

Die deutsche
Augustiner-Congregation

und

Johann von Staupitz.

Meinem lieben Bruder

August Kolde,

ev. Pfarrer zu Lissa (Kreis Görlitz),

als Zeichen brüderlicher Liebe gewidmet.

Vorrede.

Es war vor vier Jahren, als ich, von meinem hochverehrten Lehrer Prof. D. H. Reuter dazu angeregt, auf Grund der trefflichen, von Knaake besorgten, leider der mangelnden Teilnahme des Publikums wegen unvollendet gebliebenen Ausgabe von Staupitz' Werken mich mit seiner Theologie zu beschäftigen anfing. Aus dem engen Rahmen einer akademischen Antrittsvorlesung über dieselbe ist das vorliegende Buch erwachsen. Meine Lutherstudien veranlaßten mich, dem Entwicklungs= und Lebensgange von Luther's Vorgesetzten weiter nachzugehen. Vor länger als vierzig Jahren hat W. Grimm in Jena mit allen Hülfsmitteln jener Zeit die Verdienste des Staupitz um die Reformation geschildert. Daß schon längst, nachdem die Archive so vieles neue Material herbeigeschafft haben, eine neue Untersuchung des Stoffs wünschenswert war, bedarf keines Beweises. Aber eine einfache Biographie konnte nicht genügen. Die Frage nach dem Werden des Mannes, nach seiner Wirksamkeit mußte notwendig auf die Gemeinschaft, der er angehörte, den Augustinerorden, überhaupt führen. Und wunderbar genug, seit dreihundert Jahren hat man eine Lutherbiographie über die andere geschrieben; aber noch kein Forscher hat es der Mühe für wert gehalten, den Boden, auf dem Luther erwachsen ist, einer näheren Betrachtung zu unterziehen, und noch Herzog's Realencyklopädie konnte unbeanstandet in der neuen Auflage die Behauptung wiederholen, daß die Augustinereremiten erst nach dem Tridentinum zum Bettelorden erhoben worden wären. Man kann es allgemein lesen, daß der Augustinismus stets im Augustinerorden heimisch gewesen ist. Aber woher weiß man das? Irre ich nicht, doch allein daher, daß es Flacius gefallen hat, in Andreas Proles einen „Zeugen der Wahrheit" zu finden, und daß Staupitz in seinen Schriften aus den Jahren 1515—1518 mehr oder weniger augustinische Gedanken vorgetragen hat. Es ist klar, daß man ein sicheres Urteil über die Wahrheit jenes Axioms nur aus den vom Ende des fünfzehnten Jahrhunderts datirenden Schriften der Augustinereremiten selbst gewinnen kann. Sie sind bisher ebenso unbeachtet geblieben wie die theologische Literatur am Ausgang des Mittelalters überhaupt. So weit sie mir zugänglich waren, habe ich sie benutzt, und die überraschenden Resultate meiner Unter= suchungen dürften ergeben, daß W. Maurenbrecher alles Recht hatte zu sagen: „Es ist ganz unerläßlich, daß der Zustand der Theologie etwa um 1490—1510 genau untersucht werde"1). Meine Arbeit dürfte einen, wenn auch kleinen, aber doch nicht unwesentlichen Beitrag zur Lösung dieser Aufgabe bringen, womit ich natürlich nicht die Vorstellung erwecken will, als wäre die Theologie der von mir besprochenen Augustiner die allseitig norma= tive gewesen, — aber schon daß sie es für den Orden war, wie daraus hervorgeht, daß selbst Staupitz noch 1515 und Güttel Gedanken des Johann von Paltz reproduciren, ist immerhin sehr beachtenswert. Man hat Unrecht getan, die Theologie dieses Mannes, durch die Luther's Thesen erst in das richtige Licht gesetzt werden, so ganz außer Acht zu lassen. Eine specielle Unter=

---

1) Studien und Skizzen zur Geschichte der Reformationszeit (Leipzig 1874), S. 221. Dasselbe gilt übrigens von dem kirchlichen Leben. Auch hierfür sind die Schriften der Reformatoren kaum als secundäre Quellen zu benutzen.

ſuchung darüber, ob und wieweit Luther's Sätze direct ſich gegen Paltz wenden, mußte ich mir leider verſagen, um nicht den Rah= men meiner Aufgabe allzuſehr zu überſchreiten, hoffe aber gelegent= lich darauf zurückzukommen.

Worin eigentlich Staupitz' Wirkſamkeit beſtanden, darüber enthalten die einſchlägigen Arbeiten die widerſprechendſten Angaben, die Aemter Provincial und Vicar wurden nie auseinandergehalten, weil man nicht wußte, was es für eine Bewandtniß mit der deutſchen Congregation hatte. Einige Anhaltepunkte gab der treff= lich unterrichtete Chroniſt der ſchwäbiſch=rheiniſchen Provinz, Höhn, der viele jetzt längſt verlorene Archivalien benutzen konnte. Aber ſeine Angaben reichten nicht aus, um nur eine annähernde Vorſtellung von dem Ordensweſen, der Congregation, der Stellung des Proles und Staupitz zu derſelben zu erhalten. Sie konnte nur auf Grund eingehender archivaliſcher Forſchungen gewonnen werden. Eine Hauptſchwierigkeit für dieſelben lag darin, daß wir noch immer kein deutſches Kloſterlexikon beſitzen, und die Chroniſten ſehr häufig Eremiten und Auguſtinerchorherren verwechſelt haben. Ich habe auf die Zuſammenſtellung des im Anhang mitgeteilten Verzeichniſſes der deutſchen Auguſtiner=Mannsklöſter die größte Sorg= falt verwandt, kann aber doch nicht für ſeine Vollſtändigkeit einſtehen. Bald erkannte ich, daß ich nur zum Ziele kommen konnte, wenn ich, ſoweit es eben möglich, alle Urkunden zum wenigſten der nachweislich zur deutſchen Congregation gehörigen Klöſter durchforſchte. Was dies ſagen will, weiß nur der, der einmal eine ſolche Arbeit ge= macht hat. Tage lang kann man ſuchen, ohne auch nur eine brauch= bare Notiz, vielleicht hie und da einen Priorennamen zu finden [1]. Doch iſt die Mühe nicht vergeblich geweſen, ich habe mehr ge= funden, als ich irgend hoffte, wie allein die Mitteilungen im An=

---

[1] Ich habe ſie alle geſammelt und gedenke ſie mit kurzen Nachrichten über Entſtehung, Auflöſung ꝛc. und der jedes einzelne Kloſter betreffenden Literatur als Beitrag zu einem deutſchen Kloſterlexikon gelegentlich zu veröffentlichen.

hang bezeugen. Nicht weniger als 28 deutsche Archive haben dazu beigetragen, die wichtigsten habe ich selbst besuchen können. Wie viel ich dabei der liebenswürdigsten Unterstützung der viel= geplagten Archivbeamten verdanke, ist leicht zu ermessen; wohin ich mich auch wandte, hat man keine Mühe gescheut, mein Werk zu fördern [1]). Die Kenntniß der so vielfach angezogenen Quelle des Compendium registri etc. verdanke ich der Mitteilung des würdigen Augustinerpaters Chrysostomus Hepp in Würzburg.

Einen besonderen Wert werden gewiß alle Leser meines Buches in den neuen Nachrichten über den Salzburger Aufenthalt des Stau= pitz finden. Ich vermochte der allgemeinen Annahme, daß alles auf Staupitz Bezügliche in Salzburg vernichtet sei, keinen Glauben zu schenken, und einer dahingehenden, vertrauensvollen Anfrage bei dem gelehrten Benedictinerpater Wilibald Hauthaler, wurde mit Vertrauen begegnet. Der Abt des Salzburger Stifts hat kein

---

[1]) Es sei mir gestattet, Einzelnen auch hier öffentlich meinen besonderen Dank auszusprechen, vor allen den Beamten des hiesigen Archivs, Dr. Kön= necke, Dr. Reimer und besonders Dr. Becker, durch dessen gütige Vermittlung ich die Kölner Acten benutzen konnte, die mir sonst verschlossen waren; Dr. Burkhardt in Weimar, Dr. Harleß in Düsseldorf, Dr. Veltmann in Osnabrück, Dr. Keller in Münster, Dr. Heinrich in Nürnberg, Dr. P. Witt= mann in Bamberg, Dr. Frh. von Schenk zu Schweinsberg in Darmstadt, Dr. Pregizer in Stuttgart, Dr. Ermisch in Dresden, Dr. von Bülow in Stettin, Dr. von Mülverstedt in Magdeburg, Dr. Weißenborn in Erfurt, Dr. von Ellester in Coblenz, dem Bürgermeister Röck in Memmingen, dessen so wohlgeordnetes Archiv durchforschen zu können mir ganz besonders wertvoll war; Dr. von Schmidt=Phiseldeck in Wolfenbüttel; Pfarrer Dr. Rocholl in Colmar, dem ich einen Staupitzbrief verdanke; Dr. Philippi in Königs= berg, Dr. Piotenhauer in Breslau u. A. Ebenso drängt es mich, den Vorständen der hiesigen Bibliothek, sowie den Beamten der Bibliotheken zu München, Würzburg, Darmstadt, Dresden, Erfurt, Erlangen, Hamburg, Gotha, Heidel= berg und des germanischen Museums in Nürnberg für ihre freundliche Unter= stützung meinen Dank auszusprechen. Auch den Herren Prediger Knaake zu Potsdam, Pastor Krafft in Elberfeld, der zuerst auf die Notwendigkeit einer Geschichte des Augustinerordens hingewiesen hat, und besonders D. Seide= mann in Dresden, bei dem man nie vergebens anfrägt, bin ich für manche freundliche Mitteilung zu reichem Dank verpflichtet.

Bedenken getragen, mir durch Vermittlung der österreichischen Re=
gierung den wertvollen Codex der Predigten des Staupitz zu=
gehen zu lassen, und P. Hauthaler hat mir eigenhändig die noch
vorhandenen Briefe collationirt und auch sonst jegliche Auskunft
aus dem Archiv erteilt, eine Liebenswürdigkeit dem Anders=
gläubigen gegenüber, die nicht genug gerühmt werden kann.

Die Correspondenz des Proles dürfte nebenbei wie für den
Sprachforscher, so auch für den politischen Historiker von Interesse
sein, ist sie doch ein neuer Beweis dafür, wie schnell und intensiv
sich das Bewußtsein der Territorialgewalt zumal bei den säch=
sischen Fürsten und zwar unter Vorschubleistung von Seiten der
Curie entwickelt hat.

Daß bei einer ersten wissenschaftlichen Darstellung eines Gegen=
standes, wie es der vorliegende ist, noch viele Lücken bleiben [1]),
wird jedermann erwarten. Ich habe in den meisten Fällen darauf
hingewiesen und es vermieden, fehlende Nachrichten durch kühne
Combinationen zu ersetzen. Andrerseits hielt ich es mit Rücksicht
darauf, daß nicht so bald wieder jemand Zeit, Lust und Gelegen=
heit haben dürfte, das weitschichtige, in so vielen Archiven zer=
streute Material von neuem zu durchforschen, für angezeigt, mög=
lichst viel die Quellen selbst reden zu lassen, — sei es auch auf
Kosten der Darstellung, und man wird es dem Lutherforscher nicht
verargen, wenn ich, darin dem Altmeister Seidemann folgend,
auch den kleinsten Umstand, der das Leben und Wirken des Re=
formators zu illustriren im Stande sein könnte, der Aufzeichnung
für wert hielt — mag man es immerhin Kärrnerarbeit nennen,
wenn sie nur für die Meister Bausteine liefert. —

Schließlich noch eine Anfrage bzw. Bitte. Je eingehender ich
mich mit Reformationsgeschichte beschäftige, desto mehr empfinde ich,

---

[1]) Leider habe ich, um hier nur auf einen Punkt aufmerksam zu machen,
trotz der angestrengtesten Forschung über den Anlaß zu Luther's zeitweiliger
Rückversetzung nach Erfurt nichts auffinden können.

wie wol alle Fachgenossen, den Mangel einer Sammlung des Briefwechsels (nicht blos der Briefe) Spalatins, über dessen Wert für die Geschichte der Reformation und des Humanismus in Deutschland kein Wort zu verlieren sein wird. Eine solche Sammlung erscheint um so wünschenswerter, als z. B. eine Vergleichung der Bretschneiderschen Editionen mit den Originalen, zu der ich mehrfach Gelegenheit hatte, erhebliche Ungenauigkeiten und Mißverständnisse erkennen läßt. Finde ich die nötige staatliche Unterstützung, deren ich mich auch zu dieser Arbeit erfreuen durfte, so hätte ich wol Neigung, selbst an das Jahre in Anspruch nehmende, weit aussehende Unternehmen zu gehen. Ich spreche dies hier aus, um einerseits zu erfahren, ob schon ein Anderer den Gedanken dazu gefaßt hat, in welchem Falle ich gern zurückstehen würde, andrerseits, um schon jetzt an alle Fachgenossen und Freunde der Reformationsgeschichte die Bitte um ihre desfallsige Beihülfe und ihren freundlichen Rat zu richten, ohne die ein solches umfassendes Werk, wie es doch werden müßte, um nutzbar zu sein, eine Unmöglichkeit ist.

Marburg, im Februar 1879.

Th. Kolde.

Inhalts-Uebersicht.

Excurse und Beilagen.

A. Excurse.

B. Beilagen.

Zusätze und Verbesserungen.

S. 43, Anm. 3 hinzuzufügen: Vgl. Beyer, Heinrich von Frimar, in Mitteil. des Ver. f. d. Gesch. von Erfurt 1867.

„ 49. Das Generalstudium der kölnischen Provinz war in Löwen, nicht in Köln.

„ 71, Anm. 2 lies 1498 statt 1492.

„ 73, Z. 5 v. u. lies: das allgemeine religiöse Interesse.

„ 125, Z. 8 v. u. das Komma hinter Moegele zu streichen.

„ 128, Z. 4 v. o. dy statt dv zu lesen.

„ 137, Z. 13 v. o. lies: die Brüder.

„ 140, Z. 1 v. o. hinter Franken sind die Worte „zu reformiren" einzuschalten.

„ 144, letzte Z. des Textes das „zu" hinter Sachlage zu tilgen.

„ 163, Z. 4 v. o. mitteilt st. erzählt zu lesen.

„ 249, Z. 6 v. o. lies ward st. wirb.

„ 278 hinzuzufügen: „Monachus quidam obtulit electori Friderico Ave Maria et in fine papa addiderat quae nata es sine peccato originis. Elector adhibuit in consilium Staupitium interrogans num probaret. Respi.

Staupitius es ist betriegerey. Fuit bonum verbum ex coelo quodam dixerit sine ex odio benn er war den Barfußern sehr feindt." So in Farrago Literarum ad amicos et colloquiorum in mensa R. P. Domini Martini Lutheri etc. Cod. Cart. Goth. No. 402, fol. 143a. (Mitteilung von D. Seidemann.)

S. 307, Z. 10 v. u. lies: als ein ethisches.

„ 316, Z. 6 v. u. das Apostroph in Luther'n zu tilgen.

„ 320, Z. 3 v. o. lies: als der Vicar.

„ 320, letzte Z. lies: kamen.

„ 332, Z. 2 v. u. lies: bin wolltest.

„ 333, Z. 1 v. o. lies: bin willst.

„ 361, Z. 12 v. o. lies: 20. Sept.

„ 366, Z. 13 v. u. lies: kam st. am.

„ 377, Z. 13 lies hinter „nicht": sie auszuüben.

„ 381, Z. 5 v. o. lies: ihn st. ihm.

„ 413, Z. 7 v. o. das Komma hinter Entwicklung zu tilgen.

Ueberall ist „Kappens Kleine Nachlese" für „Kappen's zc." zu lesen.

I.

Der Augustinerorden

bis zum Constanzer Concil.

Erstes Capitel.

Die Entstehung des Ordens und seine Constitutionen.

—·—

Die Lateransynode vom Jahre 1215 bestimmte in ihrem 13. Kanon: „Damit nicht allzu große Verschiedenheit der Orden Verwirrung in der Kirche veranlasse, verordnen wir, daß künftig Niemand mehr einen neuen Orden ersinnen darf. Wer Mönch werden oder ein neues Kloster gründen will, soll in einen bereits approbirten Orden treten oder eine schon genehmigte Regel annehmen." Und allerdings, es schien hohe Zeit, der übermäßigen Vermehrung der Orden und Congregationen entgegenzutreten, waren doch im letzten Jahrhundert eine solche Menge von Ordensverbindungen, die sich zum Teil bekämpften, sich jedenfalls aber zu überbieten suchten, emporgewuchert, daß man mit Recht eine Gefahr für die religiöse Anschauung des gemeinen Mannes darin sehen mußte, ganz abgesehen davon, daß die Ueberhandnahme der Individualisirungen des religiösen Lebens nicht im Einklang stand mit den Uniformitätsbestrebungen der römischen Kirche. Schon Anselm von Havelberg [1]) klagt darüber: „Weßhalb geschehen so viele Neuerungen in der Kirche? Weßhalb erheben sich so viele Orden in ihr? Wer vermag so viele Orden von Clerikern zu zählen? Wer staunt nicht über so viele Arten von Mönchen? — Da sieht man in der Kirche Gottes Leute sich erheben, welche nach ihrem Belieben mit ungewöhnlichem Gewande sich kleiden, sich eine neue Lebensordnung erwählen und, sei es unter dem Titel mönchischen Dienstes, sei es unter dem Gelübde

---

[1]) D'Achery, Spicileg. I, 163. Ueber Anselm siehe Spieder, Zeitschrift für historische Theologie 1840, 2. Heft.

kanonischer Disciplin, was sie wollen, annehmen, eine neue Weise zu singen sich erfinden, eine neue Art der Enthaltsamkeit und Speiseordnungen feststellen, und dabei weder die Mönche, welche unter der Regel des h. Benedikt dienen, noch die Kanoniker, die ihr Leben nach der Regel des h. Augustin führen, nachahmen: sondern alle diese genannten Neuerungen machen sie nach ihrem Belieben; sie sind sich selbst Gesetz, sie sind sich selbst Autorität, und wen sie irgend können, ziehen sie unter der Vorspiegelung eines neuen Ordens in ihre Gemeinschaft."

Innocenz III. freilich sah anfangs in dieser Mannigfaltigkeit keinen Nachteil, sondern vielmehr eine Zierde der Kirche. „Nicht allein der Vielfachheit der Tugenden und Werke wegen", schreibt er, „sondern auch wegen der Verschiedenheit der Aemter und Or= den wird von der Kirche gesagt, sie gleiche einem wohlgereihten Kriegsheer, in welchem ja verschiedene Waffengattungen geschaart streiten. Eine solche Verschiedenheit erzeugt keine Spaltung in den Gesinnungen, vielmehr Uebereinstimmung der Gemüter; ge= währt nicht den Anblick des Entstellten, sondern des Zierlichen." [1] Aber auch er wurde bedenklich, vielleicht im Hinblick auf jene wunderbaren Gestalten, die ihm in dem Heiligen von Assisi und seinen Genossen entgegentraten und so anhaltend die Be= stätigung einer Regel begehrten, die, wenn sie nicht gar an manche Sätze von Ketzern erinnerte, die man soeben mit Feuer und Schwert auszurotten versuchte, so doch bisher in dieser Form nie gehörte Gedanken von der Nachfolge des armen Lebens Christi aussprach, die das religiöse Bewußtsein des Volks leicht verwirren konnten; und um dieser Verwirrung rechtzeitig vorzubeugen, mag es gewesen sein, daß der Papst jenen oben erwähnten Kanon er= ließ. Aber wenn Innocenz wirklich geglaubt hatte, durch diese Maßregel eine weitere Vervielfältigung der Orden zu verhüten, so hatte er sich getäuscht, hatte er kein Verständniß für die eigen= tümliche Richtung der Askese, die sein Zeitalter charakterisirt. Jene wunderbaren Heiligen, die entweder als wirkliche Eremiten in staunenswerter Bedürfnißlosigkeit in einsamen Gegenden lebten,

---

[1] Ep. III, 38; vgl. Hurter, Innocenz III. (Hamburg 1842), Bd. IV. S. 89 f.

ober in sonderbarem Aufzuge das Volk auf den Gassen durch
Bußpredigten erschütterten, oder durch ihre Weltentsagung, selbst=
gewählte Armut, ihre Casteiungen, durch ihre Beweise der demü=
tigsten Aufopferung alle Welt in Staunen und Rührung ver=
setzten, waren eben nicht in den bisherigen Orden unterzubringen.
Und die Curie sah auch sehr bald ein, daß man sie gewähren
lassen mußte, wenn man anders sich nicht in ihnen die gefährlich=
sten Feinde heranziehen wollte.

Schon 1216 erfolgte die Bestätigung des Predigerordens, die
noch als keine directe Aufhebung jenes Kanons angesehen zu wer=
den brauchte, da Dominikus die Augustinerregel [1]) annahm, also eine
schon approbirte, auf welche ihn Innocenz selbst hingewiesen hatte.
Erst mit der endlichen Bestätigung des Franziskanerordens (1223)
mußte die Bestimmung des Lateranconcils für tatsächlich auf=
gehoben gelten.

Ohne Zweifel hatte die Curie dadurch den nicht zu unter=
schätzenden Vorteil gewonnen, daß ein großer Teil jener „wilden"
Mönche, welche durch ihre Excentricitäten, besonders rücksichtlich
der geforderten Armut, die in so offnem Widerspruch zu dem

---

[1]) Unter dem Namen regula Sti. Augustini sind uns drei resp. vier
Schriftstücke überliefert. Das erste bei Holsten, Cod. regul. I, 347 sqq., dem
211. Briefe Augustins (Opp. II, 595 sqq.) entnommen, ist für Frauen be=
stimmt und wahrscheinlich der Grundstock der übrigen drei gewesen (so schon
Bellarmin, De script. eccl. [Col. 1684], p. 96: ex tribus regulis sola tertia
est certa Sancti Augustini sed foeminis data, non viris: habetur enim
in epistola 109 (211), reliquae duae non videntur Augustini). Die als
dritte angeführte längere (bei Holsten II, 123) ist immer dann gemeint,
wenn von der regula St. Augustini schlechthin gesprochen wird. Wann sie
entstanden ist, läßt sich nicht mehr nachweisen. Nach Rettberg (Schmidts
Kirchengeschichte VII, 487) wäre sie erst nach Peter Damiani († 1072) entstanden.
Nachdem dieser schon vielfach von der Regel Augustins gesprochen, habe man sie
endlich aus den [unechten] Sermonen des Augustin zusammengesetzt, um für die
gänzliche Armut der Kanoniker ein ausdrückliches Dokument zu haben. An
ihrer Echtheit hat schon Gerhoh von Reichersberg († 1169) gezweifelt, wurde
aber von Rom belehrt später ihr eifrigster Verteidiger (Vita Gerhohi Rei=
chersbergi, Opp. ed. Gretser VI, 5). Der Name Augustins wird zuerst
in Verbindung gebracht mit der geschärften Regel für die Kanoniker bei der
Errichtung dreier Stifter durch den Bischof Altmann von Passau, vgl.
Schrödh, Kirchengeschichte XXVII, 224.

Leben der kirchlichen Würdenträger stand, dem Ansehen der Kirche so leicht schaden konnten, unter strenge Obhut kamen und eine Gemeinschaft bildeten, welche die Kirche nunmehr als ihre eigene Schöpfung bezeichnen konnte. Aber damit war die regellose sub=jective Willkür des Mönchtums, wie sie eben im Zeitalter lag, noch nicht aufgehoben.

Es gab allenthalben zumeist in Italien kleinere Vereinigungen und Genossenschaften, die keinem der bisherigen Orden angehören wollten. Sie waren zum größten Teil wol dadurch entstanden, daß der Ruhm der Heiligkeit des einen oder andern Eremiten Genossen herbeizog, die sich entweder zu gemeinsamem Leben aus=drücklich verpflichteten oder nur durch das Ansehen ihres Meisters zusammengehalten wurden.

Solcher Congregationen zählte man zu Anfang des dreizehnten Jahrhunderts eine große Menge [1]. Alle wollten Eremiten sein und von dem h. Augustin abstammen; einige befolgten wol auch die nach ihm benannte Regel, aber ohne daß irgend welcher Zu=sammenhang zwischen ihnen bestanden hätte. „Die Einen trugen einen weißen Habit, Andere einen schwarzen, wieder Andere einen aschen=farbenen; diese nannten sich schlechtweg vom Orden des h. Augustin, Andere Wilhelmiten vom Orden des h. Augustin und noch Andere bezeichneten sich noch mit anderen Namen." [2] Klöster,

---

[1] Jos. Pamphilus (Chronica ordinis Fratr. Eremitarum sancti Augustini [Rom. 1584], 4°), der wie alle Schriftsteller seines Ordens Augustin für den wirklichen Stifter hält und der Ansicht ist, daß derselbe durch Mönche, welche nach der Verwüstung Afrika's durch die Vandalen geflohen seien, nach Europa verpflanzt worden sei, führt deren elf an; vgl. p. 30.

[2] Nic. Crusenius, Monasticon Augustinianum (Monachi 1623), p. 111. Derselbe giebt sich wie Pamphilus die größte Mühe, die Continui=tät des Ordens seit Augustin zu erweisen, oder doch wenigstens darzutun, daß der Orden als solcher schon vor dem Lateranconcil (also vor Franzis=kaner= und Dominikanerorden) existirt habe, und daß später nur andere Congregationen mit ihm vereinigt wurden. Daß es schon damals Mönche, auch einzelne Niederlassungen, die der Regel Augustins folgten, gegeben hat, wird niemand bestreiten können, wol aber, daß es einen vollständig abgeschlosse nen Orden sancti Augustini gegeben (siehe oben). Eine wirkliche Organi=sation scheint nur die Congregation der Johann Boniten gehabt zu haben, von der gerade Crusenius behauptet, daß sie erst später gleich nach dem La

die den großen Kirchenvater als ihren Schutzpatron angaben, gab
es überall auch jenseits der Alpen und in England; aber fast
ein jedes bildete so zu sagen einen Orden für sich, ja in verschie=
denen Gebieten Toskana's fand sich eine beträchtliche Zahl von
wirklichen Eremiten, die weder eine Regel noch einen Obern hat=
ten. Dagegen gab es zwei Congregationen in Italien, deren
Verfassung schon etwas entwickelter war, die der Johann=Boniten
und der Brictiner oder Brictinianer. Erstere hatten ihren Namen von
einem gewissen Johannes Bonus, der nach seiner plötzlichen Bekeh=
rung um das Jahr 1209 der Welt entsagte, in einem kleinen Hause
in der Nähe von Cäsena ein Leben der Casteiung führte und
bald durch den Ruf seiner Heiligkeit eine Menge Jünger herbei=
lockte, mit denen er eine Genossenschaft bildete, der der h. Stuhl
auf ihr Ansuchen die Regel Augustins gab [1]). Sie scheint sehr
schnell gewachsen zu sein, und nach dem Tode des Johannes Bonus
finden wir schon einen Generalprior, über dessen Wahl und Com=
petenz in Folge eines Schismas [2]) Innocenz IV. unter dem
27. Januar 1252 Bestimmungen erließ.

Weit strenger als die Johann=Boniten waren die sogenannten
Brictiner. In der Wüste von Brittini in der Nähe von Fano
hatten sich anfänglich ein paar Eremiten zusammengefunden, um
fern von aller Gesellschaft ein heiliges Leben zu führen. Das
Gerücht von ihrer Strenge, die sich doch auf keine bestimmte Re=
gel gründete, sondern nur auf eine stille Vereinbarung, führte
ihnen bald Genossen zu und veranlaßte sie schon nach vier Jah=
ren dazu, den Papst um die Bestätigung ihrer Constitutionen
anzugehen. Gregor IX. bestätigte die Congregation und nahm
in die Urkunde die besonderen Eigentümlichkeiten der Brictinianer

teranconcil die Regel des h. Augustin angenommen habe. Wo der Urstamm
der später vereinigten Augustiner zu suchen ist, wird sich kaum noch ermitteln
lassen. Nur soviel steht fest, daß die Johann=Boniten, die zweifellos größte
Congregation, das Hauptcontingent stellte.

[1]) Welcher Papst, ob Honorius oder Gregorius es gewesen ist, läßt sich
aus der Stelle in der päpstlichen Bulle (Crusenius, p. 117) nicht ersehen.

[2]) Es handelte sich um die Frage, ob das Generalpriorat, wie einige
wollten, mit dem Priorat von Cäsena, der Geburtsstätte des Ordens, ver=
bunden sein oder aus freier Wahl hervorgehen solle. Für letztere entschied
sich der Papst. (Crusenius, p. 117sqq.)

auf, die hauptsächlich in strengem Fasten bestanden zu haben schei=
nen, dem Fleischgenuß entsagten sie gänzlich. Von dem Feste der
Kreuzerhöhung (14. September) bis Ostern fasteten sie, und auch
sonst am Mittwoch, Freitag und Sonnabend und anderen kirch=
lichen Fasttagen. Käse und Eier aßen sie nur dreimal in der
Woche, und auch dies nicht während der Adventszeit und der
siebzigtägigen Fasten, während welcher Zeit auch den auf der Reise
befindlichen dergleichen Speisen nicht gestattet wurden. Sie soll=
ten außerhalb jener Wüste keine Besitzung erwerben. Ihre Klei=
dung, über deren Farbe nichts bestimmt war, sollte aus wollenen
Gewändern bestehen, die von einem breiten Gürtel zusammen=
gehalten wurden. In Betreff der Fußbekleidung, ob Schuh, ob
Stiefel, sollte der Obere befinden [1]).

Man sieht, trotzdem, daß sich hier schon das Bestreben zeigt,
der doch zu allgemein gehaltenen Regel Augustins [2]) individuelle
Constitutionen an die Seite zu stellen, ist der Willkür noch sehr
viel Raum gegeben und zwar besonders in einem Punkte, der,
wie äußerlich er auch war, im Ordenswesen stets eine große
Rolle gespielt hat, in Bezug auf die Kleidung. Auch diesmal
scheint er den ersten Anstoß für den päpstlichen Stuhl gegeben zu
haben, den verschiedenen Congregationen eine eingehendere Beach=
tung zu schenken und da festere Normen eintreten zu lassen, wo
die Willkür dem kirchlichen Interesse nur schaden konnte. Die
Minoriten beklagten sich nämlich darüber, daß die Johann=Boniten
bald den Mantel ungürtet, mit einem Stabe in der Hand, bald
ohne denselben einhergingen und Almosen sammelten, und so
nicht selten für Brüder des h. Franciskus gehalten würden und
Gaben in Empfang nähmen, die das Volk jenen bestimmte [3]).

---

1) Cf. Crusenius l. c., der seine Angaben aus einer von Gregor IX.
angeblich im März 1234 von Perusia aus erlassenen Bulle entnommen haben
will. (Potthast scheint sie nicht zu kennen.)

2) Ueber dieselbe weiter unten.

3) Charakteristisch sind hier die Ausdrücke der päpstlichen Bulle: Dudum
apparuit in partibus Lombardiae Religio cujus professores vocati Eremi-
tae Fratris Joannis Boni Ordin. S. Augustini nunc succincti tunicas,
cum corrigiis, baculos gestantes in manibus, nunc vero dimissis baculis
incedebant pecuniam pro eleemosynis aliisque subsidiis deposcentes et adeo
variantes Ordin. sui substantiam, ut dilectis filiis FF. Mi-

Daher setzte Papst Gregor fest, daß die Augustiner fortan ein
schwarzes oder weißes Gewand mit langen Aermeln nach Art der
Kutten tragen und mit breitem, allen sichtbaren Gürtel umgürtet
sein, stets einen fünf Palmen langen Stab führen und bei der
Bitte um Almosen den Namen ihres Ordens angeben sollten.
Dabei sollten die Kleider die Schuhe nicht bedecken, damit sie
auch darin von den Franciskanern unterschieden wären.

Die Streitigkeiten hörten aber durch diese Bestimmung nicht
auf, denn es war trotz der Androhung der Excommunication nicht
so leicht, die Mönche unter einen Hut zu bringen [1]). Um so
wichtiger war es, daß die zahlreichen in Toskana regellos und
zerstreut lebenden Eremiten, das Mißliche ihrer Lage einsehend,
den Papst selbst baten, ihnen eine Regel zu geben.

Innocenz unterwarf sie der Regel Augustins, die sie als Eremi=
ten vielleicht gewünscht hatten, und gab ihnen den Cardinal St.
Angeli zum Protector [2]). Von da läßt er sie nicht mehr aus

---

noribus uniformes in derogationem multiplicem ipsorum Ordin. crederentur
iisdem sentientibus propter hoc minorem apud fideles in suis opportunita-
tibus charitatem. — Bulle vom 24. März 1241 (nicht 1237, wie Crusenius
fälschlich angiebt). Crusenius, p. 113 sq.

[1]) Helyot (Ausführliche Geschichte aller geistlichen und weltlichen Klo=
ster= und Ritterorden [Leipzig 1754], Bd. III, S. 13) giebt an, daß die
Brictinianer es gewesen seien, welche dagegen protestirt und vom Papst am
8. August desselben Jahres die Erlaubniß erhalten, ihre graue Kleidung
ohne Gürtel zu tragen, da sie sich ja zur Genüge von den Franziskanern
dadurch unterschieden, daß diese sich mit einem Stricke gürteten.

[2]) Durch die Bulle Incumbit Nobis vom 16. Dezember 1243 (Potthast 11199). Crusenius schließt daraus, daß Innocenz sagt: mandamus
quatenus in unum vos regulare propositum conformantes Regulam B.
Augustini et Ordinem assumatis, daß es schon einen wirklichen, nämlich
den alten von Augustin herstammenden Orden gegeben habe, welchem jetzt
die toskanischen Eremiten unterworfen worden seien; aber daß hier ordo
nichts anderes als Ordnung bedeutet, geht schon aus der Fortsetzung her=
vor: ac secundum eum profiteamini de cetero vos victuros. (Vielleicht
sind gewisse constitutiones, welche die übrigen unter der Regel Augustins
lebenden Congregationen angenommen hatten, damit gemeint.) Auch kennt
die Unionsbulle Licet ecclesiae catholicae vom 9. April nur einzelne Con=
gregationen ordinis sancti Augustini. Richard de Annibalis war nach
Ciaconius (Historia Pontif. II, 88) 1237 durch Gregor IX. zum Cardinaldiakon ernannt worden, er starb während des Concils zu Lyon 1274.

den Augen, ja widmet ihnen seine ganz besondere Aufmerksamkeit, und alle auf die Eremiten von der Regel Augustins bezüglichen Anordnungen lassen von Anfang an die Tendenz erkennen, den Augustinern eine möglichst selbständige und einheitliche Gestaltung zu geben. Einige Convente der Eremiten hatten (vielleicht deßhalb, weil sie wegen der Sedisvakanz zu lange auf die Gewährung ihrer Bitte hatten warten müssen), die Regel Benedicts angenommen, wie die fratres S. Mariae de Murceto in der Diöcese Pisa; sie werden schon unter dem 26. März 1244 davon entbunden [1]). Zwei Tage später wird dies auf sämmtliche Eremiten in Toskana ausgedehnt, da ihnen die Regel Augustins gegeben sei [2]). Am 31. desselben Monats erhalten sie das Recht Messe zu lesen, am 26. April nimmt sie der Papst in seinen Schutz und bestätigt alle ihre Besitzungen und Güter, Rechte und Privilegien und gewährt allen Christgläubigen, welche mit bußfertigem Sinn an gewissen Festen die Kirchen des Ordens besuchen würden, einen Ablaß von tausend Jahren und ebensoviel Quadragenen [3]). Man sieht, Innocenz gab reichlich und suchte in jeder Weise seiner neuen Schöpfung aufzuhelfen. In einem Erlaß an die Erzbischöfe, Bischöfe und Prälaten schützt er auch die Eremiten vor etwaigen Unbillen, durch kirchliche Censuren solle man die Uebeltäter zur Genugtuung zwingen [4]).

Die neue Congregation constituirte sich; in einer Bulle vom 20. Juli 1248 wird zum ersten Male ein Prior generalis erwähnt [5]), und weitere päpstliche Gunstbezeugungen taten das Ihrige dazu, die Eremiten von der Regel des h. Augustin in Aufnahme zu bringen.

Ohne Zweifel hatte schon Innocenz IV. die Absicht, zum Heil der Kirche sämmtliche Congregationen zu vereinigen [6]). Er starb

---

[1]) Wadding, Annales minorum II, 480.
[2]) Ibid.
[3]) Empoli, Bullar., p. 165 sq.
[4]) Ibid., p. 169.
[5]) Ibid., p. 172.
[6]) Pamphilus, Chronica ordinis fratrum Eremit. (Rom. 1581), p. 27: Innocentius Papa quartus, vir utique magnae scientiae et industriae, qui sedit anno Domini MDCCXLIII considerans ordines Praedicatorum

darüber, aber sein Nachfolger Alexander IV. nahm den Plan mit großem Eifer auf [1]): der Protector der tuscischen Eremiten, Cardinal Richard, erhielt den Auftrag, sich mit den Oberen der einzelnen Congregationen ins Einvernehmen zu setzen und eine Vereinigung anzubahnen. Der Papst selbst sicherte indeß den Orden vor den Eingriffen der ihm nicht wohlgesinnten Ordinarien, gab ihm ein weitgehendes Absolutionsrecht hinsichtlich Excommunicirter oder Suspendirter, die sich dem Orden anschließen wollten, verpflichtete die Bischöfe in ihren Diöcesen, die von dem Generalprior gegen Angehörige des Ordens ausgesprochene Excommunication zu verkünden, billigte die Wahl des Priors auf drei Jahre und dergleichen mehr. Nicht weniger als elf päpstliche Erlasse aus den Monaten Juni und Juli 1255 bezeichnen das rege Interesse, welches der Papst an dem Orden nahm [2]).

Der Cardinal Richard gab sich die größte Mühe, die Vereinigung zu Stande zu bringen. Nach allen Seiten hin wurden Commissarien gesandt, auch über die Berge [3]). Den Eremitenniederlassungen „in Ultramontanis partibus" hatte schon Innocenz IV. seine Aufmerksamkeit zugewandt [4]) und hatte sie in seinen Schutz genommen, ihre Besitzungen, Güter und Rechte bestätigt. Jetzt wiederholte der Papst jene Bestätigung in einem Schriftstücke, welches, wenn wir uns nicht täuschen, um des besseren Erfolges willen, eben jenen Commissarien nach Deutschland mitgegeben wurde [5]).

---

et Minorum notabiliter crescere et fructus salubres in ecclesia Dei proferre, Fratres vero eremitarum S. Augustini sibi solis per bonam vitam prodesse, coepit velle agere, quatenus et ipsi sicut Praedicatores et Minores finem salubrem et fructum in Dei ecclesia producere possent.

[1]) Die Ordensschriftsteller lassen zu diesem Zwecke den h. Augustin selbst dem Papste erscheinen. Pamphilus l. c., fol. 27. Crusenius, p. 121.

[2]) Empoli, Bullarium, p. 2 sqq.

[3]) Crusenius, p. 123.

[4]) Potthast 14989: Priorem et fratres Eremitas in Ultramontanis partibus constitutos sub b. Petri et sua protectione suscipit omnesque eorum possessiones ac bona, jura atque privilegia confirmat. 31. Mai 1253. — Empoli, Bullarium, p. 181.

[5]) Unterm 9. Dezember 1255. Hier werden sie auch deutlich bezeichnet als fratres Heremitae ord. s. Aug. in Alamania. Potthast 16115.

Kein geringer Teil der Schwierigkeit lag darin, daß der Papst mit dem Gedanken der Union den andern verband, die Eremiten aus ihren Einöden oder doch vereinzelten Niederlassungen in die Städte zu ziehen und sie dort zur Seelsorge zu gebrauchen [1]), nicht wenige derselben aber ihr einsames (und beschauliches) Leben nicht aufgeben wollten [2]). Doch gelang es dem Cardinaldiakon Richard S. Angeli, schon im Sommer 1255 auf einem General= capitel eine vorläufige Einigung zu erzielen [3]). Man stellte Sta= tuten pro recto totius ordinis auf und kam, was nicht unwich= tig war, in Betreff der Kleidung überein [4]). Und auf der großen Zusammenkunft, welche der Cardinal am 1. März 1256 in Rom in dem Convent von St. Maria de Populo abhielt, kam nach Ueberwindung von mancherlei Schwierigkeiten wirklich die Einigung zu Stande. Die Oberen der einzelnen Congregationen legten ihre Würde nieder und der bisherige Generalprior der Johann= Boniten wurde zum Generalprior der vereinigten Augustinereremiten gewählt, und mit Freude bestätigte der Papst unterm 9. April durch die Bulle Licet ecclesiae catholicae das Geschehene [5]) und sicherte durch eine Reihe weiterer Vergünstigungen den Be= stand des neuen Ordens [6]).

1) Quo viciniores majorem fructum referant concionum, visitationum infirmorum, consolationum afflictorum, exhibitionumque Sacramentorum. Crusenius l. c., p. 123.

2) Antoninus (Summa historial. 3 part. tit. 24. c. 14, § 3) bemerkt hierzu: Idem Dominus intendens eorum devotioni satisfacere et nihilomi- nus per Fratres ejusdem Ord. fructum salubrem in populo producere, sic ordinavit, ut prioribus locis retentis, quicunque devotionem haberent Eremiticam vitam ducendi, possent secundum dispositionem suorum Su- periorum in locis tabilis commorari. Da aber hiervon sich sonst nirgends eine Spur findet, so vermute ich, daß hier eine Verwechselung vorliegt und Antonins hier die Brictinianer im Auge gehabt hat, die, wie später zu zei- gen sein wird, aus diesem Grunde der Union nicht beitraten.

3) Zu der Bulle, in der der Papst die Statuten bestätigt, 31. Juli 1255 (Bullar. Rom. ed. Taur. III, 616, No. 17) heißt es: constituta — nuper facta.

4) Dies setzt der päpstliche Erlaß vom 22. Juli 1255 voraus. Bullar. Rom. ed. Taur. III, 616.

5) Wadding, Ann. II, 470. Empoli, Bullar. 18, No. 18. Bul- lar. Rom. ed. Taur. III, 635 u. ö.

6) Empoli, Bullar. 17.

Es gelang jedoch nicht, wie man gehofft hatte, alle diejenigen Congregationen [1], welche bei der großen Versammlung im Frühjahr 1256 ihre Zustimmung zu derselben erklärt hatten, wirklich bei der Union zu erhalten. Der Versuch der Einigung bildete in kürzester Zeit Gegensätze aus, die Brictinianer [2] und Wilhelmiten gingen dem Orden verloren. Erstere, welche zwar die Regel Augustins behielten, erreichten im Jahre 1260 beim päpstlichen Stuhl eine Bulle, wonach ihnen der ewige Bestand ihrer vita eremitica garantirt wurde und sie vor der Einführung einer anderen Ordnung sichergestellt wurden [3]. Mit den Wilhelmiten, die besonders in Deutschland und Frankreich zahlreich waren, gab es einen harten Kampf, aber trotz des lebhaftesten Widerspruches der Augustiner mußte man sie gewähren lassen; sie behielten zum größten Teil die Benedictinerregel, die ihnen Alexander IV. schon 1254 bewilligt hatte [4]. Mit den Augustinern hatten sie wol nur den Namen „Eremiten" gemein.

Die Augustinerregel. Was die Organisation des Ordens anlangt, so hatte man schon auf der Unionsversammlung nach dem Vorgange der Franciskaner eine Einteilung in die vier Provinzen Italien, Frankreich, Deutschland und Spanien vorgenommen. Jeder derselben wurde ein Prior provincialis vorgesetzt, dessen Aufgabe es zunächst war, die Union, die Anfangs nur auf dem Papier stand, zur Tatsache werden zu lassen. Nach Deutschland wurde Guido Salanus gesandt. Ehe wir jedoch die Entwicklung des Ordens in Deutschland ins Auge fassen, haben wir noch einen Blick auf seine Eigentümlichkeit zu werfen.

Die sogenannte Regel des Augustin ist im höchsten Grade allgemein, weßhalb sie auch einer großen Anzahl von Orden

---

[1] Die Bestätigungsbulle führt an außer den Augustinern schlechthin Wilhelmiten, die Johann-Boniten, die Congregation de Fabalis und de Brictinis, ohne daß der Wortlaut die Annahme der Union von Seiten anderer Congregationen ausschließt. Pamphilus (p. 30) führt 11 an, Crusenius (p. 124) 10.

[2] Crusenius erwähnt nur die Wilhelmiten.

[3] Empoli, Bullar. 32, No. 32.

[4] Fontes rer. Austr. 2, Act. XXXIII, 51. Der Ausgleich muß schon 1263 geschehen sein; cf. Potthast 18477.

(Crusenius zählt über 40) als Richtschnur gedient hat. Sie be=
steht aus fünfundvierzig Capiteln, deren Gedankenzusammenhang
oft ein sehr loser ist. Als Lebensaufgabe wird die Gottes= und
Menschenliebe an die Spitze gestellt. Um diese zu üben, sollen
folgende Specialbestimmungen dienen. Die erste Pflicht ist
gemeinsames Wohnen, ihm entspreche ein einmütiger Sinn in
Gott. Niemand nenne etwas sein eigen! Jedem soll die Be=
kleidung zugeteilt werden, wie er sie bedarf. Wer im Welt=
leben Besitztum hatte, mag sich darüber freuen, daß es jetzt der
Gesammtheit zu Gute kommt; der Arme soll aber nicht das an
irdischem Gute im Kloster suchen, was ihm draußen fehlte, oder
darum den Nacken erheben, weil er denen beigesellt ist, an welche
heranzutreten er draußen nicht gewagt hätte. Aber auch der
außerhalb des Klosters scheinbar Reiche hüte sich, auf die aus
der Armut kommenden Brüder herabzusehen. „Jedes andere
Unrecht übt man an schlechten Werken, damit sie zu Staude
kommen; der Hochmut aber stellt sogar den guten Werken nach,
daß sie untergehen." Darum ist es die Pflicht derer, die zum
Tempel Gottes geworden sind, einmütigen Sinnes ihn zu loben,
inständig und zu den bestimmten Stunden zu beten und sich im
Oratorium dessen zu erinnern, wovon es den Namen hat, auch
niemand darin zu stören, wenn er außerhalb der festgesetzten
Stunde beten will; und wer betet, der bete auch mit dem Herzen,
was die Zunge spricht, und lese und singe nichts Anderes, als
was vorgezeichnet ist.

So weit es die Gesundheit gestattet, soll man zur Bezäh=
mung des Fleisches fasten; wer es aber nicht vermag, soll doch,
außer im Krankheitsfalle, nur zur Frühstücksstunde etwas Speise
zu sich nehmen. Bei Tische ziemt es sich, das Wort Gottes vor=
zulesen. Die um ihrer Schwächlichkeit willen in Nahrung und
Kleidung anders gehalten werden, als die Uebrigen, sollen weder
den Neid der Anderen erwecken, noch sie als Stärkere beneiden;
übrigens ist darauf zu achten, daß der Kranke oder Reconvales=
cent nicht länger als notwendig bessere Kost erhalte. Er mag
sich freuen, wieder zur „glücklichen Gewohnheit zurückzukehren,
welche den Dienern Gottes umsomehr ansteht, je weniger sie be=
dürfen". Die Kleidung sei nicht auffallend! Beim Gehen,

Stehen, bei allen Bewegungen soll nichts besondere Aufmerksamkeit erregen. Besondere Vorsicht ist den Frauen gegenüber vonnöten. Fällt der Blick zufällig auf ein Weib, so soll er doch nicht auf ihr haften bleiben, um die Begierde nicht zu erwecken. Merkt aber ein Bruder am andern dergleichen, so soll er ihn warnen; nutzt dies nicht, so mache er einen zweiten oder dritten darauf aufmerksam, um den Sünder durch deren Zeugniß überführen zu können. Dem Vorgesetzten gebührt es, seine Strafe zu bestimmen; weigert er sich sie zu erdulden, so soll er, wenn er nicht von selbst geht, aus der Gemeinschaft ausgestoßen werden, nicht aus Grausamkeit, sondern aus Mitleid, um nicht andere mehr anzustecken, — aber dies Alles mit Liebe zu dem Menschen, aus Abscheu vor den Lastern.

„Sollte aber jemand zu einem solchen Grade von Bosheit fortgeschritten sein, daß er heimlich von jemandem irgend welches Geschenk, Briefe oder einen Auftrag annimmt und es freiwillig gesteht, so soll man ihn schonen und für ihn beten. Wird er aber ertappt und überführt, so soll er nach dem Gutachten des Priesters oder Vorgesetzten schärfer gestraft werden." (Cap. XXV.)

Einer oder zwei, je nachdem es nötig ist, sollen darüber wachen, daß die Kleider nicht von den Motten verzehrt werden. Wenn es sich machen läßt, soll niemand sich das Kleid wählen, oder gar darüber murren, wenn er nicht das Kleid erhält, welches er früher gehabt, oder ein schlechteres als ein Anderer. Wie sehr mangelt es denen an dem innern heiligen Habitus des Herzens, die noch über den Habitus des Körpers streiten!

Keiner arbeite für sich, sondern alle Arbeiten geschehen gemeinsam (in unum) und zwar mit größerem Eifer, als wenn es den Vorteil des Einzelnen gelte, denn die Liebe sucht nicht das Ihre. Wenn daher jemand seinem Sohne oder Verwandten, der im Kloster ist, ein Kleid oder etwas Anderes schenkt, was zu den notwendigen Bedürfnissen gehört, so soll er es nicht heimlich an sich nehmen, sondern es soll Sache des Vorgesetzten sein, es dem zu geben, der es bedarf. Ein Geschenk für sich zu behalten, gilt als Diebstahl.

Die Gewänder sollen, sei es von den Brüdern selbst, sei es von Walkern, gewaschen werden, wann es dem Vorgesetzten gut-

dünkt (secundum arbitrium praepositi), damit nicht die allzu
große Sucht nach reiner Kleidung den Schmutz der Seele zur
Folge habe. Wenn die Leibesschwachheit es erfordert, soll man
ein Bad nicht wehren, ja auch wider Willen des Betreffenden
anwenden, wenn es der Arzt für nötig hält. Der bloßen Nei=
gung darf man aber nicht nachgeben. Behauptet ein Diener
Gottes einen verborgenen Schmerz am Körper zu haben, so soll
man ihm glauben, aber über das anzuwendende Heilmittel hat
nicht er, sondern der Arzt zu entscheiden. Zu den Bädern
sollen nicht weniger als zwei oder drei gehen; die Begleitung
bestimmt der Obere. Die Sorge für die Kranken liegt einem
Bestimmten ob, ebenso die für den Keller, die Kleider und die
Bücher. Letztere werden nur zu gewissen Stunden verabreicht;
dagegen sollen Kleider und Schuhe, wenn sie nötig sind, ohne
Verzug dem Fordernden verabfolgt werden.

Streitigkeiten, die nicht vorkommen sollten, müssen so bald
als möglich beigelegt werden; der Beleidiger beeile sich, durch
Genugtuung sein Unrecht wieder gut zu machen (meminerit satis-
factione quam citius curare quod fecit), der Beleidigte, ohne
Widerspruch zu verzeihen. Besser ist derjenige, der zwar oft vom
Zorn angefochten wird, aber auch eilig ist, Verzeihung zu erbitten,
als der, welcher langsamer in Zorn gerät und schwerer zu bewe=
gen ist, Verzeihung zu erflehen. Wer aber seinen Bruder nicht
um Vergebung bitten will, oder nicht von Herzen bittet, ist um=
sonst im Kloster, auch wenn er hier nicht ausgestoßen wird.
Zwingt die Klosterzucht zu harten Worten, so ist niemand ver=
pflichtet, auch wenn er fühlt, das Maß überschritten zu haben,
seine Untergebenen um Verzeihung zu bitten, denn das würde die
Autorität untergraben. Wol aber soll ein Solcher den Herrn
um Vergebung bitten, der es weiß, wie sehr er diejenigen
liebt, die er vielleicht zu hart gestraft hat. Dem Obern ist
wie einem Vater zu gehorchen, noch mehr aber dem Priester;
dem soll es der Obere anzeigen, wenn etwas zu strafen oder zu
bessern seine Kraft übersteigt. Der Obere preise sich nicht seiner
Herrschergewalt wegen glücklich, sondern um der dienenden Liebe
willen. An Ehren stehe er über den Brüdern, an Gottesfurcht
aber zu ihren Füßen hingestreckt. Er gehe in Allem mit gutem

Beispiel voran, er halte auf Zucht, aber er soll mehr darnach
streben, geliebt als gefürchtet zu werden, und daran denken, daß
er vor Gott Rechenschaft ablegen soll.

Dies Alles soll geschehen nicht wie von Sklaven unter dem
Gesetz, sondern wie von Freien, die unter der Gnade stehen. Da=
mit sich jeder in der Regel wie in einem Büchlein beschauen kann,
soll dieselbe wöchentlich einmal vorgelesen werden, und wer dann
findet, daß er das Vorgeschriebene tut, der mag dem Herrn, dem
Geber aller guten Gaben, dafür danken. Wer aber noch Mängel
empfindet, der bereue das Vergangene und hüte sich in Zukunft
und bete, daß ihm die Schuld verziehen und er nicht in Ver=
suchung geführt werde.

Wie gesagt, wurde die eben besprochene Regel von einer gan=
zen Reihe von Orden und Congregationen befolgt, war also kei=
neswegs das Eigentümliche der Augustinereremiten. Davon er=
halten wir erst eine Anschauung durch die Constitutionen des Or=
dens. Die Grundzüge derselben brachten die Johann=Boniten
schon mit; die Verfassung anderer Orden mochte als Vorbild
gedient haben, aber im Laufe der Zeit erwuchs daraus durch
die Beschlüsse der Generalcapitel doch ein ganz eigenartiges kunst=
volles Gebäude von Bestimmungen, welche Leben, Treiben und
Denken der Brüder bis ins Einzelnste regelten [1]).

Die Ordenstracht. Der Augustiner ist kenntlich an seiner
schwarzen Tracht; eine schwarze Kutte (und Kapuze [2])) mit mäßig
weiten Aermeln, zusammengehalten durch einen 2 — 2½ Finger
breiten schwarzen Ledergürtel. Darüber wird ein weißes Sca=

---

[1]) Ihre erste Publication setzt Crusenius (p. 139) ins Jahr 1287. Die
mir vorliegende Ausgabe: „Constitutiones ordinis Fratrum Eremita=
rum sancti Augustini“ (Romae 1625) ist ein unveränderter Abdruck der
Recension von 1580, von der der Herausgeber sagt: multa adjecimus, quae
deerant, quaedam substulimus, quae supererant, nonnulla correximus et
moderati sumus, quae correctionem et moderationem exigebant. Trotz=
dem ist kaum anzunehmen, daß sie im Gesammtgepräge etwas verloren ha=
ben, sondern daß sie die Verfassung des Ordens in der Zeit, in der er uns
interessirt, im Wesentlichen getreu wiedergegeben. Auch lassen sich die späteren
Bestimmungen daran erkennen, daß regelmäßig das Capitel, auf welchem
sie beschlossen worden sind, angegeben wird.

[2]) Nicht aus Leder, wie Köstlin (Luther I, 62) unrichtig angibt.

pulier getragen; darunter ein weißes Untergewand, welches wie alles, was der Augustiner auf bloßem Leibe trägt (mit Ausnahme der kurzen Hosen) nur aus Wollenzeug, nie aus Leinen bestehen darf [1]. Pelzwerk von Waldtieren zu tragen, ist streng verboten, doch darf auf Anraten der Aerzte solches von Haustieren gebraucht werden, aber immer so, daß es von außen nicht gesehen werden kann [2]. Auch in der Nacht ist ein (kürzeres) Scapulier mit einer weißen Kapuze anzulegen. In Allem muß die größte Einfachheit und Gleichmäßigkeit herrschen, nirgends darf eine Abweichung oder Absonderlichkeit sich zeigen.

Das einzelne Kloster. An der Spitze des Klosters steht der Prior, der seine Autorität von dem Provincialcapitel erhält, und dem die Brüder in allen Dingen zu gehorchen und ihm stets mit Ehrerbietung zu begegnen haben. Seine Aufgabe ist es, seinen Untergebenen in geistlichen wie weltlichen Dingen, sowohl in Gesundheit als in Krankheit zu dienen, ihre Anlagen und Neigungen zu erforschen und nicht Alle auf dieselbe Weise zu behandeln, sondern sich ihnen anzupassen, soweit es das religiöse Leben ohne Sünde gestattet, bald strafend, bald tröstend und aufrichtend. Auf das Genaueste wird seine Competenz in äußeren Dingen bestimmt, z. B. wie viel er ausleihen oder selbst borgen darf u. dgl. Nur im Notfalle darf er, wenn er sich nicht harte Strafe zuziehen will, das Kloster ohne die Erlaubniß seines Oberen, des Provincialpriors, auf drei Tage verlassen und muß stets einen Vicar bestellen. Dies ist in größeren Niederlassungen immer der Supprior.

Jeder Convent nämlich oder Samung, so heißt die Gesammtheit der Brüder in einem Kloster, die wenigstens aus zehn Brüdern besteht, hat einen Supprior auf kanonische Weise (durch absolute Majorität) zu wählen, der in dessen Behinderungsfalle den Prior zu vertreten hat und sonst gewisse Obliegenheiten vom

---

[1] Eine Bestimmung, die jetzt nicht mehr überall, z. B. nicht für die deutschen Augustiner, gilt.

[2] Dagegen gewährt Staupitz pellicea (vestimenta) et caliceos nocturnales quatum cuiuslibet conventus admiserit facultas, ne illis, qui assidue divinis vacant desint necessaria precipue hyemali tempore.

Prior zugewiesen erhält. Seine stehende Pflicht ist es, die einzelnen Oertlichkeiten des Klosters zu besuchen, auf das Schweigen in den dafür bestimmten Orten und Stunden zu halten und darauf zu sehen, daß die Laienbrüder (professi) nicht herumlungern oder bei den Priestern sitzen und sich mit ihnen unterhalten, sondern in ihren Zellen bleiben und studiren, oder sich mit geistlichen Uebungen und Handarbeiten beschäftigen, kurz, daß sie niemals müßig sind und auch zur Zeit der Erholung (recreationis) nicht mit den Priestern verkehren, sondern abgesondert dastehen [1] — denn zwischen Priestern und Laien findet eine strenge Scheidung statt; letztere sind zwar auch Brüder, die ersteren aber werden Väter angeredet. Aus diesen wird der Sacristan oder Custos [2] gewählt, der alles, was zum Gottesdienst gehört, zu besorgen und im Stand zu halten hat. Er nimmt die Oblationen der Gläubigen an Brot und Wein, Kerzen u. s. w. in Empfang und hat darüber Rechnung zu führen, auch ist es seines Amtes, zu den Horen und zur Messe die Glocken zu läuten, falls der Prior dies nicht einem Andern aufgetragen hat. Wie der Sacristan für alle kirchlichen Bedürfnisse zu sorgen hat, so der Procurator (Schaffner) für alle leiblichen, wie überhaupt für die äußere Verwaltung des Klosters und seines Vermögens. Aus dem Umstande, daß ihn sein Amt mehr als andere Brüder mit der Außenwelt in Verbindung brachte, wird es zu erklären sein, daß ihm speciell die Sorge für die angehenden Zöglinge übertragen wird. Er hat darüber zu wachen, daß niemand aufgenommen wird, von dem nicht sicher zu erwarten ist, daß er sich ehrbar führen wird, und wenn er aufgenommen ist, hat er ihn zu Zucht und klösterlicher Sitte anzuhalten, auch darauf zu achten, was man im Kloster und draußen über ihn spricht und denkt. Der Procurator braucht kein Priester zu sein, in größeren Conventen kann sogar ein weltlicher Procurator angestellt werden für die Geschäfte, welche durch einen Laien abgemacht werden können, um allzu häufiges Umherlaufen eines Religiosen zu vermeiden und damit das Ordenskleid

---

[1] Diese Bestimmungen finden sich bei Staupitz nicht. Ob erst aus späterer Zeit?

[2] So genannt, weil ihm die custodia sanctissimi Corporis Christi Sacramenti hauptsächlich obliegt.

2*

nicht etwa einmal an unpassenden Orten erscheine [1]). Neben
diesen Hauptämtern erscheinen noch in einzelnen Conventen je nach
der Größe oder dem besondern Bedürfniß derselben andere, wie
das eines Pförtners und Sängers, eines Siechenmei=
sters (infirmarius), Küchenmeisters (coquinarius), Kleider=
meisters (vestiarius), auch Korn= und Mühlmeisters; sie
sind von untergeordneter Bedeutung. Wichtiger waren die Ob=
liegenheiten der beiden Depositare, die alle zwei Jahre für
jeden Convent gewählt wurden. Sie führten mit dem Prior die
Schlüssel zu dem Depositum, wo die Scripturen, Privilegien, Con=
tracte, Urkunden über den Besitzstand und dergleichen aufbewahrt
wurden, und vor ihnen hatten die übrigen Beamten Rechenschaft
abzulegen. Neben dem Prior hatte zumal in größeren Con=
venten der Novizenmeister die einflußreichste Stellung. Ueber
das Noviciat, Reception und Profeß sind die Constitutionen sehr
ausführlich. Als Hauptregel gilt, daß niemand unter 14 Jahren
aufgenommen werden darf, niemand, der wegen Abfall vom Glau=
ben jemals angeklagt worden ist, oder dessen Eltern oder Groß=
eltern aus demselben Grunde, oder Häresie oder wegen starken
Verdachtes bestraft worden sind [2]); auch kein Verheirateter, Sklave
oder sonst Gebundene, oder der eine geheime Krankheit hat, darf
zugelassen werden. Es wird den Obern geraten, denen, die in
den Orden aufgenommen werden wollen, nicht zu schnell ihren
Wunsch zu gewähren, damit sie desto eifriger werden, und an
ihrer Beharrlichkeit ihre Tanglichkeit für den Orden erkannt wer=
den kann. Hat sich der Prior davon überzeugt und auch die
Mehrzahl der Brüder ihre Zustimmung gegeben, so erfolgt der
feierliche Act der Reception. Auf das Läuten der Glocke ver=
sammeln sich die Brüder im Capitelsaal, dem Ort, wo die Be=
ratungen abgehalten werden, oder in der Kirche. Man führt
den Neuling hinein; vor dem Prior, der an den Stufen des
Altars sitzt, wirft er sich nieder und antwortet auf die Frage

---

1) l. c. III, cap. XVII, p. 189 sqq.

2) Diese Bestimmung gehört vielleicht der nachreformatorischen Zeit an.
Nach Stanpiß' Constitutionen hat der Prior nur zu fragen: an sint con-
iugati vel servi aut ratiociniis obligati sive occultam habeant infirma-
tatem? Stanpiß fordert auch ein Alter von mindestens 18 Jahren.

des Priors „Was begehrst Du?": „Die Barmherzigkeit Gottes und Eure Gemeinschaft". Hierauf läßt ihn der Prior nieder= knieen und antwortet: „Mein liebster Sohn, die Barmherzigkeit Gottes können wir Dir nicht geben; aber wir glauben gern, daß sie an Dir geschehen ist, wenn Gott der Herr Dich zum Eintritt in diesen heiligen Augustinerorden veranlaßt hat. Zu unserer Gemeinschaft Dich zuzulassen, sind wir bereit, wenn nicht von Deiner Seite eines der in unsern Constitutionen angegebenen Hindernisse entgegensteht."¹) Hierauf werden diese Hindernisse noch einmal erörtert, auf die Beschwerden des religiösen Lebens, das Verzichten auf den eigenen Willen, die Entsagungen, die Schmach, die auf der Armut und dem Bettel liegt, aufmerksam gemacht, und wenn er erklärt, daß die besagten Hindernisse nicht obwalteten und er mit Gottes Hülfe Alles ertragen wolle, wird er zur Probe angenommen. Unter Wechselgesängen, die darauf Bezug haben²), werden dem Novizen seine Laienkleider ausgezo= gen und die Mönchsgewänder angelegt: zuerst das weiße Unter= gewand, welches der ganze Orden zu Ehren der allerreinsten Jung= frau Maria trägt, dann das Scapulier, und endlich die schwarze Kutte und der schwarze Gürtel³). Wieder folgen Hymnen und Gebete. Der Aufgenommene wendet sich, nachdem er mit Weih= wasser besprengt ist, zum Prior, der seinen Namen verändert, wenn er es für nötig hält⁴), und ihn zum Zeichen der geistlichen

---

¹) l. c., p. 22. Dieser letzte Passus fehlt bei Staupitz.

²) z. B. beim Ausziehen: Exuat te dominus veterem hominem cum actibus suis. Bei der Uebergabe des weißen Gewandes: Induat te do= minus novum hominem, qui secundum Deum creatus est in justicia et sanctitate veritatis. Beim Anlegen des Scapuliers, des Zeichens der Ge= duld: Accipe iugum Domini, iugum eius suave est, et onus eius leve u. s. w. Das bei Staupitz vorgeschriebene Ritual ist etwas einfacher.

³) Der Novize trägt dieselbe Tracht wie der Professe; der einzige Unter= schied ist, daß sie noch nicht geweiht ist. — Seine weltlichen Kleider werden bis zum Profeß aufbewahrt.

⁴) Qui ei mutet nomen si videbitur expedire, praesertim si habuerit nomen ethnicum, et imponat ei nomen alicuius Sancti maxime Ordinis nostri ut nostrorum priscorum Patrum memoria in dies renovetur (p. 24). Diese Bestimmung gehört entweder einer späteren Zeit an, oder ist sehr sel ten zur Ausführung gekommen. Staupitz hat sie nicht.

Liebe umarmt, ebenso der Reihe nach die Brüder, der Novize
aber küßt ihnen die Hand, dem Prior mit einer Kniebeugung.
Mit dem Friedensgruß endet die Feier. Der Neugewonnene wird
nun auf mindestens ein Jahr dem Novizenmeister zur Zucht über=
geben. Während dieser Zeit darf der Convent außer Nahrungs=
mitteln und Kleidungsstücken nichts von Eltern oder Verwandten
des Novizen annehmen, damit derselbe stets wieder das Kloster
verlassen kann. Drei Jahre lang vom Tage seiner Reception
an bleibt er unfähig zu allen Geschäften, welche durch Wahl über=
tragen werden, und erst nach fünf Jahren darf er zu einem
Amte zugelassen werden, womit seelsorgerliche Tätigkeit verbunden
ist, so hatte es schon das Generalcapitel von Regensburg im
Jahre 1290 beschlossen.

Nach den jetzt vorliegenden Constitutionen sollen die Novizen
einer jeden Provinz in einem eigenen Hause abgesondert von allen
übrigen Brüdern blos unter Leitung des Novizenmeisters, der
ihr Prior ist, erzogen werden. Das ist aber zweifellos erst eine
spätere Bestimmung, nirgends findet sich sonst eine Spur davon;
man wird diese Einrichtung vielleicht dem Einfluß der Jesuiten
zuzuschreiben haben [1]). In der ältern Zeit wurde in jedem Con=
vent, in welchem sich Novizen fanden, ein Novizenmeister ange=
stellt, dem die specielle Sorge für ihr geistliches und leibliches
Wohl obliegt. Vor allen Dingen soll er sie das Gesetz Gottes
lehren, sie zur Gottesfurcht und Gottesliebe anleiten, die Liebe
zu sich und den Geschöpfen auf den Schöpfer ablenken. Er unter=
weist sie in geistlichen Uebungen, lehrt sie, sich gegen die Ver=
suchungen zu schützen, geistliche und fromme Bücher zu lesen (von
der Schrift ist nicht die Rede [2])) und sich in dem, was sie gelernt,

---

[1]) Sie wird zuerst ausgesprochen, so weit ich sehe, in der Bulle Pius' V.
Quoniam in reparanda (vom Jahre 1570 oder 1567), § 33 bei Empoli
p. 315. Bei Staupitz heißt es: Prior praeponat noviciis unum ex fratribus doctum honestum virum probatum ac nostri ordinis precipuum
zelatorem (cap. 17). Am Schluß heißt es: Adiicimus tandem ut in
capitulis aut convocationibus patres diligentius cogitent de modis atque
locis quibus nostri aptius instruantur.

[2]) Moneat eos ut libros spirituales et denotos auide legat (p. 27),
dagegen bei Staupitz (cap. 17) nur: Sacram scripturam auide legat de-
vote audiat et ardenter addiscat.

auch zu üben, je nach dem Maß der ihnen geschenkten Gnade Gottes. Der Novize soll häufig beichten, ja allabendlich sorg= fältig sein Gewissen prüfen, und dann eine Generalbeichte ab= legen, denn der Religiose darf seinem Körper nicht die Ruhe des Schlafes gewähren, wenn er nicht vorher dem heiligen Geist eine ruhige Stätte in seinem Innern bereitet hat.

Eine Menge oft recht kleinlicher Einzelnheiten, die dem No= vizen gelehrt werden sollen, führen die Constitutionen an, z. B. niemals mein, sondern stets unser zu sagen, nicht viel zu lachen, lieber zu hören, als zu sprechen, über den Fall anderer nicht zu zürnen, sich aber vor eigenem zu hüten, Fremder Tugend zu beachten und ihr nachzueifern, wann und wie man sitzen, stehen, knieen muß, nicht mit vorgestrecktem Halse einherzugehen, sondern mit zur Erde gehefteten Augen; die Hände unter dem Scapulier oder in die Aermel geschoben, den Ellbogen nicht auf= zulegen u. dgl. mehr [1]). Daß ihnen die Regel und die Consti= tutionen eingeprägt werden, versteht sich von selbst, nicht minder die Geschichte des Ordens. Einmal jede Woche sollen sie die sieben Bußpsalmen mit den Litaneien und das officium defunc= torum für die lebenden und todten Wohltäter des Ordens sprechen. Prior und Novizenmeister haben über ihre Zulassung zu den Studien zu befinden, dabei aber auch daran zu denken, daß der Orden außer Gelehrten und Predigern noch anderer Leute bedarf. Wird an einem Novizen Neigung zum Hochmut beobachtet, so soll man ihn zu seiner Demütigung mit entlegeneren Dienst= leistungen beschäftigen; überhaupt ziemt es den Novizen, um so bereiter und williger etwas zu tun, je mehr es sie abschreckte, als es ihnen aufgetragen wurde [2]). Wer sich als unbrauchbar er=

---

1) Bei Staupitz im Großen und Ganzen dasselbe, besonders in den kleinlichen Einzelheiten, dabei auch Zusätze: Informet eum denique ut eum bibit sedeat et vas ambabus manibus teneat quo bibit.

2) Si viderit aliquem eorum ad superbiam esse propensum, exercere talem debet in obedientiis abjectioribus, quae ad humiliandum ipsum utiles futurae videantur: eorum etiam erit probanda patientia, discrete tamen, et sic de aliis animi propensionibus fieri debet: Novitiis vero ea promptius et alacrius agere convenit, a quibus sensus magis abhorrebit, si iniunctum eis fuerit, ut in illis se exerceant (p. 30). Es könnte schei=

weist, soll sofort entlassen werden, im andern Falle erfolgt nach Beendigung der Probezeit, jedoch frühestens nach Zurücklegung des sechzehnten Lebensjahres, der feierliche Proceß des Novizen. Der Ritus, der dabei befolgt wird, ist im Wesentlichen derselbe wie bei der Reception. Diesmal erscheint der Novize im weißen Gewande. Nachdem ihm noch einmal die Schwierigkeit des Klosterlebens auseinandergesetzt ist, und er trotzdem erklärt hat, die Regel aus freiem Willen auf sich zu nehmen, werden die für den neuen Mönch bestimmten Kleidungsstücke mit Weihwasser und Weihrauch gesegnet. Unter Gebeten und Responsorien des Priors und der Brüder legt er sie an. Darauf setzt sich der Prior, nach ihm die übrigen. Der Novize empfängt ein Exemplar der Regel des heiligen Augustin, schlägt sie auf, und giebt sie so in die Hand des Priors, dann legt er seine Hände darauf und spricht folgenden Schwur: „Ich Bruder N. N. tue Profession und verspreche Gehorsam Gott dem Allmächtigen und der heiligen Maria, allezeit Jungfrauen und dem heiligen Vater Augustin und Dir Bruder N., dem Prior, im Namen und anstatt des gemeinen Priors, der Brüder Einsiedler St. Augustini und seiner Nachkommen, — zu leben ohne Eigenes und in Keuschheit nach der Regel desselben heiligen Vaters Augustin bis an den Tod"[1]). Hierauf sagt der Prior: „Im Namen und anstatt unseres ehrwürdigsten Vaters, des Generals — — nehme ich Deine Profession an, und verleibe Dich dem mystischen Körper unseres h. Ordens ein und mache Dich zum Sohne dieses Conventes im Namen des Vaters" ꝛc. Nun wirft sich der Professe in Form eines Kreuzes auf dem Boden vor dem Prior nieder, der ihn mit Weihwasser besprengt. Dann kniet er mit einer brennenden

neu, daß diese Bestimmungen auch einer späteren Zeit angehörten, da sie bei Staupitz kein Analogon haben; vgl. aber das, was Luther über seine Erziehung im Kloster erzählt, bei Köstlin I, 64.

[1]) Ego Frater . . . facio professionem et promitto obedientiam Deo omnipotenti et B. Patri Augustino (letzterer fehlt bei Staupitz) et tibi R. P. Fratri N. et N. Priori etc. nomine et vice Reverendissimi P. Magistri N. de N. Prioris Generalis Ordinis Fratrum Eremitarum S. P. Augustini et successorum ejus canonice intrantium et vivere sine proprio et in castitate secundum hanc Regulam eiusdem Patris nostri Augustini usque ad mortem.

Kerze in der Hand mitten im Chore, während die übrigen heiße
Gebete für das zeitliche und ewige Wohl des neuen Bruders
zum Himmel senden [1]). Nach Responsorien und weiteren Gesängen
endet wie bei der Reception die Feier mit dem allgemeinen Frie-
denskuß und einer Ermahnungsrede des Priors an den Professen.
Wie er schon früher alle Pflichten, so hat er jetzt auch alle Rechte
eines wirklichen Bruders, wenn er auch eine Zeit lang noch nicht
wählbar ist, wie oben angegeben.

Jeder Bruder hat eine Zelle für sich, in der gemäß der Armut, zu der er sich verpflichtet hat, nichts Ueberflüssiges sein, aber
auch nichts Notwendiges fehlen soll, wie ein Tisch, ein Stuhl,
eine Leuchte und eine Lagerstätte. An den Wänden darf nichts
aufgehängt werden, kein Bild, kein Schmuck, keine Zierat.

Es ist streng verboten, ohne besondere Erlaubniß des Priors
die Zelle eines andern zu betreten, mit Ausnahme der des Obern.
Der zuwider Handelnde wird damit bestraft, daß er dreimal im
Refectorium auf dem Boden sitzen muß und nur Wasser und
Brot vorgesetzt erhält.

In erschreckender Eintönigkeit und Regelmäßigkeit spielt sich
das Klosterleben ab. Da ist nichts, was nicht streng vorgeschrieben wäre. Gottesdienstliche Verrichtungen und Gebete füllen den
größten Teil des Tages, gleichwohl werden nicht an allen Orten
und zu allen Zeiten die Gebetsstunden innegehalten. Nur wo
12 oder wenigstens 10 Brüder zusammen sind, sind sie verpflichtet, zur Matutin sich zu erheben, mit Ausnahme der Zeit vom
Feste der heiligen Dreieinigkeit bis zum Tage des heiligen Augustins (29. August), in welcher Zeit wegen der Kürze der Nacht
in allen Conventen die Matutin nach der Complet gesungen wird.
Wo die Matutin gehalten wird (und die strenge Observanz fordert
die Beobachtung aller Horen), schlagen die Brüder auf den Ton
der Glocke das Kreuz über sich und eilen zur Kirche. Mit dem
Weihwasser sich benetzend treten sie ein, beugen sich tief und ehr-

---

[1]) In einem der Gebete (bei Staupitz schon bei der Reception) folgende
charakteristische Stelle: Adesto supplicationibus nostris omnipotens Deus et
onibus fiduciam sperandae pietatis indulges, intercedente B. Augustino
Confessore tuo atque Pontifice consuetae misericordiae tribue benignus
effectum: per Christum etc.

erbietig vor dem Hauptaltar und gehen ein jeder an seinen Platz.
Auf ein stilles Vaterunser werden stehend die Morgengebete zur hei=
ligen Jungfrau gesprochen. Darauf bekreuzen sich alle und sprechen
die im Brevier für die betreffende Zeit vorgeschriebenen Gebete.
Den Schluß bildet hier wie bei allen Horen das Salve regina
und das Ave Maria. Dies gilt jedoch nur von den Priestern,
nicht von den Laienbrüdern. Ihnen werden aus dem reichen litur=
gischen Ritual nur einige kleine Verschen gelehrt, die sie still für
sich zu beten haben; außerdem aber zu jeder Hora fünfundzwan=
zig Vaterunser mit dem Ave Maria. Mit Eifersucht wird dar=
auf gesehen, daß sie in ihrer Unkenntniß erhalten bleiben. Wer
nicht etwa zufällig schon lesen kann, dem soll es durchaus nicht
beigebracht werden; Lehrer und Lernenden treffen sonst schwere
Strafen ¹).

In ähnlicher Weise, bald mit einfacherem, bald reicherem
Ritual je nach der Zeit des Kirchenjahrs oder in Rücksicht auf
den Heiligen, dem der Tag geweiht ist — eine Tafel im Chor
mit einem Kalendarium ruft ihn stets ins Gedächtniß —, wer=
den die übrigen Gebetsstunden gefeiert. Ueberall tritt der Cultus
der Himmelskönigin, der allzeit jungfräulichen, in den Vorder=
grund; man kann niemals zusammenkommen, ohne ihr besondere
Gebete zu widmen.

Außer den feststehenden Gebetsstunden fordern die Constitu=
tionen, daß in jedem Convent, in dem wenigstens fünf Brüder
sind, zum mindesten an den Festtagen eine Conventsmesse gesungen
wird ²), und jeden Montag eine Todtenmesse für die Verstor=
benen, woran sich eine Procession durch Kirche und Kloster
anschließt. Außerdem hat jeder Priester je drei Messen im Jahre
für die verstorbenen Brüder und Familienglieder, wie für die
lebenden Verwandten und Wohltäter des Ordens zu lesen. Der
Laienbruder findet sich ab mit fünfzig Psalmen ³) und dem Re=
quiem am Ende, wogegen der gewöhnliche Cleriker den ganzen
Psalter zu beten hat. Damit aber ja nicht jemand, etwa durch
ein Versehen übergangen, der Fürbitte des Ordens verlustig

---

¹) Ganz ebenso bei Staupitz.
²) Bei den Observanten täglich.
³) Staupitz fordert sogar 500!

geht [1]), wird stets am Tage nach der Octave des Festes Mariä Heimsuchung ein allgemeines Todtenamt und am Montag nach dem Feste der heiligen Agathe ein feierliches Anniversarium zu Gunsten der Eltern und Verwandten der Brüder wie Wohltäter abgehalten.

An jedem Morgen nach der Matutin schreiten die Brüder in Procession zum Capitelsaal, um dort entweder allgemeine Angelegenheiten des Klosters zu beraten, oder, was wenigstens jeden Freitag geschehen mußte, ein sogenanntes Schuldcapitel abzuhalten. Nach einer Reihe Responsorien sagt der Prior: „Laßt uns von der Schuld handeln!" Darauf werfen sich alle zur Erde nieder. Der Prior fragt: „Was sagt Ihr?" — worauf die Antwort erfolgt: „Meine Schuld". Nun dürfen sich Alle wieder erheben und nachdem die Gäste und die Novizen entlassen sind, hat jeder seine Schuld zu bekennen, nämlich bezüglich der Uebertretung der Regel und der Ordenssatzungen, alle andern Sünden gehören in die Beichte. Hat ein Bruder bei dem andern eine Uebertretung bemerkt, so hat er die Pflicht, ihn anzuklagen, doch nicht auf bloßen Verdacht hin, und nur in der dritten Person von ihm sprechend, damit kein Zwiegespräch oder Streit entsteht. Der Prior hat über die Strafe zu erkennen. Für die meisten Vergehen steht sie übrigens statutarisch fest. Man unterscheidet leichtere, schwere, schwerere und sehr schwere Vergehen, und danach die verschiedenen Strafen. Ein leichteres Vergehen, z. B. zu spät kommen, beim Lesen, im Chor einschlafen, jemanden zum Lachen reizen, oder auf dem Chor durch Rücken des Sessels ein unnötiges Geräusch verursachen, wird mild bestraft. Der Delinquent muß im Refectorium einen Psalmen hersagen, oder falls er nicht ein Priester ist, einmal an der Erde sitzend essen. Wer jemand lächerlich macht, mit Ueberlegung lügt, in seiner Zelle das gebotene Schweigen bricht, bei der Begegnung mit Weibern auf sie das Auge richtet, oder mit einem Weibe allein spricht u. s. w., hat sich die sogenannte schwere Schuld zugezogen, ihn trifft, wenn er Priester ist, einmaliges Essen am Boden, sonst einmalige Disciplin mit Ruten auf die bloße Schulter. Als schwerere Schuld gilt, eine Blasphemie auszusprechen, öffentlich eine Todsünde zu

---

[1] Proxima feria post octavam visitationis Mariae.

begehen, dem Prior einen ganzen Tag lang ungehorsam zu sein, oder sich zu betrinken. Wer sich eines solchen Vergehens schuldig gemacht darf eine Woche lang das Klostergebäude nicht verlassen, hat am Boden sitzend je einmal täglich seine Mahlzeit einzunehmen und empfängt in drei Tagen vor dem ganzen Convent die Disciplin. Je nach Umständen darf die Strafe durch den Prior noch verschärft werden.

Die schwerste Schuld ladet auf sich ein Fälscher von Briefen, Zeugnissen, Urkunden, oder wer den andern schwer verletzt, das Beichtgeheimniß nicht bewahrt oder in Fleischessünden verfällt. Ihn trifft Kerkerstrafe (stets mit Fußfesseln bei Wasser und Brot), häufige Application der Disciplin u. dgl. mehr. Außerdem kann bei gewissen Vergehen auf Entziehung des activen und passiven Wahlrechts, Suspension a divinis und Excommunication erkannt werden. Für Alles ist das Ceremonial auf das Genaueste vorgeschrieben.

Auf eben so feierliche Weise wie zu den Gottesdiensten kommt man zu den Mahlzeiten zusammen. Auf ein Glockenzeichen treten die Brüder in den sogenannten Ort des Schweigens ein, einen Raum, der nur zum Gebet bestimmt gewesen zu sein scheint. Nachdem sie sich vor dem Bild (der Jungfrau), was sich immer in demselben befinden soll, verbeugt haben, setzt sich jeder schweigend auf seinen Platz und der Lector liest einen Abschnitt aus den Constitutionen vor, worauf zum zweiten Male geläutet wird. In feierlicher Procession begiebt man sich ins Refectorium. Jeder bleibt, zu seinem Platze gekommen, vor dem Tisch stehen, bis die Benediction nach dem Brevier gesprochen ist. Auf ein gegebenes Zeichen beginnt das Essen. Damit auch die geistliche Speise nicht fehle, verordnen die Constitutionen, daß, wo wenigstens 12 Brüder vorhanden sind, während der ganzen Mahlzeit vorgelesen werde, wo weniger, doch am Anfang und Ende. Das Lesen ist hauptsächlich Aufgabe der Jüngeren, die älteren Brüder sind davon befreit. Wer beim Lesen Fehler macht, hat nach dem Gratias unter Kniebeugung dem Prior seine Schuld zu bekennen. In den größern Conventen soll bei der Morgenmahlzeit (ad prandium) nur aus der Schrift vorgelesen werden, „damit die Brüder mit derselben vertraut werden" [1]); in kleinern doch wenigstens

---

1) Dies ist höchst wahrscheinlich eine Vorschrift der nachreformatorischen Zeit.

ein Capitel am Anfang. Auch bei der Hauptmahlzeit (ad coe-
nam) wird mit einem Abschnitt aus der heiligen Schrift begonnen, hierauf kann die Homilie über das letzte Sonntagsevange-
lium folgen; Abschnitte aus den Sermonen Augustins, den Lebens-
beschreibungen von Augustinern des Jordan von Sachsen und
ähnlichen erbaulichen Büchern; nur am Freitag muß immer die Regel
Augustins vorgelesen werden. Der Lector ißt mit den Dienstthuenden
an einer zweiten späteren Tafel. Wer sich irgend etwas bei Tisch
zu Schulden kommen läßt, etwas zerbricht, Wein oder Wasser
vergießt, soll aufstehen, an seine Brust schlagen und still für sich
ein Vaterunser beten. Auf ein Zeichen des Priors wird das
Gratias gesprochen, und schweigend, wie sie gekommen, verlassen die Brüder das Refectorium.

Die Fasten sind sehr mild; die Constitutionen verlangen
wenig mehr als die allgemein geforderten Fasttage. Am Char-
freitag wird auf ungedeckter Tafel nur Wasser und Brot zur
Morgenmahlzeit gereicht, sonst werden der Montag in der Fastenzeit, der Dienstag nach Quinquagesima und in der Zeit von
Allerheiligen bis Weihnachten, die Vigilie des heiligen Augustin, sowie die Vigilien der Tage, an welchen die allgemeine Communion
gefeiert werden soll [1]), dadurch ausgezeichnet, daß an ihnen nur
einmal gespeist wird.

Am Abend, bevor man zur Ruhe geht, ruft noch einmal die
Glocke die Brüder zusammen. Schweigend, auf den Knieen lie-
gend, betet Jeder für sich. Gilt es für Kranke oder sonst Bedrängte besonders zu beten oder Mitteilungen zu machen, so
geschieht dies durch den Prior. Darauf wird gemeinsam in ge-
dämpftem Tone das Confiteor gesprochen und von dem Prior
die Absolution erteilt. Hierauf folgen Responsorien und Gesänge
und eine Fürbitte für den Papst [2]), den Protector, den General
und den ganzen Orden. Von neuem stimmt der Sänger Responsorien an, der Prior besprengt die knieenden Brüder mit dem
Weihwasser, kniet dann selbst nieder und betet das Salve regina.

---

[1]) An 24 bestimmten Tagen wird allgemeine Communion gehalten, während Jeder wenigstens einmal in der Woche zu beichten gehalten ist.

[2]) Erst seit Ende des 15. Jahrhunderts.

Mit dem Segenswunsch: „Eine ruhige Nacht und ein willkom-
menes Ende schenke uns der allmächtige Gott" werden die Brüder entlassen. Schweigend gehen sie in ihre Zellen, kein Gespräch
wird mehr geduldet. Falls nicht der Prior einem die besondere
Erlaubniß erteilt hat, noch zurückzubleiben und im Chore oder
Capitelsaal zu beten, hat jeder sich zur Ruhe zu legen[1]) — bis
die Glocke zur Matutin ruft, um am neuen Tage von Neuem
„Gott den schuldigen Dienst zu leisten". In ewiger Monotonie
vergeht ein Tag nach dem andern, nur die Festtage mit ihrem
reicheren Ritual, das Wechseln der Prioren und der übrigen
Obern bringen hie und da etwas Abwechselung. Der Verkehr
mit der „Welt" wird so viel als möglich erschwert. Die Weiber sollen nur die Kirche betreten dürfen; nur im Beisein eines
älteren Bruders, der alles sehen und hören kann, darf der Augustiner mit einem Weibe, falls es nicht eine nahe Verwandte
ist, in der Kirche oder an der Klosterpforte sprechen; um ihre
Beichte anzuhören, muß der Prior eine besondere Erlaubniß erteilen.

Wer sich nicht in der geringen freien Zeit, die nach den ausgedehnten gottesdienstlichen Handlungen und den Geschäften, die
ihm etwa sein specielles Amt auferlegte, noch übrig blieb, mit
Studiren beschäftigte, oder der Seelsorge oblag, ergab sich wol
der stillen Beschaulichkeit, doch ist eine eigentliche Tendenz dafür
nicht vorhanden.

Die Provincialverfassung. Jeder Convent gehört zu
einem größeren Verbande, der sogenannten Provinz — erst später
ließen sich einzelne Convente eximiren —, und steht unter dem
Provincialprior, der auf dem Provincialcapitel gewählt
wird. Alle zwei Jahre[2]) müssen sämmtliche Prioren der Provinz

---

[1]) Für das Bett wird bestimmt ein Sack voll Streu (sischo muus ple-
nus paleis), darüber ein wollenes Unterbett (mataratium laneum), ein Kopf-
tissen (unum pulvinar sive capezale), zwei wollene Laken (duo linteamina
lanea) oder „eine einfache ehrbare Decke" (coopertorium humile et honestum).

[2]) In der ersten Zeit, ja bis in die Mitte des 15. Jahrhunderts, fand
jedes Jahr ein Capitel statt, später alle drei Jahre; in den mir vorliegenden
Constitutionen ist der Zwischenraum zwischen den einzelnen Capiteln auf zwei
Jahre festgesetzt.

mit einem von den Brüdern ihres Convents gewählten Depu-
tirten, dem sogenannten discretus, den Diffinitoren des früheren
Capitels und den Visitatoren der Provinz zu einem Provincialcapitel zusammenkommen. Wenn der Ordensgeneral nicht selbst
erscheinen kann, so sendet er einen Vicar oder auch (in der älteren Zeit) mehrere als Präsidenten des Capitels, der dieselbe un-
umschränkte Autorität genießt, wie der General selbst. Er leitet
das ganze Capitel, bestimmt die gottesdienstlichen Verrichtungen,
von denen, wie sich von selbst versteht, alle Handlungen begleitet
werden, und vor ihm hat jeder öffentlich vom Provincial ab-
wärts seine Schuld bezüglich seiner Amtsführung zu bekennen
und die Pönitenz zu erbitten. Auch denen, die gelobt werden
müssen, soll doch um der gemeinsamen Schuld willen, so verlangen es die Constitutionen, wenigstens ein Psalm aufgelegt
werden. Mit dem abtretenden, dem neu erwählten Provincial,
vier ebenfalls vom Capitel zu erwählenden sogenannten Diffinitoren bildet der Präsident den geschäftsführenden Ausschuß
der Versammlung, das Diffinitorium. Der Provincial wird mit
absoluter Majorität gewählt, bedarf aber der Bestätigung durch
den General. Während bis ins sechzehnte Jahrhundert eine Wiederwahl gestattet war und häufig vorkam, wurde sie später verboten.
Ebenso für die Prioren. Jeder Prior hat auf dem Provincialcapitel
sein Amtssigel abzuliefern. Wenn er nicht von dem Diffinitorium,
dem die Wahl des Priors obliegt, einem andern Convent vorgesetzt wird, kehrt er als einfacher Mönch in sein Kloster zurück.

Mit absoluter Stimmenmehrheit werden noch von dem ganzen Capitel zwei Visitatoren gewählt, die mit großen Vollmachten
ausgerüstet noch neben dem Provincial die einzelnen Convente zu
visitiren haben. Außerdem hat das Capitel (mit einfacher Majorität) noch schlüssig zu werden über die Wahl eines Diffinitors
und eines Discretus, die mit dem Provincial die Provinz auf
dem Generalcapitel zu vertreten haben. Der Provincial, der
nicht zugleich Prior conventualis sein darf, hat dieselbe Gewalt
über die Provinz, wie der Prior über den Convent. Wenigstens
ein Mal im Jahre soll er alle Convente visitiren. Prioren,
die ihre Pflicht nicht getan oder sich gröberer Vergehen schuldig
gemacht haben, darf er nur suspendiren, nicht absetzen, wohl aber

die niederen Beamten; auf Amtsentsetzung und Excommunication darf er nur erkennen mit Zustimmung des Diffinitoriums, das sein ständiger Beirat ist.

Der Orden gipfelt in dem gänzlich unabhängigen General= prior, der auf dem Generalcapitel gewählt wird, das alle sechs Jahre, gewöhnlich zu Pfingsten, abzuhalten ist. Mit einem außerordentlich reichen Aufwand von Ceremonien, wie es der Bedeutung der Versammlung zu entsprechen scheint, vollziehen sich die einzelnen Acte des Capitels. Von überall her strömen die Provinciale und die speciellen Abgesandten der einzelnen Pro= vinzen in dem dafür bestimmten Orte zusammen. Bedeutende Persönlichkeiten, berühmte Doctoren, und sonstige Zierden des Ordens kann der General besonders auffordern, durch ihr Er= scheinen das Capitel zu verherrlichen. Findet es in Italien statt, so haben auch die Prioren und Regenten der Generalconvente ¹) Italiens sich einzufinden. Auf diese Weise sollen zuweilen mehr als tausend Augustinerbrüder sich zusammengefunden haben.

Wie beim Provincialcapitel der General den Vorsitzenden ernennt, so kann hier der Papst einen solchen ernennen. Tut er es nicht, so steht dem Diffinitor der betreffenden Provinz, in welcher das Capitel gehalten wird, das Recht zu, einen beliebigen Bruder zur Präsidentschaft zu berufen. So lange das Capitel währt, hat er die höchste Gewalt. Alle haben ihm die tiefste Ehrerbietung zu bezeigen und ihm als Zeichen der Huldigung vom General bis zum niedrigsten Mönche unter Kniebeugung die Hand zu küssen.

Die Geschäfte des Capitels sind ziemlich bedeutend. Die einzelnen Provinciale haben das statistische Material vorzutra= gen, über ihre Amtsführung zu berichten und mitzuteilen, wer an Wohltätern des Ordens seit dem letzten Capitel gestor= ben ist, deren dann feierlich in einem Todtenamt gedacht wird. Außerdem liegt dem Capitel ob, etwaige Streitigkeiten zu schlichten, Collecten für die einzelnen Provinzen zu bestimmen, auf Vorschlag der Provincialen oder Diffinitoren, die Brüder

---

¹) Unter Generalconventen versteht man solche Convente, die unter der unmittelbaren Leitung des Generals standen. In der Regel war wohl ein Studium damit verbunden. Die Mehrzahl derselben war in Italien.

aus allen Gegenden auf die einzelnen Studienanstalten zu ver=
teilen [1]) und solche Beschlüsse zu fassen, welche den gesammten
Orden angehen sollen. Dergleichen neue Constitutionen haben
jedoch erst dann definitive Gültigkeit, wenn sie von zwei aufein=
anderfolgenden Generalcapiteln angenommen worden sind. Das
Wichtigste ist aber ohne Zweifel die Wahl des Generals, die mit
großem liturgischen Gepränge vor sich geht. Der bisherige Gene=
ral giebt an den Präsidenten das Amtssigel, bekennt seine Schuld
und wirft sich in Erwartung der Strafe vor ihm nieder, dieser
fordert ihn auf, sich zu erheben und den Capitelsaal zu verlassen.
Ihn begleiten alle diejenigen, die nicht stimmberechtigt sind.
Hierauf wird seine Amtsführung diskutirt, und wenn nichts gegen
ihn vorliegt, oder er nicht selbst zu resigniren wünscht, seine
Amtsgewalt auf weitere sechs Jahre bestätigt. Im andern Falle
wird eine Neuwahl vorgenommen, nach deren Vollzug die Mit=
glieder des Capitels dem Gewählten wieder durch Handkuß ihre
Obedienz und Ehrerbietung bezeigen sollen.

Der General ist, wenn auch verantwortlich und an die Con=
stitutionen des Ordens gebunden, doch fast absoluter Herrscher.
Wie schon erwähnt, hat er die Wahl des Provincials wie
die Beschlüsse des Provincialcapitels zu bestätigen; er erteilt die
Erlaubniß zu Promotionen, versetzt aus einem Convent in
den andern, aus einer Provinz in die andere, darf die Grenzen
derselben ändern, neue einrichten, und hat eine große Reihe
sonstiger Reservatrechte. Eine Beschränkung erleidet seine Macht
nur durch die eigentümliche Beziehung des Ordens zum aposto=

---

[1]) In welcher Weise sich der Unterricht gestaltete, läßt sich nicht mehr
genau feststellen. Zwar enthalten die Constitutionen einen ganzen Abschnitt
de forma studiorum, aber das darin Enthaltene scheint, wie aus einer
Vergleichung des entsprechenden Capitels bei Staupitz (De forma circa studentes et lectores ac predicatores nostri ordinis observanda, cap. 36)
hervorgeht, zum größten Teile der nachreformatorischen Zeit anzugehören.
Man unterscheidet studia particularia und generalia. In den ersteren
wurde Logik und Grammatik gelehrt, in den letzteren Theologie und Rechts-
wissenschaft (?). Der betreffende Convent, dem der Student von Haus aus
angehörte, hatte für dessen Bücher und Bekleidung zu sorgen, und außer=
dem an den Convent, in welchem sich das Studium befand, jährlich zwei
Floren in Gold zu zahlen.

3

·lichen Stuhle, die, soweit ich sehe, eine engere ist, als bei den übrigen Bettelorden.

Wir erinnern uns, daß die Zusammenfassung der verschiedenen Congregationen, die dem heiligen Augustin nacheiferten, in den einen Augustinerorden, die eigenste Schöpfung der Päpste war. Ein vom Papste bestellter Protector hatte die Einigung zu Stande gebracht. Fortan hatte sich der Orden stets der besonderen Protection der Päpste zu erfreuen. Und er war sich derselben wie seines Ursprungs recht wohl bewußt. Nur daraus läßt sich die Inconsequenz erklären, alle Autorität des Ordensobern nicht von Augustin abzuleiten, sondern unmittelbar vom Papste, wie es in einem Beschluß des Generalcapitels vom Jahre 1497 ausdrücklich ausgesprochen ist [1]). So hat denn auch der Papst das Recht, bei eintretender Vacanz ohne weiteres einen Generalvicar zu bestellen, dem derselbe Gehorsam geleistet werden muß, wie dem General selbst, bis durch ein Generalcapitel ein solcher gewählt ist.

Wie vorteilhaft nun auch diese directe Beziehung zum Papste für das Wachsen und Gedeihen des Ordens war, so hat sie doch in der Folge auch zu unheilvollen Spaltungen geführt, indem einzelne kleinere Genossenschaften innerhalb des Ordens (Congregationen) das Recht ihres Bestehens und die Autorität ihrer selbstgewählten Oberen nicht vom Provincial oder General, sondern vom Papst unmittelbar ableiteten und wider den Willen der Oberen des Gesammtordens sich von der Curie ihre Sonderrechte bestätigen ließen.

Wie andere Orden, z. B. der Dominikanerorden, haben auch die Augustiner einen besonderen Geschäftsträger bei der Curie, Procurator, der in gleichem Range steht wie der General [2]). Er hat alle Geschäfte mit der Curie zu vermitteln, und seine besondere Aufgabe ist es, stets die guten Beziehungen zur Curie zu erhalten, neue Privilegien auszuwirken, die alten bestätigen zu

---

1) Quia authoritas ordinis in Patre Generali immediate ex Papa descendit et ab ipso Generali in Prioribus Provincialibus et vicariis Congregationum diffunditur etc. Constitutiones, p. 110.

2) Zur Wahl zum Procurator, der ev. (unter denselben Bedingungen wie der General) alle sechs Jahre wechselt, schlägt der General dem Diffinitorium des Generalcapitels drei geeignete Leute vor, aus denen derselbe durch geheime Wahl hervorgeht. Ibid. p. 97.

laſſen. Nichts darf bei ſchwerer Strafe [1]) an den Papſt, die Cardinäle oder ſonſtige päpſtliche Beamten gebracht werden, ohne durch den Procurator gegangen und von ihm perſönlich über= mittelt worden zu ſein.

Um dem Papſt die Vorzüglichkeit des Ordens, ſeine Fröm= migkeit und Lauterkeit ſtets vor Augen führen zu können, iſt die eigentümliche Einrichtung getroffen, bei der Curie ſelbſt einen Convent zu errichten [2]), der, nur mit den vorzüglichſten Brüdern beſetzt, eine Muſteranſtalt ſein ſoll. In ihm haben ſich auch diejenigen aufzuhalten, die bei der Curie Geſchäfte haben. Es iſt der Conventus Mariae del populo, noch heute ausgezeichnet durch ſeine berühmte Bibliotheca Angelica [3]) — er iſt die Her= berge der nach Rom reiſenden Brüder, auch Luther wird dereinſt daſelbſt ſeine Wohnung aufgeſchlagen haben [4]).

Das ſind im weſentlichen die Einrichtungen des Auguſtiner=

---

[1]) Der Procurator hat für Zuwiderhandelnde einen beſonderen feſten Kerker mit Fußfeſſeln (p. 114). Bei Staupitz heißt es cap. 51 am Schluß: Quod- que practer carcerem conventus curiae procurator ordinis habeat unum alium firmum carcerem cum compedibus cyppis et cathenis ac manicis ferreis pro apostatis in conventu curiae denigrantibus inibi detrudendis.

[2]) Quia vero Ordo noster potest a familia conventus Romanae curiae nota scandali non modica denigrari, ad ordinationem eius deliberatione et diligentia praevia est procedendum. Statuimus igitur inviolabiliter observari, ut in ipso loco Curiae a Reverendissimo Priore generali frater aliquis pro Priore ponatur, quem fama et vita probet laudabilem et long- aeva et religiosa eius conversatio Ordinis zelatorem. Familia quoque tam studii, quam fratrum de conventu ab eodem Priore Generali ex toto Ordine deligatur, in qua fulgeat doctrina et morum honestas tanta, quanta esse debet in oculis vicarii Domini Nostri Jesu Christi et sacro- sancti Cardinalium Senatus ac tot Praelatorum, qui quotidie Romanam curiam frequentant (p. 115 sq.). Bei weitem ausführlicher die Einrichtung des Conventes beschrieben bei Staupitz cap. 51.

[3]) Vgl. Lämmer, Zur Kirchengeſchichte des ſechzehnten und ſiebzehnten Jahrhunderts (Freiburg 1863), S. 61 ff.

[4]) Ich übergehe hier die weibliche Linie des Auguſtinerordens, da ſie für die Entwicklung von keiner Bedeutung iſt, auch keineswegs alle Auguſtinerin= nenklöſter unter der Jurisdiction des Mannsordens ſtanden. Wo dies der Fall war, unterlagen ſie denſelben Conſtitutionen, wie dieſer; wie die ſpeciellen Beſtimmungen für die Nonnen und den weiblichen Tertiarierorden der Man- tellatae geweſen ſind, läßt ſich mit Sicherheit nicht mehr angeben, da die=

3*

ordens. Betrachtet man sie im einzelnen, so lassen sich eine Menge
kleiner Abweichungen von den Constitutionen der andern Orden
erkennen, aber ein neues wirkungsvolles Princip führte er nicht in
das Mönchtum ein. Neben seinen älteren Brüdern, den Francis=
tanern und Predigern, mit denen er auf gleichem Boden steht, tritt
er zurück, — zu welthistorischer Bedeutung kommt er erst durch seinen
großen Apostaten. Aber doch ist seine [relative] Bedeutung nicht
gering zu schätzen, sie ist eine wesentlich kirchliche. Der Augustiner=
orden hat, wenn man von Proles absehen will, keine Fanatiker
des Princips von der freiwilligen Armut aufzuweisen, wodurch
der Franziskanerorden in so große Kämpfe geriet und so große
Erfolge erreichte, er hat auch niemals das Panier der Recht=
gläubigkeit und der reinen Lehre mit solcher Entschiedenheit ver=
fochten wie die Prediger, aber er hat der Kirche keine geringeren
Dienste geleistet.

Man hat wol früher gemeint, und die protestantische Geschichts=
schreibung hat besonders daran Gefallen gefunden, der Augustiner=
orden habe bei steter Beschäftigung mit den Schriften seines Ahn=
herrn sich durch alle Zeit hindurch einen gewissen Augustinismus
oder, was man so gern identisch setzt, eine reinere evangelische
Gnadenlehre bewahrt. — Die nachfolgende Darstellung wird
zeigen, daß sich davon keine Spuren nachweisen lassen, aber in
anderer Beziehung, das ist nicht zu leugnen, ist der Orden
immer gut augustinisch geblieben, das ist in der Betonung des
Kirchlichen. Das kirchliche Interesse, insoweit es mit dem gottes=
dienstlichen identisch steht, ist ohne Zweifel im Vordergrund.
Gott den schuldigen Dienst zu leisten, darauf zielt Alles ab,
auch die persönliche Heiligung, und auch in seinen schlimmsten
Zeiten, wo Zucht und Sitte Vieles zu wünschen übrig ließen,
scheint die Handhabung des Gottesdienstes und Alles, was nach
mittelalterlichen Anschauungen mit der cura animarum zusam=
menhängt, hoch gehalten worden zu sein, wofür die Brüder=
schaften den Beweis liefern werden. Nur hieraus erklärt sich

selben in den uns vorliegenden Constitutionen fast durchweg auf Verordnungen
des Tridentinums beruhen. In Deutschland waren wenige Augustinerinnen=
klöster, die den Augustinerobern untergeben waren.

die besondere Zuneigung der edlen Geschlechter in den Städten
für den Orden, die sich am Ausgang des Mittelalters allent=
halben constatiren läßt, und schließlich ist der Augustinerorden
der einzige, bei dem das Volk Erbauung durch die Predigt
findet: am Ausgang des 15. Jahrhunderts ist in jedem grö=
ßeren Convente, wenigstens der deutschen Congregation, ein Pre=
diger. Bei diesen wesentlich praktisch=kirchlichen Neigungen — noch
heute wirken die wenigen Augustiner innerhalb des deutschen
Sprachgebietes entweder in der Seelsorge oder im Lehrfach —
tritt, wie erklärlich, das wissenschaftliche Moment mehr zurück
und es will nicht allzu viel sagen, wenn die Constitutionen ein=
mal die Studien das Fundament des Ordens nennen [1]), sie sind
eben nur Mittel zum Zweck gewesen, wie bei den andern Bettel=
orden [2]), nur daß bei allen Anstrengungen die Augustiner keinen
einzigen Gelehrten hervorgebracht, der denen jener an die Seite

[1]) Diligenter prior generalis provideat quomodo Studia in quibus
post Dei cultum et inculpatos vitae mores fundamentum Religionis
consistit. Constit., p. 106; ebenso bei Staupitz cap. 40.

[2]) Es ist eigentümlich, daß sich allenthalben in reformationsgeschichtlichen
Werken die Angabe findet, daß die Augustinereremiten erst im 16. Jahr=
hundert in die Zahl der Bettelmönche aufgenommen worden wären. Vgl.
Jürgens I, 559; Zöckler in Herzogs Realencyclopädie, 2. Auflage.
Dieser Irrtum beruht einesteils auf Unkenntniß der Constitutionen des
Ordens, die jeden eigenen Besitz entschieden verwerfen und den Orden
auf den Erwerb durch Betteln anweisen, anderteils auf einer falschen Auf=
fassung der dafür angezogenen Bulle Pius' V. (Die unrichtige Bemerkung
von Helyot III, 22 darüber ist von Schröckh XXVII, 505 und nach
ihm von allen späteren ohne eigene Prüfung aufgenommen worden.) Die
fragliche Bulle ist datirt von 3. October 1567 (Magn. Bullarium Rom.
ed. Cherubini II, 256 sq.). Infolge eines Streites, der dadurch entstanden,
daß die Ordinarien zu der von dem Tridentinum geforderten Errichtung
von Priesterseminaren auch die Mendicanten heranziehen wollten, weil diese
als im Besitz von Hab und Gut nur mit Unrecht diesen Namen führten,
erklärte der Papst, daß omnes et singulos Quatuor Mendicantium Ordinum
videlicet S. Dominici et S. Francisci ac Eremitarum S. Augustini nec
non Carmelitarum et quos etiam recenseri volumus Servorum Beatae
Mariae nominibus comprehensos Fratres den Charakter als Bettelmönche
behalten sollten, auch wenn sie gemeinsam (in communi) Immobilien
besäßen. Hier werden also einfach die vier bekannten Bettelorden aufgezählt
und ihnen, das ist das Neue, die Marienknechte oder Serviten beigezählt. Die

zu stellen ist, obwohl sie am Ausgang des Mittelalters auf allen deutschen Universitäten zu finden und in Erfurt sogar die Ton= angebenden sind. Doch das gehört schon in die Geschichte des Ordens in Deutschland, zu der wir uns nunmehr zu wenden haben.

—

vier Bettelorden finden sich auch schon so zusammengestellt in dem ihnen erteilten Mare magnum von Sixtus IV., und ihre Generale werden immer gemeinsam und in besonderer Gruppe aufgeführt als Beisitzer des Lateran= concils von 1512 (Harduin, Acta Concil. [Par. 1714], Tom. IX, p. 1583 u. ö.). Unrichtig ist nach dem obigen Citate aus der Bulle Pius' V. auch die weitere Bemerkung Helyots, daß den Augustinern erst nach den Carmelitern der Rang zugewiesen wäre.

Zweites Capitel.

Verbreitung und Entwicklung des Ordens in Deutschland bis zum Constanzer Concil.

Wie viel wirkliche Augustinereremiten Guido Salanus in Deutschland schon vorfand, läßt sich mit Sicherheit nicht mehr bestimmen, zumal den in den Klöstern darüber herrschenden Ueber= lieferungen nicht sehr zu trauen ist. Eine Reihe Klöster, wie Gotha [1]), Schmalkalden [2]), Nürnberg [3]), Memmingen [4])

---

[1]) Nicolaus de Siegen (ed. Wegele, p. 358) läßt die Augustiner 1249 aus Erfurt kommen. Dieser Zeitangabe widerspricht aber die urkundliche Nachricht, daß im Jahre 1258 Jutta, Aebtissin der Cisterciensernonnen, den Augustinern eine Kirche überläßt und der Erzbischof Wernher von Mainz unter dem 8. Juli 1265 denselben einen Ablaß ad consummationem edi= ficiorum suorum in Gotha gewährt (Archiv zu Gotha).

[2]) Conrad Geisthirt (Historia Smalcaldica, historische Beschrei= bung der Herrschaft Schmalkalden, 2 Bde.; handschriftlich im Gothaer Archiv) sagt im 1. Bande, S. 299, das Stiftungsjahr sei unbekannt, das Kloster sei aber schon 1205 vorhanden gewesen. Darnach Häfner, Ge= schichte der Herrschaft Schmalkalden I, 80—142.

[3]) Das Salbuch des Augustinerklosters zu Nürnberg, angefangen 1503 unter dem Priorat des Eutarius Karl, meldet, daß ein Kloster des Ordens seit undenklichen Zeiten in der Stadt bestanden habe, aber abgebrannt sei, darauf aber „mit wissen und mit willen des Stuls zu Rom, auch mit willen vnd gunst eines erbarn vnd weisen rats von newen gepaut hieher an die stat, da man gezahlt zweihundert vnd fünfundsechzig jar" (Nürnberger Stadtarchiv).

[4]) Anno 1280 Memminganum Nostrum Asceterium (quod ipso oppido vetustius ex eremicolis ibi commorantibus fuisse scribit Petrus Wetten- hus. in Suevia Ecclesiast.) nova fundamenta accipit. Höhn, Chrono-

u. a. machen Anspruch darauf, schon vor der Vereinigung be=
standen zu haben, doch beginnen die urkundlichen Nachrichten erst
alle nach 1256. Nach Crusenius [1]) wären auch in Mecheln
und Cöln, von welchen Orten aus die Augustiner im Jahre
1256 nach Löwen in Belgien gekommen sein sollen, schon früh
Niederlassungen der Eremiten gewesen. Wie dem auch sein mag,
gewiß hat Guido Salauus selbst eine Anzahl Begleiter ge=
habt und je nach Bedürfniß Brüder aus Italien nach Deutsch=
land berufen, und trotzdem, daß Dominikaner und Minoriten
erst vor kurzem das Land überschwemmt hatten, fanden die neuen
Mönche, wohin sie kamen, freundliche Aufnahme, besonders im
südwestlichen Deutschland, und in den nächsten zwanzig bis drei=
ßig Jahren entsteht eine verhältnißmäßig große Zahl von Nieder=
lassungen. Friedberg (in der Wetterau) und Mainz erhalten
schon 1260 zum Ausbau der „jüngst" gegründeten Augustiner=
klöster einen Ablaß [2]). In Franken war es der Provincial selbst,
der ihnen Eingang verschaffte, das Kloster zu Würzburg (neben
dem zu Münnerstadt [c. 1279] das einzig noch bestehende im
jetzigen deutschen Reich) verdankt ihm seine Stiftung [3]). Nach
Gotha kamen die Eremiten schon 1258 vielleicht von Erfurt
her [4]).

Die schwarzen Brüder scheinen allenthalben gern gesehen wor=
den zu sein, und man verstand es, die Devotion der frommen
Deutschen durch reichen Ablaß, den bisweilen eine ganze Anzahl

logia provinciae Rheno-Suevicae ord. FF. Erem. S. P. Aug., 1744,
p. 30. Höhn führt noch eine ganze Reihe angeblich vor der Union existirender
Klöster an (Colmar, Freiburg im Breisgau, Gmünd in Schwaben, Hage=
nau, Freiburg in der Schweiz, Mainz &c.), wofür er kaum mehr als Ver=
mutungen anführen kann.

[1]) Crusenius a. a. O., S. 123 u. 126.
[2]) Staatsarchiv in Darmstadt, und Höhn a. a. O., S. 22.
[3]) Stiftungsurkunde bei Höhn a. a. O., S. 24 f.
[4]) Nach Nicolaus de Siegen (ed. Wegele. p. 358) wären sie schon
vor 1219 in Erfurt gewesen. Gegen eine so lange Seßhaftigkeit scheint aber
das Chron. Sampetrinum zu sprechen (Geschichtsquellen der Provinz
Sachsen, Bd. I [1870], S. 101): Anno domini 1273 consules et iudices Er-
fordie cum universitate confregerunt domum fratrum Augustinensium non
permittentes in Erfordia habitare.

von Bischöfen für den Besuch der in Bau begriffenen Kloster=
kirchen gewährte [1]), fruchtbringend zu erhöhen. Nur zweimal
hören wir, daß man ihnen und doch nur auf kurze Zeit in Er=
furt und Nürnberg [2]) die Niederlassung versagte oder sie hart
bedrängte, vielleicht durch die Weltgeistlichkeit aufgestachelt oder durch
die Wilhelmiten, mit denen der Streit fortdauerte und denen
u. a. die Convente von Schönthal (vallis speciosa) und See=
mannshausen von den Eremiten genommen worden waren [3]).
Um sie aus den Städten zu verdrängen, machten die andern Or=
den wol geltend, daß sie als Eremiten die Städte fliehen müß=
ten, so daß Clemens IV. sich veranlaßt sah, ausdrücklich in einer
Bulle zu erklären, daß ihre Regel und ihr Name sie keineswegs
verpflichte, sich nur an einsamen Orten niederzulassen, da es
ihnen ja sonst zu schwer wäre, ihren Unterhalt zu erbetteln [4]).
Und gerade von Seiten der Bürgerschaft hatten sie sich der be=
sonderen Zuneigung zu erfreuen. Rat und Bürger von Brei=
sach hofften in ihnen ohne sonderliche Kosten treffliche Lehrer
ihrer Kinder zu erhalten, und Rudolph von Habsburg, der eine
Vorliebe für den neuen Orden hatte, bestärkte sie darin; so
kamen die Augustiner 1270 in diese Stadt [5]). Auch in andern
Orten wie Zürich [6]) und später in Magdeburg [7]) und Hage=

---

[1]) Im Jahre 1284 erteilen 15 italienische Bischöfe den Besuchern der
Augustinerkirche zu Neustadt an der Orla einen bedeutenden Ablaß, der dann
auf den Besuch aller Augustinerkirchen in Deutschland ausgedehnt wird
(Staatsarchiv in Weimar).

[2]) Annales Basilienses ad annum 1276 (Mon. Germ. Script.
XVII, 198, 45 sq.: Destructa fuit domus sancti Augustini in Nulen-
berg), wenn die Conjectur des Herausgebers — Nurenberg — richtig ist.

[3]) Crusenius, S. 130.

[4]) Quam difficile foret ipsis, quos oportet diebus singulis sustenta-
tionis suae pabulum mendicare, in locis habitare remotis. Bulle Clemens' IV. dd. Viterbii 3. Kal. Febr. Pontif. Anno tertio (30. Juli 1268).
Crusenius, S. 131 ff.

[5]) Roßmann, Geschichte der Stadt Breisach (Freiburg 1851), S. 184.

[6]) Nach Mülinen (Helvetia sacra [Bern 1858 f.], p. 10) kamen sie
1270 nach Zürich).

[7]) Im Jahre 1284. Hier spielten freilich auch die Bemühungen eines
frommen Klosterbruders mit, der in einer dreimaligen Vision des heiligen
Martin den Befehl dazu erhalten hatte. Chron. Magdeb. bei Meibom,

nau [1]) war es die Fürsprache des Habsburgers, die ihnen Eingang verschaffte.

Es würde zu weit führen, wollten wir im einzelnen die oftmals sagenumsponnene Geschichte ihrer Verbreitung verfolgen [2]). Nicht überall lassen sich auch Zeit und Umstände der Stiftung mit Sicherheit bestimmen; nur soviel läßt sich nachweisen, daß in Deutschland im engern Sinne gegen Ende des Jahrhunderts schon weit über vierzig Augustinerklöster vorhanden waren [3]). Bedenkt man, daß in Polen, Böhmen und Ungarn, welche Länder nach der Ordensgeographie noch zur deutschen Provinz gehörten, durch den Eifer der frommen Brüder der Orden sich ebenfalls stark verbreitete, so erklärt sich, daß die einheitliche Leitung und teilweise noch notwendige Organisirung einer so großen Zahl von weit auseinanderliegenden Niederlassungen bald die Kräfte eines Einzelnen überstieg. Schon der vierte [4]) Provincial, der seit den

Rer. germ. II, 33. Hoffmann (Friedr. W. H.), Geschichte der Stadt Magdeburg (Magdeb. 1841) I, 196. Aelteste Urkunde vom 25. Januar 1284; vgl. Magdeburger Schöppenchronik (Chroniken der deutschen Städte vom 14.–16. Jahrh.) VII, 176.

[1]) Eine Urkunde Rudolphs vom 11. März 1284 über Schenkungen an die Augustiner zu Hagenau (quod Nos Honorabiles ac Religiosos viros Fratres Eremitarum Ordinis S. Augustini ob suae coelibis vitae decorem singularis dilectionis gratia prosequentes de Nostra permissione Regia, voluntate benevola procedere publice profitemur), abgedruckt bei Höhn, S. 35.

[2]) Vgl. die Sage, die sich an die Gründung des Regensburger Klosters knüpft, bei Crusenius, S. 130.

[3]) Ein Verzeichniß der deutschen Augustinerklöster im Anhang.

[4]) Auf Guido Salanus war c. 1260 Andreas Senensis gefolgt, auf diesen angeblich (Höhn, S. 28) ein gewisser Engelbertus Germanus, nach dessen 1273 erfolgtem Tode Heinrich (Friemar) gewählt sein muß, der in einer Urkunde von 1279 sich Prior von Himmelspforte und provincialis fratrum Eremitarum Ordin. S. Augustini per Alemanniam nennt: s. H. A. Pröhle, Andreas Proles (Gotha 1867), S. 24. — Höhn nennt ihn Henricus de Vrimaria und läßt ihn achtzigjährig 1334 oder 43 in Regensburg oder Erfurt sterben, verwechselt ihn aber (nach Trithemius) mit dem gelehrten Theologen Henricus de Vrimaria, der in der Mitte des 14. Jahrhunderts seinem Orden zur Zierde gereichte, über welchen Tentzel (Supplementum Historiae Gothanae III. 50), ohne die Verwechselung zu merken, reiches Material beigebracht hat. Schon der Umstand, daß im Falle der Identität damals Heinrich nicht hätte über zwanzig Jahr alt sein können, müßte auf

siebziger Jahren dem Orden in Deutschland vorstand, Bruder
Heinrich von Vrimaria (der ältere), anfänglich Prior von Him=
melspforte bei Wernigerode, mußte daran denken, die Provinz
zu teilen. Im Jahre 1299 kam der Gedanke zur Ausführung,
nachdem das Provincialconcil, welches Pfingsten 1297 zu Zürich
gefeiert worden, wahrscheinlich darüber beschlossen hatte [1]). Die
eine große, das regnum Alemanniae umfassende Provinz sollte
nunmehr in vier Provinzen zerfallen. Die Einteilung war eigen=
tümlich genug. Alle Convente von Mainz südwärts, diesseits
und jenseits des Rheins, in Elsaß, Schwaben und Schweiz bil=
deten die r h e i n i s c h = s c h w ä b i s c h e Provinz. Bedeutend größer
war die b a i r i s c h e; sie umfaßte Baiern, Südfranken, Böhmen,
Oesterreich, Mähren, Schlesien, Polen, Steiermark, Kärnthen,
Krain und Kroatien, wovon, was hier gleich bemerkt sein
mag, 1358 Böhmen, Mähren und Polen abgetrennt wurde [2]).
Unter die k ö l n i s c h e Provinz vereinigte man alle Convente am
Niederrhein, Belgien und den Niederlanden, während die t h ü =
r i n g i s c h = s ä c h s i s c h e alle in Norddeutschland einschließlich Preußen
liegenden Augustinerklöster umfaßte. Von nun an gehen diese
vier Provinzen streng geschieden ihre eigenen Wege, wählen eigene
Provinciale und halten eigene Capitel ab, mit Eifersucht darauf
bedacht, die einmal bei der Teilung überkommenen Convente unter
ihrer Jurisdiction zu behalten, und sich keinen Bruder, der bei

die Annahme eines zweiten desselben Namens führen. Ausdrücklich wird
aber derselbe bezeugt durch eine in Gotha ausgestellte Urkunde vom Jahre
1355, in der es sich um den Nachlaß eines Henricus de vrimaria junior
venerabilis prior, sacre theologie professor handelt, der also dann der be=
rühmte sein dürfte (Copialbuch des Erfurter Augustinerklosters; Staats=
archiv zu Magdeburg).

[1]) H ö h n, S. 39 f.

[2]) H ö g g m a y e r, Catalog. Prov. Bov. ad. ann. Später muß jedoch
die Provinz wieder denselben oder einen noch größern Umfang gehabt
haben. Denn Höggmayer zählt unter den neun Districten, in die der Pro
vincial Georgius de Valle speciosa (1431—42 [Schönthal]) die Provinz ge=
teilt habe, nicht nur Böhmen, Mähren und Polen auf, sondern auch einen
District Rußland mit drei Klöstern. Nach derselben Angabe würde damals
die Provinz 53 Convente umfaßt haben, darunter freilich auch mehrere
Frauenklöster.

ihnen Profeß getan, entziehen zu lassen. Der bisherige Provin=
cial von Deutschland, jener oben genannte Heinrich von Brie=
mar, übernahm die Leitung von Thüringen=Sachsen. In Baiern
wurde Ulrich Strubinger (Straubinger) Provincial, in der
rheinisch=schwäbischen Provinz Hermann von Speier[1]).

Von Seite der römischen Curie hatte der Orden fortwährend
die höchste Gunst zu erfahren. Die Generale beeilten sich auch,
von jedem neuen Papst die Privilegien bestätigen zu lassen und
bei dieser Gelegenheit neue auszuwirken. Besonders war es
Bonifacius VIII., der durch eine Reihe von wichtigen Exemptionen
die Augustiner den übrigen Bettelorden gleich zu stellen suchte[2]).
Wie den Franziskanern und Dominikanern, wird auch ihnen u. a.
das Recht erteilt, Beichte zu hören und zu predigen, doch unter
der Bedingung, daß nur geeignete, in der heiligen Schrift unter=
richtete, geprüfte und approbirte Priester dazu gewählt werden.
Auch müssen dieselben, obwol sie nicht eigentlich unter der bischöf=
lichen Jurisdiction stehen, doch dem betreffenden Bischof zur An=
nahme präsentirt werden. Die Zahl der Priester in einem Kloster
soll sich nach der Menge des Volkes richten, das sich zu demsel=
ben hält. Gewöhnlich bestimmte aber der Bischof die Anzahl
derselben, so der Bischof Albrecht von Halberstadt unter dem
2. Juni 1318 für den Convent zu Helmstedt 14 Priester, für
den zu Himmelspforte 12, ebensoviel für die Klöster zu
Quedlinburg und Sangerhausen[3]), eine Anzahl, die ge=
wiß das Bedürfniß reichlich deckte, wenn man bedenkt, daß alle
diese Orte mit Ausnahme etwa von Himmelspforte noch andere
Klöster besaßen.

Das wichtigste Recht aber, welches Bonifacius den Augustiner=
eremiten einräumte, war das, eigene Begräbnißplätze bei ihren
Niederlassungen anzulegen und jeden daselbst und in ihren Kir=
chen begraben zu dürfen, der nicht gebannt oder unter dem
Interdict gestanden, oder ein offenkundiger Wucherer gewesen sei[4]).

[1]) Höhn, S. 42. Ueber die Verhältnisse der kölnischen Provinzen
fehlen die Nachrichten für die ältere Zeit fast gänzlich.

[2]) Empoli, S. 42—53, bes. 51.

[3]) Staatsarchiv zu Magdeburg.

[4]) Empoli, S. 51.

Die Mönche wußten wohl, was sie taten, als sie dieses Privileg erbaten. Kein anderes verband die eigenen Interessen so sehr mit denen des Volkes als dieses. In einer Klosterkirche zu ruhen, wo fromme Mönche die Exequien sangen, in unmittelbarer Nähe des heiligen Leichnams Christi und der wundertätigen Reliquien, galt dem frommen Glauben als eine gewisse Bürgschaft baldiger Erlösung aus dem Fegefeuer. Und hatte eine Familie erst einen geliebten Todten bei diesen oder jenen Brüdern, so war sie aufs Engste mit ihnen verbunden, auf Generationen hinaus. In grö= ßeren Städten konnte man beobachten, wie gewisse Geschlechter nur bei den Augustinern, andere nur bei den Predigern oder Minoriten ihre Todten begraben ließen, so in Nürnberg und Zürich. In letzterer Stadt hatten fast alle Patricier ihr Be= gräbniß bei den Augustinern, und ihre Wappenschilder und Namen schmückten den Refecter des Klosters [1]). Es läßt sich denken, wie gerade diese Verhältnisse die natürliche Eifersucht unter den Bettel= orden stets von neuem nährte und in einzelnen Orden Nord= deutschlands, wo die Augustiner ohne Zweifel die später gekom= menen waren, wie in Osnabrück [2]) und Queblinburg [3]), konn= ten sie nur mit Mühe festen Fuß fassen, da das gemeinsame Interesse die bisherige Kloster= und Weltgeistlichkeit im Kampfe gegen das Entstehen einer neuen Ordensniederlassung verband. Besonders waren es wie schon früher die Franciskaner, im vier= zehnten Jahrhundert trotz seiner Spaltungen der mächtigste und populärste Orden, der unter allerlei Vorwänden die Augustiner zu unterdrücken suchte. Mehrfach mußte schon Bonifacius VIII. denselben gegen die Uebergriffe der Minoriten zu ihrem Rechte

---

[1]) Mülinen, Helvetia sacra, p. 10.

[2]) Aus der Waldeinsamkeit in Holte, wo sie ursprünglich ihren Sitz hatten, waren die Augustiner, um ihren Unterhalt leichter erbetteln zu können, 1287 in das nahe Osnabrück übergesiedelt (Joh. Schipphower, Chronica Oldenburgensium Archi-Comitum bei Meibom, Scriptores II, 152) Aber erst nach großen Kämpfen gegen das Domcapitel, welches ihre Nieder= lassung auf jede Weise zu verhindern versuchte, konnten sie, auf ihre Privilegien gestützt, dieselbe durchsetzen. Vgl. Stüve, Geschichte des Hochstifts Osnabrück (1853) I, 40. 138.

[3]) Die darauf bezügliche Entscheidung Bonifacius' VIII. bei Empoli, S. 47 f.

verhelfen, bis Johann XXII. durch eine Bulle vom 14. Mai
1317 die Erzbischöfe von Mainz, Cöln und Magdeburg zu Pro-
tectoren der deutschen Augustiner speciell in den Provinzen Thüringen und Sachsen ernannte und ihnen aufgab, dafür zu sorgen,
daß dieselben in der Ausübung der ihnen vom päpstlichen Stuhl
erteilten Privilegien nicht beeinträchtigt würden, gegen solche aber,
die dieselben zu verletzen sich anmaßten, mit kirchlichen Strafen
vorzugehen [1]). Dies hatte allerdings zur Folge, daß die Augustiner nunmehr weniger behelligt wurden, zumal nur wenige
neue Klostergründungen während des vierzehnten Jahrhunderts
Conflicte mit den übrigen Orden herbeiführten, gab aber auch
den betreffenden Erzbischöfen, die sich gern darauf stützten, eine
erwünschte Handhabe, bisweilen mehr, als dem Orden erwünscht
sein mochte, sich um seine Angelegenheiten zu kümmern [2]).

In materieller Beziehung litt der Orden keine Not. Von
allen Seiten strömten ihm Gaben zu. Alle Schichten der Bevölkerung beeiferten sich, ihre Devotion durch milde Gaben und
Schenkungen zu beweisen. Und keine Zeit hat ja, wie bekannt,
der Kirche und besonders den Religiosen mehr eingebracht, als
das vierzehnte Jahrhundert. Die Haltlosigkeit aller Zustände,
die vielen öffentlichen Unglücksfälle, Erdbeben u. dgl., von denen
Deutschland nicht zum wenigsten betroffen wurde, machten die
Herzen verlangender nach den Segnungen der Kirche, die für die
Mehrzahl doch nur durch milde Spenden an ihre Diener zu
erkaufen waren. Die vielen Seuchen, die das Land verheerten,

---

[1]) Staatsarchiv zu Weimar.

[2]) So waren, wie erwähnt, von Anfang an die Eremiten durch päpstliches Privileg von der bischöflichen Jurisdiction befreit, sie fanden es aber
für nötig, gerade dieses Privileg sich von Zeit zu Zeit erneuern zu lassen,
und besonders der Erzbischof von Mainz gab im Laufe der Zeit mehr die
Erlaubniß zum Beichthören, anstatt, wie es vorgeschrieben war, die einfache Bestätigung der von den einzelnen Conventen zu Priestern präsentirten
Brüder zu erteilen. Es ist gewiß ein Zeichen davon, wie sehr die Augustiner
für die Erhaltung ihrer Privilegien fürchteten, wenn sie Kaiser Karl IV.
darum angingen, ihren Orden in Deutschland in seinen Schutz zu nehmen
und ihre Freiheiten und Privilegien zu bestätigen, was ihnen Karl unter
dem 26. Januar 1353 zu Prag gewährte (Staatsarchiv zu Magdeburg;
Copialbuch des Erfurter Augustinerklosters).

das große Sterben, gewaltige Bußprediger, die hier und da auf=
traten, ließen den Gedanken an den Tod öfter als sonst auf=
kommen, und „da nichts gewisser als der Tod, nichts ungewisser
aber als Zeit und Ort desselben" — dies der stehende Eingang —
so suchte jeder, der es irgend vermochte, durch Schenkungen sich
der Fürbitte der frommen Väter zu versichern. Gotte und der
heiligen Jungfrau zu Ehren gab man „den lieben andächtigen,
Prior und Samung des Augustinerklosters" ein Stück Land, ein
Häuslein, oder auch baares Geld, und stiftete damit ein Seel=
gerete, ließ sich eine Urkunde darüber ausstellen und hatte das
beruhigende Bewußtsein, daß nunmehr der Name im Kalendarium
des Klosters stand, daß man ein gutes Werk getan und daß nach
dem Absterben am bestimmten Tage eine ewige Messe gelesen
würde. Es starben damals wenige Wohlhabende, ohne auf
diese Weise sich bei irgend einem Kloster versichert zu haben.
Und zwar nicht nur in dem Ort selbst, wo das Kloster sich be=
fand, sondern noch mehr, als die Städter, lieferten die Bewohner
des platten Landes. Dort war es der Terminarier, dessen Auf=
gabe es war, Gaben für sein Kloster zu sammeln, für seinen
Orden zu werben und die Vorzüge desselben ins rechte Licht zu
stellen. Jedes Kloster unterhielt nämlich eine Reihe von Sammel=
stellen, Termineien, an solchen Orten, wo keine Niederlassung
desselben Ordens war, innerhalb eines bestimmt abgegrenzten Be=
zirks, der bis zu dem Bezirk des nächsten Klosters reichte, so daß
tatsächlich keine Gegend von den Segnungen des betreffenden
Ordens ausgeschlossen war. Die Bezirke waren nun je nach der
Entfernung der nächsten Niederlassung größer oder kleiner, einige
von sehr bedeutender Ausdehnung. So berührten sich die Bezirke
von Anklam und Helmstedt [1]). Nur durch eine solche Organi=

1) Im Jahre 1393 ratificirt Thydericus de Sperysen prior provincialis provinciae Thuringiae et Saxoniae die zwischen dem Convente in
Helmstedt und dem in Thanglem (Anklam) über die Grenzen der
beiderseitigen Bezirke geschlossene Uebereinkunft (Staatsarchiv zu Wolfen=
büttel). Das Kloster zu Herzberg an der Elster hatte im Jahre 1491
acht Terminirhäuser, zu Torgau, Wittenberg, Jüterbock, Luckau, Kottbus,
Kamenz, Guben und Bautzen (Ernest. Ges.=Arch. in Weimar). Würz=
burg hatte Termineien in Bischofsheim, Wertheim und Miltenberg;
Schmalkalden in Salzungen und Vach (Urk. im St. Archiv zu Magde=

sation, die allen Bettelorden gemeinsam war, war es möglich,
daß die Orden zu so bedeutendem Besitz auch weit ab von den
Klöstern kamen, wie ihn die Urkunden aus jener Zeit noch heute
bezeugen [1]. Und das Meiste, was uns aus dem 14. Jahrhundert
über die Klöster erhalten ist, betrifft Besitzangelegenheiten. Die Er=
haltung und Vermehrung des Besitzes ist ohne Zweifel damals eine
Hauptaufgabe der meisten Prioren und Ordensobern gewesen. Aber
man würde doch irren, wollte man glauben, daß darin die Inter=
essen derselben aufgegangen wären. Neben der eifrigen Handhabung
der gottesdienstlichen Handlungen, wozu, wenn nicht eigener Antrieb,
eben jene Schenkungen und Stiftungen, auf deren Ausführung das
Volk eifersüchtig achtete, veranlaßten, läßt sich von Anfang an das
Bestreben erkennen, auch in wissenschaftlicher Beziehung den Do=
minikanern und Franciskanern nachzueifern. Wie diese hatten auch
die Augustiner 1261 einen Lehrstuhl an der Pariser Universität
gewonnen [2]. Jedes Generalcapitel bestimmte nach der Vorschrift
der Constitutionen auf den Vorschlag der Provinciale diejenigen,
welche die hohen Schulen besuchen sollten [3]. Man wählte außer
den italienischen zu Siena, Perugia, Bologna und Florenz be=
sonders Oxford und Cambridge [4]. Jede einzelne Provinz besaß

burg). Das Terminiren brachte trotz der Menge der verschiedenen Kloster=
niederlassungen sehr viel ein. Das Augustinerkloster zu Grimma giebt das
jährliche Einkommen aus den Termineien in dem Inventarium von 1522
auf 200 Scheffel Korn an (Lorenz, Die Stadt Grimma I, 174).

[1] Man muß einmal die Schenkungsurkunden eines Klosters durchge=
arbeitet haben, um sich eine Vorstellung zu machen von der Größe des
kirchlichen Landbesitzes. So bewahrt z. B. das Staatsarchiv zu Marburg
hunderte von solchen Urkunden auf, die allein das Augustinerkloster zu Esch=
wege betreffen.

[2] Schwab, Johannes Gerson, S. 65.

[3] Man bestellte wol auch eine einzige hervorragende Persönlichkeit für
mehrere Provinzen, um diejenigen, welche zu den Studien zugelassen werden
sollten, zu prüfen. So wird Henricus de Frimaria (der jüngere) 1318
omnium Fratrum sui ordinis per Germaniam ad studia promovendorum Exa=
minator ac regens Studiorum Pragae in monasterio S. Thomae. Höhn, S. 40.

[4] Zu 1389 heißt es im Comp. ex. reg., p. 415: Theodoricus de
Embecke nec non leuckold studentes florentiae, Theodoricus de Erphordia
studens Oxonie, Winandus de Lippia Cantabriae. Georgius de valle
speciosa Prov. Bavariae in Magdeburg etc.

ein studium generale. Für Rheinschwaben war es in Straßburg, die bairische Provinz besaß ein solches in Wien und in
Prag, die kölnische wahrscheinlich in Köln selbst, Thüringen
Sachsen in Magdeburg und Erfurt. Anfangs leitete ein
Einzelner als Regens das Studium, später standen ihm ein bis
zwei Professores sacrae paginae zur Seite. Büchersammlungen
hatte man schon früh in den meisten Conventen [1]). In Magdeburg legte man, wie es scheint, erst 1355 eine Bibliothek an.
Damals kaufte der dortige Convent von dem Kloster Unserer
lieben Frauen zu Magdeburg und dem Kloster Berge eine Reihe
wertvoller Bücher, deren Titel uns in den darüber ausgestellten
Urkunden erhalten sind [2]). Es finden sich darin neben vielen
Schriften Augustins Commentare von Origines, Hieronymus,
Chrysostomus, Hilarius, Cassiodor, Beda, Rhabanus Maurus
und Haymo; die Modernen sind nur durch Hugo, der auch eine
Erklärung der Augustinerregel geschrieben hat, und Richard (von
St. Victor), die eigentlichen Scholastiker also gar nicht vertreten. Man wird den Grund dafür weniger in einer Abneigung
gegen den Scholasticismus, als vielmehr in dem noch fortdauernden Gegensatz zu den Dominikanern und Minoriten zu suchen
haben.

Männer von bedeutender Gelehrsamkeit hatte der Orden
wenigstens in Deutschland nicht gerade viele aufzuweisen, obwol
die Historiographen aus dem Orden selbst eine ziemlich große
Anzahl namhaft machen und ihre hohen Verdienste um die Wissenschaft mit überschwänglichen Worten preisen. Es sind doch nur
wenige, die wirklich hervorragen, keiner, der mit Thomas oder
Duns Skotus verglichen werden könnte. Da ist Heinrich von
Briemar (der jüngere), eine Zeit lang Regens des Studiums in
Prag, später Professor der Theologie in Erfurt und Beichtvater

---

[1]) 1329 bedroht der General Wilhelm die Veruntreuung von Büchern
aus den Conventsbibliotheken mit Excommunication, und 1346 giebt der
sächsische Provincial Jordan genaue Vorschriften über die Aufbewahrung der
Bücher. (Staatsarchiv zu Magdeburg. Copialbuch des Erfurter Augustinerklosters.)

[2]) Ebendas.

des Grafen Berthold von Henneberg zu Schmalkalden [1]), der sich durch eine Reihe scholastischer und asketischer Tractate bekannt machte. Nicht minder Bruder Jordan von Quedlinburg, der in Bologna studirte, gleich tüchtig als Lehrer, wie in praktischer Tätigkeit [2]), innerhalb und außerhalb des Ordens hoch geehrt. Unter seinen Schriften war die gelesenste sein Liber de vitis fratrum [3]), die mirakelreiche Urgeschichte des Ordens enthaltend, dasjenige Geschichtswerk, aus dem alle Ordenshistoriographen geschöpft haben. Auch Thomas von Straßburg, der Zeitgenosse Taulers, darf hier genannt werden. Nachdem er in Paris seine Ausbildung und die theologische Doctorwürde erhalten, wurde er 1343 Provincial der rheinisch-schwäbischen Provinz, zwei Jahre darauf auf dem Generalcapitel zu Paris zum General des ganzen Ordens erwählt, der erste Deutsche, der diese Würde bekleidete. Er schrieb u. a. einen zwar trockenen, aber sehr gelehrten Commentar zu den vier Büchern der Sentenzen, in welchem er sich als Realisten zeigt, und der 1490 zu Straßburg im Druck erschienen ist [4]). Einen höhern Schwung nahm ohne Zweifel die Wissenschaftlichkeit unter den deutschen Augustinern seit der Eröffnung der Universität Erfurt [5]). Es

---

[1]) Als solcher zuerst erwähnt unter dem 7. Oct. 1323 in einer von dem Grafen Berthold von Henneberg ausgestellten Urkunde: magister Heinricus de Friemar sacre theologie professor, noster confessor karissimus. Hennebergisches Urkundenbuch I, 94; ebenso 30. März 1339. Heinrich von Ffrimar unsers vettern Bichter. Ebendas. V, 91. Seine Schriften bei Höhn S. 40 f.

[2]) Ueber ihn Höhn S. 59 f. Als es sich im Jahre 1331 um die Aufhebung des infolge der Ermordung des Erzbischofs Burkhardt von Magdeburg über die Stadt verhängten Interdicts handelte, wurde Jordan, damals Lector in Erfurt, neben Conrad, dem Probst des Klosters U. L. Frauen zum Vollstrecker der päpstlichen Bulle ernannt. Hoffmann, Friedr. Wilh., Geschichte der Stadt Magdeburg I, 250.

[3]) Abschriften in München u. ö.

[4]) Thomas starb 1357 zu Wien. Ueber ihn Trithemius, Catal. script. eccl. p. 148. Höhn, S. 56 ff. Schmidt, C., Joh. Tauler. Hamburg 1841, S. 51.

[5]) Auch das Augustinerkloster zu Heidelberg trat sofort mit der neu gegründeten dortigen Universität in Verbindung, aber doch nur in äußere. Im Refectorium desselben wählte die Universität ihren ersten Rector und

verstand sich von selbst, daß der bedeutende Augustinerconvent, in dem sich, wie gesagt, ein studium generale des Ordens befand, mit der Universität in enge Verbindung trat. Leider läßt die mangelhafte Bezeichnung der Immatriculirten im Album der Universität nicht mit Sicherheit erkennen, in welcher Anzahl die Augustinereremiten die Universität besuchten[1]). Aber welche Stellung schon damals dieselben unter den Conventen Erfurts annahmen, geht daraus hervor, daß ein Augustiner der erste Dekan der theologischen Facultät wurde.

Es war Angelus Dobelin, der sich in Paris die theologische Doctorwürde erworben hatte[2]). Ihm trat seit dem Wintersemester 1400 ein anderer Augustiner als Professor zur Seite, ein Erfurter Kind, Johannes Zachariä, der in Bologna seine Studien absolvirt hatte[3]). Er galt lange Zeit als eine Hauptzierde der Universität, ein Muster von Gelehrsamkeit und Lehrtalent. Trithemius[4]) und seine Ordensgenossen führen eine Reihe dogmatischer und exegetischer Schriften von ihm an. Auch

---

hielt dort überhaupt ihre großen Versammlungen ab — vielleicht beßhalb, weil es damals das beträchtlichste Gebäude der Stadt war, so daß Kurfürst Ruprecht III. nach seiner Erwählung zum römischen König bis zur Vollendung des Schloßbaus (des sogenannten Ruprechtbaus) darin Hof hielt. Erst seit 1476 wurde den Mönchen von der Universität die Erlaubniß erteilt, theologische Vorlesungen und Disputationen zu halten. Vgl. Hautz, Geschichte der Universität Heidelberg (Mannheim 1862) I, 105.

[1]) Erst gegen Ende des 15. Jahrhunderts findet sich in der Erfurter Matrikel (auf der dortigen Bibliothek befindlich) zuweilen bei den Namen eine nähere Bestimmung, wie ordinis etc, wobei auffällt, daß die Mehrzahl der in dieser Weise Erwähnten dem doch sonst durch wissenschaftliche Neigungen nicht hervorragenden Carmeliterorden angehört.

[2]) Angelus Dobelinus (Engel aus Döbeln in Sachsen), früher im Augustinerkloster zu Grimma. Erhard, Geschichte des Wiederaufblühens wissenschaftlicher Bildung 1, 186.

[3]) Aus der Erfurter Matrikel bei Motschmann, Erfordia literata, Erste Fortf., S. 20 f. Er wird seit 1386 als Provincial erwähnt in Comp. ex registris etc., p. 445 sq.

[4]) Trithemius de scriptoribus eccl. ed. Fabricius, p. 170. Höhn, S. 86. Wahrscheinlich hat schon damals, was Motschmann a. a. O., S. 40, wie scheint, nur für die spätere Zeit bezeugt, jeder der großen Klosterconvente Erfurts zwei Professoren- oder Assessorenstellen ohne Gehalt in der theologischen Facultät gehabt.

4*

sonst gewandt und weltkundig diente er seiner Stadt als Gesandter 1410 bei dem Papste und später auf dem Concil zu Constanz, wovon sogleich zu reden sein wird.

Es ist bekannt, welche Rolle auf diesem Concil die Doctoren gespielt haben. Von den Augustinern sollen außer ihrem General — es war Petrus de Vena — siebzehn Doctoren zugegen gewesen sein, sie werden in dem Kloster ihres Ordens zu Constanz gewohnt haben, welches auch der Gesandte Gregor's XII., der Cardinal von Ragusa, als Wohnsitz angewiesen erhalten hatte [1]). Unter ihnen haben sich drei hervorgetan, vielleicht die einzigen aus Deutschland, eben jene vorhin schon genannten Erfurter Professoren Angelus Dobelin und Johannes Zachariä und Dietrich von Vrie, ein Westfale, der dem Convente zu Osnabrück angehörte. Angelus soll daselbst durch seine Kanzelberedsamkeit den Beifall Martin V. so sehr gewonnen haben, daß ihn dieser mit Anspielung auf seinen Namen einen wahren Engel genannt habe [2]). Größer war der Ruhm seines Collegen. Seine ganze Tätigkeit richtete sich auf die Bekämpfung des böhmischen Häresiarchen, infolge dessen er den Beinamen Hussomastix davontrug. „Den unbesiegbaren und sehr gelehrten Böhmen konnte", so berichten die Ordensgenossen mit Stolz, „niemand überwinden als Zachariä, der den Ueberführten dem Feuertode überlieferte" [3]). Unter den Vätern erhielt sich auch eine Tradition über die Art, wie es dem Erfurter Professor endlich gelungen, Hus zu überführen. Von allen Seiten habe man sich bemüht, seine Häresie darzutun; aber es war dem Böhmen schwer beizukommen, weil er sich stets auf die Schrift berief. Da sei Zachariä, der Hus, als er sich noch in Freiheit befand,

---

1) Schwab, Joh. Gerson, S. 499.

2) Erhard, Geschichte des Wiederaufblühens I, 171.

3) Hic invictissimum et doctissimum Johannem Hus haereticum disputando superavit ac immerso igni cremari fecit. Nemo etenim Theologorum potuit eundem Johannem Hus convincere, nisi iste senex Pater solus. Schipphower, Chronica Oldenburgensium Archicomitum, bei Meibom, Rer. Germ. II, 170. Doch hat auch er auf eine Reform an Haupt und Gliedern gedrungen. Vgl. Wessenberg, Die großen Kirchenversammlungen II, 98f.

um ihn zu bekehren häufig besucht habe, beim Blättern in dessen Bibel, die er aus Böhmen mitgebracht, auf die Stelle Ezech. 34, 10 gestoßen, wo die Textesworte „Ecce ego ipse super pastores" den Zusatz gehabt: „Et non populus". Hierauf habe Zachariä seinen Plan gegründet. In der nächsten Session habe er mit Hus über die Gewalt des Papstes zu disputiren angefangen, und zum Beweis dafür, daß Gott allein, nicht die Menschen Macht über den Papst hätten, den obigen Spruch angeführt. Hus habe geläugnet, daß dieser Zusatz in der Bibel sich finde, und sich endlich auf sein eigenes Exemplar berufen. Dieses habe man aus seiner Herberge holen lassen und darauf hin trotz der Ein= rede desselben, daß in andern Bibeln nichts davon anzutreffen sei, ihn für genügend überführt erachtet. Luther hatte diese Er= zählung von Staupitz, der sie von Proles gehört haben will [1]. Ob sie nun historisch ist oder nicht, Tatsache ist, daß die Ver= dienste des Zachariä um die Ueberwindung des Hus doch so groß waren, daß der Papst ihm eine Auszeichnung zuteil werden ließ, die sonst nur an Fürsten oder hohe Würdenträger der Kirche verliehen zu werden pflegte. Er verehrte ihm allein unter allen Teilnehmern des Constanzer Concils die goldene Rose, die er fortan zur Ehre seines Convents wie des ganzen Ordens an seinem Barett trug [2]. Er ist von 1419—1427 Provincial von Sachsen=Thüringen gewesen, und hatte sich als solcher der beson= deren Gunst seines Generals zu erfreuen. Gegen alles Her= kommen wurde ihm gestattet, neben dem Provincialat auch das Amt eines Regens studii von Erfurt fortzuführen [3]. Außerdem bekleidete ihn der General für die sächsisch=thüringische Provinz mit einer seiner eigenen Autorität entsprechenden Gewalt zu schal= ten und zu walten, wie es ihm gut dünken würde, sogar auch für die Zeit, wo er etwa nicht mehr Provincial wäre [4].

---

[1] De Wette II, 493. Luthers Werke, Erl. A. LXV, 80f.

[2] Crusenius, S. 168. Höhn, S. 86. Motschmann, Erfordia literata, Erste Fortf., S. 60ff.

[3] Compend. ex registr., p. 446.

[4] Den 15. Juni wird ihm für alle Zeit gestattet: ut in omnibus regere, gubernare, disponere atque administrare possit, eisdem providere de capite et membris vice nostra atque omnia facere quae nos possumus,

Nachdem er noch die Anfänge der Reformation im Orden ge=
sehen, für die er selbst gewirkt hatte, starb er am 25. Juli 1428
und liegt in der Augustinerkirche zu Erfurt begraben [1]).

Von allgemeinerem Interesse ist ohne Zweifel der schon er=
wähnte Dietrich von Brie [2]). Von seinen Lebensschicksalen
wissen wir nichts, als daß er dem Convente zu Osnabrück ange=
hört hat, was Schipphauer in seiner Oldenburgischen Chronik
mitteilt [3]). Wir kennen ihn nur aus einer interessanten, etwa
1417 abgefaßten Schrift „von der Tröstung der Kirche" [4]), die
eine eingehendere Beachtung verdient.

Auch Dietrich von Brie eifert wie Zachariä gegen die Ketzer
und erfreut sich daran, wie man sie so wacker mit Feuer und
Schwert ausrottet [5]). Aber diese Gedanken sind nicht die ihn
beherrschenden. Er steht vielmehr mitten in der conciliaren Be=
wegung, vollständig durchdrungen von der Idee, welche die jenes
Zeitalter charakterisirende, von Frankreich ausgehende Publicistik
der letzten dreißig Jahre populär gemacht hatte, daß als die Ur=
sache aller der Uebel und sittlichen Schäden in Staat und Kirche,
in Volksleben und Volkswohlfahrt, die jeder Tieferblickende an=

---

prout temporibus fuerit opportunum, quam omnem autoritatem volumus
ut habeat in casu quo in futurum non sit provincialis.

[1]) Motschmann a. a. O., S. 64.

[2]) Wahrscheinlich von seinem Geburtsort Brie so genannt, den ich aber
nicht habe auffinden können.

[3]) Bei Meibom, Rer. Germ. II, 172. Was v. d. Hardt (Concilium Constantiens. I, 222 sqq.) über ihn wissen will, entbehrt der Be=
gründung.

[4]) De consolatione Ecclesiae bei Hardt a. a. O. I ff.; so der ur=
sprüngliche von Schipphower ausdrücklich bezeugte Titel. Derselbe bringt
über die Schrift noch folgende Notiz: Doctissimus lector Didericus Vrige,
qui fuit vir magnae scientiae et sanctitatis et in scripturis reliquit librum de consolatione Ecclesiae, qui incipit: Regi Regum citra exemplum
quem librum Imperatori Sigismundo post Concilium Constantiense propi-
navit in die S. S. Philippi et Jacobi, sicut ipse fatetur in Postillis suis
in sermone qui incipit: Simile est regnum coelorum homini, qui seminat
bonum semen. Außerdem führt er noch eine Reihe Schriften an, darunter
eine De intentione et remissione formarum contra Marsilium de Padua.
Meibom, Rer. Germ. II, 172.

[5]) Vgl. S. 87 und 127.

erkennen mußte, das Schisma anzusehen sei; daß allein durch ein Concil demselben abzuhelfen, daß es aber dann, wenn erst dieser unsägliche Uebelstand beseitigt sei, ein Leichtes sein werde, die von Allen gewünschte (und doch so unklar vorgestellte) Reformation an Haupt und Gliedern zu vollziehen. Hiefür findet Dietrich de Brie die sicherste Garantie in König Sigismund, „dem König der Könige (citra Christum), dem zum Imperator des ganzen Erdkreises Erwählten, dem Vogt der heiligen römischen Kirche". Ihm widmet er seine Schrift, deren Einleitung, eine Epistel an Sigismund, den Schreiber charakterisirt.

Ihr Grundthema ist wie bei so vielen Schriften aus jener Zeit: „Christus ist das Haupt der Kirche". Aus diesem allgemein anerkannten Satze folgt, daß die Kirche nur eine sein kann, keine geteilte. Aber fleischliche Menschen haben von jeher vom Teufel angetrieben Spaltungen herbeigeführt, so schon in der Apostelzeit zu Corinth. Wie dort habe man jetzt durch viele Jahre den Ruf hören können: Ich halte mich zu Johannes, ich zu Gregorius, ich zu Benedict. Auch gegen diese Stimmen richte sich das Wort des Apostels: „Ein Leib, ein Geist, ein Herr ꝛc." Darum ist es hoch vonnöten, das beweinenswerte Schisma, welches die Einigung der Glieder der Kirche mit ihrem Haupte Christus verhindert, aufzuheben. Eine Schaar treuer Söhne hat sich zusammengefunden, die verstörte, geteilte, gespaltene Kirche in dieser angenehmen Zeit aus allen Kräften zu reformiren. Ihr Haupt, Mittelpunkt und Fundament — der Kaiser Sigismund, der sich von seinem seraphischen Thron herabgelassen hat, um des Glaubens an den Gekreuzigten willen Vaterland, Herrschaft und Königtum verlassen, nur um das Schisma auszurotten. Und wie es ihm erst nach so vielen verfehlten Versuchen gelungen sei, will Dietrich nunmehr beschreiben in seinem Buche „von der Tröstung der Kirche", der so lange trostlosen.

Die Schrift selbst zerfällt in acht Bücher, von denen jedes mit einer Reihe zwar holpriger, aber nicht allen Schwunges entbehrender Verse beginnt, um schließlich in Prosa überzugehen. In Gesprächen zwischen der Kirche und ihrem Verlobten [1]), von

---

[1]) In je einem Buche hat Christus oder die Kirche das Wort. Die Kirche in Buch 1, 3, 5, 7; Christus in Buch 2, 4, 6, 8.

denen jene klagt und bange Befürchtungen laut werden läßt,
dieser tröstet, wird dem Leser ein gut Teil Geschichte und
Vorgeschichte des Concils gegeben, woran der Verfasser Erörte=
rungen knüpft, aus denen wir seine Wünsche und Hoffnungen
ersehen können. Sie sind ihm nicht eigentümlich, sie sind die=
selben, wie sie schon seit langer Zeit die Träger der Concils=
idee in Umlauf gebracht haben, aber beachtenswert ist, daß diese
Ideen und besonders die von politischer Bedeutung ihren Weg
auch in die deutschen Augustinerklöster gefunden hatten, und
kaum irgendwo in der umfangreichen Literatur der damaligen
Zeit dürfte dem Kaisertum eine so hohe universelle auch kirch=
liche Bedeutung zugeschrieben werden, wie eben bei Dietrich von
Brie, geht er doch so weit zu sagen, es sei klar, daß die
Römer und ihre Päpste die Vorboten und Vorläufer des Anti=
christs seien, da sie die Ursache seien, daß seit Karl IV. kein
Kaiser gewesen [1]). Und doch verläßt er in gewissen Punkten
keineswegs die curialistischen Traditionen seines Ordens. Der=
selbe Mann, der Sigismund bis zum Himmel erhebt, in ihm
den neuen David preist, stellt sich doch, wenn er auf den Kampf
Ludwigs des Baiern mit dem Papsttum zu sprechen kommt, rück=
haltlos auf Seite des letzteren. Im übrigen hat er ein offenes
Auge für die allerorten zutage tretenden Schäden und rügt sie
mit mönchischer Strenge. Die Simonie ist es vor allem, die
sich in alle Kreise vom Papst bis zu den Mönchen und Non=
nen herunter befleckend eingeschlichen hat. Besondere Schuld tra=
gen aber — und hier zeigt sich wieder der Mönch — die Prä=
laten, sie sind habsüchtige Tyrannen, keine Hirten, sondern Miet=
linge und Diebe, die den Mönchen und Nonnen ihr bischen
Habe entziehen und letztere zwingen, sich durch Hurerei dieselbe
wieder zu gewinnen. Bis ins einzelnste schildert er ähnlich wie
Nicolaus de Clemangis die allgemeine Sittenverderbniß und for=
dert eine publica morum emendatio, und er hofft sie auch noch
— und das ist bezeichnend für den Standpunkt des Verfassers —

---

[1]) Apparet Romanos eorumque Pontifices, praenuncios esse et prae-
cursores Antichristi, cum caussa sint cessationis et vacationis imperii.
l. c., p. 79.

nach der vorzeitigen Wahl Martin V., freilich weniger von die=
sem, als von Sigismund, der die Universalmonarchie wieder neu
aufrichten wird. Mit einem Lob auf diesen schließt der Verfasser,
wie er angefangen, seine Schrift, in der er sich als einen ge=
lehrten, auch in den lateinischen Dichtern wohl bewanderten
Mann zeigt [1]), der auch das Studium der heiligen Schrift zu
schätzen weiß und in ihrer Unkenntniß nicht die geringste Ursache
des überhandnehmenden Irrtums findet [2]).

Die Erscheinung des Dietrich von Brie ist um so be=
achtenswerter, als, so weit ich sehe, die großen politischen Ereig=
nisse, die sich im Kampfe Ludwig des Baiern mit der Curie bei=
nahe hundert Jahre früher abspielten, die deutschen Augustiner nur
wenig berührt haben. Die maßlosen Tiraden ihres italienischen
Ordensgenossen Augustinus Triumphus [3]) über die päpstliche
Allgewalt fanden in deutschen Landen kein Echo, wohl aber wird
man es ihrem Einfluß zuzuschreiben haben, wenn die Augustiner,
wie uns ausdrücklich bezüglich Straßburgs berichtet wird, im
Widerspruch zum Volkswillen mit Strenge das Interdict aufrecht
erhielten, und Jahre lang den Gesang in ihren Kirchen verstummen
ließen, während z. B. die Prediger und die Barfüßer lange Zeit
dasselbe nicht beachteten [4]). Sie zeigten sich auch hierin wie
allenthalben als treue Diener der Kirche und des Papsttums.

---

[1]) Er citirt u. a. Ovid, Juvenal, Vergil, Horaz und Claudian. Seine
Darstellung ist zum Teil eine höchst naive, so wenn er Christus die Kirche
zum Trost auf Medea verweisen läßt, die noch viel schlimmeres erduldet
habe, oder wenn Christus den König Sigismund mit Hector und Karl dem
Großen vergleicht u. s. w.

[2]) l. c., p. 82.

[3]) Vgl. Riezler, Die literarischen Widersacher der Päpste zur Zeit
Ludwig des Baiern (Leipzig 1874), S. 286 f.

[4]) Chroniken der deutschen Städte VIII, 469. Ettliche pfaffen, und
das mereteil, woltent des bobestes briefen gehorsam sin, und woltent nit
singen noch lesen noch gotzdienst han, also die Augustiner und vil bi alle
örden zuo Strosburg und anderswo in frigen und in des riches stetten:
bi worent 17 jor one singen; aber die brediger und barfuossen zuo Stros=
burg die sungent vil jor an der erste wider des bobestes briefe. Hyndennach
liessent die brediger abe und woltent auch nyme singen. Do sprochent die
burgern von Strosburg: sit das sü vor hettent gesungen, so soltent sü auch
fürbas singen oder aber us der stat springen. Da zogentent die brediger

Die Schriftsteller des Ordens heben mit besonderer Freude her=
vor, mit welchem Eifer die Augustiner gegen alle in damaligen
Zeiten die Kirche bedrängenden Sekten das Haupt erhoben haben.
Man hat keinen Grund, daran zu zweifeln, obwol sie die Zeit
des Kampfes, z. B. gegen die Wiclefiten, zu früh ansetzen [1]).
Während ihre Gegner, die Minoriten, zum Teil mit der Kurie im
Kampfe lagen und die Schmach der Excommunication wegen Häresie
auf sich luden, standen sie mit den Dominikanern auf Seiten
der Päpste, eifrig bedacht, den Ruf ihrer Katholicität und Ortho=
doxie zu wahren. Und nur einmal, so weit ich sehe, kam der=
selbe in Frage, ein Fall, der um so eher zu erwähnen sein
wird, als er die übliche Behauptung der Augustiner [2]), daß bis
Luther niemals ihr Orden wegen Häresie verdächtigt worden sei,
widerlegt.

us der stat und liessent ihr closter lere ston 3½ jor. (Königshofen.) Aller=
dings berichtet Spechte in seinen Collectaneen (bei Diepenbrock, II.
Heinrich Suso, S. ixl f.) über die Augustiner ganz das Gegenteil, indem er
erzählt, daß Thomas, der Augustinergeneral (1345—57, Crusenius
154 ff.; früher von 1343—45 Provincial der rheinisch=schwäbischen Provinz,
Höhn 55 ff.) mit Johann Tauler und Ludolf, dem Prior der neuen Car=
thause 1350 wegen ihres schriftlichen und praktischen Verhaltens gegen die
Vorschriften des Interdicts „im gemeinen Ban" gewesen, und Riezler
meint Spechte's Angaben nicht verwerfen zu dürfen, wenn sie auch nicht
in allen Einzelheiten zuverlässig sein mögen, ja ist geneigt, verloren ge=
gangene Schriften Taulers anzunehmen, weil in den vorhandenen nicht
einmal Anklänge an solche Aeußerungen sich finden, wie sie Spechte a. a. O.
mitteilt. Aber Spechte ist hier ganz unglaubwürdig. Hätte Thomas als
Provincial dem päpstlichen Befehl zuwidergehandelt, so wäre er gewiß nicht
auf Wunsch des Papstes zum General gewählt worden (Crusenius, S. 154).
Zweitens dürfte er als General kaum noch längere Zeit in Straßburg an=
wesend gewesen sein, und drittens berichten Crusenius und Höhn a. a. O.,
daß auf seinen Antrieb die Väter des Augustinerordens, dem Papst gehor=
sam, viele Jahre lang den Gesang unterlassen haben. Ueber das Verhalten
der Augustiner zu Rom die Mitteilung des Aegidius von Viterbo (Ober=
bairisches Archiv I, 109).

[1]) Nämlich schon in die vierziger und fünfziger Jahre, während Wiclif
doch erst seit dem Jahre 1360 oder noch später in die Oeffentlichkeit tritt.
Siehe Lechler, Johann von Wiclif (Leipzig 1873) I, 316 ff.

[2]) Vgl. Th. Kolde, Luther und sein Ordensgeneral, in Zeitschrift für
Kirchengeschichte II, 3. S. 479.

Man weiß, daß zu derselben Zeit, als Gerhard Groot
von Deventer († 20. August 1384), der Stifter der Genossen=
schaft der Brüder des gemeinsamen Lebens [1]), tief ergriffen von
eigner Sündenschuld und im Schmerz über den allgemeinen Ver=
fall des religiösen und sittlichen Lebens, sein Vaterland als ge=
waltiger Bußprediger durchzog, eben in jenen Gegenden sich jene
gefährlichen Ketzer zeigten, die man Brüder des freien Geistes [2])
nennt. Von Magdeburg und Bremen, wo man sie eifrig ver=
folgte, begaben sie sich an den Niederrhein. Handwerker, wie
schon zu den Zeiten des Cäsarius von Heisterbach und später bei
den Täufern hauptsächlich Kürschner, waren es, die ihre Lehren
auf geheimen Wegen verbreiteten und umsomehr Anhang fan=
den, als ihr tiefsinniger Pantheismus nur zu leicht praktische
Folgerungen zuließ, die der fleischlichen Sinnesrichtung des Zeit=
alters schmeichelten. Auch in das Augustinerkloster zu Dortrecht,
das schon 1293 gegründet war [3]), waren ihre Lehren einge=
drungen, Bruder Bartholomäus war hauptsächlich davon
ergriffen worden [4]), oder doch durch ihn bekam man allgemeine
Kunde davon. Von seinem Convent als Terminarius nach Kam=
pen gesandt — es war um 1380 —, ließ er sich daselbst in
mehreren Predigten vernehmen, in denen man bedenkliche An=
klänge an die Aeußerungen zweier als Häretiker bekannter Män=
ner eines gewissen Gerbrand, eines Heilkünstlers, und „eines
ketzerischen Kürschners" zu finden meinte, und Bartholomäus
machte aus seiner Neigung für die Lehren jener Männer auch
keinen Hehl. Gerhard, der wie gesagt allenthalben im Utrechter
Sprengel für Gottseligkeit und reine Lehre eiferte, davon be=
nachrichtigt, unterließ nicht, seine Freunde vor dem Wolf in Schafs=
kleidern zu warnen und sie zu ermahnen, alles Mögliche zu tun,

---

[1]) Vgl. den trefflichen Artikel: „Brüder des gemeinsamen Lebens" von
K. Hirsche in Herzogs Realencyklopädie, 2. Aufl. II, 678 ff.

[2]) Vgl. über sie hauptsächlich die viel zu wenig beachtete Arbeit von
Jundt, Histoire du Panthéisme populaire au moyen âge et au seizième
siècle (Paris 1875), p. 55 sqq. u. ö.

[3]) Schotel, Het Klooster, het hof en de Kerk der Augustijnen te
Dordrecht. Dortr. 1861.

[4]) Moll, Kerkgeschiedenis van Nederland II, 3. p. 69 und ebenderf. in
Moll en J. G. De Hoop Scheffer, Studien en Bydragen I, 343 sqq.

um ihn am Predigen zu hindern. Aber dieser ließ es sich nicht wehren, wie in Kampen predigte er jetzt auch in Zwoll und Woudrichem. Aus den Briefen des Gerhard Groot können wir seine Lehre entnehmen [1]. Es sind im wesentlichen die bekannten Sätze der Freigeister mit Anklängen an Eckhart und Ruhsbrock. Alles, was Gott von Natur ist, werden wir durch Gnade. Das Leben des Vollkommnen muß sich gründen auf das reine Nichts u. dgl. Von dem Kirchentum hielt er nicht viel, von Buße und Beichte hörte man ihn verächtlich reden. Die wahre Buße sei kindliche Unterwerfung unter die göttliche Schickung. Auf den Mönchsstand war er nicht gut zu sprechen. Ein vollkommener Mann hat nicht nötig in die Wüste zu gehen, das Leben der Eremiten ist nicht das vollkommene Leben; Christus hat auch nicht in der Wüste gelebt. Er nannte wohl auch Jesus einen guten Gesellen, der an Gastmählern teilgenommen und Wein getrunken, auch nicht gelehrt habe, die Ergötzungen des Fleisches zu meiden. Danach richtete er sich selbst. Man fand ihn vielfach in den Schenken, wo er es liebte, mit den Vornehmeren und Angesehenen zu verkehren und unter ihnen seine Lehre auszubreiten. Und sie fand Anklang [2] zum Schrecken Gerhards, des Ketzerhammers, wie ihn schon seine Zeit=genossen nannten. Er brachte es dahin, daß Bartholomäus sich vor dem geistlichen Gericht in Utrecht verantworten mußte. Man konnte ihm nichts anhaben, er leugnete, was man ihm unterstellte, gelehrt zu haben. Der bischöfliche Vicar verlangte nur von ihm, nun auch in Kampen und Zwoll von der Kanzel dasselbe zu bekennen. Das mag wol nicht geschehen sein, denn Gerhard wandte sich jetzt an den Bischof selbst, Floris von Wevelinkhoven, und erreichte, daß der ketzerische Augustinerbruder noch einmal nach Utrecht vorgeladen würde. Dort wollte ihn Ger=hard persönlich anklagen. Bartholomäus suchte womöglich früher als sein Verfolger dahin zu kommen; es gelang ihm nicht, der Eiferer fuhr in einer Nacht von Deventer nach Utrecht [3]. Kläger

---

[1] Gerardi Magni Epistolae XIV ed. Acquoy (Amstelod. 1857), p. 27.

[2] Viele Hunderte, darunter Leute von Ansehn, selbst Männer aus dem Rat, sollen in Kampen ihm angehangen haben. Moll, Kerkgesch. l. c., p. 72.

[3] Ibid., p. 70.

und Angeklagter standen sich vor dem Richter gegenüber, damit war das Schicksal des Mönches entschieden. Er wurde verurteilt; wir wissen nicht recht, was aus ihm geworden ist. Wenn man ihn nicht verbrannt hat, wird ihn wol ein Klosterkerker für immer aufgenommen haben. Gerhard rühmt sich nur seines Sieges über den schlimmen Ketzer und sorgt dafür, denselben in den Kirchen bekannt zu machen. Leider erfahren wir nichts, wie sich der ganze Convent zu der Sache gestellt; nur eins können wir aus dem ungebundenen Leben des Bartholomäus schließen und daraus, daß es nicht seine Ordensobern sind, die ihn verfolgen, nämlich daß die Klosterzucht im Dortrechter Convent wie in der ganzen Provinz schon sehr gesunken gewesen sein muß. Das führt uns zum folgenden Abschnitte.

II.

Entstehung und Entwicklung
der deutschen
Augustinercongregation
bis zum Tode des Andreas Proles.

———

Erstes Capitel.

Die Anfänge der Reformation unter den deutschen Augustinern.

Es ist bekannt, daß nicht die geringste Klage jener Männer, die auf dem Concil zu Constanz eine allgemeine Reformation anstrebten, das Ordenswesen betraf. Entsetzlich ist das Bild, welches Nicolaus von Clemanges in seinem Buche „von dem Verfall der Kirche" von der allenthalben eingerissenen Verwilderung giebt [1]). In erster Linie treffen seine Vorwürfe den alten berühmten Benedictinerorden. Von der früheren Gelehrsamkeit, die diesen Orden vor andern auszeichnete, ja selbst nur von wissenschaftlichen Beschäftigungen, finden sich in jenen Zeiten kaum noch einige Spuren, desto mehr von Ueppigkeit und äußerster Zügellosigkeit. Mönche und Nonnen lebten vielfach zusammen, kaum darauf bedacht, hinter den Klostermauern ihre Schande zu bergen. Von einer Aufsicht über die einzelnen Klöster war keine Rede, ein Provincialconcil war seit undenklichen Zeiten in Deutschland nicht abgehalten worden. Die Bewohner der einzelnen Convente teilten die Einkünfte unter einander, und schützten sich wol auch durch Reisige vor etwaigen Visitationsversuchen der Bischöfe oder weltlichen Herren [2]).

Das Concil hatte die beste Absicht, sie zu reformiren. Es ließ ganz in der Nähe von Constanz, in Petershausen, im Februar

---

[1]) Bei v. d. Hardt, Conc. Const. I, VII, 33 sq.

[2]) Joh. Buschii de reformatione monasteriorum quorundam Saxoniae libb. IV, bei Leibnitz, Script. Brunsv. II, 480.

1417 ein Provincialcapitel abhalten. 36 Aebte, 22 Prioren und beinahe 400 Mönche waren daselbst aus der Mainzer und Bamberger Erzdiöcese zusammengekommen. Man traf wol auch einige administrative und disciplinare Bestimmungen, die aber keinen Erfolg hatten; sie vermochten den sittlichen Zustand des Ordens nicht zu heben. Die Behaglichkeit des Lebens, die durch die Reichtümer des Ordens gesichert war, war eine zu große Verlockung, als daß einzelne Maßregeln eine andauernde Reformation des Ganzen hätten herbeiführen können. Dieselbe trat erst ein, als später von innen heraus eine Erneuerung des ganzen Ordenslebens — durch die Bursfelder Congregation — angebahnt wurde [1].

Aeußerlich stand es nun wol bei den Bettelorden besser. Nicolaus von Clemanges hebt rühmend hervor, daß sie allein noch um die Wissenschaften sich kümmern und dem Volke das Wort Gottes verkündigen. Ihr eigener Vorteil mochte sie bei dem sittlichen Verfall der übrigen Orden und der Lässigkeit, mit der die Weltpriester ihrem Amte oblagen, dazu veranlassen, wenigstens äußerlich das Decorum zu wahren. Aber im übrigen scheinen sie auf keiner sonderlich höheren Stufe der Sittlichkeit gestanden zu haben. Der oben genannte Schriftsteller wenigstens vergleicht sie mit den Pharisäern und wendet auf sie die Worte Christi gegen diese an. Sie sind ihm reißende Wölfe in Schafskleidern, die Herbigkeit des Lebens, Keuschheit, Demut, heilige Einfalt mit ihrer äußeren Erscheinung heucheln, innen aber durch die ausgesuchtesten Leckerbissen, und eine Fülle mannigfaltiger Genüsse alle weltliche Ueppigkeit überbieten; die nach Art der Baalspriester in ihren Häusern das ihnen Dargereichte aufzehren, an starkem Wein und leckern Mahlen mit Weibern, die nicht ihre Weiber sind, gleichwol oft mit ihren Kindern, sich gierig sättigen, alles mit ihren Begierden, von deren Glut sie ausgedörrt werden, befleckend; die das, was man tun soll, wol im Munde führen, es aber nicht tun, und wenn sie es andern gepredigt haben, durch ihre eigene Predigt getadelt werden [2].

---

[1] Schwab, Johann Gerson, S. 649.
[2] a. a. O., S. 35 ff.

Inwieweit diese Züge auch auf die Eremiten paßten, läßt sich im einzelnen nicht mehr nachweisen, doch aus dem Wenigen, was wir darüber wissen, kann man ersehen, daß es auch bei ihnen im allgemeinen schlimm genug stand, und daß sie wenigstens von dem mönchischen Ideal, welches ihnen Regel und Constitutionen vorzeichneten, weit entfernt waren. Bis Ende des 14. Jahrhunderts scheint man regelmäßige Capitel gehalten zu haben; von da an, und das wird nicht zufällig sein, findet sich bis zum Jahre 1419 eine Lücke in den Generalregistern. Die allgemeine Verwirrung und Zügellosigkeit hatte auch die Augustinereremiten ergriffen. Was half es, wenn die Einsichtigeren und Frömmeren für Aufrechterhaltung der Regel eiferten, wie ein Dietrich von Brie, Zachariä und andere, — die Mönche hielten ihnen nicht Stand. Die Clausur, die doch vor allem streng beobachtet werden mußte, wenn man daran denken wollte, die ganze Regel und die minutiösen Bestimmungen in ihren Einzelheiten aufrecht zu erhalten, war im höchsten Grade vernachlässigt worden. Einzeln, ja auch in Schaaren, verließen die Mönche, wenn ihnen die Abgeschlossenheit oder Strenge nicht gefiel, ihr Kloster, machten die Gegend unsicher und suchten in diesem oder jenem Convent ein besseres, behaglicheres Unterkommen. Das war schließlich der Hauptzweck. Das ganze Jahrhundert klagt über dieses Vagabundiren der Mönche, auch dann noch, als man längst in den meisten Orden die alte Strenge wieder einzuführen versucht hatte. Noch im Jahre 1490 kam es vor, daß zwei Augustinermönche in Erfurt, Volkmar Hefter und Caspar von Northausen, beide Priester, „durch boiße vergiftige Ingebungen des boisen geists", wie Landgraf Wilhelm von Hessen schreibt, aus ihrem Kloster entliefen, noch einen dritten Ordensgenossen aus Alsfeld verführten und sich nun bald als Bettler oder Siechenleute gekleidet, bald in Frauenkleidern im Lande herumtrieben, Priestern und Mönchen auflauerten, sie nackt auszogen und mancherlei andern Unfug begingen [1]).

---

[1]) Landgraf Wilhelm der Aeltere von Hessen 2c., dd. Cassel, Mittwoch nach Lucie Virginis (15. Dez.) Anno millesimo quadringentesimo nonagesimo. (Archiv zu Darmstadt.)

Das Gelübde des Gehorsams war illusorisch, so lange nicht die Macht da war, die Ungehorsamen zu bestrafen. Nicht besser war es mit dem Gelübde der Keuschheit. Man weiß, wie in allen Ständen das allgemeine sittliche Urteil in jenen Zeiten gesunken war. Wie hätte eine Sittlichkeit Stand halten sollen, die so äußerlich aufgefaßt wurde und auch im besten Falle so äußerlich war, wie wir sie in den Klöstern finden! Und wenn es nicht ganz schlimm wurde, nahm die öffentliche Meinung an Vergehen gegen das Keuschheitsgelübde nicht einmal Anstoß. Der Benedictiner Nicolaus von Siegen, der Erfurter Chronist, erzählt einen charakteristischen Vorfall. Einst sei er in seine Vaterstadt gekommen, da habe man ihn freundlich aufgenommen und mehrere ehrenwerte Frauen von der Verwandtschaft oder Bekanntschaft hätten ihm freundschaftlich die Hände gereicht, er habe aber nach der Ordensregel ihre bloßen Arme nicht berühren wollen, worauf jene lachend gesagt: „Ach unser Terminarius vom Orden des heiligen Augustin umarmt alle Mägde, die vorübergehen, fast kein Mädchen kann ohne Umarmung an ihm vorbeikommen." „Und eben dieser Terminarius", setzt Nicolaus hinzu, „war in jener Stadt promovirter Lector und ein angesehener und gefeierter Prediger. Welches Leben er im geheimen führte, weiß ich nicht, der Kenner und Erforscher der Nieren weiß es; Gott sei ihm und mir gnädig!"[1] Der Prior des Augustinerconvents zu Memmingen stand (1435) im Verdacht, eine Concubine und Söhne zu haben, und seinem Vorgänger sagte man nach, daß er die Tochter eines Münchener Bürgers entführt und bei seiner Versetzung nach Regensburg bei sich behalten habe[2]. Und trotz aller Strenge, mit der die Reformatoren des Ordens dagegen ankämpften, scheint es nie

---

[1] Nicolai de Siegen Chronica ecclesiasticum ed. Wegele (Thüringische Geschichtsquellen II), p. 427 sq. In dem Kloster der Augustinerinnen zu Engelthal bei Nürnberg, welches allerdings den Predigermönchen unterstellt war, waren die sittlichen Zustände am Anfang des 16. Jahrhunderts derart, daß die Nonnen, wie der Nürnberger Rat schreibt „non erubuerunt gignere". (Kreisarchiv in Nürnberg.)

[2] Compend. ex. reg., p. 181. Wobei allerdings der Abschreiber in sittlicher Entrüstung über die dem Orden angetane Schmach den Zusatz macht: Fabulae inventae sunt.

gelungen zu sein, der Neigung zur Unkeuschheit im Orden Herr zu werden. Andreas Proles scheint sie sogar seinem Orden vor andern zugeschrieben zu haben, wenigstens erzählt Agricola in seinen deutschen Sprüchwörtern: „Proles, der Augustiner Vicarius, viel Leuten in deutschen Landen wohlbekannt, hat die Bettelorden gegen einander gehalten, und da er nicht viel Gutes finden konnte, hat er zuletzt gesagt: ‚Ich lobe noch meine Brüder, die Augustiner. Wenn sie schon eine große Sünde tun, so tun sie eine Sünde dreier Spannen lang, d. i. es seind Hurer‘.“ [1]

Das sind einzelne Züge, aus denen man mit Zuhülfenahme dessen, was uns über die Verhältnisse in andern Orden berichtet wird [2], einen Rückschluß auf die allgemeinen Zustände des ganzen Ordens machen kann. War derselbe noch nicht so reich wie die Benedictiner und Cistercienser, so hatte er doch mit der Zeit so viel Besitz erworben, daß von der Armut, die er auf seine Fahne schrieb, nicht mehr viel zu spüren war. An einzelnen Orten hatte ihr Vermögen an liegenden Gründen eine solche Ausdehnung genommen, daß der Rat glaubte, dagegen einschreiten zu müssen. So wurde den Augustinern zu Gotha vom Rat im Jahre 1443 der fernere Erwerb von Grundstücken untersagt, und Ererbtes innerhalb eines Jahres an Gothaer Bürger zu verkaufen geboten [3]. Ganz denselben Vertrag mußten die Conventualen in Grimma ein Jahr später eingehen, erhielten aber dafür Geschoßerlaß für ihre Aecker [4]. Diese Einschränkung im Erwerb von Immobilien wollte man nicht zu viel sagen. Die schlauen Mönche wußten sie sogar zu ihrem Vorteil auszubeuten. Sie verkauften allerdings nach Vorschrift die ererbten oder durch Schenkung erhaltenen Grundstücke, aber unter der Bedingung, daß sie nach dem Tode des Käufers wieder an das Kloster zurückfallen und dann unter denselben Bedingungen von neuem verkauft werden könnten.

---

[1] Bei Pröhle, Andreas Proles, S. 40 f.

[2] Reiches Material bei F. Winter, Die Cistercienser des nordöstlichen Deutschlands III, 110 ff.

[3] Möller, Augustinerkloster zu Gotha, in Zeitschrift für thüringische Geschichte 1861, S. 292.

[4] Der Vertrag wurde am 24. September 1444 geschlossen. Vgl. Lorenz (C. G.), Die Stadt Grimma I, 174.

In Grimma und wahrscheinlich auch an andern Orten, von denen es nicht urkundlich bezeugt ist, hatte sich, das Kloster noch eine eigene Einnahme zu verschaffen gewußt, die freilich wol kaum eine Erfindung der Augustiner war, nämlich durch den soge= nannten „Bruderablaß". Wie alle Klöster hatte auch das zu Grimma einen Ablaß für diejenigen, welche an gewissen Tagen in frommer Andacht ihre Kirche besuchten. Niemals galt jedoch der Ablaß wirksamer, als am Todestage des heiligen Augustin (den 28. August), an dem die Brüder ein großes Fest feierten. Zahl= reich strömten von allen Seiten die Gläubigen herbei, um des kräftigen Ablasses teilhaftig zu werden, und bei dieser Gelegen= heit ließen die Mönche auf dem Kirchhof, d. h. dem Platze neben ihrer Kirche, einen Jahrmarkt abhalten, wobei die Abgabe von den Waaren, welche Käufer und Verkäufer zu entrichten hatten, ihnen zufloß. Weil derselbe während der Erteilung von Ablaß gehalten wurde, wurde er selbst Ablaß genannt. In Grimma muß er ganz besonders einträglich gewesen sein, weil daselbst bis zum Jahre 1361 kein anderer Jahrmarkt üblich war[1]).

Eine sehr ergiebige Einnahmequelle wurden auch die verschie= denen Brüderschaften, die im fünfzehnten Jahrhundert ihre Blütezeit hatten. Da sind die gewöhnlichen Calandsbrüderschaften, die ihre besondern Altäre natürlich am liebsten in einer an Ab= laß reichen Klosterkirche stifteten, oder auch besondere Fraterni= täten, welche die einzelnen Convente einrichteten, um die Laien fester an ihr Kloster zu binden und dem Klosterschatz reichere Spenden zufließen zu lassen. Bei den Augustinern finde ich sie nicht vor dem fünfzehnten Jahrhundert erwähnt, von da ab aber häufig. Zur besonderen Verehrung irgend eines Heiligen grün= deten die Mönche einen Verein mit gewissen Gebets= und Geld= verpflichtungen. An bestimmten Tagen kam die Brüderschaft zur Feier des Heiligen zusammen, wofür Päpste und Bischöfe reich= lichen Ablaß verliehen; außerdem wurde den Mitgliedern die Teil=

---

[1]) Lorenz a. a. O., S. 456. Die Bezeichnung Ablaß für Jahr= markt war im ganzen Mittelalter die stehende. Auch heutigen Tages wird in vielen Gegenden mit der Erteilung des Ablasses ein kleiner Markt um die Kirche herum verbunden. Man spricht von „zum Ablaß gehen". An einzelnen Orten wird dasselbe fälschlich auch mit Kirmeß bezeichnet.

nahme an allen guten Werken, Verdiensten des Convents oder gar des ganzen Ordens zugesichert und ihre Namen ins Todtenbuch geschrieben. Welche günstige Aufnahme sie bei den Gemeinden fanden, geht daraus hervor, daß das Augustinerkloster zu Erfurt allein drei solche Brüderschaften unterhielt, des heiligen Augustin, der heiligen Anna und der heiligen Katharina, denen noch 1502 der Cardinal Raimund die Indulgenzen und Privilegien erneuerte [1]). In Schmalkalden bestand eine Brüderschaft der heiligen Jungfrau [2]) und des heiligen Hubertus [3]). In Gotha war eine große Brüderschaft der heiligen Jungfrau, über die wir nähere Kunde haben. Männer und Weiber aus allen Ständen gehörten zu ihr. Im Jahre 1438 ließen sich die Schwestern des Kreuzklosters zu Gotha sämmtlich durch den Provincial Johannes Meyer aufnehmen [4]). Nach einer Urkunde, welche der Generalprior Julianus de Salam de Sicilia zu Würzburg am 18. April 1448 ausstellte, sollten alle guten Werke der Klosterbrüder, Messen, Fasten, Nachtwachen u. s. w. den mit ihnen verbundenen Mitgliedern der Brüderschaft der heiligen Jungfrau Maria im Leben wie im Tode zu Gute kommen. Später, am Freitag in der Osterwoche 1464, vereinigten sich die Beamten des Klosters Bruder Heinrich Fürdung von Bichelunghe, Lesemeister der heiligen Schrift, Visitator der Provinzen Thüringen und Sachsen, und Prior Ludolff, Lebemann, Unterprior, Johannes Günther, Küster, Conrad Pergaminder, Schaffner, und die sämmtlichen Brüder mit den städtischen Beamten, Ratsmeister u. s. w., und mit den Vormündern

---

1) Copialbuch des Erfurter Augustinerklosters im Staatsarchiv zu Magdeburg.

2) Im Jahre 1492 wird von 16 Cardinälen ein Ablaßbrief erteilt der ecclesia Mon. S. Augustini .... in qua ut accepimus quaedam laudabilis confraternitas in honorem Beatae virginis instituta fore dignoscitur. Bei Conrad Geisthirt, Historia Smalcaldica, historische Beschreibung der Herrschaft Schmalkalden (2 Bände; Manuscript im Herzoglichen Archiv zu Gotha) I, 229 ff.

3) Häfner, Geschichte der Herrschaft Schmalkalden II, Beilage S. 80.

4) Möller (J. H.), Klöster in Gotha, in Zeitschrift des Vereins für thüringische Geschichte und Altertumskunde 1861, S. 101.

der Brüderschaft, Hans Seber und Hans Wachsmud, Bürgern
der Stadt Gotha, zu folgenden Bestimmungen:

1) Die Vormünder sollen alle, die sich mündlich oder schrift=
lich zur Brüderschaft melden, „man abir frouwen", dem Prior
anzeigen, der sie mit den Vorteilen der Brüderschaft bekannt
machen wird.

2) Die Klosterbrüder wollen alle Dienstage, alle Feste U. L.
Fr., auch an den höchsten Festen des Jahres, Messe singen in
ihren Capellen. Dafür giebt die Brüderschaft aus Erkenntlichkeit
jährlich als ein Almosen drei Schock Groschen, und zu jeglichem
Feste „unsern Brudirn zu liplicher Consolacien" zwei Stüb=
chen Wein.

3) Zum Troste und Erlösung aller gläubigen Seelen und
namentlich der verstorbenen Mitglieder der Brüderschaft, wollen
die Klosterbrüder jährlich, Montag nach Mitfaste Abends, Vigi=
lien, Dienstag früh eine Seelenmesse singen und dabei der Ver=
storbenen Mitglieder der Brüderschaft namentlich gedenken. Da=
für soll gezahlt werden ein Schock Groschen zu Pitancien [1]).

4) Jährlich soll eine allgemeine Seelmesse mit Vigilien ge=
halten werden, wie es sich eben schickt; dafür zahlt die Brüder=
schaft nach Belieben.

5) Zur Beförderung und Mehrung der Eintracht soll die
Brüderschaft jährlich ein Essen veranstalten, doch soll es einem
Bruder nicht höher zu stehen kommen, als ungefähr ein Schilling,
„minner abir nice noch erkentniße der vornemsten uß der Bru=
berschaff".

6) Die Brüderschaft soll das ewige Licht zu Ehren U. L. Fr.
im Chore erhalten, es soll brennen des Nachts zur Mettin, des
Tages zur Homesse und zu allen Messen, die man zu Ehren U.
L. Fr. singt u. s. w. [2])

Ganz besonders erwähnenswert ist auch die Brüderschaft des
heiligen Antonius zu Dortrecht, die der Prior des Augustiner=
klosters, Claes Dem, circa 1400 gründete. Die noch erhal=
tenen Mitgliederlisten zeigen uns die Teilnahme der ansehnlichsten

---

[1]) So nannte man gewisse Fisch= oder Eierspeisen. Du Cange s. v.
[2]) Möller a. a. O., S. 294f.

und edelsten Geschlechter der Stadt [1]). Ihre Verpflichtungen waren
so ziemlich dieselben, wie bei den übrigen Brüderschaften, nur
daß der eigentümliche Cultus des heiligen Antonius wegen des
Schweines, ohne das derselbe nicht zu denken war, noch ein Mehr
verlangte [2]). Die Gunst des Heiligen, der sich am ganzen Niederrhein einer ganz besondern Verehrung erfreute, konnte nicht besser
erlangt werden, als wenn man ihm ein Ferkelchen opferte. Diese
Schweine, „Thoennisvercken" oder auch schlechtweg Antonius
genannt, an Schellen kenntlich, die man ihnen um den Hals hing,
ließ die Brüderschaft durch die Stadt laufen und von der frommen Milde der Bürger füttern, bis sie ein günstiges Verkaufs-
object abgaben [3]).

Diese Probe wird genügen, um zu zeigen, wie sehr die Mönche
bei Stiftungen von dergleichen Brüderschaften, deren am Ende des
Jahrhunderts jedes Kloster wenigstens eine unterhielt, auf ihren
materiellen Vorteil bedacht waren. Man irrt sich durchaus, wenn
man aus dem Aufkommen und Ueberhandnehmen der Brüderschaften auf ein gefördertes religiöses Leben schließen will. Es dürfte
sich sogar kaum nachweisen lassen, das dadurch das allgemeine kirchliche Interesse erhöht worden wäre. Diese Brüderschaften, die kaum
irgend welche sittliche Forderung stellen und rein mechanisch die Teilnahme am Heil an die Zugehörigkeit zu einer gewissen Gesellschaft
knüpfen, haben in besonderem Maße die sittliche Schlaffheit jener

---

[1]) Schotel, Het Kloster, het Hof en de Kerk der Augustijnen te
Dordrecht (Dordrecht 1861), p. 67.

[2]) De broeders verbonden sich twee an twee den plegtigen omgang
van St. Antonius te volgen, de misse bij te wonen en de vesperen te
hooren; ten zelften dage aan de gemeene tafel met de paters te eten;
dagelijkes St. Antonius aan te roepen om door hem voor allerlei ziekten
behoed te worden; gedurende het octaaf van St. Antonius aan behoeftige
personen aalmoezen uit te reiken, daags na St. Antonius plegtige missen
et laten legen voor hunne afgestorvene broeders. Ebendaf., p. 3.

[3]) In Dortrecht wurde dieser Unfug den Bürgern doch schließlich
zu arg, so daß im Jahre 1454 geboten wurde, die Ferkel nicht länger
als acht Tage, nachdem sie geschenkt worden seien, auf der Straße
herumlaufen zu lassen (ebendaf., p. 69). Ueber den ganzen Cultus ist
noch zu vergleichen: Wolters, Reformationsgeschichte der Stadt Wesel
(Wesel 1868), S. 14 f.

Zeit befördert und sind in den meisten Fällen von den Ordensbrü=
dern nur zu egoistischen Zwecken gegründet worden. Dazu kommt,
daß die Festlichkeiten der Brüderschaften bald zu wüsten Gelagen
ausarteten und denselben den letzten Rest von religiösem Gepräge be=
nahmen [1]). Was von kirchlichen Riten damit verbunden, war rein
äußerlich, das Lockmittel für die große Menge. Es ist charakteristisch,
daß gerade in den Zeiten, in denen die Brüderschaften aufkamen,
Städte und Fürsten über die Verwilderung bei den Augustinern kla=
gen [2]). Ohne Zweifel hatten die reicheren Einnahmen dieselbe beför=
dert. Vielleicht hatte man, wie in den meisten Klosterniederlassungen,
die Gemeinsamkeit des Vermögens aufgegeben und jeder Einzelne
Eigentum zu erwerben angefangen [3]). Damit hörte dann ge=
wöhnlich auch die gemeinsame Mahlzeit und in ihrem Gefolge so
vieles Andere auf, ohne das ein reguläres Klosterleben eben nicht
zu denken war. Nur zu leicht gelang es einem Einzelnen, diesen
oder jenen Conventualen, schließlich die ganze Klosterfamilie zu
verführen. Die Regel und die peinlich genauen Constitutionen
kamen in Vergessenheit, und es gab niemanden, der daran er=
innerte. Darüber bildete sich ein Gewohnheitsrecht aus, was sich
noch immer stärker erwiesen hat, als alle Gesetzgebung. Man
findet in der Folge, daß es sich zuweilen bei dem Kampfe um die
Einführung der Klosterreformation um sehr kleinliche Dinge ge=
handelt hat, deren Nichtbefolgung nur dem mönchischen Geiste,
der das Heil in der Ausübung eines äußerlichen, buchstäblichen
Gehorsams sah, als Sünde erscheinen konnte; aber man hat auf
beiden Seiten zu Gewalttätigkeiten gegriffen, die einen, um ihr
gewohnheitsmäßig erlangtes Recht zu verteidigen, die andern, weil
sie die stricte Handhabung der beschworenen Regel zur Ehre Gottes
und zu ihrer eigenen Seligkeit glaubten fordern zu müssen. Es
war ihnen Ernst damit. Danach, nicht nach den Geringfügig=
keiten, um die es sich handelte, wird man den Kampf zu beurteilen
haben. Von Anfang an hat man im Augustinerorden nicht durch

---

1) Vgl. Luther darüber, Erl. A. 27, 45 ff.

2) Siehe Möller a. a. O., S. 296.

3) Daß dazu, wie natürlich, fortwährend bedeutende Neigung vorhanden
war, zeigen die scharfen Bestimmungen der Constitutionen gegen die Proprie=
tarier auch bei Staupitz.

allgemeine Maßregeln zu reformiren gesucht, sondern für die alte
Strenge des Ordens begeisterte Männer suchten an ihrem Teile,
wo sie immer konnten, für die Einführung der Observanz, so
nannte man jetzt die strenge Beobachtung der Regel und der Constitutionen, zu wirken. Schon Dietrich Speereisen, der schon
früher erwähnte Provincial der thüringisch-sächsischen Provinz, hatte
sich, höchst wahrscheinlich um einzelne Convente von schädlichen Ele-
menten zu reinigen, von dem General Bartholomäus von
Venedig unter dem 27. Mai 1385 das Recht erteilen lassen,
die Brüder aus dem einen in den andern Convent zu versetzen, doch erwies sich dieses in späterer Zeit besonders wirk-
same Mittel damals noch fruchtlos, da es an die Bedingung der
Zustimmung der beiderseitigen Convente geknüpft war [1]). In
Waldheim in Sachsen wurde in dem im ersten Jahrzehnt des
15. Jahrhunderts [2]) gegründeten Augustinerkloster sofort die Observanz eingeführt. Johann Zachariä war es, dessen besonderer Obhut der General den neu gegründeten Convent mit weitgehenden Befugnissen empfahl [3]), aber wenn sich auch wirklich die
Observanz in Waldheim Dank der Tätigkeit des Zachariä constanter
erhielt, als in andern Orten, so war doch damit noch wenig gewonnen. Der neue Convent der Observanten blieb vereinsamt
und wahrscheinlich ein Gegenstand des Hasses für die Conventualen — dies der Name der Parteien, wie sie sich in Analogie mit

---

1) Comp. ex reg., p. 442.

2) 1404 Sonntag nach Frohnleichnam genehmigt Markgraf Wilhelm
von Meißen die durch Dietrich von Bernwalde zu Kriebstein vorgenommene
Ueberweisung von Geld und Getreidezinsen an S. Ottenkirchen bei Wald-
heim, behufs Gründung eines Augustinerklosters. — 1422 vereinigt Bischof
Rudolf zu Meißen die Pfarrei mit dem Augustinerkloster zu Waldheim.
(Kgl. sächs. Staatsarchiv zu Dresden.)

3) 1423 d. 27. Aug. Commisimus omnem Curam et gubernationem
Conv. Waltheym provinciae Saxoniae, in quo tenetur observantia regularis, ven: viro M. Joanni Zachariae dantes authoritatem sibi ut quaecunque pro bono ipsius statu expedire viderit statuere et perpetuo observanda ordinare possit valeatque dispensare in ipso conventu super statutis
et Constitutionibus Ordinis. Si opus vident et alia de novo illic concedere
et penitus omnia facere, quae nos possimus, in quibus et nunc nostram
authoritatem apponimus. Comp. ex reg., p. 447.

den übrigen Orden bildeten, und zwar zuerst in Italien, wo man, wenn den Ordensschriftstellern zu trauen ist, schon gegen Ende des Jahrhunderts umfangreichere Reformationen vorgenommen und die Observanz durch Verbände (Congregationen) derjenigen Klöster, die sie angenommen, zu schützen suchte.

Eine solche Congregation war die der lombardischen Augustinerklöster, die 1419 gegründet wurde [1]), bald einen großen Einfluß ausübte, und auch, wie später zu zeigen sein wird, für die Entwicklung der Ordensverhältnisse in Deutschland von hoher Bedeutung gewesen ist.

Vielleicht war es die Kunde von ihren Erfolgen, die die Väter der rheinisch-schwäbischen Provinz schon das Jahr darauf an die Reformation denken ließ. Oswald Reinlein, von dem Convente in Nürnberg, der seiner Zeit als ein Muster von Frömmigkeit galt, soll damit den Anfang gemacht haben. Auf einer Versammlung zu Breisach, die unter dem Provincial Rudolph Graf 1421 gehalten wurde, wurde beschlossen, die Observanz in Mühlhausen i. E. einzuführen. Einem einfachen Mönche, Namens Caspar Vituli, der keinerlei theologische Bildung besaß, gelang es, dieselbe durchzusetzen und aufrecht zu erhalten [2]). Dasselbe erreichte 1422, dazu von dem Capitel zu Hagenau beauftragt, der Prior von Freiburg im Breisgau, Joh. Härder, in seinem Convente [3]). Auch anderwärts machte man einzelne Versuche zu einer Reformation: am 13. März 1424 bestätigt der General die Einführung der Reformation in den Conventen zu Culmbach und Ramsau [4]). Aber das waren nur vorübergehende Erscheinungen, zu dauernden Reformationen kommt es erst durch die vielseitige Tätigkeit eines thüringischen Augustiners, der sich die Wiederherstellung der alten Observanz unter seinen Ordensbrüdern zur Lebensaufgabe gemacht hatte, und trotz des heftigsten

---

[1]) Crusenius, S. 169.

[2]) Höhn, S. 88. Observanten in Mühlhausen werden auch erwähnt Comp. ex reg., p. 408.

[3]) Höhn a. a. O.

[4]) Comp. ex reg., p. 298. Die Reformation des Klosters zu Culmbach hat wahrscheinlich schon mit dessen vollständiger Zerstörung durch die Husiten aufgehört.

Widerstandes unermüdlich dafür gewirkt hat. Es ist dies Heinrich Zolter mit dem Beinamen Psalterii. Er wird zuerst
1427 erwähnt, in welchem Jahre er, damals Baccalaureus der
Theologie, zum ersten Vicar des Generals auf dem Provincialcapitel ernannt wurde[1]). Am 7. Mai 1429 erwarb er sich
zu Erfurt die theologische Doctorwürde[2]) und wurde Regens
Studii in Magdeburg. Bald darauf muß seine reformatorische Tätigkeit begonnen haben, denn schon 1432 (17. März)
wird er als Vicar aller Convente der Observanz erwähnt[3]).
Da nämlich die Provinciale, wie in Baiern und Rheinschwaben,
der Reformation abgeneigt waren, oder auch, wie in Thüringen,
wegen der Größe des Gebietes dieselbe nicht durchzuführen vermochten, hatte der Generalvicar Gerhard von Rimini[4]), der
auf dem Concil zu Basel für die Reformation gewonnen worden
war, um den Bestand der Observanz zu wahren, sich veranlaßt
gesehen, den reformirten Conventen einen besonderen Prälaten
vorzusetzen, der unabhängig von dem jeweiligen Provincial bis
auf Widerruf in den betreffenden Conventen die Stelle des Generals vertreten sollte. Mit dieser Autorität bekleidete nun der
General im Jahre 1432 Heinrich Zolter, und empfahl ihm 1433
in einem offenen Schreiben[5]), in dem er ihn in seiner Würde

---

[1]) Comp. ex reg., p. 174. Hier steht zwar Johannes Zolter, was
aber zweifellos nur ein Schreibfehler ist.

[2]) Erfurter Matrikel auch bei Motschmann, Erf. Literata, Erste Fortsetzung, S. 21.

[3]) Comp. ex reg., p. 445.

[4]) 1431 war der General Augustinus von Rom zum Bischof von Cäsena
erhoben und ihm Gerardus Ariminensis als Generalvicar substituirt worden,
der erst 1434 auf dem Generalcapitel zu Mantua zu seinem Nachfolger
erwählt wurde (Crusenius a. a. O., S. 169 f.). Charakteristisch für ihn ist
folgende Notiz im Briefjournal vom 19. Mai 1433: Praecepimus Priori
Argentinae quatenus nobis transmittat Augustinum de Ancona de potestate
Ecclesiastica caussa defendendi jura ordinis in Concilio Basiliensi. Comp.
ex reg., p. 410.

[5]) Dat. 1433, 9. Juni in Basel: M. Henrico Zolter declaramus quod
quisquis ductus Spiritu meliori in conventibus observantiae vitam suam
ducere concupiscat, nullo nobis inferiore contradicente per te vicarium
nostrum super hujusmodi conventus seu per priorem valeat acceptari,

bestätigte, ganz besonders die Aufrechterhaltung der Observanz in dem für die ganze Provinz wegen des darin befindlichen Studium generale so wichtigen Convente zu Magdeburg. Zu gleicher Zeit wurde allen, welche sich den auf die Observanz bezüglichen Anordnungen des Vicars entgegensetzen oder ihm hinderlich sein würden, mit Entziehung des activen und passiven Wahlrechts gedroht. Diese Maßregeln erwiesen sich jedoch als erfolglos. Seit dem Jahre 1429 befand sich nämlich die Stadt im Streite mit dem Erzbischof Günther, der drei Jahre später zu einem sehr ernsten Krieg führte, in dem, wie üblich, der Erzbischof Bann und Interdict über die Stadt verhängte. Hierdurch entstanden natürlich Mißhelligkeiten zwischen der Bürgerschaft und dem ganzen Clerus, die dem Vicar jedes entschiedene Eingreifen unmöglich machten. Er beschloß daher, einstweilen davon abzustehen, und begab sich im Frühjahr 1434 nach Osnabrück, um den dortigen Convent „an Haupt und Gliedern" zu reformiren und, weil unter den besagten Verhältnissen auch die Fortführung des Studiums in Magdeburg unmöglich war, dasselbe bis zum Frieden nach Osnabrück zu verlegen[1]). Nachdem er nur wenige Monate (Mai bis September) daselbst die Studien und die Durchführung der Observanz geleitet, wurde er als Vertreter der Provinz auf das Concil nach Basel abgeordnet. Unterdessen machte der frühere Provincial Hermann Zachariä, der vom General zum Vicar ernannt worden war[2]), neue Versuche, die Magdeburger Conventualen zur Ordnung zu bringen, aber vergeblich. Der Widerstand derselben war derartig, daß der General Kerker-

quod si aliquis talem molestare praesumpserit, illum voce activa et passiva privamus mandantes ne quis aliquid attentet quod in illorum conventuum detrimentum et fratrum diminutionem evenire posset; Jeodem tenore constituimus te nostrum vicarium super conventum nostrum observantiae Magdeburgensem submittentes cum omnesque studentes tuae obedientiae. Comp. ex reg., p. 449.

1) Propter discordias inter clerum et populum exortas, donec facta fuerit reconciliatio. Comp. ex reg., p. 450. Ueber den Streit der Magdeburger mit dem Erzbischof Günther II. siehe Fried. Wilh. Hoffmann, Geschichte der Stadt Magdeburg I, 365 ff.

2) Am 8. September 1434. Comp. ex reg., p. 450.

ſtrafen verfügte [1]). Dagegen ſchienen ſich in Südeutſchland die
Dinge beſſer anzulaſſen. Auf Antrieb eines (ungenannten) päpſtlichen Carbinallegaten baten Rat und Bürgerſchaft der fränkiſchen
Städte Nürnberg und Windsheim [2]) den General um Re-
formirung ihrer Auguſtinerklöſter. Derſelbe war ſofort bereit,
ihrem Wunſche zu willfahren, und wieder war es Zolter, der
eben erſt nach Baſel gekommen ſein konnte, den er damit beauftragte. In einem ſchmeichelhaften Schreiben bezeichnete er ihn,
der ſich ebenſoſehr durch Eifer um den Orden und Ehrbarkeit
des Lebens wie Billigkeit und Gerechtigkeit auszeichne, als den zu
dem heiligen Werke geeignetſten Mann, und überträgt ihm als
ſeinem Vicar ſeine Gewalt in geiſtlichen und weltlichen Dingen;
aber nicht nur die Auguſtinerconvente zu Nürnberg und Windsheim ſoll er zu viſitiren das Recht haben, ſondern ſeine Befug-
niſſe ſollen ſich auf alle Convente der bairiſchen Provinz beziehen.
Dieſelben ſind in der Tat, wie ſie uns das Schreiben mitteilt,
ſehr umfangreich. Er darf bei den Viſitationen Schwüre von
den Brüdern annehmen, daß ſich alles ſo verhalte, wie angegeben
ſei, darf ſchwere Strafe verhängen, die es ſo verdient haben, aus den
Conventen entfernen, nach Belieben, wo es ihm notwendig er-
ſcheint, Brüder verſetzen, kurz ganz nach ſeinem Gutdünken handeln.
In beſonderer Weiſe wird ihm der Convent von Nürnberg und
Windsheim empfohlen. Diejenigen Brüder, welche mit Frömmigkeit Gott dienen d. h. die Obſervanz annehmen wollen, ſoll er
freundlich aufnehmen, die Gegner derſelben verſetzen und an ihre
Stelle andere aus der ganzen Provinz und beſonders aus Wien [3])
dem Kloſter einverleiben. Im Wiener Kloſter befand ſich damals
auch Oswald Reinlein, der Heinrich Zolter zur Seite geſtellt
wurde, und der, falls dieſer nach Ausführung ſeines Auftrages in

---

1) Hermannus Zachariae vicarius generalis, quem Joes Bardelene cum
aequalibus volebat infringere, qui condemnantur postea ad expensas et
carceres. Comp. ex reg., p. 451.

2) Das Kloſter zu Windsheim war 1291 durch die ritterliche Familie
der Gailinge geſtiftet und 1295 geweiht worden. Siehe darüber: Schirmer
(Chr. W.), Geſchichte Windsheims und ſeiner Nachbarorte (Nürnberg 1848),
S. 30. 109 u. ö.

3) Der dortige Convent wird alſo ſchon reformirt geweſen ſein.

feine Provinz zurückkehren wolle, fein Nachfolger im Vicariat aber nur für die beiden oben genannten Convente fein follte [1]).

Die beiden Reformatoren fuchten fich ihres Auftrages nach Möglichkeit zu entledigen, aber trotz des (anfänglichen) Entgegenkommens der ftädtifchen Behörden ging die Sache nur fehr langfam von Statten. Befonders waren die Terminarier, die in ihrer Einzelftellung und verhältnißmäßigen Unabhängigkeit nur zu leicht verwilderten, nicht unter die Obfervanz zu beugen. Der General erteilte deshalb Oswald Reinlein den Auftrag, fie ganz und gar aus jener Gegend zu vertreiben [2]). Ohne Exceffe ging dies nun freilich nicht ab [3]), und mehrfach mußte der General auf Anfuchen Zolter's an die ftädtifchen Behörden die Bitte richten, refp. ihnen die Vollmacht erteilen, die Obfervanz zu fchützen und ohne Rückfichtnahme auf Grad oder Stellung die Gegner derfelben aus Convent, Stadt und Gebiet zu treiben [4]). Durch allfeitige Bemühung [5])

---

[1]) Comp. ex reg., p. 186. 308 sq., Dat. 4 Nov. Unter dem 14. Juni 1435 wird Zolter noch einmal Vicar in tota Provincia Bavaria (ebendaf., p. 316). Fälfchlich giebt Offinger (a. a. D., S. 735) an, Reinlein fei bis 1435 in Wien gewefen.

[2]) Ut terminarios confundentes illam vel illas observantiarum ordinationes expellat a dicto territorio (5. Mai 1435). Comp. ex reg., p. 310.

[3]) Einige der Obfervanz Abgeneigte hatten bei ihrem Abzug aus Nürnberg Kleinodien geftohlen. Der Provincial Georgius von Schönthal (de valle speciosa) erhält am 16. September 1436 den Auftrag, diefelben auszuforfchen und zur Verantwortung zu ziehen. Comp. ex reg., p. 183.

[4]) Scripsimus quoque Magnificis Consulibus et proconsulibus Civitatis Nuremberg et Winshaym dantes eis autoritatem duntaxat ad tuendum protegendum et defensandum Conventus observantiae exorantes eos quatenus omnes cujuscunque gradus et conditionis existant volentes ipsam observantiam annihilare nostra autoritate de conventu, Civitate et finibus ejiciant. 15. September 1436; ähnlich 19. Januar. Comp. ex reg., p. 183.

[5]) Auch das Concil hat fich für das Zuftandekommen derfelben intereffirt, wie aus folgenden Notizen zu entnehmen ift: 19. Juli 1435. M. Georgius de Valle Speciosa Provincialis Bavariae fuit ex parte Concilii Basiliensis hoc tempore legatus ad duces et Principes Bavariae. 15. September 1436. Misimus literas Conventui Nuremberg. approbantes omnia, quae per nos aut per nostrum vicarium tunc Ven. M. Henricum Solther concessa fuerunt et rata habentes quae pro observatione regul. discipl. facta et instituta sunt per Concilium Basiliense aut per legatum eiusdem. Comp. ex reg., p. 311.

war man Anfang 1437 so weit gekommen, daß der Nürnberger
Convent als reformirt betrachtet werden konnte. Zolter durfte
die Verwaltung desselben dem Oswald Reinlein überlassen [1]).
Ihn selbst führte Neigung und ein erneuerter Auftrag des Generals wieder nach Magdeburg. Er erhielt den gemessenen Befehl,
gegen die Widerstrebenden den weltlichen Arm oder den Erzbischof
anzurufen [2]). Aber gerade dies erbitterte die Conventualen aufs
Höchste, und die Bürgerschaft, die wahrscheinlich durch das frühere
Verhalten Zolters während des Streites mit dem Erzbischof verletzt worden war, stellte sich auf Seiten der Mönche und bestärkte
sie in ihrem Widerstande gegen die Reformation. Der Erzbischof machte wol unter Berufung auf die früher erwähnte Bulle
Johann XXII., die ihm ein Schutzrecht über die Augustinereremiten vindicirte, einen schwachen Versuch zu Gunsten der Observanten, indem er ihre Privilegien bestätigte. Das war zunächst
aber auch Alles. Der ungeistliche Herr mochte wenig Neigung
haben, sich der Observanz der Augustiner wegen neue Ungelegenheiten zu machen [3]). Aber Zolter wollte von seinem Vorhaben
nicht abstehen. Darüber kam es zu einem offenen Aufstande
gegen den Vicar. Einige Widersetzliche verließen heimlich das
Kloster, holten andere Conventualen herbei, überfielen den Convent und warfen die Observanten mit Gewalt hinaus. Nur mit
Mühe entgingen Zolter und sein Gefährte Albert Harsche der
Lebensgefahr durch die Flucht. Kirchliche Strafen, die jetzt über
die Rebellen verhängt wurden, hatten keinen andern Erfolg, als
daß das Kloster verödete: während sonst dreißig oder mehr Brüder sich darin befanden, sank die Zahl jetzt auf drei. Nun
nahm sich das Provincialcapitel der Sache an. Der Provincial

---

1) Am 8. Februar 1437 schreibt der General: Scripsimus vicario nostro
Oswaldo PP. et ff. Conv. Nurenb. Comp. ex reg., p. 312.

2) 9. April 1437. Comp. ex reg., p. 451.

3) Er nennt sich Conservator et judex Privilegiorum, Jurum ac liber-
tatum ordinis fratrum heremitarum sct. Augusti per provinciam Thuringiae et Saxoniae a sede apostolica delegatus. (Magdeburger Archiv
[Erfurt], Nachtrag, S. 265.) Kurz vorher, Weihnachten 1436, hatte er,
nachdem er schon 33 Jahre Erzbischof war, die erste Messe gelesen. Hoffmann (Fr. Wilh.), Geschichte der Stadt Magdeburg I, 375.

selbst, es war Johannes Meyer (de Augia), reiste mit drei Lectoren, Nicolaus Holland, Johann Mayer (de Halsa) und dem schon genannten Albert Harsche nach Rom zum General [1]), worauf derselbe unter dem 17. September 1437 dem Provincial seine volle Gewalt erteilte, bis Zolter wieder werde als Vicar nach Magdeburg gehen können [2]). Ohne Zweifel hatte man betont, daß es wesentlich die den Magdeburgern mißliebige Persönlichkeit Zolter's sei, welche das Zustandekommen der Reformation verhindere. Die Absicht dabei war, die die Gewalt des Provincials einschränkende exemte Stellung des Vicars womöglich abzuschaffen. Zolter war aber nicht so leicht aus dem Felde zu schlagen; auch er begab sich noch in demselben Herbst in Begleitung eines gewissen Albert Holtenberch nach Rom und vermochte es, General und Curie davon zu überzeugen, daß gerade die Provinciale aus selbstischen Gründen der Einführung der Reformation widerstrebten, und daß es nur dann möglich sei, das Ziel zu erreichen, wenn es gelänge, unter den Observanten eine engere geregelte Verbindung herzustellen, die sie vor den Nachstellungen der Conventualen sicherte. Schon am 5. November desselben Jahres decretirte Papst Eugen IV.: die rebellischen, nicht nach der Observanz lebenden Brüder dürfen versetzt werden, und die Observanten dürfen sich einen eigenen Vicar wählen. Aber hiermit noch nicht zufrieden, wirkte Zolter von dem päpstlichen Cardinallegaten in Deutschland Anfang des nächsten Jahres [3]) eine Bulle aus, welche den Observanten eine vollständige Constitution gab. Danach hat der (von den Observanten erwählte) Vicar seine Gewalt kraft apostolischer Autorität. Er selbst wie alle Observanten, sind nur dem General und niemand Anderem unterworfen, falls nicht etwa der Provincial selbst die Observanz

---

[1]) Alle diese Vorgänge ergeben sich aus einer Zusammenstellung der Notizen im Comp. ex reg., p. 451 mit den gleich zu erwähnenden Bullen des Papstes Eugen vom 5. November 1437 und 27. Januar 1438 in der Beslerschen Handschrift des Mare Magnum der Augustinereremiten (Leipziger Stadtbibliothek Cod. C. C. XIV), Blatt 153 ff.

[2]) Comp. ex reg., p. 451.

[3]) Dat.: Erfurt, den 27. Januar 1438 bei Besler, Mare Magnum, Blatt 153.

annimmt. Er allein hat das Recht, die Rebellen und ihre Be=
günstiger, Cleriker sowie Laien, zu absolviren, und diejenigen,
welche seine apostolische Gewalt anfechten wollen, haben Bann
und Interdict zu gewärtigen. Jeder, der die Observanz annehmen
will, kann ohne weiteres von dem Vicar oder dem Localprior
der Observanz aufgenommen werden ¹). Wer einen solchen Bruder
hindern oder belästigen will, geht ipso facto des activen und
passiven Wahlrechtes verlustig. Um die Observanten vor schäd=
lichen Einflüssen zu bewahren, wird bestimmt, daß jeden Prior,
Provincial oder Stellvertreter desselben die Strafe der Excom=
munication treffen solle, falls er es wage, einen Observanten
ohne besondere schriftliche Erlaubniß des betreffenden Vicars oder
des Localpriors länger als drei Tage bei sich zu behalten. Nur
zu den gemeinen Lasten der Provinz sind die Observanten ver=
pflichtet, nicht zu den besonderen (onera particularia). Auf den
Provincialcapiteln genießen sie dieselben Rechte, wie die Uebrigen;
einer von ihnen muß immer in die Zahl der Diffinitoren gewählt
werden. Wenn Provincial und Diffinitoren sich weigern sollten,
geeignete Brüder aus der Observanz zu den Studien zu befördern,
so hat der Vicar eigens das Recht dazu. Die Observanten in
den Klöstern der bairischen, sächsischen und rheinischen Provinz —
von der kölnischen, die schon damals ganz außer Verbindung mit den
übrigen deutschen Provinzen stand, ist nicht die Rede — können
von ihren Vorgesetzten in jeden beliebigen reformirten Convent
der besagten Provinzen versetzt werden; dagegen darf ein Nicht=
observant in ein reformirtes Kloster nur Studien halber geschickt
werden, d. h. augenblicklich nur nach Magdeburg, in dessen Con=
vent ganz besonders darauf zu achten ist, daß den des Studiums
wegen hingesandten Brüdern keine Gelegenheit gegeben wird, wieder
von der Observanz abzufallen ²).

¹) Dummodo non sit subterfugiens sui praelati provinciam. Besler,
Mare magnum, Blatt 155.

²) Deshalb werden noch folgende Specialbestimmungen gegeben: Ne fratribus ad eam studii caussa venientibus cedat occasio dicta declinendi
observantia: pecuniasque improvide dispensandi! Ut ob id pecuniae fratribus ejusdem ab ordine concessae et secum comportatae ad lectorem et
sacristae pro tempore existentium manus, ac per illos in repositorio ad

Es bedarf keines Nachweises, wie tief diese Bestimmungen in die bisherige Provincialverfassung einschnitten, ja sie gänzlich untergruben. Mit der Erklärung, die Observanz annehmen zu wollen, konnte sich jeder Einzelne wie jeder Convent leicht der Jurisdiction seines Provincials entziehen. Einer Agitation gegen denselben war Tür und Angel geöffnet. Er stand völlig machtlos da, und nicht einmal das Diffinitorium des Provincialcapitels konnte ihm einen Rückhalt gewähren, da auch diesem gegenüber z. B. in der Studienfrage der Vicar selbständig war. In seine Hand war eine Gewalt gegeben, die, je nach der Geschicklichkeit, mit der er sie zu handhaben verstand, eine ungeheure werden konnte. Allerdings war seine Exemtion von der Autorität des Provincials an die Bedingung geknüpft, daß es nicht gelingen sollte, diesen selbst für die Observanz zu gewinnen. Aber es war doch ein sehr idealer Standpunkt, anzunehmen, daß nunmehr der Vicar nichts eifriger als dies betreiben sollte, um dann seine Macht wieder in die Hände des Provincials zu legen. Und wer war es, der darüber zu entscheiden hatte, ob der Provincial in Wirklichkeit die Observanz angenommen hatte? Doch wieder nur der Vicar selbst. Hiermit war der Rechtsboden zu einer Vereinigung der reformirten Convente, die Zolter ohne Zweifel so bald als möglich ins Werk zu setzen suchte, gegeben, zugleich aber auch der Grund zu schwerwiegenden Verwicklungen gelegt, die nicht aus= bleiben konnten und die in der Tat bis zur Auflösung der deutschen Congregation niemals aufgehört haben.

Es verstand sich von selbst, daß die Provinciale nach Mög= lichkeit gegen jene päpstlichen Bestimmungen protestirten, und jeden Anschluß an die unirten Convente zu verhindern suchten. Leicht war es, den General davon zu überzeugen, daß sie den Consti= tutionen des Ordens zuwiderliefen und Spaltungen im Orden hervorrufen mußten. Wenige Monate darauf, als eben die Re= formation im besten Gange war, erließ darum der General an verschiedene Convente der Observanten gleichlautende Decrete, in

hoc ordinato assignentur conservandae, per eosdem quae eisdem ex dictis pecuniis necessaria ministrentur. Et quidcumque residui mansit, dum revertantur, ad suae professionis domum restituatur. Ebendas., Blatt 156.

denen er aller Orten das Vicariat aufhob und alle Brüder zur
allgemeinen Obedienz gegen den Provincial verpflichtete ¹). Zol=
ter war nun freilich nicht so ohne weiteres abzusetzen; auf Grund
der päpstlichen Bulle war er regelrecht zum Vicar gewählt worden,
und in demselben Schreiben, in welchem der General alle Vica=
rien abberuft und allein dem Provincial seine Autorität über=
trägt, mußte er, weil man sich darauf berief, Zolter doch als
Vicar, wie scheint nur für Magdeburg, anerkennen. Zugleich
fand sich aber auch ein Modus ihn los zu werden, in dem man
auf seine Unbeliebtheit bei den Magdeburgern speculirte. Her=
mann Zachariä und Bernhard (der Aeltere) von Osnabrück
wurden nach Magdeburg zur Visitation geschickt und beauftragt,
in Erfahrung zu bringen, ob die Bürger Heinrich Zolter als Vicar
dulden wollten; wenn nicht, sollten sie ihn veranlassen, zu resig=
niren und sein Amt in die Hände der Observanten niederzulegen,
die dann in Gemäßheit der päpstlichen Bulle einen neuen Vicar
wählen könnten ²). Wie man erwartet, kam es, Zolter mußte
abtreten, blieb aber als Studienleiter und ältester Lehrer im
Convente zu Magdeburg ³). Auf dem Provincialcapitel desselben
Jahres, welches zu Gotha (wahrscheinlich am Tage des heiligen
Augustin) gefeiert wurde, würde dann der Provincial Johann
Meyer zum Vicar für ganz Sachsen erwählt. Der General be=
stätigte ihn am 11. November, nahm aber in demselben Breve
diejenigen Convente aus, in welchen durch den päpstlichen
Stuhl Vicarien eingesetzt seien ⁴). Es waren dies die

¹) Den 6. Juni 1438 allgemein, den 8. nach Nürnberg an den Prior
Molsheim. Comp. ex reg., p. 314.

²) Revocantur omnes vicarii et soli provinciali committitur totius
provinciae (obedientia) cum reservatis statutis antiquarum constitutionum.
Mittuntur Magdeburgum visitatores Hermannus Zacharias et Bernardus
senior de Osnabrugis, qui visitatione facta inquirunt, num cives velint
Henricum Zolter provicario tolerare, sin minus, resignet officium in
manus observantium, ut. illi de observantia alium vicarium ad eorum
regimen eligant juxta bullam Apostolicam. Ebendas. Nach Höhn, S. 24
stirbt Zachariä noch in demselben Jahre (1439) in Eschwege.

³) Den 5. Juli. Zolter regens studii et mag. senior etsi non sit
vicarius.

⁴) Excipientes Conventus illos, in quibus instituti sunt vicarii per

fünf Convente zu Magdeburg, Himmelspforte, Dresden, Waldheim und Königsberg in Franken, der Grundstock der Congregation der Observanten, sächsischen oder deutschen Congregation, wie man sie später nannte. Darnach hatte also Eugen IV. vielleicht auf Protest der sächsischen Observanten die oben besprochene Bulle keineswegs zurückgenommen, sondern aus eigener Machtvollkommenheit in gewissen Conventen zur Aufrechterhaltung der Observanz Vicarien angestellt. So blieb der Riß, der in die Provincialverfassung gekommen war, wenn auch in gemilderter Form, bestehen, und gab fortwährend Anlaß zu neuen Reibungen, in denen die Observanten sich auf ihre päpstlichen Privilegien beriefen, während die Conventualen sich fast stets der Unterstützung von Seiten des Generals zu erfreuen hatten. Leider fehlt es für die nächste Zeit an eingehenden Nachrichten [1]), und müssen wir uns mit einigen dürftigen Notizen begnügen.

In Nürnberg war nach der Aufhebung des allgemeinen Vicariats die angefangene Reformation wieder in Verfall geraten. Oswald Reinlein hatte den Convent schon im Herbst 1437 verlassen, um eine Wallfahrt nach dem heiligen Grabe zu unternehmen [2]). Auch in Windsheim waren bald die alten Unordnungen wieder eingerissen. Nur jene oben genannten Convente hielten, wenn auch unter großen Schwierigkeiten, an der Observanz fest und suchten, wie natürlich, so weit als nur irgend möglich dafür Propaganda zu machen [3]). Das führte zu Miß-

sedem apostolicam. Comp. ex. reg, p. 453. Die Namen der Convente ergeben sich aus der Bulle des Cardinals Bernhard vom Jahre 1506. Bei Höhn, S. 142.

1) Von 1439—51 zeigt das Registrum leider eine Lücke.

2) Unter dem 13. September 1437 erhält er vom General die Erlaubniß dazu. Comp. ex reg., p. 314. Vgl. auch Höhn, S. 82.

3) Die Neigung zu reformiren erstreckte sich auch auf Klöster anderer Orden. Wesentlich auf Heinrich Zolters Antrieb ließ Erzbischof Günther 1443 den berühmten Reformator des Benedictinerordens, Johann Busch, nach Magdeburg kommen, um das dortige Prämonstratenserkloster zu reformiren. Vgl. Buschius. De reformatione Monasteriorum bei Leibnitz. Rer. Brunsvic. II, 836. Fälschlich liest Friedr. Wilh. Hoffmann (Geschichte der Stadt Magdeburg I, 376) aus dieser Stelle, Günther habe das Augustinerkloster reformiren lassen, dessen Reformation an jener Stelle vielmehr vorausgesetzt wird.

helligkeiten, die ernstlich eine vollständige Spaltung innerhalb des Ordens befürchten ließen, zumal man nur zu gern den deutschen Observanten dieselben Tendenzen imputirte, wie sie die lombardische Congregation damals verfolgte, nämlich sich gänzlich von der Obedienz des Generals frei zu machen. Nur dem mannhaftesten Widerstande des Generals Julianus, der von 1443—58 den Orden leitete, war es unter großen Tumulten von Seiten der Lombarden mit Hülfe des Papstes gelungen, die Bestimmung zur Anerkennung zu bringen, daß die Väter der lombardischen Congregation nur unter seinem (des Generals) Vorsitz ihr Capitel halten und nur mit seiner Zustimmung Beschlüsse fassen durften [1]. Bald darauf brach aber ein wirkliches Schisma im Orden aus, und auf Befehl des Papstes entbot der General alle Vicarien, Rectoren und Prioren der Observanz 1445 nach Rom, um eine Einigung zu erzielen, wobei ihre unmittelbare Unterstellung unter den General noch besonders ausgesprochen wurde [2]. In welcher Weise die Einigung zu Stande kam, darüber fehlen uns directe Mitteilungen. Doch geht aus den späteren Verhandlungen der Provincialcapitel hervor, daß die Vicariate nicht aufhörten und allem Anscheine nach dem Provincialat coordinirt wurden. Eine gewisse Verbindung jener fünf Observanten-Convente hat fortbestanden, auch läßt sich erkennen, daß die Bestimmung der Bulle vom Jahre 1437 aufrecht erhalten wurde, wonach immer einer aus den Observanten zum Diffinitor gewählt werden soll. Mit Ausnahme des Capitels zu Grimma ist Zolter in den Erlassen der Väter stets als Diffinitor in jenen Jahren erwähnt. Ob er aber in derselben Weise wie später die Vicare der Congregation unumschränkter Herrscher über jene fünf Convente gewesen ist, muß dahingestellt bleiben [3].

[1] Crusenius a. a. O., S. 171.

[2] Reverendissimus Generalis Julianus de Salem jussu Eugenii IV. Pontificiis omnes Vicarios, Rectores ac Priores, quos de observantia vocabant, Roman ad comitia cogit ad omnem Schismatis apparentiam tollendam: Ex ut juxta consilium prudentiam ac voluntatem ipsius Prioris Generalis, cui immediate subsint, ordinationes et statuta faciant. Höhn, S. 96, nach Pamphilus, S. 80.

[3] In einer Urkunde des Dresdener Klosters von 1456 heißt es: „mit wissen vnde willen des wirdigen vaters meister Henrici Zolter des geistlichen rechtis doctoris". Cod. dipl. Sax. Reg. V, 304.

Dem Umsichgreifen der Vicarianer, ihrer Tendenz aus der
Union eine größere Congregation erstehen zu lassen, suchte man
dadurch entgegenzutreten, daß die Provinz selbst, wenigstens in
Sachsen, und dort liegt seit dem Auftreten Zolters der Schwer=
punkt der Entwicklung, die Reformation in die Hand nahm. Die
Provincialcapitel der nächsten Jahre beschäftigen sich fast aus=
schließlich damit. Die Reformationsversuche lassen sich genau
verfolgen. Auf dem Capitel zu Gotha (Pfingsten 1446) waren
die Väter übereingekommen, vor allen Dingen den Convent zu
Erfurt, in dem sich das Studium befand, einer Reformation zu
unterwerfen. Der Studienleiter und der Prior erhalten den
Auftrag, dieselbe durchzuführen und darauf zu achten, daß die
Brüder gemeinsam speisen und gemeinsam die Collation einnehmen,
und keine Besonderheiten zu dulden¹). Ebenso wird dem Pro=
vincial aufgegeben, seine besondere Aufmerksamkeit dem Convente
zuzuwenden. Der Erfolg war aber ein so geringer, daß das
Jahr darauf auf dem Capitel zu Eimbeck (8. September 1447)²)
und auf dem zu Nordhausen (27. Mai)³) derselbe Beschluß
wiederholt werden mußte; und auch eine Sanction desselben durch
den Cardinal Nicolaus von Cusa⁴), der damals allenthalben
reformirend Deutschland durchzog, fruchtete so wenig, daß das

---

¹) Prefatum Connentum Erfordense pro vita regulari diffinimus et
presenti diffinitone deputamus, in perpetuum mandantes magistro regenti
atque priori ibidem, qui nunc sunt aut in futurum erunt, in meritum
sancte obedientie, quatenus nec in se nec in ipsius suppositis fictionem
aut ypotesim fieri permittant. Item quod communem refectionem atque
collacionem juxta statuta ordinis cum ceteris obseruent et singularitates
vitent, nisi rationabiles cause dictauerint, aliquando de quo et super
quo eorum patrum discernendum consciencias oneramus prefatorum etc.
(Staatsarchiv zu Magdeburg.)

²) Fr. Henricus Coci war der für das Capitel bestellte Vicar des Gene=
rals, Johannes Prilop prior provincialis, Henricus Zolter diffinitor sacre theologie professores. Alardus conuentus Appingindamensis, Henricus Coci conuentus herbipolensis priores et diffinitores. (Staatsarchiv zu Magdeburg.)

³) Vicarius . . Henricus Coci electusque ibidem provincialis, frater
heinricus Zolter, Sacre theologie professor, fratres henricus lodowici,
Hermannus Schelherten, Johannes verlop porte celi, Johannes Schul noue
civitatis conuentuum priores et diffinitores. (Ibid.)

⁴) dd. Erfurt, den 5. Juni 1451. (Staatsarchiv zu Magdeburg.)

Capitel zu Helmstedt (12. September 1452 [1])) von neuem sich mit der Sache beschäftigen mußte, und die Observanz, obwol sie schon dreimal von den Vätern der Provinz bestätigt worden wäre, wiederum als für alle Zeiten verbindlich erklärte.

Grade in Erfurt, der bevölkerten und reichen Stadt, mit ihrem blühenden Handel und großen Verkehr, mochte es schwer sein, die strenge Befolgung der Regel in allen Stücken wieder einzuführen [2]). Aber auch in kleineren Orten, wie Gotha, Eschwege, Langen= salza, Nordhausen und Sangerhausen, wo man die Ob= servanz einzuführen suchte, erreichte man nicht viel, obwol z. B. zu Eschwege [3]), wie wenigstens das Capitel zu Grimma (11. Sep= tember 1453) behauptete, einige von selbst die Reformation an= nahmen und alle mündlich und schriftlich erklärten, in dieselbe einwilligen zu wollen. Mit solchen Erklärungen, wie vag sie auch waren, gaben sich die Väter der Provinz zufrieden und beeilten sich, die geschehene Reformation für immer zu bestätigen, die sich dann bei dem nächsten Capitel als gar nicht vorhanden erwies. Zu der natürlichen Abneigung der Mönche vor der Observanz kam damals auch wieder der Umstand, daß der General die Re= formationsbestrebungen nicht nur nicht ·begünstigte, sondern ihnen auch gelegentlich entgegentrat. So beabsichtigte der Provincial Heinrich Ludowici im Jahre 1452, den Convent zu Quedlin burg zu reformiren. Wie gewöhnlich widersetzen sich die Brüder und bringen es dahin, daß Landesfürst und Bürgerschaft beim General sich über Ludowici beschwerten. Und ohne die Berechti=

---

[1]) Hermannus Schellerten . . vicarius, fr. hynricus Ludowici prior provincialis, fr. hinricus Zolter sacre theologic professor, fr. Johannes de Struwe, fr. librandus, et fr. paulus lectores diffinitores. (Ibid.)

[2]) Mit Beziehung auf Erfurt findet sich in dem Erlaß vom 12. Sept. auch folgende Bemerkung: Ibi sane caucius et diligencius est agendum ubi propter humane vite defluxum majus cernitur periculum imminere. (Ibid.)

[3]) Sufficienter coram nobis ostensum est, quod fratres conventus nostri Echewegensis unanimi consensu verbo et scripto in reformacionem Ilius conventus consenserint et quicunque eorum eandem reformationem etiam sponte assumpserint. Ideo hoc ipsum salubriter sic factum ad praesens per nostrum diffinitorium approbantes et ratificantes diffinitores perpetua firmitate apposuimus. (Ibid.)

gung oder Nichtberechtigung der Beschwerde zu prüfen, decretirte der General nach dem Wunsche der Quedlinburger. Unter Androhung der schwersten Strafen wurde der Provincial angewiesen, von seinem Vorhaben abzustehen, und es nicht zu versuchen, weder in jenem noch in einem andern Convent seiner Provinz wider den Willen der Brüder irgend eine Aenderung vorzunehmen, da Fürst und Bürgerschaft, weil sie mit dem geistlichen Dienst der Brüder sehr zufrieden, eine Neuerung nicht wünschten[1]). Wurde ein solcher Bescheid erst bekannt, so war es den Widerstrebenden leicht, unter Berufung darauf sich jeder Reformation zu entziehen. Da war es auch von wenig Belang, wenn das Generalcapitel von Avignon (30. Mai 1455) die auf den verschiedenen sächsischen Provincialcapiteln vorgenommenen Reformationen bestätigte, und den reformirten Conventen den Vorzug zugestand, so lange die Reformation währte, sich jedes Jahr dreimal, und zwar zu Weihnachten, Ostern und am Tage des heiligen Augustin einen Beichtiger wählen zu dürfen, der auch die Befugniß haben solle, in solchen Fällen zu absolviren, die sonst dem General vorbehalten seien. Ohne Zweifel war dies eine damals hoch gehaltene Vergünstigung, die aber, weil sie auch die Absolution von Uebertretungen der Ordensbestimmungen erleichterte, kaum dazu geeignet war, der Reformation größere Dauerhaftigkeit zu verschaffen, und auf der andern Seite doch auch wieder zu wenig gewährte, als daß sie für nichtreformirte Convente hätte ein Anlaß werden können, die verhaßte Observanz anzunehmen. Auch enthielt jene Verfügung des Generalcapitels die sehr dehnbare Schlußbemerkung, daß zwar die übrigen Convente zur Annahme derselben angetrieben werden sollten, jedoch ohne Anwendung irgendwelcher Gewalt[2]). Da hierdurch dem Provincial im Grunde genommen

---

[1]) Sub poena inobedientiae et rebellionis nostrae, quatenus desisteret ab inceptis, nec tentaret in illo aut alio dictae provinciae conventu aliquam invitis fratribus facere mutationem videntis dicti domini voluntatem et civium de servitio spirituali fratrum valde contentorum. Comp. ex reg., p. 455.

[2]) Cum hoc tamen vobis praecipimus, quod ceteri conventus provinciae compellantur nec violentiam aliquam patiantur ad talem reformationem. Comp. ex reg., p. 456.

das Reformationsrecht abgesprochen wurde, kann es nicht Wunder nehmen, wenn in der nächsten Zeit die Reformationsversuche nur von sehr geringem Erfolge gekrönt sind, wol auch in solchen Conventen, die schon längst für reformirt galten, die Observanz fortwährenden Schwankungen unterlag. Nicht bloß von den eigenen Conventualen und solchen benachbarter Klöster, wurden die Observanten, z. B. in Eschwege, hart bedrängt, sondern auch von Laien, die irgend ein materielles Interesse an dem Fortbestehen der Unordnung hatten. Der Landesherr selbst, der Landgraf Ludwig von Hessen, war zwar von Ludowici für die Observanz gewonnen worden; lag ihm doch daran, wie er es selbst ausspricht, daß die von ihm und seinen Vorfahren gestifteten Vigilien, Messen und Gottesdienste in geordneter Weise für ihn und seine Nachkommen begangen würden. In einem offenen Briefe vom 29. Januar 1455 [1]) erklärt er, daß Dr. Heinrich Ludowici, der Provincial und der Prior Conrad Lubeck von dem Wulsshagen mit seinem „Rade, hülffe vnd sture die observancien zu Eschwege" angefangen hätte und daß er „die solichem gotlichem wesen hanthaben, schuren, vnd schutzen wolle". Gleichwol hatten die Observanten so viel Unbill zu erleiden, daß sie im Frühjahr zum Landgrafen flohen und dieser von neuem sie in seinen Schutz nehmen mußte [2]). Aber auch noch in den nächsten Jahren war der Bestand der neuen Ordnung in Eschwege sowol wie in Erfurt höchst zweifelhaft. Bemerkenswert hierfür sind zwei von Pfingsten 1456 datirte Schenkungsurkunden, die die eben genannten Convente betreffen. „Etliche Gott wohlbekannte Menschen" — ein seltener Fall von Anonymität bei Schenkungen in jener Zeit — geben „einen milden Almosen, nämlich 120 rheinische Goldgulden" zur Besserung der Baulichkeiten und zur Reformation des Klosters zu Erfurt, und zwar mit der Bestimmung, daß, wenn die Reformation

---

1) Uff Donnerstag nach Sent pauli tag conuersionis anno millesimo quadringentesimo quinquagesimo quinto. (Staatsarchiv zu Marburg.)

2) Urkunde vom 14. April 1455 im Staatsarchiv zu Magdeburg. Darin heißt es u. a.: Flavit porsus spiritus quidam tempestatis quasi ab aquilone et loco deserti gravi impetu in opus bonum irruens et reformacionis ipsius sanctum studium concutiens. Sunt quidam a seculo potentes minus de veritate informati, exsurrexerunt molestando.

innerhalb eines Jahres nicht zu Stande käme, das Capital an das
Kloster zu Eschwege fallen, oder, wenn auch dieses von der Re=
formation abfiele, zu einem Spital für Kranke und Aussätzige ver=
wandt werden solle. Eine ganz ähnliche, nur bezüglich des An=
falls umgekehrt lautende Urkunde wurde dem Convent zu Eschwege
erteilt [1]. Dergleichen Schenkungen sollten u. a. den Mönchen
auch die Entschuldigung benehmen, die man nur zu oft vorbrachte,
der Convent könne aus Armut die Observanz nicht annehmen.
In einzelnen Fällen mag allerdings die Gemeinsamkeit der Mahl=
zeiten, die Gleichheit der Speisen für alle, die strenge Kleider=
ordnung u. a. mehr, was mit der Observanz verbunden war,
den Ausgabeetat bedeutend erhöht haben; bei dem aber fast überall
in den Augustinerklöstern herrschenden Wohlstand scheint es meistens
nur Vorwand gewesen zu sein. Aus diesem Grunde war z. B.
der Convent zu W ü r z b u r g von der Observanz abgefallen, wurde
aber auf dem Capitel zu O s n a b r ü c k (28. August 1457) wieder
auf dieselbe verpflichtet [2], nachdem ein frommer Priester dem
Kloster zu diesem Zwecke Capitalien und liegende Gründe geschenkt
hatte. Auf demselben Capitel war auch die Reformation des
Convents zu H e r f o r d beschlossen und von demselben auch ange=
nommen worden. Da sich aber auf dem nächsten Capitel, das
am 10. September 1458 in K ö n i g s b e r g (in der Neumark [3])
abgehalten wurde, herausstellte, daß sie nur auf dem Papiere
stand, griffen die Diffinitoren zu entschiedeneren Maßregeln. Sie
erließen ein sehr strenges Edict, wonach alle Brüder der sächsischen
Provinz, und besonders des besagten Conventes, die gegen das
reguläre Leben wissentlich mit Wort oder Tat etwas unternehmen
oder es hindern würden, ipso facto als ehrlos (infames) und
als des activen und passiven Wahlrechts verlustig anzusehen seien,

---

[1] Staatsarchiv zu Magdeburg. Im Jahre 1461 gewährt der Rat zu
Eschwege den Augustinern, „dem allmechtigen czu lobe vnde zcu sterglunge
der reformacion der bruder ordinis sanct Augustini" Freiheiten in Betreff
einiger Häuser, die in ihren Besitz gekommen. (Staatsarchiv zu Marburg.)

[2] H ö h n, S. 101.

[3] Fälschlich H ö h n, S. 102: Königsberg in Franken. Siehe Riedel,
Cod. dipl. Brandenburg. 24, 171. Unrichtig steht hier in der Inhaltsan=
gabe der betreffenden Urkunde „Generalcapitel" statt „Provincialcapitel".

und nur von den Vätern der Provinz dispensirt werden könnten.
Wer aber in seiner Hartnäckigkeit beharren würde, den solle so
lange Kerkerstrafe treffen, bis er unter gehöriger Buße sein Ver-
brechen (suos excessus) eingesehen haben würde.

Schärfer konnte das Edict nicht gefaßt werden. Hiermit
mußten auch die entschiedensten Anhänger der Observanz zufrieden
sein. Freilich überschritt das Capitel hierdurch ohne Zweifel seine
Befugniß, denn während noch das oben erwähnte Generalcapitel
von Avignon jede Anwendung von Gewalt verboten hatte, beschränkte man sich jetzt nicht darauf, die Beschlüsse nur den etwa von
der Observanz Abgefallenen anzudrohen, sondern durch einen Ge-
waltact dieselbe in der ganzen Provinz als eingeführt zu erklären.
Man konnte von vorn herein zweifelhaft sein, ob hiermit etwas
erreicht werden würde. Heinrich Ludowici freilich, der in
Königsberg wiederum zum Provincial gewählt worden war, hatte
die entschiedene Absicht, dieselbe durchzuführen. Wenn nicht eigene
Neigung, so mußte schon der Wunsch der fürstlichen Gönner des
Ordens, auch die Augustiner in ihren Landen endlich reformirt zu
sehen, ihn dazu veranlassen. Wie früher der Landgraf von Hessen,
so nahm sich jetzt Herzog Wilhelm von Sachsen der Sache an.
Sonnabend nach Andreä (2. Dezember) 1458 schreibt er von
Jena aus an Schöffen und Rat zu Gotha, daß er aus göttlicher
Gnade geneigt sei, zu tun, was er vermöge, damit die geistlichen
Orden für die Besserung des gemeinen Volks erfolgreich wirken
könnten. Er habe deßhalb den würdigen Bruder Heinrich Ludowici,
Lehrer der heiligen Schrift und Provincial des Augustinerordens,
beauftragt, das Kloster seines Ordens zu Gotha zu reformiren,
„weil in demselben in vergangenen Zeiten fast unordentliche Wil-
digkeit, die geistlichen Leuten nicht gebühre, verspüret worden, welches fürder nicht zu dulden". Er fordert zugleich den Rat auf,
den Reformator auf alle Weise zu unterstützen, ebenso wie diejenigen Brüder, die er mitbringen würde, um sie in das Kloster
statt der älteren der Observanz abgeneigten zu versetzen [1]. Trotzdem, daß dem Provincial in dieser Weise die Wege geebnet

---

[1] Möller, Augustinerkloster zu Gotha. Zeitschrift für thüringische
Geschichte 1861, S. 296.

wurden, kam es auch jetzt nicht zu einer ständigen Reformation, weder in Gotha, noch in den andern dafür in Aussicht genommenen Conventen. Fehlte es Ludowici auch nicht an gutem Willen, so doch an der nötigen, rücksichtslosen Energie und an — Zeit. Er hatte bei seiner Wiederwahl im Jahre 1458 die Bedingung gestellt, seine Stelle als Studienleiter in Erfurt behalten und in die entfernteren Convente Visitatoren schicken zu dürfen, was ihm der General bewilligte[1]); jenes Amt hielt ihn nun in Erfurt zurück. Noch geringer wurde aber die Aussicht, als drei Jahre später Heinrich Coci, ein gelehrter altersschwacher Greis, an seine Stelle trat. Wegen Kränklichkeit hatte er sich schon 1457 in den Würzburger Convent zurückgezogen, und mit Erlaubniß des Generals dort eine besondere Wohnung erhalten[2]). Ein Mann, der sich dergleichen Vergünstigungen, die gegen die Observanz verstießen, gewähren ließ, konnte unmöglich als Reformator der Ordensstrenge mit Erfolg wirken.

Unterdessen war aber schon ein Mann aufgetreten, der mit einem glühenden Eifer für die Ordensreformation als für eine heilige Sache nicht nur die nötige Einsicht und Gewandtheit verband, sondern auch Ausdauer und Opfermut genug besaß, um seine ganze Kraft an die einmal übernommene Aufgabe zu setzen und sie zu Ende zu führen, auch wenn es sein Leben gälte. Es war Andreas Proles. Die protestantische Geschichtsschreibung hat sich, ohne auch nur eine Ahnung von der Wirksamkeit desselben zu haben, früh des Mannes bemächtigt. Auf das Gerede eines alten Mönches hin hat der Kämpfer für lutherische Rechtgläubigkeit aus ihm kurzer Hand einen evangelischen Märtyrer gemacht[3]). Wer war es nach seinem Schema nicht? Die neuere kirchliche Geschichtsschreibung, die noch immer im großen und

---

1) Comp. ex reg., p. 457.

2) Quia cognovimus gravitates personae suae et labores, quos habuit provincial. ideo pro sua commoditate et requie concessimus sibi tempore vitae suae inhabitandi, habitationem inferiorem sub refectorio illius conventus cum omnibus attinentiis. Comp. ex reg., p. 456. Er war 1454 am 7. October zu Erfurt zum Dr. theol. promovirt worden (Erfurter Matrikel), und starb 1463 zu Münnerstadt. Comp. ex reg., p. 451, und Höhn, S. 101.

3) Flacius, Catalogus testium veritatis s. v.

ganzen eine kräftige Neigung hat, in jedem, der einmal mit dem
Papſttum oder ſeinen kirchlichen Oberen in Conflict geraten iſt,
wenn nicht einen „Vorläufer“, ſo doch einen Geſinnungsgenoſſen
Luther's zu ſehen, hat an dem Urteil eben nichts geändert, außer
daß ſie das, was Flacius nur mehr vermutet, als poſitive Gewiß=
heit ausſpricht — „Andreas Proles, Vicarius der Auguſtiner,
ein Zeuge der Wahrheit kurz vor Luther“ [1]). Die nächſten
Blätter werden nach urkundlichen Berichten den bedeutenden Mann
in ganz anderem Lichte zeigen.

---

[1]) So der Titel der mehrfach anzuführenden Schrift von H. A. Pröhle
(Gotha 1867).

Zweites Capitel.
Andreas Proles.

Es war am 1. October 1429, als Andreas Proles zu Dres=
den geboren wurde. Von seinen Jugend= und Familienverhältnissen
wissen wir wenig. Eine Schwester von ihm, Katharina, nahm
im Jahre 1449 den Schleier. Ein Bruder, Hieronymus, dessen
Verheiratung ein altes Verzeichniß der hauptsächlichsten Lebens=
umstände des Proles bei dem Jahre 1459 anmerkt, ist wol der=
selbe, der 1456 unter der Bezeichnung Hieronymus Proles de
Dresden in der Rektoratsmatrikel von Leipzig sich findet. Die=
selbe Hochschule hatte Andreas schon 1446 bezogen. Bereits das
Jahr darauf, in seinem 19. Lebensjahre, erhielt er die Würde
eines Baccalaurens der freien Künste, und 1451 die eines Ma=
gisters. Unterdessen, ein Jahr vorher, hatte er auch die niedrigste
Stufe des Priestertums erreicht, der Bischof Johannes IV.
von Meißen hatte ihm zu Stolpen die Weihe zum Akoluthen
erteilt. Aber es war nicht seine Absicht, Weltgeistlicher zu werden.
Er wollte so fromm und heilig werden, wie die frommen Väter
von der Regel des heiligen Augustin in dem dem heiligen Eras=
mus geweihten Kloster seiner Vaterstadt — in demselben Jahre,
in dem er die Magisterwürde erlangte, zog er das Mönchsge=
wand an. Er wurde Augustinereremit zu Himmelspforte bei
Wernigerode, also in einem der fünf Convente von der strengen
Observanz. Das verstand sich für ihn von selbst, kannte er doch
den Orden gar nicht in anderer Form; auch der Convent
zu Dresden hielt ja die Observanz. Erst zwei Jahre später
erhielt er durch Erzbischof Friedrich III. von Magdeburg die
höheren Weihen, und las Anfangs des Jahres 1454 seine erste

Messe [1]). Noch während desselben Jahres beschlossen die Väter, ihn zu seiner weiteren Ausbildung nach einer der vielen Studien=anstalten in Italien zu schicken, und so finden wir ihn denn im Sommer auf dem Wege nach dem viel besuchten Studium zu Perugia, wo er anderthalb Jahre verweilte und schließlich mit Erlaubniß des Generals zum Lector befördert wurde [2]). Darüber hinaus hat er nie gestrebt, er wird zwar zuweilen Doctor genannt, aber, wie schon sein Zeitgenosse Paltz bemerkt, bloß aus Aner=kennung seiner bedeutenden Gelehrsamkeit und Weisheit [3]). Nach Deutschland zurückgekehrt, wurde er als Professor der Theologie an das Studium zu **Magdeburg** berufen, um daselbst neben **Heinrich Zolter** zu wirken, aber schon nach einem halben Jahre (16. September 1456) verließ er **Magdeburg** wieder und wurde Prior in **Himmelspforte**, demselben Convent, in dem er Profeß getan [4]). Sein Nachfolger in **Magdeburg** wurde **Johann Sartoris** aus **Lippstadt**, der 1454 zu Erfurt Dr. theol. geworden war, ein im Orden hoch angesehener Mann, der mehrfach Diffinitor und auf den Provincialcapiteln zu **Grimma** (1453) und zu **Münnerstadt** (1455) Vicar des Generals gewesen war [5]).

—

[1]) Dom. 6. p. Trin. (8. Juli) 1453 wurde er zum Subdiakonus, 22. September zum Diakonus und 22. Dezember zum Presbyter geweiht, nach dem alten Verzeichniß bei Schöttgen, Lebensbeschreibung eines Gelehrten Dreßdeners, Andreas Proles (Dresden 1734). Gottfried Schütze, Das Leben des Andreas Proles (Leipzig 1744).

[2]) 1455, den 27. Mai. Dedimus licentiam f. Andreae Proles Cursori Perusij, ut possit gradum lectoriae suscipere sub magistro Regente Perusij cum omnibus gratiis, quibus ceteri lectores Ordinis consueverunt. Comp. ex reg., p. 455. Magister regens ist natürlich kein Name, wie H. Pröhle (a. a. O., S. 22) meint.

[3]) A multis Doctor reputatus et vocatus propter scientiae copiositatem eloquentiae splendorem et vitae Religiositatem. Coelifodinae supplementum, Bog. Kiij.

[4]) Schöttgen a. a. O., und Offinger, S. 719 f. Pröhle (a. a. O., S. 22), der die Einrichtungen des Augustinerordens nicht kennt, läßt ihn fälschlich zum Lector am Dom zu Magdeburg berufen werden, und „die eingesammelten Schätze seiner theologischen Studien und die biblische Richtung seiner Gottesgelehrsamkeit durch öffentliche wissenschaftliche Vorträge weiter verbreiten". (!)

[5]) Staatsarchiv zu Magdeburg.

Heinrich Zolter war unterdessen ein alter Mann geworden. Die großen Hoffnungen, unter denen er einst die Union der fünf reformirten Convente geschlossen haben mochte, hatten sich nicht erfüllt. Die stets wechselnde Stimmung der Generale gegen die Union, die dauernde Abneigung der Provinciale, die sich durch sie in ihren Rechten beeinträchtigt sahen, hatte ihre Ausbreitung ver= hindert. Schließlich war sie nicht nur nicht der Aggregations= punkt für die übrigen Convente geworden, sondern lief Gefahr, ganz zu zerfallen, und die Versuche der Provinz, ihrerseits die Observanz einzuführen, waren, wie wir gesehen haben, nichts weniger als glücklich gewesen. Auch das letzte strenge Edict vom Jahre 1458, das wesentlich unter dem Einfluß des Proles, der auf dem Capitel zu Königsberg als Diffinitor fungirte [1], zu Stande gekommen zu sein scheint, hatte nichts gefruchtet. Da entschloß sich Proles, die Sache in derselben Weise, wie sie Zolter einst begonnen hatte, von neuem in die Hand zu nehmen! Es galt zunächst die Privilegien, die fast in Vergessenheit geraten waren, wieder bestätigen zu lassen. Zu diesem Zweck begab sich Proles im Laufe des Jahres 1459 nach Italien [2], und hatte die Freude, daß der General im wesentlichen die alten Rechte der fünf Convente erneuerte, und wieder einen geordneten Vicariat einrichtete. Um das Auseinandergehen der betreffenden Convente zu verhindern, so heißt es in dem Schreiben des Ge= nerals, wird ihnen gestattet, alle drei Jahre ein Capitel abzu= halten und damit am nächsten Osterfest (1460) zu beginnen, ferner einen Vicar durch Majorität zu wählen, der dieselbe Au= torität bei ihnen genießen soll, wie der General selbst. Bis zum nächsten Capitel wird der Lector Johannes Preyn zum Vicar ernannt [3]. Ostern 1460 oder erst 1461 [4] wurde dann Andreas

---

[1] Riedel, Cod. dipl. Brandenburg. XXIV, 171.

[2] Schöttgen a. a. O., S. 5.

[3] Comp. ex reg., p. 457. Siehe auch im Anhang den Excurs „über die Chronologie von Proles' Vicariat". Den sonst ganz unbekannten Joh. Preyn finde ich nur noch einmal 1455 auf dem Capitel zu Münnerstadt als Diffinitor (Magdeburger Staatsarchiv, Erfurt 343, Nachtrag) und 1472 als Prior von Magdeburg erwähnt.

[4] Siehe den angeführten Excurs im Anhang.

Proles durch das Capitel der Observanten zum Vicar erwählt, unter welchen Verhältnissen, darüber ist uns leider nichts berichtet. Wahrscheinlich schon nicht mehr von den ursprünglichen Conventen, da die Union derselben bei dem Versuche, sie zu erneuern, gesprengt wurde [1]. Der früher erwähnte Johann Sartoris nämlich, der als Professor und Doctor der Theologie am Studium zu Magdeburg fungirte, war, obwohl er selbst zu den Observanten gehört haben muß, vielleicht aus Eifersucht gegen Proles mit der neuen Bestätigung der Privilegien nicht zufrieden [2]. Um ihre Zurücknahme zu bewirken, begab er sich nach Rom, und wandte sich, wohl damit bekannt, daß dieselben ursprünglich vom apostolischen Stuhle erteilt waren, deshalb an den Papst. Anfangs abgewiesen, gelang es ihm endlich doch durch Vermittelung hochgestellter Prälaten, für die dem Vicariat unterworfenen Brüder und Klöster die Erlaubniß auszuwirken, die Privilegien aufzugeben und wieder die Obedienz des Provincials anzunehmen. Die Folge davon war, daß die Union tatsächlich aufgehoben wurde. Sartoris selbst unterwarf sich dem Provincial, mit ihm der Convent zu Magdeburg. Das Kloster zu Königsberg in Franken, das seit seiner Reformation durch Zolter die Observanz bewahrt hatte, folgte bald nach, wahrscheinlich auch Dresden und Waldheim. Schließlich war Andreas Proles ein Vorgesetzter ohne Untergebene. So lagen die Verhältnisse, als im Jahre 1463 von Nürnberg aus ein neuer Anstoß zur Wiederaufrichtung der Union gegeben wurde.

In Nürnberg war nach Reinlein's Fortgang die Reformation, wie erzählt, sofort wieder ins Stocken gekommen. Im Jahre 1445 machte man einen neuen Versuch damit, der nicht glücklicher war. Da nahm sich endlich der Erzbischof Georg zu Bamberg der Sache an. Gestützt auf eine päpstliche Bulle, welche ihm alle Bettelklöster in seinem Stift zu visitiren und

---

1) Siehe hierfür und das Folgende den Brief des Proles an Herzog Wilhelm von Sachsen vom 10. April 1475 im Anhang, Brief Nr. I.

2) So ist doch wol der Ausdruck des Proles aufzufassen: „der hatte nicht groß genügen zu unsern privilegien", sonst wäre das Folgende nicht zu verstehen: „so czoch her gein Rome in menunge dy zu vornichten".

reformiren befahl, nahm er 1462 oder 1463 [1]) mit Hülfe zweier Münchener Augustinerbrüder von der Obſervanz die Reformation des Nürnberger Convents vor. Der Nürnberger Rat war damit wohl zufrieden, nicht aber die Mönche und vor allem der Provincial der bairiſchen Provinz, Johannes Ludowici [2]), der darin einen unbefugten Eingriff in ſeine Rechte ſah. Ein ſolcher war in der Tat darin zu finden, da der Erzbiſchof den Nürnberger Convent nach Entfernung ſeines Priors von der Jurisdiction und Obedienz ſeines Provincials losgeſprochen und ſeiner eigenen Gewalt unterworfen hatte. Der General Wilhelm (Becchius) von Florenz, bei dem Ludowici Klage führte, wirkte darauf hin beim Papſte eine Bulle aus, wodurch Alles wieder in den früheren Zuſtand verſetzt wurde. Die Brüder wurden von neuem der Obedienz des Provincials unterworfen, und dem Erzbiſchof, ſowie den Schöffen und dem Rat der Stadt unter Androhung der Excommunication und anderer Cenſuren, Sentenzen und kirchlichen Strafen unterſagt, unter irgend einem Vorwand, ſei es direct oder indirect, ſich weiter in die Kloſterangelegenheiten einzumiſchen [3]). Dabei ließ es aber der Nürnberger Rat nicht ſein Bewenden haben, ſondern remonſtrirte dagegen, indem er erklärte, daß die Brüder bereit ſeien, die Obſervanz anzunehmen, der Provincial aber die vom Papſt erwirkte Bulle nur dazu benutze, die Reformation zu ſtören und die Bande der Obſervanz zu lockern [4]). Hierdurch erreichten ſie, daß unter Caſſirung aller entgegenſtehenden Entſcheidungen die erſterwähnte Bulle an den Erzbiſchof Georg, wonach dieſer das Recht habe, in ſeinem Gebiete Viſitationen vorzunehmen, wieder in Kraft geſetzt wurde,

---

[1]) Siehe Würfel, Diptycha, im Abſchnitt über die Klöſter, S. 9. Würfel giebt das Jahr 1463 an; aber wenn die Bulle, die den daraus entſtehenden Streit entſcheidet, ſchon vom 11. Mai 1463 datirt iſt, ſo muß die Reformation ſelbſt mindeſtens 1462 geweſen ſein.

[2]) Er wurde 1465 Biſchof von Hierapolis in Phrygien und Suffragan von Regensburg. Höhn, S. 102. Keller, Index episcoporum Ordinis Erem. S. Augustini Germanorum (Münnerſtadt 1876), p. 32.

[3]) Bei Besler, Marc magnum, p. 157.

[4]) Literarum sibi concessarum hujusmodi vigore multipliciter perturbare, reformationem et observantiae habenas relaxare nititur. Ibid.

ihm aber die Jurisdiction über das Kloster, die er sich angemaßt, auf Grund der alten Ordensprivilegien abgesprochen ward. Rat und Schöffen wurden zugleich ermahnt, die Reformation fortzusetzen, und den reformirten Klöstern alle die ihnen von den Vorgängern gewährten Vergünstigungen bestätigt. Dem Generalprior und dem Provincial wurde nunmehr ewiges Stillschweigen auferlegt und ihnen untersagt, irgend etwas gegen die Reformation zu unternehmen. Diese selbst glaubte nun der Nürnberger Rat nicht besser sichern zu können, als durch den Anschluß des Convents an die unter Proles stehende Union und Exemption desselben von der Obedienz des Provincials, die Pius II. auch schließlich gewährte [1]). Zu gleicher Zeit wurde auch der Convent in Grimma dem Vicar unterstellt [2]). Ihm folgte Magdeburg. Dort war es der Erzbischof Friedrich III. (1445—64), der, wie er alle Klöster seines Sprengels zu reformiren suchte, auch Proles bei seinen Bestrebungen, den Augustinerconvent zu Magdeburg wieder für die Observanz zu gewinnen, aufs Angelegentlichste unterstützte. Unter Zuziehung einiger Prälaten und Doctoren wurde er einer gründlichen Visitation unterworfen, wobei sich herausstellte, daß die Observanz daselbst nur aufrecht zu erhalten sei, wenn der oben genannte Dr. Joh. Sartoris aus dem Convent entfernt wäre. Provincial und General genehmigten denn auch seine Versetzung nach Osnabrück. Daß er selbst der Observanz nicht abgeneigt und sein Vorgehen gegen Proles an maßgebender Stelle gebilligt wurde, ergiebt sich daraus, daß er zum exemten Vicar des eben (von der Provinz) reformirten dortigen Convents ernannt wurde [3]).

[1]) Vgl. das Schreiben des Nürnberger Rats an Stanpitz bei Th. Kolde, Innere Bewegungen im Augustinerorden 2c., in Zeitschrift für Kirchengeschichte, Bd. II, S. 419 f. Höhn, S. 143. Ferner die Bulle von Cardinal Petrus, tit. scti Vitalis vom Jahre 1474, worin der Passus: Deinde fel. rc. Pius papa II attendens etc. . confirmavit ac dictam domum fratrum Nurenbergensium praefatis domibus auctoritate sedis apostolice associavit. Copialbuch des Erfurter Klosters im Staatsarchiv zu Magdeburg. Brief von Proles vom 10. April 1875 im Anhang.

[2]) Höhn, S. 143. Daselbst ist „Goymensem" zweifellos ein Lesefehler für „Grymensem".

[3]) 18. März 1463. Comp. ex reg., p. 458. Erster Brief des Proles im Anhang.

Von den Klöstern, die die Union verlassen, hatte Proles bald auch Waldheim und Dresden wiedergewonnen, nur Königsberg weigerte sich hartnäckig, obgleich er den rebellischen Brüdern mit dem päpstlichen Banne drohte, fest entschlossen, jedes Mittel zu gebrauchen, um es wieder unter seine Gewalt zu bekommen. Aber eine Reise, die er, um seine Stellung zu befestigen, 1464 nach Rom machte [1]), hinderte ihn an der Ausführung, und nicht allzu lange nach seiner Rückkehr war seine Amtszeit abgelaufen, — man wählte den Prior von Nürnberg, Simon Lindner von Lei= ßeneck (Leisnig), zu seinem Nachfolger, während Proles in Magdeburg verblieb, wo er schon 1465 seinen Wohnsitz auf= geschlagen hatte, um das dortige Studium vor dem Eingehen zu retten [2]).

Der neue Vicar, der diese Würde von Ostern 1467—1473 bekleidete [3]), ließ um des lieben Friedens willen die Dinge ihren Lauf gehen. Nur einen Convent, und auch nur vorüber= gehend, den zu Culmbach, verband er auf Veranlassung des Markgrafen Albrecht von Brandenburg mit der Union [4]). Er war kaum im Stande, dieselbe zusammenzuhalten, der fortwährende Kampf mit den Conventualen und den Ordensvorgesetzten, ohne den es nicht möglich war, widerstrebte seiner Natur.

Der Provincial von Baiern konnte es natürlich schwer ver= winden, daß der bedeutendste Convent seiner Provinz, der zu Nürnberg, seiner Jurisdiction entzogen war. Er unterließ nicht, beim General bittere Klage zu führen, und verlangte Ent= schädigung. Der augenscheinlich wenig unterrichtete Ordensobere griff zu einer Repressalie, die dem ganzen Orden nichts weniger

[1]) A. 64. Omnium Sanctorum erat Romae. Schütze a. a. O., S. 33, und erster Brief des Proles im Anhang.

[2]) Uebrigens auf Wunsch des Generals (5. Juni 1465). Comp. ex reg., p. 459.

[3]) Siehe über seine Amtszeit den Excurs zu Proles und den ersten Brief desselben im Anhang.

[4]) Nach einer Urkunde vom 25. September 1468 wurde Simon Lindner Vicar der Observanz zu Sachsen, Augustinerordens, von Markgraf Albrecht zum Visitator des Culmbacher Klosters bestimmt, und auch seinen Nach= folgern dieses Visitationsrecht eingeräumt. (Kreisarchiv zu Bamberg.)

als förderlich war, und den, auf welchen sie abgesehen war, gar nicht erreichte. Unter dem 13. November 1466 incorporirte er nämlich das Kloster zu Würzburg der bairischen Provinz, bis der sächsische Provincial („noster vicarius") das Kloster zu Nürnberg restaurirt haben würde [1]. Es versteht sich von selbst, daß der Provincial von Sachsen-Thüringen (den der General mit dem Vicar der reformirten Convente für identisch hielt), es war Heinrich Modege, energisch dagegen remonstrirte, so daß der Beschluß am 12. Juli des folgenden Jahres wieder zurückgenommen werden mußte [2].

Niemand wußte übrigens so recht, woran er war. Der General verfügte ziemlich principlos ohne Kenntniß der Verhältnisse. Das Generalcapitel von Pamiers vom Jahre 1465 hatte gewisse uns nicht näher bekannte Bestimmungen über das Verhältniß von Observanten und Conventualen erlassen. Man hätte glauben sollen, daß dieselben nunmehr verbindlich seien. Aber der Provincial von Baiern konnte damit nicht auskommen. Sie entzogen ihm die gewünschte Handhabe gegen den Nürnberger Convent, weshalb der General ihn auf sein Ansuchen davon dispensirte. An ebendemselben Tage, an dem er die Reformation des Convents von Regensburg bestätigt, die Aufrechterhaltung der Observanz besiehlt, und für den Fall, daß der Provincial aus den nicht reformirten Conventen erwählt werde, „was augenscheinlich den Verfall der Observanz herbeiführen würde", aus den reformirten Conventen einen Vicar wählen zu dürfen gestattet [3], gewährt er dem jeweiligen Provincial die Erlaubniß,

---

[1] Comp. ex reg., p. 459.

[2] Ebendas.

[3] 13. Nov. 1466: Concessimus Priori et fratribus Conventus Ratisponens. Prov. Bavariae confirmacionem et ratificacionem reformationis conventus: volentes et mandantes ut perpetuo ibi regularis vita et observantia teneatur. Addentes, quod si P. Provincialis fuerit electus de Conventibus non reformatis quod evidenter ad destructionem observantiae laboraret, volumus ut fratres de conventibus reformatis possint eligere unum vicarium de reformatis, qui authoritate nostra ipsos regere valeat in vita regulari.

Eod. die: Primo revocavimus omnes vicarios nostros vel per alios in Provincia Bavariae factos cuiuscunque Conventus fuerint reponimus-

einzelne Brüder, welche aus Conventen kämen, die Andreas Pro=
les in Sachsen und Baiern usurpirt habe, aufzunehmen und
als Conventualen zurückzuhalten. Und was soll es heißen, wenn
er in demselben Schreiben alle Vicare abberuft, um ihre Autori=
tät allein dem Provincial zu übertragen und zugleich verfügt,
daß neben demselben aus den Reformirten ein Vicar erwählt
würde? Es ist kaum möglich, in allen diesen Verfügungen ein
einheitliches Princip zu finden, außer etwa dem, die sächsische
Union um jeden Preis zu vernichten. Und eben dies gelang
nicht, ebenso wenig jetzt wie später [1]), aber es entstand eine heil=
lose Verwirrung, in der schließlich jeder Prior das tat, was ihm
gut dünkte, oder wozu ihn die weltliche Obrigkeit vermochte, und
die kleine sächsische Union, an die sich die besseren Elemente an=
schlossen, das einzig Constante war.

Man kann sich nicht wundern, daß unter diesen Verhältnissen
von einem Fortschritt in der Reformation nichts zu spüren, ja
daß selbst Convente, wie der von Windsheim, der schon dreißig

---

que illorum authoritatem in Provincialem Provinciae illius. Insuper concedimus ut Provincialis super dispositiones de reformatis et non reformatis in Capitulo Generali Apamiis celebrato editas dispensare possit.
Similiter de balneis et equitaturis fratrum. Volumus etiam quod aliquis
practer Provincialem in aliquo conventu de reformatis pro vicario vel
pro Provinciali habeatur. Item approbamus requisitionem et denuncia-
tionem Provincialis factam contra Priorem et fratres rebelles Conventus
Nurenbergensis et ipsos incidisse in easdem censuras declaramus volentes,
quod Provincialis, qui est vel pro tempore erit vel electus vicarius ut
supra diximus possit singulos fratres venientibus (sic) de Conventibus, quos
idem fr. Andreas Proles Provinciae Saxoniae et Bavariae usurpavit,
possit et valeat recipere et conventualiter retinere. Ibid., p. 322.

[1]) Am 17. November 1467 bestätigt der General (vielleicht auf päpst=
liche Veranlassung) die unio fratrum reformatorum quatuor conventuum.
Comp. ex reg., p. 459. Die Namen werden nicht genannt. Ich vermute,
daß damit gemeint sind: Himmelspforte, Magdeburg, Nürnberg und Wald=
heim. Letzterer Ort jedenfalls, wie aus einer Urkunde von 1468 Sonntag
nach St. Martin (13. Nov.) hervorgeht. „Wir die nachgeschriebenen mit na=
men Bruder Simon Lindener" 2c. in: „Briefe, die Einkünfte und Güther
des Klosters Waldheim belangend", fol. 25 (Staatsarchiv zu Dresden).
Die Convente von Dresden und Grimma müßten dann wieder abgefallen
sein. Es wäre aber auch denkbar, daß nur die ursprüngliche Union aus=
schließlich Königsberg damit gemeint ist.

Jahre früher einmal für reformirt galt, in den Zustand gänzlicher Verwilderung gerieten [1]). „Täglich", schreibt der General
Jacobus de Aquila (1470—77), „kommen zu uns Schaaren
von Brüdern, täglich hören wir von zahlreichen Mißhelligkeiten und
Streitigkeiten, täglich vernehmen wir, daß neue Aergernisse ein-
reißen, die Frommen (bene viventes) unterdrückt werden, Ehrbarkeit und Gottesdienst aufhören, und zahllose andere Uebel zutage treten, die sich zum Unheil für den Orden zusammenhäufen".
Bei Strafe des Kerkers und der Excommunication wird deshalb
der Provincial von Baiern angewiesen, die nötige Sorgfalt auf
die Provinz zu verwenden. Er soll sich zu diesem Zweck ein oder
zwei Gehülfen erwählen, die Widerspänstigen strafen und im Notfalle die Bischöfe und den weltlichen Arm anrufen, den Brief
aber mit diesen Aufforderungen des Generals innerhalb zweier
Monate in allen Conventen publiciren [2]). Wir hören nicht, daß
diese Mahnung etwas gefruchtet hätte. Daß es in Sachsen-
Thüringen, wo der Erfurter Professor Johann von Dorsten
(1467—70), von dem später noch zu reden sein wird, Provincial
war, nicht eben besser aussah, darf man aus einem Erlaß des
Generals an den Prior des Convents zu Erfurt entnehmen, wonach
diesem das Recht erteilt wird, seine Untergebenen zu züchtigen [3]).
Aber trotzdem gab Proles die Hoffnung nicht auf. Als das
Vertrauen der Observanten ihn im Jahre 1473 von neuem zum
Vicariat berief [4]), war er sofort bereit, die schwierige Aufgabe

---

[1]) 1471 erhält der Provincial Paul von München den Auftrag, unter
Zuziehung zweier Brüder den Convent zu Windsheim zu visitiren: quia
audivimus esse valde deformatum. Comp. ex reg., p. 323.

[2]) Ebendas.

[3]) Quod possit subditos suos castigare. Ibid., p. 463.

[4]) Nach Staupitz im Eingange der Constitution (vgl. Grimm a. a. O.,
S. 76: obicem posuit alteri mors repentina) wäre Proles nach dem plötzlichen Tode des Lindner Vicar geworden. Das ist jedoch unrichtig. Lindner
hat noch lange unter dem Vicariat des Proles gelebt und als Prior im
Nürnberger Kloster fungirt, und wird als solcher erwähnt: 1473 Freytag vor
sannt Urbanstag (21. Mai), 1480 an dem Hailtumstag (14. April), Freitag vor Urbani ppe. mart. (19. Mai), Salbuch des Nürnberger Augustiner
Klosters. (Kreisarchiv in Nürnberg.)

zu übernehmen. In der stillen Zurückgezogenheit, zu der er in den letzten Jahren gezwungen war, war er zur Erkenntniß gekommen, daß die Sache auf eine ganz andere Weise angegriffen werden müßte, wenn man zum Ziele kommen wolle. Wenn er sich fragte, warum alle Reformationsversuche, die nun doch schon über 40 Jahre währten, so wenig Erfolg hatten, so mußte er sich sagen, daß es in erster Linie die große Abneigung der Brüder selbst gegen die strenge Regel war, die eine ständige Einführung derselben gehindert hatte. Aber doch keineswegs allein. Dieser Widerwillen konnte, ja mußte gebrochen werden — so mußte wenigstens der strenge Ordensmann urteilen —, er konnte gebrochen werden, wenn die Ordensobern selbst streng darauf hielten, und ohne irgendwelche Rücksichtnahme auf Ansehen, auf Alter und Grad der Einzelnen unter Anwendung aller der zahlreichen dem Orden zu Gebote stehenden Strafmittel die Observanz einführten und bewährte Männer mit weitgehenden Vollmachten mit der Durchführung betrauten. Man hatte das wol versucht. Hie und da hatte ein Provincial die redlichsten Absichten gehabt; aber, sei es nun, daß ihm die Macht fehlte, oder daß er doch nicht die nötige Energie hatte, oder daß sein Amtsbezirk zu groß, seine Geschäfte zu vielseitig waren, kurz, es war schließlich doch zu nichts gekommen, als zu einer allgemeinen Verwirrung der Verhältnisse, und einer Untergrabung der Autorität der Ordensobern, die endlich doch die Dinge gehen lassen mußten, wie sie wollten. Proles schloß daraus, wie schon Zolter es getan hatte, daß innerhalb und auf Grund der bisherigen Ordensverfassung die Reformation des Ordens sich überhaupt nicht vollziehen lasse, daß nicht von der Provinz aus, sondern von dem einzelnen Convent aus reformirt werden müsse, und daß die einzelnen so reformirten Convente unter einander verbunden mit der Provinz keine andere Gemeinschaft haben dürften, als daß sie Missionsstationen der Observanz für dieselbe seien. Ein Analogon zu diesem Ideal, das schon Zolter vorgeschwebt hatte, bot, wie schon früher bemerkt, die lombardische Congregation. Trotz aller Anfechtungen war sie eine Macht im Orden geworden und stand eben jetzt in schönster Blüte. Eine Bulle des Papstes Paul II. vom 9. Januar 1469 hatte ihre Verhältnisse endgültig geordnet. Die lombardischen Väter waren vollkommen unabhängig und standen, auch wenn sie den General anerkannten, doch eigentlich nur unter dem Papst. Mit apostolischer Autorität fungirte der alljährlich neu zu erwählende Vicar der Congregation. Zwar wurde es Conventualen wie Observanten verboten, sich gegenseitig die Convente in Beschlag zu nehmen und einander daraus zu verdrängen, aber die Observanten erhielten doch ganz außerordentliche Privilegien. Sie durften überall neue Häuser bauen, auch da, wo sie schon solche der Conventualen fanden. Letzteren war es untersagt, einen Observanten, der etwa zu ihnen flüchtete, aufzunehmen, nicht aber umgekehrt. Der Abfall von der Observanz konnte mit Einkerkerung und anderen schweren Strafen geahndet werden. Von den zu allgemeinen Ordenszwecken gesammelten Geldern, die sonst ganz an den General abzuführen waren, durfte die Congregation ein Drittel für ihre eigenen Zwecke behalten u. s. w. [1]).

Wir haben gesehen, wie man der Bildung einer ähnlichen Congregation in Deutschland auf das Entschiedenste entgegenarbeitete, und die kleine Union der drei oder vier Convente ein klägliches Dasein fristete, dem jeden Augenblick durch ein Machtwort des Generals die Lebensadern unterbunden werden konnten. Und doch, P r o l e s ließ nicht ab von diesem Gedanken; nur durch eine Congregation, davon war er fest überzeugt, konnte etwas erreicht werden, sie wollte er zur „zur Ehre Gottes und dem ganzen Orden zum Heile" durchsetzen, und gälte es auch den Kampf gegen den ganzen Orden. Daß es ohne denselben nicht möglich sein würde, entging ihm nicht; aber er glaubte sich in seinem Gewissen dazu verbunden und äußerlich dazu berechtigt durch die erwähnten mehrfachen päpstlichen Privilegien, durch die der Union ihr Bestand gewährleistet war. Aber päpstliche Bullen konnten wol einen Rechtsboden abgeben, ihm aber nimmermehr den Schutz gewähren, dessen er im Kampfe mit seinen Obern bedurfte, zumal wenn er die Absicht hatte, nach und nach die einzelnen Convente der Provinz zu entziehen und der Union einzuverleiben. Hierzu bedurfte es unmittelbaren Schutzes, und diesen suchte und fand Proles in der weltlichen Macht, hauptsächlich in dem sächsischen Fürstenhause.

---

[1]) Bei B e s l e r l. c., p. 172 f.

Wir haben oben schon mehrere Beispiele davon verzeichnet, daß die weltliche Obrigkeit hohes Interesse an der Zurückführung der Mönche zur strengen Observanz nahm. Wenn irgendeiner unter den deutschen Reichsfürsten die Reformideen des Baseler Concils ganz und voll in sich aufgenommen hatte, so war es Herzog Wilhelm III. von Sachsen. Kaum irgendwo hat man sich so bestimmt dafür erklärt, als in der Landesordnung, welche er als Abschied des Landtages zu Weissensee 1446 publicirte [1]). Man könnte sie auch eine Kirchenordnung nennen, denn alle kirchlichen Verhältnisse, soweit sie von allgemein staatlichem Interesse sind, werden darin geregelt, oder doch ihre Regelung, und zwar nur von Staatswegen, angeordnet. Alle Klöster im Lande sollen, jedes nach seinen Satzungen, reformirt werden, in gleicher Weise werden die Priester ermahnt, sich priesterlich zu halten; falls sie sich unwürdig betragen, „so wollen wir mit allem fleyße daran syn und schaffen, daß der gestrafft und gerechtfertiget worde, als sich gebiret, vnd das auch selbst thun". Ausländische Gerichte, geistliche sowol wie weltliche, anzugehen, wird streng verboten. „Wer es nun das iemant, wer da were in vnsern landen herrschaften vnd gebieten wohnhaftig sich an recht vor geistlichen oder weltlichen gerichten in den Landen — nicht genügen wolte lassen, Sondern davon beruffen oder sunst vßländische gerichte weder dy vnsern suchen wörden, derselbe sol von stunt als ein echter des landes gehalten werden." Besonders wird das Verfahren der geistlichen Richter, alles vor ihr Forum zu ziehen, gerügt und bestimmt, daß, wer weltliche Sachen vor geistliche Gerichte brächte, ohne weiteres seine Sache verloren haben soll, und demjenigen Pfarrer, der Briefe um weltliche Sachen aufnehme, „dem sol man keine Früchte oder nuzunge siner Pfarre volgen lassen, biß so lange, daß her des auch gehorsam worden".

1) Joh. Joach. Müller's Reichstagstheatrum II, 86 und C. W. Schneider's Sammlungen zu der Geschichte Thüringens 1772, S. 246. Zwei andere des Herzogs Reformationsbestrebungen in jener Zeit illustrirende Erlasse bei J. G. Reinhard, Meditationes de iure principum Germaniae cum primis Saxoniae circa sacra ante tempora Reformationis exercito (Hal. 1717), p. 143 sqq.

Alle diese Beschlüsse gingen nicht etwa hervor aus der Nichtach=
tung religiöser und kirchlicher Einrichtungen, sondern aus der
schmerzlichen Erkenntniß des Mißverhältnisses zwischen dem der=
maligen Kirchenwesen und seiner Idee. Mancherlei hatte die
Ausführung der Reformationsbeschlüsse bisher gehindert, nicht am
wenigsten der sächsische Bruderkrieg und seine Nachwehen [1]), aber
wenn irgend jemals, so schien jetzt die Zeit gekommen, wieder
darauf zurückzukommen. Hierauf gründete Proles seinen Plan.
Ist es nicht möglich, so schloß er, mit Hülfe der Ordensobern
zum Ziele zu kommen, dann mit Hülfe der weltlichen Fürsten.
Dieselben müssen davon überzeugt werden, daß sie nicht bloß ein
Recht haben, bei der Reformation der größtenteils von ihren
Vorfahren gestifteten Klöster selbsttätig einzuwirken, sondern so=
gar die entschiedene Pflicht, „um der eigenen Seelen Selig=
keit und des Volkes Besserung willen". Es ist wol zu beachten,
daß, wie aus den uns erhaltenen Briefen des Proles hervorgeht,
dieser den Fürsten zweifellos ein Reformationsrecht (wenn auch
natürlich in seinem Sinne) vindicirt und daß — ein interessanter
Präcedenzfall für das Vorgehen im 16. Jahrhundert — das
sächsische Fürstenhaus, in dessen Gebiet die Mehrzahl der Augu=
stinerklöster der sächsisch=thüringischen Provinz lag, auch keinen An=
stand genommen hat, von diesem Rechte Gebrauch zu machen,
und dies zu einer Zeit, in der man Dank der leidigen Politik des
Habsburgers die Reformationsgedanken schon fast allenthalben in
Deutschland zu Grabe getragen hatte. Mit Hülfe der säch=
sischen Fürsten hat Proles sein Ziel erreicht.

Ich kann nicht nachweisen, woher sich die freundschaftlichen
Beziehungen des Proles zu den Wettinern schreiben. In den
Jahren 1475 und 1476, aus denen wir darüber Briefe und
Actenstücke besitzen, sind sie schon vorhanden. Proles unter=
schreibt sich mit Vorliebe in den Briefen an den Kurfürsten
von Sachsen: „Ewer fürstlichen gnaden cleiner demütiger
Capellan"; da sich aber sonst nirgends eine Spur findet
von einer kirchlichen Stellung am sächsischen Hofe, so wird

---

[1]) Böttiger=Flathe, Geschichte von Sachsen II, 381 ff.

man darauf kein Gewicht zu legen haben [1]). Die Liebens=
würdigkeit und Frömmigkeit des bedeutenden Mannes, der so
rührend bitten konnte, daß seine Briefe an die Luther's erinnern,
mag ihm in erster Linie die Zuneigung des Herzogs Wilhelm
eingetragen haben; das Interesse für die Person übertrug sich bald
auf die Sache, die er vertrat, und seit dem Jahre 1475 ist das
Interesse der Union, die aus der Vereinigung von ein paar Con=
venten zu einer mächtigen Körperschaft, der sächsischen oder deutschen
Congregation, heranwuchs, auch in nicht geringem Maße das
des sächsischen Fürstenhauses; so ist das Verhältniß geblieben, bis
das Büchlein von der Freiheit eines Christenmenschen auch die
Bande der Congregation sprengte.

Doch kehren wir zu der Geschichte derselben zurück.

Es waren die Convente zu Magdeburg, Himmelspforte,
Dresden, Waldheim und Nürnberg, die beim Antritte
des zweiten Vicariats die Union bildeten [2]). Nach dem, was
vorgegangen, war es die erste Aufgabe des Proles, diesen Besitz=
stand zu sichern. Der Bischof Petrus von Augsburg, damals
päpstlicher Cardinallegat in Deutschland, bestätigte auf Wunsch
der Observanten ihre alten Privilegien. Die Einverleibung von
Nürnberg in die Union wurde ganz besonders hervorgehoben,
auch sonst unterließ man nicht, alle Möglichkeiten eines Ab=
falls abzuschneiden. Der Vicar erhält das Recht, für den
Fall, daß jemand es wagen sollte, von der Union zurückzutreten,
denselben mit Gewalt zurückzuführen, ja im Notfalle den welt=
lichen Arm anzurufen. Ebenso wird es demselben gestattet,
Conventualen und Convente, die ihm zur Reformation überliefert
würden, oder die früher einmal schon zur Union gehörten, aufzu=

---

1) Crusenius (S. 184) nennt ihn allerdings ducem Saxoniae eccle-
siastem und auf Grund dessen auch Herrera in Alphabet. 56: Teste
Crusenio. Sonst ist Herrera von allen Ordensschriftstellern am besten unterrichtet, da ihm das Archiv des Ordens zu Gebote gestanden hat; er
hat nur leider zu ungenügende, allgemeine historische und geographische
Kenntnisse.

2) Das geht aus der vom Cardinallegaten Petrus vom Titel des
heiligen Vitalis 1474 ausgestellten Bulle hervor. Nach einem Transsumpt
durch den Abt Johann von St. Egidien in Nürnberg im Staatsarchiv zu
Magdeburg.

nehmen [1]). Aber gerade dies letztere, worauf es Proles wie
natürlich vor allen Dingen ankam, wollte man von Seiten der
Provinz nicht anerkennen; war es doch nicht möglich, ohne sich
selbst aufzugeben. Ein Gutachten der juristischen Facultät in Erfurt, welches sich Proles darüber ausstellen ließ, und welches aus
der besagten Bulle, wie gewünscht, nachwies, daß es darnach jedem
Conventualen erlaubt sei, sich der Union anzuschließen [2]), machte
auf die Väter der Provinz wenig Eindruck. Unterdessen hatte
sich aber der Landesfürst, wie schon angedeutet, der Sache angenommen. Proles hatte umsomehr Anlaß, denselben für seine
Bestrebungen zu enthusiasmiren, als eben jetzt (1473) der Lector
Joh. Anherr, der bisherige Prior des abgefallenen Klosters
zu Königsberg (in Franken), Provincial von Sachsen-Thüringen
geworden war [3]). Unter dem 30. Juli 1474 schreibt der Herzog
Wilhelm an denselben, und fordert ihn auf, „da sein bisheriges
Verlangen, dieselben reformiren zu lassen, keinen Bestand gehabt
habe, die in seinem Lande gelegenen Augustinerklöster Gott und
dem Orden zu Ehren, sowie seiner Seligkeit halben nunmehr wahrhaft zu reformiren. Das Kloster zu Neustadt an der Orla
habe er bereits dem Vicar von Sachsen, Andreas Proles, in
Befehl gegeben und dasselbe mit dessen anderen reformirten
Klöstern vereinigen lassen. Der Provincial möge sich das nicht
zuwider sein lassen, weil er damit nicht seinen Schaden suche.“
Schließlich spricht er die Hoffnung aus, daß ihm zur Vollbringung
dieses frommen Vorhabens kein Hinderniß in den Weg gelegt

---

[1]) Nec non etsi dictis vicario et prioribus instituendae et conservandae regularis vitae gratia conventus aliquis ordinis offerr[etur] libere
accipere, ac inter alias iam habitas in unione eorum domus sicut unam
ex eis per arma (? Codex anna) retinere atque possidere ac alia pro
firmitatis subsistencia permissorum gratiose dare et concedere digraremur
etc., bitten die Observanten, was gewährt wird.

[2]) In demselben Jahre (Copialbuch des Erfurter Augustinerklosters im
Staatsarchiv zu Magdeburg). In diesem Actenstück wird zum ersten Male
so weit ich sehe, der Ausdruck Vicariani für die Observanten gebraucht.

[3]) Der General bestätigt Anherr als Provincial unter dem 29. November 1473. Compend. ex reg., p. 491. Als Prior zu Königsberg wird
er erwähnt 1469 und 1470, und nach seinem Provincialat 1476 (Staatsarchiv zu Gotha).

werden werde [1]). Man kann es dem Provincial nicht verdenken, wenn er die Sache nicht so ohne weiteres acceptirte. Es war viel zugemutet, darin, daß man den Convent zu Neustadt der Reformation halber seiner Jurisdiction entzog, keine Schädigung seiner Macht zu sehen. Der Herzog mochte sich das anders denken [2]); Anherr kannte Proles und wußte, daß er unter Reformation rückhaltlosen Anschluß an seine Union verstand. Es konnte ihm nicht entgehen, wenn er in einem Punkte nachgab, so war seine Stellung ein für alle Mal untergraben.

Er antwortete dem Herzog ausweichend: was er von ihm begehre, stehe nicht in seiner Macht, er wolle ihm jedoch in diesen Dingen in keiner Weise zuwider sein [3]). Der Herzog konnte glauben, daß er ihm in der Reformation freie Hand lassen wollte; anders der Provincial, er wagte nicht, offen den Bestrebungen des Fürsten entgegenzutreten, war aber fest entschlossen, dieselben nicht nur nicht zu unterstützen, sondern mit aller Macht zu hintertreiben. Er wollte den Kampf aufnehmen, durfte er doch nach den früheren Erfahrungen hoffen, vom General die nötige Unterstützung zu erhalten.

Man wird es diesem unerwarteten Widerstande, den Proles trotz seiner fürstlichen Protection erfuhr, zuschreiben müssen, wenn er jetzt mit einem fast fanatischen Eifer seine Pläne zu verwirklichen strebte. Nicht nur in dem schon genannten Neustadt, sondern auch in Gotha, [Langen-]Salza, Königsberg, Sangerhausen und Erfurt (von diesen ist es bezeugt), begannen alsbald seine gefürchteten Reformationen. Wenn wir uns erinnern, welche rigorose Bestimmungen schon auf dem Capitel zu Königsberg (in der Neumark) im Jahre 1458, unter Proles Zustimmung gegen die Apostaten der Observanz gefaßt wurden, so wird man den Berichten der Gegner Glauben schenken dürfen, in denen sie nur von Ueber-

---

[1]) Ernestinisches Gesammtarchiv zu Weimar.

[2]) Daß der Kurfürst ursprünglich herzlich wenig davon wußte, worum es sich handelte, zeigen u. a. die Briefe des Proles vom 10. April 1475 und 27. Januar 1476 im Anhang.

[3]) Das geht aus dem Briefe des Herzogs an Anherr vom 30. Dezember 1475 hervor (siehe Anhang).

fällen und Invasionen des Proles und seiner Genossen reden. Von der Heiligkeit und Gottgefälligkeit seines Strebens, sowie von dem Recht seiner Sache überzeugt, glaubte er dem Widerstande, wo es nicht anders ging, Gewalt entgegensetzen zu müssen. Die widerspenstigen Prioren wurden ohne weiteres abgesetzt, um die Mönche vor dem Rückfall zu bewahren, wird die ganze Familie getrennt, der eine in diesen, der andere in jenen schon reformirten Convent geschickt, neue aus diesen treten an jener Stelle. Nach Neustadt, wo wir Proles auch selbst am 13. Juni 1475 antreffen, schickte er Johannes Zenser von Paltz (Johannes Paltz), jenen echt römischen Eiferer, dem wir noch öfter begegnen werden, der fortan sein treuester Gehülfe bei der Unterwerfung der Klöster ist [1]). Dabei fand es Proles für angezeigt, immer nur wie im fürstlichen Auftrage in den Klöstern zu erscheinen; als Vollzieher des herzoglichen Willens, den derselbe gewöhnlich den betreffenden Brüdern oder dem Rat der Stadt kund getan, trat er auf. Ein Schreiben des Herzogs an den Amtmann und Rat von Sangerhausen vom 10. November 1474 erklärt: „Wir haben vnnsern lieben andechtigen, bruder Andreas Proles, des wirdigen Generalpriors der Convent von der privilegirten observancien der eynsideler bruder Sanct augustins ordens zcu Sachsen, doringen vnd bayern Vicarien, geinwertigen das Kloster gemeldts ordens zcu Sangerhusen vnd andern vnder vns gelegen in crafft bebstlicher privilegia Ingethan vnd beuolhen, gruntlich zcu reformiren, ym auch des itzt vnsern offen brief an Prior vnd Convent zcu Sangerhusen gegeben, als Jr von ym vernemen werdet, vnd begern von vch, Das Jr vch von vnnsern wegen mit ym in das gnad Kloster fuget, dorbey vnd doran setzt, das dieselben prior vnd Convent des also ingehen, vnd sich dawider nicht setzen" u. s. w. [2]). In Salza, Erfurt und Gotha war man auf dieselbe Weise verfahren. Nach dem letzteren Orte hatte der Herzog dem Vicar auch noch

---

1) Als Beamte des Neustädter Klosters werden erwähnt 1475: Johann von Paltz, Prior; Johann von Meneze, Unterprior; Johann von Landauwe, Küster. (Staatsarchiv zu Weimar.)

2) Vgl. das Schreiben Herzog Wilhelms an den Amtmann zc. in C. W. Schneider's Sammlungen zur Geschichte Thüringens, S. 291 f.

seinen Beichtvater, einen Franziscanerguardian (von Weimar), mitgegeben[1]). Den meisten Widerstand fürchtete man in Königsberg. Auch dorthin hatte der Herzog in der Fastenzeit des Jahres 1475 geschrieben und die bevorstehende Reformation angekündigt. Wichtige Sachen hatten ihn jedoch von der Ausführung des Vorhabens abgehalten, und Proles sah in der Verzögerung desselben die höchste Gefahr. An keinem andern Convente lag ihm mehr als an diesem, der zu den Urconventen der Congregation gehört hatte. Am 10. August schrieb er deshalb an den Herzog, er besorge, falls die Reformation nicht bis Michaelis geschehe, würde sie nimmermehr zu Stande kommen, und bat darum, nunmehr mit Ernst daranzugehen. „Zu einem ynleyher vnd schutzher" erbittet er sich außer dem schon erwähnten Guardian niemand Geringeren, als den Schwager des Herzogs, den Pfleger zu Coburg, Herrn Heinrich von Brandenstein. Der Herzog war es zufrieden, und schon am 18. desselben Monats eröffnet er den Augustinern zu Königsberg, daß Proles demnächst in seinem Auftrage ihr Kloster reformiren und von den genannten Männern, denen er noch seinen Amtmann in Königsberg und den Rat der Stadt beigesellt, eingeführt werden würde. Bald darauf konnte Proles wirklich den besagten Convent als reformirt bezeichnen. Es schien, als würde es auf Grund der gewonnenen Position nunmehr ein Leichtes sein, die Union zu befestigen und immer weiter auszudehnen. Aber die Conventualen waren nur der Gewalt gewichen, und längst hatte der Provincial die Hülfe des Ordensobern angerufen. Der General, Jacobus de Aquila, war keineswegs der Reformation abgeneigt. Im südlichen Deutschland hatte er, wovon noch später zu reden sein wird, die Reformationsbestrebungen unterstützt, und sogar unter einem Münchener Augustiner, Georgius Tenyuger, die Stiftung einer ähnlichen Congregation beabsichtigt, wie sie Proles im Norden versuchte, war aber durch den Protector des Ordens daran gehindert worden[2]). Man konnte deshalb erwarten, daß er Proles schützen

---

[1]) Brief des Proles vom 10. August 1475 (Anhang).

[2]) Es handelte sich hauptsächlich um die Convente von Mindelheim, München, Regensburg und Memmingen. Comp. ex reg., p. 327—332. (Stadtarchiv zu Memmingen, Schubl. 361, 4.)

würde. Aber Proles leitete seine Gewalt nicht von ihm, son=
dern von apostolischer Autorität ab. Das war Grund genug,
ihm entgegenzutreten.

Man tat in Rom sehr erstaunt über das Vorhandensein eines
Vicariats, von dem man bisher gar keine Kunde gehabt habe.
Am 20. August schrieb der General in sein Briefjournal: „Weil
Andreas Proles sich zu unserm Vicar macht, und sich doch nichts
darüber vorfindet, so cassiren wir sein Vicariat, sei es nun, daß
er es ist, oder nicht." Bei Strafe der Excommunication wird
ihm in einem Briefe an den Provincial verboten, diesen in seiner
Amtstätigkeit zu hindern, oder die Convente unter die Observanz
zu stellen, oder gar weltliche Personen anzurufen [1]). Inzwischen
war auch der Fall mit Königsberg dem General bekannt geworden,
der ihn in nicht geringe Aufregung versetzte, da zu gleicher Zeit
die Nachricht einlief, daß Proles seine Reformationsversuche
auch bis nach Rhein=Schwaben ausdehne und der Convent von
Alzei bedroht sei. Prior und Convent erhielten deshalb die Er=
laubniß, im Falle, daß es Proles (der natürlich wieder für abge=
setzt erklärt wird) gelänge, die Reformation einzuführen, den Con=
vent einstweilen zu verlassen [2]).

Die weitgehendsten Vollmachten gegen den Vicar empfing bald
darauf der sächsische Provincial. Auf die feierlichste Weise wird
das Vicariat des Proles, von wem er es auch immer haben
mag, zum dritten Male revocirt, die Privilegien und Rechte der
Union, als ohne Erlaubniß des Ordens und dem heilsamen
Gehorsam zuwider erlangt, für null und nicht erklärt, alle Brü=

---

[1]) Comp. ex reg., p. 463.

[2]) 30. September 1475. Quidam f. Andreas Proles de provincia
Saxonica, qui nominat se vicarium nostrum de quo nos nil scimus nec
reperimus aliquid in registris et per authoritatem nostram et per brachi-
um secularium invasit loca, sive sit vicarius, sive non revocamus vicariatu. Comp. ex reg., p. 426. An demselben Tage: Confirmavimus Ioan-
nem Pruck lect. in Priorem Conv. Alzcani ad resistendum f. Andreae
proles. . . . si andreas vellet reformare dedimusque licentiam d. Joanni
Pruck lect. et Priori, Jacobo bromer, Nicolao freder, Joanni Drippel,
Danieli Niestey et ortwino de oppenheim, si contingeret, quod fieret re-
formatio, deservire Ecclesiis, Capellis vel nobilibus, donec possent ad
Conv. Alzeanum redire. Comp., p. 427.

der von Schwüren und Versprechungen, welche ihnen von den Observanten abgefordert worden seien, losgesprochen. Proles soll die usurpirten Convente und die Güter der einzelnen Brüder so= fort restituiren, im Weigerungsfalle erhält der Provincial das Recht, ihn und seine Genossen einzukerkern und über Proles öffentlich die Excommunication auszusprechen, deren Aufhebung der General sich vorbehält. [1]). Schon zehn Tage früher [2]) hatte sich der General auch an den Herzog Wilhelm gewandt. Ob= wol ihm sehr wohl bekannt war, daß Proles im Auftrage und mit sehr wesentlicher Unterstützung desselben handelte, sieht der General in seinem Schreiben davon gänzlich ab. Ohne Gewissens= scrupel und ihrer Profession uneingedenk, so heißt es, hätten Proles und seine Genossen gegen seinen und des Provincials Willen sich die besten Convente der Provinz unterworfen, und schalteten darin nach Belieben, setzten Prioren und Beamte auf eigene Faust ein, vertrieben die armen Brüder, oder behandelten sie, falls sie bleiben dürften, doch so schlecht, daß sie es nicht aus= halten könnten, sondern fliehen müßten. Schließlich wird der Herzog gebeten, dem zu steuern, und dem Provincial die nötige Unterstützung bei der Restitution der betreffenden Convente zu gewähren. Aber Herzog Wilhelm, von dem der Erfurter Chronist Nicolaus von Siegen erzählt, er sei gegenüber den geistlichen Behörden so bestimmt aufgetreten, daß er nicht duldete, daß wider seinen Willen gegen irgend einen seiner Untertanen auf Excom= munication oder Interdict erkannt wurde [3]), ließ sich durch der= gleichen Kundgebungen nicht so schnell von seinem Vorhaben ab=

---

1) Schreiben vom 21. October 1475. Comp. ex reg., p. 464.

2) Im Comp. ex reg., p. 461. Scripsimus illustrissimo Principi duci Saxoniae et electori imperii contra fratres Andream Proles et socios ut suo auxilio dignetur assistere Provinciali Saxoniae et prioribus quatenus conventus invasos restituere compellat atque ordini obedire. Dazu als Datum 21. October (wie an den Provincial siehe oben), was aber unrichtig, wie aus dem Original des Briefes, das sich mit einer gleichzeitigen deutschen Uebersetzung im Ernestinischen Gesammt-Archiv in Weimar befindet, hervor= geht. Dasselbe ist vom 11. October datirt. Reg. A. fol. 28 No. 93.

3) Chronicon Eccles. Nicolai de Siegen. ed. Wegele, in Thürin= gische Geschichtsquellen II, 460 f.

bringen. Er schickte das Schreiben des Generals wahrscheinlich bald nach Empfang — es war am 22. Dezember 1475 — zur Berichterstattung nach Erfurt, wo sich Proles, wenn er nicht mit Visitationen beschäftigt war, damals aufzuhalten pflegte. Im Falle von Proles' Abwesenheit sollte der Prior des Erfurter Convents, Petrus Hegelin, und Dr. Joh. Dorsten den Brief öffnen [1]). Erst den Tag darauf kam Proles nach Erfurt, um dort das Weihnachtsfest zu feiern. Er fand die Väter in tiefer Bekümmerniß, nicht nur, weil sie nicht wußten, was sie dem Herzog antworten sollten, sondern ganz besonders deshalb, weil auch sie von dem General ein Schreiben erhalten, worin ihnen unter Androhung des Bannes aufgegeben wurde, die Observanz zu verlassen und unter die Obedienz des Provincials zurückzukehren. Im Weigerungsfalle sollten der Prior und Johannes Dorsten binnen vierzig Tagen zur Verantwortung erscheinen [2]). Da war allerdings Gefahr im Verzuge. Aber Proles ließ sich nicht einschüchtern. Er war sich sofort darüber klar, welchen Weg man einschlagen müsse. Noch an demselben Tage schrieb er an den Herzog, er vertraue „zcu gote vnd dem gotlichen rechte, das vnnser angefangen sache, die wir gote zcu lobe, merunge sins diensts vnd vwer gnade zcu willen auch ann der gelartten Im rechten sunderlichen Rath vnd vertrostungen nicht gethan, einen gotlichen grundt vnd guten Bestand sulle habin". Der General sei augenscheinlich viel zu wenig mit den Verhältnissen bekannt, deshalb habe er mit den Erfurter Vätern beschlossen, an ihn zu appelliren, oder, falls dies notwendig würde, an den Papst. Es komme nur noch darauf an, glaubwürdige Männer zu gewinnen, „die der appellacion abhesion vnd zculegunge thun", daraufhin warte er auf Bescheid vom Herzog. Dieser war leicht von der Richtigkeit dieses Verfahrens überzeugt. Er war entschlossen, nun erst recht das Werk der Reformation zu begünstigen. Hatte er sich früher darauf beschränkt, die Observanten in Schutz zu nehmen, die Conventualen aber gewähren zu lassen, so griff

---

[1]) Im Anhang (Correspondenz des Proles, Nr. III).

[2]) Vgl. den Brief des Proles vom 23. December. Comp. ex reg., p. 464.

er jetzt zu Maßregeln, die darauf ausgingen, den letzteren seinen Schutz gänzlich zu entziehen. Durch die Handlungsweise des Provincials Johann Anherr fühlte er sich persönlich beleidigt. Derselbe hatte ihm, wie wir uns erinnern, das Jahr vorher versprochen, ihm in diesen Dingen nicht zuwider zu sein. Daran erinnert ihn jetzt (30. Dezember 1475) Herzog Wilhelm: Er sei nicht wenig verwundert, wie er in Vergessenheit solcher Zusage sich darüber, daß er seine (!) Klöster dem Vicar untergeordnet habe, beim General habe beklagen und gegen den Vicar und seine Brüder schwere und peinliche Processe habe einleiten können, in denen er als Richter und Executor zugleich eingesetzt sei. Dem General sei darauf geschrieben worden, in welcher Kraft und aus welchen Gründen er, der Herzog, die Sache unternommen habe. Er begehre deshalb mit ganzem Fleiß von dem Provincial, von der ihm befohlenen Execution gegen die Observanten und besonders die Erfurter Brüder abzustehen, bis die Antwort von Seiten des Generals eingelaufen sein würde[1]. Ein vom Tage darauf datirter Schutzbrief für Proles tat Allen kund, daß der Herzog den Vicar in seinen „sunderlichen schutz, schirm vnd verteyding vfgenomen vnd ihm — strack sicher gleyt im fürstenthum gegeben habe“. In diesem Schriftstück wird Proles „Vicar der priuilegirten obseruancien eynsideler ordens Scti Augustini in Sachsen Doringen Beyern vnd am Ryne“ genannt. Man sieht, der Widerstand der Oberen gegen seine Bestrebungen hatte ihn nicht nur nicht gebeugt, sondern gerade jetzt dachte er daran, die Observanz und damit sein Regiment auch noch auf andere Provinzen auszudehnen.

Freilich im Augenblick stand die Sache schlimmer als je. Jene Verfügung des Generals an Johann Anherr, für deren Verbreitung dieser nach Möglichkeit gesorgt hatte, war nicht ohne Wirkung geblieben. Es war nicht zu verwundern, daß diejenigen, die nur gezwungen die Observanz angenommen hatten, nunmehr meinten, nicht nur das Recht, sondern sogar die Pflicht zu haben, sich wiederum der Provinz anzuschließen. Von einzelnen Unzufriedenen angestachelt, fielen die Convente zu Gotha, Salza, Sanger-

---

[1] Siehe Anhang (Correspondenz des Proles, Nr. V).

hausen und Königsberg so bald als möglich ab. Auf die
Kunde davon erließ der Herzog strenge Mandate gegen dieselben,
mit Gewalt wurde die Observanz von den betreffenden Amtleuten
wieder eingeführt. Die Rädelsführer waren schleunigst entflohen
und trieben sich im Lande umher. Den Bürgern zu Gotha,
Salza und Salfeld wurde verboten, sie „zu herbergen oder zu
husen". Aber es war schwer, damit durchzubringen, da sich unter
den vertriebenen Brüdern auch Söhne von Bürgern befanden,
für die die Ihrigen natürlich Partei nahmen [1]). Ganz besonders
schlimm war es zu Salza und Gotha. Ersteren Convent hatten
eine ganze Anzahl von Brüdern verlassen und war nach Gotha
gekommen. Ihre Erbitterung gegen Proles hatte den höchsten
Grad erreicht. Eines Tages fand sich an der Tür der Augustinerkirche zu Gotha ein Zettel angeschlagen, in dem sich der ganze
Ingrimm und die Verzweiflung der armen gemaßregelten Brüder
aussprach. Ohne allen Grund, heißt es darin, seien sie von dem
Vicar vertrieben worden, und durchzögen jetzt zu eigener und des
Ordens Verwirrung wie irrende Schafe die Provinz. Der General habe, wie allen bekannt, ihre Gegner zur Verantwortung
gezogen und bei Strafe des Bannes die Restitution ihrer Convente befohlen. Aber dessen ungeachtet „scheuen sie sich nicht,
ungehorsam zu sein, die Fürsten der Erde und die Völker be-
wegend, ihnen anzuhängen. Und über dies Alles verachten sie
uns, als ob sie heiliger wären, und verabscheuen uns, und wollen
uns nicht herbergen". Schließlich sprechen sie die Absicht aus, sich
zu rächen, und zwar in einer Weise, die auf einen sittlichen Standpunkt schließen läßt, der des Proles Verfahren gegen sie zu rechtfertigen im Stande ist. Sie wollten nun die allgemeine Verwirrung zum Schaden ihrer Gegner noch erhöhen. Anstatt des
Klosters wollten sie jetzt die Frauenhäuser und die darin seien,

---

[1]) Der Herzog macht in einem Schreiben vom 30. Dezember 1475
mehrere namhaft, wie Jacob seber lesemeister von Gotha (er war 1473 Prior,
vielleicht auch damals), der „von hause seber", wahrscheinlich seinem Bruder,
beschützt wurde. Specielle Mandate ergingen noch gegen „Johann gobel lesemeister itzt prior zcu northus; Hermann henniger lesemeister Sangerhus".
(Ernestinisches Gesammt-Archiv zu Weimar.)

aufsuchen, und den Ruf der Observanten soviel als möglich be=
flecken. Gemeine Frauen wollten sie an die Kirch= und Kloster=
pforte, besonders spät Abends, bringen und sie von den Brüdern
schlecht sprechen lassen, auf daß diejenigen, die es hören, nicht er=
baut, sondern desto mehr zu Schmähung gegen die Vicarianer
aufgereizt würden. Helfe dies nichts, so würde Schlimmeres
folgen. [1]

Wie töricht und plump auch diese Drohung war, von der
Proles sagt, sie sei „vol vorezwifelunge vnde gancz wüste von
worheit", so war er doch deshalb sehr besorgt. Er schickte den
Zettel sofort an den Herzog, begleitet von einem Briefe, den man
den schönsten unter den uns von ihm erhaltenen nennen möchte.
Rührend ist es, wie er den Herzog bittet, sich nicht über die
Untugend der Mönche zu ärgern, oder sich dadurch von dem
angefangenen Werke abbringen zu lassen. Bei der großen Arbeit,
die Christus Jesus auf diesem Erdreiche um seiner ewigen Selig=
keit getan habe, ermahnt er ihn, vielmehr das Werk zu vollenden.
Der Herzog habe sich schon um Christi willen in viel Gefahr
begeben, als er (wahrscheinlich in Ordensangelegenheiten) zur
Zeit der Pest nach Salza gezogen sei, aber er vertraue zu der
milden Gütigkeit des Herrn, der Tod und Leben in seiner Hand
hält, daß er ihn in diesem Leben damit belohnen wird, ihn nicht
an der Pest oder anderem raschen Tode sterben zu lassen, sondern
mit guter Frist und reicher Vernunft, wol bewahrt mit Sacra=
menten ec. und mit viel Verdiensten, — „derzu", wie Proles
treuherzig hinzufügt, „noch lange czyt gehort, wen also ich sorge
habe, e. g. hat in den jungen tagen nicht so veil von gote vor=
binit als jr nu lieb were, dor vmme welle wyr alle vnsern Herrn
bitten, daß syne barmherczifit mit e. g. paciencien habe in den
vorgangen leben vnde langen czyt zu großen vordinste hyr noch
vorleye" [2].

Herzog Wilhelm war weit davon entfernt, ihm derartige
Aeußerungen übelzunehmen. Er hatte die höchste Verehrung für

<hr>

[1] Dieses für die Sittengeschichte interessante Schriftstück im Archiv zu
Weimar. Datum et scriptum in Gotha in die sancti Anthonii abbatis
anno LXXVI (17. Januar) hora quasi nona die sero. Nos fratres N. N.
[2] Brief vom 22. Januar 1476.

den frommen Augustiner. Auf das freundlichste suchte er die Besorgniß, ihm mit seinen vielen Briefen lästig zu fallen, zu beschwichtigen. Er solle sich nicht scheuen, erwiderte er ihm, über alles, was notwendig sei zur Ausführung des „gethanen fürnemens der heiligen observancien", zu berichten. Verschweige er etwas, so sei er (der Herzog) entschuldigt, und die Schuld käme dann auf Proles. Allen Wünschen desselben kommt er nach. Proles hatte mit seinen Bemühungen, den Rat und das Capitel zu Gotha zu veranlassen, wie die Erfurter, der Appellation beizutreten, bisher wenig Erfolg gehabt. Man hatte ihm ausweichend geantwortet, man wollte ihn und die Seinen zwar schützen, aber „knechte zu leyhen, dy zu unserm gebote uns hulffin gryffin unde setczen, dy das vordynt hetten", wozu sich der Rat von Langensalza auf herzoglichen Befehl verstanden hatte, zeigten die Gothaer wenig Neigung. Proles meint, hieraus gehe hervor, daß das Volk mehr den Sinnen, als der Vernunft folge, „und sollen sie etwas tun, Gottes und des Herzogs Werk zu Bestand und Fortgange, so muß es durch Gottes Gnade und des Herzogs Gebot geschehen".

Herzog Wilhelm schrieb sogleich (am 24. Januar) an den Rat zu Gotha mit dem ernstlichen Begehr, daß sie, wie es Capitel, Universität, Doctores, Kloster und Rat zu Erfurt getan hätten, der Appellation beitreten, und im übrigen Proles und seine reformirten Brüder in jeder Beziehung schützen sollten. Für den Fall, daß Briefe aus Rom oder irgend ein Mandat gegen die Observanten an den Rat oder die Pfarrer einliefen, so wird denselben geboten, sie nicht anzunehmen oder zu verkündigen, sondern an den Herzog zu schicken, der darüber befinden würde. (Dasselbe war auch von andern Orten angeordnet worden.) Da er schon früher verboten, die flüchtigen Conventualen in irgendwelcher Weise zu unterstützen, äußert er sich anläßlich jenes Schmähzettels sehr ungehalten, und gebietet ihnen nochmals, keinen derselben zu beherbergen und den reformirten Brüdern auf ihr Ersuchen ihre Knechte zu leihen, um jene greifen und bestrafen zu können.

Die Sorge, daß etwa schon eine Antwort aus Rom einlaufen könnte, deren unzeitgemäße Veröffentlichung den bisherigen Erfolg wieder in Frage stellen und die Observanten bei dem Volk in Mißcredit bringen könnte, war augenblicklich noch nicht gerechtfertigt. Proles hatte die Appellation noch gar nicht abgesandt.

Es gelang nur sehr allmählich, die Zustimmung und Unterschrift aller derer zu erlangen, deren Beitritt zur Appellation der Vicar für nötig erachtete. Er hielt es deshalb für geraten, vorerst für seine Person an den General zu schreiben, und ihm seine Ergebenheit und Unschuld zu versichern, zugleich aber einen besonderen Gesandten in Aussicht zu stellen, der die officielle Appellation überbringen und den General des Näheren von der Sache unterrichten solle[1]. Einen besonderen Gesandten in dieser Angelegenheit nach Rom zu schicken, hielt Proles für unerläßlich, und hatte dafür einen Mann ausersehen, der längere Zeit in Rom gewesen, mit Carbinälen und den Procuratoren bekannt war, und, was „das groste is, liebe zu gotlichen sachen" hatte. Es war dies der Rat des Grafen von Stolberg, der Magister Johann von Sytwitz (Seydewitz?)[2]. Um diesen bat er den Herzog zu werben. Herzog Wilhelm, der wie gesagt der Meinung war, die Sache sei schon längst anhängig, drängte nun dazu, die Gesandtschaft zu beschleunigen. Er war nicht abgeneigt, Johann von Sytwitz damit zu betrauen, gab dem Vicar aber zu bedenken, daß es doch wol nötig sei, auch einen tüchtigen Mann aus dem Orden selbst nach Rom zu schicken, da der doch besser als ein Fremder die Sache des Ordens zu vertreten und darzulegen im Stande sein werde. Er schlug dafür den Prior von Neustadt vor, Johann von Paltz.

Ob dieser wirklich die Sache unternommen hat, läßt sich, da uns für die nächste Zeit nur spärliche Quellen zu Gebote stehen, nicht sagen; nur soviel steht fest, daß ein Bruder des Ordens nach Rom mit der Appellation geschickt wurde, und der Herzog durch den Franziscanerguardian von Weimar den Commissar des Barfüßerordens in Rom, Emerich Komel, ersuchen ließ, für den Fall, daß eine Appellation an den Papst notwendig würde, ihm seine Unterstützung nicht zu versagen. Die Fürsprache eines Fran

---

[1] Brief des Proles an Herzog Wilhelm vom 26. Januar 1476.
[2] Brief vom 24. Januar 1476.

ziscaners bei Sixtus IV., dem früheren Franziscanergeneral, schien die beste Empfehlung zu sein. Und sie wurde bald nötig.

Nur wenige Nachrichten sind uns zwar über den weiteren Gang der Verhältnisse erhalten, doch immer noch genug, um den Verlauf des Processes in seinen Hauptmomenten verfolgen zu können.

Aus einem Briefe des Herzogs an Proles vom Sonntage Quasimodogeniti des Jahres 1476 (21. April) geht hervor, daß damals ein Termin nach Dillingen angesetzt war, wohin nach des Herzogs Rat ein verständiger Mönch geschickt werden sollte, der unter Vorweisung der Privilegien und eines Transsumpts der Appellation die Rechte der Congregation zu vertreten hätte. Der Herzog hoffte, daß damit den Beschwerden der Observanten ein Ende gemacht werden würde [1]). Das Urteil erfolgte jedoch zu Ungunsten des Vicars, und unter dem achten Juni bestätigte der General die gegen Proles gefällte Sentenz der Excommunication und wies die Appellation als ungehörig und ungerecht zurück [2]). Proles und die Seinen waren also jetzt wirklich dem Banne verfallen [3]). Seine ganze bisherige Reformationsarbeit war, so mußte es wenigstens für den Augenblick scheinen, eine vergebliche gewesen, und ihn selbst traf die furchtbarste und für den Ordens-

---

[1]) Im Anhang (Correspondenz des Proles, Nr. 17).

[2]) Eodem die (8. Juni 1476). Confirmavimus sententias latas contra M. Andream Proles et suos nec acceptamus eorum appellationem, quia injusta erat et non debite facta. Comp. ex reg., p. 464.

[3]) Hierauf und hierauf allein ist das sogenannte evangelische Martyrium zurückzuführen, was man seit Flacius dem Proles angedichtet. Flacius (Catalogus testium veritatis Pars II, p. 908 sq., No. 437) führt nach den mündlichen Mitteilungen eines alten Mönches aus Himmelspforte, Namens Henning, eine Reihe evangelischer Sätze des Proles an (Pröhle S. 41 f.) und erzählt im weiteren, um mich der Worte Pröhle's zu bedienen: „In einer Kirchenversammlung zu Rom, in welcher er als Provincial der Augustiner erscheinen mußte, tat er mit unerschrockener Glaubensfreudigkeit im Angesicht des Papstes und seiner Cardinäle und Bischöfe den Mund weit auf, um die unterdrückte Freiheit der durch Christum von dem knechtischen Joche des Cerimonien-Gesetzes erlösten Gemeinde zu verfechten." Es handelte sich näm-lich nach Flacius um die Einführung eines Festtages, der Proles, auch nach-dem sie durch die Mehrheit und den Papst gebilligt, aufs Entschiedenste

mann schimpflichste Strafe. Es ist zu bedauern, daß wir gerade
aus diesen Tagen keine schriftlichen Auslassungen von ihm haben,
es wäre interessant, zu sehen, in wie weit er sich religiös von
dem Banne bedrückt fühlte. Wir haben keine Vermutung darüber.
Nur soviel steht fest, daß er nicht im Entferntesten daran dachte,
seine Sache aufzugeben. Er war zu sehr davon überzeugt, daß
er nur die Ehre Gottes und die Forderung des Ordens im
Auge gehabt. Und hätte er wirklich die Reformation aufgeben
wollen, so doch nimmermehr sein Herzog, von dem Proles einmal
schreibt, der allmächtige Gott habe ihn zu dieser Sache „so hitzig
zugeneiget‟, daß er alles Notwendige und Nützliche dazu tun
würde.

---

widersprochen habe, quod Populus Christianus sanguine Christi liberatus
sit, alioquin nimium esset traditionibus oneratus. Dafür sei er mit dem
Banne belegt worden. Aus Vorsorge gegen feindliche Ueberfälle, da ihm
der Papst „Banditen und Menschelmörder‟ nachgeschickt, habe er sich anfänglich auf der Flucht aus Rom mit Bogen und Pfeilen (!) versehen, dann
aber auf Gottes Schutz vertrauend dieselben von sich geworfen. Pröhle weiß
dann noch gar erbaulich zu erzählen, wie die Brüder von Himmelspforte,
deren Prior er gewesen, sich keineswegs durch seinen Bann schrecken ließen,
sondern „sich darauf das Wort gegeben, den Bann für nichts zu achten,
sondern ihrem alten, würdigen Vorsteher treu zu bleiben‟, daß aber anstatt
seiner Simon Lindner (unter Alexander VI.) interimistisch das Vicariat bekleidet habe‟ u. s. w. Man hätte wie billig schon deshalb an der Ge-
schichtlichkeit der Erzählung zweifeln sollen, weil Flacius sie berichtet,
und es bedarf kaum des Erweises, daß sie nicht die leiseste Kritik verträgt.
Sie beruht auf den Erzählungen eines alten Mönches, der die Geschichte
von Proles erzählt erhalten, oder selbst mit erlebt haben will, also
damals, als Flacius seine Geschichtchen sammelte, schon ziemlich alt gewesen sein muß. Daß die ganze Erzählung an innerer Unwahrscheinlichkeit
leidet, liegt auf der Hand. Wie käme Proles auf ein Concil und auf welches? (Pröhle nimmt eine zur Zeit Alexanders VI. gehaltene Lateransynode
an.) Den Grund seiner Excommunication haben wir im Obigen genügend
erörtert; daß dieselbe mit dem Vicariat des Lindner in gar keiner Beziehung
steht und keineswegs auf evangelische Aeußerungen zurückzuführen ist, steht
außer allem Zweifel. In dem Kopf des altersschwachen Greises, dem Flacius seine Nachrichten verdankt, dürfte sich die Erinnerung an die Bannung
des Proles mit der ungenauen Kunde von dem freimütigen Auftreten des
Augustinergenerals Aegidius von Viterbo auf dem Lateranconcil von
1513 vermischt haben, Flacius hörte noch etwas von reformatorischen Bestrebungen des Proles, und der testis veritatis war fertig.

Ohne Zweifel haben die Beiden jetzt das Mittel der Appella=
tion an den Papst ergriffen [1]), in der festen Zuversicht, daß es
ihnen an der Zustimmung desselben nicht fehlen würde. Es war
jedoch immerhin sehr denkbar, daß Sixtus IV. gegen sie ent=
schied. Denn obwol er allenthalben die Bettelmönche zur Einfüh=
rung der Observanz ermahnte, so hatte er doch erst unter dem
15. Mai 1475 die Besitznahme der nichtreformirten Convente
von Seiten der Observanten aufs strengste verboten und jede
Einmischung von Laien in die Reformationsangelegenheiten bei
Strafe der Excommunication untersagt [2]). Wir werden es dem
Einflusse des Herzogs zuzuschreiben haben, wenn er die Sache
nicht von der Hand wies, sondern Commissarien ernannte, die
den Streitfall untersuchen sollten.

Hierdurch kam der Proceß in eine neue Phase. Daß Proles
seine Autorität wirklich auf alte, bestätigte Privilegien gründete,
konnte nicht geleugnet werden, und es kam nur darauf an, ob sie
in Wahrheit demselben wirklich die großen Befugnisse gegen die
Conventualen einräumten, wie er sie auszuüben versucht hatte.
Es kam zu Verhandlungen zwischen beiden Teilen, man machte
sich gegenseitig Concessionen. Der Provincial von Sachsen, Hein=
rich Modegke, bekleidete jetzt wieder diese Würde [3]), mochte
einsehen, daß sein Widerstand ihm nichts nützte. Doch suchte
er Zeit zu gewinnen, und bat gegen Ende des Jahres um einen
Aufschub. Die Berater des Proles — auch der Bischof von
Meißen hatte solche geschickt — rieten ihm, denselben zu gewähren,
und der Vicar, der besorgte, wenn er den Aufschub versagte, möchten
die Gegner mit scheinbarem Recht einen neuen Anlaß nehmen, ihn in
Rom zu verklagen, ließ sich, zumal ihn körperliche Leiden [4]) und

---

[1]) Da die Schlußverhandlung in Halle stattfand, wie aus dem Briefe
des Proles vom 2. Juni 1477 hervorgeht, wird man schließen dürfen, daß
der Papst die Untersuchung der Sache dem Erzbischof von Magdeburg über=
tragen hatte, dem Conversator jurium des Ordens in Deutschland.

[2]) Empoli, p. 359 und 362.

[3]) Wahrscheinlich seit Herbst 1476. Bestätigung durch den General
d. d. 29. Dezember 1476. Comp. ex reg., p. 464.

[4]) „Ich habe gefallin vnd eyne schene vffgestoßen das ich ane verlichkeit
nich wandern thar so rysch." Vgl. den ganzen Brief des Proles vom 12.
Februar 1477.

wichtige Ordensangelegenheiten in Magdeburg festhielten, herbei, ihm eine Frist bis Pfingsten (1477) zuzugestehen. Dann sollte die Sache endgültig entschieden werden, und zwar so, daß von der Zustimmung des Herzogs die Verbindlichkeit des betreffenden Urteils oder Vertrages abhängig gemacht werde.

Herzog Wilhelm war sehr ungehalten, als er hörte, daß die Sache, die sich nun schon beinahe zwei Jahre hinschleppte, von neuem verzögert würde. Aber er beschied sich, nachdem ihm Proles seine Gründe auseinandergesetzt hatte. Er wolle Geduld haben, schrieb er an ihn unter dem 13. April 1477, damit man nicht glaube, daß er etwas Anderes als Recht und Gottes Ehre in den Sachen suche; doch setzt er hinzu: „So wyr deme als yr wol wisset, viel fleiß, kost vnde erbit vff dy sache gestalt haben, is vnse ernste menunge, yr wollet in den sachen tapper vnde vorsichtiglich handeln ane vnser bewußt vnde willen nicht entlich besliffende, wen wyr nicht vortragen mochten, das so ernste sache schimplich beslossen geendet worde. Doran beschyt vns von uch danck wenigs gefallen."

Und in der Tat kam jetzt, nachdem die Frist abgelaufen war, am Sonnabend und Sonntag nach Pfingsten zu Halle ein Vertrag zu Stande, mit dem der Vicar und sein Herzog zufrieden sein konnte. Man einigte sich über drei Punkte. Erstens willigte der Provincial und die Seinen ein, daß die Klöster, welche vom Herzog „vnder bebistliche privilegien gesaczt", darunter für immer verbleiben sollten. Zweitens wurde bestimmt, die auf Grund der Klage des früheren Provincials von Seiten des Generals gegen Proles erlassenen Mandate und Processe seien durch den Richter für unrichtig, untüchtig und machtlos zu erklären, ebenso, daß er ihnen nie zu gehorsamen verpflichtet gewesen und infolge dessen durch ihre Nichtbeachtung auch nicht dem Banne verfallen sei. Endlich solle der Richter aus päpstlicher Gewalt die Privilegien der Union und alles, was auf Grund derselben bisher geschehen sei, als zu Recht bestehend bestätigen.

Mit diesen drei Errungenschaften glaubte Proles zufrieden sein zu können. Allerdings hatte er eins nicht erreicht, an dem ihm gerade besonders viel gelegen war, nämlich die Herausgabe des Convents zu Königsberg. Wahrscheinlich durch irgend ein

Versehen war derselbe der päpstlichen Commission, die die Sache zu entscheiden hatte, als streitig nicht besonders namhaft gemacht worden. Der Vicar schwankte, ob er auf der Restitution desselben bestehen sollte. Es war doch möglich, daß das Zustandekommen des Vertrages an dieser Forderung scheiterte, da der Richter sich für nicht befugt halten konnte, ohne specielle Anweisung auch über Königsberg zu verfügen. Das fürchtete Proles, und der Bischof von Meissen Johannes V. stimmte dem bei. Er riet, von dem Königsberger Convent ganz zu schweigen, bis die Bestätigung des ganzen Handels geschehen sei. Ließe es der Provincial dann bei den andern Klöstern, so sei es gut, wenn nicht, so hätte ja der Herzog immer das Recht, dem Vicar die Reformation desselben zu befehlen. Und hiernach handelte man. Der Königsberger Convent wurde in der Abmachung gar nicht erwähnt, aber die Hoffnung, der Provincial möchte gutwillig auch dieses Kloster herausgeben, erfüllte sich nicht. Dagegen mochte schon der frühere Provincial, Johann Anherr, der seit 1476 wieder Prior von Königsberg war, protestiren, und jener Convent ist erst nach mehrfachen, später noch zu erwähnenden Reformationsversuchen wahrscheinlich um das Jahr 1490 in den dauernden Besitz der Congregation gekommen.

Aber doch hatte Proles einen großartigen Erfolg zu verzeichnen. Es war ihm gelungen, mit Hülfe seines Herzogs beim päpstlichen Stuhl die vollständige Annullirung der gegen ihnen erlassenen Mandate zu bewirken [1]); mit Ausnahme des einen waren alle von ihm beanspruchten Convente wirklich wieder in seine Macht gegeben, die Privilegien der Union bestätigt, und damit nicht nur sein bisheriges Verhalten gegenüber den dem Provincial anhängenden Conventen legalisirt worden, sondern auch mittelbar ein gleiches Vorgehen für die Zukunft. Sein Herz ist auch infolge dessen voll Jubels. In dem Briefe vom 2. Juni 1477, in welchem er

---

1) Wie der General dies aufgenommen, läßt sich nirgends ersehen. Der General Jacobus de Aquila war 1476 gestorben, und gerade an jenem ersten Juni, wo die Convention in Halle abgeschlossen wurde, war Ambrosius von Cora zu seinem Nachfolger gewählt. Crusenius, S. 177.

den Herzog von dem Erfolg der Verhandlungen in Kenntniß
setzt, preist er die heilige Dreifaltigkeit, die ihre Barmherzigkeit
groß gemacht, aber er vergißt auch nicht, seinem Fürsten zu danken
„vor manchen groszen flyjz vnde kost vff dy sache gelegit", und
den reichen, milden Gott zu seiner Belohnung anzurufen. Herzog
Wilhelm sah in dem endlichen Abschluß des langen Klosterhaders
wol nur einen Sieg der guten, frommen Sache, er hätte mehr
darin finden können. Wenn man sich erinnert, daß Proles stets
nur im speciellsten Auftrage des Landesfürsten zu handeln vor-
gab, so wird man sagen dürfen, daß die Hallenser Abmachungen
auch eine politische Bedeutung hatten, sie sanctionirten das Recht
des Landesfürsten zur Reformation der Klöster, ein Recht, an
dessen Bestand allerdings ein Mann wie Herzog Wilhelm niemals
gezweifelt hatte.

Aber worin bestand denn diese Reformation?
Welcher Art waren denn die Gegensätze, die zu so schweren,
die Gewissen verwirrenden Kämpfen führten?

Eine klare, eingehendere Antwort finden wir auf diese Frage
in den spärlichen Quellen nirgends. Der Begriff der „Observanz" war offenbar ein sehr fließender. Nur aus einzelnen
Aeußerungen läßt sich eine ungefähre Vorstellung gewinnen.

Auf eine Anfrage des Herzogs, worum es sich denn eigentlich
handele, was denn die Brüder von der privilegirten Observanz
mehr täten, als die übrigen, hatte Proles sehr ausweichend geantwortet: Die heilige Schrift verbiete den Brüdern, sich selbst zu
loben, oder die Ordensgenossen zu lästern. Er wisse deshalb die
Frage nicht recht zu beantworten. Um den Fürsten jedoch nicht
ganz ohne Antwort zu lassen, wolle er nur das sagen, nämlich,
daß die Observanten „ihre innwendigen und answendigen Werke"
nach der Regel Augustins und nach des Ordens Gesetzen zu tun
beabsichtigen, und mit Gottes Hülfe unter dem Vorsatze täglicher
Besserung auch wirklich tun, wo es ihnen aber „vor an von
menschlicher vnwissenheit, vorgessenheit, krankheit abber jnobikit
gebricht, mit gnediger busze vornugen". Ob die andern es ebenso
machen, gebühre ihm nicht zu sagen; so man ihn aber irgendwie
beschuldige, so würde er zur Antwort bereit sein, fürchte aber,

es möchte der Beweis seiner Unschuld die Schuld seiner Gegner aufdecken [1]).

Der Kampf galt also im allgemeinen der Aufrechterhaltung, beziehungsweise Wiederaufrichtung der alten Strenge in der Befolgung der Ordensregel oder richtiger der Ordensconstitutionen, wie wir es seit dem ersten Auftreten Zolter's beobachten konnten. Gotte zu Ehren und der heiligen Jungfrau zu Lobe wurden diese Bestrebungen auch jetzt unternommen. Ehrenwerte und in ihrer Frömmigkeit aufrichtige Männer sind es, welche daran ihre Kraft setzen und selbst ein Märtyrertum nicht scheuen, aber es wäre doch sehr verfehlt, in allen diesen Reformationsbestrebungen irgendwie ein religiös-sittliches Princip (in unserem Sinne) als wirksam anzunehmen. Davon findet sich nirgends eine Spur. Nirgends hören wir, daß es sich dabei um ein christliches Leben gehandelt habe, welches aus einer christlich-sittlichen Gesinnung erwüchse — es sind immer einzelne Handlungen, welche als Ausdruck des pflichtmäßigen mönchischen Gehorsams gefordert werden.

In der ersten Zeit hatte es gegolten, wirklichen groben Unfug und Zuchtlosigkeit vermittelst der strengen Regel aus den Klöstern zu verdrängen. Nach und nach, nachdem der Geist der Ordnung durch die Bemühungen der Ordensobern und der weltlichen Obrigkeit mehr und mehr wieder eingezogen war — solche Fälle, wie sie in Gotha nach dem Obigen vorkamen, waren doch nur nur vereinzelt —, wurde die Regel und die strenge Observanz Selbstzweck. Wir haben gesehen, daß auch die Provinciale, besonders die von Sachsen, eifrigst den Reformationsbestrebungen huldigten, auch sie wollten die Observanz, aber Proles taten sie darin nicht genug. Und alle die kleinlichen Bestimmungen innerhalb der Ordensgesetze standen wol kaum so fest, oder waren doch immer verschiedener Auslegung fähig, als daß sich daraus nicht Gegensätze hätten entwickeln müssen. Nur wenn man alle, auch die minutiösesten Bestimmungen, die je einmal gefaßt worden, erfüllte, war nach Proles ein Gott wolgefälliges Klosterleben möglich, und dies könne nur durchgeführt werden innerhalb einer so enggeschlossenen Verbindung, wie sie durch Zolter's Bemühung innerhalb der unirten Convente

---

[1]) Brief vom 26. Januar 1476 im Anhang.

eingerichtet worden. Es waren schließlich nichts weiter, als reine Aeußerlichkeiten und kleine Verfassungsverschiedenheiten, die die Praxis nach und nach ausbildete, welche die beiden sich so gehässig bekämpfenden Parteien vertraten, nirgends ein großer Gesichtspunkt.

Ein charakteristisches Beispiel gewährt der Erlaß des Generals an Anherr vom 10. October 1475, in welchem derselbe zu Censuren gegen Proles ermächtigt wird. In demselben erhält er und zwar in unmittelbarem Anschluß an den Streit mit dem Vicar die Erlaubniß, je nach Zeit und Ortsverhältnissen von dem Gebrauch der schwarzen Kutte zu dispensiren [1]). Man wird daraus schließen dürfen, daß auch dies ein Streitobject abgab. Die strenge Regel verbot es, sich eines andersfarbigen Gewandes zu bedienen [2]); aber wie schwer es war, damit durchzubringen, zeigt der Umstand, daß noch im Jahre 1519 das Generalcapitel von Venedig eine darauf bezügliche Bestimmung erlassen mußte. Proles mochte schon damals mit Entschiedenheit auf die Aufrechterhaltung jener in den alten päpstlichen Bestätigungsbullen vorgeschriebenen Kleidung gedrungen haben, während die Provinciale und, wie wir sehen, auch der General, die ja ebenfalls fortwährend zu reformiren versuchten, auf diese Sache weniger Gewicht legten, oder gerade deshalb, weil der Vicar sie betonte, davon abgesehen wissen wollten.

Das war allerdings das alleräußerlichste, aber wir haben schon bei der Geschichte der Gründung des Ordens gesehen, wie gerade die Kleiderfrage — und die Kleidung war ja das wesentlichste Erkennungszeichen des Mönches — von Anfang an Anlaß zu Streitigkeiten gab. Dazu kam noch eine Reihe von andern Dingen, die man aus einer Instruction des Proles, die er für den Amtmann des Herzogs behufs eines neuen Reformationsversuchs in dem Convente von Königsberg im Jahre 1489 aufstellte, entnehmen kann.

---

1) Absolvimus dictorum occasione fratres illos a iuramentis et promissionibus ab ipsis observantibus de eis exactis, quae illicitae sunt et dedimus in fine Provinciali licentiam dispensandi continuo de usu cappae nigrae secundum dispositionem locorum et temporis. Comp. ex reg., p. 464.

2) Constitutiones, p. 39 sq.

„Zu konigsperg losze man fragen

Zum erſten ob ſie och vormals vnder dem vicariat geweſt ſein

Item wor um ſie vor von gefallen

Item ab ander cloſter och miten abgefallen

Item ſo die andern webir komen worum ſi vſzen blieben ſein

Item ſo der Irluchte furſte ſaligen herezoge Wilhelm ſie webir voreiniget hat, vſz welcher macht ſie abgetreten ſein,

Und alle der bing heyſche man beweyſunge ſchriftlich.

Item loſſze man heimlich frogen

Zum eerſten. ab ſie im refecter eſzen vff einem langen tiſche als in cloſtern reformirten geborlich iſt.

Item ab ſie mit ſweigen eſſzen

Item ab man zu tiſche leſze, die gancze molezeit

Item ab ſi vaſten von . . . . . . vff wehnachtenn

Item ab ſie alle nacht metten ſingen vnd wer dorinne ſey

Item ab ſie uſz der ezeit gemeynin molezeit ſunderlich eſſzen aber trincken

Item ab ſie in der ſtab ezechen etc.

Item ab ſie am freytage capittel halden vnd offinbar ſchult mit geſaczten buſzen rechtfertige

Item ab ſie mit eczlichen vordechtige gemeinſchaft haben." [1]

Es wird genügen, dieſe Sätze zu leſen, um ſich von der oben behaupteten Aeußerlichkeit zu überzeugen, auf welche die mit ſo großem Kraftaufwand vollzogene Reformation hinauslief. Die kleinen Unterſchiede in der Verfaſſung, die uns die Conſtitutionen des Staupitz vom Jahre 1504 aufweiſen, dürften damals noch kaum zu ihrer vollen Ausprägung gekommen ſein [2]. Nur eines war nicht zu verkennen und jedenfalls den Conventualen ein Dorn im Auge, das war die vollſtändige Autonomie des Vicars. Proles war unumſchränkter Alleinherrſcher über ſeine Obſervanten, man

---

[1] Erneſtiniſches Geſammt-Archiv zu Weimar. K. K. pag. 82, No. 33. 2 E.

[2] Es iſt ſchon oben bei der Beſprechung der allgemeinen Conſtitutionen auf einzelne Punkte aufmerkſam gemacht worden; da ſich in der ganzen Zeit von Proles' Amtstätigkeit noch keine Spuren davon zeigen, daß ſie wirklich allſeitig in Uebung geweſen ſeien, wird es richtiger ſein, erſt bei Staupitz davon zu reden.

findet nicht, wenigstens in jener Zeit, daß er sich mit einem be-
ratenden Diffinitorium umgeben hätte. Nach eigenem Gutdünken,
höchstens von den Wünschen des Herzogs beeinflußt, handelte er.
Wie wenig Rücksicht er dabei auf die Traditionen der einzelnen
Convente und die Wünsche der Brüder nahm, haben wir mehrfach
beobachten können. Die Aufrechterhaltung der alten Strenge, wie
sie seinem Geiste vorschwebte, war das alleinige Princip seiner
Handlungen, war das Ziel seines Sinnens und Sehnens, ihm
widmete er seine ganze Tätigkeit.

Auch jetzt, nachdem ihm die streitigen Convente durch die
Hallischen Abmachungen zugesprochen waren, rastete er keinen
Augenblick. Und allerdings, wenn jemals, bedurften sie jetzt
seiner organisatorischen Wirksamkeit. Es sah in den meisten übel
aus. Die Widerstrebenden waren vertrieben worden, Novizen
hatte die berüchtigte Strenge nicht angelockt. Ganz besonders
schlimm stand es in dieser Beziehung in Salza, doch Proles
tröstete sich darüber, vier reisige Hengste sein besser, als zehn
Ackerpferde, schrieb er an den Herzog [1]). Aber auch die Wenigen
hatten nichts zu leben. Die Bürgerschaft war ihnen abgeneigt.
Die vertriebenen Brüder hatten sie zum Teil dadurch für sich
gewonnen, daß sie die Zinsen erlassen hatten. Zu opfern hatte
niemand Lust, das Terminirkorn war eingesammelt, aber nicht
aufzufinden, „vorstackit abber vorfurt" [2]). Da mußte die Milde
des Fürsten aushelfen „gotlichen trost vnde gnade doran zu vordynen" [3]), denn Geld aufzunehmen, oder die noch vorhandenen
Kleinodien zu versetzen, hielt Proles für unangemessen. Wie wenig
Wert er jedoch auf den Besitz des Ordens legte, so daß er gelegentlich, wenn die heilige Observanz dadurch geschädigt schien,
denselben auch zu veräußern nicht anstand, zeigt ein Fall in Neustadt an der Orla. Wir wissen, daß Herzog Wilhelm schon
1474 dem Vicar den Auftrag gegeben, den dortigen Convent zu
reformiren. Es war nominell geschehen, Johann von Paltz hatte
die Observanz daselbst eingeführt, ohne jedoch nachhaltigen Erfolg

---

[1]) Brief vom 22. Januar 1476.
[2]) Brief vom 14. Februar 1476.
[3]) Ebendaselbst.

zu erzielen. Proles fand endlich, daß der große Besitz an Acker=
land und dessen Bewirtschaftung den guten Fortgang der Sache
hinderte. Da entschloß er sich kurzer Hand, die Ländereien zu
verkaufen. Rat und Bürgerschaft gaben gern ihre Zustimmung
dazu, ebenso der Landesfürst. Am 18. October 1485 kamen die
darauf bezüglichen Verträge zu Stande. „Zur Ehre Gottes
und des seligen Augustin" wurde der Convent vom Ackerbau
befreit [1]).

Auch in anderer Weise suchte er die ihm untergebenen Con=
vente, wo sie überbürdet schienen, zu entlasten, damit die Obser=
vanz in allen Stücken gewahrt bleibe, z. B. in Erfurt. Die
dortigen Väter fanden, daß sie durch ihre Vorfahren vor Beginn
der Reformation mit Verpflichtungen zu Messen und Vigilien
allzusehr beschwert seien, und hatten deshalb den päpstlichen Legaten
Bartholomäus, Bischof von Castelli um Abhülfe gebeten, worauf
dieser einer Commission, bestehend aus dem Abt Günther von
St. Peter in Erfurt, Andreas Proles und dem Prior des Bene=
dictiner Klosters Georg von Würzburg den Auftrag gab, die
Sache zu untersuchen. Die Genannten erkannten, daß allerdings
viele Anniversarien und Messen als stiftungsgemäß notirt waren,
wofür sich doch keine stiftungsmäßigen Einkünfte nachweisen ließen,
und daß die Beschwerung damit eine so große sei, daß sie mit
der heilsamen regulären Observanz des göttlichen Dienstes nicht
vereinbar sei, zumal wenn man in Betracht zöge, daß in Erfurt
zum Nutzen der ganzen Kirche ein Studium generale der heiligen
Theologie unterhalten und die Brüder besonders in der Fasten=
zeit und im Advent durch sehr viele Predigten in Anspruch ge=
nommen würden. Man suchte die Verbindlichkeiten dadurch zu
beschränken, daß unter gewissen Verhältnissen zwei oder drei
Vigilien genügen sollten, in Anbetracht des Umstandes, daß ja
20—30 Brüder daran teilnähmen und die Einkünfte doch sehr
gering seien. Was die Votivmessen an bestimmten Altären an=
ginge, so solle die Sache so gehalten werden, daß der Prälat oder
Bruder, der an dem betreffenden Altare die Messe lese, seine

---

[1]) Urkunde vom 18. October 1485 im Anhang.

Intention auf alle diejenigen richte, welche jenen Altar gestiftet oder ihn mit Fundationen bedacht hätten u. s. w. [1])

Unterdessen müssen sich die Verhältnisse der Union der Observanten im Gebiete der sächsischen Fürsten derartig consolidirt haben, daß Proles daran denken konnte, seine Wirksamkeit auch auf andere Gebiete auszudehnen, und mit dem Eifer eines Pharisäers durchstreifte er die Lande, um hie und da einen Proselyten zu machen. Nach den süddeutschen Conventen richtete er jetzt ernstlich seine Blicke. Schon im Jahre 1475 hatte sich, wie wir gesehen, der Convent zu Alzei von ihm bedroht gefühlt. Jetzt im Jahre 1481 glaubte die ganze rheinisch-schwäbische Provinz gefährdet zu sein. Man war hier um so besorgter, als gerade in den letzten Jahren schon einige Convente von der Jurisdiction der Provinciale sowol von Rheinschwaben als von Baiern auf besonderen Wunsch der weltlichen Herren oder besonderer Wohltäter eximirt und dem General zu Rom unmittelbar unterstellt worden waren und zwar, wie es hieß, um die Observanz zu sichern. Auf die Klage des Convents zu Memmingen, der die Observanz angenommen, daß die Observanten allenthalben von den Officialen (Ordensoberen?) bedrückt, ja ausgetrieben würden, wurden sie unter dem 22. October 1473 vom General Jacobus de Aquila von jeder anderen Jurisdiction befreit und dem Generalvicar Georg Tentynger von München unterstellt, nach dessen Tode die Brüder das Recht haben sollten, einen anderen Vicar zu wählen. Ebenso wurde ihnen gestattet, alle drei Jahre einen von dem Vicar zu bestätigenden Prior zu wählen [2]). Unter denselben Bedingungen wurde noch in demselben Jahre der Convent zu München und Regensburg demselben Vicar unterworfen [3]). Bald darauf wurde jedoch das Vicariat wieder aufgehoben und zwar auf Befehl des Protectors des Ordens, der mit Recht darin eine Untergrabung der Ordensverfassung sah. Gleichwol hatte der General schon im Jahre 1475 von neuem eine solche

---

[1]) Urkunde vom 15. August 1484 im Copialbuch des Erfurter Augustinerklosters (im Staatsarchiv zu Magdeburg), Nr. 331.

[2]) Urkunde im Stadtarchiv zu Memmingen, Schubl. 361. Vgl. Comp. ex reg.. p. 323.

[3]) Comp. ex reg., p. 330.

Exemption und zwar unter denselben Bedingungen, wie oben angegeben, vorgenommen. Der Ritter Ulrich von Frundsberg, der Herr von Mindelheim, hatte sie für den dortigen Convent begehrt und seinen Sohn Ulrich und seinen Hauscaplan deshalb nach Rom gesandt [1]). Dazu scheinen in den nächsten Jahren noch eine Reihe anderer Exemptionen gekommen zu sein, denn als im Jahre 1486 Anselm de Monte Falcone den Generalat antrat, sah er sich veranlaßt, „alle durch seine beiden Vorgänger eingesetzten Vicare zu cassiren" [2]).

Wie viele Convente in Rheinschwaben im Anfang der achtziger Jahre schon der Gewalt des Provincials entzogen waren, läßt sich nicht mehr feststellen, jedenfalls glaubte derselbe — es war Magister Daniel Friesenheimer von Straßburg — auf die Kunde von den Reformationsabsichten des Proles gegen weitere Beeinträchtigungen seiner Macht ernstliche Vorsichtsmaßregeln treffen zu müssen. Unter seinem Vorsitz hielten die Väter der rheinisch-schwäbischen Provinz im Jahre 1481 zu Speier eine außerordentliche Versammlung ab, um darüber zu beraten, wie man sich vor den „Nachstellungen der Sachsen" schützen könne. Papst Sixtus IV. hatte dem Provincial, mit dem er noch von seiner Franziscanerzeit her befreundet war, den guten Rat gegeben, er solle, um sich der fremden Reformatoren zu erwehren, selbst darüber wachen, daß in der ganzen Provinz die Observanz eingeführt werde [3]). Vielleicht hat man dahingehende Beschlüsse gefaßt, aber alle Vorsichtsmaßregeln kamen schon zu spät. Noch in demselben Jahre war ein Convent der Provinz, der zu Weil in den Händen des Proles. Eine Inschrift innerhalb des Klosters kündete das Ereigniß den späteren Geschlechtern [4]).

---

1) Comp. ex reg., p. 327.

2) 20. Juni 1486: Cassavimus omnes vicarios Generales Provinciae institutos per praedecessorem nostrum ambos et reposuimus omnes Conventus ad simplicem obedientiam Provincialis. Comp. ex reg., p. 339. Vgl. Comp. ex reg., p. 428 sub 1. Juni 1482.

3) Höhn, S. 117.

4) Sic enim in ambitu ibidem aliquando legi: Anno 1481 Conventus iste per Andream Prolem reformatus est. Höhn, S. 117.

Es erklärt sich, daß der Provincial dagegen protestirte und einen Proceß gegen Proles anhängig machte, zumal dieser immer weiter vorzubringen suchte. Nach Höhn hätte Papst Innocenz VIII. ihn allerdings durch ein Breve daran verhindert und die Streitsache den Bischöfen von Constanz und Basel sowie dem Abt von St. Gallen zur Entscheidung übertragen, es ist jedoch sehr fraglich, ob diese wirklich, wie Höhn annimmt, gegen ihn entschieden haben [1]). Wie dem aber auch sein mag, so war doch, obwol der General Proles' Bestrebungen entgegen war und bei ihm Anfang des Jahres 1487 u. a. anfragte, mit welchem Rechte er die von der Observanz abtretenden excommunicirte [2]), schließlich der Erfolg auf Seiten des Vicars. Proles ließ seine Sache wieder durch einen besonderen Abgesandten in Rom vertreten und brachte es dahin, daß der General es nicht wagte sich gegen ihn zu erklären. Wahrscheinlich hatte Proles von neuem mit Hülfe der weltlichen Macht [3]) die Curie für sich gewonnen, denn der General riet dem Daniel Friesenheimer in einem Schreiben vom 27. Dezember 1487 in Anbetracht der Gefährlichkeit der Sache, den Convent von Weil den Vicarianern zu überlassen, auch der Protector halte dies für das Beste. Dabei sollten die betreffenden Brüder das Recht haben nach Bezahlung einer mäßigen Taxe an dem Provincialcapitel teilzunehmen [4]).

Die Occupation des Convents von Weil war nur eine Etappe auf dem Wege, den Proles sich vorgezeichnet hatte.

---

1) Höhn drückt sich hier etwas unklar aus: [Proles] prohibitus quidem fuit anno 1485 per Pontificium diploma Innocentii VIII. et causa fuit commissa Episcopis Constantiensi Basiliensi et Abbati ad S. Gallum, nempe et Fratres illorum Monasteriorum non se impertinenter committant praefato S. Andreae sed debitam obedientiam praestent etc. Höhn, S. 122f.

2) Scripsimus vicario Observentiarum ut nos doceat de Privilegiis et indultis Apostolicis maxime utrum sine excommunicatione non possint egredire vicariatu observantes. Comp. ex reg., p. 465.

3) Höhn, S. 123.

4) Comp., p. 429.

Im Jahre 1483 waren auch schon die Convente von Eßlingen und Tübingen für die Union gewonnen [1]).

Die Niederlassung der Augustiner zu Tübingen war eine der ältesten in Deutschland. Schon am 13. Januar 1262 erlaubten die Richter und die gesammte Bürgerschaft dem Orden innerhalb der Stadtmauer ein Kloster zu erbauen, freiten die Ordensleute und ihre Besitzungen von aller weltlichen Obrigkeit, allen Abgaben und Steuern und nahmen das Kloster unter ihren Schutz. Reichlich ausgestattet mit Privilegien und Vergünstigungen von Seiten der Päpste [2]) und des Constanzer Bischofs, blühte die Niederlassung bis in die Mitte des fünfzehnten Jahrhunderts. Damals war aber wie aller Orten auch im Tübinger Convent eine solche Corruption eingerissen, daß Graf Eberhard Brüder, denen er nicht hold war, im Jahre 1478 auf den Böselsberg bei Vaihingen und 1480 nach dem Kloster Offenhausen versetzen wollte, um gelehrte Predigermönche an ihrer Stelle nach Tübingen zu verpflanzen. Der Papst hatte bereits seine Genehmigung gegeben. Den Bemühungen des Priors Ulrich Pfäulin, der als einer der ersten Jünger der neuen Universität 1477 inscribirt wurde [3]), gelang es jedoch den Unwillen des Grafen zu beschwichtigen. Er hielt selbst um eine Reformation des Klosters an, die auch von 1483 an durch Johann Nathin [4]), den Proles wahrscheinlich von Erfurt zu diesem Zwecke nach Tübingen versetzt hatte, eingeführt wurde.

---

[1]) Höhn, S. 121.

[2]) 1304 erhielt der Convent das Recht zur Anlegung eines Cimeteriums. Beschreibung des Oberamts Tübingen (Stuttgart 1867), S. 273 f.

[3]) Fr. Udalricus Pfowlin de Gamundia prior domus fratrum heremitarum ord. S. Augustini in Tuwingen. 1477. (Tübinger Matrikel in [Roth] Urkunden zur Geschichte der Universität Tübingen, 1877, S. 463.)

[4]) Joh. Nathin (de Nova ecclesia A. M. lector et frater ord. S. Aug. 2 post. Othmari Nil dedit) wurde am 18. November 1483 zu Tübingen immatriculirt (Tüb. Matr. a. a. O., S. 492) und begann seinen theologischen Cursus 1484 (principiavit in cursum biblicum). Dies und die folgende Notiz nach einer brieflichen Mitteilung des Herrn Professor Dr. Roth in Tübingen. Nach der Matrikel der theologischen Facultät müßte er

Proles kam selbst 1486 nach Tübingen[1]), um das Begonnene zu befestigen, und incorporirte nach einander eine Reihe von Brüdern aus den reformirten thüringischen Klöstern und aus Nürnberg dem Tübinger Convent. Vor allem war ihm aber an einer ständigen Beziehung zur Universität gelegen. Hatte Graf Eberhard anstatt der Augustinereremiten gelehrte Dominikaner nach Tübingen ziehen wollen, so kam es jetzt darauf an, zu zeigen, was die Augustiner zu leisten vermochten. Darum schickte Proles fast nur solche Brüder nach Tübingen, die daselbst studiren sollten und von denen zu erwarten war, daß sie in kurzer Zeit in den Besitz akademischer Würden gelangen würden[2]).

Auch äußerlich trat Universität und Augustinerkloster vom Jahre 1490 an einander näher. Die beiderseitigen Interessen begegneten sich. Der Universität fehlte es an Räumlichkeiten zu Auditorien, das Kloster hatte deren genug, war aber sehr baufällig. Schon 1464 hatte man angefangen, es zu erneuern, hatte aber wegen zu vieler Schulden bald davon abstehen müssen. Jetzt erbot sich Rector und Universität zur Vollendung des Baues

1486 (in festo S. Pauli insignibus magistr. decoratus 1486) die theologische Doctorwürde erhalten haben. Dem steht aber entgegen, daß derselbe sieben Jahre später zu Erfurt promovirt hat (siehe Motschmann, Erfordia liter. I. Fortf., S. 24). Diese Tatsache wirft ein eigentümliches Licht auf sein Verhalten in Luthers Promotionsangelegenheit (Köstlin, M. Luther I, 97 und 140). Seit 1488 ist er (wieder) in Erfurt, und wird seit 1493 als Professor der Theologie genannt (Archiv zu Magdeburg). Er war neben Johannes Palz im Kloster, als Luther in dasselbe eintrat, und wie scheint nicht ohne Einfluß auf ihn in den ersten Jahren seines Mönchtums. Seine Strenge wußte damals Nathin, der selbst ein Eiferer war, nicht genug zu rühmen (Seidemann, Lutherbriefe, S. 12). Die Spannung mit Luther wegen der Promotion im Jahre 1512 war vorübergehend (vgl. De Wette I, 99). Erst später wurde er sein entschiedener Gegner. Eine bedeutende Rolle im Orden spielte er in den Wirren nach dem Rücktritt Link's vom Vicariat, wovon später die Rede sein wird.

1) Stuttgarter Archiv.

2) Die Kenntniß davon verdanken wir nur der Tübinger Matrikel. Dieselbe erwähnt bis zu Staupitz' Auftreten fünfzehn Augustiner, die zumeist von auswärtigen Conventen kommen. Unter ihnen Johannes Bruheim de Gotha, Prior 1488, Johannes Mantel de Nürnberga u. a. In Tübingen studiren übrigens im Verhältniß zu anderen Universitäten auffallend wenig Ordensleute.

40 rheinische Gulden beizutragen, wenn ihnen dafür ein an der
Ostseite dem Neckar zugekehrtes Gemach zum „ewigen Lectorium
der Theologen" überlassen würde. Andreas Proles gab, wie es
in dem darüber aufgenommenen Document heißt, „aus besonderer
Gunst gegen die Universität" seine Erlaubniß dazu und so kam
der Vertrag am 9. September 1490 zu Stande [1]), nach welchem
das studium theologicum förmlich in das Kloster verlegt wurde.
Hierdurch machte es sich gewissermaßen von selbst, daß der früher
so verwilderte Convent in Kurzem zu einer wirklichen Pflanzstätte
kirchlicher Bildung wurde [2]).

Unter uns unbekannten Verhältnissen, wahrscheinlich mit Unter=
stützung der betreffenden weltlichen Herren, gelang es dem Vicar,
auch Eschwege, Heidelberg und München [3]) für sich zu ge=
winnen und in Culmbach festen Fuß zu fassen, so daß er daran
denken konnte, in letzterem Orte im Jahre 1488 ein Capitel der
unirten Convente, dem ersten, von welchem wir hören, abzuhal=
ten [4]). Und hier in Süddeutschland hatte die Observanz in dieser
Zeit augenscheinlich einen festeren Bestand als in den nördlichen
Districten, wo sich fortwährend Erneuerungen der Reformation
als notwendig herausstellten, obwol die sächsischen Fürsten mit
Eifer und Strenge für die Aufrechterhaltung der Observanz
Sorge trugen. Wie nötig eine unausgesetzte Wachsamkeit war,
zeigt der Umstand, daß selbst einer der Urconvente, der zu Dres=
den, 1488 in den Verdacht kam, von der Observanz abzutreten,
und sein Prior von Friedrich dem Weisen ermahnt werden mußte,
den Convent von Neuem zu reformiren. Daß ein Jahr darauf
noch einmal Versuche gemacht wurden, den Convent zu Königs=

---

[1]) [Roth] Urkunden ꝛc., S. 80 ff. Die Verhandlungen wegen Ueberlassung eines zweiten Auditoriums für die Juristen gegen ein gleiches Ent-
gelt zerschlugen sich, weil es an einem passenden Raume fehlte.

[2]) Heyd, Herzog Ulrich von Würtemberg, S. 9.

[3]) Nach [Höggmaier] Catalog. Prior. Prov. fol. 15 seit dem J. 1481.

[4]) Die Nürnberger schreiben: Venerando ac venerabilibus religiosis
patribus domino Andree Prolis sacre theologie lectori vicario totiusque
ordinis fratrum heremitarum, sancti Augustini in capitulo in oppido Cul-
mach proxime celebrando conventuris etc. Nürnberger Kreisarchiv. Briefb.
de dato ex Nuremberg a XXij Aprilis 1488.

[5]) Ernestinisches Gesammt=Archiv zu Weimar.

berg in Franken, ist früher schon angedeutet worden. Ein bei
Herzog Friedrich in hohem Ansehen stehender Augustiner, Andreas
Schwertfeger aus Alt-Dresden, Erfurter Doctor [1]), riet ihm,
möglichst heimlich ein päpstliches Mandat auszuwirken, durch wel=
ches dem Vicar befohlen würde, das Kloster zu Königsberg,
das vor zwanzig Jahren in der Observanz gewesen, aber wieder
zurückgetreten sei, ebenso wie das zu Herzberg zu reformiren.
Vielleicht war es kurz vorher den Gegnern gelungen, von neuem
eine päpstliche Bulle auszuwirken, welche den Observanten bei
Strafe des päpstlichen Bannes verbot, ein weiteres Kloster zu
reformiren, denn Schwertfeger meint, man müsse vor allen
Dingen diesen Artikel kassiren lassen [2]). Wie weit man darauf
abzielende Schritte getan, steht dahin und ich finde nicht, wann es
gelungen ist, das Königsberger Kloster endgültig unter die Ob=
servanz zu beugen.

Auch mit dem Convent zu Herzberg a. d. E. hatte es seine
großen Schwierigkeiten. Hier lagen die Verhältnisse wesentlich
anders als in Königsberg. Er hatte niemals zu den unirten
Conventen der Observanz gehört. Ein Rechtstitel, unter dem
Proles den Convent seiner Union einverleiben konnte, war also
schwerlich vorhanden. Aber doch fand er Mittel und Wege dazu.
Die Brüder selbst gaben sie ihm an die Hand. Das Kloster zu
Herzberg war von den Reformationsbestrebungen nicht unberührt
geblieben, vielleicht hatte der Provincial selbst die Observanz da=
selbst einzuführen gesucht. Daß sie jedoch keinen Bestand hatte,
kann nicht auffallen, wenn man bedenkt, daß der Convent zu
Herzberg fast der einzige war in dem östlichen Gebiet der säch=
sischen Fürsten, der nicht zu den unirten gehörte, sondern der

---

1) 1482 (14. October) Andreas Gladiatoris de Dresda. Erf. Matr.
Immatriculirt Wintersemester 1479. Fr. Andreas gladiatoris de Dresin
ordinis sancti Augustini bacc. theol.

2) „Och je heimelicher vnd verborgener disse dingt gehandelt mogin wer=
bin das dasselbige alßo gschehe vnd zcumortan von der Impetrierunge der
bublin wegin. In welcher bullen sunderlich vsigedrucket muß werden vnnd gedocht
der vorbietiünge die vnuß gescheen ist, bey vormeidungen bebiftliches bannes
keyn closter zcu reformiren vnnßers ordens, vntochtigt zu machen vnd zcu
kassiren den selbigen artikel." Aus „des doctoris von Alben Dreßben an=
weisungen". Ernestinisches Gesammt-Archiv K. K., pag. 82. No. 33. 2 E.

Jurisdiction des Provincials unterworfen war. Dorthin flüch=
teten die Apostaten der Observanz oder die aus den unirten Con=
venten ihrer Unbotmäßigkeit wegen vertriebenen Conventualen und
ließen die eben eingeführte Observanz nicht aufkommen. Der
schon genannte Andreas Schwertfeger mußte im Jahre 1485
auf eine Anfrage Herzog Friedrichs über die dortigen Zustände
das Schlimmste berichten [1]). Die nicht reformirten Brüder aus
den reformirten Conventen hatten sich sogar an den Kleinodien
der Herzberger vergriffen. Es war alles in Verwirrung. Eine
Visitation, die der Herzog durch seinen Amtmann vornehmen
ließ [2]), stellte wol die äußere Ordnung wieder leidlich her, ließ
aber die Notwendigkeit einer eingehenden Reformation erst recht
erkennen. Fast vier Jahre später hören wir jedoch erst von ernst=
lichen Versuchen dazu. Friedrich der Weise hatte ausdrücklich einen
päpstlichen Befehl dazu ausgewirkt und forderte darauf hin den
Provincial von Sachsen, Heinrich Schale, auf, das Kloster,
das bisher notdürftig reformirt sei, auf päpstlichem Befehl von
neuem zu reformiren [3]). Mochte sich dieser nun dessen weigern
oder seine Art zu reformiren dem Herzog nicht genügen, kurz
derselbe wollte ohne weiteres dem Proles die Sache übertragen.
Dieser zögerte jedoch in Anbetracht der oben erwähnten päpstlichen
Verfügung, wonach den Vicariauern die Reformationstätigkeit unter=
sagt war, und wollte wenigstens das Generalcapitel, welches im
Herbste des Jahres 1489 zu Pavia gefeiert werden sollte, erst
vorübergehen lassen, weil er fürchtete, daß der Provincial, der auf
demselben zu erscheinen hatte, Anlaß nehmen werde, ihn daselbst
von neuem zu verklagen [4]). So begnügte man sich denn einst=

---

1) Donnerstag nach Laurentii (11. August) 1485. Ernestinisches Ge=
sammt=Archiv K. K. p. 82. No. 33. 2 C.

2) Sonnabend nach Laurentii (13. August). Ebendaselbst. Das Sigel des
Klosters zeigt ein Krucifix in einem Hirschgeweih, zu dem ein knieender aufschaut.

3) Donnerstag nach Francisci (8. October) 1489. Ebendaselbst. Heinrich
Schale (auch Scall genannt), war Provincial von Sachsen in den Jahren
1488—91 und 1494—97. Comp. ex reg., p. 466. Im Jahre 1502
wird er noch einmal erwähnt als zweiter Vicar des Generals auf dem
Provincialcapitel zu Nordhausen. Comp. ex reg., p. 467.

4) Auf einem Zettel im Ernestinischen Gesammt=Archiv K. K. p. 82
No. 33. 2 C findet sich darüber folgende Notiz von seiner Hand: „Ihē Zu

weilen damit, dem fürstlichen Geleitsmann in Herzberg die Aufrechterhaltung der Ordnung im Kloster zu übertragen. Als aber im
nächsten Frühjahr der Carbinallegat Raimund von Gurk an dem
Hofe zu Torgau erschien, verhandelte der Kurfürst mit ihm wegen
des Klosters und erhielt von ihm die Erlaubniß, nunmehr seinerseits die Reformation vornehmen zu lassen. Ein Brief an Proles vom Dienstag nach Oculi (17. April) benachrichtigte diesen
davon und forderte ihn auf, kurz nach Ostern deshalb nach Torgau zu kommen, um dann die Reformation „die da groß not
wer" einzuleiten. Schließlich wurde der schon mehrfach erwähnte
Johann von Paltz damit beauftragt. Derselbe verpflanzte
junge Observanten nach Herzberg und glaubte nach Jahresfrist den
Convent wieder verlassen zu können. Seine Bestellung zum Ablaßprediger gegen die Türken, wovon in einem späteren Abschnitt
noch mehr zu reden sein wird, rief ihn von dort fort. Aber
dessen ungeachtet ließ er den neu reformirten Convent nicht aus
den Augen. Die Baulichkeiten des Klosters, „dorinne", wie der
Herzog schreibt, „die Bruder vnordenlichs vnnd verdechtigs wesen
andern zu bosen beispile lannge zeitt gefurbt", waren „vas
pawfellig vnb an Gobtlichen zirden mangelhafftig". Er beschloß
deshalb seine Jubiläumspredigten auch dazu zu benutzen, in den
angrenzenden Gebieten „vmb hulffe vnd Steur zu wiberauffrich-
tung und enthalbung des Klosters zu Herzberg vmb gottes willen
zu bitten". Zugleich wollte er die Termineien des Convents visitiren, um, falls sich „vnordenliches wesen vnb der alben vnrefor-
mirte Bruder oder sunst andre verdechtige person funden würden,
die von dannen zu treiben. Vnd mit andern nach gebürender
ordnung der Reformacion dem gemelten Closter zu gute zu bestellen". Der Herzog empfahl deshalb in einem am Ostermontag
1491 zu Torgau erlassenen offenen Schreiben den würdigen
Doctor allen Fürsten, Prälaten 2c. zu geneigter Unterstützung [1])

Herezberg ist nutze vorezog, zum eersten, das der provincial nicht clagen moge
im general capittel vnb das wiber vns off weden das gehalben wirt zu
papie im herbiste. Item das die bruber beste freymntiger vnb ane furchte
leben vor vff der gleiezman achte habe. Item mogen die priores beu zu
nemen nicht ane schaben in bißer ezeit vbz iren clöstern gesein."

[1]) Ernestinisches Gesammt-Archiv K. K. p. 82. No. 33. 2 C.

und gebot zugleich allen Städten, in denen Herzberg Termineien hatte, es waren dies Torgau, Wittenberg, Jüterbock, Luckau, Cottbus, Kamenz, Guben und Bautzen, das verfallene Deputat ohne Vorzug an das Kloster zu liefern [1]). Aber kaum hatte Johann von Paltz das Kloster verlassen, als sich die Unzulänglichkeit der bisherigen Reformation offenbarte, weshalb Friedrich Invocavit 1492 (11. März) dem Rat und Geleitsmann von Herzberg die Forderungen an das Kloster einstweilen nicht abzuführen befahl. Der Versuch, dem Kloster und der Observanz dadurch aufzuhelfen, daß er ihm die städtische Pfarrei auf ewig incorporirte, hatte auch wenig Erfolg, da der Rat energisch protestirte [2]) und, als ihm nicht gewillfahrt wurde, wahrscheinlich die widerstrebenden Elemente im Convent unterstützte. Herzberg blieb zwar schließlich unter der Observanz, aber als Convent war es bis zu seiner Auflösung wegen mehrfacher Fälle von Unbotmäßigkeit anrüchig. Damals freilich wird, wie man mit Recht vermuten darf, das Verhalten des Provincials den äußeren Anlaß dazu gegeben haben. Neue Irrungen mit demselben, die Proles gefürchtet hatte, waren nicht ausgeblieben. Heinrich Schalc hatte jedenfalls gegen die Occupation des Convents Herzberg in Rom Klage geführt. Wie scheint, hatte Proles auch noch andere Convente der Provinz für sich in Anspruch genommen, und Vicar und Provincial befanden sich wieder einmal in offener Feindschaft. Der General mochte Gründe haben, den von den sächsischen Fürsten und dem Cardinal Raimund beschützten Vicar nicht ohne weiteres zu verurteilen, und beauftragte deshalb den Prior des Convents zu Köln, Magister Landulph damit, die Zwistigkeiten zwischen dem Provincial und Proles beizulegen [3]). Es gelang ihm nur auf kurze

---

[1]) Ebendaselbst, K. K. p. 82. No. 33. 2 C. Später (1505) beanspruchten, wenn auch ohne Erfolg, die Dresdner Augustiner die Terminei des Ordens in Bautzen. Cod. Dipl. Saxoniae Regiae V, 313.

[2]) Ebendaselbst, K. K. p. 82. Nr. 33. 2 X.

[3]) 20. Juni 1421: M. Landulphus prior Coloniae jubetur componere discordias inter Henricum seal provincialem Saxonie et Andream proles circa conventus Provinciae quos ipse aggregat Congregationi suae. Am 2. Juli schickt er ihm die Bulle Sixtus' IV. contra capientes monasteria. Comp. ex reg., p. 466.

Zeit [1]), und bald fand der neue Provincial Hermann Dreyer [2]) Veranlassung, von neuem über die Vergewaltigungen der Vicarianer zu klagen, welche die Provinz zerstückelten. Der General mußte endlich auf die vielfachen Beschwerden eingehen und bevollmächtigte in einem an das Capitel der sächsischen Provinz im Jahre 1494 gerichteten Schreiben die Väter desselben zu ernstlichen Maßnahmen gegen die Ruhestörer. Dem neu zu erwählenden Provincial wurde aufgegeben, gemeinsam mit seinem Vorgänger und dem vom General bestellten Capitels-Vicar [3]) unter Androhung von kirchlichen Strafen Proles vorzufordern und ihn sich darüber verantworten zu lassen, mit welchem Rechte er die Klöster der Provinz an sich gerissen habe, besonders diejenigen, welche er während des letzten Generalats seiner Congregation einverleibt hätte. Wenn es sich herausstellte, daß er dazu keine Ermächtigung gehabt habe, so solle ihn der Provincial zur Restituirung der betreffenden Convente zwingen oder, falls dies ohne großes Aergerniß nicht abginge, ihn genau von der Sachlage zu unterrichten [1]).

---

1) Ich schließe dies daraus, daß der General unter dem 3. Dezember desselben Jahres den Provincial sowol wie Proles gemeinsam um ihren Rat in einer Ordensangelegenheit angeht: Petiimus ab Andrea Proles vic. Saxon. informari an sibi et Provinciali Saxon. videatur quod Conversis suae congregationis concedi debeat habitus professionum seu clericorum. Comp. ex reg., p. 466.

2) Derselbe war schon 1486—88 Provincial gewesen und hatte sich gemeinsam Heinrich Schale 1487 auf der Universität Rostock die theologische Doctorwürde erworben. Comp. ex reg., p. 465. Er war später noch zweimal Provincial und wird als solcher erwähnt in den Jahren 1499 und 1503.

3) Zu Vicarien des Generals waren für das Provincialcapitel ernannt worden: 1) M. Henricus Scal (Schale) S. S. theol. prof.; 2) H. Henricus de disse; 3) Johann Fredeberg. Comp. ex reg., p. 466. Der an zweiter Stelle genannte Heinrich Schobehoet aus dem Dorfe Dissen in Sachsen wurde aber noch vor Zusammentritt des Capitels zum Bischof von Tricala (ehemals zum Erzbisthum Larissa gehörig) i. p. inf. und zum Suffragan des Bischofs von Münster und Osnabrück erhoben (Keller, Index Episcoporum ordinis Erem. S. Augustini Germanorum, Münnerst. 1876, p. 27). An seiner Stelle wurde vom General zum zweiten Vicar oder Präsidenten der Lector Joh. Brebrem ernannt. Comp. ex reg., p. 466.

4) Quod si non acceperit authoritate opportuna cogat vicarium ipse provincialis authoritate nostra ad restituendum ipsa loca provinciae aut

Der neu erwählte Provincial — es war der uns schon bekannte Heinrich Schale — wird gewiß das Möglichste getan haben, um den Befehlen des Generals nachzukommen, wir hören jedoch nichts von irgend welchen Erfolgen, und obwol die Conventualen fort-fuhren, den Vicar und seine Genossen zu verklagen [1]), trug Proles doch endlich den Sieg davon. Der General Anselm trat im Jahre 1496 zurück und Papst Alexander VI. bestimmte auf seinen Wunsch den wegen seiner Frömmigkeit und Strenge berühmten Pater Marianus von Genazzano zu seinem Vicar. Ein General-capitel, welches ein Jahr später auf den Tag des heiligen Augustin nach Rom ausgeschrieben wurde, sollte seinen Nachfolger wählen. Zahlreicher als sonst strömten die Brüder herbei. Marianus hatte an die einzelnen Provinciale noch besonders geschrieben und sie aufgefordert, mit ihren stimmberechtigten Untergebenen zu erschei-nen [2]). Nach den Mitteilungen des oldenburgischen Geschichts-schreibers Joh. Schipphower aus Meppen, der als Diffinitor der sächsischen Provinz daran teilnahm, waren denn auch nicht weniger als 350 Doctoren der Theologie zugegen [3]). Von dieser stattlichen Versammlung wurde Marianus einstimmig zum General-prior des Ordens gewählt. Mit ihm beginnen endlich für Proles die Tage des Friedens. Auch er hatte seine Vertreter zum Capitel nach Rom gesandt und zum ersten Male wurden sie da-selbst als vollberechtigt anerkannt [4]). Ein Schreiben des Generals

---

si id visum fuerit scandalosum scribat nobis cum plena informatione de singulis gestis. Comp. ex reg., p. 466.

[1]) Der Provincial hatte sogleich bei seinem Amtsantritt die jedenfalls ganz ungerechtfertigte Anklage gegen Proles erhoben, daß er auf eigene Faust Magister creire, weshalb der General an demselben Tage, an dem er Schale bestätigte, bei Proles anfrägt, qua authoritate creet Magistros. Ibid.

[2]) Comp. ex reg., p. 467.

[3]) Anno 1497 misus fui Diffinitoris loco ex parte Provinciae Saxo-niae ad Generale Capitulum Romae celebrandum. In praefato Capitulo promotus fui in Baccalaureum in praesentia 350 Magistrorum in theo-logia. In Chronicon Archicomitum Oldenburgensium bei Meibom II, p. 188. Dazu zu vgl. Comp. ex reg., p. 467: 1497 Joann. de Meppis fit Baccal.

[4]) In der Bulle Alexander VI. an den General Marianus vom 26. Januar 1498 wird unter den Congregationen, die bei der Wahl desselben

vom 20. Dezember desselben Jahres bestätigte die Wahl des Pro=
les zum Vicar der Congregation, nachdem er dem General Ge=
horsam versprochen, und sich dazu verpflichtet hatte, wie die
Provinciale die Capitelacten nach Rom zu schicken [1]). Auch der
folgende General, Gratianus, war Proles freundlich gesinnt.
Gemeinsam bestätigte er am 15. Januar 1499 [2]) ihn und den
sächsischen Provincial Hermann Dreyer in seiner Würde und
am 7. Mai 1500 ernannte derselbe General das erste Mal
auch für das Capitel der Congregation des Andreas Proles die
Vorsitzenden [3]). Der Ausdruck „Congregation" für die unter
Proles vereinten Observanten wurde jetzt die herrschende Bezeich=
nung, während er früher nur selten (seit 1491) erwähnt worden
war, und man sich lieber der Bezeichnung „Union" bediente.
Im übrigen schwanken die näheren Bestimmungen; außen stehende
nannte die Congregation meist die sächsische oder die des Andreas
Proles, die Vicarianer selbst nannten sie mit Vorliebe die
„Deutsche" und ihre Vicare bezeichneten sich als die Vicare „der
Convente der privilegirten Reformation in Deutschland" [4]). Und
in der Tat war die Congregation ja jetzt schon über einen großen
Teil von Deutschland verbreitet und als der Carbinal Raymund
1501 und 1502 sich wieder in den sächsischen Landen aufhielt,
wurde Proles in dem Besitz von Mindelheim und Herzberg
bestätigt, und ihm die Convente von Nordhausen und Wit=

---

zugegen gewesen sein, als erste illa Andree Proles in Germania aufgezählt.
Besler, Marc Magnum, p. 185 b.

[1]) Dies der Sinn der Bemerkung in Comp. ex reg.. p. 467: 1497.
20. Dezember. Confirmavimus vicarium Congreg. Canonice electum Andream Proles cum actis Capituli et promissione obedientiae.

[2]) 1499, 15. Januar: Confirmavimus in Provincialem Hermannum
Dreyger (Dreyer) dedimusque recipiendi facultatem fratres Congregationis
Andree Proles, Constituentes eum vicarium totius Congregationis. Comp.
ex reg., p. 467.

[3]) 1500, 7. Mai: Dedimus literas ad Congreg. Andreae Proles pro
Capitulo habendo in festo S. B. Augustini in Conventu Mulhajm (gemeint
ist Vallis mollaria) pro quo vic. institutus 1) M. Johannes Balij. 2) M.
foit. 3) M. Joannes Notin (Nathin) mandavimusque ut vicarium
mittant ad Capitulum generale. Comp. ex reg., p. 468.

[4]) Grimm a. a. O., S. 116.

tenberg zugesprochen [1]). Außerdem erhielt er die Jurisdiction über eine Reihe von Augustinerinnenklöstern und über ein Tertiarierhaus der Franciscaner [2]).

Aber auch schon über Deutschland im engeren Sinne waren die Observanten vorgedrungen, auch in den Niederlanden gab es am Anfang des 16. Jahrhunderts zwei Klöster, die sich zur sächsischen Congregation bekannten, das zu Haarlem und zu Enkhuizen am Zuidersee. Während letzteres schon älter war [3]), und gegen Ende des 15. Jahrhunderts nur der sächsischen Congregation unterworfen wurde, wurde der Convent zu Haarlem wie zwei andere darnach zu erwähnende unter wesentlicher Mitwirkung der Vicarianer gestiftet. Als im Jahre 1490 die Bürger von Haarlem den Plan faßten, einen Convent der Augustiner-Eremiten in ihrer Stadt zu errichten, dachte man zuerst daran, aus dem alten Kloster zu Dortrecht Brüder für den neuen Convent zu

---

[1]) Höhn, S. 143 f. Ueber das Kloster zu Wittenberg, das jedenfalls eine ganz junge Stiftung der sächsischen Fürsten war (siehe den undatirten Brief des Staupitz an den Kurfürsten im Anhang), fehlen leider jegliche Nachrichten. Chr. Scheurl bei Knaake in den Jahrbüchern des deutschen Reichs (Leipzig 1872) I, 110: „Herr Friedrich Herzog zu Sachsen ꝛc. hat Herrn Johansen von Staubitz, der heiligen schrift Doctorn, vnd der Augustiner Vicari general, Zu erpawung vnd vntherhaltung eins Augustinerclosters daselbst ein rittergut, Dobron genannt, nit weit von dannen gelegen, vbergeben, In dasselb new erpawen closter hat erst ernenter von Staupitz, Vicari, bi geschicktesten munich seiner provintz — erfordert ꝛc." Darnach könnte es scheinen, als sei das Kloster erst zugleich mit der Universität und mit dem Zwecke, deren Lehrer in sich aufzunehmen, gegründet worden. Dem widerspricht aber eine Notiz im Ernestinischen Gesammt-Archiv zu Weimar, wonach Herzog Friedrich schon 1488 an den Prior des Wittenberger Klosters die Aufforderung erließ, dasselbe zu reformiren. Auffallend bleibt es immer, daß noch 1491 das Herzberger Kloster zu Wittenberg ein Termirhaus hatte (Weimarer Archiv K. K. p. 82. No. 33. 2 G.), wofür sich sonst kein Analogon findet.

[2]) Es waren die Schwesternhäuser zu Aurach, Weil, Böblingen und Frankfurt, das Tertiarierhaus zu „Beßselach" (Bäsweiler?). Höhn, S. 144.

[3]) Das Stiftungsjahr ist ungewiß, wahrscheinlich Mitte des 15. Jahrhunderts. Römer, Geschiedkundig overzigt von de kloosters en Abdijen in de voormalige Grafschaften von Holland en Zeeland (Leiden 1854) I, 232 sq.

entbieten. Man kam jedoch bald davon ab, weil die Augustiner von
Dortrecht, wie man in Erfahrung gebracht, nicht sehr streng auf
ihre Regel achteten, und wandte sich in das „Land der Sachsen"
mit der Bitte um Bewohner für das neue Kloster. Im Jahre 1493
kamen auch eine Anzahl sächsischer Augustiner, sieben Priester
und zwei Laienbrüder, in Haarlem an und wurden auf das feierlichste von der Geistlichkeit und den angesehensten Bürgern in
ihr Kloster geleitet, wo es ihnen in kurzer Zeit gelang, zu Ansehen und kirchlicher Wirksamkeit zu gelangen ¹).

Ein zweites Kloster erwarb der Orden um dieselbe Zeit am
Rhein. In Mühlheim (Vallis mollaria), dem heutigen Thal-
Ehrenbreitstein, befand sich ein Kloster der Franziscanissen, die seit
kurzem die strengere Disciplin der regulirten Augustinerchor-
herren angenommen hatten. Da beschloß Erzbischof Johann von
Trier, Markgraf von Baden, statt der Nonnen Augustiner-Eremiten von der Observanz einzuführen. In seinem Erlaß vom
1. April 1487 gab er als Beweggrund die Sorge um die Nonnen an, die des nötigen Unterhalts entbehrten und durch die un-
bequeme Lage ihres Klosters den Blicken der Neugierde von den
beiden Burgen und den anstoßenden Hügeln her ausgesetzt seien ²).
Tatsächlich war aber die Niederlassung reich dotirt, und die Nonnen infolge dessen wenig geneigt, dem erzbischöflichen Befehle gemäß
Mühlheim mit allen seinen Besitzungen zu verlassen und sich in
das veröbete Kloster Schönstatt (Bellus locus) bei Vallenbar zu begeben. Aber der Erzbischof blieb allen Protesten gegenüber taub und setzte seinen Willen durch. „Zu Ermehrung des
Gottesdienstes" wurden „geistliche Väter von der privilegirten
Reformation des Vicariats S. Augustini Ordens Eremitarum"
in das Kloster berufen. Eine Urkunde vom Samstag nach
Oculi 1495 (28. März) setzt schon das Vorhandensein eines
Priors und mehrerer Väter voraus, doch gelang es denselben
erst nach und nach mit Hülfe des Johann von Palz, sich den
von den Nonnen noch immer in Anspruch genommenen Besitz
des Klosters zu sichern. Noch 1499 mußte der Erzbischof die

---

¹) Römer l. c., p. 628 sq.
²) Vgl. Chr. von Stramberg: „Ehrenbreitstein, Feste und Thal", in
Rheinischer Antiquarius, Mittelrhein II (1845), S. 43 f.

Einführung der Augustiner bestätigen. Mit einigem Stolz gedenkt er da der beiden hochberühmten Magister der Theologie, die er für sein Kloster gewonnen hatte [1]). Es waren dies der schon genannte Johann von Paltz, damals Visitator der reformirten Convente, und der Prior Johann Brüheim von Gotha [2]). An demselben Tage, von dem die Bestätigungsurkunde des Erzbischofs datirt, 7. März 1499, verpflichteten sich die Brüder mit Wissen und Willen des Andreas Proles täglich in der Klosterkirche ein Amt de gloriosissima dei genitrice von wenigstens sechs Herren zu halten und nach dem Tode ihres Wohltäters, des regierenden Erzbischofs, dessen Gedächtniß an den vier Quatembern mit Vigilien und Seelenmessen zu begehen, endlich alljährlich Dienstags nach Trinitatis ein feierliches Todtenamt mit Vigilien und Messen auszurichten für das Seelenheil der sämmtlichen trierischen Erzbischöfe, welche einst gewesen sind und in dem Herrn ruhen und welche in Zukunft sein werden [3]). Da das Kloster mit den ausgewähltesten Mönchen besetzt wurde, so nahm sein Convent bald eine hervorragende Stelle in der Congregation ein, und schon am 28. August 1500 fand ein Capitel des Ordens in seinen Mauern statt [4]).

Von geringerer Bedeutung war die Gründung eines neuen Augustinerklosters zu Sternberg in der Diöcese Schwerin, dessen Errichtung sich allerdings noch bis in die Zeit des Staupitz verzögerte, aber schon hier besprochen werden mag.

Es ist bekannt, welche hohe kirchliche Bedeutung das Städtchen Sternberg erlangte, seitdem im Jahre 1492 jüdischer Frevel an

---

[1]) Fratres heremitas divi Augustini vite regularis seu reformatae de Germania qui his nostris in partibus sunt rari inter quos sunt duo preclari in theologia magistri. (Staats-Archiv zu Coblenz.)

[2]) Er war im Sommersemester 1487 in Erfurt immatrikulirt worden: Fr. Johannes de bricheim de gota ciusdem ordinis (Aug.) et sacre theologie lector dedit unum novum bedellis I. Am 11. August 1488 wurde er in Tübingen inscribirt (Roth, Tübinger Matrikel, S. 507, Nr. 22) und erhielt daselbst am 29. April 1494 die theologische Doctorwürde (briefliche Mitteilung des Herrn Professor Roth in Tübingen).

[3]) Staatsarchiv zu Coblenz. Vgl. auch von Stramberg a. a. O. S. 48; daselbst auch über den Verfall des Klosters nach der Reformation.

[4]) Comp. ex reg., p. 468.

geheiligten Hostien seine Pfarrkirche mit dem heiligen Blute be= glückte, in dessen schauervoller Verehrung der ganze Aberglaube des Mittelalters sich gipfelte. Eine Kapelle zur besonderen Ver= ehrung dieses heiligen Blutes, die die Geistlichkeit alsbald erbaute, wurde das Ziel der Andacht für viele Tausende auch aus weiter Ferne, die sich von dem Mirakel überzeugen wollten oder Heilung für ihre Gebrechen suchten. Und die Zahl der Wunder wuchs wie immer mit der Zahl derer, die sie begehrten, und der Menge der Opfer, die dem Wunderorte zuflossen [1]).

Auch Herzog Magnus von Mecklenburg wünschte ein wohl= tätiges Opfer zur Verherrlichung des großen Wunders vom heiligen Blute zu bringen. An einer durch dasselbe besonders geheiligten Stelle erbaute er eine Kirche zum Leichnam Christi mit der Absicht, daneben ein Kloster für Augustiner=Eremiten zu errichten, „gothe dem allmechtigen, dem heiligen Sacrament, sanct Marien, sanct Augustin vnd allen heiligen zu ewigem lob und eren" [2]). Augustiner=Eremiten gab es im ganzen Lande nicht und kein andrer Orden schien geeigneter, den kirchlichen Dienst daselbst zu verrichten, als die Brüder von der regulirten Observanz des heiligen Augustin, die im Rufe „exemplarischen Lebenswandels und großer Gelehrsamkeit" standen [3]). Mit großem Eifer betrieb er die Angelegenheit in Rom, um die Erlaubniß zur Stiftung zu erhalten. Kurfürst Friedrich von Sachsen verwandte sich deshalb für ihn in verbindlichen Schreiben an den Papst und an das Kardinalscollegium [4]), und am 19. September 1500 erließ der

---

[1]) Ueber das heilige Blut zu Sternberg (siehe die ausführliche Abhand= lung von Lisch in den Jahrbb. des Vereins für mecklenburgische Geschichte, Jahrgang XII (1847), S. 207 ff.

[2]) So heißt es im Stiftungsbriefe bei Lisch a. a. O., S. 230.

[3]) In der Bestätigungsbulle Alexander VI. vom 19. September 1500 heißt es: Cum Magnus dux qui ad fratres ordinis fratrum heremitarum sancti Augustini regularis observantie sancti Augustini regularis obser- vantie propter eorum exemplarem vitam et doctrinam ac alios comprobatos mores gerit singularem denotionis affectum.

[4]) Lisch a. a. O., S. 227. Dies war notwendig, weil Bonifacius VIII. die Errichtung neuer Bettelklöster ohne besondere päpstliche Erlaubniß ver- boten hatte. Deshalb heißt es in der Bestätigungsbulle: non obstantibus felicis recordationis Bonifacii pape VIII. predecessoris nostri qua prohi-

Papst die Bestätigungsbulle, die der Bischof Johann von Ratze=
burg am 7. Juni 1501 veröffentlichte. Durch Herzog Johann
von Sachsen [1]), den Gemahl seiner Tochter Sophie, erbat sich
nun Herzog Magnus zur Einrichtung des Klosters von A n d r e a s
P r o l e s den gewandten Johannes Paltz, der sich der Sache auch
mit allem Eifer annahm. Aber der Bau ging nur sehr langsam
von statten, da Herzog Magnus schon am 20. November 1503
starb, noch ehe das Kloster dotirt war. Der Bischof von Schwe=
rin, der die kirchliche Blüte Sternbergs nicht gern sehen mochte,
beförderte die neue Niederlassung in keiner Weise. Unordnun=
gen, die bei den schlecht versorgten Mönchen vorkamen, taten
das Ihrige dazu, die Angelegenheit ins Stocken zu bringen, bis
es J o h a n n v o n S t a u p i t z, dem Nachfolger des Proles, im
Jahre 1505 durch die beiden Doctoren J o h a n n e s V o g t und
J o h a n n e s P a l t z gelang, die jungen Herzöge Balthasar und Hein=
rich dafür zu interessiren [2]) und im Jahre 1506 dem Kloster auf
ein Jahr zwei Dritteile der Opfer beim heiligen Blute zugesichert
wurden. Diese Einkünfte, sowie die Gelder, welche zwei Mönche
mit herzoglichen Empfehlungsschreiben in Dänemark zur „Auf=
nehmung" des Klosters sammelten, gewährten endlich die Mög=
lichkeit, den Bau fertig zu stellen, der sich jedoch bis ins Jahr
1507 hinzog. Wichtige Freiheiten, die die Herzöge verliehen und
reiche Schenkungen von Seiten der Gläubigen [3]) sicherten dem
Convent den Bestand. Es war der einzige im nördlichen Deutsch=
land, der zur Congregation gehörte [4]).

---

betur, ne quivis ordinum mendicantium professores noua loca ad in-
habitandum recipere vel recepta mutare presumant absque sedis apostolice licentia speciali. L i s c h a. a. O., S. 357.

[1]) Schreiben des Kurfürsten an Andreas Proles vom 14. Februar 1501.
(Archiv zu Weimar.)

[2]) Siehe den Brief des Paltz an Herzog Heinrich von Mecklenburg vom
3. Februar 1505 bei L i s c h, S. 262, und des Staupitz an Herzog Balthasar
und Heinrich vom 24. April 1505 (im Anhang).

[3]) L i s c h, S. 230 ff.

[4]) Als Prioren werden nur zwei genannt, Dietrich Kaltofen 1513—1514,
und Johann von Steenwyk 1524 (L i s c h, S. 232). Der erstere war von
Erfurt herübergekommen, wo er 1503 Prior und 1504—1506 als Schaffner
genannt wird. (Siehe das Erfurter Priorenverzeichniß im Anhang.)

Hatte so **Proles** wirklich große Erfolge innerhalb seiner Bestrebungen zu verzeichnen — die Errichtung der Universität Wittenberg mit ihren fast ausschließlich seinem Orden angehörigen Lehrern,
wovon später zu reden sein wird, war nicht der geringste —, so
konnte er sich auch außerhalb seiner Congregation des höchsten An-
sehns erfreuen. Wo man ihn nicht um seiner Strenge willen und
wegen der Rücksichtslosigkeit, mit der er seine Ziele verfolgte, fürchtete, liebte und verehrte man ihn und suchte bei ihm Rat, an dem
es dem menschen- und weltkundigen Manne niemals gebrach. So
manche Fehde hatte er im eignen Interesse ausgefochten, wo seine
Genossen zagten, wie sollte er nicht auch im Dienste Anderer dem
Rechte zum Siege verhelfen können, verstand doch, wie wir aus
seinen Briefen wissen, keiner so überzeugend seine Meinung geltend
zu machen, keiner so freundlich zu überreden wie er! Als der
Erzbischof Dietrich von Mainz 1480 mit den Erfurtern in hartem Streite lag, wählte er u. a. auch Proles zum Vermittler
zwischen ihm und den halsstarrigen Bürgern [1]). Glücklicher als
hier war er in einer anderen ähnlichen Angelegenheit in Magdeburg im Jahre 1497, wo es sich um einen Streit zwischen Erzbischof und Stadt der Gerichtsbarkeit wegen handelte. Es spricht
zur Genüge für das Ansehen, welches die Augustiner und ihr
Vicar in Magdeburg besaßen, daß in dem Vergleich, den Proles
in der besagten Angelegenheit mit andern Vertrauensmännern
zwischen den streitenden Parteien zu Stande brachte, unter andern
die Bestimmung enthalten ist, daß die Vorsteher der Hospitäler zu
St. Annen, St. Georg und St. Gertraud alljährlich, je nach dem
der Erzbischof darüber bestimmt, entweder vor dem Prior oder
vor dem Prediger des Augustinerklosters Rechnung legen sollen [2]).

---

[1]) Nicolaus von Siegen (Chronicon, p. 467) nennt ihn bei dieser Gelegenheit „honorabilem virum dominum vicarium Augustinensium, patrem
religiosissimum atque nominatissimum virum".

[2]) Vgl. § 17 des betreffenden Vertrages vom 21. Januar 1497 bei
Hoffmann, Magdeburg, S. 452. Es ist also nicht richtig, was Köstlin
I, 35 sagt, daß „wir keine Gewähr hätten, daß Proles gerade im Jahre
1497 in Magdeburg sich aufhielt". Allerdings ist damit noch nicht erwiesen,
daß Luther darum mit ihm zusammengekommen sei, wenn auch nicht ausgeschlossen ist, daß man dem Knaben den berühmten Mann gezeigt hat.

In welchem regen Verkehr er mit Herzog Wilhelm und
später mit Kurfürst Friedrich und seinem Bruder Johann stand,
ist mehrfach erwähnt worden. Nicht weniger vertraut war er
mit dem Bischof von Meißen, Johann VI., von Salhausen, einem
ernsten, kirchlich gesinnten Manne, der wie wenige Kirchenfürsten
seiner Zeit seines Amtes wartete [1]). Derselbe soll [2]) ihn mit der
von ihm angeordneten Ueberarbeitung eines Missale und eines
Breviariums [3]) für seine Diöcese beauftragt haben. Proles mochte
sich ihm dafür empfehlen, da er selbst im Jahre 1491 zu
Nürnberg ein Missale wahrscheinlich zum Gebrauch für seine
Augustiner hatte erscheinen lassen [4]). In den letzten Jahren seines
Lebens pflegte er sich auch im Meißenschen, am meisten wol in
Dresden, aufzuhalten, wenn ihn nicht die niemals aufhörenden
Visitationsreisen fern hielten. Aber auch wenn er daheim, war
er nicht untätig, sondern widmete sich mit Eifer dem Dienste
der Predigt. Seine Zeitgenossen wissen seine außerordentliche
Begabung dazu, seine glänzende Beredsamkeit und Ausdauer im
Predigen nicht genug zu rühmen. Er hat oft bis zu dreien Malen
am Tage gepredigt und das Volk ward nicht müde ihn zu hören.

An der Magdeburger Domschule hat Proles freilich ebenso wenig gelehrt
wie an der Leipziger Universität. (Gegen Köstlin a. a. O.)

[1]) J. L. Pasig, Johannes VI., Bischof von Meißen. Leipzig 1867.
Zu S. 10 f. bemerke ich aus der Erfurter Matrikel fol. 128 b (Sommersemester
1470): Dominus Joh. salhausen praepositus in Wurzen.

[2]) Sicher bezeugt scheint mir die vielfach wiedergegebene Nachricht durchaus nicht. Aus Tentzel, Historische Nachricht, S. 95, ist sie in die Ordensschriftsteller übergegangen. Vgl. Herrera, Alphabetum Augustinianum
Matriti (1643), p. 51. Ossinger, Bibliotheca Augustiniana etc. (Ingolst.
et Augusta 1776), p. 619. Bei Pasig, Johannes VI., S. 103 f. ohne
Begründung.

[3]) Das Missale erschien 1495, das Breviarium 1502 (Pasig, S. 104 ff.).
Auch für die von Johannes VI. im Jahre 1504 erlassenen Statuta syno-
dalia episcopatus Misnensis wird Proles in Anspruch genommen (bei Senff,
Kirchen-Reformation und Jubel-Geschichte rc. des Amts Stolpen [Budissin
1719], S. 48), was jedenfalls unrichtig ist, da Proles schon 1503 starb.

[4]) Panzer besaß ein Exemplar davon, welches sich als „iussu et au-
spicio reverendi Patris Andreæ Proles vicarii generalis per alemaniam
fratrum reformatorum Augustini“ gedruckt answies. Vgl. Panzer, Annalen I, S. 244, Nr. 490.

Auch Herzog Georg vernahm ihn gern. Siebenundzwanzig Jahre nach seinem Tode hat ein katholisch gebliebener Priester, Petrus Sylvius, mehrere Sammlungen seiner Predigten herausgegeben [1]), leider mit der Tendenz, Luthers Abfall von der reinen Lehre daran zu demonstriren und andrerseits doch auch zu zeigen, wie biblisch Proles gepredigt habe, so daß man Anstand nehmen muß, dieselben irgendwie als Quelle zu benutzen [2]). Besser beglaubigt sind zwei bisher unbeachtet gebliebene Predigten, die Paltz im Supplement seiner Coelifodina mitgeteilt hat. Es sind Predigten eines Mönches vor Mönchen gehalten. Die erste handelt „von dem Nutzen der Jungfräulichkeit" [3]). Dieselbe ist nach Proles anzuraten, weil sie ein siebenfaches Gut in sich schließt. Zuerst das der Freiheit. Ein Ehemann ist gebunden, ein fürchterliches Band (vinculum formidabile) fesselt ihn und entzieht ihm das Eigentumsrecht über sich selbst, über seinen Körper. Da die Freiheit ein köstliches

---

[1]) Seidemann hat ein Verzeichniß der Schriften des Petrus Sylvius mitgeteilt in Schnorr von Carolsfelds Archiv für Literaturgeschichte, Bd. V (1876), S. 6—32 und S. 287—310. Hierher gehören Nr. 22. 23, 25. In der Vorrede zu der editio secunda vom Jahre 1531 heißt es: „Denn in der warheit nach' gezeugnus aller gelerten vnd wol verständigen so seine Predigt gehört oder gelesen haben, wenn man aus allen Predigbüchern, ja aus aller Schrifft der heiligen menschen so bey den heyligen Evangelien ye geschrieben haben, das allernützlichst vnd heilsamst zusamen klaubet, so konde man doch zu vnderweisung vnd besserung eines rechten Christlichen lebens nichts nützlichers finden noch zusammenlesen." Wie hoch die Ordensgenossen seine Predigten schätzten, zeigt u. a., daß Bartholomäus Arnoldi von Usingen sich eine Sammlung derselben angelegt hatte, die um die Mitte des vorigen Jahrhunderts noch im Würzburger Kloster vorhanden war. Vgl. Höhn, S. 135: Scripsit is (Proles) Sermones doctrinales in omnia festa et Dominicas quorum Collectaneum a P. Bartholomaeo Usinger conscriptum habemus Herbipoli. Die jetzigen Würzburger Augustiner behaupten nichts mehr davon zu besitzen.

[2]) Der Herausgeber macht am Schluß der einen Predigt eine für sein Redactionsverfahren charakteristische Bemerkung: „Dieser Sermon ist aus drei Predigten Andree Prolis zusammengebracht und eine Lehre mit der anderen ohne Veränderung seiner Meinung gebessert."

[2]) Joh. de Paltz, Supplementum Coelifodinae, Bog. Nij ff. Am Schluß heißt es: Hec septem bona virginitatis elaboravit et praedicavit bone memorie reverendus pater noster vicarius lector Andreas Proles quae in memoriam eius et utilitatem aliorum hic volui inscrere.

natürliches Gut ist, so ist in einigen Gegenden die Gewohnheit entstanden, wenn man heiraten will, zu sagen, ich will einen Mann oder eine Frau kaufen. Daraus folgt, wie schwer der Ehebruch wiegt, weil er der Diebstahl der edelsten, köstlichsten und einer geheiligten Sache ist. Der Mensch sollte sich deshalb die Sache bei Zeiten überlegen, ehe er in ein solches Band willigt; aber Gott hat den Menschen den Affect gegeben, der sie nicht über= legen läßt, und zwar einesteils um die Vermehrung des Menschen= geschlechts zu befördern, zum andern um des Verdienstes der Jungfrauen willen, denn wenn die Ehe nicht eine gewisse Ergötzung mit sich brächte, was hätten dann die Jungfrauen für Verdienst [1])? Ein zweites Gut der Jungfräulichkeit findet Proles in der Ruhe von Sorgen, während die Verheirateten sich darum mühen müssen, einander zu gefallen, die Kinder zu ernähren, zu erziehen und zu versorgen u. s. w. Drittens hat die Jungfräulichkeit die Gewiß= heit, Gott zu gefallen, da er sie selbst angeraten hat und Christus die ihn Liebenden auch liebt. Mit der Liebe in der Ehe verhält es sich aber so, daß, wo sie fehlt, die Ehe zur Pein und ver= dammungswürdig wird, wo sie aber vorhanden ist, vielfache Sorge der Eheleute um einander, Furcht vor dem Tode des Gatten und Schmerz nach demselben die Folge ist. Als viertes Gut zählt Proles die geistliche Ergötzung auf, indem der, welcher Gott anhängt, ein Geist mit ihm wird. Je größer das Gut ist, mit dem man in Liebe verbunden ist, desto größer ist die Ergötzung. Gott aber ist das höchste Gut; daher gewährt, ihm in Liebe anzuhängen, die höchste Ergötzung. Das fünfte Gut ist das der Befreiung, denn von Christo werden die Jungfräulichen in jeder Not be= freit, weil er es ist, der die Jungfräulichkeit angeraten hat [2]).

---

[1]) Inde patet gravitas adulterii, quod est furtum rei nobilissime et preciosissime et consecrate. Patet secundo quod mature deberet homo deliberare, antequam in tali (sic) consentiret vinculum, sed Deus indidit affectum hominibus, qui non sinit deliberare. Et hoc Primo propter genus humanum multiplicandum. Secundo propter meritum virginum, nam si non esset quaedam delectatio in matrimonio, quid mererentur virgines.

[2]) Der (aus dem Deutschen übersetzte) Satz ist unklar: Quintum bonum est ereptionis. Eripiuntur enim a Christo in omni necessitate quia

Ein sechstes Gut findet Proles in der Fruchtbarkeit. Eine Jungfrau kann an einem Tage hundert oder tausend geist= liche Söhne hervorbringen, d. h. gute Werke, welche sie vom heiligen Geiste empfangen hat. Diese Söhne beschweren nicht die Mutter, noch betrüben sie, noch beflecken oder tödten sie dieselbe, sondern sie ernähren sie. Endlich ist das siebente Gut die Fülle der Belohnung. Das Wort von der hundertfältigen Frucht (Matth. 13) bezieht sich darauf. Die Belohnung richtet sich aber nicht nach der Arbeit, sondern nach dem Habitus. Die Ehe geht aus na= türlicher Neigung hervor, die Jungfräulichkeit aber aus göttlicher Inspiration. Dabei wird als Beispiel der Holzschläger angeführt, der mit seiner schweren Arbeit kaum 12 Denare am Tage ver= dient, während ein Schriftsteller „mit seiner leichten Kunst" ein oder zwei Gulden erwirbt. Der Gedanke ist also der, daß der Eheliche zwar oft aus den oben angegebenen Gründen viel mehr Mühe und Last hat, aber doch weniger Lohn zu erwarten hat, als der Jungfräuliche, der weniger Mühe hat, weil dessen Vir= ginität auf göttlichen Einfluß zurückzuführen ist.

Das Capitel von der Ehe hat Proles, wie wir von Palz hören, mündlich wie schriftlich besonders eingehend behandelt. Unser Gewährsmann giebt an, daß er niemand gefunden habe, der es ihm darin gleich getan habe, weshalb er das, was er in seiner ausführlichen Ehestandsregel mittheilt, zum großen Teile aus Proles entlehnt zu haben gesteht [1]. Es sind Regeln eines Mönches, der nur ein Auge hat für die sinnliche Seite der Ehe,

consuluit. Ideo secure habent confugere ad ipsum Mathei 19. Qui potest capere, capiat. In dem Zusammenhang mit Matth. 19, 12 ist ereptio vielleicht durch Verschneidung wiederzugeben.

[1] Von Bog. 1 aa an findet sich eine lange regula conjugatorum, worin bis ins kleinste Detail die Pflichten der Ehegatten auseinandergesetzt werden. Am Schluß folgende Bemerkung: Ista sufficiant de regula conjugatorum, quam pro parte majori ex ore et scriptis collegi istius religiosissimi viri nec non praedicatoris famosissimi, cui aetas nostra vix parem in alemania habuisse creditur, venerandi patris nostri magistri Andree proles sacre theologiae lectoris a multis reputati doctoris observantiae congregationis alemanie ordinis fratrum heremitarum sancti Augustini patriarchae et auctoris efficacissimi, cui etiam parem in materia conjugatorum scribentem repperi minime.

die ihm mit der Sünde doch beinahe identisch ist, die er aber trotzdem oft mit widerlicher Genauigkeit bespricht.

Noch einmal führt Paltz in dem angegebenen Werke den Proles mit einigen Bemerkungen ein, die hier nicht übergangen werden sollen. Paltz spricht da von der Geduld und der Standhaftigkeit als einer Pforte des Himmels. Auf die Frage, was man denn tun müsse, damit dieses köstliche Kraut, nämlich die Geduld, im Garten des Herzens wachse, läßt er Proles antworten: „Da mußt Du dreierlei tun. Erstens mußt Du auf Gott sehen, den du beleidigt hast und in ihm alle Creaturen, so daß sie mit Recht Dich verfolgen sollten, wie geschrieben steht (Weisheit 5, 21): Die Welt wird mit ihm zum Streit ausziehen wider die Unweisen. Aber erkenne die große Barmherzigkeit Gottes, der nur ein oder zwei Creaturen gegen Dich erregt hat, Dich zu verfolgen und nicht alle zumal. Zweitens mußt Du auf Deinen Nächsten sehen, welchen Du öfter betrübt hast, und bedenken, was im Evangelium geschrieben steht: mit welchem Maße ihr messet, wird man euch wieder messen. Wenn Du also irgend etwas von jemand erleidest, so bedenke, daß Du mit Recht leidest, weil Dir von andern so geschieht, wie Du ihnen getan hast; deshalb habe Geduld bei der Ausgleichung der Gerechtigkeit (rectitudine iusticie). Drittens mußt Du Dich selbst ansehen, wie Deine Werke beschaffen sind, und Du wirst sie finden wie die Gewänder einer Befleckten [1]), die der Waschung und Reinigung bedürfen; es ist also nötig, derartige Werke in gegenwärtigem Leben zu säubern und zu reinigen, damit sie nicht im andern Leben gereinigt werden müssen. Daraus schließe, daß Du in diesem Leben Geduld haben mußt. Es ist aber die Geduld im christlichen Glauben eine so große Tugend, daß wenn irgend ein Christ durch das ganze Leben hindurch in Sünden gelebt hätte, am Ende aber mit Geduld den Tod auf sich nähme, er durch solche Geduld bewirken könnte, daß ihm Gott Strafe und Schuld erließe, so daß er sofort aus dem Fegefeuer in den Himmel emporflöge [2])."

---

[1]) Invenias ea sicut pannos menstruate!

[2]) Est autem patientia in fide cristiana tanta virtus, vt si aliquis cristianus per totam vitam suam in peccato vixisset si circa finem pacienter

Außer diesen mitgeteilten Excerpten besitzen wir noch eine Predigt des Proles über die Kindertaufe, die er in Leipzig gehalten und die wie scheint zuerst 1500 in niedersächsischem Dialect erschienen ist [1]).

In einfacher, schlichter Weise, ohne alles gelehrte Beiwerk behandelt Proles hier für die Laien Wesen und Wert der Taufe und die daraus resultirenden Pflichten.

Es wäre „langsam zu erzählen, wie viele edle Gaben wir von dem allmächtigen Gott angenommen haben". Proles will darum hier nur davon sprechen „wie uns der gütige Herr in dem Sacrament der Taufe so reichlich begabet und begnadet, wie viel und welcher Nutzen, Frucht und Seligkeit einer Menschenseele aus der Taufe zukommt". Darauf zählt er denn die einzelnen Stücke auf, deren Erlangung er zum Teil durch die Vorgänge bei der Taufe Jesu vorgebildet findet. So hat sich damals der Himmel aufgetan, der heilige Geist ist in Gestalt einer Taube erschienen, die Stimme des Vaters hat sich vernehmen lassen: das ist mein lieber Sohn, an welchem ich Wohlgefallen habe, das alles um anzudeuten, daß durch die Taufe der Himmel geöffnet, anstatt des bösen Geistes in den Getauften „der Vater, der Sohn und der heilige Geist steiget", daß auch wir, wie Sanct Paulus spricht, erwählte Kinder seien durch die Gnade Gottes und Gott an dem Menschen, der „durch die Taufe wiederum rein worden ist von dem Makel der Erbsünde" einen Wohlgefallen hat, „sintemal Gott selber ist in dem Kinde, das dann viel schöner ist, als es in der ersten Schöpfung war".

---

mortem susciperet posset facere per talem patientiam quod sibi deus penam et culpam remitteret et ita quod statim euolaret. Pog. ii.

[1]) Panzer, Annalen I, 244. Nr. 490. Eine andere Ausgabe existirt vom Jahre 1511: „Ain innige ler Wye man sich || halten sol bey der tauff der kinder oder ain vn || verweissung vatter vnd mutter vnd gesatter || oder thoten geprebigt in der stat leyp || tzic durch den anbechtigen vñ erwirbigen vater An || dream proles vnd vicarium des hailigen ord || ens der ainsydeln sancti Augustini." Darunter ein Titelbild: die Dreieinigkeit, Gottvater den Leichnam Christi in den Armen haltend. Am Schluß: „Getruckt vnd volend in der kaiserlichen || stat Augspurg durch Johannem Sittich || in dem iar da man zalt M. cccc. vnd xi iar." 6 Bl. 4°. Davon ein Abdruck in Unschuldige Nachrichten 1713, S. 926 ff. und bei Pröhle, S. 55 ff.

Die Taufe kräftigt auch den geistlichen Sinn der Seele, gleichsam das „inwendige Gehör, also daß die Dinge von Gott und unserer Seligkeit uns mögen zu Herzen gehen". Deshalb legt der Priester Salz in die Ohren des Kindes und in den Mund, um die Eröffnung des inwendigen Sinnes zu bezeichnen. In derselben Weise erklärt er die Anwendung des Chrisams bei der Taufe: „Damit wird der oberen Kraft, das ist der Vernunft, Gewalt gegeben, zu herrschen über die niederen Kräfte des Leichnams und der auswendigen Sinne". So wird der Mensch, der da empfahet die Taufe, gebenedeiet und geweihet zu einem Tempel Gottes. Darum spricht Sanct Paulus: „Ihr seid der Tempel Gottes." Gleichwie der Bischof eine Kirche weihet, im Kreise umher das Kreuzeszeichen anstreicht, wie es in den Kirchen gemalet steht: also wird geistlicherweise der Seele des Menschen ein unauslöschlich Zeichen eingedrückt, das er ewig behält, im Himmel zu ewiger Ehre, und in der Hölle zu ewiger Pein und ewiger Schande vor allen andern Geschlechtern der Verdammten, daß er solche große Gaben und Ehren seines Schöpfers, ihm durch die Taufe verliehen, so gemißbraucht hat.

Diese reichen und mannigfaltigen Gaben verpflichten nun „unzweifelhaft auch zur Wiedervergeltung und unaussprechlicher Danksagung", davon handelt der zweite Teil der Predigt. Darin wendet sich Proles zuerst an die Eltern und giebt ihnen in seiner praktischen, geraden Weise Verhaltungsmaßregeln, damit den Kindern nicht vor der Geburt Schaden zugefügt werde und sie mutwillig der göttlichen Gnaden beraubt werden. Er ermahnt aber auch die Frauen, in der Zeit ihrer Hoffnung mehr als sonst Andacht zu haben, Gott zu lieben und zu fürchten, „auf daß, so aus verborgener Ursach und nach dem Gericht Gottes ihrer Frucht Schaden zukäme, sich Gott dann desto gnädiger über sie erbarme". Für diesen Fall tröstet er sie mit einem Ausspruch Gerson's, der sich auf dem Concil zu Kostnitz habe vernehmen lassen, daß „die Allmacht des barmherzigen Gottes nicht benötigt ist, allewege durch die Sacramente zu wirken, denn er mag auch im mütterlichen Leibe die Frucht heiligen, ehe sie geboren würde. Solches mögen die Mütter durch ihre Andacht und ihren Glauben verdienen."

Auch sollen die Eltern das Sacrament der Taufe andächtig begehren, damit „die Gabe, welche in der Taufe gegeben wird, desto überflüssiger komme in das Kind". Als Beispiel erwähnt Proles hier (nach Johann von Turrecremata) den heiligen Niclas, der es aus dem Verdienste seiner frommen Eltern empfangen, daß er bald nach seiner Geburt in einem Becken gestanden und darnach Mittwoch und Freitag gefastet hat (!!). Mit großer Dankbarkeit sollen die Eltern das getaufte Kind aufnehmen und es als ein Heiligtum behandeln; „denn auf diesem Erdboden sind keine größeren Heiligtümer, als sie, denn sie sind lebendig Geborne des heiligen Geistes, den sie in der Taufe wahrlich empfangen haben und der von ihnen noch nicht ausgetrieben ist durch die Sünde. Aber die Beine der Heiligen sind nachgelassene Körperteile, und der Tod hat vor Zeiten in ihnen gewohnt, und jetzt wohnt nicht der heilige Geist in ihnen." Endlich werden die Mütter ermahnt, ihre Kinder selbst zu säugen [1]) und sie nicht zu lange ungetauft, d. h. in des Teufels Gewalt, liegen zu lassen.

Dem Priester macht er es zur Pflicht, sich in Anbetracht der Gegenwart Christi in der Taufe vorher von allen Sünden zu reinigen. Dabei spricht er den bedenklichen Satz aus: Je andächtiger der Täufer ist, desto mehr Gnade wird dem Kinde gegeben. Auch hat es der Täufer um seiner selbst willen nötig, sich zuvor von Sünden zu reinigen. Mit allem Ernst werden auch die Pflichten der Gevattern erörtert. Da sie geloben, daß das zu taufende Kind ein Liebhaber Gottes werden solle, so haben sie zuerst darauf zu achten, von was für Leuten sie zu Gevattern gebeten werden. Geschieht das von solchen, die ein böses Leben

---

[1]) Für den gesunden, praktischen Sinn des Proles ist die Begründung charakteristisch: „Zum sechsten sollen zů vor auß die mueter yre kinder mit yren selbst brusten erneren so sy mit icht kundenn oder mugen Ein beispiel von der edlenn rvnd reichen fursten Sara die yren sun ysaac mit ihren selbst brusten gesaugt hat Auch vm des willen Wen got vnd die natur haben die brust barum beschaffen zu erneren die frucht vnd die kind lieben auch bester mer die mueter Wen das ist ain natürliche sach die milch ist blůtt in den brustenn von der hitz des hertzens gekocht Vnd also saugen die kinder in sich alle sitten vnd frumtait yrer mueter vnd das hertz davon yre mueter den vil seer lieben."

führen, so sollen sie erklären, die Gevatterschaft nur unter der
Bedingung annehmen zu wollen, daß jene sich bessern. Ferner
haben sie mit Andacht und reuigem Herzen an der Taufhandlung
teilzunehmen, ernstlich zu bitten, daß das Kind das Reich Gottes,
zu dem es in der Taufe gesalbt wird, erlangen möge, und es
allezeit in der Liebe Gottes zu unterweisen, besonders wenn die
Eltern gestorben oder säumig geworden sind. Endlich wendet sich
Proles noch einmal zu den Getauften und ermahnt sie, auf ihren
Tauftag zu achten und alljährlich desselben zu gedenken, um Gott
für die großen Gaben, die er ihnen an diesem Tage gegeben hat,
zu danken, sich stets daran zu erinnern, daß sie mit dem edlen,
teuren Blute Christi gewaschen seien und sich darum vor Sünden
zu hüten hätten. Schließlich soll der Getaufte seinen christlichen
Namen merken, der von Ewigkeit her versehen ist, und soll tun
nach dem Namen des Heiligen, den er hat, und also Gott bezahlen, auf daß er der Ehre des Heiligen, dessen Namen er hat,
ewiglich gebrauchen möge.

Die ganze Predigt, die wir hier ihrem hauptsächlichsten In-
halte nach mitgeteilt haben, gehört ohne Zweifel zu den besten
Producten der Predigtliteratur der vorlutherischen Zeit. Es ist
beachtenswert, wie der Verfasser allenthalben seine Aussprüche mit
Bibelworten zu begründen sucht, und Luther hat es an ihm gerühmt, daß er so viel von dem Worte Gottes hielt, und von
ihm nach dem Hörensagen den Ausspruch mitgeteilt: „Wenn das
Wort Gottes zu den Vätern kömmt, so gemahnet michs gleich,
als wenn einer Milch säuget durch einen Kohlsack, da die Milch
muß schwarz und verderbet werden"[1]. Daß aber hieraus noch
nicht auf eine evangelische Gesinnung in unserem Sinne zu schließen
ist[2], ergiebt zur Genüge ein Blick auf seine Vorstellung von der

---

[1] Tischreden LIV, § 10.

[2] Man glaube doch ja nicht, daß die Bibel den vorreformatorischen
Theologen durchweg ein unbekanntes Buch war. Männer wie Karlstadt sind
jedenfalls nur zu den Ausnahmen zu rechnen. Eine eingehendere Beschäftigung mit der heutzutage allzu verächtlich behandelten theologischen Literatur
der letzten Jahrzehnte des Mittelalters zeigt eine bei weitem größere Kenntniß
der Schrift, als man allgemein annimmt, wenn dieselbe auch vielfach mehr durch
Commentare über die Schrift als durch diese selbst erworben sein mag.

magischen Wirkung des Sacraments so wie jene oben aus Paltz mitgeteilten Auslassungen über die Verdienstlichkeit des jungfräu= lichen Lebens. Die Anschauung von Proles, als von einem Zeugen der (evangelischen) Wahrheit vor Luther, beruht auf dem Grund= irrtum, der schon oben zurückgewiesen wurde, daß Proles nur seiner freieren, dogmatischen Ansichten willen in den Bann getan worden sei, während doch, wie dargetan, seine Excommunication aus ganz anderen Gründen erfolgt war. Von hier aus suchte und fand man dann in seinen Aussprüchen evangelische Neigungen [1]). Daraus, daß Luther erzählt, Proles habe bei dem Anblick des Bildes des um seines Sieges über Hus willen mit der goldnen Rose geschmückten Dr. Zachariä gesagt: „O wehe, ich wollte nicht gern die Rosen mit den Ehren tragen", schloß man [2]), daß Proles Sympathien für den Ketzer gehabt habe, während jene Aeuße= rung wie manche andere von ihm, die sich in der Tradition er= halten hat, doch nur ein schönes Zeugniß ist von seiner uns auch

---

[1]) Von den Auslassungen des Matthias Flacius (Catalogus testium veritatis [Argentinae 1562], fol. 581) hierüber kann nach dem, was oben (S. 123) über die Zuverlässigkeit dieser Quelle gesagt werden mußte, füglich abgesehen werden.

[2]) So schon Luther selbst in dem Nachwort zu den von ihm herausge= gebenen Briefen des Hus (Erl. Ausg. LXVIII, 81). Dagegen erklärte sich mit Recht schon ein Zeitgenosse, Ochsenfart, in der Praefatio ad lectorem zu seinen Aliqua opuscula u. s. w. (Leipzig 1530 f., bei Valtin Schumann, 4⁰), Blatt Aiij: Nec minus falsum est quod religioso patri et Augustiniane familie olim in Chro pie defuncto Andree Proles Luther degener certe filius imponere nititur, ipsum quendam Joannem Zacharie veluti Joannem Hussen circumuenerit auersatum esse, veluti per hoc ipsi Hussen pater Proles accesserit. Absit autem hoc de viro isto suspicari, oppositum enim ex multis certissime constat. Supersunt etiam non pauci, qui Hussitas pocius auersatum eum sepe ex ipsomet audiuerunt, quos scilicet damnatos habuit hereticos eosque vel maxime detestatus, in comunio (cui et ego interfui) de Wilhelmo Parisiensi locutus cuius quidem scripta sicut et cancellarii Joannis Gerson, multum amplexabatur) si inquam in Boemia quando Hussitarum cepit heresis vir ille fuisset, credo sua sapiencia homines illos ne eam sequerentur omnimodo continuisset. (Auf der Leipziger Universitätsbibliothek. Mitteil. von Dr. Seidemann.) Die Neigung für Wilhelm von Paris und Gerson zeigt auch die Predigt von der Kindertaufe, in welcher die Beiden fast ausschließlich citirt werden.

sonst bekannten Offenherzigkeit und Redlichkeit, der jede Hinterlist, auch dem erklärtesten Gegner gegenüber, ein Greuel ist. Aus demselben Grunde war er auch, wie Luther — wahrscheinlich nach Erzählungen des Staupitz — erzählt, den sophistischen Disputationen abgeneigt. Er pflegte wol zu sagen: „daß ihn solche Disputationen gemahnen gleich als wenn Einer sitze, und wetze ein Beil, und er es immer wetzet und wetzet und hauet doch nimmermehr etwas damit" [1]). Ganz besondern Wert hat man gewöhnlich darauf gelegt, daß Proles (nach der Erzählung des Flacius) eine „kräftige und gewaltige Reformation" bringend gewünscht habe und der festen Hoffnung gelebt, daß Gott bald einen Helden erwecken werde, der sie mit Kraft und Entschlossenheit heraufführen werde, und es ist nicht unmöglich, daß Proles derartige Aeußerungen getan hat; aber was er für eine Reformation damit meinte, weiß der, der seine Lebensgeschichte verfolgt hat.

Fassen wir unser Urteil über Proles zusammen, so werden wir sagen dürfen, er war eine hervorragende Erscheinung nicht blos innerhalb seines Ordens, sondern in der deutschen Kirche seiner Zeit überhaupt. Ganz und gar erfüllt von der Idee des Bettelmönchtums, als der Nachfolge des armen Lebens Christi, mit einem großartigen Organisationstalente begabt, hat er dieselbe in der unerschrockensten Weise unter den schwierigsten Verhältnissen und unter großen Gefahren in seinem Orden zu verwirklichen gestrebt. Es war die Ehre der Kirche, Gottes und seiner Heiligen, die er in der Ehre seines Ordens suchte; aber der Lohn des Verdienstes war seine Hoffnung wie sein Trost im Kampfe mit den Widersachern. Er hat mit Recht seinen Zeitgenossen für einen frommen Mann gegolten, und mit Furcht und Zittern hat er seine Seligkeit geschafft, aber sein Christentum war nur ein Gesetzesdienst, keine freie Hingabe, — das Mönchtum mit seinem vorgeschriebenen, bis ins kleinste geregelten Dienst, ist ihm, wenn nicht der alleinige, so doch der sicherste Weg zur Seligkeit. Die Verderbtheit der Kirche und des Papsttums seiner Zeit ist ihm nicht entgangen, nicht in der verfälschten Lehre, in seinem Besitz sah der

---

[1]) Tischreden LIV, § 9.

Bettelmönch den Grund zu seinem drohenden Untergang [1]). Prak=
tische Frömmigkeit war das Ziel seiner Predigt, das Erbe, was
er seiner Congregation hinterließ, und die Predigt als das Mittel
zur Erweckung kirchlichen Lebens aufrecht erhalten zu haben in
einer Zeit, wo in den meisten Kirchen nur die gedämpften Laute
des Meßpriesters gehört wurden, nicht zum kleinsten Teil sein
Verdienst, macht, wie ein späterer Abschnitt zeigen wird, einen
großen Teil der kirchlichen Bedeutung der von ihm geschaffenen
Congregation aus.

Auch in seinem hohen Alter lebte Proles ganz und gar seiner
Schöpfung. Unermüdlich reiste er hin und her, um die einzelnen
Convente zu visitiren. Im Sommer 1499 finden wir ihn auf
einer solchen Reise in Baiern und Schwaben. Darauf kehrte
er auf den Wunsch des Herzogs Georg nach Dresden zurück [2]).
Am 29. August 1500 hielt er das Congregationscapitel in Mühl=
heim ab. Auf der Rückreise besuchte er den Convent zu Esch=
wege [3]). Dann begab er sich wol wieder nach Dresden oder
Leipzig, wo er mit dem Ordinarius der Juristenfacultät, Breiten=
bach [4]), und dem Humanisten Hermann Kayser, mit dem er viele
Briefe gewechselt, und andern Gelehrten, wie dem Juristen
Wilde und dem Mediciner Pistoris, dem bekannten Gegner Martin
Pollich's von Mellerstadt, in freundschaftlichem Verkehr stand; dort
wohnte er auch im Anfang des Jahres 1503 mit Johann von

---

[1]) So auch Flacius a. a. O. Solitus est etiam saepe dicere inter
praelegendum: Regnum Papae magnam minatur ruinam, quia nimis alte
et nimis cito crevit.

[2]) Brief des Proles an Hermann Kayser vom 23. October 1499.

[3]) Donnerstag nach Margareten (15. Juli) 1500. (Staatsarchiv zu
Marburg.) Es mag hier erwähnt werden, daß der Cardinal Raimund das
Jahr darauf, durch Bürgermeister und Rat von Memmingen um eine Re=
formation des dortigen Augustinerconvents angegangen, denselben sub obedientia in Christo Generalis vicarii Provinciae theutonicae giebt. (Stadtarchiv zu Memmingen, Schubl. 364). Memmingen hat jedoch in der Tat nie
der Congregation angehört.

[4]) Ein eifriger Verteidiger der unbefleckten Empfängniß. Siehe über ihn
[v. Gerber] Die Ordinarien der Juristenfacultät zu Leipzig (Leipzig 1869)
und Muther in der Deutschen allgemeinen Biographie.

Staupitz der Doctorpromotion des Wimpina⁵) bei, der sich nicht wenig dadurch geehrt fand. Bald darauf fühlte er, daß ihn seine Kräfte verließen, daß er nicht mehr im Stande war, sein schweres Amt zu verwalten. Früher als sonst rief er die Brüder zu dem fälligen Capitel und zwar nach Eschwege. Dort legte er am Sonntag Jubilate, den 7. Mai 1503, sein Amt nieder. Zu seinem Nachfolger erkoren die Väter auf seinen Wunsch den Doctor und Professor der Theologie an der neugegründeten Universität zu Wittenberg, Johann von Staupitz. Ein vier= undsiebzigjähriger Greis hoffte Proles nunmehr in Ruhe seine Tage beschließen zu können. Es waren ihm nicht mehr viele beschieden. Schon am dritten Pfingsttage desselben Jahres ver= schied er zu Culmbach. Im dortigen Augustinerkloster hat man ihn begraben.

─────

¹) Vgl. Eberhard im Allgemeinen Literarischen Anzeiger vom Jahre 1799, Nr. 11.

Drittes Capitel.

Die herrschenden religiösen und kirchlichen Anschauungen unter den deutschen Augustinern am Ausgang des fünfzehnten Jahrhunderts.

Man weiß, welche hohe Bedeutung die Bettelorden für die Universitäten des Mittelalters hatten: die Lehrstühle nicht blos der Theologie sondern auch des kanonischen Rechts waren meistenteils in ihren Händen. Die Kölner Universität wurde ganz von dem Predigerorden beherrscht. Nicht minder durfte man dies von der Löwener Hochschule sagen, und überall ließ sich das Bestreben der Dominikaner erkennen, die Leitung in die Hand zu nehmen. Freilich mit sehr verschiedenem Glück. Der erste Dekan der theologischen Facultät der neu eröffneten Universität zu Basel (1460) war ein Dominikaner, aber man stellte ihm Johann von Wesel an die Seite [1]), der allerdings bald nach Worms übersiedelte. Neuer Zuzug aus Köln schien die Herrschaft der Predigermönche seit 1469 zu sichern, aber auch nur kurze Zeit überwog ihr Einfluß. Seit dem Jahre 1475 wurde der Augustinerprior Heinrich Riedmüller, der 1469 daselbst seine theologische Laufbahn begonnen, als Professor in die Facultät aufgenommen [2]). Nach und nach wurden die Dominikaner gänzlich verdrängt. Tilman Limperger, der Provincial der rheinisch-schwäbischen Provinz des Augustinerordens, später Bischof von Tripolis und Suffragan von Basel, mag dafür von Einfluß gewesen sein.

---

[1]) Vischer, Universität Basel (Basel 1860), S. 205 f.
[2]) Ebendaselbst, S. 218. 220. Höhn, S. 108.

Mehrfach wirkte er als Compromotor [1]), so auch als der Augustiner Moritz Finninger von Pappenheim 1501 die theologische Doctorwürde erhielt. Das Jahr darauf war dieser, der indessen Professor geworden war, der einzige Doctor an der Facultät, im Jahre 1506 auch der einzige Professor [2]). Daß die Augustiner in Heidelberg seit dem Jahre 1476 an der Universität lehrten, ist schon früher erwähnt worden [3]). Auf beiden Universitäten konnten sie sich nicht rühmen, etwas Nennenswertes zu leisten. Auch dürften nur wenig Brüder daselbst studirt haben. Anders war es in Tübingen, wo, wie wir sahen, die Augustinereremiten sofort in engen Verband mit der Universität traten. Während andere Mönche daselbst sich nur in sehr geringer Anzahl finden, weist die Matrikel von 1477—1500 nicht weniger als einunddreißig Augustiner aus allen Gegenden Deutschlands auf. Eine wirklich hervorragende Rolle aber als Lehrer spielen sie doch nur auf der Universität Erfurt. Wir erinnern uns, daß in Erfurt ein studium generale des Ordens war. Von allen Seiten kamen die von den Obern zum Studium bestimmten Brüder hier zusammen; im Jahre 1488 zählte man im Erfurter Convent 70 Professi, ungerechnet die Zahl der Novizen. Schon bei Beginn der Universität hatten Männer wie Angelus Dobelin und Johannes Zachariä mit großem Erfolg daselbst gelehrt und den Ruf der Wissenschaftlichkeit des Ordens erhöht; man sorgte auch in der Folge dafür, daß nur hervorragende Leute, die auch geeignet wären, an der Universität zu lehren, am Studium unterrichteten, und obwol auch hier die Dominikaner in der Zahl der Promovirten die erste Stelle einnahmen [4]), so treten sie doch als Lehrer vollständig zurück, ja

---

[1]) Vischer, S. 221 ff. Höhn, S. 125 ff.

[2]) Vischer, S. 222. Als Prior von Basel wird er (bei Mülinen a. a. O., S. 5) in den Jahren 1513—1517 erwähnt, u. a. auch in einer schlimmen Angelegenheit: Mauritium priorem Basiliae ad nos citamus quia in visitatorem manus iniecit violantes. Comp. ex reg., p. 426.

[3]) Siehe oben S. 57.

[4]) Unter 116 von Anfang der Universität bis zum Jahre 1519 zu Doctoren der Theologie Promovirten finden sich siebenundzwanzig Dominikaner gegen siebzehn Augustiner und ebenso viel Minoriten, wobei in Betracht

man kann sagen, daß unter den Bettelmönchen, welche als Pro=
fessoren der Theologie in der zweiten Hälfte des fünfzehnten Jahr=
hunderts in Erfurt zu Ruf und Ansehen gelangen, allein die
Augustiner zu nennen sind. Und eben diese Erfurter Professoren
bildeten die jüngere Generation heran, die dann Tübingen und
endlich Wittenberg bevölkerten. Ihre Theologie ist als die
im Orden herrschende anzusehen. Betrachten wir sie etwas
genauer. An dem Studium zu Erfurt waren gewöhnlich zwei
Väter als Professoren der Theologie mit dem Unterricht der
Studirenden betraut [1]). Sie rangiren in den Urkunden hinter
dem Prior und vor dem Supprior. Ohne Zweifel sind nun
nicht alle, die im Augustinerkloster lehrten, zugleich Lehrer an der
Universität gewesen, doch läßt es sich von der Mehrzahl nach=
weisen. Da ist zuerst Heinrich Ludowici zu erwähnen, dem
wir in der Geschichte der Reformationsversuche schon mehrfach
begegnet sind. Am 7. October 1443 hatte er sich zu Erfurt die
theologische Doctorwürde erworben. Seitdem lehrte er am
Kloster und an der Universität. Schon 1471 war er Senior
der theologischen Facultät, aber bis zu seinem erst im Jahre 1488
erfolgten Tode hat er seine Tätigkeit fortgesetzt [2]). Zeugnisse
einer schriftstellerischen Tätigkeit habe ich nicht auffinden können;
doch ist erwähnenswert, daß er den scharfen Auslassungen des

zu ziehen ist, daß seit Gründung der Universität Wittenberg nur noch zwei
Augustiner — Usingen und Lange — daselbst promovirten.

[1]) Als solche finde ich urkundlich genannt 1444: Heinrich Ludovici
und Heinrich Coci (secundarius); 1480: Heinrich Ludovici und
Johann von Dorsten; 1488: Heinrich Ludovici und Johann
von Palcz; 1493: Johann Nathin und Johann von Lich; 1502:
Johann Nathin, der heiligen Schrift Bekenner; 1503: Nathin und Palcz,
der erstere allein 1504, dagegen 1505—1506: wieder beide; 1516: Nathin und
Bartholomäus Arnoldi von Usingen; 1521: Nathin, Usingen
und Johann Lange, alle drei der heiligen Schrift Professores; 1522:
Nathin und Usingen.

[2]) Siehe über ihn das Verzeichniß der Provinciale im Anhang. Motsch=
mann, 1. Samml., S. 31. Höhn, S. 112. Montag nach Trinitatis
(29. Mai) 1480 bekennt Ludowici, mit Wissen und Willen der Erfurter
Väter eine Reihe dem Convent zu Eschwege gehöriger Schriften von dem=
selben zu seinem Gebrauch entlehnt zu haben. (Archiv zu Magdeburg, Cop.
des Erfurter Augustinerklosters).

Karthäusers Jacob von Jüterbock, die dieser damals (um 1450) gegen die verschiedensten kirchlichen Mißbräuche laut werden ließ, sammt seinen Facultätsgenossen zustimmte [1]). Es kann dies bei einem Manne nicht Wunder nehmen, der mit Eifer eine Reformation der Klöster anstrebte. Einen „Geist der Opposition", eine „freie oder geradezu oppositionelle Richtung", die, wie man gemeint hat [2]), durch das Auftreten des Karthäusers und des freisinnigen Johann von Wesel hervorgerufen worden sei, wird man daraus nicht schließen dürfen. Wesel's theologische Lehrtätigkeit in Erfurt war nur vorübergehend, seine theologischen Schriften sind daselbst, wenn sie überhaupt noch in seine Erfurter Zeit fallen, wenig bekannt geworden. Ich finde sie in den Schriften der Augustiner nicht erwähnt und wie man in Erfurt, keineswegs oppositionell lehrte, wenn man sich auch gegen vielerlei Mißbräuche im Kirchentum nicht verschloß, zeigt am besten die Theologie des Johann von Dorsten, des jüngeren Collegen Ludowici's, der seit seiner Promotion (14. October 1465) fünfzehn Jahre lang als Professor der Theologie und der freien Künste [3]) der angesehenste Lehrer der Universität war, von dem ein Zeitgenosse sagt, daß Deutschland seit hundert Jahren keinen solchen Lehrer gehabt habe [4]).

Am bekanntesten ist Dorstens Widerspruch gegen das häufige

---

[1]) Ueber Jacob von Jüterbock Ullmann, Reformatoren vor der Reformation I, 194 ff. Drei weder von Tritheim noch von Walch erwähnte Tractate in Cod. Chart. D. 21 in der Marburger Bibliothek. Am Schluß des tractatus de abusionibus clericorum folgende Notiz: Iste tractatus est traditus per fratrem Jacobum ordinis Carthusiensis sacre theologie professorem eximium Et est confirmatus per facultatem theologiam studii Erfurtensis. Et erat subscriptus per dominos doctores Erffurtenses eiusdem facultatis scilicet per gotscalcum meschedem ffredericum schone Johannem Guderman et fratrem hinricum ludewici Sub anno domini 1449 erat collectus Erfurti.

[2]) Kampschulte, Erfurt I, 17. Siehe dagegen auch die richtigen Bemerkungen bei Köstlin I, 51.

[3]) Er nennt sich Johannes de Dorsten (Ort in Westphalen) Artium et Philosophiae Interpres Sacraeque Paginae Professor in alma Univers. Erfford. In der Erfurter Matrikel finde ich beim Sommersemester 1454 (f. 86) angegeben Joh. buri de dorsten — ob derselbe?

[4]) Nicolaus de Siegen ed. Wegele p. 177.

Wallfahrten zu dem heiligen Blute in Wilsnack. Er scheute sich nicht auszusprechen, „solch Laufen bedeute nichts Gutes, wäre ein Zeichen, daß das Volk an einer ansteckenden Krankheit darniederliege"[1]. Dergleichen Aeußerungen erregten wahrscheinlich Anstoß, vielleicht im Orden selbst, da die Augustinerkirche in Gotha in einer Monstranz eine Reliquie vom Blute Christi, die einst Landgraf Balthasar aus dem Morgenlande mitgebracht hatte, aufbewahrte und sich nicht wenig darauf zu Gute tat. Darauf hin wurde Dorsten kurz vor seinem Tode (1481) genötigt, sich darüber zu äußern, was denn überhaupt von dem heiligen Blute zu halten sei. In der kleinen Abhandlung, die er darüber schrieb[2], unterscheidet er drei Grade der Glaubensverbindlichkeit. Der erste bezieht sich auf die Artikel des Glaubens und die Wahrheit der Lehre beider Testamente; der zweite auf die Decretalen der Päpste und Generalconcilien, sowie auf die von der Kirche kanonisirten heiligen Lehrer; der dritte endlich bezieht sich auf die Legenden von einigen Heiligen, die Erzählungen gläubiger Männer mit allem, was dazu gehört, so weit es zur Ehre Gottes, der Erhöhung des Glaubens und Förderung der guten Sitten dienen soll. Im ersten Grade zu glauben ist nun nach Dorsten zum Heile notwendig, nicht in gleichem Maße im zweiten Grade, da sich zuweilen Widersprüche finden, weshalb nach dem heiligen Augustin auf die Art und Weise, sowie auf die Motive des Schreibenden oder Redenden Gewicht zu legen ist. Beim dritten Grade steht es frei, Glauben zu schenken oder nicht, da die Wahrheit der in Frage kommenden Erzählungen von der Glaubwürdigkeit der erzählenden Persönlichkeit abhängt. Es sind demnach die

---

[1] In einer nach dem Jahre 1470 geschriebenen, mir nicht zugänglichen Abhandlung: Confutatio de concursu ad Wilsnack. Schröckh, Kirchengeschichte XXXIII. 441. Kampschulte I, 17.

[2] Sie findet sich abgedruckt bei Paltz, Supplem. Coelifodinae, Bog. FFiij. Dazu die Bemerkung: Joh. de dorsten fratrum heremitarum s. Augustini in conventu erfordensi quanto fuit requisitus quid esset sentiendum de cruore miraculoso in conventu gotensi quem quondam in hostia transportavit lantgravius thuringie de partibus transmarinis. Istam autem determinationem fecit in penultimo anno vite sue 1480.

Verhältnisse und Menschen in verständiger Weise zu prüfen, nicht allzu leichtgläubig, aber auch nicht allzu skeptisch. Was nun die Reliquien des heiligen Blutes in Gotha anbeträfe, so sei deren Uebertragung dahin allerdings durch sichere Gewährsmänner, den Landgrafen Balthasar und seine Begleiter, verbürgt, denen einfach nicht zu glauben (simpliciter discredere) eine Unverschämtheit wäre. Da aber doch alles, was wir darüber überkommen, durch vieler Mund gegangen, so seien die Gläubigen nicht verpflichtet, allem, was sich im Laufe der Zeit daran geknüpft habe, Glauben zu schenken, und es empfehle sich für den Priester, die Geschichte von dem wunderbaren Blute möglichst kurz zu behandeln und auf der Kanzel lieber anderes Erbauliche, was zur Vervollkommnung und Besserung dient, vorzutragen. Dorsten giebt dazu selbst eine Anleitung. Der Priester soll zuerst einfach die Geschichte von der Uebertragung des heiligen Blutes nach Gotha erzählen und daran das Wissenswerteste über die Verehrung desselben anknüpfen. Als solches giebt er die wunderbarsten Sachen an: Einige Doctoren seien der Ansicht, daß Christus bei seiner Auferstehung nicht das ganze für uns vergossene Blut wieder an sich genommen habe, weil sein Körper nach der Erhöhung nicht so viel Blut mehr bedürfe als vorher, sondern daß er einiges zur Erinnerung an seine Passion und zum Trost der Gläubigen zurückgelassen habe, weshalb dem Blute keine latria sondern hyperdulia zukomme; zugleich finde sich die Ansicht, daß Christus jenes Blut vervielfältigt habe, so daß von ihm dasselbe gelten würde, was nach einiger Meinung von den über den ganzen Erdkreis vervielfältigten Partikeln des Kreuzes zu sagen ist. Wie es sich damit verhalte, glaubt Dorsten „der gewaltigen Kraft Gottes" überlassen zu müssen, ist aber der Meinung, wenn aus einer durchstochenen Hostie Blut hervorgehe, so habe man nicht zu glauben, daß dasselbe von dem darin enthaltenen Körper Christi herrühre, weil dieser darin weder berührbar noch verletzlich sei, sondern von Gott in wunderbarer Weise von neuem geschaffen werde. Im übrigen sei zu merken, daß man das Blut wie die Reliquien überhaupt entweder als etwas Wunderbares, durch die Kraft Gottes zur Bekräftigung der höchsten Wahrheit und zur Widerlegung der Irrenden, Tröstung der Gläubigen gewirkt ansehen und darnach wie heilige Dinge (also ohne Adoration) verehren müsse, oder als Erinnerungsmittel an das für uns vergossene Blut, wonach man ihm dieselbe adorative Verehrung zuteil werden lassen dürfe, wie etwa dem Erinnerungszeichen an den Tod Christi, dem Crucifix, im Hinblick auf den Gekreuzigten, der uns eines solchen wunderbaren Erinnerungsmittels gewürdigt hat. Für die Einfältigen, die dergleichen Unterscheidungen nicht zu machen verstehen, genügt es, wenn sie bei ihrer Verehrung und Anrufung die Intention haben, dieselbe so einzurichten, wie die Kirche es lehrt. Weihgeschenke in Wachs zu opfern, Krücken und dergleichen aufzuhängen, wie es an besonders begnadigten Orten Sitte ist, hält Dorsten nicht für unpassend, wenn dabei die Absicht vorhanden ist, Gott für die von ihm empfangenen Wohltaten zu ehren.

Spricht sich Dorsten hierin allerdings verhältnißmäßig freisinnig aus, indem er den Gläubigen das Recht zuschreibt, die Wunder- und Legendengeschichten auf ihre Glaubwürdigkeit zu prüfen, so vertritt er doch in andern Fragen durchaus die herrschende thomistische Anschauung, so u. a. in Bezug auf den Ablaß. Die Discussion über die Indulgenzen war seit Alexander von Hales eine ununterbrochene; neuerdings war sie durch die Jubelablässe von 1450 und 1475, vielleicht auch durch die starken Bedenken, die Jacob von Jüterbock und besonders Johann von Wesel dagegen erhoben hatten, mehr als je in Fluß gekommen. Auch Dorsten verfaßte einen kleinen Tractat darüber, wozu ihn die Zweifel eines gelehrten Freundes über die Wirklichkeit der Indulgenzen veranlaßte. Bei der Ueberlegung, wie er den Gegengründen des Freundes entgegentreten soll, sind ihm wol selbst einige Zweifel gekommen, aber ein Traumbild mit dem Befehl, alles was den Ablaß betrifft zu glauben, hat sie verscheucht. Der Traum selbst, meint Dorsten, könnte schon für den Gegner überzeugend sein; aber um nicht allzu abergläubig zu erscheinen, sucht er die Wahrheit der Ablaßlehre aus den einzelnen Vorgängen des Traums zu deuten. Sehen wir von diesen ab, so führt er als ersten und hauptsächlichsten Grund dafür, daß man der Ablaßlehre Glauben schenken müsse, die Tatsache an, daß sie von zwei Facultäten angenommen sei. In zweiter Linie müsse man den Verstand gefangen nehmen und sich damit begnügen, daß sie durch die Kirche, die nicht irren könne, und durch die Päpste, welchen die Schlüssel=gewalt gegeben, garantirt sei. Von diesem Standpunkt aus wird es ihm ein leichtes, die Indulgenzen im alten sowol wie im neuen Testament zu finden, und wenn er auch zugeben muß, daß der Text der Bibel nicht gerade sehr deutlich davon spricht, so tröstet er sich doch damit, daß dies auch bei andern Dingen, z. B. bei „gewissen Sacramenten" ebenso ist und zwar hier wie dort nach seiner Meinung aus demselben Grunde — „um des Verdienstes des Glaubens willen" [1]). So ist es also die Autorität, die für ihn allein bestimmend ist. In diesem Sinne entscheidet er auch andere Fragen in eigentümlicher Weise, z. B. die, ob es erlaubt sei, Heilige, welche noch nicht kanonisirt seien, anzurufen. Darauf antwortet er, es sei gestattet, im allgemeinen alle Heiligen anzurufen, darunter auch die noch nicht kanonisirten, da dies die Kirchen auch tun, z. B. an Allerheiligen; im besondern aber, d. h. einen einzelnen, nicht öffentlich und feierlich, „sondern privatim, für sich kann jemand sogar seine unschuldigen Kinder anrufen" [2]).

Diese Aeußerungen charakterisiren die Denkweise des Mannes, der eines so großen Rufes genoß, und zwar nicht nur als aka=demischer Lehrer, sondern auch als Prediger; Trithemius weiß ihn deshalb zu rühmen [3]). Dorsten pflegte des Predigtamts aber mehr aus Pflicht, als weil er sich dazu innerlich gedrungen fühlte. Seine Neigung ging mehr dahin, zu grübeln [4]) und in stiller Be=

---

1) Dieser Tractat bei Paltz im Supplementum Coelifodinae, Bog. Bij.

2) Specialiter autem non publice et solemniter sed in privato apud se potest quis etiam filios suos innocentes invocare. Paltz, Coelifodina, Part. IV.

3) Trithemius, De scriptoribus ed. Fabricius, p. 203.

4) Nicolaus de Siegen, p. 177sq. Trithemius l. c. So schrieb er z. B. über die damals von zwei bairischen Doctoren ventilirte Streit=frage, ob im Abendmahl alle drei Personen der Gottheit oder nur der Sohn anwesend sei, mehrere Considerationes, in denen er sich für die erste Behauptung entscheidet. Bei Paltz, Coelifodina, Bog. M. Einige von seinen Schriften bei Höhn, S. 108. Gedruckt scheint nur eine zu sein ein bei Gelegenheit einer Mainzer Synode 1471 von ihm erbetenes Gut=achten über eine Art von Simonie: Tractatus sive collatio synodalis de statutis ecclessiarum (Erf. 1489, 4⁰). Motschmann, S. 37.

ſchaulichkeit Gott zu dienen. Er konnte deshalb die Benedictiner glücklich preiſen, weil dieſe nicht predigten, und die Hoffnung aus=ſprechen, daß über kurz oder lang alle Bettelorden aufhören und nur „allein der alte, wahre und urſprüngliche Orden der Bene=dictiner ſich kräftig erheben und beſtehen werde, denn es iſt Sache der Mönche, zu weinen, zu ſchweigen und in heilſamem Stilleſein zu warten".

Eine weſentlich andere Natur als Johann von Dorſten, aber doch ſo ſehr ſein Schüler, daß er ſein Hauptwerk als von ihm „adoptirt" bezeichnen konnte [1]), war Johannes von Paltz, der wie kein anderer als Lehrer wie Prediger für die religiöſe Anſchauung im Orden von Bedeutung geweſen iſt. Obwol wir ihm ſchon früher häufig begegnet ſind, wird es ſich empfehlen, zuerſt ſeinen Lebensgang im Zuſammenhang zu betrachten, ehe wir uns zur Beſprechung ſeiner Schriften wenden.

Johann Zenſer von Paltz [2]), oder wie er ſich ſtets nennt, Johann von Paltz, ſtammt nach den einen aus Schwaben, nach andern aus dem Städtchen Paltz oder Palenz im Erzſtift Trier. In Erfurt, wo er ſeine Studienzeit verbracht, erlangte er 1483

---

[1]) In der Vorrede zu ſeiner Coelifodina ſagt er: Maiorum meorum praecipue inſtitutoris mei et recolende memorie Reverendi patris Magiſtri Johannis de Dorſten noſtri sacri ordinis fratrum heremitarum ſancti Auguſtini Sacre theologie Alme vniverſitatis et Conuentus Erffordienſis dicti ordinis profeſſoris labores adhuc diſperſos Intrando veſtigia ſequendo. Secum pariter ſecundum gratiam mihi collatam incedendo de ſingulis In latino latinis quam in vulgari factum et tractando opus adoptatum perficiam vt ſic domino noſtro Jeſu Chriſto iungente ſe medio In ore duorum vel trium ſtet omne verbum.

[2]) In den Angaben über ihn herrſcht große Verwirrung, da man — ich vermute zuerſt Joa. Joh. Mader, Centuria Scriptorum inſignium (Helmſt. 1660, 4⁰), Bog. II, — unſern Paltz mit einem gleichen Namens, der Propſt bei den regulirten Chorherrn zum Neuen Werk bei Halle, doct. deer. und Halliſcher Archidiaconus war, identificirt hat. Dieſelben haben aber außer dem Namen nichts mit einander gemein und ſind ſtreng auseinander zu halten, was allein ſchon aus dem bisher überſehenen Umſtande erhellt, daß der Auguſtinereremit nach Beßler's authentiſchem Bericht (F. S. 1732. S. 363) am 13. März 1511 geſtorben iſt, während der Kanonicus noch in der Reformationsgeſchichte eine Rolle ſpielt. Vgl. Seidemann, Erläute-rungen zur Reformationsgeſchichte, S. 3. Mon. Pirn. ap. Mencken II, 1519.

die Würde eines Doctors der Theologie [1]). Nicht lange darauf
lehrte er selbst im Erfurter Kloster, ob auch zugleich an der
Universität, läßt sich nicht nachweisen. Daß er aber bei den Be=
hörden derselben in hohem Ansehen stand, kann man daraus er=
sehen, daß mehrere seiner Ordensbrüder um seinetwillen gratis
inscribirt wurden [2]). Das Amt eines Professors der Theologie
in Erfurt hat er gegen zwanzig Jahre verwaltet, freilich mit
großen Unterbrechungen. Schon 1475 hat ihn Proles, der in
ihm bezüglich der klösterlichen Strenge einen Gesinnungsgenossen
fand, wie früher erwähnt, als Prior in Neustadt angestellt, um
dort die Observanz durchzuführen; in gleicher Tätigkeit fanden
wir ihn 1491 in Herzberg. Im Jahre 1499 führte ihn das
Amt eines Visitators der reformirten Klöster u. a. nach Mühl=
heim; auch seiner Tätigkeit für Errichtung und Gedeihen des
Klosters in Sternberg ist schon gedacht worden. Im Jahre
1507 wurde er von Erfurt nach Mühlheim versetzt, wo er am
13. März 1511 sein tätiges Leben beendete. Wichtiger als seine
Bemühungen um die Klosterreformation und von nachhaltigerer
Bedeutung ist ohne Zweifel seine Wirksamkeit im praktischen
Kirchendienst gewesen, speziell im Dienst der römischen Kirche und
ihres Legaten, des Bischofs Raimund von Gurk, der im Jahre
1490 nach Deutschland kam, um Fürsten und Völker zum Kampf
gegen die Türken zu entflammen. Das Geld dazu sollte durch
einen sogenannten Jubiläumsablaß zusammengebracht werden, der
sich dadurch von dem gewöhnlichen unterscheidet, daß er wenigstens
nach der weiter unten zu erörternden Erklärung des Paltz sich nicht
nur auf die Strafe, sondern auch auf die Schuld bezieht.

Da es früher bisweilen vorgekommen, daß dem Ablaß durch
wenig geeignete Männer, die mit der Verteilung beauftragt waren,

---

[1]) Motschmann, I. Fortf., S. 25.

[2]) Erfurter Matrikel, S.-Sem. 1487: fr. hertwicus Themen de gosz-
laria eiusdem ordinis et magister heidelbergensis gratis ob reuerenciam
doctoris palcz dedit unum novum bedellis. (Derselbe 1488 in Tübingen;
[Roth] Urkunden, S. 519.) S.-Sem. 1488: fr. fridericus sleiger ordinis
augustinensium gratis ob reuerenciam doctoris palcz.

[3]) Noch 1506 wird er als solcher in Erfurter Urkunden erwähnt, 1507
dagegen als Prior in Mühlheim. (Staatsarchiv zu Koblenz.)

Abbruch geschehen und „infolge dessen wenig Seelen gerettet wurden", wählte der Legat, wie Palz uns erzählt, auf jeder Universität, auf jedem Collegium, in jedem Orden die Gelehrtesten, die er auffinden konnte, dazu aus[1]). Man weiß aus der Darstellung des Mykonius[2]), die in alle Reformationsgeschichten übergegangen ist, mit welcher Feierlichkeit in den einzelnen Orten die Verkündigung des Ablasses eingeleitet wurde, wie man dem Ablaßprediger unter Glockengeläute mit Fahnen und Kerzen entgegenzog, dieser ein rothes Kreuz aufrichtete u. s. w.; weniger bekannt dürfte sein, daß dieser ganze Apparat, besonders die Aufrichtung des Kreuzes, eine Erfindung des Raimund von Gurk ist, um die Feierlichkeit zu erhöhen und so schon durch das äußere Gepränge die Gläubigen anzulocken. Unser Gewährsmann Joh. von Palz ist freilich der Ansicht, diese treffliche Einrichtung sei von dem Legaten nur erneuert worden, nachdem sie von Tausenden von päpstlichen Legaten zum Schaden des Ablasses außer Acht gelassen; in der Tat sei sie schon von den Propheten prophezeit und von den Aposteln geübt worden, wofür er sich auf die Legenden von den Aposteln beruft. Ihm selbst wurde die Ehre zuteil, sie in Thüringen, Meißen und in der Mark einzuführen, für welche Gegenden er zum Ablaßprediger ernannt wurde[3]). Von seinem Eifer für die Sache darf man auf seine Leistungen schließen. Mit Stolz nennt er sich „Commissarius der römischen Gnaden"[4]). Von Torgau aus, wo er am Hofe des Kurfürsten Friedrich seinen Sitz aufschlug, zog er durchs Land, auch über Meißen hinaus nach Böhmen, wohin ihn einige edle Herren und Bürger kommen ließen, um die verhaßten Ketzer zu bekehren. Verschiedene böhmische Städte, wie Brux, Caban u. a. m., rühmt er sich „mit seinen Predigten erfüllt, ja drei edle Herren zum wahren Glauben zu rückgeführt zu haben".

Mit großem Beifall predigte er auch in Torgau vor dem

---

[1]) Paltz, Coelifodina am Schluß.

[2]) Tentzel, Historischer Bericht I, S. 107.

[3]) Paltz giebt in dem Supplem. Coelifodinae, Bog. F (auch Kappen's Kleine Nachlese IV, 455) ein Ablaßceremoniel, wie es für die spätere Zeit maßgebend geworden ist.

[4]) Am Anfang seiner „himmlischen Fundgrube".

Kurfürsten Friedrich und seinem Bruder Johann, die ihn auf=
forderten, einige seiner Predigten in den Druck zu geben. Hier=
durch entstand seine „Himmlische Fundgrube", ein Büchlein, das das
erste Mal im Jahre 1490 erschien. „Dies Büchlein wird ge=
nannt die himmlische Fundgrube, darum das man himmlisch
Erz darin mag finden oder graben, das ist die Gnade Gottes.
Es mag auch geheißen werden ein Spiegel der Liebhaber dieser
Welt. Denn zu gleicher Weise als der Mensch seine leibliche
Gestalt in einem natürlichen Spiegel ersehen kann, also mag ein
jeder Sünder und Nachfolger dieser Welt seine Ungestalt und
seinen Irrtum in dem Spiegel seiner Vernunft aus dieser nach=
folgenden Lehre lauter und klärlich erkennen". Das Schriftchen
enthält vier Predigten: „von dem Leiden Christi, von den bösen
Gedanken, von dem Tode, wie man sterben soll, und von der
heiligen Oelung in Todesnöten". Welcher Mensch, so sagt der
Verfasser in dem ersten Sermon von dem Leiden Christi in
welchem er häufig „den heilig süß lerer sand Bernhart über
das buch die lobesang", aber auch Albertus Magnus citirt,
welcher Mensch alle Tage oben hin, wie man Erbsen oder
Bohnen liest, überläuft und bedenkt das Leiden Christi, der er=
langt damit mehr Nutzen, denn daß er alle Freitag das ganze
Jahr fastet oder sich geißelt. Denn das Leiden Christi ist eine
Fundgrube und hat viele Stollen, durch die man eingehen mag.
Da sind erstens die heiligen fünf Wunden, die man betrachten
soll. Dazu nehme man ein Crucifix, aber eines das gut gemacht
ist, und schaue es an, um es in das Herz einzubilden. „Bei
dem Betrachten der Hände sollst Du sprechen: Ach lieber Herr
Jesu, ich danke Dir der linken Hand, die Du hast lassen durch=
graben. Ich opfre Dir all meine bösen Werke darein und bitte
Dich, vergieb mir die und bet ein Vaterunser in die lieb. Dar=
nach dank ich Dir der rechten Hand, die Du hast lassen durch=
graben. Ich opfre Dir all meine guten Werke darein und dank
Dir der und bitte Dich, hilf mir gute Werke vollbringen. Und
bete ein Vater unser." Ebenso bei den Füßen, der Seite rc.
    Ein zweiter Stollen sind die fünf Schläge. „Von den fünf
Schlägen steht in der Auslegung der heiligen Messe geschrieben,
daß der Priester nach der Aufhebung des heiligen Sacraments

fünf Kreuze macht, was die fünf Schläge bedeutet, die der Herr empfangen hat am Galgen des heiligen Kreuzes".

Der dritte Stollen, durch den man eingehen mag in die Fundgrube des Leidens Christi, sind seine sieben Worte am Kreuz, bei deren Betrachtung Paltz das Leiden des Herrn in der widerlichsten Weise ausmalt, die der quantitativen Anschauungsweise von der Versöhnung, wie sie bei den Thomisten üblich und so großen Eindruck bei dem Volke machte, entspricht. Nach dem Worte an die Mutter, in dem sich die Worte des Herrn gipfeln, ist das Salve regina zu beten, das Paltz in folgendes Deutsch übersetzt: „Gegrüßt seist du Königin der Barmherzigkeit, das Leben, die Süßigkeit und unsere Hoffnung, sei gegrüßt. Zu Dir schreien wir elende Kinder Evas. Zu Dir seufzen wir klagend und jammernd in diesem Tal der Zähren. Eia, darum unsere Fürsprecherin kehre deine barmherzigen Augen zu uns und Jesum, die gesegnete Frucht deines Leibes, zeig uns nach diesem Elend, o milde, o süße Jungfrau!"

Noch mehr als hier tritt bei der Besprechung des vierten Stollens die heilige Jungfrau in den Vordergrund. Derselbe behandelt das sogenannte kleine Evangelium, d. h. die Worte Jesu zu Maria und Johannes (Joh. 19, 25—27). Schon die Bezeichnung „kleines Evangelium" zeigt uns, welche hohe Bedeutung man demselben beimaß. Es gilt als „die Perle der Passion", und die festliche Zeit zwischen Ostern und Pfingsten glaubte die mittelalterliche Kirche nicht besser in ihrem Cultus auszuzeichnen, als daß sie das kleine Evangelium bei der Messe verlesen ließ. Und über keine Schriftstelle ist wol mehr gepredigt worden, keine hat, wenn ich nicht irre, seit Bonaventura tausende von frommen Christen zur glühendsten Andacht, wenn auch oft in der sinnlichsten Form angefacht, als eben diese. Auch der nüchterne Paltz wird dadurch zu einer seiner wärmsten Apostrophen an die Mutter Gottes hingerissen, deren Standhaftigkeit er mit den beredtesten Worten preist. Denn das ist ja eben das Großartige an der Mater dolorosa, daß sie mit dem Herrn gelitten hat, ja sogar bis zu einem gewissen Grade an seiner Statt; „denn", sagt Paltz an einer Stelle, wo er diesen Gedanken weiter ausführt, „es ist bekannt, daß die Lanze Christo keinen Schmerz mehr verurſacht hat, weil die Seele ſchon aus dem Körper gewichen; aber weil die Seele der Mutter im Körper des Sohnes war (!), hat allein die Mutter den Schmerz dieſer Wunde erfahren. Denn die Seele der Jungfrau Maria war mehr im Körper des Sohnes als in ihrem eigenen, weil nach Hugo von St. Victor die Seele mehr da iſt, wo ſie liebt, als wo ſie atmet."[1] Wie der Herr uns vorher Macht gegeben hat zu werden Kinder Gottes des Vaters, ſo giebt er uns auch an dem Kreuze Macht zu werden Kinder ſeiner lieben Mutter. Johannes ward der erſtgeborne, geiſtliche Sohn der Mutter Gottes und alle Chriſtenmenſchen ſind ihre geiſtlichen Kinder: „Habe ſie lieb und ehre ſie an allen Enden als gegenwärtig und harre nit länger, ſondern auf dieſe Stunde nimm ſie in die dein, auf daß ſie Dich auf das letzte nehme in ihren Glorien." Schließlich wird ſie als die geiſtliche Mutter mit der chriſtlichen Kirche identificirt und zu der am Kreuze ſtehenden Gebete empfohlen, die ſtets mit dem Recordare[2] ſchließen ſollen.

Der zweite Sermon „von den boſen vnnutzen Gedanken der Miſſebittungen, die offt eynem einfallen, wider das heylig Sacrament, wider die hochgelobten Mutter Gottes, Oder wider die liebenn Heyligen wie mann ſich dar yn halten ßol", der ſehr volkstümlich gehalten iſt, enthält wenig eigene Gedanken, aus denen man die Anſchauungen des Paltz kennen lernen könnte[3]. Wichtiger iſt der dritte Sermon, der zwar auch ein beliebtes Thema, aber doch in eigner Weiſe behandelt, „von der Wohlgebrauchung des Todes, damit ein Menſch mag erwerben Vergebung von Pein und Schuld."

Chriſtus hat drei Wege zum Himmelreich gelehrt. Der erſte

---

[1] Quia anima secundum Hugonem de sancto Victore ibi plus est ubi amat quam ubi animat. Dies einer der vielen Beweiſe für das martirium compassionis Marie bei Paltz, Coelifodina, Bog. Fiij f.

[2] „Gedenke, Jungfrau Mutter, wann du ſtehſt in dem Angeſicht Gottes, daß du wolleſt reden für uns das Beſte und abkehren ſeinen Zorn von uns."

[3] Erwähnenswert wäre der in der Coelifodina weiter ausgeführte Satz, daß die blasphemiſchen Gedanken gegen Gott, die heilige Jungfrau und die übrigen Heiligen keine Sünde, ſondern vielmehr ein Verdienſt ſind, wenn man ſie geduldig erträgt, da ſie vom Teufel gerade den Frommen geſchickt werden. Das hauptſächlichſte Gegenmittel iſt das Gebet zu Maria.

Weg ist der der Gewalttuung; den Weg haben alle Heiligen ge=
wandelt und wandern noch die Menschen, die da Gott dienen in
den reformirten Klöstern und auch etliche in der Welt. Der
zweite Weg ist der des inständigen Gebets, der dritte der des
Almosengebens. Diese drei Wege hat Christus geprebigt, da er
auf Erden wandelte; da er aber an das Kreuz kam, weiset er
uns noch einen „heimlichen, süßen Pfad zu dem ewigen Leben zu
kommen", das ist die Wohlgebrauchung des Todes, welchen er uns
lehrte in dem Schächer zur Rechten, der durch Wohlbrauchung
seines Todes Vergebung der Pein und Schuld allen Sündern zu
einem Trost erwarb, ob sie wol die drei Wege nicht gewandert hätten
bis an ihr Ende, daß sie doch den vierten Weg nicht versäumten.

Diese Lehre, die auf Thomas und Wilhelm von Paris zurück=
zuführen ist, wird dann dahin entwickelt, daß man, je williger
und je größere Pein man auf sich nimmt, um so mehr Genug=
tuung und Verdienst erlangt. Der Tod ist aber die schrecklichste
Pein, so daß man sagen kann, „durch den Tod mag ein Mensch
erwerben Bezahlung der Schuld und kaufen das ewige Leben".
Der Tod tilgt alle Pein (Strafe) aus, ob auch einer um seiner
Uebeltat willen sterben müßte; „darum soll man die Gefangenen
trösten und soll sie lehren, willig den Tod auf sich zu nehmen,
so vergiebt ihnen Gott nicht allein die Schuld, darum sie sterben
müssen, sondern Pein und Schuld von allen Sünden, wenn ihnen
die leid sind und sie sie gern beichten möchten". Um nun die
Kunst des Sterbens zu lernen, muß man auf den Schächer sehen:
Er erkennt die Unschuld des Herrn und seine Schuld und bittet
um Gnade. Daraufhin ermahnt denn Paltz den Sünder, eben=
falls zu sprechen: „Ich bitte Dich durch Dein heiliges Leiden, daß
Du Deine Unschuld heute für meine Schuld gehen lassest." Man
könnte also meinen, daß er darnach die Vergebung auf das Ver=
dienst Christi gründet. Bald werden wir aber eines Besseren
belehrt: „Der Schächer wußte, daß Gott nicht zweimal strafen
würde, wenn er die erste Strafe mit Geduld tragen würde,
darum hoffet er, ihm würden die Sünden ganz vergeben werden."
Auch mit der Buße wird es nicht gerade sehr streng genommen,
denn wer nicht genugsam Reue und Leid über seine Sünden haben
kann, soll Hoffnung haben zu der Hülfe des Priesters, der durch

„sein sacramentlich Entbindung" dem Menschen zu helfen vermag, daß seine unvollkommne Reue eine vollkommne werde. Und endlich leitet Paltz an, folgendermaßen zu beten: „O lieber Herr, laß Dein Leiden an mir nicht verloren sein und laß mich meiner Sünden nicht entgelten. Ich opfere Dir meinen Tod in die lieb als Du Deinen Tod opfertest Deinem himmlischen Vater. O Maria, Mutter Gottes, ich armer Sünder bitte Dich, habe Geduld mit mir und verschmäh mich nicht um meiner Sünden willen, und größerer Unwürdigkeit willen, und komme mir zu Hülf in meinen Nöten. Ich bitte Dich durch Deine ewige Auserwählung, durch Deine heilige Empfängniß, und durch Dein Stehen am Kreuz, komm mir zu Hülf am letzten End." Auch kann er sprechen: „Maria, ein Mutter der Gnaden, ein Mutter der Barmherzigkeit, beschirm uns vor dem Feind und nimm uns auf in der Stunde des Todes."

Der letzte Sermon handelt von der heiligen Oelung, deren Gebrauch Paltz umsomehr zu empfehlen sich veranlaßt sieht, weil darüber (wie noch heute) im Volke mancherlei Aberglaube herrscht, zum wenigsten der, daß derjenige, der die letzte Oelung empfangen, sterben müsse. Dem tritt Paltz entgegen, indem er die Behauptung aufstellt, daß die Oelung vielmehr zur Gesundheit auch des Leibes dienen könne, wesentlich freilich zur Gesundheit der Seele. Wenn jemand eine Todsünde getan hat, so stirbt die Seele; wenn er darum Reue und Leid hat, so wird seine Seele vom Tode aufgewecket, aber sie bleibt noch krank, indem es ihr schwer fällt, Gutes zu tun, und leicht, Böses zu vollbringen. Gegen diese Krankheit hat Christus das Sacrament der heiligen Oelung eingesetzt. Sie füllt den Mangel in der Reue aus; die Seele, deren Leib im Leben gesalbt ist, vermag die Pein des Fegefeuers leichter zu ertragen. Mancher wird verdammt, der, wenn er die Oelung empfangen, selig geworden wäre.

Das sind die Anschauungen des Paltz, wie er sie in der weitverbreiteten himmlischen Fundgrube zur Erbauung für die Laien niedergelegt hat [1]). Wichtiger für unseren Zweck, die im Orden

---

[1]) Nach 1500 lassen sich noch fünf Ausgaben nachweisen: Straßburg 1503 (Weller's Repertorium, Nr. 255), Augsburg 1506 (Weller, Nr. 353),

herrschende Theologie kennen zu lernen, sind seine lateinischen
Schriften. Jene deutsche Schrift, sowie seine Jubiläumspredigten
überhaupt hatten so viel Anklang gefunden, daß er auf Veranlas=
sung vieler Cleriker und besonders des Kurfürsten Hermann von
Köln sie zu sammeln und in erweiterter, für den Gelehrten oder
wenigstens Theologen berechneter Form, in lateinischer Sprache
unter dem Namen Coelifodina herauszugeben beschloß. Um Aller=
heiligen 1500 wurde das Werk in Mühlheim vollendet bis auf
einen Nachtrag über das Jubiläum, zu welchem sich der Verfasser
veranlaßt sah, als er bei seiner bald darauf erfolgten Rückkehr
in den heimatlichen Convent Erfurt vernahm, daß Cardinal
Raimund noch einmal einen Jubiläumsablaß verkündigen zu lassen
beabsichtige. Die Schrift, die 1502 zuerst erschien, verbreitet sich
unter Beibehaltung der in der Fundgrube gewählten vier Haupt=
teile in durchaus scholastischer Form über alle Gebiete der Dog=
matik, gipfelt aber in der Lehre von den Sacramenten, speziell
dem Bußsacrament und dem daran sich anschließenden Ablaß.
Für letzteren Propaganda zu machen, alle entgegenstehenden oder
seinen Wert abschwächenden Meinungen zu widerlegen, ist ohne
Zweifel die Haupttendenz des Ablaßpredigers; deshalb werden
auch die Ausschreiben des Cardinals dem Werke angehängt. Seine
Belohnung war ein schmeichelhafter Brief des Cardinals, in dem
er ihn auffordert, da er nicht überall sein könne, doch wenigstens
sein Buch nach allen Provinzen zu senden. Am Schlusse desselben
hatte Paltz sein Bedauern ausgesprochen, daß er in Rücksicht
auf die Kürze der Zeit nicht im Stande wäre, wie er gern ge=
wollt, seinem Werke in Gestalt von Predigten, wie er sie gehalten,
Beispiele beizufügen, wie man den infernalischen Heeren, die sich
gegen den Ablaß erheben, siegreich entgegentreten könne. Zwei
Jahre darauf holte er dies nach, indem er einen ziemlich umfang=

Augsburg 1507 (W., Nr. 379), Straßburg 1511 (W., Nr. 1041) und end
lich Erfurt 1521: „Dy himelische Fut | grube mit fleyß ge | corrigirt vnd
clerlicher gedentsch." Am Ende: „Zu Erffordt hat gedruckt mich | Matthes
Maler . . . M. cccc xxi." 4⁰. Letzte Seite unbedruckt, Holzschnitt unter
dem Titel. Diese vielleicht umgearbeitete Ausgabe beschrieben in Catalogus van de Bibliotheek van het Evangelisch Luthersch Seminarium
(Amsterdam, J. C. Loman, 1876; gr. 8⁰).

reichen Band Ablaß = und Jubiläumsprebigten (die aber auch
vieles Andere enthalten) zum Muster für spätere Ablaßprebiger
als Supplementum Coelifodinae erscheinen ließ [1]). Wir entneh=
men daraus, daß die Angriffe gegen Ablaßtheorie und Praxis wahr=
scheinlich durch die häufige Wiederkehr der Indulgenzen noch erhöht,
damals auch in Laienkreisen schon sehr bedeutende waren. Der Satan,
der es nicht leiden kann, daß die Menschen, ohne Strafe zu erbulden,
selig werden, schickt vier Heere gegen die Indulgenzen aus. Das
erste heißt Vernichtung (anichilationis): es behauptet, es sei nichts
mit den Indulgenzen, sie seien nur Priestertrug. Das zweite — An=
schwärzung — wird gegen die Erteiler des Ablasses ausgesandt
und schwärzt sie hinsichtlich ihrer Intentionen an. Ein brittes
Angriffsheer, das der Verzweiflung, sucht diejenigen, die Ablaß
nehmen wollen, zur Verzweiflung zu bringen, indem es ihnen den
Ernst der göttlichen Gerechtigkeit, die Schwere und Menge ihrer
Sünden und infolgedessen die Unmöglichkeit einer Wirksamkeit
des Ablasses darzutun bestrebt ist. Das Heer der Verblen=
dung schließlich hat es mit denen zu tun, die eigentlich den Ablaß
befördern sollten, das sind die Religiosen, die Cleriker und die
weltlichen Herren. Den Religiosen, besonders den Bettelmönchen,
raunt Lucifer zu: wenn Ihr treu und fleißig in Euren Prebigten
und beim Beichthören den Ablaß fördert, so werdet Ihr einen
Ausfall an Almosen, Offertorien und Testamenten haben. Den
Clerikern droht er: wenn Ihr den Ablaß nicht direct oder inbirect
hindert, so werdet Ihr an Euren Bauten, Anniversarien und
Fundationen von Beneficien großen Schaden erleiden. Die welt=
lichen Herren endlich greift der Teufel in der Weise an, daß er
ihnen sagt: wenn Ihr biesen Ablaß — wie man sagt das „Fell=
abziehen" — bulbet und nicht mit allen Kräften ihn verhindert,
so wird Euer Staat in Gefahr kommen. Alles Gelb wird man

---

[1]) Supplementum Celifodine. Sehr braftisches Titelbild. Auf der Rück=
seite der oben erwähnte Brief des Cardinal Raimund (Bonne quinta Maji.
M. dij.). Dann auf bem zweiten Blatt der vollständige Titel: Supplementum
de exercitibus infernalibus ipsas sacratissimas indulgentias impugnan-
tibus et de modo expugnandi eos per bumbardas de turri dauitica emit-
tendas. Am Schluß: Impressum Erphordie per Wolffgangum schencken |
Anno 1.5.0.4. tercia feria post Inuocauit. |

aus Euren Landen fortschleppen und jeder Mensch wird dadurch verarmen [1]). Dagegen errichtet nun die katholische Kirche einen Thurm Davids (Hohel. 4, 4) mit vier Brüstungen, in jeder Brüstung vier Schießscharten für die geistlichen Bombarden, die von ausgewählten Bombardieren bedient werden, die dann entweder aus gewöhnlichen Bombarden (Altes Testament) oder Kammer= oder Tarresbüchsen (Neues Testament) oder Schlangenbüchsen (Autorität der Kirche) oder Hand= oder Hakenbüchsen (Vernunftgründe) ihre nie fehlenden Geschosse abfeuern. Es würde zu weit führen, wollten wir den wackern Kämpen überall hin begleiten; die angeführten Beispiele werden genügen, um die Volkstümlichkeit seiner Predigt zu veranschaulichen [2]). Ich beschränke mich im Folgenden darauf, in möglichster Kürze die Lehre des Paltz darzustellen, unter besonderer Berücksichtigung der für die Folgezeit wichtigsten Lehrmaterien, der Frage nach der Rechtfertigung des Sünders vor Gott, dem Bußsacrament und dem Ablaß, sowie der Autorität der Kirche, die damit ja im engsten Zusammenhang steht. Es ist dabei vorauszuschicken, daß Paltz in der Weise seiner Zeit natürlich in ausgiebigstem Maße die großen Doctoren benutzt [3]); Thomas von Aquin, Bonaventura, Alexander von Hales sind seine Autoritäten, nicht minder die vom Orden approbirten Ordensgenossen Augustinus von Ancona und Aegidius (Colonna) von Rom († als Erzbischof von

---

1) Seculares quoque potentes cuiusmodi sunt principes magistratus et Officiati atque consiliarii sic invadit: Si tolleraveritis et non totis viribus istas indulgentias (quas dicunt excoriationes) Repuleritis, respublica vestra valde periclitabitur Omnis pecunia de terris vestris deportabitur et Omnis homo per eas depauperabitur etc. Vog. A.

2) Cochleus (Acta et scripta Lutheri Mag., 1549, p. 3) hat also jedenfalls Recht, wenn er, ohne Paltz direct zu nennen, von den Augustinern sagt: qui et antea per strenuam ea in re operam non solum praedicando ad populos sed etiam scribendo et evulgando libros (quales sunt verbi gratia Coelifodina et eius supplementum) Sedi Apostolicae navaverunt.

3) Da es hier allein galt zu constatiren, was Paltz lehrte, nicht worin etwa seine theologische Eigentümlichkeit bestand, habe ich davon abgesehen, sein Gut von dem fremden streng zu scheiden. Der Kundige wird im einzelnen leicht erkennen, was er entlehnt hat.

Bourges 1315), ein eifriger Thomist, der wie kein anderer in den Schulen des Ordens in Ansehen stand und dessen Schriften seit 1493 in allen Studienanstalten der Augustiner vorhanden sein mußten [1]. Für die Lehre vom Ablaß benutzt er auch mit Vorliebe einen sonst wenig genannten Minoriten, Franziscus Maronis (c. 1315) [2]. Nicht selten geht er aber — „salva reverentia doctoris" — über diese Männer hinaus, besonders bezüglich der Autorität der priester= lichen Gewalt und des Papsttums.

Während die Buße, so lehrt Paltz, für diejenigen, welche ver= mittelst der Taufe in die Kirche treten, weil Christi Tod für die Strafen der ganzen Welt genug getan hat, nicht von nöten ist, obwol die, welche als Erwachsene getauft werden, immerhin „einen gewissen Abscheu vor dem schlechten Leben haben und das, was die Kirche in diesem Sacrament bietet, im Glauben annehmen sollen", so ist sie unerläßlich für die, welche die Taufgnade verloren haben, nach Hieronymus das zweite Bret nach dem Schiffbruch. Gott, der da will, daß allen Menschen geholfen werde, hat zu verschiedenen Zeiten verschiedene Arten zur Erwerbung der Sünden= vergebung durch Buße vorgesehen. Zuerst die vollkommene Reue (contritio), die Reue, die um Gotteswillen die Sünde bereut. Davon ist die Rede in Stellen wie Hes. 18, 21—23; 33, 11, wo dem wahrhaft Reuigen zugesichert wird, daß Gott seiner Sün= den nicht mehr gedenken wolle. Hieraus geht hervor, daß vor der Zeit der Gnade zur Sündenvergebung die vollkommene Reue gefordert wurde. Da diese aber sehr selten gefunden wurde, so hat Gott im neuen Gesetz vermittelst der sacramentalen Kraft, die aus dem Verdienst und der Kraft des Leidens Christi resultirt, ein Hülfsmittel der Buße (adiutorium poenitencie) gegeben, wel= ches uns in den Sacramenten infolge der Güte und Abmachung

---

1) Höhn, p. 128. Precipiant insuper omnibus regentibus et stu-
dentibus: ut opiniones: et positiones venerabilis magistri fratris Egidij:
ubique teneant et secundum eius scripta omnino legent. Staupitz,
Constitutiones, cap. 36.

2) Eine Ausgabe seiner Sermones cum tractatibus subtilissimis —
Basilee per magistrum Jacobum de Pforczen post partum virginis saluti-
ferum Anno Millesimo quadringentesimo nonagesimo octavo auf der Marburger Bibliothek.

Gottes in der Weise verliehen wird, daß jeder, der sich demütig unter die Sacramente beugt, daraus Gnade schöpft und das was ihm an wahrer Reue fehlt, kraft des Leidens Christi supplirt erhält. Der Unterschied bezüglich der Rechtfertigung im alten und neuen Testament ist also der, daß im alten Gesetz nur der wahrhaft Reuige und zwar nur durch Gott selbst absolvirt werden konnte, im neuen aber eine geringere Reue (attritio), die aus Furcht vor der Strafe Schmerz über die Sünde empfindet, genügt, indem vermittelst des Sacraments der attritus zum contritus wird; deshalb kann man unter dem neuen Gesetz auch leichter selig werden ¹). Nun kommt es zwar auch im neuen Gesetz vor, daß jemand vollkommne Reue hat; ein solcher wird dann auch von Gott absolvirt. Ein Beispiel sind die zehn Aussätzigen, die schon auf dem Wege zum Priester rein d. h. absolvirt wurden. Auf den Einwurf, warum denn die von Gott Absolvirten auch noch zum Priester gehen, wird geantwortet: weil jeder, der eine Todsünde begangen hat, nach den Einrichtungen der Kirche dazu verpflichtet ist und auch nur durch den Priester die Gewißheit seiner Absolution erlangen kann, ferner weil er durch die Uebung des Gehorsams und der Demut die ihm geschenkte Gnade vermehrt und endlich ja auch durch das Sacrament ein Teil der Strafe, welche er entweder hier oder im Fegefeuer büßen müßte, erlassen wird, — wieviel freilich, setzt Paltz hinzu, weiß Gott. Dieser eben erwähnte, kraft der Absolution erteilte Straferlaß, von dem sogleich des weiteren zu reden sein wird, ist nun ganz allein durch die priesterliche Absolution zu erlangen,

---

¹) Providit in nova lege pietas salvatoris adiutorium poenitentiae per virtutem sacramentalem ex merito et virtute passionis suae quod in sacramentis nobis explicatur ex bonitate et pacto dei ut quicunque se humiliter subderet sacramentis gratiam per ea hauriret et ad insinuandum quod virtute Christi suppleretur defectus poenitendis et sic quicunque fuit vere contritus in veteri lege fuit a deo absolutus et salvatus et alias non Sed in nova lege contigit aliquem absolvi a peccatis et salvari qui solum fuit attritus in se qui tamen per adiutoria sacramentorum ex attrito factus fuit contritus. Ideo in nova lege facilior est modus penitendi et salvandi. Vog. Lij. Weiter unten heißt es: postquam apponitur absolutio, sacramentalis datur gratia, quae subito perfecte conterit et a peccato absolvit virtute absolutionis.

woraus Paltz dann die Folgerung zieht, daß es bei weitem vor=
teilhafter ist, als attritus durch das Sacrament die Absolution
zu erhalten, denn vermöge der Contrition durch Gott selbst, weil
dadurch nur Vergebung der Sünden erteilt wird. Neben dem
vollkommen Reuigen und minder Reuigen giebt es nun noch eine
dritte Classe, welche nur aus Gewohnheit alljährlich zur Beichte
gehen, ohne Reue zu empfinden. Sie haben die Verdammung zu
erwarten, wenn sie in ihrer schweren Krankheit nicht wenigstens
den dritten Grad der Reue annehmen, der darin besteht, daß sie
bedauern, nicht früher getan zu haben, was sie konnten, um einen
höheren Grad von Reue zu erlangen, und Gottes Barmherzigkeit
begehren, wenn schon aus knechtischer Furcht vor Tod und Hölle,
und sich vornehmen, im Falle ihrer Genesung sich zu bessern.
Solche können vermittelst der letzten Oelung gerettet werden,
wenn sie nicht das Hinderniß des Unglaubens d. h. der Verach=
tung des betreffenden Sacraments entgegensetzen. Denn nach
Thomas bewirkt auch die letzte Oelung kraft des Sacraments
die wahre und vollkommene Reue.

Nach diesen Darlegungen kann sich Paltz nicht enthalten, noch
besonders darauf aufmerksam zu machen, welche hohe Bedeutung
demnach der Priesterschaft zuzumessen ist; darauf spitzt sich die
ganze Darlegung zu. Niemand ist so notwendig als der Priester.
Denn der wahrhaft Reuigen sind ja sehr wenige. Einige Reue
kann aber auf irgendwelche Weise jedem beigebracht werden. Die
unvollkommen Reuigen kann aber nur der Priester zu vollkommen
Reuigen und somit selig machen [1]). Unendlich oft haben sie die
Menschen von dem höllischen Galgen befreit. Aus alle dem ersieht
man, daß Gott nicht nach der Natur sondern rücksichtlich des
Effects barmherziger und freigebiger ist durch die Priester als
durch sich selbst, weil er mehr Wohltaten durch Vermittlung der
Priester erteilt als ohne sie [2]). Es ist deshalb die Pflicht der

---

[1]) Paucissimi sunt vere contriti ergo paucissimi saluarentur sine
sacerdotibus: possunt autem omnes aliquo modo fieri attriti et tales possunt sacerdotes iuuare et eorum ministerio facere contritos et per consequens possunt eos saluare.

[2]) Ex quibus sequitur quod dominus deus est magis misericors et
liberalior per sacerdotes quam per se ipsum loquendo non quantum na-

Laien, Gott dafür zu danken und die Priester zu ehren und zu lieben. Auf den Einwurf der Laien, wenn sie sittlich lebten, wollten wir sie schon lieben und ehren, antwortet Paltz: daß einige einen schlechten Wandel führen, ist Schuld des Volks, denn wie das Volk so der Priester, steht geschrieben. Ferner „bist Du vielleicht schlechter als jener, der Du eine Frau hast, und jener nicht, und doch nicht aufhörst Ehebruch zu treiben, und jener muß dich absolviren, wenn Du kommst, und Du willst kein Mitleid mit ihm haben?"

Fragen wir nach dem Effect der priesterlichen Absolution, so erhalten wir die bekannte Antwort, daß sich dieselbe genau genommen nur auf die Schuld des Sünders bezieht, wenn auch, wie vorhin schon erwähnt, ein seiner Quantität nach nicht näher bestimmbarer Teil der Strafe zugleich mit der Sünde oder Schuld erlassen wird. Schuld und Strafe oder Pein soll streng auseinandergehalten werden. Letztere hat der Sünder auch nach der Absolution zu gewärtigen, nur daß dieselbe infolge der voll= kommenen Reue (in contritione) anstatt ewig zu sein, in eine zeitliche umgewandelt wird. Diese, die weder er noch der Priester ihrer Quantität nach kennt, hat er entweder in einer in das Belieben des absolvirenden Priesters gestellten Weise hier abzubüßen oder dermaleinst im Fegefeuer. Hier tritt nun die bekannte Ablaßpraxis ein, indem die Kirche schwerere dem Sün= der aufgelegte Satisfactionen mit leichteren aber kirchlichen Zwecken in besonderer Weise dienenden vertauscht. Mit diesem altkirch= lichen Nachlaßwesen, wonach jeder einzelne Priester kraft seiner Schlüsselgewalt über die Art und Weise des Nachlasses zu befin= den hat, hat es Paltz jedoch nicht zu tun, sondern wenn er von der „Reichhaltigkeit der Ablässe" spricht, als einem „Haupt= stärkungsmittel des Sünders in der letzten Not", so hat er allein den allgemeinen großen Ablaßschatz der Kirche im Auge, der aus den überflüssigen Werken und Leiden Christi, der Maria, aller Heiligen

turam suam sed quantum effectum et exhibitionem quod plura beneficia exhibet mediantibus sacerdotibus quam sine ipsis. An einer andern Stelle heißt es, daß die Priester an Würde nicht nur Fürsten und Könige sondern auch die Engel überstrahlen, weil diese den Leib Christi nicht consecriren können.

und Märthrer besteht und über den dem Papst als Stellvertreter
Christi das Verfügungsrecht zusteht. Das Vorhandensein dieses
kirchlichen Schatzes, sowie die Realität der Indulgenzen rücksicht=
lich ihrer Wirksamkeit, begründet er ganz wie Alexander von Hales,
Thomas u. a., nur daß er noch mehr wie der letztere die Auto=
rität der Kirche betont. Die allgemeine Kirche teilt den Ablaß
aus, folglich existirt er [1]), denn sie kann ja nicht irren. Dazu
kommt dann noch die Autorität Christi und der Apostel. Denn
wenn wir lesen, daß Christus die Ehebrecherin, die nach dem
Gesetz hätte gesteinigt werden müssen, in Frieden gehen ließ, und
der Schächer am Kreuz die Zusicherung erhält, noch selbigen
Tages ins Paradies zu kommen, so ist — immer vorausgesetzt,
daß mit der Sündenvergebung an und für sich noch kein Erlaß
der Strafe eingetreten, ein Satz, der soweit ich sehe von der
mittelalterlichen Theologie niemals bestritten worden ist — mit
Sicherheit anzunehmen, daß der Herr beiden Schuld und Strafe
erlassen habe. Wie kommt es aber, daß seine Priester dies nicht
tun? [2]) Darauf wird geantwortet: Gott hatte seine Gründe,
warum er nicht jeden Priester unterschiedslos über den Ablaß
verfügen ließ, die Menschen möchten sonst noch geneigter zum
Sündigen werden; auch wird auf diese Weise die Anhäufung des
Verdienstes befördert, insofern als die Menschen angetrieben wer=
den, **verdienstliche Werke zu tun, um nicht nur durch
das bloße Leiden Christi selig zu werden, wie die
(neu) getauften Kinder, sondern auch aus eigenem
Verdienst etwas zu sammeln, worüber sie sich in Ewig=
keit freuen mögen** [3]). Endlich ist diese Einrichtung getroffen,

---

[1]) Ecclesia generalis indulgentias approbat et facit ergo indulgentiae aliquid ergo sunt. — Ecclesia firmiter assistit dicentibus indulgentias
esse, quia ipsa tenet esse — ergo sunt.

[2]) Cur remittunt culpam et non poenam saltem totalem. Die letztere
Bemerkung wird hinzugesetzt mit Rücksicht auf die schon oben erwähnte (von
Paltz nicht weiter erörterte) Ansicht, wonach ein gewisser Teil der Strafe
allerdings schon vermöge der Absolution erlassen wird.

[3]) Ut ex hoc homines impellantur ad facienda opera meritoria ut videlicet non solum salventur ex nuda cristi passione sicut pueri baptisati
sed etiam de propriis meritis aliquid congregent de quo eternaliter gau-
deant. Bog. Oi.

um durch die verschiedene Jurisdiction die Rangordnung inner=
halb der Kirche aufrecht zu erhalten, indem wie Christus und
Paulus nur der Papst oder die von ihm Beauftragten ohne
Satisfaction Straferlaß gewähren können.

Und nur auf die nach der Vergebung der Sünden noch zurück=
bleibenden Strafen, nicht auf die Schuld, dies betont Palß so oft
als möglich, bezieht sich der Ablaß, und auch nicht auf die ewigen,
weil zu diesen nur die in Todsünden befindlichen verbunden sind,
sondern nur auf die zeitlichen, in welche vermöge der Contrition die
ewigen verwandelt sind. Einen Erlaß dieser Strafen anstatt der dafür
schuldigen Satisfaction gewährt vermittelst des Ablasses der Papst,
wie gesagt, kraft der ihm zustehenden Verwaltung der drei Schätze
der Kirche, der Schrift, der Sacramente und der Indulgenzen,
die ihm durch das dreimalige „Weide meine Schafe" übertragen
ist [1]). Der Papst darf denselben erteilen, wenn er einen ver=
nünftigen Grund dazu hat. Von Seiten des Empfängers gilt
im allgemeinen als Bedingung, daß er in legitimer Weise von
der Sünde absolvirt sei und somit unter wahrhaftiger Reue ge=
beichtet habe. Indessen darf der Ausdruck contritis et confessis,
der sich gewöhnlich in den Ablaßbriefen findet, nicht zu streng ge=
nommen werden [2]). Der attritus ist damit nicht ausgeschlossen,

---

[1]) Dabei kann Palß nicht umhin, zu bemerken, daß Christus nicht nur
die Schafe selbst, sondern auch ihre Milch, ihre Wolle und ihren Stall dem
Petrus und der Kirche übergeben hat und schließlich auch die Schäferhunde:
scilicet ordines mendicantes qui positi sunt in angulis ovilis: in uno angulo canis diversi coloris scilicet ordo praedicantium: in alio angulo
canis griseus scilicet ordo minorum in tertio angulo canis albus scilicet
ordo carmelitarum: in quarto angulo canis niger scilicet ordo fratrum
heremitarum sancti Augustini. Et si alii ordines mendicantes enumerari
possent isti in lateribus ovilis locum habebunt. Et sicut canibus de re-
liquiis mensarum dominorum atque servorum ovium providetur. sic or-
dinibus mendicantium de eleemosinis fidelium.

[2]) Deshalb will Palß auch bei der Absolution nicht den Zusatz contritis et confessis, um ja nicht den Irrtum aufkommen zu lassen, daß der
attritus ausgeschlossen sei, und wenn der heilige Thomas sage, der Priester
solle keinen absolviren, von dem er nicht glaube, daß er bei Gott absolvirt
sei, so erklärt Palß dies dahin, daß Thomas habe sagen wollen, er solle
keinen absolviren, von welchem er nicht glaubte, er sei nach seines Priesters
Absolution auch von Gott absolvirt. So habe auch Cardinal Raimund

da er ja sehr leicht durch das Sacrament auch durch das der
Eucharistie die vollkommene Reue erlangen kann, und es giebt
keinen so verzweifelten Sünder, der nicht Ablaß erhalten könnte,
wenn ihn ein intelligenter und gläubiger Mensch darüber belehrt [1]).
Ohne Beichte kann aber nur derjenige Ablaß erlangen, der keine
Todsünde begangen hat, im andern Falle nur, wenn er vollkom=
mene Reue besitzt. Was nun den richtigen Gebrauch des Ab=
lasses anbetrifft, so genügt es nicht, daß man glaubt, daß es
wirklich Ablaß giebt, sondern daß man hofft und vertraut, daß
man, falls die Bedingungen, an welche die Erlangung geknüpft ist,
erfüllt sind, auch denselben erlangt. Durch etwaige Einwürfe
wie den, daß das Ablaßgeld nicht gut angewendet werde, solle
man sich nicht irre machen lassen, danach dürfe man gar nicht
fragen. Falle es doch niemand ein zu forschen, was mit dem
Geld gemacht würde, wofür er Waaren gekauft habe. Da sei
die Hauptsache, daß man die Waare habe. Auch sei es falsch,
wie manche meinen, daß der, welcher schon den vollkommensten
Ablaß besitze, nunmehr keinen weiteren gebrauchen könne, da man
sich dadurch Gnade und Ruhm und somit die ewige Seligkeit
vermehrt.

Wenn oben gesagt wurde, daß der Ablaß sich bloß auf die
zeitlichen Strafen beziehe und nichts mit der Sündenvergebung zu
tun habe, dieselbe vielmehr voraussetze, so bezieht sich dies doch
nur auf den gewöhnlichen Ablaß, nicht aber auf den sogenannten
Jubiläumsablaß [2]). Wir hörten, daß es eben ein solcher
Jubiläumsablaß war, mit dessen Verkündigung Paltz beauftragt
worden — kein Wunder also, wenn er die Herrlichkeit der darin

---

in den Ablaßbriefen dies nur hinzugesetzt, damit man nicht glauben solle,
daß man ohne Reue und Beichte, d. h. ohne Vermittelung des Priesters Ab=
laß erlangen könne.

[1]) Non potest esse peccator adeo desperatus quin posset consequi
indulgentias si habuerit intelligentem et' fidelem informatorem et vo-
luerit facere quod potest ut habeat attritionem aliqualem quae tunc in
sacramentis sibi succurritur et imperfectum eius tollitur et informis
attritio id est caritate carens formatur per gratiam sacramentalem.

[2]) Ueber Entstehung und Entwicklung des Jubiläums siehe Ullmann,
Reformatoren, 2. Aufl., S. 237, wo aber der Unterschied des Jubiläums=
Ablasses von dem gewöhnlichen zu wenig hervorgehoben wird.

geschenkten Gnadengaben in ganz besonderer Weise hervorzuheben, ihre Wahrheit mit allen möglichen und unmöglichen Gründen zu befestigen bestrebt ist. Wie im alten Testament beim Jubeljahr aller Besitz aufgegeben wurde, damit jeder das ihm von altersher zustehende Grundeigentum wieder erhalte, so soll man auch im neuen Testament alles zeitliche Gut dahingeben, um dafür ewige Güter zu erhalten; wie dort die Sclaven freigelassen wurden, so sollen auch hier alle eilen, Freigelassene des Fleisches und des Teufels zu werden. Und in der Tat, außerordentliche Gnaden- gaben werden in dem Jubiläumsablaß den Christgläubigen ange- boten! Schon Bonifacius VIII. hatte in der ersten Jubiläums- bulle (22. Februar 1300) nicht nur vollkommenen, sondern voll- kommensten Erlaß aller Sünden [1]) verkündet, und Paltz definirt den Jubiläumsablaß als einen solchen, der sich nicht nur auf die Strafe, sondern auch auf die Vergebung der Sünde bezieht, indem darin gewissermaßen das Bußsacra- ment enthalten ist [2]). Der von Cardinal Raimund verkündete Ablaß gewährte nun nach den Darlegungen des Paltz mehr als alle früheren, nämlich einmal im Leben vollkommensten Erlaß (plenissima remissio). Derselbe reicht soweit, als sich die Schlüsselgewalt des Papstes erstreckt. Wer im Besitz eines solchen Ablaßbriefes ist, darf sich das ganze Leben hindurch einen passenden Beichtvater wählen, der ihn auch in solchen Fällen, die den Bischöfen reservirt sind, absol- viren darf. In wirklicher wie in vermeintlicher Todesgefahr erhält er

---

1) Non solum plenam, sed largiorem, immo plenissimam omnium suorum concedimus veniam peccatorum. Gieseler II, 2. p. 499.

2) Indulgentia dupliciter accipitur: Uno modo proprie pro nuda re- missione poenae et sic non extendit se ad culpae remissionem. Alio modo large pro iubileo vel pro littera indulgenciali includente iubileum et tunc extendit se ad culpe remissionem quod communiter quando papa dat iubileum non dat nudam indulgentiam sed dat etiam auctoritatem confitendi et absolvendi ab omnibus peccatis etiam quo ad culpam. Et sic culpa remittitur ratione sacramenti penitentie quod ibi introducitur et pena ratione indulgentiae quae ibi exercetur. Bog. Oiij. Wenn daher Hefele (Conciliengeschichte VII, 341) sagt: „Wenn aber doch in Ablaß- briefen die Formel de poena et culpa gebraucht wurde, so wollte damit ge- sagt werden, der Ablaßprediger habe das Recht, auch in Reservatfällen zu absolviren", so ist das keineswegs allgemeine Ansicht. Nach Paltz be-

vollſtändigſte Vergebung von Schuld und Strafe¹), und end=
lich nimmt er an allen Fürbitten der Kirche teil, und wenn er
ohne neue Sünden hinzuzutun ſtirbt, fliegt ſeine Seele ſofort in
das Paradies. Der nach der Taufe noch bleibende ſündliche
Hang (fomes), ſowie der nach dem Sacrament der Buße noch
zurückbleibende ſündliche Habitus (habitus viciosus), hindern
den Eintritt in das Reich Gottes nicht²), denn ſie ſind keine eigent=
lichen Flecken, und wenn ſie wirklich als gewiſſe Corruptionen der
Natur und Perſon anzuſehen ſeien, wie einige meinen, ſo möchte
Paltz, obwol er keine Autoritäten dafür anzuführen hat, doch mit
ſeinem Lehrer Dorſten annehmen, daß dieſelben durch den leib=
lichen Tod und durch die Verweſung geheilt werden³), — alſo
auch hier dieſelbe Anſicht von der ſittlich reinigenden Kraft des
Todes, die wir ſchon oben beobachteten. Und eben dieſe Vor=
ſtellung iſt die Vorausſetzung für eine zweite, die Paltz nach Tho=
mas mit allem Eifer vertritt, die von der Ausdehnung des Ab=
laſſes auf die Abgeſchiedenen. Die gewichtigen Bedenken,
die von bedeutenden Autoritäten dagegen geltend gemacht wurden,
hält er für gering und findet das Recht der Päpſte, auch den im
Fegefeuer befindlichen Seelen Ablaß zuzuwenden, in der Tatſache, daß
es von einer Reihe von Päpſten ausgeübt worden ſei, und in der

---

zieht ſich die Reformation gar nicht auf die Schuld, ſondern auf die Beſtim=
mung der Satisfaction für die Strafe. Von der offensa Dei kann jeder
Prieſter abſolviren, in gewiſſen Fällen aber nicht von der offensa ecclesiae.
Bog. Qij.

¹) In vera morte plenissima remissio vel absolutio videlicet a culpa
et a pena. A culpa virtute sacramenti penitentiae liberalissime indul-
tae et a pena virtute indulgentie concessae. Bog. R.

²) Fomes non impedit ab ingressu igitur nec habitus. Nam sicut
sacramentum baptismi tollit omne impedimentum salutis! quo ad originale
sic perfecta penitentia quo ad actuale. — Habitus viciosus dupliciter
consideratur. Uno modo quo ad formale suum et nihil aliud est quam
privatio alicuius boni debiti remittitur per sacramentum penitentiae.
Alio modo consideratur quo ad materiale suum et sic est aliqua inclinatio remanens post penitentiam de peccato actuali sicut remanet quaedam inclinatio post baptisma, quae dicitur fomes.

³) Respondetur — salva sententia melius aut verius sentientis quod
fomes et habitus in quantum sunt corruptiones forte curantur per mortem
corporalem et incinerationem. Bog. Viij.

Unmöglichkeit der Annahme, daß so viele Päpste geirrt hätten. Was die Art der Zuwendung des Ablasses betrifft, so entscheidet er sich mit Thomas für den modus suffragii, ohne doch den modus auctoritatis gänzlich zu verwerfen, da die im Fegefeuer befindlichen Seelen doch noch „auf dem Wege" seien. Als ein zureichender Grund, die Abgeschiedenen aus dem unerschöpflichen Schatz der Kirche zu unterstützen, darf gelten, daß so viele, die sich erst im Tode bekehren, wenig gute Werke mit sich bringen und vielleicht so gelebt haben, daß sie zu wenig oder nichts hinterlassen haben, wodurch ihnen zu Hülfe gekommen werden könnte. Aber nicht jeder Ablaß kommt den Verstorbenen zu Gute. Es bedarf dazu erstens der ausgesprochenen Intention des Papstes, den Ablaß auf dieselben auszudehnen; zweitens muß irgend jemand stellvertretungsweise die Bedingungen erfüllen, an die der Ablaß geknüpft ist, und die dritte Voraussetzung der Wirksamkeit der Indulgenzen ist eine gewisse Disposition der Seele. Es handelt sich also darum, bei den Abgeschiedenen etwas zu constatiren, was dem contritus et confessus der Lebenden analog ist. Eine Empfänglichkeit der Seelen ist dann anzunehmen, wenn sie in Liebe (caritate) abgeschieden sind und unter der Jurisdiction des Papstes gestanden haben. Das erstere ist bei den im Fegefeuer befindlichen vorauszusetzen, ja sie haben sogar gewissermaßen mehr Hoffnung, Glaube und Liebe als die Lebenden. Warum sollten ihnen also nicht die Indulgenzen zuteil werden, wenn die von der Kirche geforderten äußeren Bedingungen von einem andern erfüllt werden [1])? Als nicht unter der Jurisdiction des Papstes stehend und darum von den Segnungen des Ablasses ausgeschlossen sind die Ungetauften und die Verdammten zu betrachten, denn wo die

---

[1]) Animi in purgatorio existentes dum viverent hoc sibi meruerunt ut scilicet suffragia consuetudinalia eis possent prodesse ut dicit beatus Augustinus in Enchiridion c. 65. Cur non ex eodem merito possent esse disposite ad praecipienda suffragia indulgentialia. Item animae in purgatorio detentae habent certissime fidem spem et caritatem, quae maxime valent et requiruntur ad perceptionem indulgentiae ex parte quorum quodammodo magis sunt dispositae quam vivi etc. Suffragia consuetudinalia sind Fasten, Beten und Almosen. In der angezogenen Stelle von Augustin ist nur die Rede von der Notwendigkeit der kirchlich geforderten Pönitenz zur Sündenvergebung.

Schuld bleibt, kann kein Erlaß der Strafen eintreten; doch hält Palß dafür, daß auch für die Letzteren der Ablaß vermöge der großen Kraft, die in ihm liegt, insofern von Nutzen sein könnte, daß er wenigstens zur Milderung ihrer Strafe dient.

Auch die Frage, die Luther später in seiner 82. These berührt, ob der Papst das ganze Fegefeuer entleeren dürfe, wird von Palß erörtert, und obwol die Autoritäten, auch der hochangesehene Ordenslehrer Augustinus von Ancona, dies für eine Ueberschreitung der päpstlichen Gewalt, für einen Irrtum des clavis scientiae erklären, meint Palß, daß der Papst allerdings die Macht habe, alle Seelen zu befreien. Es könne auch in der Tat eintreten, daß das Fegefeuer aller Seelen entledigt würde, da der Papst ja jedem gestatte, so viele zu befreien als er wolle und Gelegenheit dazu in genügender Weise vorhanden wäre.

Aus dem über die Ablaßlehre des Palß Gesagten ergeben sich seine Anschauungen über Sünde und Rechtfertigung von selbst. Da, wo er sie besonders entwickelt, im Supplement seiner Coelifodina, giebt er nur eine Zusammenstellung der einschlägigen Sätze aus Thomas und Aegidius, wovon füglich abgesehen werden kann. Der Glaube ist ihm nichts als die Hinnahme dessen, was die nie irrende Kirche lehrt, oder wie er ihn einmal nach Franciscus Maronis definirt, die Tugend, der das Schauen des göttlichen Wesens gewährt wird, in erster Linie bezüglich der Dreieinigkeit [1]). Für das Heil hat er keine directe Bedeutung, dieses beruht allein in der mechanischen Teilnahme an den Sacramenten. Nur einmal rät er, sich unmittelbar der Barmherzigkeit Gottes und Christi anzuvertrauen, in der letzten Not, wenn es dem Sünder nicht mehr möglich ist zu beichten und das Sacrament zu empfangen, aber auch da ist es mehr der Gehorsam, der willig den Tod auf sich nimmt und dadurch die Versöhnung verdient, als die vertrauensvolle Hingabe an den durch Christum versöhnten Vater [2]). Von Augustinismus findet

---

[1]) Fides est virtus cui permittitur visio divinae essentie primo de rinitate (ein secundo nicht angegeben).

[2]) Man soll sprechen: Pater sancte in unione amoris in quo unigenitus tuus filius fuit obediens usque ad mortem et obtulit tibi per mortem suam hostiam reconciliationis. Sic ego offero me ipsum tibi hostiam

sich bei diesem Augustiner keine Spur. Wol kennt er die Schriften des Ordensheiligen, aber doch nicht mehr als die Scholastiker überhaupt. Hie und da muß eine aus dem Zusammenhang gerissene Stelle dienen, die eigene Erfindungen zu begründen, Ablaß und Fegefeuer klassisch zu belegen, und wenn Augustin sagt: „Glaube nur und du hast schon genossen", so ist ihm das ein Beweis dafür, daß das andächtige Hören einer Messe dieselbe Wirkung hat, wie der Genuß des Sacraments [1]). Auf die heilige Schrift legt Paltz großen Wert und tadelt das Verfahren so vieler Prediger, Geschichten aus den Apokryphen vorzubringen, „als ob sie in der heiligen Schrift nichts Sicheres finden könnten, was sie dem Volk vortragen könnten". Glaubensnorm ist sie ihm doch nur nach der Auslegung der Doctoren, und in keiner Hinsicht läßt sich bei diesem Manne, der mit Johannes Nathin Lehrer der Theologie im Erfurter Kloster war, als Luther daselbst Zuflucht suchte, wie bei irgend einem Augustiner eine Abweichung von dem herrschenden Semipelagianismus nachweisen [2]).

Dabei soll jedoch nicht unerwähnt bleiben, daß er mit Eifer mancherlei Aberglauben entgegentritt, die Wundersucht seiner Zeit tadelt und mit großem Ernste vor den sittlichen Gefahren warnt, die die Wallfahrten besonders dem weiblichen Geschlecht zu bringen pflegen. Daß er so viel er kann für das Ordensleben Propaganda zu machen sucht, versteht sich bei dem Klosterreformator von selbst. Das Klosterleben bietet ja, so setzt er in einer Predigt auseinander, vollkommenen Erlaß aller Sünden, einen reineren Gang durchs Leben und ein sicheres Abscheiden. Man wende wol ein, daß so viele Klöster noch nicht reformirt seien, aber das sei doch noch viel schlimmer bei den Weltgeistlichen. Jene könnten

---

reconciliationis in eius amore ut merear virtute ipsius reconciliari. Vog. Ki.

[1]) Coelifodina, Vog. Mi.

[2]) Es beruht, wie nicht genug hervorgehoben werden kann, auf vollständiger Unkenntniß der Augustinerliteratur, wenn u. a. Wolters (Reformationsgeschichte von Wesel, S. 23 f.) sagt: „Die Lehre, welche dieser wunderbare Mann (Augustin) von der Allgenügsamkeit der Gnade Gottes bei der Bekehrung des Menschen aufstellt, war von den Ordensgliedern allgemein angenommen ꝛc."

reformirt werden, aber bei biefen fei es, wie bie Dinge eben
liegen, gleichfam unmöglich, „wenn nicht etwa bie große Kraft
Gottes hernieberftiege unb feiner Kirche auch in biefen Dingen zu
Hülfe käme"[1]). Unb wer leifte etwas in Wiffenfchaft, in ber
Bekämpfung ber Ketzer burch Schrift unb Prebigt, wenn nicht bie
Bettelmönche? „Vertilge bie Bücher ber Bettelmönche" ruft
Paltz aus, „unb was wirft bu ba noch finden, wenn nicht Irr=
tümer", — ein Urteil, welches freilich mehr bas Selbftbewußtfein
bes Schreibers, als bie wirkliche Sachlage charakterifirt[2]). In=
beffen wiffen bie Ordenshiftoriographen außer ben beiprochenen
eine ganze Reihe Schriftfteller anzuführen, bie ihrer Zeit hoch
ftanden, unb bie Tatfache, baß bas Auguftinerklofter zu Nürn=
berg ichon 1479 eine eigene Druckerei befaß, läßt einen Rück=
ichluß auf bie Stärke ber literarifchen Bebürfniffe machen[3]). Sie
finden fich in gleicher Weife bei Conventualen wie Obfervanten.
Der Auguftiner Dobo in Bafel unterftützte ben gelehrten Buch=
brucker Johann Amerbach bei feiner Ausgabe bes Auguftin[4]).
Als Kenner ber hebräifchen Sprache unb eifriger Beförberer ihres
Stubiums nannte man mit Ehren neben Reuchlin unb Pellican
ben langjährigen Prior von Lauingen, Caspar Amman,
gebürtig aus Haffelt in ber Provinz Lüttich, Provincial ber rhei=
nifch=fchwäbifchen Provinz von 1500—1503 unb 1514—1518.
Urbanus Regius rechnete ihn zu ben erften Hebräern, ber Ordens=

---

1) Sed hoc est quasi impossibile in sacerdotibus secularibus, quod
reformentur stantibus rebus ut nunc nisi forte magna potentia dei de-
scenderet et ecclesiae suae in etiam in talibus subveniret. Suppl. Coelif.,
Vog. T.

2) Dazu ber gleichzeitige Schipphauer — bei Meibom II, 171. Quo
modo autem praedicarunt, qui literis operam non dederunt aut quam
in praedicando indoctus sacerdos utilitatem auditoribus suis afferre pote-
rit qui scripturas nescit verum temporibus nostris in quibus est sicut
populus ita et sacerdos, studium scripturarum miserrimi sacerdotis ab-
jiciunt pro libris scripturarum calices exhauriunt et cotidie se inebriant.

3) Es find uns nur wenige baraus hervorgegangene Drucke bekannt.
Vgl. Panzer, Aeltefte Buchbruckergefchichte Nürnbergs (Nürnberg 1789),
S. 53. 57 (der bafelbft erwähnte Auguftiner Hermann be Schilbis ftarb
1351; feine zahlreichen Schriften bei Meibom II, 159) u. 121.

4) Encyflopäbie von Erfch unb Gruber XV, 229: Art. Pellican.

general Aegidius von Viterbo, selbst ein tüchtiger Kenner des Hebräischen, belobte ihn seiner Studien wegen. Böschenstein widmete ihm im Jahre 1523 sein Buch: „Das gebet Salomonis vom driten Buch der künig geteutscht von wort zu wort nach dem hebräischen Buch". Er selbst gab u. a. um diese Zeit wahrscheinlich kurz vor seinem Tode eine Uebersetzung der Psalmen heraus: „geteutscht nach dem wahrhaftigen Text der hebräischen Zungen"[1]).

Die Historiographie hatte wenigstens einen Vertreter aufzuweisen in Johann Schipphauer, der im Jahre 1508 eine Chronik des olvenburgischen Fürstenhauses beendete[2]). Sein Leben wie er es gelegentlich beschreibt, läßt uns einen Blick in den gewöhnlichen Studien- und Lebensgang der Augustiner tun. Er war als Sohn des Bürgermeisters von Meppen im Jahre 1463 geboren. Von seinem achten Jahre an besuchte er die Schule, mit fünfzehn Jahren trat er in den Augustinerorden und zwar im Convente zu Osnabrück. Nachdem er Profeß getan, wurde er nach Lippstadt versetzt, wo die Provinz ein studium particulare unterhielt, und 1483 nach dem Provincialstudium in Damm[3]). Ein Jahr später feierte er in Osnabrück seine erste

---

[1]) Höhn, S. 133. 155. Siegfrieb in der Dentschen Allg. Biographie Lubw. Geiger, Das Studium der hebräischen Sprache in Deutschland (Breslau 1870), S. 75 f. Der Brief des Aegidius von Viterbo an Ammann vom 15. Dezember 1513 in Henke und Bruns, Annales Literarii (Helmst. 1782) I, 193 sq. Ammann scheint boch bedeutender zu sein, als Siegfried, der nur Zöcher wiedergiebt, und Geiger, der ebenfalls sich nicht sehr nach ihm umgesehen hat und wie scheint seine Schriften nicht einmal dem Titel nach kennt, meinen. Höhn führt l. c. von ihm an: Grammaticam Hebraicam in 5 libros distinctam: De literis, syllabis et punctis omnibus l. 1; de verbo et participio, 2; parte orationis l. 3; de significativo quadruplici, 3; parte orationis et omnium inter se trium partium constructione et regimine l. 4; de prosodia, id est de triplici accentu et carmine componendo l. 5.

[2]) Bei Meibom II, 122 sq. Vgl. von Halem, Geschichte des Herzogtums Oldenburg (Oldenburg 1794) I, 9—11.

[3]) Meibom II, 181. 187. Wahrscheinlich ist damit ein studium generale gemeint, wobei man sich erinnern muß, daß sowol Erfurt als Magdeburg damals nicht mehr zur Provinz gehörten. Ob nicht mit Damm Appingebam gemeint ist?

Meſſe und begab ſich auf Provincialbeſchluß zur weiteren Ausbildung auf drei Jahre nach Bologna. Von dort zurückgekehrt,
fungirte er kurze Zeit als Curſor an dem Patricularſtudium in
Nordhauſen und wurde 1489 noch einmal nach Italien ge-
ſandt und zwar nach Siena, wo er das Jahr darauf von der
Univerſität die Würde eines Lectors erhielt, nachdem er (leider
uns nicht erhaltene) Theſen über die Prädeſtination und Präſcienz
verteidigt hatte. Nach ſeiner bald darauf erfolgten Rückkehr nach
Deutſchland wurde ihm vom Provincialcapitel die Stelle des Priors
in Anklam übertragen, woſelbſt es ihm übel erging. Die Welt-
geiſtlichkeit eiferte dort ohne Rückſicht auf ihre päpſtlichen Privilegien
gegen die ſeelſorgeriſche Tätigkeit der Auguſtiner, ſelbſt auf den
Kanzeln. Mit Entrüſtung erzählt Schipphauer, wie er jene „un-
gelehrten Beſtien" deshalb zu einer Disputation aufgefordert habe,
ſie ſeien aber nicht erſchienen. Als 1496 die Peſt daſelbſt wütete,
verließ er „vom Schrecken erfaßt wie wahnſinnig" ſeinen Convent
und hielt ſich bei einem befreundeten Prieſter in Paſewalk auf.
Das Jahr darauf wurde er von der ihm läſtigen Stellung befreit. Es wurde ihm der ehrenvolle Auftrag zuteil, als Diffinitor
der Provinz auf das Generalcapitel nach Rom zu gehen. In
Gegenwart von 350 Doctoren der Theologie erhielt er dort die
Würde eines Baccalaureus. 1500 wurde er Terminarius in
Oldenburg, wo er ſich der Gunſt der Herzoglichen Familie erfreuen durfte; aber ſchon 1504 rief ihn der Convent nach Osnabrück zurück, um ihm das Amt eines Schaffners zu übertragen.
Zugleich wurde ihm aufgegeben, für die Reformation des Convents
zu wirken. Später muß er doch wieder nach Oldenburg gekommen
ſein, denn dort vollendete er 1508 das bis zum Jahre 1504
reichende Geſchichtswerk. Es iſt eine Chronik, nicht beſſer und nicht
ſchlechter wie viele andere auch), aus allerlei Vorgängern zuſammen-
geſchrieben, vom Standpunkte des Mönches aus, der das Leben durch
die bunten Fenſterſcheiben ſeines Kloſters betrachtet, aber trotz der
vielen abergläubiſchen Fabeln nicht wertlos, da die von ihm benutzten Quellen größtenteils verloren ſind. Dies der einzige hiſtoriſche
Verſuch eines Auguſtiners, der mir bekannt geworden. Bei weitem
überwiegt die erbauliche Literatur. Zu den geleſenſten Schriftſtellern
gehörte Gottſchalk Hollen, der ebenfalls wie Schipphauer ein

Sohn des Convents zu Osnabrück war und daselbst 1481 ge=
storben ist. Seine Studien hatte auch er größtenteils in Italien ge=
macht. Die Zeitgenossen rühmen ihn als einen ausgezeichneten Pre=
diger. Noch 1520 wurden seine Predigten über die heilige Jungfrau
zu Hagenau neu aufgelegt. Am verbreitetsten war aber sein Praeceptorium divinae legis. Es erschien zuerst 1481 zu Cöln, es
lassen sich jedoch bis zum Jahre 1521 noch drei andere Ausgaben
nachweisen [1]). In durchaus scholastischer Weise, nicht ohne Witz,
mit vielen praktischen Bemerkungen, die eine reiche Lebenserfahrung
erkennen lassen, werden nach casuistischer Methode die einzelnen
Möglichkeiten der Gesetzesübertretung besprochen. Den Haupt=
wert legt er auf die Anrufung der Heiligen. Wir bedürfen ihrer
Vermittelung, da wir durch uns das Heil nicht haben können.
„Wenn nicht die Fürbitten der Heiligen wären, würde die ganze
Welt zu Grunde gehen." Den sichersten Schutz, die sicherste
Hoffnung gewährt aber die heilige Jungfrau. In ihrem Cultus
gipfelt sich die religiöse Andacht, nicht etwa nur bei Gottschalk
Hollen, sondern überhaupt bei den Augustinern des fünfzehnten
Jahrhunderts. Es ist schon früher bei Besprechung der Constitu=
tionen davon die Rede gewesen, wie bei allen gottesdienstlichen
Handlungen der Mariencultus im Vordergrunde steht, seit dem
Constanzer Concil kann man eine starke Zunahme desselben be=
merken. Die Mehrzahl aller Brüderschaften wurden zu ihren
Ehren unterhalten. Mit besonderem Prunk feierte man ihre
Feste in den Klöstern. Fast jeder der uns bekannten Ordens=
schriftsteller, ein Dietrich von Brie [2]), ein Dorsten [3]), ein

---

[1]) Meibom II, 185, wo der Herausgeber (wie häufig) falsch gelesen hat
Howe statt Holle. Offinger, S. 452. Pamphilus, S. 102. Höhn,
p. 109. Panzer, Aelteste Buchdruckergeschichte Nürnbergs (Nürnberg 1789),
S. 151. Ich habe die Nürnberger Ausgabe von 1497 benutzt. Offinger
führt von ihm an: Praeceptorium divinae legis, Col. 1481. Opus ser-
monum Dominicalium super celeberrimi excellentissimi Divini verbi de-
clamatoris Gotschalci Hollen, Hagenoiae 1517. Sermones de B. Virgine.
Hagenoae 1520. Volumina II super Epistolas D. Pauli. Volumen de
septem peccatis mortalibus. De novem peccatis alienis. De sacramento
Eucharistiae.

[2]) Meibom II, 172.

[3]) Höhn, S. 109.

Hollen, geben Marienfestpredigten heraus, und in dem streitigen Punkte bezüglich der unbefleckten Empfängniß wetteiferten die Augustiner mit den Franciscanern. Auch hier eröffnet Dietrich von Brie den Reigen mit einem Tractat über die unbefleckte Empfängniß, ihm folgten zwei andere Söhne des Osnabrücker Convents, die gleichfalls das Dogma der Franciscaner verteidigten, Johannes Wenneke, später Bischof von Larissa und Suffragan von Münster († 1496) [1], und der uns schon bekannte Johann Schipphauer [2]. Dietrich von Himmelspforte schrieb zu Ehren der unbefleckt Empfangenen sein vielgelesenes Schriftchen Hortulus Virginitatis [3]. Alle übertraf aber an Ueberschwänglichkeit Johann von Paltz. Wir hatten schon Gelegenheit bei Besprechung seiner „Fundgrube" darauf hinzuweisen. Alles Maß aber übersteigt seine Vergötterung der Maria in zwei kleineren Schriften: De septem foribus seu festis gloriosae virginis opusculum und Hortulus aromaticus gloriosae virginis, von denen das erstere im Jahre 1491 nach des Verfassers Angabe auf Veranlassung der sächsischen Herzöge im Druck erschien. In der widerlichsten Weise wird darin das delicate Capitel von der unbefleckten Empfängniß behandelt und dem Leser noch ein weiterer Tractat gegen ihre Leugner versprochen, denn wenn auch Sixtus IV. bei Strafe der Excommunication verboten habe, die Gegner Häretiker oder Lügner zu schelten, so sei es doch erlaubt, auf scholastischem Wege gegen sie zu kämpfen. Das Resultat seiner Untersuchung ist, daß Maria nicht nur nicht in Sünden empfangen, sondern auch niemals eine Sünde begangen und durch ihre Demut „Gott vom Himmel gezogen, die drei Mönchsgelübde für alle Religiosen getan, ja vielmehr den ganzen christlichen Glauben gegründet hat" [4].

---

[1] Keller, S. 9f.

[2] Offinger, S. 581. Meusel, Historisch = literarisch = biographisches Magazin II, 168.

[3] Höhn, S. 131.

[4] Iste libellus intitulatur de | septem foribus seu festis be | ate virgis qualiter in quo | libet sit honoranda. Die zweite Schrift, die ich nirgends habe auffinden können, kenne ich nur aus Citaten des Paltz in der Coelifodina. Coelifodinae Supplem., Bog. Hij. Vgl. auch folgende Stelle: Ipsamet dicit, immo quod plus est spiritus sanctus in persona eius

Laffen sich nach dem Vorhergehenden nirgends Spuren eines evangelischeren Christentums nachweisen, wie man es häufig im Augustinerorden vermutet, so ist doch auf der andern Seite nicht zu verkennen, daß allerdings in gewisser Beziehung gerade der Augustinerorden die Reformation des sechzehnten Jahrhunderts nicht gerade vorbereitet aber ihr doch vorgearbeitet hat, wenigstens in Deutschland. Man wird dabei weniger an die entschiedene Forderung einer durchgehenden Reformation der Kirche an Haupt und Gliedern, oder auch an den ernsten Versuch, an sich selbst ein jenen Reformationsideen entsprechendes Leben darzustellen, zu denken haben, — beides war, wenn auch bei den Augustinern gesteigert, doch ihnen nicht eigentümlich, letzteres doch in sehr geringer Verbindung mit den wesentlich religiös=sittlichen Impulsen der Reformation. Es ist vielmehr die **Pflege der Predigt**, durch die sich die Augustiner des 15. Jahrhunderts auszeichnen, welche hier in Betracht kommt. Nicht **was** sie geprebigt haben, hat etwa die Reformation angebahnt, ebenso wenig wie die Brüderschaften das religiöse Leben gefördert haben, wenn sie auch die Gläubigen mit den kirchlichen Organen eng verbanden, sondern daß sie durch die Predigt, die sie mehr als andere sich angelegen sein ließen, das erkenntnißmäßige Interesse für religiöse Fragen aufrecht erhielten, darin liegt ihre relative Bedeutung für die spätere Reformation.

Man weiß, daß in jener Zeit bei den Weltgeistlichen die Predigt eine fast ganz unbekannte Sache war. Auch von den Benedictinern und ähnlich organisirten Orden, den regulirten Chorherren, Prämonstratensern u. s. w. wurde die Predigt nicht geübt, bei ersteren sogar in damaliger Zeit grundsätzlich nicht. Die Predigermönche führten ihren Namen schon sehr mit Unrecht; gelehrte Studien, wie die von Jahr zu Jahr sich mehrenden Inquisitionen nahmen ihre ganze Zeit in Anspruch. Auch die Carmeliter finde ich nicht als Prediger erwähnt; dagegen konnte man

Proverbo VIII: Qui me invenerit, inveniet vitam — Quaeramus ergo eam ut possimus per eam vitam invenire (ebenda). Ipsa enim est spes nostra, vita nostra atque dulcedo nostra non quidem per essentiam sicut filius eius sed per impetrationem, quia impetrat nobis ipsam ne desperemus vitam naturae, gratiae et gloriae, ne in corpore et anima periclitemur etc. Aus dem Libellus de septem foribus.

hin und wieder einen bußpredigenden Franciscaner vernehmen.
Zu ihrer besonderen Aufgabe machten sich doch nur die Augustinereremiten das Predigen und gelangten gerade hierdurch zu Einfluß nicht bloß auf die Laien, sondern auch auf andere Orden. So
war ein Augustiner der Prediger der Cistercienserinnen im Kreuz-
kloster zu Gotha [1]). Ebenso waren die Augustiner zu Erfurt
im Jahre 1444 die Verpflichtung eingegangen, in der Kirche des
dortigen Klosters der weißen Frauen an ihren Heiligentagen, den
hohen Festen und sehr vielen Sonntagen die Predigt zu übernehmen [2]). Dorsten, Gotschalk Hollen, Paltz, Proles
sind schon als tüchtige Prediger genannt worden. In Siegen
predigte sogar der dort stationirte Terminarius [3]), ja in Rom
selbst konnte man im Jahre 1456 auf dem Campo Santo einen
deutschen Augustiner, Peter von Dresden, in deutscher
Sprache das Wort Gottes verkündigen hören [4]). Für größere
Convente findet sich das ständige Amt eines Predicanten bezeugt,
so für Magdeburg, Memmingen [5]) und Nürnberg. An
letzterem Ort scheint gegen Ende des fünfzehnten Jahrhunderts die
Seelsorge fast ausschließlich in den Händen der Augustiner gewesen
zu sein. Der „Prediger bei den Augustinern" war der Prediger
überhaupt. Als sich 1488 das Gerücht in der Stadt verbreitete,
der Bruder Johannes Vogt solle von dem Amte eines Predigers
abgefordert und versetzt werden, wandte sich der Rat selbst in
zwei Schreiben an Andreas Proles, wie an das zu Culm-

---

[1]) Zeitschrift für thüringische Geschichte 1861, S. 101.

[2]) Copialbuch des Erfurter Augustiner Klosters (Staatsarchiv in Magdeburg), wahrscheinlich auch bei den Benedictinern zu St. Peter. Chronicon
Nicolai de Siegen, p. 179 sq.

[3]) Ibid., p. 427.

[4]) Concessimus licentiam fratri Petro de dresem (de hac provincia)
praedicandi Romae in Campo sancto in lingua teutonica, 26. November
1456. Compend. ex reg., p. 456.

[5]) Hoffmann, Geschichte Magdeburgs II, 452. Im Jahre 1509
ersucht der Rat von Memmingen den Convent, den Prediger „bise vasten zu
behalten und predigen zu lassen" (Ratsprotocoll im Memminger Stadtarchiv). Am 11. Juni 1452 erteilt der Bischof Caspar von Meißen denjenigen, welche in Andacht den Predigten der Augustiner in Waldheim, Herzberg und Dresden beiwohnen, einen Ablaß. Cod. dipl. Sax. reg. III, 105 sq.

bach versammelte Capitel der Congregation und bat, da „der Herr Johanns mit seiner leere vnd gutem Exempel dem Volk bey vns zu dem hail irer selen vast furberlich vnd angenem", denselben in Nürnberg zu belassen, „das wurdt on Zweifel im Volk nit wenig pesserung vnd frucht bringen"[1]). Auch die Nürnberger Chronisten wissen von den Predigten der Augustiner und ihrem gottseligen Leben zu erzählen. Siegmund Meisterlin sagt von ihnen: „ein großer convent abgeschieden andechtig vnd ruwig Veter, die man gar selten auf der gaßen sicht: sie warten ir gebets"[2]). Ein anderer, Heinrich Deichsler, tut sogar bestimmter Predigten derselben Erwähnung; „der prediger zu den Augustinern, der predigt am sunbag nach liechtmeß vom schweren vnd gotzlestern zwen Tag", bemerkt er zum Jahre 1497[3]). Ebenderselbe erzählt uns auch, der Augustinerprediger hätte im Jahre 1501, als über Nürnberg infolge der Anwesenheit eines gebannten Ritters, Hans von Drat, das Interdict ausgesprochen war, zuerst gegen die Gebannten geprebigt, dann aber vier Tage lang geschwiegen, woraus man schließen kann, daß beinahe täglich ein Predigtgottesdienst in der Augustinerkirche stattfand[4]).

Bemächtigten sich so die Augustiner durch die Predigt, den reichen Ablaß ihrer Kirchen, wie durch das ihnen wie allen Bettelmönchen zustehende Recht, aller Orten Beichte zu hören, wovon sie den ausgiebigsten Gebrauch machten, immer mehr der allgemeinen Seelsorge, so erklärt es sich, daß das Verhältniß zur Weltgeistlichkeit kein sehr freundliches war. Die Letztere sah sich überall von den Eindringlingen aus ihrer Tätigkeit verdrängt, ja verachtet und in ihren Einkünften wesentlich geschädigt. Die Agitationen gegen die Bettelorden hatten deshalb seit ihrem Bestehen niemals aufgehört. Ihren Höhepunkt erreichten sie, als Alexander V. in der Bulle Regnans in excelsis vom 12. October 1409 — den Forderungen der Pariser Theologen entgegen —

---

1) Th. Kolbe: „Innere Bewegungen unter den deutschen Augustinern und Luthers Romreise", Zeitschrift für Kirchengeschichte II, 465.

2) Nürnberger Chroniken (Chroniken der deutschen Städte) III, 74.

3) Ebendaselbst V, 592.

4) Ebendaselbst, S. 369 f.

die den Bettelmönchen von Bonifacius VIII., Clemens V. und Johann XXII. gewährten Privilegien bestätigte. Daraufhin wurden Franciscaner wie Augustiner von der Pariser Universität ausgeschlossen und vom Könige von Frankreich allen Pfarrern bei Verlust ihrer Temporalien verboten, einen Bruder der beiden genannten Orden in ihren Kirchen predigen, beichthören oder die Sacramente spenden zu lassen [1]). Auch das Baseler Concil machte den wenn auch vergeblichen Versuch, mit den Bettelorden kurzer Hand aufzuräumen [2]). Später, in den siebziger Jahren, als mit den Ordensreformationen auch das seelsorgerische Interesse der Mendicanten sich mehr als früher betätigte, erwachte die Eifersucht gegen sie in neuer Stärke. Dürfen wir Paltz trauen, so hätten sich die Invectiven besonders gegen die Augustinereremiten gerichtet. „Man weiß nicht", hielt man ihnen entgegen, „von welchem Galgen Ihr herkommt, von welchem Orden Ihr seid und welcher Teufel Euch, da Ihr doch Eremiten gewesen, in die Städte geführt hat u. s. w. [3]). Nach demselben Berichterstatter hätten auch die vier rheinischen Kurfürsten in der Tat an Papst Sixtus IV. das Verlangen gestellt, die Bettelorden aufzuheben, „da sie nicht mehr nötig und in der Kirche nicht mehr nützlich seien, da Wissenschaft und Gelehrsamkeit bei den weltlichen Männern zu sehr überhandnehme" [4]). Sixtus IV., der frühere Franciscaner, war nun am wenigsten der Mann dazu, solchen Vorstellungen Gehör zu geben; aber auch ein anderer Papst würde die Vorteile, die die Wirksamkeit der Bettelorden der Kirche und besonders dem Curialismus brachten, nicht verkannt haben. Es wollte nicht eben viel sagen, wenn er, wie schon Calixt III. getan, den Mönchen verbot, die Verbindlichkeit der

---

[1]) Hefele, Conciliengeschichte VII, 2 f.

[2]) Ebendaselbst, S. 582.

[3]) Paltz, Supplem. Coelifodinae, Bog. Viij.

[4]) Tempore Sixti quarti surrexerunt quidam de isto semine suggerentis istis christianissimis principibus quatuor electoribus reni ut scriberent summo pontifici pro extirpatione mendicantium cum non sint amplius necessarii vel utiles in ecclesia equod nimium habundet scientia et doctrina in viris secularibus. Bog. Xi.

kirchlich feststehenden Verpflichtungen der Parochianen gegen ihren Curatus auf der Kanzel zu leugnen. Das Mare magnum, in dem die Privilegien der vier Bettelorden im Jahre 1474 bestätigt, erweitert und codificirt wurden [1]), zeigte, in welcher Gunst die Mönche in Rom standen.

Innocenz VIII. war gegen die Augustiner nicht weniger freigebig; u. a. gewährte er im Jahre 1490 allen Ordenskirchen, auch denjenigen, die nur einen einzigen Altar besaßen, alle Indulgenzen, die mit dem Besuch der Stationen Roms verbunden waren [2]). Den Conventen der Congregation kam noch das nahe Verhältniß des Johann von Paltz zu dem Cardinal Raimund zu Gute. Als der letztere im November 1502 nach Erfurt kam, erhielt der dortige Convent für die Mitglieder seiner Brüderschaften reichen Ablaß, ebenso für diejenigen, welche zur Restaurirung der Klostergebäude und zur Instandhaltung ihrer heiligen Gefäße „hülfreiche Hand bieten" und an gewissen Tagen die Klosterkirche, welche die wundertätigen Reliquien der heiligen Katharina barg, andächtig besuchen würden. Ferner wurde den Vätern auf ihr Ansuchen das Privilegium gewährt, auch zur Zeit eines allgemeinen Interdicts an den Festen des Ordens und der Brüderschaften bei offenen Türen die Messe zu lesen [3]). Da aber diese Vergünstigungen nicht den genügenden Erfolg hatten, wurden sie im Jahre 1504 bei einer zweiten Anwesenheit des Cardinals noch vermehrt. Der neue Ablaßbrief verhieß allen „wahrhaft Reuigen, die gebeicht haben", wenn sie an gewissen Festen zu gewissen Stunden die Ordenskirche besuchen und sich dem Kloster zu besagten Zwecken, besonders aber zur Vollendung der angefangenen Bibliothek, hülfreich erweisen würden, für jeden Besuch 100 Tage Ablaß. Dieselbe Indulgenz hatten diejenigen zu erwarten, welche an den besonderen Gesängen und Gebeten zu Ehren der heiligen Jungfrau, welche jeden Tag und in feierlicher Weise jeden Freitag im Kloster üblich waren, teilnehmen oder der

---

1) Empoli, p. 328.
2) Ibid., p. 192. Höhn, S. 124 f.
3) Erfurti V. Cal. Dec. 1502. (Copialbuch des Erfurter Augustiner-klosters im Staatsarchiv zu Magdeburg.)

Predigt zweier Brüder beiwohnen würden. Nicht minder aber sollten mit den genannten Vergünstigungen auch die Brüder begnadigt werden, welche die Unterstützung des Klosters dem Volke gläubig nahelegten oder die dafür vorgeschriebenen Leistungen täten [1]). So reich waren die Gnaden des Erfurter Convents, in dem wenige Monate später Luther Ruhe für seine Seele suchen sollte.

Die höchste Auszeichnung erhielt aber der gesammte Orden im Jahre 1497, als Alexander VI. „aus freiem Antriebe" die Ehrenstelle eines Sacristans der päpstlichen Palastcapelle, die seit einer Zeit, „wohin kein Menschengedanke reicht", von einem Augustinereremiten bekleidet würde, für alle Zeiten dem Orden gewährleistete [2]). Kein anderer Orden konnte eine ähnliche Stellung aufweisen, und es war natürlich, daß durch eine solche Bevorzugung die Bande zwischen Curie und Orden immer enger geknüpft wurden. Dankbar nahmen von jetzt an die Mönche besondere regelmäßige Fürbitten für Papst und Kirche in ihr Ritual auf, was man ihnen an höchster Stelle wiederum hoch anrechnete und nicht unvergolten ließ [3]).

So lagen die Verhältnisse im Augustinerorden am Ausgang des fünfzehnten Jahrhunderts. Wenn irgend ein Orden dem Papsttum verbunden war, so war er es, durch seine Entstehung, seine Geschichte und seine dermaligen Privilegien. Gilt dies von dem ganzen Orden, so noch in besonderer Weise von der deutschen Congregation. Wir sahen, daß ihre Existenz wesentlich auf der Gunst des apostolischen Stuhls fußte, nur durch sie hatte sie den mühsamen Kampf um ihre Selbsterhaltung durchfechten können. Schon die Dankbarkeit hätte ihre Führer zu Vertretern des Curialismus machen können, wenn sie es nicht schon aus religiöser

---

[1]) Qui ad librariam perficiendam in dicto conventu inchoatam manus adiutrices porrexerint. Atque fratres praefati, qui id populo fideliter intimaverunt, pro singulis diebus praedictis quibus is seu aliquid praemissorum fecerint similiter centum dies de iniunctis eis poenitentiis misericorditer in domino relaxamus. Erf. 12 cal. Jan. Ebendas. Das Kloster zu Schmalkalden erhielt ebenfalls 1488 einen Ablaß von 100 Tagen zur Reparatur der Kirche und zwar von 16 Bischöfen. (Staatsarchiv zu Gotha.)

[2]) Empoli, p. 37.

[3]) Ibid., p. 229. Höhn, S. 150 f.

Ueberzeugung gewesen wären. Jedenfalls waren sie sich bewußt,
daß sie nur im Bunde mit Rom ihre Ziele erreichen konnten, —
daran muß man sich erinnern, um ganz und voll die sittliche
Größe von Luthers Tat zu begreifen, um zu verstehen, was es
sagen wollte, daß es gerade ein Augustiner war, der gegen
den Ablaß auftrat, der den Abfall vom Papsttum auf seine Fahne
schrieb.

III.

Johann von Staupitz.

—

Erstes Capitel.

Anfänge und erste Kämpfe bis zum Jahre 1512.

Wie wir hörten, hatten die Väter auf dem Capitel zu Esch=
wege im Jahre 1503 den Bruder Johann von Staupitz
zu ihrem Vicar gewählt. Wer war dies? Welche Fähigkeiten
brachte er zu dem schwierigen Amte mit?

Johann von Staupitz stammte aus einem angesehenen,
altabligen Geschlechte, dessen Spuren sich bis tief in das Mittel=
alter verfolgen lassen. Im sechzehnten Jahrhundert war die
Familie im Wittenbergischen, in Dabrun und Zerbischin [1]), und

---

[1]) Günther von Staupitz zu Dabrun verkauft am 16. Januar 1509
dem Augustinerkloster zu Wittenberg 124 fl. rhein. Zinsen auf dem Dorfe
Dabrun, dem Vorwerk und der Mark Retschin, und auf dem Dorfe Zerbischin
für 2400 fl. ꝛc. mit Beitrittserklärung seines Bruders Ranfelt's von Stau=
pitz (Urkunde mit zwei Siegeln, auf deren einem das Wappen der Staupitze,
ein Posthorn, noch deutlich zu erkennen, im Ernestinischen Gesammt-Archiv
zu Weimar). 1519 und 1535 werden beide Brüder auch als Besitzer von
Müglenz erwähnt (W. Grimm, de Joanne Spaupitio etc., Zeitschrift für
historische Theologie 1837, Heft 2, S. 61 ff.). Wegen des obigen Kaufes
lag das Wittenberger Kloster lange Zeit mit Günther, dessen Sohn Scheurl
aus der Taufe gehoben hatte (Chr. Scheurl in elogio Staupitii zu Staupitz'
de praedestinatione bei Grimm, S. 94), in Streit. (De Wette I,
255. 444. 510; II, 28. 307 f. 315. 432 f. und Burkhardt, S. 56). Wahr=
scheinlich die Wittwe des Günther ist Margarethe von Staupitz, für die
Luther unter dem 27. März 1545 beim Kurfürsten Fürbitte einlegt (Burk=
hardt, S. 464 f.). Ihr Sohn und Scheurl's Pathchen — so schließe ich aus
dem Namen — dürfte der 1569 als Besitzer von Müglenz erwähnte Christoph
von Staupitz sein (Schöttgen, Historie von Wurzen, S. 790). Ein an=
derer Christoph findet sich 1510 in der Wittenberger Matrikel angegeben
(Christoferus de Stupitz, Alb. 34).

14*

in der Nähe von Wurzen, wo ihr das Dorf Müglenz gehörte, angesessen. Ein Dieterich von Staupitz begleitete 1476 Herzog Albrecht den Beherzten auf seiner Reise nach Jerusalem, und im Jahre 1499 erscheint ein Heinrich von Staupitz in der nächsten Umgebung des Bischofs Johann VI. von Meißen. Die Tradition läßt unsern Staupitz aus dem Meißenschen stammen, und die Vermutung, daß seine Wiege in Müglenz gestanden, das nicht weit von Thammenheim, dem Geburtsorte des genannten Bischofs, liegt, mit dem er, wie wir wissen, in seiner Jugend sehr befreundet war, dürfte nicht zu gewagt sein [1].

Seine Mutter lebte, wie scheint, noch im Jahre 1515 in Dabrun bei seinem Bruder Günther [2], der später in langem Streit mit dem Wittenberger Kloster lag. Außerdem kennen wir noch einen zweiten Bruder Ranfelt und eine Schwester Namens Magdalena. Letztere befand sich seit dem Jahre 1501 im Kloster zu Niembschen und gehörte zu den 9 oder richtiger 12 Nonnen [3], welche in der Nacht vom 4. zum 5. April 1523 mit Katharina von Bora entflohen, und ist wahrscheinlich deren Aebtissin gewesen [4]. Auf Verwendung Luther's überließen ihr 1529 die Visitatoren „zu Ehren und Dank ihrem Bruder Dr. Joh. Staupitz" ein zum Augustinerkloster in Grimma gehöriges Häuschen, und stellten sie an der neu gegründeten Mädchenschule, einer der

---

[1] So Pasig, Johannes VI., Bischof von Meißen, S. 203, unter Berufung auf De Wette I, 85 und Spangenberg, Adelsspiegel II, 87.

[2] So verstehe ich wenigstens den Brief Scheurl's an Staupitz vom 22. April 1515. „Taberonum" kann nur Dabrun sein (Scheurl's Briefbuch I, 139).

[3] Burkhardt, S. 56.

[4] Spangenberg, Adelsspiegel II, 87: „Man hätte ihn dieselbige Zeit (1516) gern zum Bischofe gemacht zu Chiembsee in Baiern, dazu ihm seine Schwester, eine Eptisin, sehr geraten. De Wette I, 25. Götze (G. H.), Commentatio de Joanne Staupitzio, p. 6 (ein Exemplar dieser seltenen Schrift — Grimm hatte sie vergebens gesucht — auf der Kgl. Bibliothek zu Dresden) unterscheidet daraufhin diese Aebtissin und die Magdalena; daß sie aber dieselbe Person ist, dürfte schon daraus zu schließen sein, daß Magdalena von Staupitz bei der Aufzählung der Nonnen von Luther an erster Stelle genannt wird. De Wette II, 319.

erſten, die Deutſchland überhaupt gehabt hat, als Lehrerin an [1]).
Sie hat ſich ſpäter mit einem gewiſſen Tiburcius Geuder in
Grimma verheirathet und iſt 1548 geſtorben [2]).

Sichere Kunde von Staupitz erhalten wir erſt vom Jahre
1497, wo er ſchon Magiſter der freien Künſte und Lector der
Theologie, ohne Zweifel ſchon ein gereiſter Mann, dem Auguſtiner-
convent in Tübingen incorporirt wurde und ſich am 3. Mai
desſelben Jahres in die Univerſitäts-Matrikel eintragen ließ [3]).
Vielleicht kam er von München, wenigſtens machten die dortigen
Väter in ſpäterer Zeit auf die Ehre Anſpruch, daß er bei ihnen
Profeß getan, und ein Münchener Bruder Georg Mayr wurde
mit ihm zugleich inſcribirt. Er ſollte ſich daſelbſt die theologiſchen
Würden erwerben, ſo hatte es das Generalcapitel zu Rom im
Jahre 1497 wahrſcheinlich auf Antrag des Proles beſchloſſen [4]).
Nachdem er Prior des Kloſters geworden war, begann er am
29. October 1498 ſeinen theologiſchen Curſus, indem er bacca-
laureus biblicus wurde [5]). Die Erlaubniß, die Sentenzen des
Lombardus zu erklären, erhielt er ungewöhnlich ſchnell, ſchon am
10. Januar, und nach anderthalbjährigem Zwiſchenraum am 6.
Juli 1500 die Würde eines Licentiaten, worauf er einen Tag
ſpäter zum Doctor der heiligen Schrift befördert wurde [6]).

---

[1]) Die Viſitationsacten darüber: „So ſoll von nun an zu Grym zu
Zucht der jungen Megblein eine gemayne Schule gehalten — werden. Solcher Schulen haben wir dieſer Zeit Frau Magdalena von Staupitz vorgeſetzt
und derſelben ein Häuslein auf der Auguſtinerkirchhof das vorderſt eigentümlich vererbt." Bei Lorenz, Stabt Grimma, S. 159 f.

[2]) In der Kloſterrechnung vom Jahre 1537 heißt es: „Frau Magdalena Tiburcii Geuden Hausfrau." Ebendaſelbſt.

[3]) Frater Johannes de Stapitz A. M. etc. theologie lector ordinis
herem. S. Augustini dedit l. s. [Roth], Urkunden ꝛc., S. 538.

[4]) Höggmayr (Catalogus Priorum Provincialium etc. [Monachii
1729], fol. 25) nennt ihn conventus Monacensis filius. Daß Georg Mayr
(Roth a. a. O.) aus München war, zeigt Alb. Viteb., p. 1.

[5]) 22. Dezember 1497. Joan: Staupitz fit Baccal., quia in proximo
generali Capitulo sancitum fuit. Compend. de reg., p. 467.

[6]) Magister Johann Staupitz ordinis heremitarum Sancti Augustini, conventus tuwingensis Prior principiavit in cursum biblic Die
ante penultima octobris Anni 1498. In sententias vero principiavit
Decima die mensis Januarii Anni 1499 et habuit concathedralem

Als Staupitz nach Tübingen kam, hatte die Universität ihren berühmtesten Lehrer, Gabriel Biel, allerdings schon verloren, auch Johannes Heynlin von Stein war schon nach Basel gegangen, aber Gelehrte wie Konrad Summenhart und der Franziscaner-guardian Paul Scriptoris trugen den Ruhm der jungen Hochschule weit über die Grenzen des Landes hinaus. Hier in Tübingen waren die Vertreter der Scholastik und die junge Schule der Humanisten sich ihres inneren Gegensatzes noch nicht bewußt. Ein Heinrich Bebel feiert Gabriel Biel in Gedichten [1]. Letzterer stand mit Peter Schott und Geiler von Kaisersberg in Briefwechsel. Und wenn Reuchlin nach Tübingen kam, war er Summenhart's Gast [2]. Gleichwol gehen die Theologen die alten Bahnen, wie aller Orten herrscht Aristoteles, doch läßt sich sowol bei Summenhart wie Scriptoris eine ungewöhnliche Neigung zum Bibelstudium erkennen, die bei beiden ihren äußerlichen Anlaß in der seltenen Kenntniß der biblischen Grundsprachen haben mochte [3]. In seiner Trauerrede über Herzog Eberhard rühmt Summenhart u. a. dessen Kenntniß der heiligen Schrift und seine Freude am Bibellesen, und in einem längeren Vortrage, den er 1492 im Kloster Hirsau auf dem Provincialcapitel der Benedictiner hielt, zählt er unter den zehn im Mönchswesen eingerissenen Mißständen, die er besprechen will, nicht als die geringsten die Unkenntniß und Vernachlässigung der Schrift auf. „Vor den weltlichen Geschäften", so ruft er aus, „wo hört man das

---

Magistrum Reinhardum gaisser. Recepit licentiam 6. Julii et insignia magistralia die sequenti cum magistro Jacobo lemp et andrea Rempis. Schnurrer, Erläuterungen der Würtembergischen Kirchen-Reformations- und Gelehrten Geschichte (Tübingen 1798), S. 51. Alle drei Contathebralen wurden Tübinger Lehrer (siehe [Roth], Urkunden a. a. O., S. 514, Nr. 45. 556. 113f. 493, Nr. 45; über den Gang, der bis zur Erlangung der Doctorwürde an allen Universitäten so ziemlich gleichmäßig durchzumachen war: W. Vischer, Geschichte der Universität Basel [Basel 1860], S. 210ff.).

[1] Fr. X. Linsenmann: Konrad Summenhart (Tüb. Festschr. 1877), S. 9. 83.

[2] Ebendaselbst, S. 10.

[3] Ueber Paul Scriptoris siehe den Artikel von Escher in Ersch und Gruber über Conrad Pellicanus.

süße Geflüster der heiligen Schrift, das wie die Wasser Siloahs leise dahinfließt? Vielmehr hört man den Lärm roher Bauern und Zinsleute. Ja fürwahr, gleichwie in nicht wenigen Theologen= schulen viel lauter Aristoteles und sein Commentator Averroes das Wort führen, als Christus und der Apostel, so hört man in manchen Klöstern mehr die Landwirthe und Jäger, als die Lehrer der heiligen Schrift ¹)." Für die Verderbtheit der Kirche hatte er ein offnes Auge, und es sind seine Gedanken, wenn er von Herzog Eberhard sagt, daß er vor Verlangen geglüht habe, es zu erleben, daß ein allgemeines Concil versammelt werde zu einer Reformation der Kirche an Haupt und Gliedern ²). Doch wird man zu weit gehen, wenn man aus dem Worte, welches er, wie Staupitz zu erzählen pflegte, im Munde führte: „Wer wird mich Armen von dieser streitsüchtigen Theologie erlösen" ³), auf das Bewußtsein des Gegensatzes zwischen biblischer und scho= lastischer Theologie schließen will. Es ist nur der Ausdruck des Unbehagens über die Streitigkeiten der Realisten und Nomi= nalisten, die gerade in Tübingen, wo der neue und der alte Weg neben einander gelehrt wurden, häufig vorkamen und bis= weilen in Tätlichkeiten ausgeartet sein sollen ⁴). Anders war es mit Paul Scriptoris, der, ohne Zweifel schon zerfallen mit der Scholastik, noch entschiedener als Summenhart auf das Studium der Schrift und der Väter drängte und sogar in seinen Predigten freiere Ansichten über Sacramente, Gelübde, Ablaß u. a. hören ließ, die ihm Verfolgungen von Seiten seiner Ordensgenossen zuzogen. Seine Vorlesungen waren außerordentlich besucht, auch von den Augustinern, und es ist nicht undenkbar, daß Staupitz mit durch ihn auf die Schrift, als die Quelle des Heils, hinge= wiesen worden ist. Aber von einem wirklichen Einfluß jener Männer auf Staupitz kann doch eigentlich nicht die Rede sein,

---

¹) In seinem Tractatulus exhortatorius ad attendendum super de= cem defectibus virorum monasticorum bei Linsenmann a. a. O., S. 16.

²) Ebendas., S. 21.

³) Mathesii Historien von Dr. Martin Luther. 12. Predigt. Adam, Vitae theol. in vita Summenhardi.

⁴) Linsenmann, Gabriel Biel und die Anfänge der Universität Tübin= gen (Theol. Quartalschrift, Bd. XLVII, 1865, 2. Heft, S. 212).

dafür läßt sich nichts anführen, dagegen spricht aber die erste uns erhaltene Schrift desselben: „Entscheidung der Frage, ob die Parochianen gehalten seien, nach kirchlicher Vorschrift an Sonn- und Festtagen in ihren eigenen Pfarrkirchen die Messe zu hören" [1]). Ihr vorgedruckt ist ein Brief des Staupitz an den ersten Tübinger Buchdrucker Joh. Othmar [2]), der das Datum vom 30. März 1500 trägt.

Die angeregte Frage war keine müßige, sie wurde vielfach behandelt, denn sie hatte einen hohen praktischen Wert. Sie war entstanden in dem alten Kampf der Mönche gegen die Weltgeistlichkeit, dessen wir schon im vorigen Abschnitte Erwähnung tun mußten. Es war altes kirchliches Gesetz, daß jeder Erwachsene an Sonn- und Festtagen die Messe in seiner Parochialkirche zu hören habe. Nachdem aber durch das Aufkommen der Bettelmönche eine wesentliche Verschiebung der kirchlichen Verhältnisse eingetreten war, das Heil nach der allgemeinen Anschauung weniger im Anschluß an den Gemeindepriester, als an den einen höheren Grad der Heiligkeit repräsentirenden Ordenspriester lag, mußte auch jenes Gesetz vielfach übertreten werden zu Gunsten der Mönche, die mit Wort und Schrift für ihre Rechte eintraten. Mit allen Mitteln der scholastischen Kunst suchte man die Uebertretung jener Vorschrift zu rechtfertigen, höchstens wollte man eine Pflicht der Billigkeit gegenüber dem Weltpriester, dem Curatus, der über die Seelen Sorge zu tragen habe, zugeben, nicht aber eine Pflicht der Notwendigkeit. Vergeblich hatten mehrere Päpste den Bettelmönchen verboten, dies zu predigen. Man machte dagegen geltend, daß jenes Verbot doch in denjenigen Fällen nicht

---

[1]) Decisio questionis | de audientia misse in parochiali | ecclesia dominicis et festivis | diebus. Cum ceteris | annexis. (Hain, Nr. 15052.) Ullmann (Reformatoren vor der Reformation II, 268 f.) ist geneigt, dem Staupitz die Autorschaft abzusprechen, weil dieselbe nicht ausdrücklich ausgesprochen und sich „von demjenigen, was Staupitz eigentlich auszeichnete, dem einfach kindlichen und praktisch-mystischen Sinne, eigentlich nichts in den Abhandlungen fände." Daß aber innere Gründe, die von seinem 15 Jahre späteren Standpunkt hergenommen werden, hier nicht in Betracht kommen können, liegt auf der Hand. Außerdem scheint mir der der Abhandlung vorgedruckte Brief doch die Autorschaft angeben zu sollen.

[2]) Im Anhang: Staupitz' Briefe.

verbindlich sein könne, wo die Andacht, die doch der ganze Zweck des Messehörens sei, bei den Mönchen eine größere sei, als in der Parochialkirche.

Staupitz hält die ganze Frage in der Tat für sehr wichtig. Er findet, daß infolge der vielen sich widersprechenden Behauptungen der Lehrer in den Gemütern nur Zweifel und Verwirrung entstehen muß. „Zweifelhaft, welchen Aussprüchen sie Glauben schenken sollen, auf dem Wege der Vernunft nicht das Richtige findend, die Wahrheit nicht beachtend, verführt durch Neigung und lautes Geschwätz, pflichten sie meistens allzu sicher einer Behauptung bei, welche das geringere Maß von Wahrheit enthält." Die Wahrheit mag bitter sein, man muß sie dennoch suchen. Man darf keine Geduld haben, wie der sehr langmütige Hausvater im Evangelium, wenn es sich um die Sache der Wahrheit handelt, deren Feind auf der Schwelle vernichtet werden muß. Darum ersucht Staupitz den Buchführer Johann Othmar, seine Entscheidung zu drucken. „Als Lohn, der denjenigen verheißen ist, die die Wahrheit aus Licht bringen, wirst Du dereinst für diese Mühe das ewige Leben erlangen." [1])

Was nun die Frage selbst angeht, so entscheidet sich Staupitz mit anerkennenswerter Verleugnung der eigenen mönchischen Interessen, um des hierarchischen Princips willen, zu Gunsten der Weltgeistlichkeit. Es steht als kirchliches Gebot fest, daß alle Erwachsenen gehalten sind, an Sonn- und Festtagen die Messe in ihrer Parochialkirche zu hören; folglich begehen diejenigen, welche mit Ueberlegung dagegen handeln, eine Todsünde. Die etwa in der Sache selbst liegenden Gründe, die von Einigen dafür oder dagegen vorgebracht werden, werden einfach mit der nicht abzuleugnenden Tatsache niedergeschlagen, daß den Bettelmönchen die Nichtverpflichtung zu predigen verboten ist. Doch ist es billig, daß die Priester nicht zu schnell sind mit der Verurteilung ihrer Untergebenen, falls sie jenes Gebot übertreten, da ja auch vernünftige Entschuldigungsgründe dafür vorgebracht werden können. Aber welches sind diese? Staupitz läßt sich nicht darauf ein, sie aufzuzählen. Er meint vielmehr, diejenigen, welche solche Gründe

---

[1]) Aus dem Briefe an Othmar (siehe im Anhang die Briefe des Staupitz).

für die Menschen erdichten, handeln töricht und gefahrbringend.
Denn erstens kennen sie die Intention des Gesetzgebers und den
eigentlichen Grund des Gesetzes nicht vollständig; zweitens müssen
diejenigen, die richtig raten wollen, unterscheiden, was jeder im
einzelnen Falle zu erwählen hat. So zu raten ist aber nicht leicht,
weil die Wertschätzung der Verdienste mehr als von der menschlichen Tat, von der göttlichen Annahme abhängig zu machen ist, die
ihnen unbekannt ist. Denn sie wissen nicht, ob der Gehorsam eines
sich Erniedrigenden, oder die Frömmigkeit eines, der sich hinauf
zu Gott erhebt, ihm mehr gefällt. Endlich kann sich ja selbst der
Engel des Satans in einen Engel des Lichts verwandeln, und da
man sich gerade vor dem freundlichen Dämon in Acht nehmen
muß, so weiß man nicht, von was für einem Geiste, von was
für einer Andacht jemand bewegt wird. Deshalb handelt man
um vieles rätlicher, wenn man die Leute nach beiden Seiten hin
wohl informirt und sie dann ihrem Gewissen überläßt, besonders
da, wo private Andachtsübungen zu einer andern Stunde (als zu der
kirchlich geforderten) ohne Furcht vor Uebertretung möglich ist [1]).

Endlich warnt Staupitz davor, sich durch jedes beliebige Bedenken, auch wenn es wirklich Bezug auf den Cultus hat, entschuldigt zu sehen. Denn wenn etwa persönliche Neigung zu diesem
oder jenem Ort schon ein Recht gebe, das kirchliche Gebet zu übertreten, so würden alle positiven Gebote zum Spott werden [2]).

Das alles wird ganz in der Form der alten Scholastik dar-

---

[1]) Et quia merita plus ponderanda sunt ex divina acceptione, quam
humana actione. Quae cum ipsis ignota sit, consequens est, ut faciliter
consulere non possint. Nesciunt enim an deo plus placeat obedientia
sese humiliantis, vel devotio se rursum in deum elevantis. Tertio cum
angelus sathane noverit, se transfigurare in angelum lucis et maxime
cavendum sit a daemonio meridiano, nesciunt, quo spiritu, quave devo-
tione quisque moveatur atque ita semper timidi et incerti judicabunt.
Idcirco multo consultius agitur, dum propriis suis conscienciis homines
de utraque parte bene informati relinquuntur, maxime, ubi devotiones
privatae alia hora sine timore transgressionis exerceri commode possunt.
Zu daemonium meridianum vgl. Ps. 91, 6: ab incursu et daemonio meridiano. Hierzu vgl. fast wörtlich: Luther, Aelteste Psalmenauslegungen
ed. Seidemann I, 19. Beide nach Bernhard, In Cant. Ser. 33, 9.

[2]) Ullmann (a. a. O.), der die Bedeutung der behandelten Frage gar
nicht verstanden hat, giebt den letzten Satz ganz unrichtig wieder.

gestellt; Scotus, Bonaventura, Gerson, Biel sind die Autoritäten; alle Gründe und Gegengründe werden mit allen möglichen und unmöglichen Probationen, Reprobationen und Suppositionen erwogen. Staupitz ist noch ganz der Scholastiker, der keinen Stein am Wege liegen sehen kann, ohne ihn aufzuheben und ihn fortzuschleudern, oder ihn zu einem Haufen zusammenzutragen, um ihn dann Stein für Stein wieder abzutragen. Und doch ist zu beachten, daß er schon die Wertschätzung der Verdienste von Gott abhängig macht und dem christlichen Gewissen Entscheidungsrechte zuweist, ohne doch bis zu einer wirklichen christlichen Freiheit hindurchzubringen.

Dem kleinen Schriftchen ist noch allerlei angehängt, „was dem Christen hauptsächlich zu wissen notwendig"[1]. Zuerst die viererlei Arten von Geboten; Gebote des Naturgesetzes: Alles was Ihr wollt, daß Euch die Leute tun, das tut Ihr ihnen auch, und was Du nicht willst, daß Dir geschieht, tue auch keinem Andern. Darauf folgen die zehn Gebote des geschriebenen Gesetzes und die Gebote des Gnadengesetzes (vornehmstes Gebot), denen sich einige Gebote des kanonischen Gesetzes anreihen. Hierauf werden die Fest- und Feiertage aufgezählt, woran sich ein kurzer Sermon von Antonius Mancinelli von Volaterrae anschließt, der die Frage behandelt, warum wir Christi Geburtstage, die Sonntage und Märtyrerfeste feiern. Dann wird noch angeführt, an welchen Tagen kein Fleisch genossen werden darf, wann es verboten ist, eine Ehe einzugehen, und an welchen Tagen die eheliche Pflicht zu fordern nicht erlaubt ist. Den Schluß macht das Nicänische Glaubensbekenntniß. So wird das Schriftchen zu einer Art Hauskatechismus, ein Umstand, dem es allein zuzuschreiben sein wird, daß es so vielfach gedruckt worden ist.

Nicht lange nach dem ersten Erscheinen desselben hat Staupitz Tübingen verlassen, um nach dem Willen seines Oberen in dem Convente zu München die Stelle eines Priors anzutreten. Er hat dieselbe nominell bis zum Sommer 1503 verwaltet, tatsächlich aber beschäftigten ihn damals ganz andere Dinge. Der Landesherr seiner Heimat, Kurfürst Friedrich der Weise, bedurfte

---

[1] Es existirt übrigens auch ein Abdruck, der dieselben nicht hat.

seines Rates zur Ausführung seines hochherzigen Entschlusses, seinem Lande in Wittenberg eine Universität zu errichten. Er mochte Staupitz von früher her kennen, vielleicht auch von Pro=les besonders auf ihn hingewiesen worden sein, als einen hervor=ragenden Mann, der mit den Einrichtungen der neu gestifteten Tübinger Universität, die in so kurzer Zeit zu Ruf und Ansehen gekommen, bekannt war [1]). Auch kam in Betracht, daß der in Wittenberg befindliche Augustinerconvent sich an der Lehrtätigkeit beteiligen sollte. Mit Eifer nahm Staupitz den Plan auf, konnte doch dadurch nur das Ansehen seines Ordens gewinnen. Mit dem früheren Leipziger Lehrer Martin Pollich von Mellerstadt wurde er der eigentliche Organisator der neuen Universität [2]). Sie erhielt gewissermaßen von vornherein den Charakter eines studium generale der Augustinereremiten. Die besonderen Schutz=heiligen des Ordens, die heilige Jungfrau und der heilige Au=gustin, wurden auch die Patrone der Universität [3]). Die theolo=gische Facultät wurde unter den besonderen Schutz des Apostels Paulus gestellt. Augustiner, und zwar zu Tübingen gebildete, sind die hauptsächlichsten Lehrer.

Der Wittenberger Convent, der früher einer der unbedeu=tendsten gewesen war, erfreute sich bald der besten Namen. Stau=pitz selbst, der „Tübinger Doctor", wie die Matrikel ausdrücklich

---

[1]) Beßler, Fortges. Sammlungen 1732, S. 358: Dom. Jubilate 1503, ubi Reverendus Pater M. Joannes de Staupiz ... me in Priorem loco sui confirmavit Monachensem.

[2]) Daß Staupitz 1502 nach Rom gereist sei, um von Julius II. die Privilegien zu erbitten, wie noch Grimm a. a. O., S. 67 f. angiebt, finde ich nirgends begründet. Die Universität ist vielmehr ursprünglich ohne päpstliche Privilegien, nur unter Zustimmung des päpstlichen Legaten, Cardinal Ray=mundus, gegründet worden, und erst später, wie zu zeigen sein wird, hat Staupitz persönlich die üblichen Privilegien ausgewirkt (vgl. Muther, Die Wittenberger Universitäts= und Facultätsstatuten, Halle 1867, Proleg. III).

[3]) Daß darin sich Staupitzens „selbständige theologische Stellung und die neue Richtung, welche nach seinem Sinne die Theologie zu nehmen hatte", sich ausdrückt (Köstlin I, 91), kann nach dem über Staupitz' damalige Stellung Gesagten, natürlich nicht mehr angenommen werden. Auch die theologische Facultät zu Basel hatte den heiligen Augustin zu ihrem Schutz=heiligen.

bemerkt ¹), übernahm eine Professur und wurde erster Decan der theologischen Facultät. Ein andrer Augustiner, Sigismund Epp, der als Heidelberger Baccalaureus in Tübingen für den Orden gewonnen worden war, wurde der erste Decan der Artisten-Facultät ²). Auch Dionysius Bickel von Weil, der in die letztere Facultät eintrat, war Staupitz von Tübingen her bekannt ³). Ebenso die Juristen Wolfgang Stähelin ⁴) und Ambrosius Vollant ⁵), vielleicht auch noch Hieronimus Schurpf, der erst den 19. October 1501 in Tübingen immatriculirt worden und nun noch baccalaureus arcium nach Wittenberg berufen wurde, um aristotelische Logik nach Duns Scotus zu lesen und das aristotelische Buch über den Himmel und die Welt zu erklären ⁶).

Martin Pollich von Mellerstadt wurde Rector, während der Präceptor des Antoniterhauses zu Lichtenburg, Goswin von Orsoy, wenigstens nominell das Amt eines Kanzlers der jungen Hochschule übernahm ⁷).

Das waren die Männer, die Staupitz nach Wittenberg zog ⁸) und die die hohe Aufgabe übernahmen, dem nahen Leipzig gegenüber

---

¹) Witt. M. 1. Frater Joannes de staupitz Ordinis fratrum heremitarum reformate congregacionis diui Augustini arcium et Sacre theologie professor theologice facultatis ordinarius et primus decanus, doctor Tuwingensis.

²) Tub. M. 526. Witt. M. 1. Frater Sigismundus Epp de Bunickhen ordinis fratrum heremitarum reformate congregacionis S. Augustini arcium magister et Sacre theologie baccalaureus tuwingensis, artistice facultatis hujus studij primus decanus. Er wurde 1503 am 10. März Licentiat. Lib. dec. 2.

³) Tub. M. 500 und Wittenb. M. 1. Ich vermute, daß auch er Augustiner war und daß da, wie Roth a. a. O. anmerkt, Weil nicht sein Geburtsort war, damit der Convent, dem er früher angehört hat, bezeichnet wird (vgl. hierzu Lib. dec. 2).

⁴) Tub. M. 508.

⁵) Ibid. 487.

⁶) Ibid. 500 und Muther, Aus dem Universitäts- und Gelehrtenleben im Zeitalter der Reformation, S. 183.

⁷) Lib. dec. 1. 2. Muther, Die Wittenberger Universitäts- und Facultätsstatuten, Prol. XV.

⁸) Auch Hermann Keyser von Stolberg, der mit Proles befreundet war, dürfte ihm seine Berufung verdanken (vgl. den Brief des Proles an ihn im Anhang).

die neue Universität zu Ehren zu bringen. Der Erfolg zeigte, daß es Staupitz verstanden, die richtigen Kräfte zu wählen. In dem kleinen Wittenberg, von dessen Oede und Leere die Zeit-genossen nicht genug zu erzählen wissen, begann ein reges Leben. Aus allen deutschen Gauen strömten die Scholaren zusammen, darunter auch ältere, schon promovirte Männer und Mönche, be-sonders viele Augustiner, die Staupitz dorthin berief. Schon im ersten Jahre fanden 416 Inscriptionen statt. Im übrigen ging alles den an anderen Universitäten üblichen Weg. Mit den Tü-binger Lehrern war auch die dortige Lehrweise nach Wittenberg übergegangen. Man lehrte in via Scoti und in via Thomae [1]. Daneben trieben die Humanisten ihr Wesen, hochgeehrt von den andern Lehrern, keineswegs im Gegensatz zu ihnen [2].

Diese Beziehungen des Staupitz zu der neuen Universität, das nahe Verhältniß zu dem sächsischen Fürstenhause, der Adel seines Namens mögen neben der Lauterkeit seines Charakters und der mönchischen Strenge in erster Linie für Proles die Veranlassung gewesen sein, ihn zu seinem Nachfolger zu bestimmen. Wir haben die Kämpfe der Congregation um ihre Existenz verfolgt. Es war Proles endlich gelungen, auch bei den Generalen seine Bestrebun-gen zur Anerkennung zu bringen. Ob der Friede ein dauernder sein würde, hing doch gar sehr von dem jeweiligen Ordensoberen und von der Selbstbeschränkung der Observanten ab. Das Interesse für oder gegen die deutsche Observanz hatte bei den Generalen bisher fortwährend geschwankt, und die Observanten selbst, das lag in der Natur ihrer Bestrebungen, gaben ihren Gegnern nur zu leicht Grund zur Klage — konnten sie es doch nicht lassen, immer von neuem Propaganda zu machen, um endlich ihrem Ziele, sämmtliche deutsche Convente in ihrer Congregation vereinigt zu sehen, näher zu kommen. Dies war aber doch nicht möglich, ohne daß in die Rechte der Provinciale eingegriffen wurde, die dann nicht zögerten, bei dem General bittere Klage zu erheben und schnell bei der Hand waren, dem Vicar die Absicht zu unter-

---

1) Siehe den Lectionskatalog von 1507 bei Strobel, Neue Beiträge zur Literatur III, 2. S. 55 ff.

2) Näheres darüber K. Schmidt, Wittenberg unter Kurfürst Friedrich dem Weisen (Erl. 1877), S. 14 ff.

stellen, sich von der Jurisdiction des Generals eximiren zu wollen. Sollte die Congregation nicht nur fortbestehen, sondern sich auch erweitern, so war es nur möglich auf Grund derjenigen Stützen, denen sie ihr bisheriges Bestehen verdankte. Es galt, sich der Gunst der weltlichen Fürsten sowie des apostolischen Stuhles zu versichern und die Bande zwischen den einzelnen Conventen immer enger zu knüpfen. Staupitz, der feine, auch höfisch gebildete Mann, wie ihn die Zeitgenossen schildern, erfreute sich der Gunst der mächtigen Wettiner; wenn irgend einem würde es, wie man hoffte, ihm gelingen, auch mit den übrigen Fürsten, deren Wohlwollen für die Congregation von Wichtigkeit war, freundschaftliche Beziehungen zu unterhalten. Die Bevorzugung des Ordens durch den päpstlichen Legaten ließ erwarten, daß die Curie wie früher die Congregation schützen würde, und eine Kräftigung derselben durch eine engere Verbindung der einzelnen Convente durch einander und durch Verbindung mit anderen Congregationen, war das, was Staupitz als seine erste Aufgabe erkannte.

Schon seine Vorgänger hatten daran gedacht, die Besonderheiten der Congregation, wie sie sich im Laufe der Zeit entwickelt hatten, zu codificiren, um dadurch der Unsicherheit bezüglich dessen, was zu halten war und was nicht, vorzubeugen, waren aber nicht dazu gekommen. Jetzt ließ es Staupitz seine erste Sorge sein, für seine Untergebenen die in der Congregation geltenden Constitutionen zusammenzufassen und durch den Druck bekannt zu machen. Eine außerordentliche Versammlung der Väter sollte über die endgültige Redaction derselben zu Mindelheim (am 23. April 1504) beschließen. Es war jedoch nur sechs oder sieben Prioren aus dem Oberland möglich, dorthin zu gelangen, weil der Krieg, der soeben um das Erbe Georg des Reichen von Landshut begonnen hatte, das Reisen in Baiern unmöglich machte. Die Mehrzahl der capitelberechtigten Väter kam mit Staupitz in Nürnberg zusammen, wo sein Entwurf der Constitutionen auf einem improvisirten Capitel am Sonntage Jubilate gutgeheißen wurde und bald nach Pfingsten im Druck erschien [1]).

---

[1]) Bessler in den Fortges. Samml. (F. S.), 1732, S. 358. Staupitz in der Vorrede zu den Constitutionen bei Grimm, S. 66f. 116. Das einzig

Es ist schon oben bei Besprechung der Constitutionen des Gesammtordens auf die wenigen Verschiedenheiten aufmerksam gemacht worden. Das Wichtigste war die Empfehlung des Schriftstudiums [1]. Im übrigen bestehen die Abweichungen wesentlich in Verschärfungen gewisser Bestimmungen. Der Unterschied zwischen Observanten und Conventualen lag eben weit weniger in ihren gesetzlich vorgeschriebenen Einrichtungen als in der größeren oder geringeren Strenge, mit der sie befolgt wurden. Einzelne Verschiedenheiten waren durch die abweichende Verfassung gegeben. Der Generalvicar hat nicht etwa dieselbe Stellung innerhalb der Congregation, wie der Provincial, sondern wie der General gegenüber dem Gesammtorden [2]. Auch ist er nach geschehener Wahl ohne weiteres auf Grund päpstlicher Autorität bestätigt, bedarf also nicht der Bestätigung des Generals. Und wenn der Generalvicar auch dem Generalprior zu gehorsamen verbunden ist, so kann ein Untergebener des ersteren doch kaum an den General in Rom appelliren.

In eigentümlicher Weise vollzieht sich die Wahl zum Prior bei den Observanten. Geht der Prior zum Generalcapitel, so muß zunächst ein vicarius domus und ein discretus gewählt werden. Zu diesem Zweck versammeln sich die Brüder im Capitelsaal und wählen zuerst zwei Scrutatoren, welche die Voten der

bekannte Exemplar der Constitutiones fratrum Heremitarum Sancti Augustini ad apostolicorum privilegiorum formam pro Reformatione Alemanie, 8°, auf der Jenaer Universitätsbibliothek. Ich habe die von Seidemann diplomatisch genau angefertigte, der Kgl. Bibliothek zu Dresden gehörige Abschrift benutzt. Auf ein Schreiben an alle Observanten (Grimm, S. 116) und eine kurze einleitende Uebersicht über die Geschichte der Congregation (ebendaselbst S. 66 f.) folgen die Regel Augustin's und in 57 Capiteln die eigentlichen Constitutionen.

[1] Vgl. oben S. 22. Zu erwähnen ist noch, daß das bei Staupitz sehr ausführliche Capitel über die Aderlässe (de minutionibus, cap. 26) in den mir vorliegenden Constitutionen des Gesammtordens fehlt und nach seinen Verordnungen die Brüder mit Ausnahme der Doctoren der Theologie nicht in einzelnen Zellen, sondern in einem gemeinsamen, durch eine Lampe erleuchteten Schlafsaale die Nacht zubringen sollen.

[2] Vigore privilegiorum a sede nobis apostolica concessorum omnem facultatem atque auctoritatem in suos habet subditos quam Reverendissimus pater generalis in totum ordinem. Cap. 33.

einzelnen Brüder notiren und, wenn einfache Majorität erreicht ist, den Gewählten proclamiren [1]). Hierauf verläßt der Prior den Saal, und die beiden Scrutatoren begeben sich mit dem eben erwählten discretus auf einen Platz, wo sie von den Brüdern gesehen, aber nicht gehört werden können. Zuerst schreibt jeder gesondert und heimlich nieder, was er über Absetzung oder Wieder= wahl des Priors denkt, dann zeigen sie sich gegenseitig die Vota und erforschen die Meinung der Brüder, die ebenfalls getreulich aufgeschrieben werden muß. Aus den genannten Namen werden drei als Candidaten aufgestellt [2]), und zwar soll der Name des Priors, wenn keine Gründe für seine Absetzung vorliegen — und solche müssen dem Diffinitorium schriftlich angegeben werden — in erster Stelle genannt werden. Die eigentliche Wahl erfolgt dann in der Weise, daß zuerst über den erstgenannten entschieden wird, nötigenfalls dann über den zweiten und so fort, bis eine absolute Majorität erreicht ist. Die Wahl unterliegt der Be= stätigung durch den Vicar, der gelegentlich auch eine geeignetere Person als Prior einsetzen kann, ein Recht, von dem Staupitz und seine Districtsvicare einen ziemlich ausgiebigen Gebrauch machten.

Die Districtsvicare, deren Zahl sich je nach Bedürfniß be= stimmt, dürfen nicht sogleich wiedergewählt werden. Die Haupt= aufgabe des Generalvicars sind die Visitationen; alljährlich ist er verpflichtet, jeden der ihm untergebenen Convente zu visitiren, gewiß keine kleine Aufgabe bei den dermaligen Verkehrsverhält= nissen, wenn man bedenkt, daß damals schon in allen Gegenden Deutschlands und darüber hinaus reformirte Convente sich fanden [3]).

Bald nach jenem Nürnberger Convent begab sich Staupitz auf seine erste Visitationsreise. Die Absicht, zunächst die süddeutschen Convente zu besuchen, mußte er wegen der Kriegswirren auf= geben, weshalb er sich mit Nicolaus Besler, seinem Nach=

---

[1]) Mit den Worten: Ego frater A nomine meo et nomine omnium ad quos spectat electio vicarii et discreti eligo fratrem B etc.

[2]) Vgl. De Wette I, 32.

[3]) Meistenteils hat sich Staupitz übrigens dabei durch seine Vicare ver= treten lassen.

folger im München er Priorat, den er zu seinem vorschrifts-
mäßigen Begleiter erwählte, nach Sachsen und Thüringen begab [1]),
um die dortigen Convente zu visitiren.

Im Dezember waren beide über Nürnberg, Augsburg
wieder in München, wo sich Staupitz einige Ruhe gönnte. Daselbst reifte ein Entschluß in ihm, von dessen Ausführung er sich
einen bedeutenden Erfolg für die Congregation versprach.

Von Anfang an war die Congregation der lombardischen
Augustinerklöster das Ideal der deutschen Observanten gewesen.
Sie hatte, wie früher erwähnt, besonders durch Paul II. im
Jahre 1469 eine Reihe außerordentlicher Privilegien erhalten,
die ihr die größtmöglichste Freiheit gegenüber dem General gewährten und zugleich die ausgedehntesten Vollmachten zur weiteren
Ausbreitung und wirksamen Bekämpfung der Conventualen er-
theilten. War es nun auch wenigstens zur Zeit Alexander's VI.
noch nicht gelungen, sämmtliche oberitalische Convente unter die
Observanz zu bringen, so daß auch dort die Kämpfe noch fort-
dauerten [2]), so war doch die Congregation der Lombarden die angesehenste, mächtigste, diejenige, die unter allen die Observanz ver-
fechtenden Genossenschaften innerhalb des Ordens auch trotz der
auf ihre Macht eifersüchtigen Generale am meisten erreicht hatte,
und sie war der deutschen benachbart. Die Erwägung lag für
Staupitz nahe, durch Anschluß an dieselbe einen Rückhalt zu gewinnen, um dann kühner dem General entgegentreten zu können,
überhaupt nach außen und innen gefestigter dazustehen.

Der bisherige Begleiter des Staupitz, Nicolaus Besler,
nominell noch immer Prior von München, und Heinrich

— — —

[1]) Für das Nächste ist die Quelle, wenn nichts Anderes angegeben ist,
die Vita Besleri (F. S. 1732, S. 356 f.). Freitag nach Visitationis Mariä
(5. Juli) 1504 bestätigt „Johannes Staupitz doctor gemeiner Vicari gnantis
ordens deutscher nation" zu Erfurt eine Schenkung (Ernestinisches Gesammt-
Archiv zu Weimar K K p. 125, No. 54 3a). Im November war Staupitz in Neustadt a. O., wie ein von Friedrich und Johann von Sachsen
für ihn an den Rat von Neustadt gerichteter Credenzbrief vom Sonnabend
nach Leonharti (9. November) bezeugt (Staatsarchiv zu Magdeburg. Erfurt
B. 8, No. 41).

[2]) Besler, Mare Magnum, p. 177.

Rietpusch wurden mit dem wichtigen Geschäfte beauftragt, mit den Lombarden wegen eines Anschlusses zu unterhandeln. Besler hat uns seine Reise genau beschrieben. Es dürfte von Interesse sein, ihn dabei zu begleiten, da Luther wenige Jahre später dieselbe Straße zog und mit wenig Aenderungen dieselbe Route eingeschlagen haben wird.

Am 22. Januar 1505 brachen die beiden Brüder von München zu Fuß auf, ein Laienbruder, Lorenz Bauer, trug ihnen das Gepäck nach. Ueber Scheßtlarn, wo sie im dortigen Prämonstratenserkloster die erste Nacht zubrachten, ging die Reise nach Benedictbeuren, „wo die Berge anfangen und bis nach Bassano reichen". Trident war schon zur Fastnacht (4. Februar) erreicht. Von da führte sie ihr Weg über Bassano, Treviso nach Venedig. Die Strecke von Chioggia bis Rimini wurde zu Schiffe zurückgelegt. Dann zogen sie wieder zu Fuß die Küste entlang über Pesaro, Osimo nach Maria de Loretto und wandten sich von dort landeinwärts über Macerata nach Tolentino, wo sie am Sonnabend vor Lätare (1. März) eine kurze Rast machten, um bei den Gebeinen ihres Ordensheiligen, des 1437 kanonisirten Nicolaus von Tolentino [1]), ihr Gebet zu verrichten. Jetzt erst schlugen sie den directen Weg nach Rom ein, welches sie über Spoleto, Terni, Narni u. s. w. am 6. März nach Sonnenuntergang erreichten. Am andern Morgen betraten sie den u. a. durch ein angeblich von Lukas herrührendes wundertätiges Bild [2]) berühmten Convent zu Maria del Populo, wo sie auf das freundlichste aufgenommen wurden. Gegen Ende des Monats verließ dann Besler mit Bauer wieder die heilige Stadt, um sich nach Vercelli zum Capitel der lombardischen Congregation zu begeben, nachdem es ihm vorher gelungen war, von mehreren Cardinälen eine Befürwortung ihres Gesuchs bei den Lombarden zu erhalten [3]).

Am 20. April kam denn die Union auch in der von den

---

[1]) Höhn, S. 93.

[2]) Dasselbe erwähnt in einer Bulle Sixtus IV. bei Besler, Mare Magnum, Bl. 172.

[3]) Es waren die Cardinäle Ascanius Maria Sforza, Vicekanzler der römischen Kirche (Ciaconius III, 86) und Georgius Costa Lusitanus (Ciaconius III, 55). (Vgl. Besler, Mare Magnum, Bl. 162 b sq.)

Deutschen gewünschten Form zu Stande. Unter Beibehaltung der Selbständigkeit, Sitten, Gesetze und Gebräuche beider Congregationen wurde die deutsche mit der lombardischen Congregation in der Weise unirt, daß sie erstens aller Privilegien derselben teilhaftig wurde und zweitens der Generalprocurator der lombardischen Congregation bei der römischen Curie zugleich auch die Geschäfte der deutschen Väter am päpstlichen Hofe betreiben sollte [1]). Hierdurch hatte Staupitz den großen Vorteil erreicht, daß von nun an die Interessen beider Congregationen als solidarisch angesehen wurden und er jederzeit auf die Unterstützung der Lombarden rechnen konnte. Nun kam es aber darauf an, vermittelst einer Bulle die päpstliche Bestätigung zu erlangen, in der auch von Seiten der Curie den deutschen Vätern die Teilnahme an den Privilegien der Lombarden zugesprochen wurde. Nicht ohne Mühe gelang es Besler, dieselbe auszuwirken [2]). Anfang des neuen Jahres überschickte er sie dem Generalvicar durch Lorenz Bauer nach Deutschland. Ohne irgend welche Ausnahmen zu statuiren, bewilligte der Papst den deutschen Vätern alle Privilegien, Indulte, Freiheiten und Concessionen der Lombarden, „als wenn sie Wort für Wort angeführt wären", mit Aufhebung aller etwa entgegenstehenden Bestimmungen. Staupitz konnte deshalb meinen, von nun an dieselbe Stellung einzunehmen wie der Vicar der Lombarden, d. h. wie dieser unmittelbar unter dem apostolischen Stuhl zu stehen. Indessen kam es zunächst anders. Eben damals starb der General und an seine Stelle wurde am 1. September 1505 Augustinus von Interramna gewählt, ein leidenschaftlicher Mann, der schon als Generalvicar in dem Aus-

---

1) Besler, Mare Magnum, Bl. 162ᵇ sq.

2) In dem Abdruck in den Fortgesetzten Sammlungen 1732, S. 360 heißt es: Qua vero sine labore per bullam apostolicam obtenta, indem auf der Leipziger Stadtbibliothek befindlichen Originale, das ich verglichen habe, steht aber non sine labore, danach meine Bemerkung (Ztschr. für Kirchengeschichte II, 3. S. 463) zu berichtigen. Die Bulle bei Besler, Mare Magnum ,p. 177. Datum Romae apud Sanctum Petrum Anno Incarnationis dominicae Millesimo quingentesimo quinto Undecimo Kalendas Julii Pontificatus nostri anno secundo. Besler muß sie erst lange Zeit nach der Ausfertigung erhalten haben, da er sie seiner Angabe nach (F. S. 1732, S. 361) erst Neujahr 1506 an Staupitz sandte.

schreiben zu dem Capitel, welches ihn wählte, seiner Abneigung gegen die deutschen Observanten Ausdruck gab [1]). Als er von der Bulle Kunde erhielt, war er wie der Procurator des Ordens, **Petrus Antonius**, im höchsten Grade erzürnt darüber, daß Staupitz es gewagt hatte, sich unmittelbar an den päpstlichen Stuhl zu wenden. Seine beiden Gesandten, die sich seit dem 25. Mai 1505 wieder in Rom befanden [2]), hatten ihren ganzen Zorn zu fühlen. Wir wissen aus den Constitutionen, daß es unter Androhung von besonders schweren Strafen — ein Passus, den auch Staupitz in seine Bearbeitung aufgenommen hatte — verboten war, mit Umgehung des Procurators mit dem Papst zu verhandeln. **Petrus Antonius** hatte jetzt nicht üble Lust, dieselben bei **Besler** zur Anwendung zu bringen. Bei Strafe der sofortigen Excommunication und einer Geldstrafe von hundert Dukaten wurde ihm untersagt, die Stadt zu verlassen. Unaufhörlich inquirirte man ihn und suchte allerlei von ihm zu erforschen. Er lebte in fortwährender Angst, heimlich bei Seite geschafft zu werden [3]).

Dazu kam, daß eben wieder von Deutschland aus neue Klagen über das Verfahren der Vicarianer einliefen, die nur dazu geeignet waren, die gereizte Stimmung des Generals zu erhöhen. Es handelte sich um die schwäbischen Convente **Tübingen, Eßlingen, Weil, Alzei** und **Heidelberg**, die von den Landesfürsten vor Jahren reformirt und auf Grund eines Vertrages dem Vicariat von Sachsen unterstellt worden waren und damals von dem Districtsvicar **Bernhard Gebhardi** von Tübingen verwaltet wurden [4]). Jetzt machte der Provincial der rheinisch-

---

[1]) Intimavimus Capitulum generale celebrandum Interamni Dom. 1. Sept. atque inhibuimus ne recipiant ff. Congreg. Alemaniae. 12. Mai 1505. Comp. ex reg., p. 433. **Crusenius** sagt von ihm p. 177 sq. fortius eandem (Ordinem) pressit — rem Ordinis ita sibi cordi duxit, ut brevi oneri succubuit, vix enim sanum diem passus, brevi post primum regiminis annum obiit.

[2]) **Heinrich Nietpusch** starb Anfang 1506 das. am Fieber (a. a. O., S. 361).

[3]) Fortges. Samml., S. 361. (Vgl. Th. **Kolde**, Innere Bewegungen im Augustinerorden ꝛc., Zeitschrift für Kirchengeschichte II, 3 S. 463 f.)

[4]) **Sattler**, Geschichte des Herzogtums Würtemberg unter den Herzögen I, 132. Beil. 58. **Höhn**, S. 141.

schwäbischen Provinz, Sigfried Calciatoris, darauf Anspruch und reiste sogar 1506 nach Rom [1]), um persönlich über die Vergewaltigungen von Seiten der Sachsen beim General Klage zu führen, der dieselbe nur zu gern entgegennahm. Mit allem Eifer suchte er die der deutschen Congregation erteilte Bestätigung der Union mit den Lombarden rückgängig zu machen. Es gelang ihm wenigstens eine wesentliche Beschränkung der verliehenen Privilegien beim päpstlichen Stuhle auszuwirken, und, was wichtiger war, das Verfahren des Staupitz bloszustellen. Unter dem 24. März 1506 richtete daraufhin der Papst an den General eine Bulle, in der er zuerst den Inhalt der dem Staupitz erteilten kurz angiebt, dann aber fortfährt: Da die lombardische Congregation der Curie unmittelbar unterworfen und Staupitz besagtes Schreiben ohne Erlaubniß und Wissen des Protectors oder Generalpriors und Procurators unter dem Vorwande einer Bestätigung erlangt habe und sich gerire, als ob er von der Oberhoheit des Generals eximirt und allein dem römischen Stuhle unterworfen sei — was doch nur zu einem bedenklichen Zwiespalt zwischen Observanten und Conventualen führen würde, indem die Observanten, wenn sie von der Obedienz des Generals befreit wären, die übrigen Brüder mit Unterstützung der weltlichen Fürsten belästigen würden —, so erkläre er (der Papst) hiermit, daß die Observanten in Deutschland nicht eximirt, sondern nach wie vor dem General unterworfen seien [2]).

Wie zu erwarten, machte diese in ziemlich scharfem Tone gehaltene päpstliche Kundgebung gegen Staupitz großen Eindruck. Es war nicht so grundlos, daß man z. B. in Nürnberg meinte, hiermit sei der Observanz überhaupt der Krieg erklärt, ihr Bestand sei im höchsten Grade gefährdet. Der Rat von Nürnberg schrieb deshalb schon am 17. Juli desselben Jahres an den Papst mit der Bitte, die von den früheren Päpsten den Augustinern verliehenen Freiheiten rc. unverletzt zu erhalten und nicht zuzulassen, daß die Observanz gelöst werde. Zu

---

1) Höhn, S. 139.

2) Empoli, Bullarium, p. 202 sq.; fälschlich steht hier Joannes de Scantz statt Staupitz. Vgl. auch Höhn, S. 140.

gleicher Zeit wandte er sich an den Carbinalspresbyter Jo=
hannes Antonius vom Titel der heiligen Nereus und Achilleus
mit dem Ersuchen, den Orden gegen die ihn bedrohenden Nach=
stellungen in seinen besonderen Schutz zu nehmen. Auch Caspar
Wirt, Chorherr zu Sanct Stephan zu Constanz, der Syndicus
der Nürnberger in Rom, erhielt den Auftrag, in diesem Sinne
zu wirken [1]).

Bald darauf rüstete sich auch Staupitz selbst, nach Rom zu
gehen und dort persönlich den Papst zu Gunsten seiner Congre=
gation umzustimmen. Der Auftrag seines Kurfürsten, noch nach=
träglich für die Universität Wittenberg die päpstliche Bestätigung
einzuholen, gab ihm die gewünschte Gelegenheit dazu. Gegen Ende
des Jahres finden wir ihn in Bologna, wo sich der Papst seit
dem 11. November aufhielt [2]). Dort lernte er auch seinen spä=
teren langjährigen Freund Christoph Scheurl von Nürnberg
kennen, mit dem schon über Jahr und Tag wegen Uebernahme
einer Professur in Wittenberg verhandelt wurde. Wesentlich dem
Einflusse des Vicars, der die Doctorpromotion des jungen Ju=
risten (23. Dezember 1506) durch seine Gegenwart verherrlichte,
war es zu danken, daß Scheurl dem Rufe nach Wittenberg Folge
leistete [3]).

Ohne besondere Mühe erlangte er schon am 21. Dezember
1506 die gewünschten Privilegien für die Wittenberger Universität [4]).
Auch für die Congregation hatten sich die Verhältnisse über Er=
warten schnell gebessert. Augustinus von Interramna war
Ende des Jahres gestorben, an seine Stelle war zunächst als
Generalvicar Aegibius von Viterbo getreten, ein gelehrter, .
auch den humanistischen Studien ergebener Mann, der den Wert der

---

[1]) Nürnberger Kreisarchiv, Briefbuch LVII, 227. Ueber den Cardinal
bei Ciaconius III, 168.

[2]) Brosch, Julius II. (Gotha 1878), S. 131 (vgl. S. 137).

[3]) Die erste Erwähnung der Berufung nach Wittenberg am 26. Sep=
tember 1505 in Scheurl's Briefbuch von Soden und Knaake I, 4. 7.
Unrichtig zählt Soden (Beiträge zur Reformationsgeschichte, S. 6) Staupitz
zu Scheurl's mit ihm zu Bologna studirenden Freunden. Ueber die Pro=
motion Briefb. I. 42 f.

[4]) Grohmann, Annalen I, 17.

Observanz zu schätzen wußte. Besler wurde sofort aus seiner Gefangenschaft entlassen. Staupitz entbot ihn zu sich nach Bo=logna [1]). Nachdem er daselbst Ende Januar über seine bis=herige Tätigkeit Bericht erstattet, wurde er noch einmal nach Rom gesandt, um gewisse liturgische Indulgenzen für die Congre=gation auszuwirken. Erst am 5. Mai 1509 durfte er die ewige Stadt nach mehr als vierjährigem Aufenthalt verlassen [2]).

Wann Staupitz nach Deutschland zurückgekehrt ist, läßt sich nicht angeben, ich vermute, daß er wenigstens noch dem General=capitel zu Neapel, welches am 21. Mai Aegidius von Viterbo zum General erwählte, beigewohnt hat [3]). Es war ganz nach seinem Sinne, wenn dasselbe bestimmte, daß niemand auf den Ordensakademien aufgenommen werden sollte, der nicht öffentlich versprochen, nach der Observanz leben zu wollen [4]).

Ohne Zweifel war es Staupitz während seines italienischen Aufenthaltes gelungen, nicht nur alle Bedenken des Generals gegen die deutsche Congregation und ihre Verbindung mit den Lombar=den zu beseitigen, sondern auch das volle Vertrauen der Curie wiederzugewinnen. Ein redendes Zeugniß davon ist eine Bulle, die der damalige Legat für Deutschland, der Cardinal Bernhardin (Carvajal), vom Titel S. Crucis, der später als Parteigänger Maximilian's in Angelegenheiten des Pisaner Concils eine Rolle spielte, unter dem 15. Dezember 1507 von Memmingen aus erließ [5]). Sie entsprach den höchsten Erwartungen des Vicars, der jetzt hoffen konnte, durch sie endlich zu seinem Ziele zu ge=

---

1) Der Herausgeber von Besler's Memoiren hat in F. S., S. 362 statt des im Original stehenden comperto das sinnlose facto Capitulo gesetzt. Auch ist statt 19 eiusdem vielmehr 29 eiusdem zu lesen.

2) Fortges. Sammlungen 1732, S. 362 f.

3) Ein Brief des Aegidius an Staupitz vom 26. Juni 1510 (Höhn, S. 154) setzt auch eine Anwesenheit in Rom voraus.

4) Höhn, S. 140.

5) Höhn, S. 142—148. Datum Memmingen Augustensis Dioecesis. Anno Incarnationis Dominicae Millesimo Quingentesimo Septimo, Decimo octavo Calend. Januarii. Pontificatus praefati Domini Nostri Papae Anno quinto. Nach der Angabe des päpstlichen Regierungsjahres ist sie also nicht 1506 (wie irrtümlich Zeitschrift für Kirchengeschichte II, 3. S. 463), sondern 1507 anzusetzen.

langen und wenigstens alle nord- und mitteldeutschen Convente in seine Gewalt zu bringen. Nach einem geschichtlichen Ueberblick über die bisherige Entwicklung von den ersten Anfängen mit den fünf Urconventen bis zur Union mit den Lombarden, wird alles, was bisher im Interesse der Observanz geschehen, gut geheißen und werden alle Privilegien und Immunitäten ohne Unterschied bestätigt. Darauf wendet sich der Cardinal zu einer ihm zugegangenen Petition der deutschen Augustiner, wonach „der Provincial, Prioren und Brüder des Ordens und der Provinz Sachsen", vom höchsten Eifer für ihre Religion beseelt, einmütig wünschten, unter der Observanz zu dienen und sich der deutschen Congregation anzuschließen, Vicar und Brüder der letzteren auch nichts dagegen hätten, wofern es ohne Teilung der Congregation, Verringerung der Privilegien und ohne Abbruch für die Observanz möglich wäre. Daraufhin wird nach Wunsch der Beteiligten das Verhältniß der Art geregelt, daß aus den Conventen der bisherigen Congregation und den Conventen der Provinz Sachsen eine neue, gemeinsame Congregation gebildet werde, die auf einem gemeinsamen Capitel einen erwähle, der zugleich Provincial von Sachsen und Generalvicar der privilegirten Observanz von ganz Deutschland sein solle. Niemand dürfe dazu gewählt werden, der nicht in der regulären Observanz aufgezogen, oder bei den Seinigen in schlechtem Rufe stände, oder von dem man wüßte, daß er irgendwie die Observanz gering schätze. Das Diffinitorium soll aus vier Diffinitoren bestehen, von denen zwei aus der sächsischen Provinz und zwei aus der deutschen Congregation zu nehmen sind. Auch den noch nicht genügend reformirten Conventen darf indessen der Eintritt gestattet werden, wofern sie sich nach den Capitelsbeschlüssen richten. Geschieht dies nicht, so hat der Vicar die Pflicht, im Auftrage des Capitels oder der Diffinitoren einen Convent nach dem andern zu reformiren und je nach der Lage der Verhältnisse, falls es ihm ersprießlich scheint, Personen einzuführen oder zu versetzen.

Der Vicar wird noch besonders darauf aufmerksam gemacht, daß er es sich nicht einfallen lasse, dem General unter irgend welchem Vorwand den Gehorsam zu versagen, er hat denselben als das Haupt des ganzen Ordens zu verehren, die hergebrachten Dienste und Zahlungen pflichtmäßig zu leisten und, so weit er Erlaubtes befiehlt, ihm demütig zu gehorchen. Alle drei Jahre ist er gehalten, die Convente wenigstens einmal zu visitiren. In schwierigen Fällen sollen die Diffinitoren nicht ohne den Rat der Aelteren, besonders der Doctoren der heiligen Schrift, Beschluß fassen. Um ja keinen Irrtum aufkommen zu lassen, werden die Convente der sächsischen Provinz, um die es sich bei der neuen Organisation handelt, d. h. welche der deutschen Congregation beizutreten haben [1]), ausdrücklich angegeben und kraft apostolischer Autorität vermittelst der besagten Bulle der Congregation aggregirt, so daß es keinem Convent oder Bruder mehr gestattet ist, davon abzutreten. Schließlich werden die Erzbischöfe von Magdeburg, Freisingen und Bamberg bevollmächtigt, wenn es nötig ist, oder sie von dem Vicar und Provincial darum ersucht werden, die besagte Bulle zu publiciren und die stricte Ausführung der einzelnen Bestimmungen nach Kräften zu fördern.

Wer die bisherige Entwicklung des Augustinerordens in Deutschland verfolgt hat, dem kann es nicht entgehen, welche ungeheure Umwälzung jene Bulle, wenn sie wirklich zur Ausführung kam, allenthalben hervorrufen mußte. Ging sie auch in erster Linie nur darauf aus, die sächsische Provinz mit der Congregation zu verschmelzen, so war doch klar, daß dies nur eine Etappe auf dem Wege zu dem längst erstrebten Ziele sein sollte, sämmtliche deutsche Augustinerklöster unter eine Hand zu bringen. Geschickt hatte man die Sache so hingestellt, als wenn beide Teile gleiche

---

[1]) Es sind folgende Convente: Alsfeld, Eimbeck, Helmstedt, Quedlinburg, Königsberg in der Mark, Stargard, Anklam, Friedeberg (bei Höhn, S. 146, wo die meisten Namen falsch geschrieben sind, steht Friedeburg, entweder Friedberg in der Wetterau oder Friedeberg in der Mark), Garz a. d. O., Mariathron (bei Neustettin), Konitz (Diöcese Leslau), Heiligenbeil, Rössel (Diöcese Ermeland), Herford, Osnabrück, Lippstadt, Appingedam (bei Groningen), Münnerstadt, Würzburg, Schmalkalden. — Außer diesen als Augustinerklöster nachweisbaren Conventen erwähnt Höhn noch folgende Convente, die ich nicht habe auffinden können: Sanctae Trinitatis, Novi Ortus, Labosiz, Dam und Zerbst. In letzterem Ort ist nach Ausweis des Anhaltinischen Archivs zu Zerbst kein Augustinerkloster gewesen, vielleicht liegt eine Verwechselung vor mit Zieriksee in Holland (was als Augustinerkloster erwähnt wird von Moll [Kerkgeschiedenis II, 2. p. 111]), dessen lateinischen Namen ich nicht kenne.

Rechte erhielten, ja die deutsche Congregation, anstatt irgend welche Vorteil zu erhalten, nur solche aufgab, indem sie ihre Privilegien auch auf die Conventualen ausdehnte. Von allen gemeinsam sollte der Vicar und Provincial gewählt werden, aber was wollte dies sagen, wenn man die kleine Zahl der sächsischen Klöster gegen die große der Observanten hält! Es verstand sich von selbst, daß nur ein Mitglied der bisherigen Congregation gewählt werden würde. Bedenkt man die mehr als fünfzigjährigen Streitigkeiten mit den Oberen der sächsischen Provinz, die Eifersucht, mit der gerade die Mönche auf ihre Sonderrechte hielten, so ist schwer zu glauben, daß jene Petition, auf der die Bulle des Cardinallegaten fußte, wirklich vom Provincial und den Prioren der sächsischen Provinz ausgegangen ist. Man wird vielmehr annehmen dürfen, daß sie Staupitz auf eigne Faust unter Vorgeben der Zustimmung der Sachsen beim päpstlichen Stuhle beantragt hat, in der Hoffnung, daß die Sachsen sich schließlich ins Unvermeidliche fügen würden. Dergleichen frommer Betrug kam oft genug vor, der Eifer um die gute Sache mußte ihn entschuldigen. Vielleicht glaubte auch Staupitz aus mancherlei Anzeichen schließen zu dürfen, daß die Sachsen einer Vereinigung nicht abgeneigt seien, aber daß er keineswegs davon überzeugt war, dafür spricht, daß er mit der Veröffentlichung der Bulle durchaus nicht eilte.

Die erste Opposition gegen die geplante Verfassungsveränderung scheint merkwürdigerweise von der Observanz ausgegangen zu sein. Wir haben mehrfach beobachten können, welches rege Interesse der Rat der Stadt Nürnberg an dem dortigen Augustiner= kloster nahm, bei dessen Reformation er einen wesentlichen Vor= teil darin gesehen, daß das Kloster von der Jurisdiction des bai= rischen Provincials befreit worden war. Als jetzt in Aussicht stand, daß das Kloster unter den sächsischen Provincial und ein zur Hälfte aus Sachsen bestehendes Diffinitorium kommen könnte, fand der Rat darin eine ernste Gefährdung der Freiheiten seines Klosters. Ohne die Sache weiter zu untersuchen, stieß er sich wol zunächst an den Ausdruck Provincial, vielleicht mochte er auch fürchten, daß durch die größere Ausdehnung der Congregation größere Kosten erwachsen würden. Er machte Gegenvorstellungen. Als dieselben wirkungslos waren, griff er sogar zu Zwangsmaß=

regeln, entzog den Vätern das Trinkwasser und gewährte es ihnen nur unter der Bedingung wieder, daß sie sich bei Staupitz um den Bestand ihrer Freiheiten bemühten [1]). Wir hören jedoch nicht, daß sie irgend einen Erfolg gehabt hätten. Wahrscheinlich beschäftigte sich das Capitel, welches zu München am 18. October 1508 abgehalten wurde, mit dieser Angelegenheit. Vergeblich erwartete man daselbst das Erscheinen des Generals. Auch die Sendung des Lectors Georg Mayr (Besler's Nachfolger im Münchner Priorat) an den General im Winter 1508—1509, deren Zweck so geheim gehalten wurde, daß selbst Besler, der sich damals noch in Rom befand, nichts davon erfuhr, mag sich darauf bezogen haben [2]). Indessen ging Staupitz ruhig den Weg, den er sich vorgezeichnet. Hatte er mit mancherlei Widerwärtigkeiten zu kämpfen, so kam man andrerseits doch auch wieder seinen Bestrebungen entgegen. So in Köln, dessen Augustinerkloster 1509 in seine Gewalt kam. Am 27. Januar desselben Jahres schrieb der Rat der Stadt Köln auf Ansuchen des dortigen Priors und des Convents an den Vicar und setzte ihm die Verhältnisse im Augustinerkloster auseinander. Früher seien nicht allein in der Provinz, sondern auch in dem Kölner Kloster erfahrene und gelehrte Provinciale und Doctoren gewesen, die aber gestorben seien [3]), wodurch es gekommen wäre, daß das löbliche Regiment

---

[1]) Th. Kolde, Innere Bewegungen unter den deutschen Augustinern, a. a. O. II, 3. S. 465.

[2]) Besler a. a. O., S. 362 f.

[3]) „Vonweigen der geistlicher priors und Broedern gemeynlichen des Cloisters zo den Augustinen binnen unser Stat geleigen, die unns ouch selffs zoverstain gegeven haint, So wie vur etlichen verleden Jairen eins deyls gelierte und erfaren provincialen und doctores nyet alleyne in gemeyner provincien Sonder auch in deme selven irem Cloister gestorven und aff luffig worden synt derhalven dat loveliche Regiment irs Cloisters sere affgegenomen (sic!) und vermynnert ist, das dann as verstenlich gebrechs halven sulcher geschickter und bequemer personen nyet waill wederomme uffgerucht und gebessert moige werden ꝛc. (Stadtarchiv in Köln, Copiar 44, fol. 235—237.) Bei den gelehrten Doctoren wird in erster Linie an den allerdings noch lebenden, aber nicht mehr dem Convent angehörigen früheren Augustiner Dietrich Caster, Weihbischof von Köln, den gelehrten Freund des Aggripa von Nettesheim, zu denken sein. Er war Prior in Köln im Jahre

des Klosters sehr abgenommen und vermindert sei, und aus
Mangel an geschickten und bequemen Personen nicht leicht ge=
gebessert werden möge, wenn nicht die Brüder, die lange Zeit
nicht visitirt seien und ohne Oberhaupt gelebt hätten, gründlich
reformirt würden, wie das in den andern Klöstern der Stadt
geschehen sei. Deshalb wende sich der Rat an Staupitz, „as in
diesem Falle eynem verordenten paubstlichem vicarium, der die
Macht hait, alle dese dynge zu Reformieren und zu besseren“,
mit dem Begehr, in eigner Person nach Köln zu kommen oder
auf des Klosters Kosten geeignete Leute dahin zu schicken, die da=
selbst die Reformation vornehmen könnten. Die Brüder seien
willig, sich in seinen Gehorsam zu begeben und ihn und seine
Nachkommen als ihren geistlichen Vater und Visitator anzuer=
kennen.

Staupitz, der damals Decan der theologischen Facultät in
Wittenberg war, kam nicht sogleich dazu. Erst nach dem Pfingst=
feste desselben Jahres finden wir ihn in Köln, wo er in Person
den Prior Magister noster Johann Huysden und den ganzen
Convent in die Congregation aufnahm. Der Provincial Anton
Rath (consilii) der zugegen war, mußte, wenn auch nur ge=
zwungen, seine Zustimmung geben. Zwei vom Rat erwählte Pro=
visoren erhielten den Auftrag, für die Ausführung der Refor=
mation Sorge zu tragen [1]).

1495. Vgl. C. Krafft, Mitteilungen aus der Matrikel der alten Kölner
Universität, S. 21; desselben Briefe und Documente, S. 138 ff. Geiger,
Reuchlin, S. 363. Keller, Index episc., p. 10 sq.

[1]) Ennen IV, 181 sq. Daß der Provincial nur gezwungen seine Zu=
stimmung gab, würde sich schon aus der Sache selbst ergeben, geht aber mit
Bestimmtheit aus seinen späteren Machinationen gegen Staupitz hervor.
Comp. ex reg., p. 67 sq. Was Ennen a. a. O. über die provincia inferioris
Alemanniae ohne Quellenangabe sagt, ist für die damalige Zeit wenigstens
unrichtig, da Antwerpen erst 1413 einen Augustinerconvent erhielt, Dortrecht
nnd Gent damals noch nicht reformirt waren. De Wette I, 30. Comp. ex
reg., p. 65. 9. Septbr. 1514. Provinciali Coloniensi mandamus ut refor=
met Conventum Gandensem ita iubente sanctissimo pontifice. Im Jahre
1510 ist Prior von Köln Adam Ulrich (Reg. d. Gefälle d. Augustiner Klosters
fol. 9, Stadtarchiv in Köln). Er war aus Langensalza (Krafft, Mitteilungen,
S. 21), also wahrscheinlich von Staupitz dahin versetzt. Er ist ohne Zweifel

Derartige Erfolge konnten Staupitz, wie natürlich, nur in seinem Vorhaben bestärken. Die Widersprüche einzelner Convente und der ihm sonst sehr befreundeten Nürnberger schien dagegen wenig in Anbetracht zu kommen. Hatte sein Vorgänger so vieles trotz größerer Ungunst der Zeiten im Gegensatz zu den Wünschen des Generals durchgesetzt, warum sollte ihm nicht ein Gleiches mit Hülfe des Generals möglich sein? Und Aegidius von Viterbo war in der Tat ganz für seinen Plan gewonnen, auch jetzt noch, nachdem sich schon die Schwierigkeiten, die seiner Ausführung entgegenstanden, gezeigt hatten. In einem Brief an Staupitz vom 26. Juni 1510 rühmt er dessen Eifer und Mühe, um alles beizulegen und Ruhe und Frieden herbeizuführen, und ernennt ihn, damit er die Sache desto wirksamer in Angriff nehmen könnte, zum Provincial von Sachsen und zum Vicar der deutschen Congregation, die bisherige Gewalt und Autorität beider auf ihn übertragend. Zugleich wird allen Vätern und Brüdern bei Strafe der Rebellion und des ewigen Verlustes des activen und passiven Wahlrechts geboten, Staupitz in allen Dingen, welche ihm den Frieden, die Ruhe, das Heil und die Ehre des Ordens zu förbern scheinen, wie dem General selbst zu gehorchen [1]).

---

identisch mit Adam Ubaltiens (sic) (Chr. Friedr. Lesser, Historische Nachrichten von der freien Stadt Nordhausen [Frankfurt und Leipzig, 4⁰], S. 176f.), 1517 Prior von Nordhausen, und dem 1518 (bei Burkhardt, S. 10) erwähnten Wittenberger Prior Adamus. — Krafft (Briefe und Documente, S. 41) hat aus Neelsbachii monast. Colon. fratr. Eremit. S. Aug. hist. libri VI. (Mscr. in fol. vom Ende des siebzehnten Jahrhunderts auf der Universitätsbibliothek zu Bonn) eine Notiz mitgeteilt, nach der Staupitz in Köln 1509 f. ein studium generale eingerichtet habe (vgl. Ennen IV, 182), was bis zum Jahre 1520 bestanden habe.(?) Die als Beweis dafür angegebenen Namen von Augustinern, die Staupitz zu diesem Zweck nach Köln berufen haben soll (ich verdanke sie der Güte des Herrn Pastor Krafft), gehören nur zu einem kleinen Teile der Congregation — z. B. Wolfgang Göbel (nicht Netzel) aus Grimma (über denselben Lorenz, Stadt Grimma, S. 1324 f.) und Eberhard (Brisger) aus Mühlheim (über seine späteren Schicksale Plitt in der deutschen Allg. Biographie) —, können also nicht von ihm dorthin berufen sein.

[1]) Höhn (S. 154) teilt ein Bruchstück aus dem Briefe mit. Vielleicht könnte man aus folgender Stelle schließen, daß Staupitz 1510 in jener Angelegenheit in Rom war: Tu post longos labores in Urbem ad omnia

Auch dieses Schreiben hatte Staupitz jedenfalls selbst veran=
laßt, und es war allerdings unter den obwaltenden Verhältnissen,
wo so manche gegnerische Elemente auftauchten, für Staupitz
wünschenswerter, durch Decret des Ordensoberen die erstrebte
Stellung zu erhalten, als sich den Eventualitäten einer Neuwahl
auszusetzen. Jetzt hielt er den Zeitpunkt für gekommen, die lang
geplante Vereinigung ins Werk zu setzen. Am 30. September
1510 publicirte er von Wittenberg aus die besprochene Bulle des
Cardinallegaten Bernhardin, zugleich mit einigen andern uns
nicht überlieferten, die Reformation betreffenden Artikeln, die auf
dem letzten Capitel in Neustadt erlassen worden waren [1]).

Leider hören wir nirgends, welchen Eindruck das Schriftstück
bei den Conventualen gemacht hat [2]). Nachdem Staupitz durch
den Erlaß des Generals schon zum Oberhaupt der beiden zu ver=
einigenden Genossenschaften ernannt worden war, bedeutete jene
Publication weiter nichts, als daß die Väter der sächsischen Pro=
vinz aller Sonderrechte für verlustig erklärt wurden und nunmehr
dem Vicar zu gehorchen hätten. Ich vermute, daß Staupitz gar
nicht dazu kam, wirklich an die Ausführung seines Planes zu
gehen und den Widerstand der Conventualen kennen zu lernen.
Im eignen Hause war Verwirrung genug. Der Nürnberger Rat
protestirte jetzt sehr energisch gegen die Neuerung. Augenscheinlich
verstand er nicht, warum es sich eigentlich handelte. Es war
nicht möglich, ihm die Besorgniß zu benehmen, daß das Kloster
durch die Verfassungsveränderung seine Freiheit verliere und der
Bestand der Observanz in Frage gestellt würde, während dieselbe
doch gerade dadurch gefördert werden und endlich zum Siege
kommen sollte.

componenda et pacanda non sine Tuo quam maximo incommodo Te con-
ferre curasti. Da es aber auch auf seine frühere Anwesenheit gehen kann
und auch sonst nirgends eine Andeutung davon sich findet, wage ich es nicht
zu behaupten.

[1]) Höhn, S. 141 ff.

[2]) Höhn, der von den Kämpfen innerhalb der Congregation nichts
weiß, bemerkt nur: Literae istae Reformationem Conventuum Alemanniae
plurimum promovebant, quam et major in dies facta authoritas Staupitii
adauxit. p. 148.

Im Frühjahre 1511 wandten sich die Behörden der Stadt des=
halb an den Augustinergeneral in Rom [1]). In einem Schreiben
vom 2. April 1511 setzen sie demselben nach Darlegung der
großen Verdienste der Stadt um den Orden auseinander, wie
jetzt ein Zwiespalt unter den Brüdern entstanden sei, indem gewisse
Leute unter dem Vorwande einer guten Sache den Orden zu
untergraben versuchten, so daß zu fürchten wäre, daß aus der
beabsichtigten Union mit der sächsischen Provinz verderbliches
Aergerniß entstehen und das reguläre Leben von Grund aus
vernichtet werden könnte [2]). Sie ersuchen deshalb den General,
dies zu verhindern und die Sache durch gütliche Verhandlungen
beizulegen. Dies gelang jedoch nicht, vielmehr nahm die Unzu=
friedenheit im Sommer 1511, während sich Staupitz mit
Besler auf einer größeren, bis nach Holland und Brabant
ausgedehnten Visitationsreise befand [3]), größere Dimensionen an,
und sieben Convente widersetzten sich unter Führung des Districts=
vicars Symon Kaiser der beabsichtigten Verfassungsände=
rung. Um sich mit ihnen zu einigen, beziehungsweise sie zum
Gehorsam zurückzubringen, kam Staupitz, nach Sachsen zurück=
gekehrt, mit Symon Kaiser und beiderseitigen Anhängern in
Jena zusammen. Es gelang seiner Beredsamkeit, daselbst die
Gegner von der Notwendigkeit der Reform zu überzeugen, und
einigte man sich dahin, in einem „schriftlichen Receß" den Vätern
der sieben Convente gewisse uns nicht näher präcisirte, jedenfalls
den ursprünglichen Plan wesentlich abschwächende Vorschläge zu
machen, über welche innerhalb zweier Monate Gutachten abgegeben
werden sollten. Für den Nürnberger Convent übernahm der Rat
die Beantwortung des Recesses und verweigerte in einem Schreiben

---

1) Vgl. Th. Kolbe in Zeitschrift für Kirchengeschichte II, 3. S. 466 ff.

2) Admodum veremur ne ex praesumpta illa provinciae Saxoniae
unione exitiosa sequantur scandala periculumque immineat, ut non solum
opera impensa ac diligentia viventium nostrorum pereat sed et regularis
vita ac honesta conversatio funditus ruat ac tollatur quantum id religioni
ignominiosum nobis vero molestum esset. (Kreisarchiv zu Nürnberg.)

3) Besler a. a. O., S. 363, sehr summarisch. Paullo post in vigilia
(1511) Palmarum supervenit et P. Vicarius, cum quo estate eadem conventus vidi Holandie, Brabantie Westvalie et Saxonie deinde redeuntes
per Nurnbergam Ratisbonamque Salisburgum venimus.

vom 19. September 1511 die Annahme desselben, weil darin die Verbindung des sächsischen Provincialats mit dem Vicariat aufrecht erhalten würde. Unter entschiedener Betonung der päpstlicherseits dem Nürnberger Kloster gewährleisteten Freiheit und unter Hinweis auf eine vermeintliche Gefahr für die geistliche Zucht und Observanz machte er den Vorschlag, ein nur von reformirten Conventen zu beschickendes Capitel über die Sache beraten zu lassen und, falls dies zu keinem Resultate käme, einen unparteiischen Richter in deutschen Landen zur Entscheidung anzurufen.

Beides war für Staupitz unannehmbar; aber wie die Sachen jetzt lagen, war ohne den wichtigen Convent zu Nürnberg schwerlich etwas auszurichten. Ob es gelingen würde, den Widerstand mit Gewalt zu unterdrücken, war doch immerhin bei der Stellung, die der bei der ganzen Angelegenheit so interessirte Rat dazu einnahm, sehr fraglich, und Staupitz war selbst zu sehr mit den Nürnbergern befreundet, als daß er es zum Aeußersten kommen lassen konnte. Aber es war vorauszusetzen, daß, wenn Staupitz nicht auf ihre Vorschläge einging, die Nürnberger Behörden Anstalten treffen würden, mit Hülfe des Generals oder gar des Papstes ihre Ansicht zur Geltung zu bringen. Um dem vorzubeugen, hielt es der Generalvicar für geboten, sobald als möglich nach Rom zu senden, um den Machinationen der Gegner vorzubeugen. Es waren, wenn ich nicht irre, Johann von Mecheln, der frühere Prior von Enkhuizen und Martin Luther, die damit beauftragt wurden [1]). Gegen Ende September oder Anfang October werden sie die Reise angetreten haben. Ende Februar 1512 waren sie wieder zurückgekehrt. Am 25. desselben Monats trafen sie in Salzburg mit Staupitz und Besler, die dort den Winter zugebracht hatten, zusammen. Wir hören nirgends Bestimmtes darüber, was sie für Bescheid von Rom und zwar von der Curie [2]) mitbrachten; man darf aber aus dem weiteren Verlauf der Dinge schließen, daß die beab-

---

[1]) Die Gründe für diese Vermutung in meiner mehrfach angeführten Abhandlung.

[2]) Dies wird aus Luther's Aeußerung (Colloquia ed. Bindseil I, 163) zu schließen sein.

sichtigte Verfassungsveränderung unter den obwaltenden Umständen widerraten wurde.

Auf einem Congregationscapitel, welches Staupitz zum nächsten Pfingstfest nach Köln zusammenberief, sollte die Sache endgültig entschieden werden. Johann von Mecheln reiste sofort nach seiner Ankunft in Salzburg dahin ab, um das Capitel vorzubereiten. Auch jetzt noch fürchtete der Nürnberger Rat, daß die ihm so verhaßte Vereinigung von Provinz und Congregation wirklich eintreten könnte. Er wandte sich deshalb noch einmal mit einem Schreiben vom 26. April an das versammelte Capitel, indem er auf das entschiedenste gegen die durchaus „unerträgliche Verbindung" mit der sächsischen Provinz Protest einlegte und die Väter ersuchte, auf andere Weise dem Zwiespalt ein Ende zu machen.

Mag es nun der Befehl oder Wunsch des Papstes, jene fortwährenden Proteste oder eigene Einsicht, daß die Zeit für das beabsichtigte Unternehmen noch nicht gekommen, gewesen sein, jedenfalls gab Staupitz das Project auf, mit einem Schlage die Conventualen der Congregation einzuverleiben. Es war fortan nicht mehr davon die Rede. Soweit ich sehe, wurde auch kein einziger Convent der sächsischen Provinz in der Folge für die Congregation gewonnen. Beide gehen neben einander her. Auch von der gegenseitigen Eifersucht, die früher so oft zu bemerken, war von jetzt an wenig zu spüren. Die sächsischen Provinciale nahmen keinen Anstand, ihre Conventualen auf die Wittenberger Hochschule zu schicken, und Staupitz beschränkte sich darauf, in der rheinisch-schwäbischen und der kölnischen Provinz neue Convente zu erwerben. Für jene Verzichtleistung auf dem Capitel zu Köln ehrte ihn von neuem das Vertrauen seiner Väter, das ihn wiederum an die Spitze der Congregation berief, und die niemals mehr getrübte Freundschaft mit Nürnberg. Zum Prior des dortigen Convents wurde jetzt Besler berufen, der schon von 1495—1500 dieses Amt bekleidet hatte [1]). Wenzeslaus Lint wurde im Priorat von

---

[1]) Besler a. a. O., S. 387 f. u. 384. Der Schuldbrief des Staupitz für den dortigen Convent bezeugt das wiederhergestellte Einvernehmen (vgl. das Schreiben des Staupitz vom 5. Mai 1512 im Anhang).

Wittenberg bestätigt, Martin Luther wurde Supprior da=
selbst [1]). Die Leitung des Kölner Convents erhielt Melchior
Myritsch von Dresden, er wurde zugleich mit Symon Kaiser,
dem Haupte der sieben renitenten Convente, Adam Ulrich von
Salza und Johann Pictoris (Meler) aus Lippstadt, dem
späteren Weihbischof von Münster, am 6. August in die Kölner
Universitätsmatrikel eingetragen [2]). —

Die großen Kämpfe innerhalb des Ordens und der Congre=
gation, die wir im Vorgehenden verfolgt haben, nahmen wie
natürlich die Tätigkeit des Vicars in hohem Grade in Anspruch.
Aber über den großen Sorgen vergaß er doch niemals, daß ihm
das geistliche und leibliche Wohl aller Brüder anvertraut war.
Da galt es hier zu strafen, dort zu ermuntern, hier davor zu
warnen, zu großen Wert auf Geld und Gut zu legen und zum
Gottvertrauen zu ermahnen, dort auch für das materielle Wohl
eines Convents zu sorgen und die Milde der Frommen zu er=
wecken. So machte ihm der Neubau des Klosters zu Witten=
berg viele Not, der in den Jahren 1507 und 1508 vorgenommen
wurde. Der Kurfürst hatte 400 Gulden dazu beigesteuert. Sie
reichten aber nicht aus, und Staupitz mußte sich deshalb von
neuem an ihn mit der Bitte wenden, den Bau „Gotte und
Sanct Augustino zu Ehren" vor allem durch Ueberlassung von
Ziegeln zu unterstützen. „E. f..G.", ruft er aus, „ist Herr und
Vater, E. f. G. ist Stiffter, E. f. G. ist nach Gotte unsere einzige
Zuflucht." Er möge daran denken, daß er sich damit einen Schatz
erwerbe, den kein Rost verzehre, und in der Sache tun, wie er
es nach Gott für gut halte, und ihm die neue Bitte verzeihen.

---

[1]) Ernestinisches Gesammt=Archiv in Weimar.

[2]) C. Krafft, Mitteilungen aus der Matrikel der alten Kölner Univer=
sität in Hassel's Zeitschrift für preußische Geschichte und Landeskunde 1868,
S. 487. M. Myritsch aus Alt=Dresden, 1507 in Wittenberg, 1509 da=
selbst Prior (Lib. dec. 5). Symon Kaiser war 1514 Prior in Herzberg
(Archiv zu Weimar) und wird Anfang 1517 zu den Sentenzen zugelassen
u. s. w. (Lib. dec. 19 sq.). Johann Meler in Wittenberg inscribirt den
24. November 1514, wird von Luther den 9. September 1515 promovirt
(Lib. dec. 10 sq.), 1520 oder 1521 Bischof von Tricala in Thessalien i. p. inf.
und Weihbischof von Münster und Osnabrück. Tibus, Weihbischöfe von
Münster (1862), S. 54.

„Ich weiß doch keinen lieben Freund, denn E. f. G. meinen aller=
gnädigsten Herrn, ob es auch meine eigene Person beträfe, viel=
mehr da es E. f. G. nicht weniger, sondern mehr als mich an=
geht." Staupitz hätte gern selbst etwas mehr für die Sache
getan, aber seine Geschäfte hinderten ihn daran; doch nahm er
sich vor, womöglich den „halben Advent" (1507?) zu Gunsten
des Klosterbaues zu predigen[1]). Wir wissen nicht, ob es dazu
gekommen ist. Seit dem 27. Januar 1503, an welchem Tage
er Martin Pollich zum Doctor der Theologie promovirte[2]), hielt
sich Staupitz bis zum Herbst 1508 nur vorübergehend in Witten=
berg auf. Von einer nennenswerten Tätigkeit an der Hochschule
konnte unter diesen Umständen natürlich nicht die Rede sein. Doch
begegneten sich zuweilen die Interessen des Generalvicars mit
denen des Wittenberger Universitätslehrers. Wir sahen, daß die
ersten Lehrer an der neuen Hochschule Augustiner waren. Was
konnte dem Orden förderlicher sein, als wenn in dieser Richtung
weitergearbeitet würde? Und eben dahin ging sein Augenmerk.
Auf seinen unaufhörlichen Visitationsreisen hatte er Gelegenheit
zu erforschen, wer zum Studium geeignet oder wer als Lehrer
den Ruf der neuen Universität wie des Ordens zu erhöhen im
Stande wäre. Weit über hundert Augustiner wurden während
Staupitz' Vicariat in Wittenberg inscribirt, nicht weniger als siebzehn
in den theologischen Senat aufgenommen, von denen fast alle in
der späteren Zeit eine hervorragende Rolle gespielt haben. In jenen
ersten Jahren waren es u. a. Johannes Mantel von Nürn=

---

[1]) Siehe den undatirten Brief des Staupitz an den Kurfürsten im An=
hang. Ich vermute, daß er aus dem Jahre 1507 herrührt. Am 3. Januar
1507 schreibt Scheurl: Augustiniani construunt sibi domicilium (Briefbuch
I, 46). Aber was ist mit dem Doctorat gemeint? Decanat kann darunter
nicht verstanden werden, denn der Brief ist im Herbst geschrieben, und Stau=
pitz ist nur im Wintersemester (1502 auf 1503 und 1508 auf 1509)
Decan gewesen.

[2]) Lib. dec. 2. In dem Streit des Pollich mit Wimpina vom Jahre
1504 (Löscher I. 86 ff.; U. N. 1716, S. 378 f.) ersuchte der erstere den
Kurfürsten, zu der vom Bischof von Magdeburg nach Halle angesetzten Tag=
satzung neben dem „Meister von Lichtenberg" (Goswin von Orsoy) auch
Staupitz als Richter zu verordnen (Ernestinisches Gesammt Archiv zu Weimar,
K. K. p. 155. N. 73 b 4).

berg [1]), der schon genannte Johann von Mecheln, Johannes (Bethel von) Spangenberg, Wenzeslaus Link, die er dorthin berief, und vor allem Martin Luther.

Nichts wäre interessanter, als zu erfahren, was Luther bei seinem Entschluß, Mönch zu werden, gerade ins Augustinerkloster trieb. Wir haben darüber nur Vermutungen. Man weiß, daß in jenem Jahrzehnt mehr als früher der Cultus der heiligen Anna sich einbürgerte [2]). Luthern war sie von Kind auf bekannt als Beschützerin des Bergbaues. Mit den Worten: „Hilf, liebe Sanct Anna, ich will ein Mönch werden", hatte er den Mönchs= stand gelobt. Das Kloster zu Erfurt unterhielt, wie wir sahen, u. a. eine blühende Brüderschaft der heiligen Anna, — vielleicht sind es diese Beziehungen gewesen, welche ihn mit dazu veranlaßten, das Augustinerkloster aufzusuchen. Man wird aber auch daran denken dürfen, daß sein Lehrer in Logik und Dialektif, Bartho= lomäus Arnoldi von Usingen, dem er lange in Liebe anhing, demselben Convente angehörte [3]). Jedenfalls hatte er nur einen Wunsch, als er das Mönchsgewand anzog, recht fromm und heilig zu werden. Mit tiefer Ehrfurcht mag er zu den Männern empor= geschaut haben, die ihm als die Regenten des Hauses und als die Lehrer der Theologie entgegentraten. Wir kennen dieselben. Winand von Diedenhofen war Prior, Nicolaus Fabri war Supprior, Dietrich Kaltofen war Schaffner, und als

---

[1]) Mantel, als Baccalaureus von Ingolstadt 1495 (6. März) in Tü= bingen inscribirt (Roth, Urkunden, S. 526), 1500—1503 Prior in Nürn= berg, von 1503 an in Wittenberg (Foerstemann, Album 1; Lib. dec. 1). Daselbst noch 1507 als Professor (Strobel, Neue Beiträge zur Literatur III, 2. S. 63). Von den übrigen im Text genannten wird noch später ausführlich zu reden sein.

[2]) Gothein, Politische und religiöse Volksbewegungen vor der Refor= mation (Breslau 1878), S. 84. Der Grund für diese auffällige Erscheinung, der Gothein wie scheint entgangen ist, ist ohne Zweifel in der seit Sixtus IV. sich steigernden Verehrung der immaculate conceptae virginis zu suchen. Es war nur consequent, wenn man dann auch auf die Mutter zurückging. Ungefähr 1490 schrieb Trithemius einen Tractatus de laudibus sanctissimae matris Annae (s. l. c. a.).

[3]) Im Jahre 1491 hatte er die Würde eines Magisters erhalten und lehrte seitdem an der Universität Philosophie. Ueber ihn am ausführlichsten Jürgens I, 431 ff.

Professoren der heiligen Schrift fungirten die Magister Johannes Nathin und Johannes Palz [1]).

Mit den beiden letztgenannten hatte Luther zunächst wol noch nichts zu tun. Als er gegen Ende des Jahres unter den oben beschriebenen Formalitäten in den Orden aufgenommen worden, wurde er dem Novizenmeister übergeben. Nach den Constitutionen hatte derselbe die Aufgabe, den jungen Novizen zu Gottesfurcht und Gottesliebe anzuleiten und ihn in geistlichen Uebungen zu unterweisen, und Luther rühmt in späterer Zeit seinen „mönchischen Pädagogen", dessen Name uns nicht erhalten ist [2]). Es wurde ihm nichts erspart von alle dem, was die Constitutionen auferlegten. Man mochte es für angemessen halten, den jungen Magister erst recht zu demütigen. Die niedrigsten Arbeiten wurden ihm, dem Laienbruder, aufgetragen. Es war ihm nichts erniedrigend, nichts zu schwer, er überbot wol noch die an ihn gestellten Anforderungen. Versammelte man sich zur Hora, so stand er mit den übrigen Laienbrüdern von ferne und betete still für sich die vorgeschriebenen Vaterunser und das Ave Maria. Er hatte nur den einen Gedanken, seine Seligkeit zu schaffen mit Furcht und

---

[1]) So erwähnt in einer Urkunde von „Fritag nach assumptionem Mariae virginis gloriosissimae" (22. Aug. 1505) (Staatsarchiv zu Magdeburg; Copialbuch des Erfurter Augustinerklosters fol. 365): vgl. auch das Verzeichniß der Erfurter Prioren im Anhang. Kaltofen war im Jahre 1502 Prior in Sangerhausen (Kändler, Geschichte des Augustinerklosters zu Sangerhausen, Leipzig 1750) und 1513—1514 in Sternberg (Lisch in Jahrbb. des Vereins für Mecklenburg. Geschichte XII (1847), S. 232). Palz finde ich, was bei den spärlichen Notizen über die Erfurter Zeit nicht Wunder nehmen kann, bei Luther nur einmal erwähnt (De Wette I. 12). Darnach muß er sich mit dem Erfurter Convent verfeindet haben, was vielleicht seine endgültige Uebersiedlung nach Vallis mollaria (1507) zur Folge hatte. Zu Nathin vgl. die Bemerkung des Mutian: Barbarus est et morosus in Tentzelii Supplem. hist. Goth. I, 155.

[2]) Köstlin I, 64. Ueber Luther's Aufenthalt in Erfurt, der hier natürlich nur berührt werden kann, vgl. den ganzen Abschnitt bei Köstlin, S. 61—88. Daß jener Novizenmeister Usingen gewesen ist, wie Plitt (Einleitung in die Augsb. Conf. I, 40) annehmen möchte, scheint mir nicht glaublich. Usingen war Luther's Lehrer in Dialektik an der Universität noch vor seinem Eintritt ins Kloster und vermutlich nach dem Fortgange von Palz auch sein Lehrer in der Theologie. Erst 1514 wurde er Doctor der heiligen Schrift.

Zittern. Aber all sein Mühen, alle seine Selbstverleugnung, der reiche Ablaß, den das Kloster besaß, die Nähe der Reliquien der heiligen Katharina, die Fülle der guten Werke, über die der Convent verfügen zu können meinte [1]), konnten sein bekümmertes Gewissen nicht beruhigen. Der tröstende Zuspruch seines Präceptors richtete ihn nur vorübergehend auf; wenn er den Zerknirschten daran erinnerte, daß Gott uns geboten, zu hoffen, so stärkte ihn wol das Wort „geboten", aber das bloße Hoffen konnte ihm die Gewißheit der Sündenvergebung nicht geben, nach der seine Seele rang. Und immer düsterer ward es in seinem Innern, immer mehr verzehrte er sich an Leib und Geist. So fand ihn Staupitz auf einer seiner Visitationsreisen. Vielleicht daß ihm der abgezehrte junge Bruder mit den sinnenden Augen selbst auffiel oder auch die Klostergenossen auf ihn aufmerksam machten, galt er doch schon einem Nathin als ein Muster von Heiligkeit, das er den Nonnen zu Mühlhausen vorhalten konnte [2]). Sind wir recht berichtet, so wäre es Staupitz' erste Sorge gewesen, ihn von den niedrigen Dienstleistungen zu befreien und ihm zum Studium zu verhelfen [3]). Eine Generalbeichte mochte ihm den

---

[1]) Auf eine Stiftung hin schreibt Prior Wynand im Jahre 1506: „In dankberkeit wyse haben wyr obgeschrieben bruder prior sampt den andern den egenanten peter schulthe vffgenommen in vnser bruderschafft vnd teylhafftich gemacht allen guthen werd' dye von gottes gnaden vnd wirckung gescheen durch alle vnser bruder dißes klosters auch in andere drye bruderschaff bej vnß gestyfft vnd dorch den hochwyrdigen Cardinall Raymunden legaten myt gnaden aplaße bestediget nemlich Sant augustini Sant Anne vnd Sant katherine dar obyr haben wyr yme verheyßen vnt zu gesaget vier memorien aber Jargezijt In den vier quater temper nach syne tode vor vnd bu' synen jerlichen zu haltenn nach gewonheyt vnsers klosters hoffende wme salle also gennug gescheen vor syne almuß — wo aber daß :noch vwett gennug were so vorwylligenn wyr vnß daß von andern guthen werden durch dye bruder vnßers conuentz gescheen nach rebelicher erkenntnuß vnd vßheysung gotlicher gerechtigkeit daß wirb erfullet." (Magdeburger Archiv, Copial des Erfurter Augustinerklosters, S. 356.)

[2]) Seidemann, Lutherbriefe, S. 11 ff. Das Kloster zu Mühlhausen, ord. S. Mariae S. Magdalenae sororum poenitentiae sec. ord. S. Augustini (Hermann, in Zeitschrift für thüringische Geschichte VIII, 130), stand unter Jurisdiction der deutschen Congregation (Höhn, S. 143).

[3]) Seekendorf, Lib. I, 21.

Seelenzustand Luther's aufgedeckt haben. Wie ein Vater seinem irrenden Kinde ging er ihm nach und wußte sein Vertrauen zu gewinnen, bemühte er sich dem wunderlichen Gedankengange des grübelnden Mönches zu folgen. Manchmal mußte er wol bekennen: „Magister Martine, ich verstehe es nicht"[1]). Und er verstand es in der Tat nicht. Aber er hatte Geduld und lernte, indem er belehrte. Schließlich fand seine praktische Natur doch den richtigen Weg. Wir wissen, daß Staupitz das Lesen der heiligen Schrift in seinen Constitutionen auf das angelegentlichste empfahl. Er hatte nicht nötig, Luther besonders darauf hinzuweisen. Luther kannte sie vielmehr schon längst, und Staupitz verwunderte sich darüber, daß er so fleißig darin las. Aber sie hatte ihm nicht zum Heil gedient, weil er seine Schulbegriffe hineintrug. Da war es Staupitz, der ihn auf Christus als den Mittelpunkt der Schrift hinwies. Wenn Luther ihm von seinen hohen Speculationen über Prädestination u. dgl. erzählte, sagte er ihm: „Warum plagest Du Dich also mit diesen Speculationen und hohen Gedanken? Schau an die Wunden Christi und sein Blut, das er für Dich vergossen hat, daraus wird die Vorsehung hervorscheinen. Deshalb soll man den Sohn Gottes hören, der Mensch worden und darum erschienen ist, daß er die Werke des Teufels zerstöre und Dich der Vorsehung gewiß mache. Und darum saget er auch zu Dir: Du bist mein Schäflein, denn Du hörest meine Stimme und niemand wird Dich aus meiner Hand reißen."[2]) Kein Wort war für Luther, wie er einmal im Jahre 1518 schreibt, in der heiligen Schrift bitterer, als das Wort „Buße, Reue". Wir erinnern uns, wie Paltz nach dem Vorgange des Thomas damit umging. Der Hauptwert wurde darauf gelegt, daß der Sünder auf das umständlichste und genaueste seine Sünde beichte. Man gab die ausführlichste Anleitung dazu. Das Quälende für Luther daran war, daß er niemals die Gewißheit der vollkommenen Buße und Reue über alle Sünden und damit die Gewißheit der Sündenvergebung hatte. Da war es wiederum Staupitz, der ihm entgegenhielt, eine wahre Reue und Buße

---

1) Tischreden III, 135.
2) Op. ex. VI, 296 u. XIX, 100.

müsse mit der Liebe zur Gerechtigkeit und zu Gott beginnen. Wie eine Stimme vom Himmel erschien dem geängsteten Mönche dieses Wort. „Dein Wort", schrieb er in jenem Briefe an Staupitz, „hat sich in mich eingesenkt, wie der spitze Pfeil eines Gewaltigen, ich fing darauf an, es mit den heiligen Schriften, welche die Buße lehren, zu vergleichen — und bald wird mir nichts süßer oder angenehmer klingen, als das Wort Buße. Denn so werden die Vorschriften Gottes süß, wenn wir einsehen, daß wir sie nicht nur in den Büchern, sondern in den Wunden des allersüßesten Heilandes lesen müssen." [1]

Zugleich lehrte Staupitz ihn, auch in den Anfechtungen den Gnadenwillen Gottes zu erkennen. „Ihr wisset nicht", sagte er zu ihm, „daß Euch solche Anfechtung gut ist, sonst würde nichts Gutes aus Euch." Dabei suchte er ihn nach Möglichkeit seinen Grübeleien zu entziehen. Er hatte in der Beichte wahrgenommen, daß doch gar vieles, was Luther sich als Sünde anrechne, gar nicht so aufzufassen sei, sondern nur auf Selbstquälerei beruhe. Als er ihm einmal geschrieben: „O meine Sünde, Sünde, Sünde", da antwortete ihm Staupitz, wie Luther erzählt: „Du willst ohne Sünde sein und hast doch keine rechte Sünde. Christus ist die Vergebung rechtschaffener Sünden, als die Eltern ermorden, öffentlich lästern, Gott verachten ꝛc., das sind die rechten Sünden. Du mußt ein Register haben, darinnen rechtschaffene Sünden stehen, soll Christus Dir helfen; mußt nicht mit solchem Humpelwerk und Puppensünden umgehen und aus jeglichem Bombart eine Sünde machen. Ihr wollt ein erdichteter, ja gemalter Sünder sein und deshalb nur einen erdichteten, gemalten Heiland haben" [2]. Es waren dies starke Ausdrücke, aber es war ohne Zweifel die richtige Pädagogik, um Luther aus seinem nutzlosen, verderblichen Brüten herauszureißen, und Luther hat dies, worauf noch mehrfach zurückzukommen, stets dankbar hervorgehoben. In seinem letzten uns erhaltenen Schreiben an Staupitz, nennt er ihn denjenigen, „durch den zuerst das Licht des Evangeliums aus der Finsterniß hervorzuleuchten" anfing [3]. Oft hat er dergleichen

---

[1] De Wette I, 116.
[2] Walch XXII, 553; X, 2024f. Tischreden (Förstemann) II, 23.
[3] De Wette II, 108.

Aeußerungen in seinen Tischreden wiederholt und noch im Jahre 1542 schreibt er in seiner kräftigen Weise: „Wo mir Doctor Staupitz oder vielmehr Gott durch Doctor Staupitz nicht aus den Anfechtungen herausgeholfen hätte, so wäre ich darinnen ersoffen und längst in der Hölle.“

So kann es denn allerdings keinem Zweifel unterliegen, und es wird auch nirgends angezweifelt, daß Staupitz von dem größten Einfluß für Luther gewesen ist, daß durch ihn die Eigenart von Luther's religiösem Charakter sich ausbildete, die früher oder später zum Kampf mit der herrschenden Theologie und Kirche führen mußte, ja, daß Staupitz geradezu die persönliche Veranlassung zur Reformation wurde.

Aber fraglich ist es, in welcher Weise sich dieser Einfluß geltend machte. Es wird sich rechtfertigen, schon hier dieser wichtigen Frage näher zu treten.

Die gewöhnliche Annahme ist die, daß es Staupitz' Theologie, wie wir sie aus seinen Schriften von 1515 an kennen, gewesen ist, auf die sein Einfluß zurückzuführen ist; damit verbindet sich dann die Vorstellung von der Continuität eines gewissen Augustinismus innerhalb des Augustinerordens, der in Staupitz zu seinem prägnantesten Ausdruck gekommen sei. Daß aber in Wirklichkeit bei den Augustinern kaum geringe Spuren von Augustinismus sich finden, und derselbe jedenfalls niemals ein bestimmender Factor in ihrer Theologie gewesen ist, darf nach der bisherigen Darstellung als genügend erwiesen gelten. Es bliebe dann die Vermutung übrig, daß Staupitz auf irgend einem nicht mehr nachweisbaren Wege in eine ihm von seinen Ordensgenossen in so hohem Grade unterscheidende Richtung geführt worden wäre, die ihn in besonderer Weise befähigte, Luther's religiöser Erzieher zu werden. Aber die Annahme, Staupitz habe schon damals die ihm nachweislich später eigne paulinisch-augustinische Theologie vertreten, muß doch bei näherer Untersuchung höchst fraglich erscheinen [1]).

Man könnte schon darauf hinweisen, daß in seiner ersten oben besprochenen Schrift von augustinischen Gedanken sich nichts findet [2]),

---

[1]) Auch Plitt (Einleitung rc. I, 39) zweifelt daran.

[2]) Ullmann's (Reformatoren vor der Reformation II, 221) aus

indessen bot sich auch nicht sonderlich viel Gelegenheit dazu. Wich=
tiger jedoch sind die Bedenken, die sich aus der Betrachtung der
Mitteilungen Luther's über den geistlichen Zuspruch, den er von
Staupitz empfangen, ergeben. Wäre schon damals die Prädesti=
nationslehre so sehr (wie 1517) der Angelpunkt seines ganzen
theologischen Denkens gewesen, so wäre es nicht erklärlich, daß er
alles anwandte, um Luther von seinen Speculationen über die
Prädestination abzubringen. Warum hat er ihn nicht einen Blick
in seine eigene tiefsinnige Anschauung tun lassen, sie hätte ihm
gewiß genügt, und daß er sie etwa nicht verstände, brauchte er
doch wol nicht zu fürchten? Warum hat Staupitz ihn nicht auf
Augustin hingewiesen, wenn er selbst so sehr von dessen Lehre er=
füllt war? Luther hat ihn nicht von Staupitz erhalten, wie zu=
fällig hat er ihn in die Hand bekommen [1]). Es wäre außerdem
auch wenig begreiflich, daß Staupitz Luther's Gedanken ganz so
wenig verstand, wie es doch der Fall war, wenn er schon damals
die ausgetretenen Pfade der Scholastik verlassen hatte. Man
wird vielmehr annehmen müssen, daß es nicht Staupitz' Theologie
sondern seine ganze religiös=sittliche Persönlichkeit gewesen ist, die
auf Luther eingewirkt hat. Der oben schon erwähnte Brief
Luther's an Staupitz vom 30. Mai 1518 läßt uns die Art des
Verhältnisses, welches zwischen beiden obwaltet, deutlich erkennen.
Nicht ein theologisches System, sondern einzelne hingeworfene
Bemerkungen, wie sie ihm sein einfach praktisch=christlicher Sinn
im Beichtstuhl eingab, waren es, womit er Luther aufrichtete.
Es ist noch kein Beweis für eine geläuterte evangelische Anschauung,
daß er ihn auf Christi Wunden hinwies. Die Betrachtung der
Wunden Christi gehörte zu den allgemein üblichen Exercitien.
Man erinnere sich an Paltz! Man braucht noch kein Anhänger
der Lehre Augustin's zu sein, sondern nur einige Selbsterkenntniß
zu haben und einige Selbstbeobachtung zu üben, um die Wahr=
heit des Herrenwortes zu verstehen: Ohne mich könnt ihr nichts
tun. „Ich habe", sagt Staupitz, „mehr denn tausendmal gelobt,

---

diesem Mangel hergeleiteten Bedenken gegen die Echtheit jener Schrift sind
schon oben (S. 216) zurückgewiesen worden.

[1]) De Wette I, 40. Lutheri Opp. var. arg. I, 24. Köstlin
I, 81.

daß ich wollte fromm werden und hab's nie getan; ich sehe wohl, ich kann's nicht halten, ich will es nimmer geloben." Daß aber schließlich solche einzelne Aeußerungen in Luther haften blieben, ihn ergriffen und ihn nach und nach zur Reformation drängten, lag doch weniger in ihnen selbst, als in dem eigentümlichen Boden, auf den sie fielen, den allseitig zu ergründen immer ein unlösbares Problem bleiben wird.

Wie nun aber Staupitz zu seiner Theologie gekommen ist, wie er aus dem Christen zu einem christlichen Theologen geworden ist, davon wird im folgenden Abschnitt zu reden sein.

Seit jener ersten Begegnung in Erfurt ließ Staupitz Luthern nicht mehr aus den Augen. Er hatte sofort erkannt, daß aus dem himmelstürmenden Mönch etwas Großes werden könnte, wenn es gelang, ihn auf richtige Bahnen zu lenken. Auf seine Veranlassung empfing er im Jahre 1507 die Priesterweihe, wurde er, wie bekannt, 1508 unter dem Decanat des Staupitz nach Wittenberg berufen[1]). Zu derselben Zeit finden wir auch eine Reihe anderer Augustiner daselbst beschäftigt, sich die theologischen Grade zu erwerben, Johannes Spangenberg, Wenzeslaus Link, bald auch Melchior Myritsch von Dresden und Johannes Voyt aus Magdeburg[2]). Es war das letzte Mal, daß Staupitz längere Zeit sich in Wittenberg aufhielt, die Ordensgeschäfte ließen ihn nicht mehr dazu kommen. Seiner Tätigkeit in Köln, Pfingsten 1509, ist schon gedacht worden, ebenso seines Zusammentreffens mit Vesler am 8. September desselben Jahres in München. Dort finden wir ihn auch im Sommer des nächsten Jahres. Er hatte damals die Absicht, im Herbst nach Mühlheim zu kommen, kam aber erst 1511 dahin, als eben Johann Palz (11. März) daselbst gestorben war. Mit Vesler machte er dann während des Sommers von dort aus eine große Visitationsreise nach Holland, Brabant, Westphalen und Sachsen[3]). Mitte September traf er in Wittenberg ein, um die feierliche Promotion von vier Brüdern vorzunehmen.

---

[1]) Köstlin I, 89 f. Mit Luther zusammen wurden laut Album, S. 27 noch sechs andere Augustiner immatrikulirt.

[2]) Foerstemann, Lib. dec. 4 sq.

[3]) Fortges. Sammlungen, S. 363.

Es waren dies die schon genannten Johann von Mecheln,
Johannes Spangenberg, Wenzeslaus Link und Jo=
hannes Hergott aus Nordhausen [1]). Zu der am 16. Sep=
tember stattfindenden Feierlichkeit hatten sich nicht weniger als elf
Doctoren aus dem Orden eingefunden [2]).

Bald darauf führte Staupitz ein Auftrag des Kurfürsten am
28. September 1511 nach Berlin in das dortige Franciscaner=
kloster, wo sich ein Capitel, wie scheint der sächsischen Provinz dieses
Ordens, versammelte [3]). Es ist bekannt, daß die Streitigkeiten im
Franciscanerorden fast niemals ruhten. Aus einem Briefe Scheurl's
vom 5. Juni 1506 entnehmen wir, daß die Minoriten, die da=
mals zu einem Generalcapitel nach Rom zogen, in 7 Secten ge=
spalten waren. Wir wissen nicht, inwieweit die deutschen Brüder
an diesen Kämpfen beteiligt waren. Aber auch hier befehdeten
sich seit längerer Zeit, zum Aergerniß der Gläubigen, besonders
der Fürsten, zwei Parteien, Martinianer und Vicarianer. Ohne
Zweifel bedeutet der letztere Name dasselbe, wie bei den Augustinern,
es sind die Observanten, die unter einem Vicar stehen, während
ihre Gegner die Anhänger einer laxeren Praxis sind, wobei der
Name Martinianer zweifelhaft bleibt [4]). Mehrfach war von

---

[1]) Im Jahre 1501 war er Prior in seiner Vaterstadt (Lesser, Historische
Nachrichten von Nordhausen, S. 177). 1505 wurde er als Prior von Wit=
tenberg daselbst inscribirt (Album, S. 18). Am 17. August 1515 wurde
er in den theologischen Senat aufgenommen (Lib. dec. 17). Im Winter=
semester 1516—1517 bekleidete er das Decanat (ibid. p. 19).

[2]) Scheurl's Briefbuch I, 78. Lib. dec. 10.

[3]) Oratio R. patris Johannis de Staupitz doctoris vicarii provincialis
et Christoffi Scheuerlen doctoris habita ad congregationem fratrum minorum Perlini die vicesima octava mense septembris anno undecimo (in
der Scheurl'schen Briefsammlung, Buch K. S. 458 im germanischen Museum
zu Nürnberg). Soden (Beiträge, S. 22 f.) hat aus der sehr schwer zu
lesenden Handschrift u. a. die wunderliche Vorstellung entnommen, daß die
Martinianer das Meßopfer nicht anerkennen wollten, wovon, wie überhaupt
von dogmatischen Differenzen, die Rede kein Wort enthält. Forschungen über
die ganze Angelegenheit im Berliner Geheimen Staatsarchiv haben leider
kein Resultat ergeben. Scheurl spricht mehrfach in den Briefen davon (vgl.
Knaate, S. 21. 78. 126. 143. 165).

[4]) Bei der Bezeichnung Martiniani wird man vielleicht an die von
Nicolaus V. erneuerte Bestimmung Martin's V. denken dürfen, wonach die

beiden Parteien der Versuch einer Einigung gemacht worden. Der Guardian des Wittenberger Klosters war deshalb nach Rom gesandt worden. Darum gebeten, hatten die sächsischen Fürsten sein Anliegen beim Papst und den Cardinälen unterstützt. Auf zwei Conventen, zu Braunschweig und Lüneburg, hatten die Vicarianer ihre Zustimmung zu den Bedingungen erklärt, unter denen die Einigung vor sich gehen sollte. Als aber schließlich die Martinianer sich dennoch weigerten, ihre Sonderstellung aufzugeben, beauftragten die beiden sächsischen Fürsten Johann von Staupitz und den Professor des kanonischen Rechts an der Wittenberger Universität, Christoph Scheurl, den versammelten Vätern persönlich ihren festen Willen kund zu tun, endlich die ärgerlichen Streitigkeiten zu beendigen. Auf Wunsch des Staupitz führte Scheurl das Wort und setzte in wohlausgearbeiteter, schwungvoller Rede den Martinianern die Nutzlosigkeit ihres längeren Widerstrebens auseinander. Die Fürsten würden sie, darin gipfelte Scheurl's Rede, falls sie nicht gutwillig nachgäben und „aus der Not eine Tugend machten", zu dem was recht und billig ist, zwingen. Diese Auslassungen scheinen denn auch ihre Wirkung nicht verfehlt zu haben, wenigstens versprachen die Väter am andern Morgen mit Dank gegen die väterliche Gesinnung der Fürsten, die Sache in reifliche Ueberlegung zu ziehen. Weiter ist uns darüber nichts berichtet [1]).

Bald darauf äußerte Staupitz, unzufrieden mit den Zeitverhältnissen, den Wunsch, seine Wittenberger Professur aufzugeben. Im Herbst 1512 legte er sie definitiv nieder. Es scheinen uns unbekannte, persönliche Verhältnisse zu dem einen oder dem andern Wittenberger Lehrer dabei von Einfluß gewesen zu sein [2]). Fortan nahm er seinen ständigen Aufenthalt in Süd-

---

Amtszeit eines Provincials auf zwei oder drei Jahr beschränkt wurde, eine directe Wiederwahl aber nicht gestattet war (Höhn, S. 99). Vgl. eine Notiz in Comp. ex reg., p. 465 sq.: qui non poterat fungi officio propter martinianam. Die Martinianer würden demnach, vielleicht unter dem Vorwande jener Martinianischen Bulle, sich der Autorität des Vicars, der gewöhnlich wiedergewählt wurde, entzogen haben.

[1]) Vgl. jedoch Zeitschrift für historische Theologie 1874, S. 136.

[2]) Scheurl schreibt (Briefbuch I, 78) Mitte October 1511: Doctor

deutschland. Ehe er jedoch der Universität für immer Valet sagte, sorgte er gewissermaßen für einen Ersatz. Er veranlaßte Luther, sich die theologische Doctorwürde zu erwerben und in den Senat der theologischen Facultät einzutreten. Noch nach Jahrzehnten zeigte Luther den Baum, unter dem ihm Staupitz seinen und des Convents Beschluß kund getan, daß er promoviren solle. Luther's Einwendungen waren vergebens. Staupitz wußte alle seine Gegengründe zu widerlegen, und als Luther auf seinen schwächlichen Körper hinwies und erklärte, die neue Arbeit werde ihn in wenigen Monaten umbringen, soll Staupitz scherzend erwidert haben: „In Gottes Namen! Unser Herrgott hat große Geschäfte, er bedarf droben auch kluger Leute; wenn Ihr nun sterbet, so müsset Ihr dort sein Ratgeber sein."

Luther mußte gehorchen. Im Gehorsam gegen den Ordensoberen feierte er am 18. October 1512 seine Promotion. Staupitz hoffte, der junge Doctor werde in seinem Sinne an der Hochschule wirken, er werde der Universität und dem Orden zur Zierde gereichen, — er konnte nicht ahnen, welchen hohen Wert dereinst in banger Zeit gerade seine Verpflichtung als Doctor der heiligen Schrift für Luther haben werde.

Staupitz et ipse temporum pertaesus abeundi petiit consensum (daß hier nicht, wie man vermuten könnte, von Niederlegung des Vicariats die Rede ist, ergiebt der Zusammenhang); am 4. November 1512 (Briefbuch I, 104): Fuit apud nos d. Staupitz, qui et ipse Vitenberga se abdicavit. Vgl. Doctor Staupitz his duobus diebus concionatur ad populum magna auditorum caterva: miror vos homines doctos et gnavos tam pani-facere. So an Beckmann, Ende October 1512 (ebendaselbst, S. 101). Unrichtig K. Schmidt, Wittenberg unter Kurfürst Friedrich (Erlangen 1877), S. 22.

Zweites Capitel.
Von dem Capitel zu Köln bis zu Staupitz' Rücktritt vom Vicariat.

Die Zerwürfnisse des Staupitz mit den Nürnbergern wegen der beabsichtigten Veränderung der Ordensverfassung waren nur vorübergehend gewesen. Er trug ihnen nichts nach, und die Nürnberger schätzten den Generalvicar, der ihnen manchen guten Dienst geleistet hatte [1]), viel zu sehr, als daß sie nicht alles getan hätten, um jene früheren Irrungen vergessen zu machen. Auch war Staupitz' ausgesprochenster Freund, Christoph Scheurl, seit dem Frühjahre 1512 als Ratsconsulent in die Dienste seiner Vaterstadt getreten, ein Grund mehr für den Vicar, so oft er konnte, die blühende Reichsstadt aufsuchen. Hatte er sich schon früher mit Vorliebe in den süddeutschen Conventen aufgehalten, so ver-

---

[1]) Zu einem Schreiben des Nürnberger Rats an Herzog Friedrich und Johann von Sachsen vom Jahre 1505 heißt es, in einer Irrung zwischen „unserm Ratsfreund vnd Bürger Jörgen Holzschuhen Ulrichen Erckel ains vnd Caspar Sawermann (Leipziger Bürger) vnd Contzen Brewssers erben vormunden anternteils" sei auf Anregen Sawermann's in Leipzig etlicher Nürnberger Hab vnd Gut „in arreft vnnd kommer gelegt" worden, worauf „durch den Erwirdigen Herrn Johann von Staubitz gemeinen Vicari Augustinerordens auf ein Credentz vnd bevelh seiner wirde von dem durchleuchtigen hochgebornen Fürsten vnseren gnädigen Herrn Hertzog Albrecht in Bayern etc. gegeben neben andern fürgeschlagen rechtsbotten zu abstellung bemelts Komers die sachen zu rechtlichem außtragen abgeredt auf e. f. g. Hofgericht nachfolgen" etc. (Nürnberger Kreisarchiv, Briefb. LV, 271). Ebenso schreiben sie 1511 an Staupitz wegen eines Ratsfreundes in Engelthal, der in große Schulden gekommen sei, mit der Bitte, ihm zu helfen (ebendaselbst).

legte er jetzt geradezu seinen Wohnsitz nach Süddeutschland, und lebte, wenn er nicht auf Visitationsreisen war, entweder in München, Nürnberg oder in Salzburg.

Im Herbst 1512 kam er über München nach Nürnberg und predigte dort unter großem Zulauf, verließ aber die Stadt schon nach kurzer Zeit, Anfang November [1]), und begab sich nach Salzburg zu dem Erzbischof Leonhard, bei dem er auch den vorigen Winter zugebracht hatte. Im Frühjahr des folgenden Jahres reiste er sodann im Auftrage desselben nach Rom, um teils auf dem Lateranconcil, teils privatim beim päpstlichen Stuhl die Interessen des Erzbischofs zu vertreten [2]). Welcher Art seine Geschäfte gewesen sind, ist uns ebenso wenig bekannt, wie der Zeitpunkt seiner Rückkehr. Ohne Zweifel hat er dem Generalcapitel, auf dem 1513 Aegibius von Viterbo wiedergewählt wurde, beigewohnt und das Zusammensein mit dem Ordensobern, der ihn hochschätzte, wie seine Gesandtschaft am päpstlichen Hofe auch zu Gunsten seiner Congregation benutzt. Man darf es damit in Verbindung bringen, daß der Papst durch ein Breve vom 23. April 1514 den Convent von Rappoltsweiler dem Vicar der sächsischen Congregation unterwarf. Zum Prior des neuen Observantenconvents wurde Johann Rücker aus Nürnberg berufen, der dieses Amt bis zu seinem am 13. Februar 1520 erfolgten Tode bekleidete [3]).

Um dieselbe Zeit kam auch die Angelegenheit der fünf Convente der rheinisch-schwäbischen Provinz in eine neue Phase. Es war dem Provincial Siegfried Calciatoris auf seiner Romreise im Jahre 1506 und 1507 nicht gelungen, dieselben der Provinz wiederzuerwerben, er ließ aber trotzdem nicht ab, sie in Anspruch zu nehmen. Die fortwährenden Streitigkeiten veranlaßten endlich Herzog Ulrich von Würtemberg, sich der Sache anzunehmen. In Gegenwart beider Parteien wurden gewisse Vertragspunkte aufgesetzt, über deren Annahme sie sich bis zu einem bestimmten Termine erklären sollten. Die Observanten verweigerten die Annahme der-

---

[1]) Scheurl's Briefbuch I, 101. 104.

[2]) Ebendaselbst I, 118. Höhn (nach Milensius), S. 118.

[3]) Höhn, S. 149. Besler (F. S.), S. 365. Rücker 1502 Subprior in Nürnberg, 1510—1512 (1513?) Prior.

selben, worauf der Provincial von neuem in Rom klagbar wurde und endlich auf dem Generalcapitel zu Viterbo' (14. Juni 1511) die betreffenden Convente zugesprochen erhielt. Diese machten zwar allerlei Einreden, nahmen aber schließlich die Sentenz an, doch „mit den Fürworten, So uil Jre Herrschäften hinder denen Jr gotzhüser unnd clöster ligen gefällig sin wöll". Hierauf berief der Herzog den Provincial, sowie den von Staupitz eingesetzten Vicar der fünf Convente, **Bernhard Gebhardi**, und die Prioren der drei in seinem Gebiete liegenden Klöster **Tübingen**, **Eßlingen** und **Weil** nach Stuttgart zu einer Tagsatzung, auf der sich die Convente dazu bequemten, die Obedienz des Provincials anzuerkennen und ihnen andrerseits der Fortbestand der Observanz zugesichert wurde. Ueber etwaige noch entstehende Zwistigkeiten sollte mit Ausschluß jeglichen Appellationsrechtes ein vom Herzog eingesetzter Probst zu Tübingen oder Stuttgart endgültig entscheiden [1]). Ob es dabei aber sein Bewenden hatte und die drei Convente in der Tat der Congregation verloren gingen, ist doch sehr zweifelhaft. Von den beiden andern, **Heidelberg** und **Alzei**, wissen wir, daß sie auf Veranlassung Herzog Ludwig's von Baiern durch Leo X. ausdrücklich von neuem der Jurisdiction der Congregation zugesprochen wurden [2]), in **Heidelberg** feierte dieselbe, wie bekannt, 1518 ihr Capitel, und daß **Tübingen**, **Eßlingen** und **Weil** auch in der Folge in engem Connex mit jenen blieben, zeigt der Umstand, daß **Bernhard Gebhardi** auch in der Folge ja bis zu seinem am 28. Juli 1520 erfolgten Tode Vicar von „fünf" Conventen blieb. Daß er kein gewöhnlicher Districtsvicar war, würde sich schon daraus ergeben, daß er länger als drei Jahre dieses Amt bekleidete, wird aber noch besonders dadurch bestätigt, daß ihn seine Grabschrift Vicarius generalis reformatorum Eremitarum nennt [2]). Darnach war er

---

[1]) Sattler, Geschichte von Würtemberg, I. Beilage Nr. 88. Höhn, S. 141. 149. 154.

[2]) Siehe die undatirte Bulle Leo's X. bei Würdtwein, Monasticon Wormatiense (Cod. Heidelberg. 359, 54) III, 54.

[2]) Bernhardus Gebhardi vicarius quinque conventuum obtinet facultatem stabiliendi in Congregatione Symonem de nurimberga et absolvendi Melchiorem Benshamer. Datur eidem facultas, ut postquam officio

ohne Zweifel ein allein unter dem General stehender Vicar, wie dieser ihn für solche Convente, die er von der Jurisdiction der Provinciale eximirte, zu ernennen pflegte. Daß er sich trotzdem zu der Congregation hielt, kann nicht Wunder nehmen, wenn man sich erinnert, daß er von Staupitz ursprünglich eingesetzt worden war, und daß es reformirte Convente waren, die seiner Juris= diction unterstanden. Nach seinem Tode erhielt Albrecht von Mainz vom Papste den Auftrag, die betreffenden Convente zu veranlassen, sich in die Obedienz der rheinisch=schwäbischen Provinz zu begeben [1]).

Ganz besondere Sorge machte dem Staupitz während des Sommers 1514 das mit so vieler Mühe gegründete Kloster zu Sternberg in Mecklenburg. Durch reiche Schenkungen, die ihm hauptsächlich von Seiten der Quitzow's zuflossen, war es rasch auf= geblüht und hatte den Neid der ihm von Anfang an mißgünstigen Geistlichkeit in dem Grade erregt, daß es zu heftigen Auftritten kam. Der Sternberger Clerus bediente sich zu seinem Werkzeuge des Schulmeisters Andreas Windbeck, der den Prior und die Kloster= brüder überall mit Schmähungen und Drohungen, ja mit Waffen verfolgte. Als der Convent ihn deßhalb vor seinen Vorgesetzten zur Verantwortung zog, drang er um die Mitte Juni 1514 trunken und bewaffnet, als der Convent eben die Vesper hielt, in die Klosterkirche und störte unter den fürchterlichsten Drohun= gen den Gottesdienst. Die Mönche bemächtigten sich seiner, legten ihn in Fesseln in den Turm und ließen ihn erst gegen Leistung der Urfehde frei. Auf Kunde hiervon tat der Bischof Peter

---

functus fuerit propter infirmitates suas a nullo possit cogi ad terminos vel ad matutinam nocturno tempore. 25. Mai 1514. Comp. ex reg., p. 65. Seine in der alten Augustinerkirche zu Tübingen (jetzigen Stifts= bibliothek) vor einigen Jahren bloßgelegte Grabschrift lautet nach einer Mit= teilung des Herrn Professor C. Weizsäcker: Anno d¹ 1520, 28. Mens. Julii obiit Reverendus Pater Bernhardus Gebhardus Vicarius generalis con- ventuum reformatorum Eremitarum Sancti Augustini nec non Prior eius (cuius?) anima requiescat in pace. Im Jahre 1510 hatte der General an Staupitz geschrieben: Significamus tamen tibi quatenus curam illorum quinque Conventuum, de quibus lis erat, Nobis usque ad determinationem causae reservavimus. Höhn, S. 154.

[1]) Höhn, S. 158.

Woltow von Schwerin das Kloster ohne Untersuchung am 15. Juli
wegen verübter Gewalt gegen einen Geistlichen in den Bann.
Staupitz protestirte dagegen und appellirte an den Papst. Auch
Herzog Heinrich der Friedfertige nahm sich der Mönche an und
ermahnte die Bürger von Sternberg, die Mönche als „fromme
geistliche Personen nach wie vor zu achten". Zugleich wendete
er sich im Einverständniß mit Staupitz an den Erzbischof von
Magdeburg, als den vom Papst verordneten Conservator der
Ordensrechte in Deutschland, mit der Bitte, den Proceß zu kaf-
siren und den Bischof von Schwerin, der „vielleicht aus einem
verletzten oder hitzigen Gemüthe" gehandelt habe, auf dem Wege
geistlichen Rechts zu belangen. Auf diese Weise wurde der Zwist
beigelegt und am 10. September 1514 der Bann aufgehoben [1]).

Einige Wochen später finden wir Staupitz in den Niederlanden, wo der erfreuliche Fortschritt der Observanz seine Anwesenheit nötig machte. Dort war es der mehrfach genannte
Johann von Mecheln, der nach seiner Rückkehr in die Heimat
die Verbreitung der strengen Augustinerregel möglichst zu fördern
suchte. Im Jahre 1513 entsandte er von Enkhuizen, dessen
Prior er noch immer war, mehrere Augustinerbrüder nach Antwerpen, um zu versuchen, ob sich nicht dort ein Augustinerkloster
der Observanz gründen ließe. Wenn es gelang, in diesem Sammel-
platz von Fremden aus allen Weltgegenden, von wo aus auch
mit Deutschland ein blühender Handel getrieben wurde, ein Kloster
von der strengen Observanz zu errichten, konnte man hoffen, die
Verbindung mit den deutschen Observanten mehr als bisher lebendig
zu erhalten. Auf einem von zwei frommen Bürgern geschenkten
Grundstücke bauten die Mönche binnen kurzem eine Capelle zu
Ehren der heiligen Dreieinigkeit und begannen in aller Stille
darin Gottesdienst zu halten. Da sie aber versäumt hatten, die
Erlaubniß dazu von dem Capitel der Kathedrale zu U. L. Frauen
zu Antwerpen einzuholen, wurden sie sofort bei dem Decan von
St. Peter zu Löwen, Adrian Floriszoon, dem späteren Papste,
verklagt, der sie schon unter dem 20. August 1513 verurteilte,

[1]) Lisch in Jahrbb. des Vereins für Mecklenb. Geschichte XII (1847),
S. 232 f. 362 ff.

die Capelle wieder abzubrechen und das inzwischen empfangene
Opfergeld an das Capitel abzuführen. Als sie sich dessen weigerten,
wurden sie auf den 12. September unter Androhung der Ex=
communication vor das geistliche Gericht nach Mecheln geladen,
welchem Rufe sie zwar unter dem Vorgeben, daß sie von ihrem
Oberen keine Vollmacht dazu hätten, nicht Folge leisteten, aber
doch wenigstens das Opfergeld herausgaben. Unterdessen war
Johann von Mecheln selbst nach Antwerpen gekommen ¹)
und brachte, von hervorragenden Bürgern, vornehmlich den ur=
sprünglichen Donatoren, dazu ermutigt, die Sache kurzer Hand
vor den Rat von Brabant, der zu Gunsten der Augustiner ent=
schied und ihnen auch gestattete, neben der Capelle ein Kloster zu
bauen. Da aber das Capitel dagegen protestirte, waren noch
lange Verhandlungen nötig, bis der Bau zu Stande kam. Die
Domherren sahen nach und nach ein, daß sie nichts ausrichten
konnten, weil die städtischen Behörden die Errichtung eines Au=
gustinerklosters wünschten, und stimmten deshalb ihre Forderun=
gen herab: und als Johann von Mecheln, wie man verlangte,
von Staupitz die Vollmacht dazu erhalten, einigte man sich am
22. Juli 1514 zu einem beiden Teilen genügenden Vertrage, der
am 12. September desselben Jahres von Leo X. bestätigt wurde.
Die Augustiner wurden u. a. darin dazu verpflichtet, nur an ge=
wissen Stunden zu predigen, in denen sie nicht mit der Pfarr=
geistlichkeit collidirten ²). Anfang October reiste dann Staupitz
selbst nach Antwerpen, um die erste Einrichtung des Convents zu
überwachen ³). Johann von Mecheln wurde Prior daselbst,
mit ihm bezogen sieben Brüder das neue Kloster ⁴). Schnell

---

¹) Vgl. das treffliche Werk von Jannsen: Jacobus Praepositus, neue
Ausgabe (Amsterdam 1866), S. 5 ff.

²) Post prandium ab hora prima usque secundam. Die ganze Ur=
kunde bei Joan. Car. Dierexen, Antwerpia Christo nascens et crescens.
2ᵈᵉ uitg. (Antw. 1773) II, 288 sq.

³) Qui Antwerpiae existens 2. Oct. Literas suas desuper dedit.
Ibid., p. 311.

⁴) Reinier von Deventer, Subprior und Cursor, Johannes von Doe=
tichem, Augustinus von Eindhoven, Gregorius von Ghestel, Johannes von
Essen (de Essendia), Gerhard von Köln, Cursor, und Adam von Doetichem.
Jannsen, S. 12.

blühte die junge Pflanzung auf, bald wurde die Capelle zu klein und man mußte damit beginnen, eine große Kirche zu bauen, die freilich nie vollendet wurde.

Im Frühjahr des folgenden Jahres besuchte Staupitz seine Verwandten in Dabrun und den Convent in Wittenberg [1]). Dort lehrte jetzt u. a. zwar nicht an der Universität — er war gar nicht immatriculirt — aber an dem Studium der Augustiner, dessen Regens Luther, wenn nicht früher, so seit 1515 war, Johann Lang aus Erfurt als zweiter Professor (Secundarius) [2]). Ein Erfurter Bürgersohn war er im Wintersemester 1500 in Erfurt inscribirt worden [3]). Mit dem Kreise des Mutian stand er in engen Verkehr, auch dann noch als er wahrscheinlich später als Luther in das Augustinerkloster trat [4]). Schon früh verband die Beiden innige Freundschaft. Lang rühmte später Mutian gegenüber die Unterstützung, die er von Luther in seinen Studien erfahren hatte [5]). Um das Jahr 1512 wird er nach Wittenberg versetzt worden sein, um an dem dortigen Studium zu lehren. Zugleich war er Mentor der Ge-

---

[1]) Brief Scheurl's an Staupitz, vom 22. April 1515 (Scheurl's Briefb. I, 139).

[2]) Daß in Wittenberg ein Studium der Augustiner (ob particulare oder generale?) war, steht fest, Luther nennt sich den 26. October 1516 regens studii (De Wette I, 41). Lang (nicht Lange wird er von den Zeitgenossen meistens genannt) war Professor secundarius. Tilemann Schnabel schreibt am 29. Juni 1515: Venerabili ac religioso patri Joanni Lango artium magistro et sacre theologie Doctori studiique nostri Vitenbergensi (sic) secundario dignissimo amico suo optimo. (Cod. Chart. Goth. A. 399, p. 225. Falsch ist in der Ueberschrift die Bezeichnung Doctor, da Lang erst den 14. Februar 1519 zu Erfurt promovirte.) In demselben Briefe heißt es über Luther: quod et studij nostri vittenbergensis regens deputatus est et mihi gratum est et multis ut spero fratribus profuturum. Danach könnte man auch annehmen, daß Luther erst damals (auf dem gleich zu besprechenden Capitel zu Gotha dazu ernannt worden wäre). Vielleicht war Wenzeslaus Lint der bis 1515 Prior in Wittenberg war, sein Vorgänger.

[3]) In der Matrikel heißt es: Johannes Lang, Erf. Daneben von späterer Hand: Hussita Apostata. Ueber seine Mutter siehe die Urkunde am Schluß der Staupitzbriefe im Anhang.

[4]) Eine Biographie Lang's bei H. A. Erhard, Ueberlieferungen zur vaterländischen Geschichte, 1. Heft (Magdeburg 1825), S. 6 ff.

[5]) Tentzel, Supplem. hist. Gothanae. Reliquiae epistol., p. 29.

brüder Hertzheimer [1]). Auch von hier aus unterhielt er einen
eifrigen Briefwechsel mit den Humanisten. Durch ihn interessirte
Spalatin die Wittenberger für die Sache Reuchlin's [2]).

Auf Jubilate (29. April) 1515 entbot der Vicar die Prioren
und die Discrete der einzelnen Convente zu dem regelmäßig alle
drei Jahre abzuhaltenden Capitel und zwar diesmal nach Gotha [3]).
Von Nürnberg kam Besler, von Wittenberg Luther
und Lang. Am 1. Mai hielt Luther daselbst eine Predigt, in
der er gegen die Sitten „der kleinen Heiligen im Kloster" eiferte.
Noch selbigen Tages hörte Mutian in seiner „Beata Tranquilli-
tas" von dieser Predigt und fragte bei Lang an, wer der Prediger wäre, worauf ihm dieser Luther's, wie seine eigne auf dem
Capitel gehaltene Predigt überschickte und ihm zugleich ankündigte,
daß am 3. Mai Staupitz vor dem Volke predigen werde [4]).

Das Wichtigste, womit es das Capitel zu tun hatte, war die
Wahl des Vicars. Es verstand sich von selbst, daß Staupitz
wiedergewählt wurde. Von den Districtsvicaren für die nächsten
Jahre sind uns zwei bekannt. Für Oberdeutschland wurde Besler, der auf dem Capitel als Scrutator fungirte und ins

---

[1]) Daß Lang dies in Wittenberg und nicht wie Knaake, Zeitschrift
für luth. Theol. 1868, S. 347 meint, in Erfurt war, geht aus den Grüßen
(an Luther, Link u. s. w.), welche die Briefe des Johann Heß an Lang enthalten, hervor, und wird durch einen Brief des Eoban Heß (Eobani epistolae
familiares, f. 15 sq.) bestätigt.

[2]) Knaake in Zeitschrift für luth. Theol. 1868, S. 345.

[3]) Die üblichen Termine waren Jubilate, Pfingsten und der Tag des
heiligen Augustin (28. August). Die unter Staupitz gefeierten Capitel sind,
soweit ich habe ermitteln können, folgende: 1503 Jubilate (7. Juni) in Eschwege. Das Jahr darauf sollte behufs Feststellung der Constitutionen ein
außerordentliches Capitel in Mindelheim stattfinden (Fortges. Sammlungen 1732, S. 358). Ob und wo das 1506 fällige gefeiert worden
ist, weiß ich nicht zu sagen. Das nächste wurde, weil man den General
(wenn auch vergebens) erwartete, ein Jahr zu früh, 18. October 1508, in
München abgehalten (ebendaselbst); 1512 zu Pfingsten in Köln (siehe
oben); 1515 Jubilate in Gotha; 1518 Jubilate in Heidelberg; 1520
28. August (anticipirend wegen Staupitz' Amtsniederlegung) in Eisleben.

[4]) Brief des Lang an Mutian bei Tentzel, Supplem. hist. Gothanae I.
Reliquiae epistol., p. 28. Daß derselbe, wie Köstlin (I, 781, Anm. zu
S. 107) annimmt, 1515 geschrieben ist, kann keinem Zweifel unterliegen.
Von der Predigt noch einmal die Rede De Wette I, 29.

Diffinitorium gewählt worden war, zum Vicar über 10 Convente ernannt; das Vicariat über gleichviel Convente in Meißen und Thüringen erhielt Martin Luther[1]). Wie sich aus seinen Briefen schließen läßt, waren ihm folgende Convente untergeben[2]): Wittenberg, Dresden, Herzberg, Gotha, Salza, Nord=hausen, Saugerhausen, Erfurt, Magdeburg, Neustadt. Er nennt sich Decanus vicarius oder auch undecies prior[3]), weil bald noch ein elfter, der zu Eisleben, hinzukam. Dort nämlich errichteten um diese Zeit die Grafen von Mansfeld nahe bei der Stadt, bei der Kirche der heiligen Anna, ein Augustinerkloster zu Ehren des allmächtigen Gottes, der Maria und der heiligen Anna, dessen Stiftung am 18. Juni 1515 von Albrecht von Mainz unter Zusicherung von reichlichem Ablaß bestätigt wurde. Zum Prior wurde Caspar Güttel von München berufen, der erst ein Jahr früher in Neustadt in den Augustinerorden ge=treten war[4]).

---

1) Zu dem Resultat, daß Luther nur Districtsvicar war und sein Vica=riat mit Staupitz' Reliquienreise gar nichts zu tun hat, ist zum Teil auf anderem Wege als ich auch Knaake (Zeitschrift für luth. Theol. 1878, 4. Heft, S. 619) gekommen. Es ergiebt sich aus der auch von Knaake angezogenen Stelle aus dem Briefe von Tilemann Schnabel Praefectum audio — Marti-num Lutherum — super decem conventus, die, was das Wesen des Vicariats angeht, durch Beßler bestätigt wird (a. a. O., S. 369). Anno deinde 1515 in capitulo Gotensi electus vocum scrutator, diffinitor et superioris Ger-maniae vicarius super 10. tantum conventus.

2) De Wette I, 21. 24. 26. 28. 31. 41 f. und öfter. Grimma hat, obwol eine alte Chronik (Köstlin 1, 127) von einer Visitation durch Luther spricht, ebenso wenig dazu gehört (vgl. auch Luther an seinen Nachfolger Lang in Bezug auf Grimma: benefecisti abstinendo a visitatione. Dicebat enim jam ad se pertinere. De Wette I, 289), wie Himmelspforte, wo Luther nur mit Staupitz zusammentraf. Die Einteilung war keine ge=nau geographisch geregelte; mit demselben Recht wie Dresden hätte auch Waldheim zu Luther's Vicariat gehören können.

3) Im Briefe an Mutian vom 29. Mai 1516 (De Wette I, 22) unterschreibt sich Luther: Decanus vicarius. Da damals aber nicht er, son-dern Carlstadt Decan in Wittenberg war (Lib. dec. 18), bezieht sich der Ausdruck auf das Vicariat über die 10 Convente. Undecies prior bei De Wette I, 41.

4) Guden, Cod. diplom. IV, 584 sq. Krumhaar, Die Grafschaft Mansfeld, S. 24—66.

Erst im folgenden Jahre, in der zweiten Hälfte des April, begann Luther die ihm obliegende Visitationsreise. Anfang Mai finden wir ihn in Dresden, von wo aus er einen von dort in das Mainzer Kloster entlaufenen Mönch von dem dortigen Prior Johann Bercken zurückforderte [1]). Von dort wendete er sich nach Erfurt, wo er seinen Freund Lang, der seit seiner Rückkehr [2]) von Wittenberg daselbst Prior war, als solchen bestätigte. Die Klöster in Gotha und Langensalza machten ihm nicht viel zu schaffen, in wenigen Stunden war ihre Inspection beendet: „Der Herr", so schreibt er darüber am 29. Mai an Lang, „arbeitet an diesen Orten, wie ich hoffe, ohne uns und herrscht in weltlichen und geistlichen Dingen, wenn auch gegen den Willen des Teufels." Am Tage darauf reiste er nach Nordhausen, und schon am 3. Juni war er über Eisleben und Magdeburg nach Wittenberg zurückgekehrt [3]). Eine zweite Visitationsreise hat er, wie scheint, nicht gemacht, nur brieflich verwaltete er die ihm anvertrauten Convente in seiner Weise die Sorge für die äußerlichsten, materiellsten Interessen mit der für das ewige Wohl der Brüder verbindend.

In Erfurt hatte er doch nicht alles so angetroffen, wie er gewünscht. Lang, der gute Grieche und Lateiner, als welchen ihn Luther dem Mutian gegenüber rühmt, war kein sonderlicher Haushalter. Noch auf der Reise schrieb ihm Luther deshalb und gab ihm freundliche, aber sehr entschiedene Anweisung über die bessere ökonomische Verwaltung des Klosters. In dem Hospiz, das wol der Studirenden halber in Erfurt größer war als anderwärts, sah er wie für die meisten Convente so besonders für Erfurt die größte Gefahr, falls es nicht ordentlich verwaltet würde. Um zu erkennen, ob der Convent mehr ein Kloster als eine Taberne und ein Gasthaus sei, solle er an jedem Tage in einem besonderen Register aufschreiben, was an Bier, Wein, Brot und Fleisch für die Gäste verbraucht würde. Auf diese Weise

---

[1]) De Wette I, 20 sq. Joh. Bercken wird von 1511—1522 als Prior des Mainzer Convents erwähnt. (Archiv zu Darmstadt.)

[2]) Erst gegen Ende des Jahres, am 22. November 1515, wurde er in Wittenberg biblischer Baccalaureus.

[3]) De Wette I, 22 sq. 25.

werde er auch dem Murren der Brüder entgegentreten können [1]).
Einige Wochen später empfahl er ihm, Brüder von unordentlichem
Wandel, deren gerade Erfurt mehrere aufzuweisen hatte, zur
Strafe nach Sangerhausen zu schicken; in der Tat wurden
drei unbotmäßige Gesellen Ende October nach diesem Convent
versetzt [2]). Andere ließ er durch Lang im Juni nach dem neuen
Convent in Eisleben schicken, wo großer Mangel an Brüdern
war, da mehrere sterbenskrank daniederlagen, und zwei auf den
Terminceien zu Gunsten des Baues collectirten, der Prior Caspar
Güttel aber sich in Leipzig aufhielt, um sich die Doctorwürde
zu erwerben [3]). Den Prior Michael Dressel von Neustadt,
der sich mit seinen Conventualen nicht vertragen konnte, mußte
er absetzen; an seine Stelle wurde Heinrich Zwetze gewählt [4]).

Nicht zu den geringsten Sorgen des Districtsvicars gehörte
die für die studirenden Brüder. Luther war selbst, wie schon er=
wähnt, Regens studii in Wittenberg; er hatte große Not, die
Menge der studirenden Brüder unterzubringen, zumal das Kloster
zu den ärmeren gehörte. Mehrfach mußte er Lang ersuchen,
ihm keine Brüder mehr zu schicken. Es half nichts, auch Stau=
pitz sandte solche vom Rhein her; die Pest, die rings umher ihre
Opfer forderte, hinderte den Zuzug nicht. Am 20. October 1516
sind 22 Priester und 12 Jünglinge, im ganzen 41 Personen im
Kloster. Er tröstet sich damit, daß der Herr wol für sie sorgen
wird [5]). Natürlich litten die andern Studienanstalten der Con=
gregation, Magdeburg und Erfurt, unter dieser Ueberfüllung
von Wittenberg. Der Prior von Magdeburg, Johannes
Vogt, erklärte, er könne das Studium daselbst nicht mehr auf=
recht erhalten, und die älteren Väter des Convents stimmten ihm
bei. Luther konnte nichts in der Sache tun. Sie war wol schon

---

[1]) De Wette I, 22.

[2]) Ibid., p. 28. 41. 43.

[3]) Ibid., p. 24: P. Baccalaureus in Leipzig est. Das ist Güttel
(Vgl. Krumhaar, S. 68. Scheurl's Briefb. II, 6.)

[4]) Ibid. I. 26 sq. 31 sq. 42. Im Jahre 1517 werden als Beamte in
Neustadt genannt: Henricus Czweeze, Prior; Vitus Winckeler, Subprior;
Joh. Denstedt, Schaffner. (Staatsarchiv zu Weimar.)

[5]) Ibid. I. 30. 34. 42.

auf dem letzten Capitel zur Sprache gekommen, und die Väter hatten sich trotz der mißlichen Lage für die Beibehaltung des Magdeburger Studiums erklärt [1]). Auch das Studium in Erfurt, an dem Nathin und Bartholomäus Arnoldi von Usingen nach wie vor lehrten, erfreute sich, wie wir aus einem Briefe Staupitz' an Lang vom 14. November 1516 ersehen, nicht mehr derselben Blüte wie ehemals. Im Frühjahr des nächsten Jahres sandte Luther auf Staupitz' Antrieb Gabriel Zwilling dorthin, auf gleiche Veranlassung noch einige andere Brüder im Hochsommer; es werden zum Teil dieselben sein, die dann im Wintersemester mit Zwilling in die Matrikel der Universität eingetragen wurden [2]).

Daneben waren es doch recht äußerliche, ins praktische Leben eingreifende Beschäftigungen, die man dem gelehrten Pater, der mit Predigten und Vorlesungen überhäuft war, auferlegte, so u. a. die Aufsicht über die richtige Abführung der Fische aus einem Teiche, den der Convent in Leitzkau besaß. Seine praktische Natur fand sich auch hierbei zurecht, wie (voraussichtlich) in einer Streitsache des Herzberger Klosters, als dessen Sachwalter er sich im Herbst 1516 bezeichnet. Es handelte sich um die dortige Pfarrkirche, die, wie wir uns erinnern, der Kurfürst 1492 dem Kloster incorporirt hatte. Sie war seitdem ein Zankapfel geblieben, da der Rat von Herzberg nicht unterließ, immer von neuem dagegen zu protestiren, und die Kirche zurückforderte. Endlich im Jahre 1515 hatte sich der Kurfürst entschlossen, die Kirche abzulösen, womit wie natürlich weder die

---

[1]) De Wette I, 29 sq. Die Pest im Magdeburger Convent I, 33.

[2]) Ibid. I, 52. 59. Brief des Staupitz vom 14. November 1516 im Anhang. In der Erfurter Matrikel finden sich im Wintersemester folgende Namen: fr. ioannes fytzer artium magr. wittenburgen. fr. nicolaus iodoci de antwerpia magr. lonaniensis. fr. fredericus hunoldi bacc. lyptzen. fr. ioannes gutten studen coloniens. fr. georius rasemä, fr. georius hoech erffordiens. fr. ioannes leuterpach colbacensis. fr. gabriel czwineling bacc. wittenberg. fr. oswaldus hubener. Isti novem fr̄es ord̄is Augustiani ob religionis dignitatem gratis sunt inscripti unus quisque tamen pedellis unum solidum dedit. Davon werden außer Zwilling, Nicolaus Jodoci und Georg Hoch in der Wittenberger Matrikel genannt.

Herzberger Mönche noch Staupitz einverstanden waren. Darüber schwebten jetzt die Verhandlungen in Torgau [1]). —

Wohin sich Staupitz nach dem Capitel in Gotha gewendet, darüber fehlen uns leider alle Nachrichten. Man wird aber annehmen dürfen, daß er sich ins Mansfeldische begab, um dort persönlich den neuen Convent in Eisleben einzurichten [2]). Von da wird er sich in einen der süddeutschen Convente zurückgezogen haben, wo in aller Stille seine erste wirklich theologische Schrift reifte, von der wir später im Zusammenhange mit seiner Theologie überhaupt zu sprechen haben werden.

Im Sommer 1516 machte er eine größere Reise an den Niederrhein und nach Belgien. Außer den üblichen Visitationen beschäftigte ihn auch der Auftrag des Kurfürsten, in jenen Gegenden für seine Schloßkirche Reliquien zu erwerben [3]). Im Juni finden wir ihn in Antwerpen, wo er bis zum Herbst zu verweilen gedachte.

---

[1]) Actor causarum Herzbergensium in Torgau. De Wette I, 41. Am Montag nach Vincentii 1515 schreibt der Kurfürst an Staupitz, daß er wegen der fortwährenden Beschwerde des Herzberger Rats die Pfarre abzulösen beschlossen habe. Staupitz möge auf Mittel und Wege denken, wie dies geschehen könne. (Ernestinisches Gesammt-Archiv in Weimar K. K. pag. 82, No. 33. 2 X.) In einem undatirten wahrscheinlich bald darauf geschriebenen, ziemlich knapp und bestimmt gehaltenen Briefe schreibt der Kurfürst: Er habe auf seinen früheren Brief bezüglich der Herzberger Angelegenheit keinen Bescheid erhalten, obwol er versprochen, eine „Vorgleichung und Vorstattung eintreten zu lassen"; weil er nun vermute, daß der Prior oder ein anderer Bruder von Herzberg zum beabsichtigten Capitel nach Gotha gehen werde, fordere er ihn auf, dort mit demselben zu verhandeln. (Ebendas.)

[2]) Das setzt auch das Widmungsschreiben zu der Schrift „von der Nachfolgung des willigen Sterbens Christi" voraus. Staupitz' Werke ed. Knaake. p. 51.

[3]) Gegen Knaake, Zeitschrift für Lutherische Theologie 1878, S. 619 halte ich das Datum von De Wette I, 44 fest und setze darum den Auftrag in das Jahr 1516 (vgl. den Excurs über Staupitz' Reliquienreise im Anhang). Staupitz hatte vom Erzbischof von Köln die Erlaubniß zur Erwerbung von Reliquien erhalten, und übertrug darauf dem Subprior des Kölner Convents die Empfangnahme derselben. Nach seiner Abreise wurden aber Schwierigkeiten gemacht, indem man eine Ueberführung von Reliquien ohne specielle Erlaubniß nicht gestatten wollte und eine dafür vorgebrachte Urkunde als nicht authentisch zurückwies.

Unterdessen faßte man am Hofe zu Torgau den Plan, Stau=
pitz zum Bischof zu befördern. Der Kurfürst selbst interessirte
sich für die Sache, noch mehr wie scheint der kurfürstliche Rat
Degenhard Pfeffinger und Spalatin. Auch Staupitz' Schwester,
die Aebtissin, hatte die Hand mit im Spiele. Man hielt die
Sache so geheim als möglich, aber Luther erfuhr doch schon
Anfang Juni davon und erklärte sich mit großer Entrüstung da=
gegen. Jene möchten Staupitz' Bestes im Auge haben, meinte
er, sie handelten in ihrer Liebe zu ihm doch unverständig. Er
schätzte Staupitz zu hoch, als daß er wünschen konnte, ihn unter
die Zahl der Bischöfe aufgenommen zu sehen, unter denen man
dermalen nach seiner Ansicht nur die lasterhaftesten Menschen
finde. Staupitz sei von alledem, was man jenen zur Last lege,
weit entfernt; aber wer könne dafür bürgen, daß er sich nicht
auch, wenn die Gelegenheit sich bietet oder wie es allenthalben
der Fall ist, die Notwendigkeit dazu treibt, in den wilden Strudel
des bischöflichen Treibens stürzt? Diese dem Spalatin gegenüber
ausgesprochenen Bedenken genügten, um die Sache zu hinter=
treiben. Es war nicht mehr davon die Rede [1]).

Die Geschäfte des Vicars in Antwerpen waren schneller
beendet, als er vorausgesetzt. Schon Ende August war er in
Mühlheim. Vergebens erwartete man ihn damals am kurfürstlichen Hofe; auch die Grafen von Mansfeld wünschten ihn um
ihrer neuen Klosterstiftung willen wiederum bei sich zu sehen [2]).

Noch wichtiger wäre aber seine Anwesenheit gerade jetzt in den
Niederlanden gewesen. Dem dortigen Vicar Johann von Me=
cheln war es gelungen, die Bürgerschaft von Dortrecht von der
Notwendigkeit, die strenge Regel in ihrem Augustinerkloster einzu=
führen, zu überzeugen, und kaum war Staupitz nach Deutschland

---

[1]) De Wette I, 24 sq. Luther's allenthalben als richtig angenommene
Vermutung, daß es sich um den Bischofssitz von Chiemsee gehandelt habe,
finde ich doch nirgends begründet, es müßte denn, wofür ich nichts anzu=
führen weiß, der bekannte Berthold von Chiemsee, der 1525 abdankte, schon
damals mit diesen Gedanken umgegangen sein. Reithmeier in seiner
biographischen Einleitung zu Berthold's „Teutsche Theologey" (München
1852) weiß nichts davon.
[2]) Ibid. I, 30.

zurückgekehrt, als der Rat von Dortrecht, sowie Herzog Karl von Geldern ihn ersuchten, ihren Augustinerconvent zu reformiren. Luther, der neue Ungelegenheiten mit dem Conventualen fürchtete, riet davon ab [1]). Staupitz beauftragte jedoch Johannes Bethel von Spangenberg damit, und schon am 26. October konnte Luther, der seine Nachrichten von dem Kölner Prior Johannes Huisden hatte, an Lang über Spangenberg's große Erfolge berichten. Die Bürgerschaft hatte ihn auf das freundlichste, unter großen Ehrenbezeigungen empfangen, er durfte hoffen, den Orden in Dortrecht bald wieder zu Ansehen zu bringen. Heinrich von Zütphen wurde daselbst als Prior eingesetzt [2]).

Unterdessen hatte sich Staupitz Anfang September nach München begeben mit der Absicht, wegen Mangel an Reisemitteln einstweilen dort zu bleiben, wenn er auch den Gedanken nicht aufgab, noch im Herbst Wittenberg zu besuchen [3]). Bald darauf machte er aber seinem Freunde Degenhard Pfeffinger, dem kurfürstlichen Rat, auf seinem Gute Albertskirchen [4]) einen Besuch, von wo aus er am 8. October an Luther schrieb, daß er den Winter in aller Ruhe in München, wo Link damals als Prediger fungirte, zubringen wolle. Auch dies kam nicht zur Ausführung. Die Freunde riefen ihn nach Nürnberg, und er folgte gern diesem Rufe. Dort wirkte sein lieber Freund Christoph Scheurl, da waren Hieronymus Holzschuher, Ebner, die Fürers und Tuchers, die edelsten Geschlechter der Stadt, die sich um ihn drängten, angesehene Humanisten, wie Lazarus Spengler und besonders Willibald Pirkheimer, Künstler wie Albrecht Dürer. Jeder wünschte den liebenswürdigen, feinen Mann bei sich zu sehen,

---

[1]) De Wette I, 30. Er hatte doch auch sittliche Bedenken dagegen, vgl. die interessante Stelle über die Observanten in Luther's erste und älteste Vorlesungen über die Psalmen ed. Seidemann II, 192.

[2]) Ibid. I, 42.

[3]) Ibid. I, 37.

[4]) So ist wol zu lesen für Albertkirchen (De Wette I, 43), ein kleines Dörfchen bei Bogen, unweit der Donau in Niederbaiern. Pfeffinger starb am 3. Juli 1519. Die Exequien für ihn wurden zum Teil auf Spalatin's Kosten bei den Augustinern in Nürnberg gehalten. De Wette I, 284. Scheurl's Briefbuch II, 97.

womöglich seine Freundschaft zu genießen. Man war beglückt, mit ihm speisen zu dürfen, seinen Reden zu lauschen, von ihm Rat in allerlei weltlichen und geistlichen Dingen zu erhalten. Keinem, schreibt Scheurl, sei, so lange er in Nürnberg weile, so viel Ehre von der ganzen Stadt zum Ruhme des gesammten Ordens zuteil geworden, als ihm [1]). Man wetteiferte, ihm gefällig zu sein. Als Staupitz Scheurl darum anging, ihn über die öffentlichen Verhältnisse Nürnbergs, seine Verwaltung u. s. w. zu belehren, tat dies Scheurl in einem umfangreichen Schreiben, indem er die Verfassung der Republik aufs genaueste auseinandersetzte. Am Schluß spricht er die Hoffnung aus, Staupitz werde die „ungeschliffene", in zehn Stunden hingeworfene Arbeit nicht verschmähen, wenn sie sich auch freilich nicht mit den Geschenken eines Albrecht Dürer vergleichen ließe, wie er sie ihm „teglich auf das rainist und zirlichst außgeputzt überantworte" [2]).

Es war damals ein eigentümliches Leben in Nürnberg. Sein Handel verband es mit allen Teilen der bekannten Welt. Im Interesse der kleinen wohlregierten Republik lag es, eben um ihres Handels willen allerorten die freundschaftlichsten Beziehungen aufrecht zu erhalten. Aber auch Kaiser wie Papst, Fürsten wie Rittern war an der Wohlgeneigtheit der reichen Stadt gelegen. Gesandte kamen und gingen. Nirgends herrschte damals ein regerer Verkehr als hier. Man muß Scheurl's Briefe lesen, um einen Einblick in das vielseitige Treiben dieser Stadt zu gewinnen. Mit Spannung verfolgte man die Kriegsläufte in Italien, wurden die Pläne des Kaisers discutirt, das Verhalten der Eidgenossen, die Erfolge der Venediger. Von Nürnberg aus verbreitete sich die neue Zeitung ins Reich. Hier blühte, von dem reichen Bürgertum gepflegt, das Kunsthandwerk wie nirgends in deutschen Landen. Aber auch das wissenschaftliche Interesse gewann je mehr und mehr an Boden. Die Buchführer hatten den reichsten Absatz. Reuchlin's Sache fand hier die wärmsten Anhänger. Mit Eifer beobachtete man das Aufblühen der Witten-

---

[1]) Scheurl's Briefbuch II, 1.
[2]) Das vom 15. Dezember 1516 datirte Schriftstück ist abgedruckt in Chroniken der deutschen Städte XI, 781 ff.

berger Hochschule. Die Namen von Luther, Carlstadt, Ambs-
dorf waren in aller Munde. Staupitz hatte nicht verfehlt,
ihre Vorzüge zu rühmen. Schon wußte man durch ihn, daß
Luther die Briefe des „Mannes von Tarsus" mit wunder-
barem Talente commentire. Eben diese Dinge bildeten das Tages-
gespräch, davon schrieb man den auswärtigen Freunden, einem Eck,
einem Trutvetter [1]).

Staupitz hatte sich zwar selbst niemals tiefer mit humanistischen Studien abgegeben, durfte aber ebenso wie der Ordensgeneral Aegidius von Viterbo als Verehrer Reuchlin's
gelten [2]), und der Bettelmönch, der sich, wie die Zeitgenossen ihm
nachrühmen, mit derselben Sicherheit an Fürstenhöfen bewegte,
wie in der Zelle des rohen Mönches, fand auch diesen humanistisch gebildeten reichen Patriciern gegenüber den richtigen Ton.
Er handelte selbst nach der Weisheitsregel, die er einmal für den ge-
sellschaftlichen Verkehr aufstellt: „Ein rechter Christenmensch richtet
sein Gemüt und Wesen jedesmal nach dem, was Gelegenheit der
Zeit, des Orts und der Personen erfordert. In der Kirche ist
er andächtig, über Tisch und bei ehrbaren Personen angenehm
und fröhlich." Seine Tischreden, die Lazarus Spengler ohne
sein Wissen notirte, weisen manch heiteres Witzwort auf und
zeigen ihn als feinen Beobachter auch menschlicher Schwäche und
Torheit. Die Besprechung religiös-praktischer Fragen war jedoch
das Vorherrschende. Religiöse Fragen waren es auch, welche jene
Nürnberger Kreise mehr als irgend etwas anderes bewegten. Die
Predigten im Augustinerkloster, denen man, wie früher erwähnt,
von jeher die regste Teilnahme zuwandte, hatten das Interesse
dafür stets wach erhalten. Jetzt predigte Staupitz in der Adventszeit, und die Augustinerkirche konnte die Menge der Andächtigen kaum fassen. Man sprach nur noch von seinen Predigten. Alle behaupteten, so etwas noch nicht gehört zu haben.

---

[1]) Scheurl's Briefbuch II, 1 ff.

[2]) Siehe den Brief Spalatin's bei Knaake, Zeitschrift für lutherische
Theologie 1878, S. 626, für dessen Adressaten Knaake mit Recht Staupitz
hält: Nam quod adeo faves Doctori nostro Reuchlin, ita me tibi vincit
etc. Ueber Aegidius vgl. Geiger, Reuchlin, S. 399. 404. 437. 450.

Luther hat später geurteilt, seine Predigtweise wäre nicht einfach genug gewesen, wie weit das für die damalige Zeit richtig war, läßt sich nicht mehr sagen, da wir von jenen Predigten nur Excerpte besitzen; unrichtig ist es jedenfalls bezüglich seiner späteren Predigten, die er zu Salzburg als Abt gehalten. Dieselben stehen an Popularität denen Luther's nicht nach.

Es war aber jedenfalls nicht die Form, was die Menge an= zog, sondern das überraschend Neue des Inhalts. Da predigte er das eine Mal „von ainer waren rechten rew", wie sie doch allein darin bestände, daß wir darüber Schmerz empfinden, Gott unsern Seligmacher, den „edeln Gespons unser selen" beleidigt und erzürnt zu haben, und ihn darum bitten, unsere unvollkom= mene Reue mit seiner vollkommenen zu erfüllen. Daraus ent= springe dann ein ruhiges Gewissen, die Gewißheit der Vergebung, eine so große Liebe zum Nächsten, daß uns alle Menschen lieb und holdselig seien. Wer eine solche Reue habe, der werde nicht nur der Hölle, sondern auch dem Fegefeuer entgehen, auch wenn er in Ungebührlichkeit und ohne die christliche Sacramente sterbe [1]). Ein andres Mal warnte er vor dem vermessenen Vertrauen auf den eigenen Willen, als könne man durch eigenen guten Vorsatz etwas erreichen, während doch all unser Leben und Wirken ohne Gottes Hülfe ganz unnütz, eitel und vergebens sei. Sonst könnte ja auch Gott nicht unser einiger Erlöser und Seligmacher sein. Anstatt auf sich zu vertrauen und auf seinen freien Willen, solle sich der Mensch „mit seinem willen Vnd fürsatz got dem allmech= tigen, aus des krafft Vnd wurckung bise gnad allein flewst, gentz= lich Vnderwerffen, als die materi dem Werckmaister" und ihn bitten, einen Menschen nach seinem göttlichen Wohlgefallen daraus zu machen [2]). Niemand könne einen guten Gedanken, Wort oder Werk haben, Gott sei denn zuvor mit seiner Barmherzigkeit in ihm gewesen, weshalb auch solche Werke nicht seine Werke sind, sondern dessen, der ihm die Gnade mitteilt, Gutes zu wirken [3]). Solche und ähnliche Reden waren bisher hier nicht gehört worden.

---

[1]) Staupitz' Werke, S. 15 ff.
[2]) Ebendas., S. 19 ff.
[3]) Ebendas., S. 28. 39.

Man war entzückt davon. „Das sei ein wahrer Theologe, ein
Herold des Evangeliums, ein Schüler, ja vielmehr die Zunge des
Paulus", schrieb Scheurl an Luther[1]). Und eine Lehre, die
niemals weder früher noch später in der Christenheit populär ge=
worden ist, die Lehre „von der Vollziehung der ewigen Vor=
sehung Gottes", die Staupitz in der Adventszeit in einer Reihe
von Predigten behandelte, fand hier den entschiedensten Anklang.
Das lag in der Persönlichkeit des Predigers, in der Kraft seiner
Ueberzeugung, der Innigkeit seiner Darstellung. Auf Scheurl's
Drängen legte Staupitz seine Auffassung von der Prädestination
in bestimmten, kurz gefaßten Sätzen nieder. So entstand die
Schrift Libellus de executione aeternae praedestinationis, die
Staupitz durch eine am Neujahrstage 1517 geschriebene Vorrede
dem Bürgermeister von Nürnberg, Hieronymus Ebner, zueignete.
Der eigentliche Herausgeber war aber Scheurl, der dies in einem
Nachwort mit seiner Freundschaft mit Staupitz und der Anhäng=
lichkeit an die Augustiner begründete. Ziemlich zu gleicher Zeit
ließ er auch eine deutsche Uebersetzung erscheinen, die zwar kein
Meisterstück der Uebersetzungskunst, doch die Verbreitung der
Schrift wesentlich gefördert hat[2]). Ehe wir auf ihren Inhalt
eingehen, müssen wir noch eines andern Schriftchens von Staupitz
Erwähnung tun, das bereits 1515 erschienen war. Es ist das

---

1) Scheurl's Briefbuch II, 1.
2) Libellus de Execu-|| tione eterne predestinatiôis. Fratris || Joänis
de Staupitz. Christi & Augustinianae obser || vantie serui.' utinam non
inutilis.|| Darunter ein origineller Holzschnitt: Oben die drei Personen
der Gottheit tronend, unten links werden die Seligen durch Engel bei Petrus
vorbei zum Himmel geleitet, während rechts die Verdammten durch den Teufel
in Bocksgestalt in den Höllenrachen getrieben werden. Links und rechts ein
Bandstreifen mit der Aufschrift: Cuius vult miseretur und Quem vult in-
durat. Unter dem Bilde 15. Jhesus. 17 || Tuus sum ego. saluum me
fac || F. J. D. S. || 22 Bl. 4. Die deutsche Uebersetzung bei Knaake
I. 137 ff. Das Widmungsschreiben zur deutschen Ausgabe ist keine bloße
Uebersetzung des lateinischen. Vgl. Knaake I. 137 mit Grimm S. 117 ff.,
Die lateinische Ausgabe hat am Schluß das Datum: Die sancte Thorothee
(6. Februar) Anno a reconciliata divinitate 1517, die deutsche: Am abent
Sebastiani (20. Januar) anno 1517. Scheurl's Nachwort zur lateinischen
Ausgabe auch bei Grimm, S. 93 ff.

der Gräfin Agnes von Mansfeld gewidmete Büchlein „von der Nachfolgung des willigen Sterbens Christi".

Schon früher, sagt er in dem Widmungsschreiben, habe er Veranlassung gehabt, darüber nachzudenken, wie doch ein andächtiger Mensch der Notdurft des Sterbens unterworfen, sich dazu schicken möchte, Christo um sein Leiden ein willig Leben, Leiden und Sterben wiederzugeben. Er habe auch schon etwas darüber in die Feder gebracht, aber nicht vollendet. Unterdessen habe er (wahrscheinlich während seines Aufenthaltes im Mansfeldischen im Sommer 1515) die große Geduld der Gräfin bei ihrem Leiden gesehen, weshalb er ihr zum Troste auch im Sterben dieses Büchlein geschrieben habe.

Es beginnt mit der Frage nach der Herkunst zeitlichen Sterbens. Gott hat den Tod nicht gemacht, denn er hat alle Dinge geschaffen, daß sie seien, sonderlich aber den Menschen, daß er nicht allein sei, sondern auch recht sei, einen guten Willen habe, wodurch man allein recht sein kann. Dem Menschen eignete anfangs ein Leben, welches Ueberfluß hatte an allem Guten, ohne Furcht des Todes und ohne Krankheit. Nichts war in ihm, was ein seliges Leben verhinderte, vielmehr Liebe zu Gott, wahrhafte Treue und Liebe zum Nächsten. Doch nicht so, daß er wie die Engel überhaupt nicht sterben konnte, sondern daß er nicht sterben müßte, er übertrete denn Gottes Gebot. Um seine wahrhafte Liebe zu bewähren, gab Gott dem Menschen im Paradiesesverbote ein Richtscheit. Durch seine Uebertretung kam ohne Gottes Zutun der Tod in die Welt. Er ist dreierlei Art. Der Tod des Leibes ist Verlust des Seins, der Seele Tod Verlust des Rechtseins. Im leiblichen Tode verläßt die Seele den Leib, im geistlichen verläßt Gott die Seele. Der ewige Tod ist ewiges Sterben, das erst dann eigentlich beginnt, wenn die von Gott verlassenen Seelen durch sein gestrenges Urteil wieder mit dem Leibe bekleidet werden und in höchster Pein gerade den Gegensatz alles dessen erfahren, was sie durch die Sünde hatten erreichen wollen.

Der leibliche Tod, der durch Adam in die Welt gekommen, ist das Geringere unter allen Uebeln, die seine Tat verschuldet hat, „denn nicht sein sondern recht sein ist des Menschen

18*

wahres Wesen" [1]). Da aber alle Menschen in Adam waren, sind auch alle vollständig verderbt, weil ein in der Wurzel verfaulter Baum nur böse, verkehrte, verdammte Früchte bringen kann, weshalb eine Mutter billig ihre schmerzliche Geburt bitter beklagt, da ihre Frucht mehr dem Teufel als ihr selbst zu eigen gehört, und es erbärmlich zu hören ist, daß dem Menschen, nach Gottes Angesicht recht geschaffen, die Sünde beinahe zur Natur geworden ist [2]).

Aller Tod ist aus dem Tode der Seele hervorgegangen, der darin besteht, daß Gott die Seele verläßt, was dann geschieht, wenn sich der Mensch in Ungehorsam von Gott wendet. Zu einem ganzen Leben eines Menschen müssen demnach Gott, Seele und Leib vereinet sein. Durch Ungehorsam ist der Tod geboren, durch Gehorsam muß er wieder sterben, und kein Tod ist mehr für den Menschen ewig, wenn der Tod der Seele in ihm gestorben ist. Ferner geschieht kein Tod ohne neues Leben, wenn der böse Tod stirbt, muß das gute Leben oder das Rechtsein geboren werden, das allein Gott zum Vater haben kann, der alle Zeit gerecht bleibt und aller Menschen Gerechtigkeit kräftiglich in sich hat. Gott muß daher „mit seiner sele, mit seinem leybe hocher weyße, dann mit andern voreynt sein in einer voreinigung, die nicht zwrtrennet werden mag", daß er auch die Armut erfahre und mit den Armen Mitleid haben möge, und dem himmlischen Vater mit Gehorsam wiederbringe, was ihm Ungehorsam entzogen. Der Vater ist Christus unser frommer Gott, in welchem Gott, Seele und Leib so hoch vereint, daß sie eine Person sein, voller Gnaden und Wahrheit. Aus ihm allein werden die Auserwählten geboren, in ihm ist das Leben der Heiligen, in seiner Armut stirbt Dürftigkeit, in seinem Leiden stirbt Trübseligkeit, in seinem Sterben stirbt der Tod — recht da ist der Tod gestorben, da das Leben am Holze starb. Aber nicht in allen, die Christum bekennen und anrufen, ist der von Adam angeborne Tod gestorben, sondern in

---

[1] Knaake, S. 57.

[2] „Vorwar ein seer kleglich, erbarmlich ding zu horen, das dem menschen nach gottes angesicht recht geschaffen, die sunde vil nahen, gleich der natur eigen ist, Also das es der natur nicht mehr moglich ein vnschuldigen menschen zu geberen, vnd der boß geist die erste besitzung aller menschen hat." S. 55.

denen allein, die in sich gestorben, in Christo leben, die in ihrer
eignen Gerechtigkeit verzagen, auf Christum hoffen, „die der
gnaden alleine, keiner pflicht warten, gote in allen Dingen, sich
selb in nichts suchen"[1]). O wie selig sind die, die mit Jesu ein
Fleisch, ein Bein, ein Blut, ein Mark und, was das allerhöchste
ist, ein Geist werden! Früher hieß es, wirst Du sündigen, so
mußt Du sterben, jetzt heißt es, stirbst Du nicht, so sündigst Du.
Und für den, der mit Christo gestorben, hat der zeitliche Tod keine
Schrecknisse mehr. — Waren es bisher wesentlich paulinisch-
augustinische Gedanken, auf denen Staupitz oft unter wörtlicher
Aufnahme augustinischer Stellen[2]) in seiner Weise weiterbaute,
so ist für die folgenden Capitel, in denen er von der Ueberwindung der letzten Anfechtungen und des Todesleidens durch die
Betrachtung des Sterbens Christi spricht, kein Geringerer seine
Quelle als Johann von Paltz und mittelbar oder unmittelbar
der auch von diesem benutzte Wilhelm von Paris. Hier wie
dort findet sich der Satz, es gebe nichts Reicheres als einen Christenmenschen, wenn er auch nichts weiter hätte, als allein den Tod[3]).
Hier wie dort wird dem willigen, gehorsamen Tode im Hinblick auf
den Schächer eine gewisse sühnende Kraft vindicirt, wenn auch die
Vergebung die der Schächer erhielt, nicht allein auf seinen Tod gegründet wird, sondern auch darauf, „das er gottes Son gekreuzigt
bekante". Ganz wie bei Paltz in der Fundgrube heißt es: „Leide
ich vil hye, so leide ich balde auß, dan got wirt ein Ding nicht
zwir peinnigen, Im werden alle werck hochuordinstlich, er wandert
im liechte, bawet off den felß, wird stark im leiden, lebendig im
sterben"[4]).

Das Wort Jesu an die Maria ist auch für Staupitz die Krone
aller Kreuzesworte. Es ist der Segen des sterbenden Gottes an die
Menschheit. Anstatt seiner hat er der Mutter den Johannes und
damit die ganze Menschheit zum Sohne gegeben. „Derhalben rufen
wir alle, Maria, Mutter der Gnaden, Mutter der Barmherzigkeit, beschirm uns vor dem Feind in Todesnöten, verlaß uns

---

[1]) Knaake, S. 59.
[2]) Besonders S. 56 f.
[3]) Ebendas., S. 61.
[4]) Ebendas., S. 71.

nicht, Dir sind wir gegeben, Dir sind wir am Kreuz befohlen, mit Schmerzen hast Du uns geboren, Du bist unsere rechte Mutter, in Dir ist alle mütterliche Treue erfunden, denn Du bist allewege denen zu Hülfe gekommen, die Dich in Wahrheit treulich angerufen haben, uns Armen erwirbst Du Vergebung, den Wohlverdienten die ewige Belohnung, Du bringst dem Nicht=habenden Genüge, dem Leidenden Geduld, dem Streiter Ueber=windung, Du weichest von keinem Kranken, Du widerrufest den Irrenden, Du leitest den Gerechten, was mehr? Was Du Mütter=liches erdenken, Freundliches begehren, Notdürftiges empfinden magst, das findest Du in ihr allein. Hab sie lieb, Lieber hab sie lieb. Sie wachet über den Schlafenden, sie beschützet den Wachenden, sie verläßt den Sterbenden nicht. Sie ist bei dem Kreuze des Meisters bestanden und wird nicht flüchtig von dem Kreuze des Jüngers; der will Dich Christus am Kreuze befohlen haben, und also befohlen, daß wirst Du ihr Kind nicht sein, so sollst Du auch sein Kind nicht sein. Sie ist das Weib, das Christen trägt, sie ist die Mutter, die sie säugt, ätzet und tränkt, hab sie lieb, lieber hab sie lieb, oder Gott hat Dich nicht lieb.“ [1]

Maria, die Mutter „des sterblichen Jesu, verlor die mutter, vnd den sun, vnnd wardt ein mutter des gantzen vnsterblichen Jesu mit allen seinen gliden, Aposteln, Propheten rc.“; so kann sich auch nur der des Segens des sterbenden Jesu getrösten, der es gelernt hat, alle seine Werke, seine Kräfte, seine Meinung, seine Tugend, Gnade und Werke zu verlieren und zur Gelassenheit zu kommen. An dem Worte des Herrn: Mein Gott, mein Gott, warum hast du mich verlassen, sollen wir lernen, gelassen sein in dem Wenigen, was wir haben und sind um deswillen, der alles gewesen, der alle Dinge gehabt hat und um unsertwillen gelassen hat. „Laß Dich, edle Seele, laß alle Dinge und Dich um des=willen, der alle Dinge um Deinetwillen gelassen hat, laß Tugend, laß Gnade, laß den sterbenden Christum, und wenn es Gott ge=fiele, so laß auch Gott, so wirst Du nimmer verlassen von Gott. O Gelassenheit, wie gar einzig ist dein Werk, wie gar groß Deine Frucht, es kann nicht anders sein, wer alles verläßt, verliert

---

[1] Knaake, S. 77f.

keines", und der gewinnt alles, der in höchster Begierde nach
himmlischer Erquickung mit Jesu ausruft: Mich dürstet. Viele
Leute begehren von Gott langes Leben, um sich besser zum Tode
schicken zu können, fragen aber nicht, worin die wahre Vorberei-
tung zum Tode bestehe, sondern leben nach jüdischer Art, bauen
auf ihre Werke, Fasten, Beten und Almosengeben, was doch
Manchem verdammlich gewesen. „Es wäre besser, der Mensch
stürbe, ehe er wüßte, was gute Werke wären, denn daß er einig
Vertrauen in seine guten Werke setzte und auf seine Gerechtigkeit
etwas baute. — Wie möchtest Du Gott höher schänden, als daß
Du ihn nicht so weise hieltest als Dich, daß Du seiner Er-
barmung nicht mehr giebst, denn Deiner Bezahlung, seiner Gnaden
nicht mehr giebst als Deinen Verdiensten?" Um fromm zu werden, bedarf es keiner langen Zeit; „sünde zu buessen, geschieht
durch nichts baß, den durch ein willig sterben, durch welches auch
got alle sunde gebuesset hat, davon hat man nicht gerne reden".

Das Wahrzeichen aber, daß man genugsam zum Tode vorbereitet ist, ist ein solcher Friede des Herzens, daß der Sterbende
meint, aller Bande ledig zu sein, daß er keine Anfechtung mehr
empfindet, sondern seine Seele ausbricht in das Lob des Herrn,
auf den er seine Hoffnung gesetzt hat. Mit solchem gelassenen
Gemüte mag er sprechen in Christo: Es ist vollbracht.

„Zum Beschluß sollen sich alle Menschen, wie Christus getan,
in die Hände des himmlischen Vaters befehlen, und gedenken oder
sprechen: Vater in deine Hände befehle ich meinen, ja mehr deinen
Geist, den Du mir empfohlen hast, Dein eigen Bild, Dein Gleich-
niß, darum Du Dein Blut vergossen hast, in Deine Hände, daraus
niemand zucken oder rauben kann, in Deine starken Hände zu
beschützen, in Deine milden Hände zu belohnen, denn Dein bin
ich, mach mich selig. Amen." —

Es liegen in dem Schriftchen noch allerlei Gedanken unver-
mittelt neben einander. Bisweilen möchte es scheinen, als ob der
Sterbende allein auf den Tod Jesu seine Hoffnung setzen sollte.
Aus andern Stellen geht jedoch hervor, daß es die sinnliche Vertiefung in das Leiden Jesu ist, welches die Gelassenheit hervor-
bringt, die Vertiefung in das Vorbild willigen Sterbens, die
„reizung zu behertzender nachfolge dem Sterben Christi". Hin

und wieder findet sich eine Anspielung auf die Prädestination, sie gehört zu den Dingen, die in der Schrift verborgen begraben sind [1]). Die „fürwitzige Nachfrage der ewigen Vorsehung" ist eine der Anfechtungen in Todesnöten [2]), die Gott durch seinen Tröster, der in alle Wahrheit leitet, so weit sie zur Seligkeit notwendig ist, überwinden hilft. „Das Ende von allen Worten" ist: Gott hat uns alle beschlossen unter die Sünde, auf daß er sich unser aller erbarme [3]).

Von einem einheitlichen theologischen Standpunkt ist noch nicht die Rede, nur zwei Gedanken sind es, denen man eine normative Geltung zuschreiben kann, daß alle sogenannten guten Werke unverdienstlich sind, und daß Christus in uns lebendig werden muß.

Staupitz ist noch in der Entwicklung begriffen, Paulus und Augustin fangen an, ihren Einfluß auszuüben, aber die Nachklänge aus Paltz und der ganzen mittelalterlichen Theologie sind noch nicht überwunden. Einen wesentlichen Fortschritt zeigt die schon erwähnte größere Schrift über die Prädestination [4]).

Sie zerfällt in kurze, oft nur lose mit einander verknüpfte Sätze (257), die in 24 Capitel geordnet sind. In welcher Weise Staupitz die darin niedergelegten Gedanken der Gemeinde vorgetragen hat, läßt sich nicht mehr erkennen, nur darf man annehmen, daß sie in der Weise, wie sie uns vorliegen, nicht gepredigt sein können. Sie sind wesentlich lehrhaft gefaßt, wenn auch nicht streng in scholastische Form gekleidet, aber doch so, daß sie einem bloß hörenden Publikum unmöglich allseitig verständlich sein konnten. Schon die Ueberschrift der einzelnen Capitel läßt die reiche Fülle des Stoffs erraten, und in der Tat kann man in dem Schriftchen eine ganze Dogmatik niedergelegt finden, materiell und formell verschieden von allem, was die herrschende Theologie zu bieten pflegte: Nur die Schrift ist es, natürlich altes und neues

[1]) Knaake, S. 68.
[2]) Ebendas., S. 66.
[3]) Ebendas., S. 69.
[4]) Die deutsche Uebersetzung bei Knaake, S. 136, aus der man jedoch keine richtige Vorstellung von Staupitz' Lehre gewinnen kann, weshalb es auch P. Zeller in seinem Aufsatz über Staupitz (Studien und Kritiken 1878, 4. Heft) nicht geglückt sein dürfte.

Testament bunt durcheinander, der Staupitz seine Beweise ent=
nimmt, nirgend prunkt er mit Schulgelehrsamkeit oder führt er
die Väter und Doctoren ein, nur einmal erwähnt er Augustin,
und dann um ihn zurückzuweisen.

Ich beschränke mich darauf, im Folgenden den dogmatischen
und ethischen Gehalt der Schrift, soweit er Staupitz eigentümlich
ist oder damals neu war, wiederzugeben, ohne auf die Reihen=
folge der Sätze besondere Rücksicht zu nehmen.

Staupitz beginnt mit der Frage nach dem Zweck der
Schöpfung und der Wiederherstellung (Erlösung). Gott der Herr
ist es, der Einzelnes gut, das Gesammte sehr gut, aber doch nicht
als Bestes geschaffen hat. Denn das Beste zu sein kommt der
Natur nicht zu, die gerade deshalb, weil sie Creatur ist, auf das
Nichts abzielt, auf das Nichts hinausläuft, wenn sie nicht der er=
hält, der sie geschaffen hat [1]). Da aber das Gute nur vom
Besten und nur des Besten wegen gewirkt werden kann, so folgt
daraus, daß der Herr alles um seiner selbst willen wirkt, sei es
das Sein vermöge der Schöpfung oder das Gutsein vermöge
der Erlösung. Zweck und Ziel von beidem ist das Lob des
Schöpfers und Erlösers. Ihn zu loben gilt es also, und ihn
nicht recht zu loben, ist ein großer Mangel. Um Gott aber recht
zu loben, muß man wissen, worin er am meisten geehrt und ge=
lobt sein will, vor allem seine Barmherzigkeit erkennen, welche
Erkenntniß nur durch den Glauben an Christus möglich ist, den
wir durch unsere Werke nicht erlangen können, sondern der allein
eine Gabe Gottes, Gnade ist und ihr eignet.

Nach diesen einleitenden Sätzen kommt Staupitz zu seinem
eigentlichen Thema.

Von Natur hat der Mensch nichts Anderes, als was er von
Adam empfangen hat — ihm fehlen Glaube, Hoffnung, Liebe.
Er ist nur ein halbtodter, schwächlicher, verwundeter Mensch, der
unfähig ist sogar zu Werken, die der Natur möglich sind, ge=

---

[1]) Bona singula, valde bona cuncta non tamen optima. Neque cuius
creaturae convenit optimam esse, quae hoc ipso quod creatura est ad
nihilum tendit, in nihilum vadit nisi is conservet eam qui creavit. (§ 1.)
Vgl. Augustin de civit. Dei 12, 2. ei naturae, quae summe est —
contraria natura non est, nisi quae non est.

schweige denn zu solchen, die über uns liegen, wie die Erkenntniß des dreieinigen Gottes, der Menschwerdung des Sohnes u. s. w. [1]). Als schlagendes Beispiel für die Richtigkeit des Satzes darf Augustin gelten, der doch im Lichte der Natur wandelte und nicht zu ahnen vermochte, was es für eine Bewandtniß habe mit dem Geheimniß, das Wort ist Fleisch geworden. — Während also von Gott beschlossen wurde, daß der Mensch geschaffen und ihm und zwar zum Lobe und zur Ehre Gottes alle leiblichen (materiellen) Dinge unterworfen werden sollten, zeigte sich alsbald die Richtig= keit (nihileitas) der Creatur, daß es unmöglich war, daß sie sich selbst überlassen nicht strauchele, nicht falle, nicht zum und in das Nichts zurückkehre, sowohl im Sein, als auch im Können, und Handeln innerhalb des Natürlichen; und noch weniger ist es ihr möglich, im Sittlichen nicht zu fehlen. Die Fehlbarkeit des Creatür= lichen setzt also Staupitz, so müssen wir aus Augustin, dem ohne Zweifel diese Anschauungen entnommen sind, suppliren, in die Schöpfung aus Nichts [2]). Damit nun nicht alles vergeblich geschaffen sei, wurde für die Natur (das natürliche Sein) die Erhaltung der göttlichen Macht, für den freien Willen (das sitt= liche Sein) die Gnade der göttlichen Menschwerdung beschlossen — und zwar schon vor der Gründung der Welt stand es fest, daß niemand ohne die Gnade Gutes tun kann [3]). — Der End=

---

[1]) Si autem illud nature concedis et non aliud, quam ab Adam accepisti fidem spem et caritatem non habes, sed semimortuum tantum hominem debilem vulneratum et impotentem etiam ad opera nature pos- sibilia. minus ad ea quae supra nos sunt, quae omnem facultatem nostram transcendunt, nosse scilicet deum trinum et unum et filium dei, deum de deo, lumen de lumine, incarnatum, passum crucifixum, mortuum. (§ 16.) Vgl. Melanchton de peccato originali in der Apologia Confessionis bei Hase, p. 52.

[2]) Vgl. Augustin de civ. Dei XIV, 13: Ut humana natura ab eo a quo facta est deficiat ex hoc habet, quod de nihilo facta est. Dazu A. Ritschl, Expositio doctrinae Augustini de creatione mundi, peccato, gratia (Halis 1843), p. 17 sq.

[3]) Ne frustra crearentur universa decreta est pro natura diuine potentie conservatio, pro libero arbitrio divine incarnationis gratia. Ut sic per conservationem esse per gratiam persistat bene esse, utrum- que per ipsummet deum. Et sic ante mundi constitutionem conclusum fuit, neminem sine Christi gratia bene facere posse. (§ 18.)

zweck von allem ist wie gesagt die Ehre Gottes, da zu dieser aber
gleichmäßig Barmherzigkeit und Gerechtigkeit beitragen, so ist eine
Erwählung und Vorherbestimmung gewisser Menschen und zwar
zur Gleichförmigkeit des Bildes des Sohnes Gottes, zum Glauben
an Jesum Christum beschlossen worden, während diejenigen, welche
nicht glauben, schon gerichtet sind, also die in ihnen zur Erscheinung kommende Gerechtigkeit repräsentiren. Dieser von Ewigkeit
feststehende Beschluß Gottes, in den irgend welche Zeitfolge hinein-
zutragen man sich hüten muß, ist unabhängig von dem Voraus-
wissen irgendwelchen Verdienstes oder des guten Gebrauchs der
Vernunft aus dem gütigen und freien Willen Gottes hervorgegangen. Die Erwählung ist die erste, die zuvorkommende Gnade;
wem sie geschenkt ist, dem müssen die übrigen einzelnen Gnaden-
erweisungen mit Notwendigkeit zuteil werden, Christus ist ihm
zum Schuldner seines Heils geworden ¹).

Wie vollzieht sich nun aber das von Ewigkeit feststehende Heil in der Zeitlichkeit? Innerhalb dreier
Stadien, antwortet Staupitz. Der Anfang ist die Prädestination, die Mitte, die Rechtfertigung (Gerechtmachung), das
Ziel, die Glorificirung. Die Voraussetzung alles Heiles, wie ihr
Anfang, die Erwählung (gewöhnlich mit der Prädestination
gleich gesetzt), wird zugeeignet durch die Berufung, aber nicht
durch jede. Paulus, die Zunge Christi, der unmittelbare
Schüler der heiligsten Dreieinigkeit, sagt zwar: welche er vorher
bestimmt hat, die hat er auch berufen (Röm. 8, 30); nicht aber
sagt er: hat er berufen lassen, welches durch das Gesetz,
Propheten, Apostel geschieht, sondern die er prädestinirt hat, die
hat Gott selbst, vermittelst seines wirksamen Willens berufen, in

---

¹) Cui data est illa gratia prima ceterae sequentur singulae necessitate consequentiae et Christus factus est ei debitor salutis. Hoc est
quod ad Zacheum dixerat. Hodie in domo tua oportet me manere eo
quod et ipse filius Abrae fuit electus secundum promissionem. Similiter
quoque necessitate Christus pro peccatoribus passus, crucifixus et mortuus est. (§ 22.)

²) Operis christiani principium est praedestinatio, medium iustificatio,
finis glorificatio seu magnificatio. Wahrscheinlich Bezugnahme auf Röm. 8, 30

dem er unmittelbar zum Herzen spricht (Joh. 6, 44)[1]. Da die Gabe dieser Berufung unabhängig ist von der Buße, so läßt sich der vulgäre Ausspruch, den man dem Augustin zuschreibt: Bist Du nicht prädestinirt, so schaffe, daß Du prädestinirt wirst, keineswegs aufrecht erhalten, denn die Berufung ist eben eine Gabe Gottes. Auf welche Weise aber Gott beruft, ist nur dem Geiste Gottes bekannt, welcher auch die Tiefen der Gottheit erforscht, und vielleicht dem Geiste des Menschen, welcher in dem Berufenen ist. (§ 28.)

Zu seiner Rechtfertigung kann der Prädestinirte als Sünder nichts tun, da seine verderbte Natur, der Gott selbst ein Schrecken ist, das Gute weder zu erkennen noch zu wollen, noch zu tun vermag. Mit Rücksicht allerdings auf seine Eigenschaft als Prädestinirter hat er einen Anspruch auf die Rechtfertigung[2], aber doch nur auf Grund der inneren Notwendigkeit, mit der jener ersten Gnade die zweite folgen muß. Ohne sein Zutun wird sie ihm zuteil aus Gottes reiner Gnade. Die Rechtfertigung faßt nun Staupitz wie Augustin[3] nicht als eine Gerechterklärung, sondern als eine Gerechtmachung. Sie ist wesentlich eine Zurückführung auf den rechten Weg des Gehorsams, eine Oeffnung der Augen zur wahren Erkenntniß Gottes durch den Glauben (derselbe also nur ein Wissen), eine Entflammung des Herzens zur Liebe zu Gott. Sie vollzieht sich durch die Wiedergeburt. „In dieser neuen Geburt ist der Vater Gott, die Mutter der Wille, der erweckende Same das Verdienst Jesu Christi. Wo dies zusammenkommt, wird ein Kind Gottes geboren, gerechtfertigt und lebendig gemacht durch den Glauben, der da wirkt durch die Liebe, wirkt sage ich, durch das Feuer unserer Liebe, das angezündet an dem Feuer seiner Liebe, welches ist allein das ewige Feuer, das vom Himmel herkommt, während alle übrigen fremde Feuer sind.

---

[1] Hi quos praedestinavit, libere sunt necessaria consequentia in tempore ad fidem efficaci voluntate vocati et quidem non per Moysen prophetas aut apostolos, sed per ipsummet deum qui loquitur ad cor. (§ 24.)

[2] No. 22, 26 und 27 non quidem ex naturae sed gratiae debito. 33 electis non modo vocatio, verum et iustificatio debetur.

[3] Vgl. Thomasius, Dogmengeschichte I, 510 ff. Auch Th. Weber, S. Augustini de justificatione doctrina, bes. p. 44 sq.

Dieses Feuer wirkt, daß Gott uns gefällt und ange=
nehm ist, uns mißfällt nicht nur, was gegen Gott ist,
sondern alles, was nicht Gott ist. Das ist die Gnade,
welche angenehm macht nicht den Menschen Gotte,
wie viele auslegen, denn dies hat die Erwählung
getan, sondern allein bewirkt, daß Gott dem Men=
schen wohlgefällig und angenehm ist, durch die Liebe,
welche den Gehorsam, den die Begierde fortgenommen
hat, wiederherstellt, durch welchen wir Gotte nicht
uns recht und gerecht sind und leben" [1]).

Hiernach besteht also die erste oder zuvorkommende Gnade in
dem objectiven göttlichen Acte der Erwählung. Sie constatirt,
daß Gott versöhnt ist, bezüglich derjenigen, die er erwählt hat,
denn die Erwählung macht die Menschen Gotte angenehm, nicht
die Rechtfertigung. In dieser wird vielmehr durch die recht=
fertigende Gnade (gratia gratum faciens) vermittelst des Glaubens,
d. h. der Erkenntniß der Heilstatsache, die Annahme der Liebe
Gottes zum Gehorsam gewirkt, das Gefallen an Gott. Man
könnte aus dem Satze, daß Staupitz in die Erwählung selbst das,
was wir Versöhnung nennen, legt, schließen, daß er mit Augustin
die Notwendigkeit einer Versöhnung Gottes, weil dieser als un=
veränderlich durch die Sünde nicht berührt wäre, überhaupt nicht
annehme, sondern nur eine Schuldbezahlung an den Teufel.
Dem ist aber nicht so. Hier ist der Punkt, wo sich seine und
Augustins Wege trennen, hier kommt die mittelalterliche Genug=
tuungslehre zu ihrem Recht. Von einer Schuldbezahlung an den
Teufel ist keine Rede — derselbe spielt übrigens nebenbei gesagt
bei Staupitz, im Gegensatz zu Luther, eine sehr geringe Rolle —,

---

[1]) Iste ignis operatur, quod deus nobis placet et gratus sit, displiceat
nedum quod contra deum est, sed omne quod non est deus. Haec est
gratia gratum faciens non hominem deo sicut multi exponunt, quod hoc
ipsa electio fecit; sed solum deum facit placere et gratum esse homini per
charitatem, quae restituit, quam rapuit concupiscentia obedientiam qua
deo non nobis et recte et juste sumus et vivimus. (§ 36.) Und weiter
unten: In justificatione enim hominis infunditur charitas, accenditur
voluntas per ignem nimiae delectionis dei et accipit homo gratiam, qua
sibi deus placeat, quam dicimus gratiam gratumfacientem. (§ 40.)

sondern Gott ist es, der durch den Opfertod Christi versöhnt wird (§ 79—82). Ist die Annahme der Sünder von Seiten Gottes schon durch die Erwählung gegeben, so doch nur insofern, als die Erwählung zu ihrer (logischen) Voraussetzung die Menschwerdung hat, denn „daher kommt dem Sünder das Heil" (§ 64). Die Genugtuung, so lehrt Staupitz gut anselmisch, war möglich wegen der innigen Verbindung der göttlichen und menschlichen Natur. „Als Gott machte er die Sünde aller zu der seinen, vermöge der Auflegung der Buße für alle; als Mensch leistete er durch sein Leiden und Sterben Genugtuung für alle." Den höchsten Wert legt aber Staupitz dabei auf die in der Menschwerdung sich offenbarende Verbindung des höchsten Jammers mit der höchsten Barmherzigkeit [1]). „Die Theologen", ruft er aus, „bewundern die hypostatische Einigung der göttlichen mit der menschlichen Natur, der Unsterblichkeit mit dem Tode, der Leidenslosigkeit mit dem Schmerz, — ich bewundere die Verknüpfung der höchsten Barmherzigkeit mit dem höchsten Jammer. Ich bewundere dies, sage ich, und sage dafür Dank, denn von da ist dem Sünder das Heil gekommen, von da ist der höchste Ruhm des Erlösers ausgegangen, von da ist uns Gott lieblich geworden, von daher ist der Sünder bei Gott angenommen; Dank sage ich daher dafür und werde die Barmherzigkeit des Herrn preisen in Ewigkeit." [2])

Das Leiden Christi ist genügend für alle, gleichwohl ist sein Blut nicht für alle vergossen, sondern für viele. Es ist die Ursache der Vergebung der Sünden, sowohl derer, die begangen worden sind, als derer, die begangen worden wären, wenn die Kraft des Kreuzes nicht dazwischengekommen wäre. Daher kommt es, fügt er wunderlicherweise hinzu, daß dem, der weniger Böses getan hat, aber mehr getan hätte, mehr vergeben wird, wonach das Schriftwort zu verstehen ist: Welchem weniger vergeben wird, der liebt weniger (Luk. 7, 47). Es ist also der Maria Magdalena durch ihre Heilung weniger vergeben als der

---

[1]) Macula ablata est, cum summa misericordia jungeretur cum summa miseria. § 82; vgl. 63.

[2]) § 164.

Jungfrau Maria durch ihre Erhaltung, denn mehr liebt Maria die Mutter als Maria Magdalena die erwählte Schwester [1]).

Die Zueignung der gerechtmachenden Verdienste Christi vollzieht sich vermittelst der mystischen ehelichen Verbindung Christi und dem Erwählten, die schließlich so innig ist, daß das Ich in Christus aufgeht und so ein Recht auf den Himmel erhält [2]).

Das Ende des Heilsweges, das Ziel der Erwählung ist die Verherrlichung, die bei der Glorificirung der Heiligen geschehen wird, wenn der mildeste Gott einem jeden nach seinen Werken den ewigen Lohn erteilen wird. Hier kommt nun Staupitz auf die Frage von den guten Werken und ihren Lohn zu sprechen und folgt wieder Augustin, wiewohl er sich der scholastischen Termini bedient.

„Der Glaube ruft aus: die Gutes getan haben, werden in das ewige Leben eingehen, die aber Böses, in das ewige Feuer." Da aber nach der Schrift das Verderben von uns herrührt, das Heil aber von Gott, und nach dem Evangelium eine Rebe nur dann Frucht bringt, wenn sie am Weinstock bleibt, und Paulus sagt, daß nicht wir leben (um wie viel weniger wirken), sondern Christus in uns lebt, so schließen die Weisen, daß Gott nur seine Werke belohnt, indem sie wohl wissen, daß er selbst Gnade und Ruhm giebt. Gott ist die unmittelbarste Ursache jeder Sache, er wirkt in allen alles [3]), sowohl die natürlichen Werke als die des

---

[1]) Ita contingit ut illi magis dimittitur qui minus malum fecit, fecisset autem amplius. Hinc scriptura intellectus occurrit dicentis. Cui minus dimittitur, minus diligit. Est ergo minus dimissum Mariae Magdalenae per curationem quam virgini Mariae per preservationem, nam plus diligit Maria mater quam Maria Magdalena electa soror. (§ 15.) Staupitz unterscheidet hier also gratia curans (gratum faciens) und gratia preservans. Vgl. § 84. Virtus eius (sanguinis) curando et preservando agit. Letzteres doch nur in Bezug auf Maria, wie ich vermute nach Duns Scotus. Opera VII, 1. 397.

[2]) Postremo si Christus est ego, ius ad coelum habeo, spem habeo et glorior in spe filiorum dei. (§ 62.)

[3]) Deus est universalis principalis et immediatissima cuiuslibet rei caussa et omnium actionum operator. — est Deus unus qui operatur in omnibus omnia; isto modo calefacere in igne opus dei est, sic ridet in ridentibus, flet in flentibus, hinnit in equo, rugit in leone etc. (§ 39.)

formirten Glaubens. Die bei der Rechtfertigung eingegossene Liebe entzündet den Willen durch das Feuer der übermäßigen Liebe Gottes. Das dadurch erweckte Feuer kann nicht ruhen, es fliegt zur Höhe, bis es zu seinem Ursprung, der Liebe Gottes, bis es zu der eigentlichen Stätte des himmlischen Feuers gelangt, die da ist Christus Jesus, Gott und Mensch. Alle Werke, welche diesem Feuer entspringen, gehen daher von Christus aus und haben ihr Ziel in Christus und werden deshalb im besonderen Sinne Werke Christi genannt, während sie formell im Menschen (menschliche) sind, und als endliche nur vermöge einer äußerlichen Benennung die Gottes sind [1]). Da nun dieselben, als die Werke einer endlichen Person, von Natur endlich sind, so kann auf sie keine Gerechtigkeit eines unendlichen Verdienstes begründet werden, welchem eine unendliche Belohnung geschuldet würde. Wenn aber Gott beschlossen hat, sich dafür zu geben, so ist das Gnade, nicht Gerechtigkeit (§ 42). Dieweil aber die Rechtfertigung eine Gnade ist und nicht Natur, dazu die Annahme der Werke in der Gnade auch eine Gnade ist, zu der „Verdienstniß" und dann die Verdienstniß Christi unsere worden ist durch die Gnade, demnach wird billig das ganze Leben eines Christen der Gnade zugeeignet und in ihm ausgelöscht, was man der vernünftigen Creatur zumißt, nämlich die Herrschaft oder Eigentum der Werke von Anfang bis zu Ende.

Das ist die Heilslehre des Staupitz, wie er sie in seiner Schrift von der Vollziehung der ewigen Vorsehung niedergelegt hat. Es ist eine eklektische Verknüpfung augustinischer und mittelalterlicher scholastischer Gedanken [2]). Sie bezeichnet das Ringen eines frommen, schriftkundigen Gemütes, das die eigene Ohnmacht

---

[1]) Omnia igitur opera quae sequuntur hunc ignem a Christo exeunt et in Christum vadunt; ea propter sunt opera Christi dicta specialius, sed in homine formaliter sunt et non nisi extrinseca denominatione dei sunt et finita sunt. Alia sunt formaliter in Christo actiones scilicet et passiones personales domini nostri Jesu Christi, quos fecit et sustinuit pro nostra salute et sunt tales operationes infiniti suppositi. (§ 39. 40.) Vgl. auch A. Ritschl, Die christliche Lehre von der Rechtfertigung und Versöhnung (Bonn 1870) I, 114 f.

[2]) Die übrigens, wie Ritschl a. a. O. S. 83 bemerkt, nicht in einem so principiellen Gegensatze stehen, wie man gewöhnlich annimmt.

gegenüber der Sünde erfahren hat, mit den hergebrachten kirchlichen Anschauungen. Wol ist die Schrift ihm alleinige Quelle des Glaubens und gründet er das Heil allein auf die Gnade Gottes in Christo Jesu und will nichts wissen von einem Verdienste außer dem, das die Gnade wirkt; aber trotzdem ist `er gut römisch-katholisch. Es ist schon bemerkt worden, daß Staupitz nur eine Gerechtmachung, keine Gerechterklärung kennt, damit hängt zusammen, daß ihm im Grunde genommen der Begriff der Sündenvergebung fehlt [1]). Die Sünde ist ihm zwar etwas sehr reales und positives, der höchste Jammer, aber er scheint sie nur immer als Menschheitssünde, nicht dem Einzelnen als solchem zugehöriges zu fassen. Die Sünde überhaupt ist ein für alle Mal durch ihre Uebertragung auf Christum abgetan. Das ist der objective Tatbestand, die, wie ich oben sagte, logische Voraussetzung der Prädestination, aber derselbe wird in keine Beziehung gesetzt zu der persönlichen Rechtfertigung oder Erlösung des Einzelnen. Hieraus erklärt sich, wie nach Staupitz dem gerechtfertigten Sünder der Friede des Herzens wiedergegeben wird, nämlich rein auf erkenntnißmäßigem Wege. Der Sünder gewinnt den Frieden nicht etwa dadurch, daß er innerlich erfährt, daß ihm seine Sünden vergeben sind, sondern dadurch, daß er Christus als Sohn Gottes aus seinen Werken (durch die Schrift) erkennt [2]), also als den, der allein im Stande war, Sünde und Tod der Menschheit auf sich zu nehmen und „alles wieder in einen ruhigen Stand zu bringen" [3]).

---

[1]) Es ist auffällig, daß, während sowohl Augustin (z. B. De trinit. XIII. 14: Justificamur in Christi sanguine, cum per remissionem peccatorum eruimur a diaboli potestate) als Thomas (Summa II, 1. qu. 113. a. 8) die Sündenvergebung mit der Rechtfertigung in Verbindung bringen, Staupitz davon schweigt. Es hängt dies damit zusammen, daß die gratia gratumfaciens, wo die remissio peccatorum allein eine Stelle haben könnte, nach Staupitz, wie oben dargestellt, nicht hominem Deo gratum facit, sed homini Deum.

[2]) Insofern nämlich, als sich an jedem Werke vier unbegreifliche Dinge finden müssen, „nämlich die Allmächtigkeit, die unendliche Weisheit, die höchste Barmherzigkeit, die tiefste Gerechtigkeit, damit niemand verborgen, daß er der Heilige sei, den Gott wunderbarlich gemacht hat in allen seinen Werken" (§ 96).

[3]) Vgl. das ganze vierzehnte Capitel.

Kolbe, Staupitz.   19

Die Frage nach dem Beharren des Gerechtfertigten löst Staupitz
sehr einfach, ohne ein donum perseverantiae anzunehmen. „Immer
liebt, wer ein Freund ist" [1]), und unveränderlich, wer unver=
änderlich ist. Deshalb wird eine Seele Gott nicht unangenehm,
welche einmal in der ewigen, beständigen, unveränderlichen Er=
wählung zu Gnaden angenommen worden ist, denn Gott giebt
zwar allen Dingen das Bewegen, ist aber selbst bleibend unbe=
weglich. Da von dem Verhalten Gottes alles abhängt, so kann
das Verhalten des Menschen daran wenig ändern, auch wenn er
sündigt. Man kann zeitweise sündigen oder immer sündigen, und
wird dann mit zeitlicher oder ewiger Strafe bestraft. Aus dem
Begriff der Prädestination ergiebt sich nunmehr von selbst, daß
der Prädestinirte nur zeitliche Sünde begehen kann, also auch nur
mit zeitlicher Strafe bestraft werden muß. Damit aber an der
erwählten Seele weder ein Flecken, noch ein Runzel, noch irgend
etwas Derartiges aufgefunden würde, straft Gott die Erwählten
in dieser Zeit gar hart, ja oft legt ihnen der allergütigste Vater
mehr Strafen auf, als die begangenen Sünden erfordern, auf
daß die Verdienste des Gehorsams und der Geduld wachsen und
der geborne Knecht durch unschuldig Leiden zur Aehnlichkeit des
Sohnes komme. Uebrigens gewährt Gott dem Erwählten die
Gnade, daß er nach dem Falle um so stärker wieder aufsteht und
das Gebot des Herrn vorsichtiger bewahret, denn die Schrift
sagt, daß denen, die Gott lieben, das ist denen, die nach dem Vor=
satz zu Heiligen berufen sind, alle Dinge, ja auch die Sünde, zur
Seligkeit dienen muß [2]).

Das bisher Besprochene ist im wesentlichen dasjenige, was,
wie Staupitz sagt, zu glauben zum Heile notwendig ist. Aber
eben nur das. Um ferneren Trost zu erlangen, gilt es, die
Augen des Gemütes zu der Offenbarung des Geistes zu erheben
und zwar schon jetzt, vor der Zeit der Seligkeit, die wir künftig
erwarten. An die Stelle der doctrinären Entwicklung tritt nun
mehr die mystische Contemplation, eben so reich an Anschauungen
reinster kindlicher Frömmigkeit, wie an widerlichen Geschmacklosig=

---

1) Semper amat qui amicus est etc. (§ 86.)
2) § 86—93.

keiten, Gebilde einer über die Grenze des Erkennens, auch des
religiösen, weit hinaus ins Ungemessene schweifenden Phantasie,
die je höher sie in der spiritualistischen Erfassung des Unendlichen
gekommen zu sein meint, um so tiefer in die Sinnlichkeit zurück=
fällt, weil sie auch das Geistigste nur in der sinnlichsten Weise
aufzufassen vermag. Man lese das Capitel von dem Vorge=
schmack der Seligkeit, in der sich die ganz derbsinnliche Auffassung
des Verfassers offenbart. Die mystische Vereinigung der Seele
mit Christus unter dem Bilde der Ehe wird hier in einer Weise
abgehandelt, für die unsere Zeit nur den Ausdruck Blasphemie
haben würde und mit einer Detaildarstellung der Geheimnisse des
ehelichen Lebens, die im Munde eines Mönches leicht anstoßen
konnte. Aber daneben wie viel Schönes, wie viele Blüten reiner
Gottesliebe und tief erbaulicher Erhebung zu dem Ewigen, so
daß die Darstellung wie von selbst in die Form des Gebets über=
gleitet, so wenn er von dem Erfahren des Gesprächs Christi im
Herzen spricht, von der beseligenden und herzerfreuenden Abend=
mahlsgenossenschaft Christi und des Christen, die die Seele in
ein Entzücken versetzt, daß sie nicht mehr weiß, ob sie noch im
Leibe ist oder nicht, — Erfahrungen, die aber nicht allen Er=
wählten zuteil zu werden brauchen. Denn, fügt Staupitz hinzu,
das sind zwar große Dinge, aber zum Heil sind sie nicht nötig,
deshalb hat man sie nicht (als Erwählter) von Christo zu for=
dern, sondern wenn er sie giebt, so ist es seine große Güte [1]).

So ist es allenthalben der Gesichtspunkt der Erwählung und
der Gnade, die für alles bestimmend ist. Wie gelangt aber der
Erwählte zur Gewißheit seiner Erwählung? Oder giebt es über=
haupt keine Merkmale derselben, und was hat die Kirche mit ihren
Organen für eine Bedeutung für ihn? Das sind Fragen, die,
wie nahe sie auch liegen, keine oder doch nur sehr ungenügende
Beachtung bei ihm finden, jedenfalls nicht in klarer Weise beant=
wortet werden, nur so viel darf gesagt werden, daß die Kirche
als Heilsanstalt in keine organische Verbindung mit dem Ge=
danken von der Prädestination gebracht wird. Im Verfolg der

---

[1]) § 161: Magna sunt ista, tamen ad salutem non necessaria. Idcirco non habent Christum debitorem, sed liberalissimum datorem.

in der vorliegenden Schrift nur erst beginnenden mystischen Neigung des Staupitz treten Kirche und Gnadenmittel gegenüber der unmittelbaren Vereinigung des Erwählten mit Christus sehr zurück. Den Weg des Augustin, die Prädestination geschehen zu lassen mit Rücksicht auf die Kirche als Heilsanstalt, innerhalb deren durch den Gebrauch der Gnadenmittel dieselbe zur Erscheinung kommen solle, hat Staupitz, soweit ich sehe, direct nirgends betreten. Eine Vorstellung seiner Anschauung von der Kirche läßt sich aus den wenigen Erwähnungen derselben nicht gewinnen, dagegen kann man nachweisen, daß nach seiner Ansicht mit den Sacramenten zwar allerdings reale Gnadenwirkungen verknüpft sind, aber nur für die Erwählten, wodurch sie ihnen bei etwaigem Zweifel über ihre Erwählung zum Troste dienen können. Hierauf kommt Staupitz mehrfach zu sprechen in den wieder lehrhafter gehaltenen letzten Capiteln, wo er unter allegorischer Auslegung von Marc. 16, 17. 18 die Zeichen des wahren Christen erörtert. Bei Marcus heißt es, sagt er, so sie etwas tödtliches trinken werden, wird es ihnen nicht schaden. Das Gift der Seele aber, was sie tödtet, ist, was sie in die Sünde zieht. Von solchem Gifte ist frei, der vollkommen an Christum glaubt, aus dessen Hand ihn niemand reißen kann. Denn wenn der Christ weder der Gnade noch der Lehre ermangelt, so hat er Christum, also alles, was er zur Seligkeit braucht (Röm. 8, 32—34) [1]).

Und obwol der Mensch durch eignes Forschen zu keiner Gewißheit kommen kann, ob er des Zornes Gottes oder seiner Liebe würdig ist, so kann er doch vermittelst unfehlbarer, zu diesem Zweck eingerichteter Zeichen sich gewisse Hoffnung verschaffen. „Durch die Taufe verscheucht er die Angst der Anfechtungen, und zwar in der Hoffnung auf eine größere Gnade in der Firmung. Den Hunger nach ewiger Speis vertreibt er durch die heilige Eucharistie, die Blöße wegen des Mangels an Gerechtigkeit benimmt die Hoffnung vermöge der wahren Absolution, die Gefahr wegen Mangel

---

1) A tali veneno liber est, qui perfecte in Christum credit, de cuius manu nemo rapere potest. Siquidem Christianus nec gratia nec doctrina eget, habet enim Christum, ergo quicquid saluti suae necessarium est. (§ 237.)

des Verdienstes beseitigt die Hoffnung vermöge der dargebrachten Hostie, die Verfolgung des Fleisches unterdrückt sie durch die heilige Ehe, das Schwert des Leidens und des Todes erleichtert sie durch die letzte Oelung. Wer also wird uns scheiden von der Liebe? Bekümmerniß? Nein, denn wir sind getauft. Oder Angst? Nein, denn wir sind gefirmt. Oder Hunger? Nein, denn wir essen das Fleisch Christi und trinken sein Blut. Oder Blöße? Nein, denn wir haben gebeichtet und sind absolvirt und bekleidet mit der Gerechtigkeit. Oder Gefahr? Nein, denn die Hostie ist dargebracht. Oder Verfolgung? Nein, denn durch die Ehe werden wir mit Christo oder doch wenigstens in Christo verbunden. Oder das Schwert? Nein, denn wir sind mit dem Oel der Barmherzigkeit gesalbt. Deshalb ist der Christ sicher, daß keine Creatur ihn von der Liebe Gottes trennen kann, welche ist in Christo Jesu unserm Herrn." [1]) Hiernach verbürgen allerdings die Sacramente die Erwählung; aber da das, was sie gewähren, doch erst, wie früher dargetan, aus der Erwählung resultirt, so kommt, so wird man schließen dürfen, der in ihnen gewirkte Segen doch eben nur dem wirklich Erwählten zu Gute, während sie für die nicht Erwählten unkräftig sind. Daß Staupitz dies wirklich so meint, möchte auch aus dem zu entnehmen sein, was er wieder im Anschluß an Marc. 16, 18 über das Händeauflegen sagt. „Auf die Kranken, sagt Marcus, werden sie die Hände legen und sie werden gesund werden. Dem Buchstaben nach ist das eine Offenbarung des Geistes zum Nutzen der Kirche, Guten und Bösen gemeinsam. Der inneren Erquickung und Tröstung nach ist es eine Offenbarung der Gnade durch Einwohnung der Gnade allein für die Guten, nicht aber auch für die Bösen." Das wird weiter so begründet: Alle Christenmenschen, die in Einigkeit des Hauptes zusammenkommen, sind untereinander Glieder, und haben deshalb

---

[1]) § 238—240. Nicht uninteressant ist, daß Staupitz zwar auch sieben Sacramente zählt, aber anstatt der Priesterweihe die Messe setzt, das eigentliche sacramentum sacerdotii. Unter dem sacramentum matrimonii versteht er übrigens, wie sowohl aus den angegebenen Stellen als auch aus dem ganzen neunten Capitel (de matrimonio Christi et Christiani) hervorgeht, wesentlich nur auf Eph. 5, 32 hin die innige Lebens- und Liebesgemeinschaft Christi mit dem Erwählten.

gemeinsam Teil am Gewinn des Himmels. Denn in einem Geiste sind alle zu einem Körper getauft, und jedem kann von dem andern geholfen werden, und es giebt keinen, der der Hülfe des andern nicht bedarf. Wir können daher und sollen einander helfen, und einer dem andern die Hände auflegen, das heißt den andern der Kraft und der Wirkung des eignen Werkes teilhaftig machen, auf daß das Lob Gottes in den Herzen vieler wachse [1]). Um aber nicht ohne Frucht das zu tun, was wir schuldig sind, ist zu beachten, daß wir nicht denen die Hände auflegen, welchen infolge des feststehenden Urteiles Gottes nicht weiter zu helfen ist. Die Vorstellung ist also hier die, daß der mystische Körper der Erwählten vermöge ihres innigen Zusammenhanges mit Christo gemeinsam das Heil, die Gnade besitzt, die Einwohnung Christi, daß dieselbe, wie Staupitz auch anderwärts darlegt, weil eben Gnade, bei dem einen mehr, bei dem andern weniger sich findet, der etwaige Mangel aber durch gegenseitige Mitteilung vermittelst der Handauflegung ausgeglichen werden kann, daß die Handauf= legung aber nur Wert hat bei dem Erwählten, und nicht dem Verworfenen. Wer als solcher aber zu erachten ist, darüber wird nichts ausgesagt. Staupitz bemüht sich äußerliche Zeichen der Er= wählung aufzufinden, sie werden wieder zu innern; nicht wer er= wählt ist, kann ich erkennen, wohl aber, ob ich erwählt bin, eben daran — so muß man wohl die oben mitgeteilte Stelle über die Gnadenmittel auffassen —, daß der Gebrauch der Sacramente jede Furcht und Sorge aus dem Herzen treibe, daß ich Christus in mir wohnen fühle, mich mit ihm inniger zu verbinden begehre, die Sünde hasse, das Gesetz mir eine leichte Last ist und ich die Süßigkeit des Gespräches mit dem Herrn empfinde (Cap. 14), und lieber zunichte gehen wollte, wann es zu größerem Lobe Gottes dienen sollte. „Siehe da hast Du den höchsten Grad des Gehorsams und der Gelassenheit, wodurch die vernünftige Creatur hervorgebracht aus dem Nichts durch die Macht, von der Sünde erlöst durch die Barmherzigkeit, von sich selbst zunichte geworden,

---

[1]) Vgl. dieselbe Anschauung in Luther's ältester Psalmenauslegung ed. Seidemann II, 213. Hering, Luther's erste Vorlesungen (Studien und Kritiken 1877, S. 612).

mit stetem Lob zu ihrem Ursprung zurückkehrt durch Christum unsern Herrn"[1]).

Daß kirchliche Einrichtungen, ihr Wert oder Unwert, fast gar nicht in den Kreis der Betrachtung gezogen werden, kann nach dem eben Gesagten nicht befremden. Nur einmal wird gelegentlich der Besprechung der Liebe zur Gerechtigkeit über den Ablaß ge= sprochen. Der reale Wert desselben wird nicht in Frage gezogen, vielmehr derselbe mit Barmherzigkeit Gottes gleich gesetzt, doch, meint Staupitz, ist die Befreiung von Sünden durch eigne Genug= tuung empfehlenswerter und nützlicher, als durch Ablaß; em= pfehlenswerter, weil sie auf größerer Liebe zur Gerechtigkeit be= ruht, nützlicher, weil sie das Verdienst mehrt und sicher und eifrig macht in der Bewahrung vor Sünde, auch keinen Feind hat, weil sie fest glaubt, daß alle ihr widrigen Dinge zu ihrem Besten geschehen seien[2]). Einen Gegensatz zur Kirche wird man aus diesen Sätzen nicht lesen können, sie entsprechen vielmehr dem ver= ständigen, praktischen Sinne des Staupitz, der ihm trotz der Neigung zur Mystik eigen ist. Damit hängt auch zusammen, wenn er von den Geisterbeschwörungen sagt, wie viel sie vermögen oder nicht vermögen, und aus welcher Kraft sie wirken, das wisse er nicht und wage deshalb nicht darüber zu lehren, obwol er im Glau= ben der Kirche glaube, daß dem Gläubigen vieles möglich sei. Nur soviel sage er, daß Teufel austreiben die Tugend nicht för= dere auch nach Matth. 7, 22 kein gewisses Zeichen derselben sei[3]). Ebenso verhält er sich skeptisch gegen Visionen u. dergl. Obwol er selbst sagt, daß man Christus schmecken und fühlen kann, so tadelt er doch die Prediger eigner Heiligkeit, die sich

[1] Ecce habes nunc summum obedientiae resignationisque gradum quo rationabilis creatura ex nihilo potenter producta et a peccato miseri-corditer redempta a se ipsa nihilifacta, in suum principium redit cum assidua laude per Christum dominum nostrum. (§ 257.)

[2] Commendabilior et utilior est liberatio a peccatis per propriam satisfactionem quam per indulgentiam, commendabilior certe quia cum maiore dilectione iusticie, utilior, quia auget meritum, reddit securum et solicitum ad cavendum peccatum et non habet inimicum, quia quaecunque contra se facta pro se facta firmiter credit. (§ 195.)

[3] § 187.

dergleichen zum Teil lächerlicher Visionen rühmen, während doch
Visionen außer uns nicht beßern, vielfach sogar auf Schaltheit
oder Albernheit beruhen [1]). —

Ohne Zweifel eignet der eben besprochenen Schrift ein hoher
Grad von Originalität. Es erklärt sich, daß man mit staunender
Bewunderung die neue Lehre vernahm. Aber wie kam
Staupitz selbst zu dieser neuen Erkenntniß? Wie kam es, daß wir
bei demselben Manne, der vor zehn Jahren einen Luther von
den Grübeleien über die Prädestination abzubringen suchte, die
Erwählungslehre als den Mittelpunkt seiner ganzen theologischen
Anschauung wiederfinden, und derselbe Staupitz sich nicht scheute,
jene schwierigen Gedanken, deren relative Gefährlichkeit er doch an
Luther erfahren hatte, nun vor die Gemeinde zu bringen? Nur
vermutungsweise können wir die bedeutende theologische Entwicklung
erklären, die wir nach den besprochenen Schriften im Vergleich zu
dem, was wir früher über Staupitz hörten, notwendig voraussetzen müssen. Man wird vor allen Dingen daran denken müssen,
daß Staupitz seit jenen ersten Erfurter Begegnungen stets im
engsten, wenn auch oft nur brieflichen Verkehr mit Luther
stand. Derselbe ist nach den uns erhaltenen Aeußerungen Luther's
darüber ein lebhafterer gewesen, als die wenigen zwischen beiden
gewechselten Briefe, die wir noch besitzen, erkennen laßen. Was
Luther in religiöser, in wissenschaftlicher Beziehung bewegte, das
teilte er dem väterlichen Freunde mit, darüber bat er um Auskunft. Staupitz' Mahnungen, von der Prädestination abzusehen,
werden nicht mit einem Male den gewünschten Erfolg gehabt
haben. Noch oft mag der Zweifel an der Erwählung in Luther
laut geworden sein. Es konnte nicht anders sein, wohl oder übel
mußte Staupitz, der anfangs Augustin ebenso wenig kannte als
Luther, der Frage selbst näher treten. Es trat das Eigentümliche
ein, daß der Schüler durch seine Wißbegierde, durch seine Zweifel,
deren Lösung er begehrte, den Meister auf ganz neue Bahnen
lenkte. Beide studirten jetzt die Schrift, die paulinische Theologie,
vertieften sich in Augustin, aber während Luther seiner ganzen
Natur nach auf dem fußend, was ihm nach Staupitz' Anregung

---

[1]) § 164—168.

durch) innere Erfahrung zur Wahrheit geworden war, doch nur
die Unzulänglichkeit eigner Kraft und eignen Verdienstes aus Augustin herübernahm und so bald den „kurzen Weg des Glaubens"
ging, wurde Staupitz, der viel größere Neigungen zur Systematik
hatte als Luther, zum strengsten Prädestinatianer.

Wiewol Staupitz bei weitem früher mit den Schulbegriffen
brach[1]), so hatte, sieht man auf das Endziel der beiderseitigen
religiösen Entwicklung, der Schüler den Meister bereits überholt,
und man weiß, wie Staupitz sich je mehr und mehr vor Luther's
Geiste beugte. Aber auch schon seine damalige Stellung wird zum
großen Teil nur verständlich, wenn man sie wie angedeutet, auf
mittelbare Anregungen durch Luther zurückführt.

Es war wol auch nicht so ganz zufällig, daß man zur selben
Zeit, als Staupitz in Nürnberg über die Prädestination predigte,
dort ganz besonders von Luther's Auslegung des Römerbriefs
sprach. In der Schrift von der „Nachfolge des willigen Sterbens
Christi" fanden wir noch kaum leise Anklänge an die Lehre von
der Prädestination. Indem er sie der Gemeinde auslegte, mag
er selbst erst zur vollen Klarheit darüber gekommen sein.

Gewissermaßen als Correctiv gegen die strenge Logik des Gedankens verband sich dann damit ein contemplatives, an die Mystik
anklingendes Moment, was ebenso wie bei Luther in jener Zeit
auf eine zweite Reihe theologischer Anregungen schließen läßt, ohne
daß wir doch im Stande wären, sie genau nachzuweisen. In der
eben besprochenen Schrift ist es noch mehr accidentiell, aber vielleicht gerade das, was ihm den großen Beifall auch der Menge
erwarb. Durchaus bestimmend ist es dagegen in Staupitz' reifster
Schrift, die gerade ein Jahr später erschien, hervorgegangen aus
Predigten, die er im Advent 1517 in München gehalten hat[2]).
Es ist dies das Büchlein „von der Liebe Gottes", in dem
sich die Eigenart und die ganze Tiefe seines reichen, religiösen Ge-
müthes am schönsten offenbart, eine Neujahrsgabe an Frau Kuni-

---

[1]) Vgl. Hering, Luther's erste Vorlesungen a. a. O., bes. S. 611 ff.
[2]) Luther über Staupitz' Schrift de praedestinatione; De Wette
1, 54. 61 u. ö.

gunde, Herzogin in Ober= und Niederbaiern, der Staupitz um ihres seligen Gemahls willen sein Bestes darbringen will [1]).

„Gott ist über alle Dinge lieblich", das ist der Ausgangspunkt seiner Darlegung und der Gedanke, zu welchem er immer wieder zurückkommt. Gott ist über alle Dinge lieblich, denn er ist eben Gott, und als solchem eignet ihm die absolute Vollkommenheit, deren Wesenheit die Liebe ist, die alles, zu dem sie in Beziehung tritt, lieblich macht. Aus dem häßlichen Feind muß ein lieblicher Freund, aus grausiger Finsterniß wonniges Licht werden. Es ist unmöglich, daß das nicht lieblich werden sollte, was von Gott geliebt wird. Denn lieben wir etwas Gutes, so ist unsere Liebe selbst gut, um wie viel mehr, wenn das höchste Gut der Gegen= stand unserer Liebe ist. Und bleibt lieben schon an und für sich, auch wenn es auf etwas Böses gerichtet ist, lieblich und süß, wie sollte die höchste, beste, unveränderliche, treue und ewige Liebe, die Gott selbst ist, unlieblich, nicht süß und hart sein! Und diesen Gott, der die Liebe selber ist, sind wir zu lieben verpflichtet, und zwar so, daß wir ihm alles wiedergeben, was wir sind und ver= mögen, auch uns selbst, sei es zum Tod oder Leben, zum Himmel oder zur Hölle [2]). Denn dazu sind die Menschen geschaffen, Gott in sich selbst zu loben und zu preisen. Dazu giebt es keinen an= dern Weg, als daß das Herz in seiner Liebe ruhe, frei von aller andern Liebe, in seiner göttlichen Vollkommenheit ganz und gar gesättigt. Denn wer etwas Anderes mehr liebt als Gott, der entzieht Gott seine Ehre und treibt Abgötterei, auch wenn der Mund das Vaterunser betet [3]). Das wahre Anbeten besteht im

---

[1]) Vgl. De Wette I, 96. Da Staupitz, wie weiter unten zu zeigen sein wird, den Winter 1517—1518 größtenteils in München war, vermute ich, daß die betreffenden Predigten erst im Advent, nicht, wie Knaake S. 90 f. zu meinen scheint, schon im Frühjahr gehalten sind. Welchen Wert Luther der Schrift beilegte, ersieht man aus De Wette I, 96. 102. Ein Exemplar derselben mit der Aufschrift: „Meyner Lieben Mutter Margarethen Lutheryn", bewahrt die Kgl. Bibliothek zu Berlin.

[2]) Knaake I, 24.

[3]) „Abgötterey ist bey uns um namen nicht, in der tat aber vielleicht nichts weniger den gewesen. Auff disen tag, o guettigster got, bett man in der christenheit lue, pferd, golt, silber, holz und dergleichen an, als bey den heyden vor tausent jaren gescheen." Knaake I, 95.

Lieben, nicht in Worten. Wer liebt, der betet, und wer nicht liebt, der betet nicht, auch wenn er tausend Psalter spräche.

Aber diese reine höchste Liebe, die Gott von uns fordert, kann man niemand lehren, wie man niemand sehen lehren kann, wenn man ihm auch noch so viel von den Farben erzählt. Man kann sie auch nicht von selbst lernen, denn daran sind ja, wie Paulus sagt, schon die Heiden, die Gott doch erkannt haben, zu Schanden geworden. Aber auch aus dem Buchstaben der heiligen Schrift lernen wir nicht Gott über alle Dinge lieben. Denn der Buchstabe des alten Gesetzes gebiert nichts als Erkenntniß der Pflicht, daß man die Gebote halten muß, Erkenntniß der Sünde, daß man sie übertreten hat, Erkenntniß des Unvermögens, daß man sie nicht zu halten vermag, woraus dann die Furcht entspringt, weshalb Paulus sagt, daß der Buchstabe tödtet und nicht lebendig macht. Und ein noch viel größerer Mörder der Seelen ist der Buchstabe des neuen Testaments. Denn in diesem zeigt sich Gott ja viel lieblicher als im alten, als den, der für uns Mensch geworden, gelitten und gestorben ist, und wir müssen danach um so vielmehr unsere tiefe Verschuldung erkennen, wenn wir nach so unaussprechlicher, großer Barmherzigkeit Gottes undankbar bleiben und sündigen. Christum wissen, ihn in Augen und Ohren haben, nützt nichts, wie man an den Juden sehen kann. Nein, wenn die Liebe in uns erwachsen soll, so muß uns Gott zuvor die höchste, die größte Begnadigung zuteil werden lassen, nämlich in uns Wohnung zu machen. „Die wesentliche, selbständige Liebe, die Gott selbst ist, ist eher in dem Menschen, als seine Liebe oder etwas, das gut genannt werden kann“ [1]. Es verhält sich mit jeglicher frommen Seele, wie mit Maria, der Gottesgebärerin, daß sie Gott empfangen muß in Gemüt und Leib, wenn auch nicht in gleichem Maße, nur in geistlicher „Empfahung Christi“. Und selig und mehr als selig ist der Mensch, in den der heilige Geist von oben herab gestiegen, in dem die selbständige, wesentliche Liebe, die Gott selber ist, ihre Wohnung hat, in ihm wachsen für und für göttliche Früchte, er weiß es oder weiß es nicht, denn der heilige Geist feiert nicht. Wie viel Früchte wirkt

[1] Knaate I, 98.

er in uns, von denen wir kein Bewußtsein haben. Könnten wir ihn in dieser Weise in uns selbst sehen und klar erkennen, das wäre die höchste Seligkeit auf Erden.

Daß die Schrift nicht genügt, um die Liebe Gottes zu er= lernen, hat Christus ja selbst gesagt, wenn er den Jüngern den heiligen Geist verheißt, der erst nach seinem Fortgang kommen kann und der sie in alle Wahrheit leiten soll. „Aus den Augen muß Christus ins Herz, aus dem Fleisch in den Geist gehen, soll er anders selig erkannt werden"[1]). Gott kann mit nichten in seiner ganzen Lieblichkeit erkannt werden, er offenbare sich denn selbst ins Herz. Deshalb bringt er in die Seele, von der er über alle Dinge geliebt werden will, sich selbst, das Licht in der Dunkelheit, wodurch seine Lieblichkeit in einem festen „unzweiffen= lichen" Glauben erkannt wird, ehe denn wir wissen, was recht ist. So ist die Erkenntniß des Glaubens „ein gut lautere gnad gotes".

Ebenso muß aller wahre Trost, der allein ruht und rastet in der Hoffnung der Gotteskindschaft, von dem Tröster, dem heiligen Geist, in unsere Herzen ausgegossen werden, dem es allein zusteht, Hoffnung zu geben. Darnach gründet sich alle unsere Hoffnung nicht etwa auf die Liebe, die wir zu Gott haben, auf die Werke, die wir Gotte tun, sondern auf die Liebe Gottes zu uns, auf die Werke, die Gott in uns wirkt. Unsere Werke können uns nicht den Trost geben, daß wir durch sie die Hoff= nung überkommen, sie geben aber „ein tröstlich Vermuten, daß die Hoffnung in uns sei". Erst muß im Felsen Wasser sein, soll es anders über sich hinausquellen. Die Quelle muß einen Brunnen bilden, soll ein Fluß daraus hervorgehen. Und wie der Fluß zum Brunnen leitet, und die Quelle zu dem verborge= nen Wasser, so führen uns die guten Werke zu dem Brunnen, darinnen Glaube, Hoffnung und Liebe entspringen, und dieselbigen drei zu dem innern verborgenen Wasser, zu dem heiligen Geist, der die selbständige wesentliche Liebe Gottes ist[2]).

Unsere Liebe zu Gott wird also geboren aus der Offenbarung

---

[1]) Knaake I, 100.
[2]) Ebendas., S. 107.

der Liebe Gottes zu uns, der für uns, seine Feinde, seinen einigen
Sohn in Leiden und Tod gegeben hat. Christus unser Herr
ist der Fels, der der Liebe Feuer giebt, und es doch nicht giebt,
es werde denn mit festem Eisen aus ihm getrieben. Christus ist
auch der Fels, der Wasser giebt, doch nicht eher, als er geschlagen
wird mit der Ruten Mosi. Sein Leben, sein Leiden und Sterben
geben kein Zundfeuer, sie werden denn mit der ewigen, unver-
brüchlichen, steten und großen Liebe Gottes, mit der er die Besitzer der ewigen Freude unwiderruflich auserwählt hat, von dem
heiligen Geist berührt. Sonst ist alles Klopfen vergebens. Wenn
aber Gott den Fels ins Herz der Auserwählten schlägt, so giebt
er Feuer, dann werden die todten Kohlen lebendig, der schwarze
Zunder (die Seelen) goldfarbig, der kalte Brand leuchtend und
brennend in Liebe, die von Gottes Liebe entzündet ist. Der Fels
giebt auch nicht Wasser, Christus wird nicht gnadenflüssig, aufs
höchste lieblich und freundlich, dadurch, daß er gegeißelt, gekrönt,
verspottet und gekreuzigt ist, sondern dadurch, daß der barmherzige
Gott, der rechte Moses, der das Gesetz der Liebe gegeben hat,
ihn aus lauter Liebe zu uns geschlagen hat, auf daß nichts als
Liebe aus ihm fließe und unsere Herzen durchfließe, durch den
heiligen Geist, die selbständige, wesentliche Liebe, die Gott selbst ist.

Die Liebe Gottes wird aber nicht allen in gleichem Maße zuteil, darum äußert sich auch die Liebe zu Gott in verschiedenen
Stufen. Allen wirklichen Liebhabern Gottes, denen die Liebe
ins Herz gebildet ist, ist es gemeinsam, Gott über alle Dinge zu
lieben. Christus muß Christus bleiben, Gott muß über alle
Dinge geliebt werden, das ist das Fundament aller Liebe. Aber
bei dem Anfänger vermischt sich noch Furcht mit der Liebe, er
liebt wol Gott über alle Dinge, daneben aber doch noch viele
zeitliche Dinge, so daß er in viele läßliche Sünden verfällt und
nur die freundliche, liebliche Gottesempfindung ist es, die ihn von
Todsünden abhält. Der Geförderte dagegen („der Zunemer")
liebt nicht nur Gott über alle Dinge, sondern braucht auch alle
Dinge nur zu Gottes Liebe und Lob. Wem es gegeben wird,
dergestalt zu lieben, oder, um besser zu reden, in welchem der
Geist also liebt, in dem entsteht von selbst Liebe der Gerechtigkeit,
Stärke des Gemüts, mildes Herz und dergleichen, was zum

„Uebersichsteigen" fördert, wobei jedoch immer zu beachten, daß die Empfindung zwar unser ist, die Bewegung aber des heiligen Geistes, alles das Werk der Gnade [1]).

Vollkommen aber wird der genannt, dem sich Gott so lieblich, so freundlich, so süß einbildet, daß ihm wird, es sei nichts als Gott, nichts lieblich als Gott; ein solcher Mensch wird sich selbst zu großer Unlust, er hasset dieses Leben und sehnet sich nach dem Tode, damit ihn nichts am Lieben hindere. Wunderwerke fließen aus ihm, die Gott mit seiner Liebe in ihm wirkt. Er hat Freude, Friede und Ruhe. Ihn bekümmert weder Himmel noch Hölle, weder Engel noch Teufel, weder Freund noch Feind. Er wartet allein, was Gott in ihm spreche, und wirkt in ganzem Gehorsam und vollkommner Gelassenheit und lebt eben, als lebte er nicht. Sein Geist klebt also fest an Gott, daß ein Geist gesprochen wird. Aber diese großartige Wirkung ist nimmermehr sein Werk, Gott ist Gott, der heilige Geist ist das Feuer, das den Menschen gar verzehrt und bis zu Aschen verbrennt, ja ganz und gar zunichte macht, auf daß er allein alles in allen Dingen bleibe.

Das sind die Ordnungen der Liebe Gottes über alle Dinge; aber nicht immer werden sie in dieser Reihenfolge verliehen, denn es steht bei dem, der sie giebt, wie hoch oder wie niedrig er sie geben will. Mancher Mensch denkt bei sich, daß er fern von aller Sünde sich und alle Welt lassen möchte, das wäre vollkommener Liebe Werk, und wenige Tage darauf beschwert er sich mit geringem Gut oder gar stinkender Wollust. Vielmals tragen wir im Anfang einen Centner, in der Folge nicht ein Pfund, was doch sogar den Anfängern zu wenig ist. Ursache dieser Veränderung ist, daß wir nicht unser, sondern in des Allerhöchsten Kraft tragen, die er uns giebt, wann und wie viel er will, nach seinem, nicht nach unserm Gefallen, daraus erhellt die Torheit derjenigen, die mit ihrer Guttat sich unterstehen, Gott nach ihrem

---

[1] „Die Bewegung ist des heiligen geistes, die empfindung ist unser, wie in einem gleichen, das kutzlein eins andern ist, das lachen. Auß dem erscheint, das des gunnemers lieb mit yren nachuolgenden tugenten, wie des anfahers, gnade ist." Knaate I, 105.

Gefallen zu bewegen, die Gott lieblich und freundlich machen wollen, Gott zu sich mit ihrer Frömmigkeit locken wollen, als man den Sperber zum Aas lockt. Diese nehmen solcher Gestalt der Barmherzigkeit Gottes ihren gebührenden Vortritt, Gottes Gerechtigkeit die ihr eigene Pracht, und tragen befleckte Lumpen zum Markt, wollen Gold mit Unflat bezahlen, aus ihrer Gerechtigkeit selig werden und gebrauchen, ihre Torheit zu verfechten, der heiligen Lehrer Sprüche, die sie noch nicht verstanden haben. Wollte Gott die Bücher wären alle verloren, darinnen uns die Menschen gelehret haben, Tugend wirken, und wäre allein die Liebe gefunden, so thäte ein jeder, was er sollte [1]). Freilich darf man nach ihr nicht toben und wüten, wodurch man ihren süßen Geschmack verhindert, den man am meisten empfindet, wenn man schweigt, nach innen hört und der Wirkung des heiligen Geistes gewartet [2]). Deshalb muß man nach der Stille des Herzens arbeiten, Gebet und andere innere und äußere Uebung ruhen lassen, auf daß man das heimliche Gottesgespräch hören mag und seine liebliche Berührung empfinden. Denn unser frommer Gott läßt sich vielleicht (etwan) erschleichen, aber nimmer erlaufen. Gott läßt aber die Liebe in uns sich verändern, einen höheren oder geringeren Grad annehmen, je nachdem es für unsere Seligkeit von Nutzen ist. Der Mensch muß bisweilen seine Schwachheit innewerden, verzagt werden, um an sich und seinen eignen Kräften zu verzweifeln, damit wir wie die kleinen Kinder zu ihm als dem einigen Erlöser fliehen, uns zunichte, ihn allein groß machen. Und den Auserwählten müssen ja alle Dinge zum besten dienen, selbst die Sünde [3]). Fürwahr der rechte Christenmensch ist eine wunderliche Creatur Gottes, dem sich Gott von Ewigkeit

---

[1]) Knaafe I, 108.

[2]) „Nachdem sy aber allein auß gottes erzeigtenn lieb herfleust, geschicht zu mererm mal, das wir durch vnser toben vnd wueten nach yr, vns selbst an yrem suessen geschmack verhindern, Welchen man denn am meisten entpfindet, wen man schweigt, vnd hort einwertz, wen man den mund anthuet, vnd gewart der hymelischen speiß, wen man weder wol noch vbel wircket vnd gewarttet der wirckung des heiligen geistes." Ebendas., S. 108.

[3]) Ebendas., S. 111.

in hoher Lieb verbunden hat, ob er auch, wie David spricht, das Gesetz Gottes übertrete, seine Gerechtigkeit geringschätze, und seine Gebote übertrete, so will ihn Gott doch nicht zeitlich strafen, und seine Barmherzigkeit darum nicht von ihm wenden, daß ihm also seine eigne Sünde zu der Seligkeit helfen muß, denn was Gott einmal versprochen hat, muß ewig ja sein, und dem er wohl will, dem müssen Himmel und Hölle, Böses und Gutes zu seinem Besten dienen [1]). Dem Petrus war der Fall weit zuträglicher als das Beharren. Gott liegt überhaupt mehr daran, seine Barmherzigkeit offenbar werden zu lassen, als unsere Gerechtigkeit zu handhaben; das kleinste seiner Leiden hätte genügt, den himmlischen Vater zu versöhnen, uns zu rechtfertigen und in Gerechtigkeit zu erhalten und selig zu machen. Es wäre aber nicht genug gewesen um anzuzeigen, daß seine Liebe über alle Maßen, seine Barmherzigkeit unaussprechlich ist. Darum sagt Paulus, daß er alles in Unglaube und Sünde beschlossen habe, auf daß er sich aller erbarme. Weil demnach also Gott die Sünden zu seinen göttlichen Ehren braucht, so hat man sich nicht zu wundern, daß er sie auch zu des Sünders Bestem braucht. Doch kann er allein aus Bösem Gutes nehmen, und uns gebührt es, das Böse mit höchstem Fleiß zu fliehen [2]).

Wem es nicht gegeben ist, daß er Gott über alle Dinge liebt, dem nützen auch zeitliche Gaben nichts. Ist doch selbst ein Judas, der mit Jesu zu Tisch gesessen, dem wie den andern Jüngern die Gabe verliehen, Wunder zu tun, zum Verräter geworden. Hieraus sieht man, daß der Herr vielmals aus Zorn giebt, das er andern aus Liebe versagt. Solche Gaben sind, wenn die Liebe nicht dazu kommt, mehr Gift als Gaben, sie legen mehr die Pflicht auf, Gott über alle Dinge zu lieben, geben aber nicht das Vermögen dazu [3]). Ein Zeichen aber der wahren Liebe zu Gott ist, daß wir seine Gebote halten. Die Liebe macht ja gleichförmig, ein Herz, einen Willen, eine Seele. Darum muß dem, der Gott über alle Dinge liebt, nur das wohlgefallen, was Gott wohlge=

---

[1]) Knaate I. 111.
[2]) Ebendas., S. 112.
[3]) Ebendas., S. 113.

fällt, und muß er alle Bosheit hassen. Ihm fällt es nicht schwer, das Joch und die Bürde Christi zu tragen, denn wenn die unaus= sprechliche Liebe sich in unser Herz bildet, muß alle andere Liebe nachlassen, selbst die uns angeborene Liebe zum Weibe, die am schwersten auszutilgen ist[1]). Denn des heiligen Geistes, der selbständigen Liebe Gottes Natur, und Eigenschaft ist, wo sie rührt, da zieht sie, wo sie schmeckt, da treibt sie, wo sie versucht wird, da erfreut sie. Sie nimmt dem Fleisch seine Süßigkeit, wie der Sonne heller Glanz der Kerzen Schein verbirgt. Das einzig gewisse Zeichen unserer ganzen Liebe zu Gott und Gottes gnädiger Liebe zu uns ist allein vollkommene Leermachung des Geistes. Wer zur vollkommenen Liebe emporgestiegen ist, dessen Herz wird leer von sich selbst, von allem Creatürlichen, so daß nichts denn Gott in seinem Geiste bleibt. Wer sich so sein selbst und aller Creaturen ledig findet, seines Lebens, seines Verdienstes, seines Heils vergißt und nichts denn Gottes Ehre sucht, dessen Willen sich einzig gefallen läßt, sei es zu seinem Frommen oder Schaden, sich selbst täglich verdammt und über niemand als über sich ur= teilt, in dem ist ohne Zweifel, ja der ist voller Gott. Es ist nicht Zorn, sondern Gottes Gnade, wenn Gott den Menschen erkennen läßt, daß keine Treue, keine Liebe auf Erden ist. Das ist der rechte Weg, durch welchen Gott vom Himmel mit beson= dern Gnaden das Fleisch vom Fleisch ledig macht und bindet den Geist zum Geist. Das ist das höchste Ziel der Vollkommenheit. Die also lieben, sind der Hölle entronnen, dadurch daß sie Gott über alle Dinge geliebt haben; sie sind auch frei vom Fegefeuer, da sie eine reine, unvermischte Liebe zu Gott haben. Sie wären auch alles Leidens auf Erden frei, wenn ihnen die Liebesleiden nicht über die Maßen zu den ewigen Freuden dienten, und ihre Herzen nicht dergestalt zu Gott brennten, daß sie nichts Höheres als ihm soviel als möglich gleichförmig zu werden begehrten, und auch er hat ja nur aus Liebe gelitten, des Kreuzes Schwere und Bitterkeit und endlich den bittersten Tod.

Das sind in nüchterner Wiedergabe die wesentlichsten Gedanken von Staupitz' warmherziger Theologie. Man hat sich daran

---

[1]) Knaake I, 115.

gewöhnt, sie mit dem nicht sehr klaren Ausdruck „praktische Mystik" zu bezeichnen, doch ist neuerdings von competenter Seite dagegen bemerkt worden, daß bei Staupitz von einer eigentlichen Mystik nicht die Rede sein kann [1]), und allerdings mit den mystischen Theologen des vierzehnten Jahrhunderts, mit einem Tauler, Suso, Ruisbroek u. a., mit denen man ihn in eine Reihe gestellt hat [2]), hat Staupitz bei einer unbefangenen Betrachtung nur sehr wenig gemein, ja es läßt sich nicht einmal eine directe sachliche Einwirkung derselben auf ihn nachweisen, selbst nicht von Gerson, obwol er denselben citirt. Von wirklichem Einfluß scheint doch nur der heilige Bernhard in seinen Sermonen über das Hohelied und seinem Tractat „über die Liebe zu Gott" gewesen zu sein. Darf man als das Wesen der Mystik die metaphysische Vergleichung der Creatur und des Schöpfers bezeichnen, als ihr Ziel die Aufhebung des Unterschiedes oder doch wenigstens des wesentlichen Abstandes zwischen beiden, das auf dem Wege der Intuition, durch Aufgeben des eignen Ichs an die Gottheit schon hier auf Erden erreicht werden soll, so ist das Problem, mit dem sich Staupitz beschäftigt, ein gänzlich anderes [3]). Ist das Problem der Mystik wesentlich metaphysischer Natur, so hat es Staupitz mit rein ethischen Fragen zu tun, nicht mit dem Ausgleich des Abstandes zwischen dem Schöpfer und der Creatur, sondern zwischen Gott dem heiligen und gerechten und dem sündigen Menschen. Der Gegensatz ist nicht Endlich und Unendlich, sondern Heiligkeit und Verderbtheit, es handelt sich ja eben überhaupt, wie Staupitz in dem Büchlein von der Nachfolgung des willigen Sterbens Christi ausführt [4]), nicht um das Sein, sondern um das Rechtsein. Trotzdem setzen Staupitz' Schriften die Bekanntschaft mit der Mystik voraus und ist eine gewisse Einwirkung derselben wenigstens in formeller Beziehung nicht zu verkennen. Wir finden allenthalben dieselben Termini, ja Bilder, die der Mystik eigen sind; nicht auf dem Wege der Speculation, sondern der Con-

---

[1]) Vgl. Ritschl, Die christliche Lehre von der Rechtfertigung und Versöhnung I, 112f.

[2]) Ullmann, Reformatoren vor der Reformation II, 256.

[3]) Vgl. Ritschl a. a. O.

[4]) Knaate, S. 52.

templation, nicht durch Tun, sondern durch Nichttun, durch Aufgeben des eignen Ichs, durch Entleerung seiner selbst, durch stetes Gelassensein, durch Schweigen und Warten kommt der Auserwählte zu seiner Bestimmung, dem gänzlichen Aufgehen in Gott. Aber wie sehr auch einige der oben angegebenen Sätze an den mystischen Begriff der Vergottung anzustreifen scheinen, so verbindet doch Staupitz damit, wenn man sie in ihrem Zusammenhang auffaßt, eine ganz andere Vorstellung. Jenes Aufgehen des eignen Ichs in Gott, der die wesentliche, selbständige Liebe ist, wird doch niemals als ein metaphysisches, sondern ein ethisches gedacht — vom Pantheismus ist Staupitz weit entfernt —; es ist im Grunde genommen nur eine durch den dem Hohenliede entnommenen, sinnlich ausgemalten Begriff der Liebe bestimmte, weitere Ausführung des biblisch-augustinischen Gedankens: Fecisti nos ad te, inquietum est cor nostrum donec requiescat in te [1]). Das A und O seiner Theologie ist das Wort [2]), das er seinen Schriften vor- und nachzusetzen pflegte: Jesus, dein bin ich, mach mich selig! —

Doch kehren wir zu unserer Darstellung zurück.

Bald nach Neujahr 1517 verließ Staupitz mit Besler, dem er schon am 1. Dezember das Priorat abgenommen hatte, Nürnberg und begab sich nach Koburg, wo ihn wol Aufträge des Kurfürsten in Anspruch nahmen [3]).

Von dort aus visitirte er einige Convente, u. a. am 23. März den der Augustinerinnen in Kreuzburg [4]), war aber gegen Ende des Monats wieder in Nürnberg und predigte daselbst wiederum

<hr/>

[1]) Augustini Confess. I, 1; vgl. auch Cap. 2.

[2]) Vgl. E. H. Götzens Ordinations-Sermon über Dr. Joh. Staupitz' Leibspruch, Lübeck 1717, und Brief an Lang vom 14. Novbr. 1516.

[3]) Besler a. a. O., S. 364. Scheurl's Briefb. II. 4.

[4]) Den 23. März bestätigt er zu Kreuzburg einen Kauf zwischen dem Prior und Convent des Klosters „S. Anne oder Eißleben" und dem Propst, der Priorin und dem Convent des Jungfrauenklosters von Kreuzburg. Er nennt sich dabei: Ich Bruder Johannes von Staupitz der heilgen Schrift doctor Eynsidler ordens Sancti Augustini der Reformirten Clöster Zu deutschen landen auß bebstlicher gewalt vicarius Generalis. (Archiv zu Weimar.)

unter großem Beifall, und zwar diesmal, wie er früher ver= sprochen, über das Hohelied [1]). Bald nach Ostern besuchte er mit Besler, von Adam von Frundsberg in Windelheim dazu aufgefordert, den dortigen Convent, und setzte Besler sehr wider seinen Willen am 23. April daselbst zum Prior ein [2]). Nach einem nochmaligen kurzen Aufenthalt in Nürnberg begab sich Staupitz wahrscheinlich auf eine größere Visitationsreise, deren Verlauf uns unbekannt ist. Von Luther wurde er bis tief in den Sommer erwartet. Endlich entbot er ihn zum 6. August zu einer Zusammenkunft nach Himmelspforte, wo er ihm als dem Distriktsvicar den Auftrag gab, dem Johann Lang seinen festen Willen kund zu tun, er solle sich sobald als möglich die Licentiatenwürde erwerben [3]), eine Aufforderung, der dieser sehr bald nachkam.

Im Spätherbst desselben Jahres, wahrscheinlich im November, war Staupitz wiederum in Sachsen. In einer uns unbekannten Sache hatte er sich durch einen Brief, wie Luther durch Lang erfahren, die Ungnade des Kurfürsten zugezogen. Er reiste jetzt selbst nach Torgau, um den Kurfürsten zu versöhnen, verfehlte ihn aber, weshalb Luther es übernahm, an denselben zu schreiben und ihn der Ergebenheit des Vicars zu versichern. Er habe mit Staupitz gesprochen, der sich geäußert habe, er meine nicht, jemals seinen gnädigsten Herrn erzürnt zu haben, er hätte es denn da= mit getan, daß er ihn zuviel geliebt habe [4]).

---

1) Scheurl an Usingen: Is populo nostro cantica commentatur. Briefbuch II, 8. Daß er diese Predigten schon früher versprochen, schließe ich aus dem Briefe an Staupitz vom 22. Januar, wo Scheurl unter Ueber= sendung der deutschen Ausgabe der Schrift von der Vorsehung schreibt: Sermones canticorum volente deo diligentius traducemus si tamen in rebus tuis a nobis diligentia aut fides desiderari potest. Daß uns eine Probe davon im Auszuge in Staupitii opp. I, 36 vorliegt, wie Knaate (Brief= buch II, 8) meint, halte ich für unwahrscheinlich. Es werden wol zu= sammenhängende Predigten gewesen sein. In der Chronologie herrscht hier bei Besler Verwirrung, er erwähnt diesen Aufenthalt in Nürnberg nicht.

2) Besler durfte noch auf kurze Zeit nach Nürnberg zurückkehren, blieb aber dann von Pfingsten 1517 bis zum 14. Dezember 1519 in Windel= heim. Fortges. Sammlungen 1732, S. 364.

3) De Wette I, 57. 58. 59 sq.

4) Ibid. I, 75.

Den Winter brachte er in München und Salzburg zu. Aus den im ersteren Orte gehaltenen Predigten entstand, wie erwähnt, sein Büchlein von der Liebe Gottes. Vergebens bemühten sich die Nürnberger Freunde, ihn für die Fastenpredigten zu gewinnen. Die Begeisterung für ihn in jenen Kreisen war in stetem Wachstum begriffen. Es hatte sich, wie Scheurl schreibt, eine sodalitas Staupiciana gebildet, die in den Erinnerungen an seine Predigten, an die reichen Belehrungen, aber auch an seine Scherze lebte [1]). Womöglich bildete das Augustinerkloster jetzt noch mehr als früher den Mittelpunkt des geistigen Lebens. Dort kam man bei dem Prior Wolfgang Volprecht und Wenzeslaus Link, der sich seit dem Herbst als Prediger im Kloster befand, auch zu Speis und Trank zusammen. Dort wurden die neuesten Ereignisse besprochen, gingen die neuesten Schriften, besonders die, welche von Wittenberg herüberkamen, von Hand zu Hand. „Alles tönt von Staupitz wieder", schrieb Scheurl in seiner überschwänglichen Weise. Bedauerte man aufs höchste den Vicar nicht unter sich zu sehen, so freute man sich doch in Wenzeslaus Link als Prediger einen trefflichen Ersatz erhalten zu haben [2]).

Unterdessen hatten Luther's Sätze gegen den Ablaß ihren Lauf durch die ganze gebildete Welt gemacht. Leider hören wir nur wenig über ihre Aufnahme bei den Ordensbrüdern. Daß Staupitz sie billigte, kann keinem Zweifel unterliegen. Ihm war das Wichtigste daran, daß Luther Gott allein die Ehre gäbe und ihm alles zuschreibe und nicht den Menschen. „Gott aber", sagte er, „das ist klar, kann man nicht zuviel Ehre und Güte beilegen" [3]).

In Erfurt, wo man schon lange mit Mißfallen die neue Richtung auf der Wittenberger Universität bemerkte, fand man, daß er allzukühn und unbesonnen fremde Ansichten verurteile [4]); dagegen erlangten die Thesen in Nürnberg, wo man sie nach Möglichkeit zu verbreiten suchte, den ungeteiltesten Beifall [5]).

---

[1]) Scheurl's Briefbuch II, 36. 42.

[2]) Ebendas. II, 24. 26. 42. Von Link wird später noch im Zusammenhang zu reden sein.

[3]) Walch VIII, 1678.

[4]) De Wette I, 72.

[5]) Scheurl's Brief. II, 36. 39. 40. 42. 43.

Der erste unter den Augustinern und wol überhaupt der erste, der von Luther und Staupitz literarisch beeinflußt wurde, ist Caspar Güttel. Im Jahre 1518 ließ er Fastenpredigten erscheinen, unter dem Titel: „Ein fast fruchtbar büchlein von Adams Werken und Gottes Gnaden" u. s. w. [1]). Die Schrift, die den Grafen von Mansfeld zum Dank für die neue Klosterstiftung in Eisleben gewidmet ist, will eine rechte Anleitung zur Buße und Beichte und zum würdigen Empfang des Abendmahles sein. Wie der Verfasser im Anfang ankündigt, will er darin etliche Punkte einflechten, welche der ehrwürdige Augustiner, Vater Johannes von Staupitz das vorige Jahr in Nürnberg über denselben Gegenstand gepredigt habe [2]). Er benützt aber auch Staupitz' Schriften „von der Nachfolgung des willigen Sterbens Christi" und „von der Prädestination".

Mit Staupitz lehrt er da, daß der Mensch aus Adams Kräften nicht im Stande ist, zu einer genugsamen Buße zu kommen, um das Sacrament würdig zu empfangen, sondern daß diese allein eine Gnade Gottes ist [3]). Denn die aus Adam in uns vorhandene böse Neigung stirbt nicht gründlich, das Fleisch werde denn zu Pulver und neu geschaffen, derhalben durch Buße mit Hülfe und Gnade täglich dahin zu arbeiten. Während des ganzen Lebens, so lehrt er nach Luther's erster These, soll die

---

[1]) Der vollständige Titel: „Jhesus ‖ Ein fast fruchtbar büchlein von Adams ‖ werken, vnd gottes genadē mit vnterricht ‖ wie recht beichte busszen, vnd das hochwirdigst Sacrament selig zu entphahen im Au ‖ gustiner Closter zu sandt Anne vor Eisleb ‖ bise heiligste fasten gepredigt vn gegeben 1518" (4⁰). Darunter ein großer Holzschnitt: Christus mit der Dornenkrone und den durchgrabenen Händen und Füßen am Kreuzesstamm angelehnt. Dahinter in gleicher Höhe mit dem Haupt eine Inschrift Ecce—homo. Unten links die Nägel, rechts der Hahn, zu den Füßen Würfel und Hammer c. Unter dem Bilde: Prebuisti mihi laborem in iniquitatibus tuis ‖ Ego sum ipse qui deleo iniquitates ‖ tuas propter me. Esaie xliij. Das erste Blatt trägt die Ueberschrift: Jhesus Maria Anna. Ein Exemplar dieser äußerst seltenen Schrift in der Herz. Bibl. in Gotha.

[2]) Gemeint ist damit in erster Linie, wie Knaake (Staupitii Opp., p. 49 sq.) ganz richtig vermutet hat, die uns im Auszuge bekannten Predigten (Opp., p. 15 sq.), die mit den Doctrinae ecclesiasticae (Scheurl's Brieß. II, 43) identisch sein werden.

[3]) Vgl. Knaake, S. 33.

Buße nicht aufhören. Unser Leben soll nichts anderes sein, „denn ein Haß über den alten Menschen und ein Suchen und Verlangen des Lebens in Christo dem neuen Menschen". Wörtlich nach Stau= pitz straft er diejenigen, die sich ein langes Leben wünschen, um sich zum Tode schicken zu können, und doch nur in jüdischer Art auf ihre Werke bauen, während es doch besser wäre zu sterben, ehe man wüßte, was gute Werke wären, als sein Vertrauen auf seine Gerechtigkeit und seine guten Werke zu bauen [1]). Ueber dem Kreuzigen und Tödten des alten Menschen mit täglicher Buße durch die Gnade Gottes ist aber nicht zu unterlassen, „die Sacramentalischen buesse, vormittelst des stathelders Christi, vnn mit nichtig zuuor schmehenn, den die innerliche buesse nicht ge= nungsam auch vmb sunst wo diese burde von got vnd der Kirchen vns zu guthe verordent, nicht gantz demutiglich auff vns gefasset, nach vormugen durch gottes gnade sensft getragen vnd angenom= men, wolwissende" — setzt er aus Paltz hinzu, — „wie etwan Christus vber das er curirt vnd rein gemacht die aussetzigen, sie doch remittirt vnnd gesant hat zw den briestern, sich ynen zu erzeige" [2]). Nachdem er dann von den drei Stücken der Buße und der Nothwendigkeit der Beichte gesprochen, citirt er, ohne Luther's Namen zu nennen, seine Auslegung der sieben Buß= psalmen, in der bei dem zweiten Bußpsalm klar beschrieben sei, daß nicht die selig seien, die keine Sünde haben, sondern allein die, denen sie Gott aus Gnaden erläßt [3]). Nach einer weiteren Ausführung über die Beichte heißt es dann: „Solche vnterricht zu Christi vnn gottes gnaden neben seines selbst waren erkenthnus [4]) zu rechter beicht, bueß, vnd also noch= mals des hochwirdigsten Sacraments seliger entphahung bringt einen vleissigen anschawer vnd behertzer die beschreibung in deutscher Septen des vorgangen jhares durch den Mansfeldischen ytzt Wittenbergischen Augustiner sampt seiner Beichtzettel von Adams werckenn eygenen kresften flelichem Testament vnns angeborn eynes

[1]) Vgl. Knaate, S. 86.
[2]) Vgl. oben S. 186.
[3]) Vog. L.
[4]) Aus dem Titel von Luther's Psalmenauslegung. Erl. A. 37, 310.

theyles vnd gotlicher gnaden der wurckung Christi, des andern in
Vortragung der tzehen gebothe hyermit eingelegt." Hiernach fügt
er hier und da mit einer kleinen Umstellung, aber sonst fast wört=
lich Luther's Erklärung der zehn Gebote ein, die Uebertretung
als Adams Werk der Erfüllung als Gottes Gnade gegenüber=
stellend [1]). Diese Antithese ist es auch, welche den weiteren In=
halt der Schrift beherrscht. Gegen Ende derselben ist seine Quelle
hauptsächlich Staupitz' Schrift „von der endlichen Vollziehung" [2]).
Bei Gelegenheit der Frage, wie sich der Christ nach erhaltenem
Sacrament verhalten soll, eifert er gegen die Utraquisten, giebt
aber den eigentümlichen Rat, der Christ solle „alsdan vnther
solcher andacht, aufftstehen vnd zu mehrer vortzerung des hochwir=
digsten Sacraments aus dem kelch, nicht auff Behemische der Hussithen
munire, vnther beyderley gestalt, sunder allein einen schlechten
puhr wein do nehmen". Wie tief er schon trotz aller scho=
lastischen Velleitäten in die paulinische Theologie eingedrungen ist,
zeigen die Schlußworte: „Auff das ich beschließ mit dem do ange=
haben mit dem aller heiligsten Paulo, durch des einigen menschen
vngehorsam, die erbermliche seuche der sünde in vns gekrochen,
also auch widerumb durch den einigen gehorsam des son gottes
wider entledigt, vnnd gantz beschließlich do selbst antzeiget, wie do
regirt oder geherscht hat die sünde bis in den todt, das widerumb
die gnade hersche durch die gerechtikeyt in das ewig leben (vnd
das alles nicht anders dan) durch Jhesum Christum vnsern herrn,
dem wir allein tzw dienen antzubethen, loben vnnd gebenedeien
schuldig von ewen zu ewen. Amen." —

Anfang des Jahres hatten sich im Orden wichtige Veränder=
rungen vollzogen. Der Freund des Staupitz, der gelehrte und
humanistisch gebildete Förderer der Reformationsbestrebungen,
Aegidius von Viterbo, war zum Cardinal erhoben worden,
worauf der Papst dem Bruder Gabriel von Venedig das
Generalvicariat über den Orden antrug. Derselbe weigerte sich

---

[1]) Luther's Auslegung über die zehn Gebote muß also schon im Jahre
1517, spätestens Anfang 1518 erschienen sein.

[2]) Der Vergleich von der Menschwerdung mit einer Ehe Gottes mit
den Sündern im 12. Capitel ist fast wörtlich dem 9. Capitel bei Staupitz
nach der Scheurl'schen Uebersetzung entnommen.

anfangs diese Würde anzunehmen, aber es gelang Leo X. ihn
umzustimmen, indem er ihn auf die wichtige Aufgabe hinwies,
Luther auf den richtigen Weg zurückzubringen. In einem Briefe
vom 3. Februar 1518 fordert er ihn auf, mit allen ihm zustehenden Mitteln den Versuch zu machen, „den Menschen zu be-
sänftigen". Noch hält er dafür, daß es ein leichtes sei, wenn
man bald dazutue, die aufgegangene Flamme zu löschen, während
eine Verzögerung leicht schlimme Folgen haben könne. So war
der neuen Ordensleitung sogleich eine Directive gegeben. Wir
hören jedoch nicht, daß damals schon von dem Vorgesetzten Schritte
gegen Luther getan worden wären [1]), wenn auch schon aller Orten
sich Gegner erhoben, die sich nicht scheuten, ihn mit dem Ketzer-
namen zu belegen. Davon muß ihm auch Staupitz besorgt
Ende März geschrieben haben, worauf Luther ihm antwortete,
daß er es gern glaube, daß sein Name bei vielen „stinkend" geworden sei. So sei es auch dem heiligen Paulus gegangen, als
man behauptete, er sage: Lasset uns Böses tun, damit Gutes
herauskomme. Er sei nur der Theologie Tauler's und des
Büchleins, welches Staupitz vor kurzem in den Druck gegeben
habe, gefolgt. Hiernach lehre er, sich auf nichts Anderes zu verlassen, als auf Jesum Christum, nicht auf Gebete und Verdienste
oder eigene Werke, weil wir nicht durch unser Laufen, sondern
durch Gottes Barmherzigkeit selig würden [2]).

Nicht lange darauf traf er mit Staupitz zusammen. Da
das Triennium seiner Amtszeit ablief, berief der Vicar seine
Untergebenen auf den Sonntag Jubilate zum Capitel nach Heidelberg [3]). Als bisheriger Districtsvicar hatte auch Luther auf
demselben zu erscheinen. Man widerriet ihm die Reise, weil man
Nachstellungen für ihn fürchtete, er beschloß doch, „dem Gehorsam
genug zu tun". Nur ungern gab ihm der Kurfürst Urlaub und

---

[1]) Th. Kolbe: „Luther und sein Ordensgeneral", Zeitschrift für Kirchengeschichte II, 472 f.

[2]) De Wette I. 102. Daß mit jenem libellus nicht „die deutsche
Theologie", sondern Staupitz' Schrift von der Liebe Gottes gemeint ist, hat
schon Köstlin, Luther's Theologie I, 112 bemerkt.

[3]) Einen besonderen Anlaß hatte, wie Köstlin I, 185 nach Tentzel
I, 326 annimmt, das Capitel durchaus nicht.

ersuchte Staupitz dafür zu sorgen, daß Luther nicht zu lange der Universität entzogen würde [1]). Bald nach dem Sonntag Quasimodogeniti (11. April) reiste er ab. Ueber Coburg und Würzburg, wo er mit Lang und andern Brüdern zusammentraf, kam er zur festgesetzten Zeit in Heidelberg an. Unter den üblichen Formalitäten vollzog sich das Capitel. Es war durchaus nichts Neues, daß sich an die eigentlichen Capitelsitzungen Disputationen anschlossen, wenn sie auch nicht immer stattgefunden haben mögen. Zu dem Programm für das Capitel, welches die rheinisch-schwäbische Provinz im Jahre 1503 in Colmar gehalten hatte, waren neben einer großen Zahl von Predigten zwei solche Disputationen angesetzt. Vorsitzender und Respondent wurden von dem Capitel oder dem Diffinitorium bestimmt. Daß die damalige Disputation so großes Aufsehen machte, lag nur in Luther's Persönlichkeit und in dem Inhalt seiner gegen die herrschende Theologie gerichteten Thesen vom 26. April. Ihm respondirte sein Schüler, Bruder Leonhard Beyer [2]). Staupitz wurde von neuem mit dem Vicariat betraut. An Luther's Stelle wurde jetzt Lang Districtsvicar in Thüringen und Sachsen [3]).

---

[1]) Der Kurfürst an Staupitz: „Von gots gnaden Fridrich Herczog zu Sachßen vnnd churfürst. Vnnsern gruß zuvor Erwirdiger vnd hochgelarter sonderlicher. Nachdem Jr vnd ander oberste des ordens Sancti Augustini doctor Martinum Luder zu eynem Capittel gegn haydelberg erforderth, so ist er willens, solch Capittel wiewol wir Jne nit gern von vnser vniversitet vrlewbt zu besuchenn vnd gehorsam zu leisten. Weyl Jr vns doch hie vor angezeigt, daß Jr vnns einen aigen doctor an diesem man zciehenn wolt an dem wir dan fast gut gefallen vnd sein nit gern lang von der vniversitet vnd seiner lection geratenn so ist vnnser Begern Jr wollet daran vnd furderlich sein, das er vß erst wider alher kom vnd nit vorzogen noch aufgehalten werde daran, als wir vns versteehn, daran tut Jr vns sonders gefallen in gnaden gegen euch zu erkennen tat. zu Wittenberg am Fritag in der hailigen Osterwoche Anno domini xv° xvuj". (Ernestinisches Gesammtarchiv zu Weimar.) Zum Teil bei Burkhardt, S. 9 f. Vgl. dazu De Wette I, 98.

[2]) Ueber Luther's Anwesenheit in Heidelberg Köstlin I, 186 f. Das Capitel zu Colmar bei Höhn, S. 134. Leonhard Beyer wurde 1514 in Wittenberg inscribirt (Alb., S. 51).

[3]) De Wette I, 111. 124 und öfters. Prioren waren in den nächsten Jahren in Dresden: Melchior Myritsch, in Erfurt: Andreas Lohr, in Esch-

Luther's Angelegenheit kam wol kaum außer im vertrauten Ver=
kehr mit Staupitz und Lang, mit denen er auch einer ehren=
den Einladung des Pfalzgrafen Wolfgang folgte, irgendwie zur
Sprache. Nach einem etwa achttägigen Aufenthalt verließen die
Väter Anfang Mai wieder den Heidelberger Convent. Bis Würz=
burg fuhr Luther mit den Nürnberger Vätern, von da bis
Erfurt mit Lang und dem Discretus des dortigen Convents.
Dann nahmen ihn die Brüder aus Eisleben mit, unter denen
Caspar Güttel gewesen sein wird. Erst am 15. Mai langte
er in Wittenberg an¹), worauf er in kurzer Zeit die
Resolutionen zu seinen Thesen beendete. Am 30. März sandte
er sie an Staupitz. In dem schönen, glaubensfreudigen Begleit=
schreiben, dessen wir schon früher gedachten, setzt er ihm aus=
einander, wie er zu seiner eigentümlichen Theologie und dem
Kampf gegen den Ablaß gekommen. In Dankbarkeit gedenkt er
daran, daß es doch Staupitz gewesen, der ihn zur Erkenntniß
der wahren Buße als einer Sinnesänderung geführt, die er dann
so herrlich in der Schrift bestätigt gefunden habe. Wenn er ihn
bäte, seine Schrift dem Papste zu übermitteln, damit sie ihm eine
Fürsprecherin gegen die Umtriebe der Uebelgesinnten sei, so wolle er
ihn damit nicht in seine Gefahren verwickeln. ,,Ich will alles nur
auf meine Gefahr getan haben; Christus mag zusehen, ob es das
Seine ist, was ich gesagt, oder das Meine"²). In der Tat
nahm Staupitz durch Uebersendung der Schrift an den Papst,
wie ihm nicht entgehen konnte, eine gewisse Mitverantwortlichkeit
auf sich; trotzdem wird er nicht gezögert haben, die Schrift an
ihren Bestimmungsort zu schicken. Sie konnte die römischen
Glaubensrichter nicht überzeugen, schon rüstete man sich dort, dem
Ketzer den Proceß zu machen.

Den Sommer brachte der Vicar teils auf Visitationsreisen,

---

wege: Spangenberg, in Grimma: Wolfgang Zeschau, in Nordhausen: Jo
hann Ritter, in Nürnberg: Wolfgang Volprecht, in Rappoltsweiler: Johann
Rücker, in Wittenberg: Adam (Ulrich), in Dortrecht: Heinrich von Zütphen,
in Ramsau: Martin Glaser ꝛc.

¹) De Wette I. 110.

²) Ibid. I. 115.

teils in Salzburg bei dem dortigen Erzbischof zu. Zu Mariä Himmelfahrt (15. August) hatte er den Nürnbergern seinen Besuch versprochen. [1]).

Am 28. August finden wir ihn in Rappoltsweiler, wo er den kaiserlichen Statthalter im Elsaß, Wilhelm, Herrn zu Rappolstein mit seiner Familie, um seiner dem Orden erwiesenen Verdienste willen in die Brüderschaft der Congregation aufnahm und ihm die Teilnahme an allen guten Werken „die Gott durch die Brüder der Congregation wirken würde", zusicherte. Aus besonderer Neigung gegen den Wohltäter des Ordens macht er ihn „tailhafftig vnnd gemain aller ablas, den vnsern Orden by cristenliche kirchen gebenn hat auß besunder begnadung des heiligen Römischen stuels", und verspricht ihm schließlich, daß nach seinem Tode in allen Klöstern der Congregation sein Gedächtniß gefeiert werden solle [2]). Man wird sich dabei erinnern müssen, was Staupitz in der Schrift von der Vorsehung über die Möglichkeit sagt, aus dem den Erwählten gemeinsamen Gut die gegenseitigen Mängel auszufüllen. An der Kraft der Abläſſe zweifelte er noch nicht, doch mußte er sich gerade damals durchaus eins mit Luther. Derselbe hatte ihm am 1. September erklärt, daß er mutig in der Erforschung und Behauptung der Wahrheit fortfahren werde, da ihn die Citation nach Rom und die gegen ihn gerichteten Drohungen nicht irre machen könnten. „Wenn er excommunicirt würde, so fürchte er allein Staupitz zu verletzen, dem, wie er fest vertraue, in diesen Dingen von Gott ein rechtes Urteil gegeben sei" [3]). Bald darauf hörte Staupitz von Spalatin, der den Kurfürsten auf den Reichstag nach Augsburg begleitet hatte, daß es mit Luther's Sachen schlimm stände, worauf er ihm am 7. September in einem Briefe antwortete, in dem sich Luther's Glaubensmut wiederzuspiegeln scheint. Daß man Luther'n und seinen Freunden nachstellte, war ihm nichts Neues: „Ich weiß", schreibt er, „wie sehr die babylonische, um nicht zusagen römische Pest gegen diejenigen wütet, welche dem Mißbrauch derer, die Christum verkaufen, widersprechen. Denn ich sah, wie ein Pre-

---

[1] De Wette I. 31.
[2] Brief vom 28. August 1518 im Anhang.
[3] De Wette I. 137.

biger, der die höchste Wahrheit lehrte, mit Gewalt von der Kanzel gerissen und, obwol es ein sehr hoher Festtag war, vor allem Volk mit Stricken fortgeschleppt und ins Gefängniß geworfen wurde". Er läßt sich dadurch nicht schrecken, denn er vertraut auf die Macht des Gebets und auf den Herrn, der da gesagt, wo zwei unter sich eins werden, worum sie bitten wollen, so soll es ihnen widerfahren (Matth. 18, 19 f.). „Ueber allem herrscht doch der Herr als König. Man muß die Rechtsmittel aufsuchen, die Fürbitte der Heiligen und guter Menschen anrufen, mehr für die Erhaltung der Wahrheit als des Lebens, und wenn keines von beiden mehr dazusein scheint, soll man dem Könige dienen, der die ganze Welt beherrscht, leiden und sterben für die Wahrheit." Spalatin fordert er auf, mit ihm um Erleuchtung zu dem Herrn zu beten, der das Licht der Welt ist, der Weg und die Wahrheit seiner Gläubigen. Den Fürsten möge er ermahnen, nicht um des Truges derer willen abzufallen, die die Wahrheit zu vernichten streben, oder sich durch das Gebrüll des Löwen (in Rom) schrecken zu lassen; er möge sich Luthern, ihm selbst, ja dem Orden entziehen, wenn er nur danach strebe, die Wahrheit aufrecht zu erhalten, und es einen Ort gäbe, wo sie ohne Furcht frei reden dürfe [1]).

In seiner Schrift von der Liebe Gottes sagt Staupitz einmal, Gott veränderte häufig die Grade der Liebe in uns, zuweilen fühle sich der Christ stark und über jede Anfechtung erhaben, und bald darauf sei er erschrecknen Herzens und flüchtigen Willens [2]). Das erfuhr er jetzt an sich selbst. Kaum acht Tage nach jenem glaubensvollen Briefe meinte er das Unheil hereinbrechen zu sehen. Die Welt scheine, schrieb er, gegen die Wahrheit erbittert zu sein, Luther habe nur wenig Beschützer. Er rate ihm, Wittenberg auf einige Zeit zu verlassen und zu ihm nach Salzburg zu kommen, damit sie zusammen leben und sterben könnten [3]).

Und wirklich drohte Luther wie Staupitz jetzt die größte Gefahr, und zwar von einer Seite, an die sie Beide am aller-

---

[1]) Grimm a. a. O., S. 119 f. Hierauf schrieb Spalatin an Luther: Habes patrem Reverendum Johannem Staupitium pro tuo capite solicitissimum. Burkhardt, S. 13.

[2]) Knaake, S. 109.

[3]) Grimm a. a. O., S. 121.

wenigſten denken mochten. Der Generalvicar Gabriel Venetus
ſah ſich endlich veranlaßt, gegen Luther vorzugehen. Ein päpſt=
liches Mandat trug ihm auf, gegen den „Rebellen und Häretiker"
einzuſchreiten. Der reguläre Weg wäre nun geweſen, Luther's
unmittelbarem Vorgeſetzten ſeine Beſtrafung zu befehlen. In=
deſſen wußte man in Rom ſehr wol, daß Staupitz dazu kaum
ſeine Hand reichen würde. Da erinnerte man ſich auf einmal,
daß die meiſten Mitglieder der deutſchen Congregation ſich von
der Jurisdiction der ſächſiſchen Provinciale emancipirt und mit
dieſen lange in Feindſchaft gelebt hatten. Hierauf gründete man
ſeinen Plan. Am 25. Auguſt ſchrieb der General an den da=
maligen Provincial von Sachſen, Gerhard Hecker, und for=
derte ihn unter Hinweis auf ein päpſtliches Breve, welches Luther
als vollendeten Ketzer hinſtelle, auf, denſelben bei Strafe des
Verluſtes aller Grade, Würden und Aemter ergreifen und ein=
kerkern zu laſſen und, an Händen und Füßen gefeſſelt, in ſicherem
Gewahrſam zu halten [1]. Um dem Provincial von vornherein
den Vorwand abzuſchneiden, daß Luther nicht unter ſeine Juris=
diction gehöre, wird unter Auffriſchung des alten Mährchens,
als. ob die Vicarianer nicht die Autorität des Generals aner=
kennen wollten, ausdrücklich ausgeſprochen, daß, wenn Luther zu
der Congregation gehöre, „welche ſich von unſerer Obedienz exi=
mirt glaubt", dem Provincial auch für dieſen Fall vom apoſto=
liſchen Stuhle die volle Gewalt über ihn erteilt ſein ſoll. Zu=
gleich erhält er die Macht, je nachdem es für die Ausführung
des Unternehmens paſſend erſcheinen werde, das Interdict und
die Excommunication zu verhängen. Alle Auguſtiner werden
unter Androhung der ſchwerſten Strafen aufgefordert, Gerhard
Hecker bei ſeinem Vorhaben zu unterſtützen, damit der Häre=
tiker in die Hände des Papſtes überliefert werde. Dem Provincial

---

[1] Iccirco mandamus sub poena privationis omnium tuorum gradu-
um dignitatum et officiorum, ut praelatum fratrem Martinum Luther
his acceptis capi et incarcerari cures faciasque in vinculis compedibus
et manicis ferreis ad instantiam summi domini nostri Leonis Decimi sub
acta custodia detineri. Bei Th. Kolbe: „Luther und ſein Ordensgeneral",
Zeitſchrift für Kirchengeſchichte II, 3. S. 477. Daſelbſt das ganze Schriftſtück
und Nachrichten über Gerhard Hecker. Vgl. auch Excurs Nr. 3 im Anhang.

selbst werden die größten Versprechungen gemacht. Der Papst wolle ihn reichlich belohnen. Bis auf den letzten Heller solle ihm alles vergolten werden. Wenn er den Auftrag nach Wunsch vollbringe, werde niemand im Orden sein, der dem General näher stände. „Mehr wirst Du in dieser einen Angelegenheit für Vorteile, Ehren und Würden sorgen, als Du in Deinem ganzen Leben getan hast. Wohlan denn, schaue Gott an, der die Heiligen zu ihren Taten inspirirt hat, damit die Menschen allenthalben erkennen, daß Du ein Mann bist, dem Mut und Herz zu großen Dingen nicht fehlen und der große Dinge vermag."

Leider hören wir nirgends, wie Hecker den verlockenden Antrag, wenn er wirklich an ihn gelangt ist, aufgenommen hat. Er dürfte sich sehr bald gesagt haben, daß, wie die Verhältnisse lagen, die Ausführung desselben unmöglich war. Gegen die Vicarianer agitirte Gabriel in jener Zeit übrigens auch in den Rheinlanden. Zwei Tage vor jenem Erlaß an Hecker ermahnte er den Provincial der Kölnischen Provinz aufs dringendste, die Convente seiner Provinz zu reformiren, es sei dies der einzige Weg, den Händen der Vicarianer zu entfliehen [1]).

Ohne von alledem etwas zu ahnen, begab sich Luther auf die Weisung seines Kurfürsten mit dem Bruder Leonhard (Beyer), demselben, der ihm zu Heidelberg respondirt hatte, Anfang October nach Augsburg, um sich vor dem Cardinal Cajetan zu verantworten [2]). Am 7. October kam er mit Wenzeslaus Link, der ihn von Nürnberg aus begleitet hatte, daselbst an [3]). Auch Staupitz, der sich noch immer bei dem Erzbischof in Salzburg aufhielt, hatte sein Erscheinen zugesagt,

---

[1]) Fr. Antonium de consiliis provincialem Coloniae ad provinciae reformationem quam maxime hortamur cui dicimus hanc unicam viam esse ad fugiendas manus vicarianorum. 23. August 1518. Comp. ex reg., p. 68. Vgl. dazu: Scribit Generalis vicarius provinciali Coloniae si aliquid velit impetrare contra vicarianos ut mittet pecunias pro expeditionibus. Ibid.

[2]) Von den Verhandlungen daselbst kann hier nur das berichtet werden, was Staupitz und die Augustiner im allgemeinen angeht.

[3]) Ein Augustinerkloster, in dem (nach Lingle, S. 99; Köstlin I, 215) Luther abgestiegen sein soll, hat es in Augsburg nie gegeben.

und Luther eilte, ihm durch den Bruder Leonhard seine An=
kunft mitteilen zu lassen. Er hatte schon sein erstes Verhör
bestanden, den Vicar am 12. October in Augsburg eintraf.
Fortan ist er ihm treulich zur Seite gestanden. Luther's bisheriges
Verfahren billigte er vollkommen. Er kannte Rom und wußte,
was von dort zu erwarten war. „Der Legat von Rom handelt",
schrieb er an den Kurfürsten, „wie man (Gott geklagt) daselbst
pflegt, giebt hübsche Worte und dieselbigen leer und eitel. — Er
sucht hin und her, dies und das, ob er das unschuldige Blut
vertilgen möchte und zum Widerruf bringen. Gott wolle der
rechte Richter sein und der Wahrheit Beistand."

Auf seinen Rat behandelte Luther die ganze Angelegenheit
möglichst formell und legte bei der zweiten Zusammenkunft, zu
welcher ihn auch Staupitz begleitete, vor Notar und Zeugen
gegen die Forderungen des Cardinals feierlichen Protest ein.

Der Verlauf der Verhandlungen ist bekannt. Nur mit Mühe
gelang es dem Cardinal, der schon die Verdammung Luther's in
den Händen hatte, die Rolle eines väterlichen Beraters zu spielen,
die er sich vorgenommen. Er vergaß sich einmal, indem er sich
in der Hitze vernehmen ließ, er werde über Luther und alle, die
ihm gewogen seien, den Bann, und über alle, zu welchen er sich
etwa hinwenden möchte, das kirchliche Interdict verhängen; zu
dem allen habe er bereits ein genügendes Mandat
vom päpstlichen Stuhle[1]). Trotzdem verhandelte er am
14. October, indem er ihn durch Schmeicheleien für sich zu ge=
winnen suchte, lange Zeit mit Staupitz, um durch ihn Luther
zum Widerruf zu veranlassen. Der Vicar erwiderte, er habe sich
stets darum bemüht, Luther zu vermögen, sich demütig der Kirche
zu unterwerfen, was dieser ja in seiner Protestation auch getan
habe. Mehr in der Sache zu tun, ihn zu einfachem Widerruf aufzu=
fordern, lehnte er ab, er sei jenem auch an Talent und Gelehr=
samkeit nicht gewachsen. Der Cardinal vertrete ja die Stelle des
Papstes, sei der höchste Prälat am Orte, er möge ihn doch selbst
überreden[2]). Indessen kam Staupitz wie Link dem Verlangen

---

1) Lutheri Opp. varii arg. II, 307.
2) De Wette I, 148 sq.

des Cardinals insoweit nach, daß sie Luther, wie dieser dann be=
zeugen konnte, nach Möglichkeit zur Nachgiebigkeit zu bewegen
suchten, ohne doch sein Gewissen beschweren oder ihn einschüchtern
zu wollen. Vielmehr richtete Staupitz auch wieder den Zagenden
auf, indem er ihm zurief: „Gedenke, Bruder, daß Du dies im
Namen unsers Herrn Jesu Christi angefangen hast", ein Wort,
welches ihm nicht von Staupitz, sondern nur durch ihn von
obenherab gesagt zu sein schien [1]. Auch entband er ihn von der
Ordensregel, damit er, falls ihm Schweigen auferlegt würde,
nicht zu gehorchen verpflichtet sei. Er tat es mit den Worten:
„Ich absolvire Dich von der Obedienz gegen mich und empfehle
Dich Gott dem Herrn". Ohne Zweifel wollte Staupitz hier=
durch auch selbst der unangenehmen Notwendigkeit überhoben sein,
etwa auf Befehl des Generals gegen Luther einschreiten zu müssen.

Eben jetzt verbreitete sich das Gerücht, der General habe
gegen Luther ein Mandat erlassen, und Doctor Peutinger wollte
wissen, daß es sich auch auf Staupitz beziehe, und ihn mit Ge=
walt und Kerker bedrohe [2]. Daraufhin verließen beide, Stau=
pitz und Link, ohne sich bei dem Cardinal zu beurlauben, am
16. October die Stadt, während Luther erst am 20., nachdem
er eine Appellation an den besser zu unterrichtenden Papst ein=
gelegt hatte, aus Augsburg flüchtete. Bruder Leonhard blieb
zurück, um die Appellation dem Cardinal zu insinuiren.

Staupitz und Link wandten sich zunächst nach Nürnberg,
um dort Luther zu erwarten und im Verein mit den dortigen
Freunden über seine Sache, besonders über seine sichere Heimfahrt,
zu beraten [3]. Groß war die Freude der Nürnberger Patricier,
den Vicar nach längerer Abwesenheit wieder bei sich zu sehen.
Wie früher drängte sich alles um ihn, dem man nicht genug Ehre
erweisen zu können glaubte. Es war natürlich, daß man bei den
Zusammenkünften im Augustinerkloster fast nur von Luther sprach.
Seine Schriften waren schon Gemeingut geworden, man citirte

[1] De Wette I, 545.
[2] Ibid. I, 182. Staupitz' Brief an den Kurfürst vom 15. October
1518 im Anhang.
[3] Scheurl's Briefbuch II, 53.

Kolbe, Staupitz.

im Gespräch daraus nach dem Gedächtniß. Jeder erklärte sich bereit, alles für ihn auf sich zu nehmen.

Da er den Salzburgern zugesagt, während des Advents daselbst zu predigen, verließ Staupitz Nürnberg schon Ende November, hatte aber vorher versprechen müssen, sobald als möglich nach Nürnberg zurückzukehren und dort seinen Wohnsitz zu nehmen [1]). Wie es scheint, ist er aber den ganzen Winter in Salzburg geblieben. Dort hielt man ihn wol auch für die Fastenpredigten zurück.

Ueber die Wittenberger Angelegenheiten war er stets unterrichtet. Luther selbst sorgte dafür oder ließ ihn durch die Nürnberger Freunde, die ihm seine Schriften zuschickten, auf dem Laufenden erhalten. Aber Staupitz verhielt sich schweigend, was Luther schwer empfand. Er brach dann selbst das Schweigen, indem er ihm am 20. Februar 1519 schrieb. Doch auch hierauf antwortete Staupitz nicht, und noch am 13. April schreibt Luther an Lang, daß Staupitz seiner vergessen habe [2]). Erst nach der Leipziger Disputation trafen die Beiden bei Gelegenheit einer Visitationsreise, auf der Staupitz mit Link seit dem Juni begriffen war, Ende Juli in Grimma zusammen [3]). Aber auch diese persönliche Zusammenkunft vermochte allem Anschein nach eine gewisse kühle Zurückhaltung, die der Vicar seit einiger Zeit Luther gegenüber beobachtete, nicht gänzlich zu beseitigen.

Ohne Zweifel verfolgte Staupitz nur mit banger Sorge die Wendung der Dinge, die seit Luther's kühnen Sätzen über den Primat des Papstes eingetreten war. Gewann er es nicht über sich, ihm direct entgegenzutreten, so wollte er jetzt doch auch

---

[1]) Scheurl's Briefbuch II, 58. 57. 63.

[2]) De Wette I, 231. 256. Dagegen scheint der Brief an Martin Glaser, den Prior von Ramsau (vgl. Alb., p. 18), sich auf ein kürzlich von Staupitz erhaltenes Schreiben zu beziehen. De Wette I, 279. Bei dem in diesem Briefe erwähnten von Luther geliehenen Pferde, wird man an Luther's Ritt von Augsburg nach Monheim zu denken haben.

[3]) De Wette I, 289. Den 7. Juni visitirt Staupitz Kreuzburg. (Urkunde im Staatsarchiv zu Weimar.) Daselbst starben bald darauf 18 Nonnen mit ihrem Präpositus an der Pest, ebenso 8 Brüder in Sangerhausen. De Wette I, 316.

den Schein vermeiden, als billige er Luther's Vorgehen. Dieſer fühlte ſich dadurch auf das ſchmerzlichſte berührt, ja geradezu verlaſſen. In der rührendſten Weiſe kommt dies in einem Briefe zum Ausdruck, den er am 3. October 1519 an den Vicar, der Ende September über Nürnberg nach München gegangen war [1]), richtete: „Du verläßeſt mich allzuſehr", ſchreibt er, „ich war deinetwegen wie ein entwöhntes Kind über ſeine Mutter in dieſen Tagen ſehr traurig, ich beſchwöre Dich), preiſe den Herrn auch in mir ſündigen Menſchen!" — „Heute Nacht", ſo ſchließt er, „habe ich von Dir geträumt, es war mir, als ob Du von mir ſchiedeſt; ich aber weinte bitterlich und war betrübt, Du dagegen winkteſt mir mit der Hand, ich möge ruhig ſein, Du werdeſt zu mir zurückkehren." Im Dezember hatte er dann die Freude, von Staupitz, der wieder in Salzburg weilte, einen Brief zu erhalten, in dem er ihn u. a. über die Intri= guen Eck's am dortigen Hofe unterrichtete [2]).

Seit jenem mißglückten Verſuch des Gabriel Venetus, durch Gerhard Hecker Luther in ſeine und des Papſtes Ge= walt zu bringen, hören wir eine Zeit lang nichts von Unterneh= mungen gegen denſelben. Wie wenig übrigens der Ordensobere die Tragweite von Luther's Handel und die Bedeutung, die der= ſelbe zumal für das deutſche Volk gewonnen hatte, zu würdigen vermochte, zeigt der faſt unglaublich klingende Umſtand, daß er ſich nicht entblödete, die Gelder zu dem im Jahre 1519 zu Ve= nedig abzuhaltenden Generalcapitel durch einen Ablaß auf= bringen zu laſſen, den die Auguſtinerväter predigen ſollten. Für die ſächſiſche Provinz wurden Hecker, für die Congregation Staupitz zum Commiſſar ernannt [3]). Man wird

---

[1]) Pater Vicarius 24. Sept. sanus Nurmbergam venit inde Monacum. De Wette I, 346. Der Brief an Staupitz De Wette I, 340.

[2]) De Wette I, 375. 380.

[3]) Ut sumptus pro celebratione capituli generalis obtineri possint tanto facilius impetrat vicarius generalis Indulgentias a nostris patribus intuitu Capituli promulgandas. pecuniae vero colligendae instituuntur ubique in provinciis totius ordinis commissarii et praedicatores, in pro- vincia Saxonia fit talis Commissarius P. Gerardus Heckert provincialis, in sua congregatione Saxonica fit commissarius Joannes Staupitz 16. Febr. 1519. Comp. ex reg., p. 74.

annehmen dürfen, daß Staupitz die Zumutung, als Ablaßprediger
aufzutreten, wenn nicht zurückgewiesen, so doch ganz gewiß außer
Acht gelassen hat, und auch in der sächsischen Provinz scheint sie
keinen Erfolg gehabt zu haben, denn noch im Spätherbst des
Jahres waren zur großen Verwunderung des Ordensoberen die
fälligen Gelder nicht eingelaufen [1]). Im Juni 1519 fand das
Generalcapitel zu Venedig statt, auf dem Gabriel Venetus
in Gegenwart von Cardinal Aegidius und 1100 Brüdern
zum General gewählt wurde. Dort kam auch Luther's Sache
zur Sprache. Vergebens erwartete man Staupitz, mit dem
deshalb verhandelt werden sollte. Daß daraufhin Beschlüsse gefaßt
worden wären, hören wir nicht. Erst dreiviertel Jahre später,
als die Verhandlungen zwischen Luther und Miltitz auf dem besten
Wege waren, versuchte der General noch einmal auf den Gang der
Dinge einzuwirken. Seit jenem Schreiben an Hecker hatten sich
doch die Verhältnisse wesentlich geändert. Zwar schmiedete man
in Rom schon für alle Fälle an der Bannbulle gegen Luther, aber
der General gab die Hoffnung noch nicht auf, ihn zum Gehorsam
zurückzubringen, entweder weil er, wie schon angedeutet, die Tiefe
des religiösen Gegensatzes, der immermehr hervortrat, nicht ver=
stand, oder doch zu sehr wünschte, den Orden vor dem Vorwurf
der Häresie zu bewahren. Daß Drohungen nichts fruchteten, sah
man bereits ein, vielleicht konnte man auf gütlichem Wege auf
Luther einwirken. Wenn irgend einer dies vermochte, so war es
Staupitz. Nicht von seiner Autorität, aber von dem innigen,
freundschaftlichen Verhältniß zwischen beiden, welches man in
Rom sehr wohl kannte, hoffte man den gewünschten Einfluß auf
Luther. Zu diesem Zweck schrieb der General am 15. März
1520 an Staupitz. In der freundlichsten Weise spricht er sein
Bedauern darüber aus, daß der Vicar auf dem letzten General=
capitel nicht habe erscheinen können, wo Luther's wegen seine An=
wesenheit so wünschenswert gewesen wäre. Er müsse deshalb an
ihn schreiben, damit er erfahre, welche Uebel seiner Congregation

---

[1]) 1519, 24. Aug. Ad Provincialem Saxonie scribimus petentes de-
bitas collectas ac miramur cur acta capituli non mittant illi patres.
Comp. ex reg., p. 78. — Dieselbe Forderung am 29. Novbr. Ibid.

und dem ganzen Orden drohen, wenn es nicht gelänge, Luther von seinem Aergerniß erregenden Schreiben abzubringen. Schon sei der Orden so verhaßt, daß man auf ihn mit Fingern weise, daß die Augustiner, die sonst allein unter den Bettelmönchen sich rühmen konnten, niemals der Häresie verdächtig gewesen zu sein, nunmehr den Anblick der Menschen fliehen müßten. Die Sache werde um so schlimmer, je mehr sie die Person Leo's X. berühre, denn der Orden mehr verdanke, als irgend einem Sterblichen [1]), so daß die Brüder bereit sein sollten, für ihn Blut und Leben zu lassen. Auch hätten alte und neue Doctoren des Ordens nur zu Ehren der Kirche und zur Erhöhung ihrer Macht geschrieben. Wie die Sachen lägen, müsse Staupitz für sein Amt fürchten, die Congregation könne aller ihrer Privilegien und Freiheiten verlustig gehen. Bei seiner Liebe zum Orden beschwört er ihn, allen seinen Einfluß bei Luther anzuwenden, daß dieser aufhöre, gegen die römische Kirche und ihre Ablässe zu schreiben. Die Langmut des Papstes sei ja so groß; er, der vier Jahre lang gereizt worden sei, schreite nicht zur Strafe, geschweige denn zur Rache. Zwar gehe das Gerücht, die Axt sei an die Wurzel gelegt, man verfertige schon eine Bulle, aber um den Orden zu schonen, solle weder dieser noch Luther selbst darin genannt werden. „Deshalb bitten wir Dich bei Deiner Treue, bei dem Orden und der Liebe zu Gott, wenn Dir irgend Eifer, Ehre, der Vorteil und das Heil des Ordens und deiner Congregation am Herzen liegen, so richte hierauf deine Sorge, dein Streben und Sinnen, daß Magister Martinus endlich zu sich zurückkehre, und mit ihm unser Orden aus einer so großen, unseligen Schmach errettet werde." [2])

Als Staupitz diesen Brief erhielt, beschäftigten ihn gerade große Sorgen. Mochten es neue Umtriebe der Conventualen gegen die Observanten sein, wie sie von Rom aus in der kölnischen Provinz geschürt wurden, oder waren innerhalb der Congregation selbst Mißhelligkeiten eingetreten, die eine Spaltung befürchten ließen, kurz, Staupitz blickte düster in die Zukunft. Er

---

[1]) Vgl. hierüber die Briefe des Aegidius bei Martène-Durand, Vet. Script. et mon. Collectio III, 1262 sqq.

[2]) Zeitschrift für Kirchengeschichte II, 478 ff.

fühlte sich nicht gewachsen, allein für seine Person der drohenden Uneinigkeit zu steuern, weshalb er auf Sonnabend den 21. April eine außerordentliche Versammlung der Brüder nach Culmbach berief. Der Citationsbrief an Lang giebt uns allein Kunde davon [1]). Ob die Versammlung wirklich zu Stande kam, und welche Beschlüsse etwa von ihr gefaßt worden sind, darüber ist uns leider nichts berichtet. Wenn das Capitel wirklich stattfand, was trotz des Fehlens sonstiger Nachrichten immerhin möglich ist, zumal wir hören, daß Staupitz Ende April in Nürnberg war, dürfte jener Brief des Generals schon Anlaß zur Beratung gegeben haben. Den Ernst der Lage mochte Staupitz nicht verkennen, aber die Auslassungen des Generals erschreckten ihn nicht; gerade damals erhielt Luther von ihm zu seiner großen Freude einen lobenden Brief, in dem sich, wie er an Spalatin schreibt, eine festere Hoffnung in Bezug auf seine Angelegenheit aussprach, als er sie sonst zu hören gewohnt war [2]).

Das Schreiben des Gabriel Venetus blieb jedoch nicht ohne wichtige Folgen. Trotz aller Freundlichkeit, mit der es abgefaßt war, konnte dem Vicar doch der stille Vorwurf gegen seine Amtsführung, unter der so betrübende Dinge geschehen waren, nicht entgehen. Aber durfte er, konnte er dagegen etwas tun? Wenn er auch Luther's hohem Fluge nicht mehr zu folgen vermochte, wie er schon in Augsburg geäußert, so fühlte er sich doch in der Hauptsache mit ihm eins und unberechtigt, seinen Geist zu dämpfen. Aber wohin sollte das führen? Er mochte sich nicht

---

[1]) Brief des Staupitz an Lang vom 11. März 1520 im Anhang. Was es damit für eine Bewandtniß hatte, ist mir trotz alles Forschens ebenso unbekannt geblieben, wie Zweck und Bedeutung der De Wette I, 341 (3. October 1519) erwähnten convocatio Erfurdiana. Es war vielleicht ein Districtscapitel, welches Lang abgehalten, wofür jedoch kein Analogon aufzuweisen ist.

[2]) Ex Nurmberga Staupitianas literas accepi, laudantes tandem, ac firmius sperantes in causa mea, quam antea solitus sum audire. De Wette I. 443. Dafür, daß das Capitel wirklich stattfand, könnte vielleicht auch eine Bemerkung bei Beßler sprechen: Cum dein depost pasca convocatio in Issleben fieret in qua idem P. Vicarius officio cessit. letzteres beruht offenbar auf Verwechselung mit dem Capitel zu Eisleben am 28. August. Beßler a. a. O., S. 365.

verhehlen, daß allerdings viel auf dem Spiele stand. Nur zu leicht konnte die Congregation, die er unter so harten Kämpfen aufrecht erhalten, der er seine ganze Kraft gewidmet, darüber zu Grunde gehen, konnte dem ganzen Orden Schmach erwachsen, konnte auch er selbst in die höchste Gefahr geraten. Und doch vermochte er nicht, dem Willen des Generals, Luther zum Widerruf zu veranlassen — darauf kam es doch schließlich hinaus —, nachzukommen. Es waren schwere Erwägungen, die in ihm wachgerufen wurden. Da stand auf der einen Seite der stumme mönchische Gehorsam, der ihm rücksichtslos auch gegen den geliebten Freund einzuschreiten gebot, auf der andern die je mehr und mehr wachsende Ahnung, daß der Christ sei ein Meister aller Dinge, den in Fesseln zu schlagen wider das Gewissen. Als es sich jetzt darum handelte, sich für oder gegen Luther zu erklären, fand er, daß er weder für das eine, noch das andere stark genug war. Vielleicht gelang es einer anderen, einer jüngeren Kraft, sich in diesen Wirren besser zurecht zu finden, glücklicher als er in der Leitung des Ordens zu sein [1]). So war denn das Endresultat seiner Ueberlegung der Entschluß, von seinem Amte zurückzutreten, dem er nicht mehr gewachsen zu sein glaubte. Schon am 5. Mai wußte Luther, daß Staupitz das erst im nächsten Jahre fällige Capitel schon in diesem Sommer abhalten und sein Amt niederlegen wolle [2]). Noch machte er einen Versuch, dem General zu willfahren, indem er Luther von der Herausgabe der Schrift an den Adel abmahnte. Die Mahnung kam zu spät, es waren schon 4000 Exemplare davon abgezogen [3]). Am Tage des heiligen Augustin (28. August) gab er dann auf dem Capitel zu Eisleben das ihm zur Last gewordene Amt in die Hände der Brüder zurück, die es dem Nürnberger Prediger Wenzeslaus Link übertrugen. Eine besondere Bedeutung erhielt die Versammlung noch dadurch, daß der päpstliche Unterhändler Miltitz, während Eck schon mit der Bannbulle unterwegs war, noch einen letzten Versuch machte, auf Luther durch seine Ordensbrüder ein=

---

1) Vgl. Colloquia ed. Bindseil III. 109 sq.
2) De Wette I, 447.
3) Ibid. I, 478 sq.

zuwirken. Es gelang ihm nur zum Teil. Dem bisherigen Verhalten entsprechend, wollten die Brüder sich weder mit Luther solidarisch erklären, noch maßten sie sich an, seinem Geiste wehren zu wollen. Das Einzige, wozu man sich verstand, war Luther zu ersuchen, in einem Schreiben an den Papst es öffentlich auszusprechen, daß er niemals die Absicht gehabt habe, den Papst persönlich anzugreifen. Hierdurch glaubte man auch den Anforderungen des Generals zu genügen.

Zu diesem Zweck begaben sich Staupitz und Link in der ersten Septemberwoche nach Wittenberg. Mehrere Brüder begleiteten sie, wahrscheinlich die Diffinitoren, nicht sechs Doctoren, wie sich das Gerücht verbreitet hatte [1], — es lag gar nicht in der Absicht, die Sache zu einer officiellen Ordensangelegenheit zu machen. Luther weigerte sich nicht einen Augenblick, dem Wunsche seiner Oberen nachzukommen. „Was könnte ich Leichteres und Richtigeres schreiben?" schrieb er an Spalatin. Zugleich meldet er mit Genugtuung, daß jenen Brüdern seine Sache nicht mißfallen, wol aber den Römlingen. — Das war das letzte Mal, daß Staupitz mit Luther verhandelte, das letzte Mal, daß die beiden Männer einander sahen. Noch schrieb Staupitz einen leider uns nicht erhaltenen Brief an Miltitz, um ihn von dem Erfolge der Verhandlungen mit Luther zu benachrichtigen [2], es war seine letzte Amtshandlung als Augustiner, dann zog er südwärts.

---

[1] De Wette I, 486 sq.

[2] Tentzel a. a. O., S. 436 ff. und die Regesten über diese letzten Verhandlungen mit Miltitz bei Seidemann, Karl von Miltitz (Dresden 1844), S. 25 ff.

Drittes Capitel.
Staupitz als Abt.

Als Staupitz mit dem Gefühle, seine Pflicht getan zu haben, aber wol auch mit banger Sorge um seine Congregation und den kühnen Freund von Wittenberg und Luther schied, mochte er meinen, nunmehr für seine Person vor den Angriffen der Römlinge geborgen zu sein, in stiller Gelassenheit Gotte und seiner Heiligung leben zu können. Er ahnte nicht, welchen großen Anfechtungen er entgegenging.

Mehrfach hatte er, wie wir sahen, in den letzten Jahren die Gastfreundschaft des Erzbischofs von Salzburg genossen und daselbst mit gleichem Beifall wie in Nürnberg gepredigt. Nach Salzburg wandte er sich auch jetzt wieder, einer Aufforderung des Cardinals Lang folgend, der ihn als Hofprediger an seine Kathedrale berief.

Einen höchst unerquicklichen Anblick boten damals die Verhältnisse jenes Bischofssitzes. Mit dem Cardinal Lang, dem früheren Bischof von Gurk, der, nachdem er seine politische Rolle zum größten Teil ausgespielt hatte, sich daselbst niedergelassen, war der Unfrieden eingezogen. Den Auftrag des Kaisers, in seinem Namen Leo X. nach dessen Inthronisation zu begrüßen, benutzte er, nicht ohne die Absicht, sich dadurch den Weg zum erzbischöflichen Stuhle zu bahnen, um den Regular-Canonikern von Salzburg die gewünschte Lösung des Ordensverbandes auszuwirken. Hierdurch gewann er deren Gunst und wurde sehr gegen den Willen des Erzbischof Leonhard im Jahre 1514 mit dem Rechte der Nachfolge zum Coadjutor bestellt [1]). Seitdem unterstützte er in

---

[1]) Hansiz, Germania sacra II, 552 sq.

jeder Beziehung das Bestreben der neuen Secularcanoniker, ihre neue Stellung auch durch äußerlichen Glanz zum Ausdruck zu bringen. Es handelte sich dabei hauptsächlich um das Verhältniß zu der alten Abtei St. Peter, deren Bewohner seit uralten Zeiten das verbriefte Recht des Vorrangs vor den Domherren besaßen, welches diese jetzt auf ihre Secularisationsbulle hin, von Lang darin bestärkt, bestritten. Am Frohnleichnamsfest, 20. Juni 1518, war es deßhalb zu ärgerlichen Auftritten gekommen, indem das Domcapitel bei der Procession in den letzten oder den Ehren= Platz eindrang und sich auch bei den Processionen desselben und des nächsten Jahres darin zu behaupten suchte [1]). Hierüber kam es zum Proceß, der zuerst vor dem erzbischöflichen Gericht zu Gunsten der Benedictiner entschieden wurde, worauf die Dom= herren in Rom appellirten. Die Lage verschlimmerte sich für die Mönche, als gerade bei Ausbruch dieses „Präcedenzstreites" eine Neuwahl des Abtes notwendig wurde, und Cardinal Lang, wenn auch vergeblich, sich die Mühe gab, selbst die Abtei als Commende vom päpstlichen Stuhl zu erhalten. Als er im Sommer 1519 Erzbischof geworden war, bedrückte er die Mönche aufs Härteste, und nachdem es ihrem geschickten Sachwalter, dem Prior Chilian, gelungen war, in zwei Instanzen in Rom den Sieg zu erringen, suchte er um jeden Preis dessen Abberufung zu erwirken und die Brüder zu vermögen, den Proceß niederzuschlagen. Es glückte ihm zwar nicht, auch in dritter Instanz wurde der Abtei später (21. Oc= tober 1521) die Präcedenz zugesprochen, aber es gelang ihm, Unfrieden unter den Brüdern selbst zu stiften, indem eine Partei, unzufrieden über die großen Kosten des Processes, die das Kloster in Schulden stürzten, dem Erzbischof willfahren wollte. Hierüber kam es zu Unordnungen, die demselben eine Handhabe gaben, eine Visitation der Abtei vorzunehmen, welche mit der Absetzung des Abtes Simon III. endigte [2]).

Wenige Monate war Staupitz erst in Salzburg, als er er= fahren mußte, daß der rugitus Leonis, den er schon vor zwei

1) Al. Huber, Geschichte der Einführung und Verbreitung des Christen= tums in Südostdeutschland II. 304 f.

2) Chronicon Novissimum, p. 445.

Jahren gefürchtet hatte, auch bis zu ihm drang. Der Carbinal
erhielt den Auftrag, an ihn das Verlangen zu stellen, vor Notar
und Zeugen die in der Bannbulle gegen Luther verworfenen
Artikel ebenfalls zu verdammen. Er weigerte sich dessen, weil es
nicht seine Sache wäre, Dinge zu widerrufen, die er nicht be=
hauptet habe, und bat den Carbinal, davon abzustehen. So schrieb
er am 4. Januar 1521 an Link, ohne noch zu wissen, was
jener tun würde. Er kam sich doch wie ein Gefangener in Salz=
burg vor, bitter enttäuscht, anstatt der Ruhe, die er zu genießen
hoffte, solchen Anfechtungen ausgesetzt zu sein. Verzagtheit und
Hoffnung stritten sich in seiner Seele um die Herrschaft. Er
hielt es für das höchste Unrecht, die Wahrheit zu verlassen, und
fühlte doch die eigne Schwachheit im Kampfe dafür. „Martinus
hat Gefährliches angefangen und führt es mit hohem Geiste von
Gott erleuchtet aus; ich aber stammele, bin ein Kind, das der
Milch bedarf" [1]). Jetzt richtete ihn Luther auf, indem er ihn
daran erinnerte, wie er ihm einst in Augsburg zugerufen habe,
er möge dessen eingedenk sein, daß er die Sache im Namen Jesu
angefangen habe und daß alles in Gottes Hand stehe [2]).

Aber schon hatte sich Staupitz gebeugt. Er hatte Luther
zwar nicht direct verleugnet, aber doch auf weiteres Andringen
den Papst als seinen Richter anzuerkennen erklärt. Nicht mit
Unrecht sah Luther wenigstens eine halbe Verleugnung darin;
man werde in Rom diese Erklärung so auslegen, als verwerfe
er damit alles, was er (Luther) gelehrt, und damit doch auch, was
er selbst bisher über die Barmherzigkeit Gottes gelehrt habe.
Christus und der Papst lägen miteinander im ärgsten Kampfe.
Er wünschte ihm, daß der Papst mit seiner Antwort nicht zu=
frieden wäre, damit ihm Gelegenheit gegeben würde, das Schrift=
stück zu widerrufen. „Denn jetzt, wo unser Herr Jesus Christus
verurteilt, beraubt und gelästert wird, ist keine Zeit sich zu
fürchten, sondern laut zu rufen." Wenn Staupitz sich vor Kennt=
niß der Bannbulle und der Christo darin angetanen Schmach
unterworfen hätte, würde es ihn nicht betrübt haben; so aber

1) Grimm, S. 123f.
2) De Wette I, 541.

schmerze es ihn, in ihm nicht mehr den Verkündiger der Gnade und des Kreuzes wiederzuerkennen [1]). Staupitz nahm ohne Widerspruch den herben Tadel hin und erkannte willig seine Schuld an, obwol er seine Handlungsweise, wie er an Link schreibt, verteidigen könnte [2]). Jene Erklärung an den Papst zu widerrufen, wurde ihm keine Gelegenheit geboten, man verlangte nichts mehr von ihm, und Streit und Kampf zu provociren, war nicht seine Sache. Es genügte ihm, seines Glaubens in sich gewiß zu sein, daraus wie Luther Consequenzen zu ziehen, die ihn mit dem Althergebrachten in Conflict brachten, widerstrebte seiner contemplativen Natur. Doch empfindet er dies bisweilen als einen Mangel und sehnt sich danach, mutiger im Glauben und „wohlgenährt im Evangelium als Mann handeln zu können". Mit großem Interesse verfolgte er Luther's Angelegenheit und freute sich, wenn er irgendwo eine hochgestellte Persönlichkeit kennen lernte, die Luther wohlwollte [3]).

Dringend wünschte der angefochtene Mann eine Zusammenkunft mit Link, um dem Schüler, der ihm doch in seinem stärkeren Glauben „ein anderer Petrus und Paulus zugleich" schien, sein Herz ausschütten zu können. Link bestimmte München dafür. Dort trafen die Beiden Ostern 1521 zusammen. Nach vier Tagen vertraulichen Verkehrs mußten sie scheiden, um sich nie wiederzusehen [4]). Im Herbst finden wir Staupitz im Kloster zu Chiemsee, wohin er, wie scheint, nicht ganz freiwillig gegangen war. Die Einladung Link's und des Nürnberger Priors Wolfgang Volprecht, nach Nürnberg zu kommen, der er so gern gefolgt wäre, mußte er ablehnen. Mit banger Sorge sah er der baldigen Rückkehr nach Salzburg entgegen, zu der er fast gezwungen sei, wie er an Link schreibt. Er tröstete sich mit dem Wort des Herrn an Petrus: „Da Du jünger warest, gürtetest Du Dich selbst und wandeltest, wo Du hinwolltest; wenn Du aber alt wirst, wirst Du Deine Hände ausstrecken und ein an-

---

1) De Wette I, 556 sq.
2) Grimm a. a. O., S. 125.
3) Ebendas., S. 125.
4) Fortges. Samml. 1732, S. 365 f.

derer wird Dich gürten und führen, wo Du nicht hinwillst"[1]).
Er mochte schon wissen, was man mit ihm in Salzburg vor-
hatte. Der Erzbischof hatte die oben erwähnte Absetzung des
Abts schon zu dem Zwecke verfügt, um Staupitz an seine Stelle
zu bringen. Sein Hauptinteresse war ohne Zweifel dabei, einen
ihm ergebenen, gefügigen Mann als Abt zu haben; in zweiter
Linie mochte er hoffen, Staupitz auf diese Weise für immer von
seiner Verbindung mit Luther und seinen Ordensgenossen loszu-
reißen und ihn weiteren Einwirkungen derselben zu entziehen.
Eben dieses Moment wird er hauptsächlich in Rom geltend gemacht haben, um den immer ungern erteilten Dispens zum
Wechsel des Ordens für Staupitz auszuwirken. Dieser wagte
nicht, dagegen aufzutreten. Die Nachrichten, die eben damals im
Beginn des Jahres 1522 aus Wittenberg über den Austritt der
Augustinereremiten einliefen, waren nicht geeignet, seine Wider-
standsfähigkeit zu erhöhen. Man sorgte dafür, daß ihm dieselben
im schlimmsten Lichte erschienen. Die Abschaffung der Messe,
Luther's Auslassungen über die Gelübde, die Freiheit der Priesterehe waren dem Mönche, der sein Lebenlang für die strenge Kloster-
regel geeifert, nur ein schweres Aergerniß, eine Emancipation des
Fleisches. Vergebens suchte ihn Luther in einem Briefe vom
27. Juni 1522 davon zu überzeugen, daß man in der großen
Bewegung den Ratschluß und die Hand Gottes sehen müsse[2]).
Auch in seinem Entschlusse, Abt zu werden, vermochten ihn die
Warnungen Luther's, der schon damit unzufrieden war, daß er
die Hofpredigerstelle angenommen, nicht wankend zu machen. Sie
kamen wol auch zu spät. Schon am 26. April 1522 hatte der
Erzbischof von der Pönitentiarie in Rom für Staupitz den Dis-
pens wegen des Ordenswechsels erhalten, der dann — es ist unbekannt aus welchem Grunde — am 14. Juni in erweiterter
Gestalt erneuert wurde[3]).

Damit waren aber die Schwierigkeiten, die sich seiner Wahl

---

[1] Joh. 21, 18. Grimm a. a. O., S. 125 f. Ich vermute, daß
Staupitz zu Exercitien in Chiemsee gewesen ist.

[2] De Wette II, 215.

[3] Chronicon Novissimum, p. 499.

zum Abt entgegenstellten, noch nicht gehoben. Es läßt sich leicht denken, daß die Benedictiner durchaus nicht gewillt waren, auf ihr freies Wahlrecht zu verzichten und einen Fremden zu wählen, der als Günstling des Erzbischofs bei ihnen schlecht empfohlen war. Doch Matthäus Lang war um Mittel nicht verlegen, wo es galt, seinen Willen durchzusetzen. Seine Gegner im Capitel sperrte er zum Teil in der Festung, zum Teil in seinem Palast wochenlang ein, und schickte sie dann in andere Klöster zur Correction [1]. Auf diese Weise wurde der Convent gefügig und wählte in der Tat am 2. August Johann von Staupitz, nachdem dieser erst den Tag vorher zum Benedictinerorden übergetreten war, in Gegenwart des Salzburger Suffraganen Berthold von Chiemsee einstimmig zu seinem Abt [2]. Von demselben Berthold wurde er darauf am 6. August im Auftrage des Erzbischofs bestätigt und als Johannes IV. investirt.

So war Staupitz ein Prälat geworden, aber er zog doch als ein Bettelmönch in die Abtei ein [3]), und äußerer Glanz und Reichtum hat ihn auch da nicht umgeben. Durch die Wirren der letzten Jahre waren die Vermögensverhältnisse der Abtei derartig zerrüttet, daß er sich genötigt sah, sofort bei seinem Amtsantritt alles Opfergeld der Sacristei an sich zu nehmen, was man ihm schwer verdachte. Auch in der Folge erwies er sich, wie man aus den noch erhaltenen Klosterrechnungen ersehen kann, nicht als geschickter Haushalter über weltliche Güter. Das Kloster kam immer mehr in Schulden und verlor auch dadurch erheblich an Renten, daß Staupitz den ganzen Besitz der Abtei zu Rollerdorf unterhalb Krems, zu Langenlois, Krems und Stain in Niederösterreich am 29. Mai 1523 an den Pfleger Wolfgang Karlinger zu Stain verkaufte. Die in der Urkunde erwähnte Zustimmung des Convents erklärten die Brüder später (am 21. Februar 1526), wenn auch vergeblich, für untergeschoben. Wahr-

---

1) Mitteilungen aus dem Archiv von St. Peter zu Salzburg, die ich der Güte des gelehrten Pater Willibald Hauthaler verdanke.

2) Chronicon, p. 449 sq., daselbst auch der Wortlaut von „Staupitz' Professionsurkunde".

3) Sein ganzes Baarvermögen, was er mitbrachte, betrug wenig über 63 fl. (Archiv zu St. Peter.)

scheinlich hat sich Staupitz dazu verstanden, um der Forderung
einer bedeutenderen Geldsumme von Seiten des Cardinals, wie
er sie später fruchtlos an Staupitz' Nachfolger stellte, dankbarst
willfahren zu können.

Stand auch der Benedictinerorden im Großen und Ganzen
in jener Zeit an gelehrter Bildung hinter den Bettelorden zurück,
so fanden sich doch unter den Brüdern von St. Peter einige
von wissenschaftlichem Interesse. Auf ihre Bitten kaufte der Abt
mehrere Schriften von Oecolampadius und Erasmus, auch dessen
Ausgabe des neuen Testaments [1]). Er selbst hielt für seine
wesentlichste Aufgabe die Seelsorge an seinen Untergebenen und
die Verkündigung des Wortes Gottes durch die Predigt. Mit
dem Eifer und der Freudigkeit, die wir von früher her an ihm
kennen, widmete er sich dieser Tätigkeit und gewann sich dadurch
sehr bald die Herzen derer, die ihm anfangs als einem Fremden
und der Häresie Anrüchigen schroff genug gegenübergestanden
haben mögen. Sowohl im Kloster der Mönche als in dem damit
verbundenen Nonnenkloster zu St. Peter pflegte er zu predigen.
Eine ungenannte Nonne hat im Jahre 1523 die Fastenpredigten,
die Staupitz im Krankensaale des Nonnenklosters, und eine Ad=
ventspredigt, die er im Speisesaale daselbst über das Beichten
gehalten hat, sorgfältig nachgeschrieben [2]), wodurch wir einen Ein=

---

[1]) Nach Mitteilung von P. Willib. Hauthaler schaffte er folgende Werke
an: Erasmus, Nov. test. (3. edit.) et paraphrases; Laur. Valle, Ele=
gantiae; nochmals Erasmus Paraphrases und Eckolampadius, Loci
communes, ferner Ignatii Epistolae cum alio tractatulo; Erasmus,
Epistola apologetica de interdicto esu carnium; Eckolampadius,
Grammatica graeca.

[2]) Unter der Signatur a II, 11 auf dem Archiv von St. Peter zu
Salzburg. Die Handschrift, ein Pergamentband in kl. 8°, enthält 246
(von moderner Hand paginirte) beschriebene Blätter. Die Ueberschriften so=
wie die Anfänge der einzelnen Predigten sind durch rote Buchstaben ausge=
zeichnet. Auf dem Rücken der Titel: „Staupitij Außlegung der Evangelii."
Das erste Blatt enthält Folgendes: „dye her nach geschrieben ewangelij mit
irer außlegung hat vns geprediget der erbirdig herr vnd vater vnser prälat
abt Johanns von staupitz doctor, hunnen zu der siechstuben jm xv° vnd
xiij jar vnd synd von ainer gottliebhabenden Swester aufgeschriben warn
so vil sy in gedächtnuß hat mügen behalten, ob etbas daczu vnrecht ge=

blick in seine Predigtweise und in seinen damaligen theologischen Standpunkt gewinnen.

Aeußerlich angesehen muß zuerst die freie Behandlung des Schriftworts auffallen. Staupitz pflegte seine meist dem Evangelium entnommenen Texte nicht vorzulesen, sondern aus dem Gedächtniß vorzutragen [1]), wobei es ihm auf wörtliche Genauigkeit nicht ankam. Dabei führte er die biblischen Erzählungen zum besseren Verständniß für die Zuhörer oft recht drastisch weiter aus. Bisweilen, wenn ihm der Text zu lang war, flocht er ihn mit in die Auslegung ein, die größtenteils allegorisch ist und sich mit Vorliebe in Bildern bewegt, die dem Hohenliede entnommen. Die vielen Wiederholungen, die behagliche Breite der Darstellung verraten den alternden Mann. Ohne allen rednerischen Schmuck, aber mit großer Wärme und einer Innigkeit, die bisweilen ans Süßliche anstreift, redet er wie ein Vater zu seinen Kindern.

Die uns erhaltenen Predigten verbreiten sich fast über alle Gebiete der christlichen Lehre, und fast in allen Punkten läßt sich ein der lutherischen Auffassung sich annähernder Fortschritt erkennen. Die Lehre von der Prädestination tritt gegen früher sehr zurück. Wie einst Luther, warnt er die Nonnen davor, nach einer Gewißheit über die Erwählung zu trachten. Es ist eine verlorne Arbeit. Wofür wäre Glaube und Hoffnung da? Alle sollen fest glauben, daß sie erwählt und in das Buch des Lebens geschrieben seien. „Das ist dy haut Jesu Christi, das ist das

---

schriben wär das ist nur zu ze messen swachait der sinn vnd gedächtniß der bi sew (?) geschriben vnd gemerckt haben." Darauf folgt: „die erst predig an Sand Mathiastag das ewangelium das man da von list mit seiner auslegung." Bis Bl. 295 b gehen die 23 Fastenpredigten, dann folgt: „Noch gar ain vnezen sermon hat er vns geprebigt im abuent im reiant da er vns dy gemayn peicht zugesagt." Die saubere, mit großen Zügen geschriebene Handschrift, sowie die obige einleitende Bemerkung ergiebt, daß wir es hier mit einer späteren Niederschrift des nur Gehörten, oder einer Ausführung kurzer, beim Hören niedergeschriebener Notizen zu tun haben, wobei sich die Schreiberin selbst bewußt ist, daß hin und wieder nicht alles wörtlich genau ist, trotzdem wird man im allgemeinen die Wiedergabe für authentisch halten können, besonders in den Punkten, wo sich Abweichungen von den kirchlichen Anschauungen finden, die sicherlich nicht der Nonne zuzuschreiben sein werden.

[1]) Vgl. dazu die Anecdote bei Mathesius in der 12. Predigt.

ebel pergyme, das ist das rob leder, das geferbt ist mit dem
rosen farben pluet Jhesu cristi, darein wir vns selbst nit mügen
schreiben, denn Christus sagt nit, ir habt euch darein geschriben
oder ir sult euch darein schreiben, Sunder yr seibt darein ge=
schrieben, nit aus ewr heiligkeit oder werchen, nur allain aus
dem verdhenen meins leydens." (Bl. 2ᵇ.) Die Gewißheit der
Erwählung kommt erst, wenn Leib und Seele von einander
scheiden, doch sagt Staupitz ähnlich wie früher: Eines giebt es,
woran man es merken kann, ob man in das Buch des Lebens
eingeschrieben ist, wenn der Mensch findet, daß er nichts ist, nichts
hat, nichts kann als sündigen und zum Teufel gehn. Dann
kommt der süße Gott mit einem süßen Tränklein, „das er ge=
benckt, O mein gott nun wolt ich doch von herczen gern tain,
was dir gefyell, thue mir armen menschen, wie dw wilt. Zu
disem gepelt bedarffts nit vil klagenn. Sweig vnd sytz pei dir
selbs, got wird dir wol geben, was dw mit im reden solt. Dyr
gehört nit mer zue, den das dw gesweiget von innen vnd außen
und im stat gebst zu reden." Der Erwählte, den Gott von
Ewigkeit lieb gehabt, fällt, wenn er sündigt, doch nur aus der
Liebe zu Gott, Gottes Liebe zu ihm bleibt bestehen, „also fallen
wir im nur in den schoß, Er läst vns nit zu poden ligen, dan
so sein lieb vor zu vns kumbt, so gibt er vns auch, das wir in
von hercjen lieb haben". (Bl. 209.)

Solche vereinzelte Hinweisungen auf die Erwählung kommen
kaum in Betracht gegenüber der an alle gerichteten Aufforderung,
das Heil in Christo zu ergreifen. Es geschieht durch den Glau=
ben, den Staupitz jetzt nicht mehr als die Erkenntniß der Heils=
tatsachen faßt, sondern als ein Vertrauen zu Gott, als die feste
Zuversicht, daß Gott seine Zusage halten werde. So heißt es
in der neunzehnten Predigt über die Auferweckung des Lazarus:
„Der Martha Sagt er klar, Er wirt wider ersten, Er schlaft
nuer; das ist doch ain klarer text, das gott nit mer von
vns wil habenn zu vnserr Säligkait, dan allain den
glauben, das mügen sullen vnd müessen wir im geben das
ander als wil vnd mueß er selbe tuen, vnd vns erfücken. Allain
glaub dw im das er dir versprochen hab, das well er dir halten,
Secz all dein hofnung vnd vertraun allain gancz in in, vnd Sag

ich wais, das er von meinen wegen auf dy welt ist kömen, Er
hat mir gelytten, Er ist mir gestorben, vnd ist mir wider er=
stanben, Ja sagstu, Jch bin aber pös, vnb vol süntten, Jch wais
wol, das got kain sünder erhört, wan ich frum wär, so gelaub
ichs wol, das er mir zu trost war kumenn. Ja tylus telus, So
dürst noch möcht dich got nicht rechtfertigen, von ten sünten
wegen hat got ter himelisch vater seine Sun geschickt auf dy
welt vnb nit von ter gerechten wegen; Erkenstu dich fur ain
sünder, So ist auch got bir zw trost kömen, was waystu es sein
vyleicht anter leüt gar frum So bw ban by hofnung hast, So
ist ban nämleich bas sewr, von bem bw erkückt solt werten nit
ferr, ban so bw in in ainig gelaubst vnb dich alles gueten zu
im versyehst, so kan es nit fällen, bw muest in über alle ding
lieb haben" 2c. 1)

Gott ist es allein, von bessen Liebe unb Barmherzigkeit alles
Heil kommt. Die Werke können absolut nichts bazu tun, bas
betont Staupitz an einzelnen Stellen bis zur Consequenz bes
vollständigsten Quietismus 2). An anbern Stellen zeigt er boch,
wie ter rechtfertigende Glaube nicht ohne gute Werke sein kann.

---

1) Bl. 181 b—183. Vgl. Bl. 142 b: „Liebe Kinbt, halt euch fest an ten
gelauben vnb vertrawen ber zuesag gots, Sagt Ey mein got ich arme sun=
berin, pin mer gefallen vnb lig ba hilf mir wiber auf, mein frumer Jesus,
Jch hab bich pelaibigt, bas klag ich, bas pewain ich, barvber ersenst ich, bye
rew gesest got vnb wil sy auch haben. Bl. 157 b: Er macht vns So kranck
bas wir aller nächst tem ewigen tobt vilmals sein, Auf bas wir ten arczt,
vnb bye arczney suechen, vnb allain hilf von im pegern vnb sechen, tas
wir boch so gar nichcz künen helssen zu vnserm hail, Aber all vnser hofnung
vnb vertrawen Allain in bie hilf vnb in bas vertrawen Jhesu Christi schlachen,
bas er allain vns zu hilff, trost vnb zu hail ist kömen."

2) Bl. 5. Bl. 153: „Wir müessen seyrn von allen werchen, erstleich von
allen pösen werchen, voligent auch von allen gueten werchen, Allain müessen
wir in würchen lassen, im stett bas würchen allain zue Eben bervmb ist
vns bas seyren gepoten, Auff bas got bester frölicher in vns müig würchen,
stell bw bich gancz zu rue, Setz bir boch wol waist, bas bir nichcz tanst
würchen aus bir selbst, bas bir zu Saligkeit byen, Aber Christus kan nichcz
anbers würchen ban by werch by vns müessen salig machen. Sicz bw vnb
seyr vnb merck vnb los was Christus in bir rebt vnb würchen well, er wirt
näm nit feiern." Gegen bie guten Werke auch bie ganze 21. Pretigt (Bl.
196 b ff.).

Wenn wir ganz auf seine Zusage vertrauen, das entwickelt er in der Adventspredigt, so kann es nicht fehlen, daß wir ihn lieben und alle äußerlichen (gesetzlichen) Werke lassen. „Nun möchtestu sagen, Ey lieber got solt es den alles genueg sein mit dem gelauben, Ja freyleich ist es genueg, gelaubt nur frey, Er kan nit an frucht vnd werch der lieb sein, ist er anders lebentig; Ey warum wolten wir im nit glauben, Nun sagt er vns doch nichcz dan nur woltat zue. Sag zu im, Ey mein got erkück mein gelauben vnd lieb, damit dw in mir mügst würchen, vnd so der geist gocz mit dem gelauben in vns kümbt, So werden wir gancz pegirig zu betrachtenn dye woltat gocz vnd mit leib vnd sel got zu dynen." [1]

Wie früher warnt Staupitz vor einer buchstäblichen Auffassung der Schrift. „Man muß das Evangelium leben und nit lesen" [2]. Im Geist soll man die Schrift betrachten, sonst ist sie das schädlichste und verdammlichste Buch auf Erden. Man muß den „süßen Saft und Trost daraus saugen, doch, daß auch die Furcht und Gerechtigkeit Gottes dabei". Betrachtet man die Gerechtigkeit Gottes ohne seine Barmherzigkeit, so führt dies zur Verzweiflung, und auch umgekehrt folgt nur die Verdammniß. So gebe es gerade jetzt viele „Narrenprediger, die das Evangelium ein jeder bei einem Fuß nehmen und es entzwei reißen", indem der eine buchstäblich behaupte, wer ein unnützes Wort rede, der sei des Teufels, der andere „ey man mueß nichcz tuen, Christus hat es schon als tan, wir wellen vns der kristenleichen freyhait halten, vnd machen dy menschen zu vil pehercczent, das man dan wol sprecht was daraus foligt". Seinen Nonnen rät er, „auf dem Mittelweg zu bleiben und sich auf keine Seite ziehen zu lassen, den Trost und die Furcht beide beieinander zu haben" und im Geist zu beten, d. h. den Glauben in Christum zu schla-gen und volles Vertrauen zu ihm zu haben [3].

Merkwürdig genug kommt Staupitz in diesen vor Frauen gehaltenen Predigten auch auf Aristoteles zu sprechen. Als dessen

---

[1] Bl. 238 f. Vgl. die im Anhang abgedruckte ganze Adventspredigt.
[2] Bl. 57.
[3] Bl. 125—127.

Kunst in die Welt gekommen ist, als man anfing, die Lehre da=
mit zu verfechten, „da ist aller vnrait in dy kristenhait gefallen".
Die den Aristoteles kennen, die meinen, sie kennen das ganze
Evangelium, und wissen nicht ein Wort davon. Ein guter, ein=
fältiger Mann, der redet von dem Evangelium und es ist lieb=
lich zu hören, aber die gelehrt sein wollen und das Evangelium
„in den Aristoteles ziehen", die kommen zuletzt dazu, daß sie
entweder Christum allein für Gott halten oder allein für einen
Menschen, den Gottmenschen können sie nicht finden, woher es
kommt, daß sie Gift, schändliche Lüste und Hoffahrt des Lebens
predigen. Auch gehen sie mit losen, erlogenen Dingen um, mit
erlogenen, heillosen Zeichen und Legenden und tyrannischem Wesen,
anstatt daß sie „dy wort gocz mit lauterm grunt an allen zuesacz
auslegen vnnd predigen". Aber „wie sol ich wissen, wans
Ewangelij plasfemirt ist, — hab ich doch erst gestern gehört, ich
sei schuldig zu halten, sey der prediger wer er wel?" Darauf
antwortet Staupitz: „Hör es ist war, ber got mueß dir ins
hercz selbs predigen, Es sey der prediger frum oder pös, So
pistus schuldig zu halten, So ers anders recht predigt. Dy tor=
hait nym an als paulus sagt zue korinthern am XVI. [1]), wir
predigen den iuden ain lestrung vnd den haiden ain narrenwerch,
Aber vns ist es dy höchst Säligkait in der gedult vnd in aller
weyshait, got feyrt nit, er wirt dirs nämlich ins hercz sagen,
was in oder den teufel geprediget ist, wann er sagt heut im
Ewangelij, des menschen kint wirt nit im Erdreich pleiben, Sun=
der er wirt am driten Tag ersten, dapey wirstus wol mercken,
wan dir got ins hercz hat geprediget." [2]) Niemand vermag das
Wort Gottes auszutilgen. Zu aller Zeit wird es Gott ins
Herz predigen und etlichen Menschen den Verstand geben, es
recht zu verstehen und recht zu predigen. Man soll sich nicht
dadurch anfechten lassen, daß augenblicklich soviel Unruhe unter
den Predigern entstanden ist. Es geschieht nur, damit das Evan=
gelium desto klarer an den Tag komme. Denn wenn ein Wind
durch das Feuer geht, so wird das Feuer viel lichter als vorher,

---

[1]) So irrtümlich für 1 Cor. 1, 23.
[2]) Bl. 66 f. und 89 f.

unb wenn eine Unruhe in das Evangelium kommt, so giebt Gott seine Gnade, daß man es darnach viel klarer auszulegen vermag als vorher ¹). — Die „rechte Kirche" ist da, wo zwei oder drei versammelt sind im Namen des Herrn, „so wir ain samlung in seinen gelauben haben, vnd kömen darvmb zwsam, das wir an einander wellen trösten, stercken vnd guet lere vnd ebenpild mit warten vnd werchen In prueberleicher lieb vnd freuntschaft welen erzaigen." Zu der Kirche gehören auch die Bösen. Gehörten die Sünder nicht dazu, wer wäre dann ein Glied der Kirche! Oft sind die größten Sünder die besten Glieder. Christus nimmt alle Sünder an, und hätte er tausend Todsünden getan, wenn er einer von denen ist, die von Ewigkeit erwählt und vorgesehen sind zur Seligkeit, „so mues er herzue, vnd solt er in halt pey dem har herzue rucken" ²) Hiernach sind als wirkliche Glieder der Kirche nur die Erwählten anzusehen, sie manifestirt sich äußerlich, durch das Zusammenkommen im Namen Jesu, im Glauben zum Zweck der gegenseitigen Förderung. Eine Beziehung auf den großen kirchlichen Organismus wird dabei nicht genommen. Staupitz wird überhaupt je mehr und mehr spiritualistischer, „im Geist sollst Du allezeit Deinen Gott bei Dir haben und ihn anbeten", das ist der Refrain fast jeder Predigt. Dazu braucht man keine Kirchen. „Es ist nit von des gepets wegen auftömen dy kirchen pawen, das man sunst nyndert petten solt, Sunder darzue ist es woll sein vnd guet das man ain stat hab, da man zusam kum, vnd hör vnd lern das wart gottes; auch darvmb das vns gepoten ist, das wir an einander pessern süllen, mags wol zuegelassen werden, das wir dahin kömen vnd petten da zu pessrung vnsers nagsten, Aber das wir wolten wänen, wir bedörften sunst nit petten dan da, das ist verdrießleich, Ach wer möcht imermer in der kirchen peleiben!" ³) Eine Heilsvermittlung durch die Kirche lehrt Staupitz genau genommen gar nicht, außer der, daß sie — das Weib mit dem verlornen Groschen — „mit dem heiligen Evangelium leuchtet, daß sie allen

---

¹) Bl. 192.
²) Bl. 106 f.
³) Bl. 128.

Sündern Trost prebigt, damit sie die Schlafenden erwecke und die Verlornen wiederfinde und sie erquicke" ¹). Doch legt er der Taufe eine größere Bedeutung bei als früher, ohne Zweifel in diesem Punkte von Luther beeinflußt. Da ist es die bestimmte Zusage Christi, die ihn der darin geschenkten Gnadengabe gewiß macht und ihn wie Luther fürs ganze Leben sich der Taufgnade freuen läßt: „Glaubt vmb goß willen vnd vertrawt got, kumbt dan der tewfel vnd wil euch etwas tuen, So sagt ich glaub in Jesum Christum vnd pin getauft, So sagt der tewfel, So mues ich nichcz mit dir zu schaffen haben, kumbt dan der himelisch Vater vnd wil dich verdamen, So sag, o Herr ich gelaub in Jesum Christum dein Sun, vnd pin getauft, So sagt er gelaubstu vnd pist tauft, So wais ich wol mit dir vmb zugen vnd nymbt vns aus der posses des tewfels, der vor vnser gubernator vnd regirer was vnd gibt vns in den sal cristi oder in sein aigen= tum." Daburch, daß man etwa nicht recht getauft sei, solle man sich nicht irre machen lassen, sondern nur einfach alle Hoffnung in den Herrn setzen, „sagt doch vnser hergot selbs, wer glaubt vnd tauft wird, der wirt behalten, Ja du möchst auch wol mer barzue seczen, wer glaubt vnd tauft wirt vnd tuet guete werch vnd dergleichen, der wirt behalten, Aber da Christus den wider= tail sagt, Sagt er wer aber nit glaubt, der wirt verdambtt, da sweigt er der tauf vnd nent den glauben allain, Aber man sol dy tauf darumb nit versmähen" ²).

Die Beichte an und für sich nimmt die Sünde noch nicht fort, aber wenn jemand beichtet in Kraft des Gehorsams Gottes und des Versprechens Gottes, daß er die Sünde vergeben will, das nimmt die Sünde hinweg und löst die Bande der Verdamm= niß auf ³). Und wer wahrhafte Reue hat aus Liebe zu Gott und zur Gerechtigkeit, der kann sich nicht enthalten, er läuft zum Priester, „um einen Zeugen der Liebe zu Gott zu haben" und klagt sich an, doch so, daß Gott vor allem gelobt und geehrt werde, es „sol dy peicht mer sein ain lob gots, denn dw dich

---

1) Bl. 95ᵇ.
2) Bl. 37 ᵇ ff.
3) Bl. 160.

solt schelten"[1]). Von eigner Genugtuung kann nicht die Rede
sein, Christus hat für unsere Sünden genug getan, und mit einem
Eifer, den man dem milden Mann am wenigsten in jener Zeit
zutrauen sollte, geißelt Staupitz das Unwesen, was sich an die Ausübung des Bußsacraments angesetzt hat. Es sei leider jetzt so
weit gekommen, daß man die heiligen Sacramente verkaufen will.
„Der Teufel hat das Beichtgeld aufgebracht, daß man die Vergebung der Sünden um Geld kaufen muß. So einer eine große
Sünde auf sich weiß, und wäre ihrer gern ledig und läuft gen
Rom, so sagt man, Du mußt vierzig Dukaten geben, so wollen
wir Dich absolviren, giebst Du sie aber nicht, so mußt Du die
Sünde behalten. Ach Gott, ach Gott, den Du mit Deinem
rosenfarbenen Blut erkauft hast, den wollen wir dem Teufel um
vierzig Dukaten geben, oder halt ein geringer Geld. Pfui der
Schanden! — das heißt Christus austragen, das ist, er entzieht
uns die Sacramente, wenn wir sie also mißbrauchen und verkaufen, die uns doch Gott allein aus lauter Gnade gar umsonst
gegeben hat."[2])

Vertritt so Staupitz im großen und ganzen — wenn man
von scharfer dogmatischer Formulirung, die man in Predigten
nicht erwarten kann, absieht — die evangelische Lehre, sogar mit
einer starken spiritualistischen Neigung, so ist er doch weit davon
entfernt, die praktischen Consequenzen zu ziehen, wie die Wittenberger es getan. Die Stellung, die er zu diesen Fragen ein-
nimmt, ist höchst charakteristisch. Er findet, daß diejenigen, die
jetzt unter Berufung auf die Schrift als die alleinige Erkenntniß-
quelle behaupten, alle Dinge tun zu dürfen und in der Fastenzeit
„Eier und Capaunen" essen, die Schrift nur nach dem Buchstaben und in fleischlicher Weise lesen; sie finden mehr den Teufel
als Christum darin, denn „lust vnd begir des leibes ist albeg
im Ewangelij verpoten, Als es laider yecz zueget, So besarg ich,
man fund, Es dye das Ewangelij am maisten im mundt tragen
vnd wellen sich der geschriftleichen freyhait prauchen vnd halten,
dy lesen das Ewangelij vast vnd suechen vnd suechen an Christum

---

1) Bl. 244ᵇ und 143.
2) Bl. 143.

vnd binden in nymer vnd ye sy in suechen, ye größer narren sy wern, vnd main sy sein mit got gar wol daran. Aber ich besarg man fund vnter den dy am maysten Ewangelisch wellen sein Er ein kecзer dan ain kristen. Sol man Copaun in der vasten essen, vnd tag vnd nacht schlemen vnd Temen (?), ist das dy kristenleich freyhait, wo hat es Christus vnd dy Apostel tan? Es ist warlich der teufel vnd nicht Christus." Fast noch mehr ereifert er sich darüber, daß man den Klosterleuten ihr Gewand verübele, während es doch niemand einem Bischof oder einem andern Herrn verdenke, wenn er sein Hofgesinde „all in ein farb bekleit". Warum soll der heilige Benedict oder ein anderer lieber Heiliger nicht auch sein Gesinde in eine Farbe kleiden dürfen? Daß das Mönchtum etwas Verdienstliches sei, leugnet er auch hier: „Nun gibts noch nymbts doch gar nichts, wil ich Christum nach soligen mich yerret dy Capyen daran nichtt, Sy fybert mich auch nit darzue anders ban das ich weniger vrsach zu sünten hab, vnd mich in der lieb Christi mug oben dan sunst." Aber etliche gehen aus den Klöstern vnd meinen, sie könnten in der Kappe nicht nach dem Evangelium leben, wenn sie vorher einen Zipfel von Geistlichkeit gehabt haben, so werfen sie das jetzt von sich und gehen in die Welt und essen und trinken Tag und Nacht. „Es wär in nit fur übel zu haben, daß sie dy capyen von in wurssen, wann sy mit Christo nur vber sich ghengen. Aber daß sy nur tyesser vnd harter fallen, das ist zu erparmen."

Also an und für sich, das ist wol seine Meinung, wäre gegen das Fleischessen und das Verlassen des Klosters nichts zu sagen, besonders wenn das geistliche Leben, das Verhältniß zu Christo gefördert würde; da dies aber bei denen, die von dieser Freiheit Gebrauch gemacht haben, nicht der Fall ist, sondern nur fleischliches Wesen die Folge gewesen ist, so hält er dafür, daß jenes Tun auch nur aus fleischlichen Motiven hervorgegangen ist und darum mit der christlichen Freiheit und mit Christus nichts zu tun haben kann. Er will sich daran halten, daß die Kappe das Christentum weder hindere, noch fördere, aber doch vor Sünden bewahre. Dabei ist zu beachten, daß er die Unchristlichkeit derer, die das Kloster verlassen, nicht auf den Bruch der Gelübde gründet.

Ganz ähnlich, wie wir hier dargetan, spricht sich auch Stau=

piß in seinem letzten uns erhaltenen Briefe an Luther aus. Mit
Recht darf er von sich sagen, daß sein Glaube an Christum und
das Evangelium unversehrt bestehe, wenn er auch des Gebetes be=
dürfe, daß Christus seinem Unglauben aufhelfe. Unentwegt ist auch
seine Liebe zu Luther, aber er vermag, was er beklagt, nicht
alles, was jener lehrt, zu fassen und übergeht es darum mit
Stillschweigen. Ueber Einiges hat er sich jedoch ein Urteil ge=
bildet, das, obwol er auf demselben Grunde mit Luther steht,
dessen Consequenzen durchaus zurückweist. „Ihr scheint mir", so
schreibt er, „vieles gänzlich Aeußerliche zu verwerfen, was mit
dem Glauben und mit der Gerechtigkeit nichts zu tun hat. Es
sind neutrale Dinge (neutra), die, im Glauben an unsern Herrn
Jesum Christum getan, das Gewissen keineswegs beschweren.
Warum also werden die Herzen der Einfältigen verwirrt und
was hat deiner Nase das Mönchsgewand so verhaßt gemacht, das
doch sehr viele im heiligen Glauben an Christum tragen?" Daß
Mißbräuche sich in menschlichen Einrichtungen eingeschlichen haben,
giebt er zu, ebenso daß es nur wenige giebt, die den Maßstab
des Glaubens daran anlegen, aber um des schlimmen Accidenz
willen dürfe man nicht die Substanz einer Sache verwerfen. „Die
Gelübde verwerft Ihr allmählich alle, bei den wenigsten vielleicht
mit einigem Grund. Darum bitte ich Dich instänbigst, süßester
Freund, gedenke der Unmündigen und beunruhige nicht die schüch=
ternen Gewissen. Was gleichgültig ist und mit dem einfältigen
Gewissen bestehen kann, ich bitte Dich, verdamme es nicht! In
jenen Punkten aber, welche dem Glauben wider=
sprechen, da rufe laut, da weiche nicht." Dankbar er=
kennt er es an, daß Luther es gewesen, der ihn von den Träbern
zu den Weideplätzen des Lebens, zu dem Wort des Heils geführt
hat, und hofft, daß der Herr dem Evangelium Gedeihen gebe,
damit es nicht nur im Munde geführt, sondern eine Lebenskraft
werde, wenn auch freilich Unzählige jetzt das Evangelium zu fleisch=
licher Freiheit benutzten. „Aber der Geist weht, wo er will, Euch
sagen wir Dank, weil Ihr das Evangelium gepflanzt und begossen
habt, Gott den Ruhm bewahrend, dem wir allein die Macht
geben, zu Kindern Gottes zu machen." Am Schluß ruft er aus,
wol daran anknüpfend, woran ihn Luther erinnert hatte: „Möchten

doch meine unwürdigen Bitten bei Euch etwas vermögen, der ich einst der Vorläufer des Evangeliums gewesen bin und die baby= lonische Gefangenschaft ebenso wie heute gehaßt habe", — so bekennt er sich zu jener schärfsten Schrift Luther's gegen das römische Un= wesen, vor dessen Geiste er sich beugt, er der Meister sich seinen Schüler nennend [1]).

Als diesen erweist er sich auch in seiner letzten, erst nach sei= nem Tode allem Anschein nach von Link herausgegebenen Schrift: „Von dem heiligen rechten christlichen Glauben" [2]). Wie er in der Vorrede angiebt, veranlaßte ihn der „Unverstand" bezüglich des allein seligmachenden Glaubens, in den die Christenheit schon seit dem Tode Christi und der Apostel gekommen sei, auch seiner= seits in brüderlicher Liebe, wie es Pflicht sei, „Unterricht zu geben, Hülf' und Beistand zu tun, auf daß nicht untergehe das Fun= dament alles Guten, die Wurzel aller Tugend, der einige Trost der Auserwählten, der wahre Glauben an Jesum Christum". Als seine Leser hat er zunächst im Auge, „die er mit dem Gottes= wort zu speisen verpflichtet und schuldig sei".

Gott hat uns nichts Anderes auferlegt, davon geht er aus, denn daß wir fest glauben, was er uns versprochen hat, woran unsere Tugend oder Untugend nichts ändern kann. „Glaub an ihn, vertrau auf ihn, ist er doch das Wort Gottes, ist er doch die Wahrheit, müßte er doch sich selbst verlassen, sollte er Dich verlassen." Und auf die Frage, worin denn dieser Glaube be= steht, antwortet er: „Unser Heil von niemand als von ihm allein suchen, von niemand als von ihm allein Gnad' und Barmherzig= keit begehren und erwarten, und also außerhalb seiner keinen Trost annehmen, das heißt an Christum glauben" [3]). Dieser Glaube an Christum rechtfertigt, macht zu Kindern Gottes, ver= söhnt den Zorn Gottes. In ihm wird man selig auch ohne des Gesetzes Werke [4]). Wer an Christum nicht glaubt, dessen ver= meintliche Tugenden sind Sünde, außerhalb des Glaubens ist

---

1) So in der Ueberschrift. Der Brief im Anhang.
2) Bei Knaake, in Stanpitz' Werken, S. 119 ff.
3) Knaake a. a. O., S. 124.
4) Ebendas., S. 126.

keine Tugend, keine rechte Vernunft, keine gute Meinung. Des=
halb ist es weit nötiger sich im Glauben, als im Beichtbüchlein
zu üben. Das Hauptwerk, zu dem der Christ verpflichtet ist,
ist zu glauben an den, den Gott gesandt hat, nur diejenigen
Werke bleiben und sind nicht fruchtlos und eitel, die Gott in
uns wirkt, die aus dem Glauben an Christum herfließen [1]). Nur
wer in seinem Namen bittet, kann der Erhörung gewiß sein, er
bedarf keines andern Fürbitters. „Ich strafe", sagt Staupitz,
„keineswegs die Anrufung der Heiligen, daß sie Gott für uns
bitten, ich strafe aber, und so sehr ich vermag, die Verkehrung,
daß wir das Ungewisse dem Gewissen vorziehen; wir wissen nicht,
ob wir erhört werden, wenn wir auch alle Heiligen angerufen
haben, sind aber ganz und gar gewiß, daß wir erhört werden,
wenn wir an Christum glauben und den Vater auch ohne Für=
bitte der Heiligen bitten" [2]). Der Glaube an Christum läßt
keinen Menschen bei und in sich selbst bleiben, er erhebt in Gott.
Er vereinigt alle Gläubigen, also daß sie ein Herz und eine Seele
in Gott gewinnen. Da entspringt die Einigkeit der Kirchen.
Denn die an Christum glauben, sollen dergestalt in Gott vereint
sein, wie der Vater in Christo und Christus im Vater, eines
Willens, eines Gemüts, eines Sinnes, einer Meinung, einer Be=
gehrung. „Noch ist eine höhere Vereinigung, in welcher Christus
und der an ihn glaubt, sich ganz in Gott ergeben, daß er allein
alles in allen Dingen sei, alles in allen Dingen wirke. Von
solcher Vereinigung viel zu reden, ist über unsern Verstand, so
lange dieses Leben währt."

Damit hat Staupitz seinen Stoff erschöpft, trotzdem finden
sich noch drei Capitel, welche sich sofort als Anhängsel documen=
tiren, und der Herausgeber belehrt uns, daß Staupitz sie „auff
anhalten seiner mit verwanten gemacht". Die drei Capitel handeln
„von der Tittelschristen Irrung, von dem ordenlichen Ausfluß der
götlichen gaben, von Got und von den Christlichen wercken".
Der Verfasser wendet sich darin gegen die Annahme, als ließe
sich Glauben und Werke trennen, und formell sich mehr als früher

---

1) Knaate, S. 121.
2) Ebendas., S. 128 f.

an die kirchliche Dogmatik anlehnend, bespricht er die Aneignung des Heils von Seiten des Christen, wie sie sich in den drei durch Gott gewirkten Gaben Glaube, Liebe, Hoffnung vollzieht, von denen der Glaube die primäre, die andern bedingende sei. Er polemisirt gegen die törichte Meinung, als wäre es möglich, „unvergleicht mit dem Leben Christi recht glauben". Der glaubt gar nicht an Christum, der nicht tun will, wie Christus getan hat, und es ist eine Narrenrede, daß der, der an Christum glaube, keiner Werke bedürfe. Der böse Geist gießt seinen fleischlichen Christen ein, man werde ohne Werke gerechtfertigt, und beruft sich darauf, daß Paulus dies gepredigt habe, was man ihm aber nur unterstelle. Paulus habe nur gekämpft gegen die Werke des Gesetzes, die nicht aus Liebe, sondern aus Furcht, aus eigner, nicht aus göttlicher Liebe entsprungen seien, worauf die Gleißner ihr Vertrauen setzten. Die Werke aber, die im Gehorsam des himm= lischen Gebots, im Glauben und in der Liebe geschehen, hat er nicht verboten, im Gegenteil sie als zur Seligkeit nötig und nütz= lich verkündet. Es kann vielmals vorkommen, daß rechter, guter Glaube ohne die äußern Werke ist, nimmer aber ohne die innern guten Werke, von denselben innern guten Werken gilt der Spruch: Der Glaube ohne die Werke ist todt. „In den innern Werken, glauben, lieben und hoffen, werden vollbracht die ersten und treff= lichsten drei Gebote Gottes, die Gebote der ersten Tafel, darinnen erscheint, daß der, wer an Christum glaubt, hält gewißlich und ohne Unterlaß die ersten Gebote, und nachdem er alles zu tun willig ist, das ihm über die drei Gebote von Gott aufgelegt ist, hält er die andern Gebote auch alle, soviel sie den innern Men= schen berühren, das geschieht in der Liebe des Nächsten, ob er schon die äußern Werke der andern Gebote noch nicht erreicht, so= viel im Willen geschehen mag, das tut er, das äußere recht= schaffene Vollbringen erfordert eine besondere Gabe Gottes." Christliche Werke sind allein die, die aus christlichem Glauben her= fließen. „Ich lasse die Werke in ihren Würden, sage aber, daß sie außerhalb des Glaubens an Christum fruchtlos und vielmals schädlich sind." [1]

---

[1] Knaake, S. 135 f.

Daß man Staupitz zu dieser wenn auch tatsächlich nur for=
malen Restriction zwang, zeigt, wie sehr man alle seine Schritte
beobachtete. Seine hohe Stellung und das Vertrauen des Erz=
bischofs schützte ihn nicht vor allerlei Verdächtigungen. Nach
wenigen Monaten schon erkannte er den Ordenswechsel als eine
Torheit und klagte Linf die Schwierigkeiten, die man ihm in
den Weg legte ¹). Man ließ ihn wol besonders gern hören, daß
seine Wahl nicht ganz kanonisch sei. Von den neuen Genossen
beargwöhnt, von den alten fast wie ein Abtrünniger angesehen,
stand er einsam, überkam ihn oft das Gefühl gänzlicher Verlassen=
heit, und doch hatte er nicht den Mut, sich aufzuraffen und mit
den alten Freunden gemeinschaftliche Sache zu machen. Niemand
empfand das schmerzlicher als Luther. Es wollte ihm nicht
in den Sinn, daß sie nunmehr getrennte Wege gehen sollten.
In dankbarer Erinnerung daran, daß Staupitz es gewesen, durch
den wenigstens für ihn zuerst „das Licht des Evangeliums" auf=
gegangen war, vermochte er es nicht auszudenken, daß er für ihn
verloren sei und „dem berüchtigten Monstrum", dem Cardinal, zu
eigen gehören solle. Und doch sprach alles dafür, nicht am
wenigsten das hartnäckige Schweigen, welches Staupitz trotz aller
Briefe Luther's bewahrte. Dies schrieb Luther ihm „dem Vater
und Lehrer" am 17. September 1523 und suchte ihm in lieben=
der Sorge die Haltlosigkeit seines Standpunktes zu zeigen, in der
Hoffnung, daß der Abt sein Gefängniß zerreißen und ihm wieder
geschenkt werden möchte. Es war kein Geringes, was er ge=
wissermaßen zur Prüfung seiner wahren Gesinnung von Stau=
pitz forderte. Er sollte den Ueberbringer des Briefes, Bruder
Achatius ²), der aus Staupitz' Kloster entflohen war, freundlich

---

¹) De Wette II, 271.

²) Irrtümlich, wie mir scheint, haben Seckendorf I, 48 und nach ihm
Bretschneider (Corpus Ref. I, 1014 sq.) diesen Bruder Achatius mit
Arsacius Seehofer identificirt. Achatius, dessen Name sich unter den Wählern
des Staupitz zum Abte (nicht aber unter denen seines Nachfolgers) findet
(Chronicon Novissimum, p. 452, vgl. p. 457), war aus dem Benedictiner=
kloster zu Salzburg entflohen. Vgl. hierzu eine Stelle aus dem Chronicon
Martini abbatis (Ms. R. fol. 215 sq. auf dem Archiv zu St. Peter).
Urbanus Regius haereticus qui Augustae Vindelicorum morabatur quibus=
dam ex conventu nostro varia opuscula quae ipse et alii evulgaverant,

aufnehmen und ihn mit den reichen Mitteln, die ihm zu Gebote ständen, unterstützen, damit jener „eine bessere Art zu leben" beginnen könne [1]).

Wir hören nicht, wie Staupitz diese Zumutung aufnahm, aber er ließ Monate vergehen, ehe er in dem schon oben besprochenen Briefe Luthern seinen Standpunkt auseinandersetzte, in der Absicht, diesen von seiner Liebe zu ihm und seiner Treue am Glauben zu überzeugen [2]). Der Wunsch, den er darin ausspricht, daß es ihm vergönnt sein möchte, wenigstens eine Stunde mit ihm zu sprechen und ihm sein Herz auszuschütten, ging nicht in Erfüllung. Seine Tage waren gezählt. Seit dem April 1524 war er leidend, eine Zeit lang so, daß man das Schlimmste befürchtete. Er be= schwichtigte die Sorge der Brüder, indem er hoffte in Braunau am Inn, wo er sich damals um eines Streites willen, den die Abtei in Salzangelegenheiten mit Erzherzog Ferdinand führte, aufhielt, durch den Luftwechsel und durch die gewissenhafte Behandlung eines geschickten Arztes zu gesunden, und widmete sich trotz der Schwäche, die ihn befallen, seinen Obliegenheiten [3]). Den Hochsommer brachte er in Reichenhall [4]) zu. Bald darauf wurde er von einem Schlag=

occulte subministravit, ut hac occasione plures posterioribus in apostasiam prolapsi partim habitum solum parochiis ruralibus tanquam capellani operam suam locantes, partim cum habitu ordinem et fidem catholicam deponentes haeretici sunt facti, monasticae quoque conversationis fervor plurimum diminui ac labefactari coepit.

1) De Wette II, 408 sq.

2) Ueber den Ueberbringer des Briefes Krafft, Briefe und Documente, S. 56. Am 29. April 1524 schreibt Luther an Spalatin: Mitto literas D. Staupitii, qui tandem semel refloruit nos salutare et alloqui post tot silentia et tot literas ad eum datas. De Wette II, 506.

3) Siehe die Briefe an den Pater Chilian.

4) Am 16. Juli 1524 schreibt der Oekonom der Abtei, Chilian, dem Abte nach Reichenhall in Geschäftsangelegenheiten, ebenso 5. August dem Abte „in thermis" (Reichenhall?), wobei er ihm u. a. von Gewalttätigkeiten der Schweizer und Lutheraner, die man sich erzählte, berichtet: Fertur Helvetia iurgiis variis inter se extorqueri et hos quos vocant Lutheranos exussisse monasterium quoddam Carthusiensium; auch wünscht Chilian ausdrücklich Besserung der Gesundheit: Velim undecumque Paternitatem vestram hilaro esset animo et quidem P. V. sanitatis emolumenti esset profuturum negligenter (?) nihil, siquidem mihi nihil optatius quam P.

fluß betroffen ¹), deſſen Folgen er endlich am 28. Dezember 1524 erlag ²). In der St. Veitscapelle der Stiftskirche wurde er neben ſeinen Vorgängern beſtattet. —

Auf Staupiß' hohe Bedeutung für die werdende evangeliſche Kirche braucht nach unſerer ausführlichen Darſtellung ſeines Lebensganges und ſeines Verhältniſſes zu Luther hier nicht mehr hingewieſen zu werden. Es iſt genugſam dargetan worden, wie er durch ſeinen tröſtenden, auf Chriſtus und die durch ihn geſchenkte Gnade hin= weiſenden Zuſpruch in Luther jene Gedankenreihe weckte und nährte, die bei deſſen Charakter und Weſen früher oder ſpäter zu dem führen mußte, wozu ſie geführt hat. Ihm war es zu danken, wenn Luther nicht unter einem Palß, einem Nathin und Uſingen geiſtig verkam, ſondern an einen Plaß geſtellt wurde, wo ſich ſein Geiſt und ſeine Tatkraft frei entfalten konnte. Und ſchließlich wird es doch nicht bloß als ein negatives Verdienſt zu gelten haben, wenn Staupiß, der die Macht und als Ordensoberer nach

---

V. incolumitate, ne amplius in exilii miseriam detrudamur et P. V. scrip- turarum interpretationis solatio destituamur."

¹) In einem undatirten Briefe Chilian's an den Bruder Georg aus demſelben Jahre heißt es: Haud satis superque mirari possum, si adeo adversa sit domino abbati valetudo, ut rumor apud nos invaluit, tu ipse nihil ea de re scripseras. Talis quippe rumor fuit, ut scribatur a fide dignis hominibus illum ultra suas infirmitates apoplexia contactum fuisse. (Archiv zu St. Peter in Salzburg.)

²) Seckendorf I, 48f. und „Die Grabdenkmäler von St. Peter in Salzburg" (Verlag der Geſellſchaft für Salzburgiſche Landeskunde, Salzburg 1867 ff.), III. Abt. 1871, S. 173, Nr. 142. Sein ebenfalls in Salzburg befindliches Porträt, das (nach einer mir von Paſtor Dr. Lehmann in Labian zugegangenen Photographie) ein volles, rundes Geſicht mit kleinen, lebhaften Augen und eine fein gebogene Naſe zeigt, trägt auf der Rückſeite die Aufſchrift: Joannes IV. Abbas S. Petri natione Thuⁿingus ex Nobili Fa- milia de Staupitz, monachus primum Ordinis Eremit. S. Augustini, S. S. Theologiae Doctor et Martini Lutheri Professor, ac Provincialis, deinde Illmi. Cardinalis Matthei Langii Archiepiscopi Salisburg. consiliarius et Concionator cathedralis demum per Dispensationem Pontificiam Ordinem S. Benedicti in monasterio Divi Peti die I. Aug. 1522 professus et se- quenti die in Abbatem canonice ac concorditer electus, Rei familiaris cura Sollicite per duos annos et quinque menses gesta, fatis concessit die 28 Decembris 1525 (ſo nach alter Zählung für 1524). Sepultus in sacello S. Viti.

den Traditionen seines Ordens auch die Pflicht hatte, den anti-
curialistischen Tendenzen seines Untergebenen entgegenzutreten, zum
offenbaren Schaden seiner Congregation und somit zu seinem eignen
Nachteil, also mit großer Selbstverleugnung, den kühnen Bruder
nicht nur nicht hemmte, sondern ermutigte und, als er ihn
nicht mehr verstand, doch gewähren ließ.

Staupitz' Standpunkt während der letzten Jahre seines Lebens
hat von jeher die verschiedenartigste Beurteilung erfahren. Die
Augustiner haben ihm den Uebertritt zum Orden des heiligen
Benedict nie ganz verziehen, und waren der eine mehr, der andere
weniger stets geneigt, dem Vicar, wenn nicht direct, so doch indirect, wie schon dem Proles eine Mitschuld an dem Abfall Luther's
zuzuschreiben, die er sich durch Eximirung der Congregation, wodurch jener Abfall erst möglich geworden, zugezogen habe. Die
Benedictiner von St. Peter hatten das natürliche Interesse, ihren
Abt gegen den Vorwurf der Ketzerei zu verteidigen, fühlten doch
aber von Zeit zu Zeit ein geheimes Grauen darüber, daß ein
dem Häresiarchen so nahe verbundener Mann in ihrer auch durch
die Namen von Heiligen ausgezeichneten Abtreihe sich finde. Und
als durch den Index vom Jahre 1584 auch diejenigen bedroht
wurden, welche häretische Bücher heimlich verwahrten, beeilte sich
Martin, einer seiner Nachfolger, den Nachlaß Staupitz' an
Büchern und Manuscripten, unter denen sich besonders viele von
Luther's Hand befunden haben sollen, auf dem Klosterhofe den
Flammen zu übergeben [1]). Und nur das Wenige, was mir jetzt
zu benutzen vergönnt war, wurde von seinen eigenen Manuscripten
gerettet.

In protestantischen Kreisen hat man ihn bald einen furcht-
samen und wankelmütigen Mann, der von Luther abgefallen [2]),
bald einen Vorläufer der Reformation genannt oder ihn gar mit
Gamaliel verglichen [3]). Nach dem jetzt bekannt gewordenen Material
wird sich das Urteil über ihn etwas anders gestalten müssen.

[1]) Metzger, Histor. Salisburg., p. 537. Chronicon Novissimum,
p. 502.

[2]) So z. B. Veesenmeyer, Sammlung von Aufsätzen zur Erläuterung ꝛc. Ulm 1827.

[3]) Ullmann, S. 228.

Betrachten wir das Resultat seiner religiösen Entwicklung, wie es uns in seinen Salzburger Predigten und in der Schrift vom Glauben vorliegt, so kann es keinem Zweifel unterliegen, daß er sich je mehr und mehr die Denk- und Lehrweise Luther's angeeignet hat. Die Rechtfertigung allein durch den Glauben ist es, worauf er seine Hoffnung setzt. Auch er wünscht von Herzen die Abstellung der großen kirchlichen Mißbräuche, die sich allenthalben eingeschlichen haben, eine Befreiung von der babylonischen Gefangenschaft; aber im Mönchtum alt geworden, mit den bisher üblichen Aeußerungen kirchlicher Frömmigkeit verwachsen, vermochte er es nicht, mit Luther und den Wittenbergern die praktischen Consequenzen zu ziehen, konnte er es nicht einsehen, daß neuer Wein in neue Schläuche gefüllt werden müsse. Er hatte nicht das Mindeste vom Reformator an sich; das, was er als wahr und richtig erkannt, auch handelnd zur Geltung zu bringen, widersprach seiner contemplativen, aufs Innerliche gerichteten, je mehr und mehr sich in eine gewisse Gefühlsseligkeit verlierenden Natur durchaus. Er konnte dies selbst als eine beklagenswerte Schwäche empfinden, ohne doch das Widerspruchsvolle seines Standpunkts [1]) zuzugeben. Seine Meinung ging dahin, daß durch die Predigt wahren Christentums die alten Formen, denen er an und für sich keinen sittlichen Wert beilegte, sich gewissermaßen von selbst versittlichen würden. Dabei war es doch keineswegs wie bei so vielen andern die Scheu vor dem Bruch mit der heiligen Mutter Kirche, die ihn von dem entscheidenden Schritte abhielt — die Kirche als Heilsanstalt war für ihn seiner ganzen spiritualistischen Richtung nach nur von sehr geringer Bedeutung —, es ist vielmehr die Sorge von der in fleischliches Wesen ausartenden Freiheit, die ihn zurückschreckte, indem er einzelne Ausschreitungen, von denen er Kunde erhalten, verallgemeinerte und in ihnen mit der Hartnäckigkeit des Alters die Signatur jener Freiheit überhaupt sah. Dies wird ver-

---

[1]) Ein charakteristisches Beispiel davon ist es, wenn Staupitz in den Salzburger Predigten (Bl. 144 b ff.) aufs schärfste gegen das übliche Brüderschaftswesen und besonders das Verkaufen der guten Werke, Fasten u. s. w. eifert und doch unter dem 30. März 1523 in der St. Peterskirche zu Dornbach eine Brüderschaft der seligsten Jungfrau Maria und des heiligen Petrus errichtete. Ueber seine Stellung hierzu vgl. oben S. 294.

ftänblich, wenn man bebenkt, daß die erften Aeußerungen der
neuen chriftlichen Freiheit fein eigenftes Lebenswerk zertrümmerten.
Nichts mochte feiner feinen, gemeffenen Natur wiberwärtiger fein,
als die Willkür des Einzelnen, die Ueberftürzung, die Unordnung,
mit ber hier unb ba der Austritt der Mönche aus ihren Klöftern
vor fich gegangen war. Es lag nahe, von ba aus an der Gott=
gefälligkeit ber ganzen Sache zu zweifeln, unb fo blieb er, was er
war, ein Mönch, aber boch ein folcher, ber feine Kappe trug, als
trüge er fie nicht, ber ba nicht meinte, burch fie heiliger zu wer=
ben unb fie nur beshalb nicht ablegte, weil er nicht die Ueber=
zeugung gewinnen konnte, ohne fie feinem Heiland näher zu kom=
men. Ihm lag nichts baran, Papift ober Lutheraner zu fein, er
wollte nur ein Nachfolger Chrifti fein, — eine anima naturaliter
evangelica, wie manche vor ihm, viele nach ihm innerhalb der
römifchen Kirche.

Schluß-Capitel.
Der Untergang der deutschen Congregation.

— ———

Es war Wenzeslaus Link von Colditz, dem, wie dargetan, durch die Wahl zum Vicar an Stelle des Johann von Staupitz die schwierige Aufgabe zufiel, das schwankende Schifflein der Congregation durch die hochgehenden Wogen sicher hindurchzuführen.

Wie stellte er sich zu den Fragen, die jetzt eben die Gemüter bewegten? Wie stand er persönlich zu dem Wittenberger Ordensgenossen, auf den aller Augen gerichtet waren?

Sein Leben bis zur Uebernahme des Vicariats bietet wenig Bemerkenswertes. Es ist der Lebensgang eines Mönches, der das Glück hat, mit bedeutenden Männern zusammenzutreffen [1]), aber auch die Begabung, von ihnen zu lernen. In Colditz, einem kleinen Städtchen an der Zwickauer Mulde, war er von wohlhabenden Eltern — der Vater war Ratsherr — dreiviertel Jahre vor Luther, am 8. Januar 1483, geboren. Wie dieser, kam er wahrscheinlich 1497 auf die Schule nach Magdeburg. Von dort dürfte sich die Freundschaft der beiden Männer herschreiben [2]). Damals freilich war das Zusammensein von kurzer Dauer, da Luther sehr bald, wie bekannt, nach Eisenach übersiedelte. Noch

---

[1]) H. W. Caselmann, Wenzeslaus Link's Leben für christliche Leser insgemein, in Meurer's Leben der Altväter der lutherischen Kirche III, 321 ff.; eine wohlgemeinte, aber nicht immer zuverlässige Schrift.

[2]) Caselmann, S. 334. So weit ich sehe, ist die Sache allerdings nicht direct bezeugt und gründet sich nur auf eine Stelle in Luther's Brief an Cajetan: M. Wenceslaus Lincus, qui abeunte aetate pari mecum studio adolevit. De Wette, p. 162. Da aber ein gemeinsames Studium in Erfurt nicht nachweisbar ist, so wird die Annahme eines gemeinsamen Aufenthaltes in Magdeburg nicht unwahrscheinlich.

in sehr jungen Jahren legte Link das Mönchsgewand an, bei
seiner Immatriculation an der Wittenberger Universität im Winter=
semester 1503 wird er schon „Bruder" genannt [1]). Es ist un=
gewiß, wo er Profeß getan, vielleicht in dem seiner Heimat zu=
nächstliegenden Waldheimer Convent. Demselben hat er jeden=
falls vor dem Jahre 1508 eine Zeit lang angehört. Als er im
Wintersemester dieses Jahres unter dem Decanat des Staupitz,
schon früher Magister, in Wittenberg seine theologische Laufbahn be=
gann, wird er als Conventuale von Waldheim bezeichnet [2]). In
den üblichen Zwischenräumen erwarb er sich hier die theologischen Grade,
am 16. September 1511 wurde er zugleich mit Johann von
Mecheln zum Doctor der Theologie ernannt, am 4. October
in den theologischen Senat aufgenommen [3]). Damals war er auch
Prior des Wittenberger Klosters. Es ist ungewiß, wie lange.
Nach 1512 wird er einmal als Prior, und neben ihm Luther
als Supprior erwähnt [4]); am 28. October 1516 meldet je=
doch Luther, daß Link von seinem Priorat (welchem?) absolvirt
und Prediger in München geworden sei [5]). Dort hat er nur
wenige Monate zugebracht [6]). Als Staupitz nach Weihnachten
mit Besler Nürnberg verließ, um sich auf Visitationen
zu begeben, mußte ihn auch Link, sein Landsmann, begleiten.

---

[1]) Caselmann a. a. O. läßt ihn 1501 nach Erfurt gehen und dort
den Magistergrad erwerben, und 1506 Mönch werden, das alles ohne An=
gabe der Quelle. In der Erfurter Matrikel ist er aber nicht zu finden.
Foerstemann, Album, p. 10: Frater Wenceslaus linck de koldicz ordi=
nis diui Augustini.

[2]) Foerstemann, Lib. decanorum, p. 4 sq.

[3]) Am 9. Februar 1509 wurde er Baccalaureus biblicus; am 25. Oc=
tober 1509 erhielt er die Erlaubniß zur zweiten Vorlesung über die Sentenzen
(ausnahmsweise vor der ersten, weil Spangenberg über die ersten Bücher
las), am 1. März 1510 zur ersten; am 17. Mai wurde er Sententiarius
formatus und am 30. August 1511 Licentiat. (Lib. dec., p. 4 sq. 7. 10.)

[4]) „Wenceslaus Link prior der heyligen Schrift doctor, Martinus luder
auch der heyligen Schrift doctor supprior." (Ernestinisches Gesammt=Archiv
zu Weimar). Im Frühjahr 1514 war er noch in Wittenberg, wie aus einem
Gruß hervorgeht, den Johannes Heß dem Lang aufträgt in seinem Briefe
an ihn in Cod. Chart. Goth. A., p. 399 b sq. 228 sq.

[5]) De Wette I, 42.

[6]) Man erwartete ihn schon Ende Januar in Nürnberg.

In der Folge war ihm der wohlunterrichtete, milde Mann der
liebste Genosse. Ihn ließ er auch in sein Inneres schauen, teilte
mit ihm die Sorgen des schweren Berufes. Nachdem Link hin
und wieder während des Sommers in Nürnberg Station gemacht [1]),
versetzte ihn Staupitz im Winter 1517 zur Freude der Nürnberger
dorthin als Prediger. Christoph Scheurl rühmt wiederholt seine
Predigten, kein anderer habe sich eines so reichen Zuspruchs und
zwar von Seiten der Angesehensten zu erfreuen als Link [2]). Er
trat auch sonst ganz in die Rechte seines Oberen. Mit gleicher
Ehrerbietung sammelten sich die Mitglieder der Sodalitas Stau-
pitiana jetzt auch um ihn. Man wollte bald keinen andern Pre=
diger mehr hören. Als er im Sommer 1519 eine Zeit lang
von Nürnberg abwesend war, schreibt Scheurl an Luther:
„Ich vergehe, wenn bei uns jemand anders als unser Wen=
zeslaus und einige, die ihm darin folgen, Christum predigen.
Doch freue ich mich, daß er eine Zeit lang abwesend ist,
denn umsomehr werden seine Zuhörer ihn und jenen loben." [3])
Eine Predigt von ihm aus jener Zeit, die am Palmsonntag
1518 gehalten worden ist, ist uns erhalten. Sie trägt
den wunderlichen Titel: „Wie der grobe Mensch unsres
Herren Esel sein sol, in tragen und mit im eingeen gen Hie=
rusalem zu beschauen fruchtbarlich das leiden Christi. Nach lere
des hailigen Bernhardi geprediget zu Nürnberg im Augustiner=
closter Anno 1518." [4]) In kräftiger, realistischer Weise, die mehr
an Luther als an Staupitz anklingt, mahnt er darin zur demüti=
ger Hingabe an Christum. Man dient wol — so beginnt er —
Christo in mancherlei Weise, und der Herr erfordert zu seinem
Dienst nicht nur die „vollkommenen, apostolischen Menschen, die
mit Tugenden, Freuden und Lob ihm dienen", sondern auch die

---

[1]) Wir finden ihn daselbst im Frühjahr, vgl. De Wette I, 55; im
September vgl. Scheurl's Briefbuch II, 24. 26 sq.

[2]) Scheurl's Brief. II, 36. 37. 43.

[3]) Ebendas., S. 96.

[4]) „Gedruckt zu Nürnberg durch Jobst Gutknecht Anno 1519. 4. (1521)."
Abgedruckt doch ohne Kenntniß des Verfassers bei Tentzel, Historischer Be=
richt I, 303 f. Bei Caselmann a. a. O., S. 342 f. Bei demselben
S. 325 f. ein Verzeichniß der Druckschriften Link's.

Kinder und die Narren, um ihnen die rechte, heilsame Weisheit zu lehren. „Item die Esel beschreitet er, und führet sie mit ihm in die heilige Stadt Jerusalem zu Beschauung des Friedens."

„So Du nun willst mit dem Herrn einziehen gen Jerusalem am Palmsonntage, allda zu beschauen die Geschichte seines Leidens, zu hören seine viel heilsame Lehre, magst Du nicht neben ihm gehen, und Deine Kleider der mannigfaltigen Tugend ihm unter= legen, als die Apostel täten; auch nicht mit fröhlichem Herzen in Lob und Singen vor= oder nachgehen; auch nicht hast vorzuwerfen die Kleider Deiner eignen Güter, oder die Zweige der guten Beispiele der Heiligen, durch welche drei Wege wird Ehr erboten Christo dem Herrn und Heil erworben der Seele: so diene ihm doch mit dem Leibe als der Esel." Der Esel ist das Bild des bemütigen, bußfertigen Menschen, der Christum persönlich trägt, der, ob er auch keine Tugend hat, auch übel singt mit Esels= stimmen und wegen vergangner Sünd nicht zierliches Lob im Munde führt, doch zur Ehre Christi sein Joch auf sich nimmt und alles mit Geduld trägt. Und man hat alle Ursache, des Herrn Esel gern zu sein, denn wer sich dem Herrn persönlich und leiblich zum Dienst ergiebt, der hat mehr Verdienst als andere, die Christo allein mit dem Mund, Herzen oder mit Werken dienen, die nicht also mühsam sind, als das Tragen. Solch Wandern in Gottes Dienst ist auch sicherer, „denn in Regieren, Almosen oder Beschaulichkeit kann Hoffart mitlaufen, Versäumniß oder andere Lasten, auch Irrung. Der aber Christum trägt wie der Esel, den regieret Christus mit dem Zaum, daß er nicht irret, er hält ihn auf, daß er nicht fället. Er zausset ihn, daß er nicht läuft in seinen Concepten und hoffärtigen Sinnen eigener Aufsätze. Er streicht ihn mit der Geißel, daß er nicht faul sei, und also ist er am sichersten unter dem Joch Christi. Die Prä= laten steigen auf die Bäume und mögen bald fallen. Die Al= mosen und Beschaulichen werden ihnen selbst überlassen und dürfen aufsehen, wie sie ihre Füße setzen, auf daß sie nicht gar auf die Nasen fallen oder die Füß zerstoßen." Der Esel ist auch dem Herrn am nächsten, denn der Herr ist nahe denen, die da be= trübten Herzens sind, und endlich geschieht auch dem Esel von Christus wegen alle Ehre, die diesem bezeigt wird u. s. w.

Keineswegs hat sich Link die Heilslehre des Staupitz all-
seitig angeeignet, die Verdienstlichkeit der Werke spielt bei ihm
noch eine bedeutende Rolle; aber er kennt doch schon einen andern
Weg zum Heile zu kommen, den der unmittelbaren, gänzlichen
Hingabe an Jesus den Sünderheiland — freilich nur für die
groben Sünder, die es auf andere Weise nicht vermögen. —
Schließlich sagt er aber doch allgemein in seiner kräftigen Weise:
„Es wird auch kaum ein fromm Mensch erfunden, den nicht
Christus als seinen Esel reite."

Man sieht, die Sätze des Wittenberger Ordensgenossen hatten
auch ihn nicht unberührt gelassen. Wie war es auch anders
möglich, stand er doch stets im regsten Verkehr mit seinem alten
Freunde Luther. Nächst Lang war Luther'n niemand vertrauter
als der Nürnberger Prediger. Er vermittelte den literarischen
Verkehr zwischen Wittenberg und dem Süden; es war Link, der
in Nürnberg die Ablaßthesen und ihre Erklärungen verbreitete.
Durch ihn erhielt Luther die erste Kunde von Eck's „Obelisken"[1].
Ihm widmete er dann auch seine Antwort, die „Asterisken"[2].
Als im Sommer 1518 allenthalben sich die Vorboten des
Sturmes zeigten und man ihn vor der gefährlichen Reise nach
Augsburg warnte, schrieb er an Link das glaubensfreudige Wort:
„Je mehr jene drohen, desto mehr vertraue ich; mein Weib und
meine Kinder sind versorgt; Acker, Haus und alle Habe sind bestellt; Ruhm und Namen wird schon zerpflückt; eins bleibt übrig,
ein schwacher und gebrochner Körper, nehmen sie diesen, so werden
sie mich vielleicht um eine oder zwei Stunden des Lebens ärmer
machen, aber die Seele werden sie nicht rauben. — Ich weiß es,
das Wort Christi ist seit Beginn derart, daß der es in die Welt
tragen will, mit den Aposteln, nachdem er alles dahinten gelassen,
zu jeder Stunde den Tod erwarten muß. Wäre dies nicht, so
wäre es nicht das Wort Christi; durch den Tod ist es erkauft,
durch den Tod ist es verbreitet, durch Tod erhalten, durch Tod
muß es auch erhalten und verkündet werden. Denn so ist unser

---

[1] Köstlin I. 184 f.
[2] Löscher II, 333 ff.

Bräutigam uns ein Blutsbräutigam. Bete Du also, daß der
Herr Jesus diesen Geist seines treuesten Sünders mehre und erhalte." [1] Treulich hat ihm dann Link [2] mit Staupitz in den
Tagen von Augsburg zur Seite gestanden, ohne auf die eigne
Gefahr zu achten. Jene Tage mochten das Verhältniß zwischen
Beiden noch inniger gemacht haben. Einmal scherzt Luther über
seinen Namen, er heiße Link und sei doch ein rechter Theolog
(Wenceslao Sinistro Theologo dextro). Seine geheimsten Gedanken und Ahnungen sprach jetzt Luther in seinen Briefen ihm
gegenüber aus [3]. Link mochte manches nicht verstehen, aber er
beugte sich vor dem gewaltigen Geiste. Wo es ging, suchte er
wol mäßigend einzuwirken. Die Schrift „an den christlichen
Adel" machte ihn ernstlich besorgt. Wie wir aus einem Briefe
Luther's an Link vom 19. August 1520 ersehen, muß er ihm
ernste Dinge gesagt haben. Luther muß sich gegen den Vorwurf
verwahren, durch seine Schriften Ruhm und Lob ernten zu wollen.
Seine Heftigkeit entschuldigt er mit der gleichen Sprache eines
Paulus und der Propheten. Ihn bewege weder Ehrsucht noch
Geldgier, noch ein Streben seiner Lust genug zu tun. Er beab-
sichtige nicht einen Aufstand zu erregen, sondern Freiheit für ein
Concil zu erlangen.

Wenige Tage darauf fand das Capitel statt, auf welchem
Link zum Nachfolger des Staupitz erwählt wurde. Bisher hatte
er dem Wittenberger Ordensbruder nur als Freund gegenüber-
gestanden, jetzt hatte sich das Verhältniß geändert. Er war sein
Vorgesetzter geworden, der in erster Linie das Interesse des Ordens
zu vertreten, dem Luther zu gehorsamen hatte. Zwar hatte ihn
Staupitz in Augsburg von der Ordensregel entbunden, aber
Luther selbst hatte sich doch bisher niemals derselben entzogen.
Wie die Dinge augenblicklich lagen, kam immerhin viel darauf
an, wie sich der neue Generalvicar dazu stellen würde [4]. Auf

---

[1] De Wette I, 130.

[2] Daß Link damals Vicar gewesen (Caselmann, S. 347), finde ich
nirgends bestätigt.

[3] De Wette I, 192 sq. 470.

[4] Köstlin I, 365 findet in der Wahl Link's einen Beweis dafür, wie
sehr die Ordensbrüder sammt Staupitz der evangelischen Richtung sich zu-

die erste Kunde von Link's Vicariat und seinen ersten Einrichtungen war Luther nicht sonderlich erfreut darüber [1]. Er hatte doch nichts zu fürchten. Gleich die nächsten Tage entschieden darüber. Link war entschlossen, dieselben Bahnen zu gehen wie Staupitz.

Es war natürlich, daß ihm viel daran lag, die von Miltitz gewünschte Einigung, von der er viel erhoffte, zu Stande zu bringen, zumal man schon wußte, daß Eck wirklich eine Bulle gegen Luther mitgebracht und sich mit derselben brüstete. Er eilte mit dem Unterhändler zusammenzutreffen und zu erfahren, welchen Eindruck das Schreiben des Staupitz [2] auf ihn gemacht. Als er mit ihm (etwa um den 20.) in Erfurt zusammenkam, hatte es Miltitz noch nicht erhalten. Es war dem Vicar unangenehm, weil er wünschte, Miltitz, der beim Kurfürsten gewesen, hätte diesem schon von Luther's Bereitwilligkeit Mitteilung machen können. Miltitz war hocherfreut zu erfahren, „das Doctor Martinus gutwilligk ist, in aller demudt an bebstlich heyligkeyt zw schreibenn". Er hätte gern mit Hülfe des Vicars bei Luther noch mehr erreicht, aber Link scheint ihm ausgewichen zu sein [3]. Doch forderte er im Angesichte des Wormser Reichstags im Januar 1521 Luther auf, er solle durch eine Schrift erklären, daß er nichts gegen die weltliche Macht geschrieben habe. Wie zu erwarten, lehnte Luther dies als unnötig ab, und Link drang nicht darauf. Er konnte sich sagen, daß er das Seine getan habe.

Das Capitel zu Eisleben hatte wichtige Veränderungen bezüglich der Prioren beabsichtigt. Besler's Ruhelosigkeit hatte dies besonders veranlaßt. In Mindelheim hielt er nicht lange aus. Weil nur wenige Brüder im Kloster waren, hatte er alle Geschäfte allein zu führen; er ließ sich deshalb im Dezember 1519 absolviren und begab sich über München nach Salzburg, um dort für den Münchner Convent eine neue Terminei zu er-

neigten. Sie wird vielmehr auf den Wunsch des Staupitz zurückzuführen sein.

[1] Brief an Spalatin vom 1. September 1520 am Schluß. De Wette I, 483 sq.

[2] Siehe oben S. 328.

[3] Tentzel, S. 437.

richten [1]). Die Stelle des Priors im Convent zu Rappolts=
weiler, die durch den Tod des Johann Rücker [2]) erledigt war
und ihm durch Staupitz angeboten worden, schlug er aus. Ebenso
weigerte er sich, nach Gent zu gehen. Nun beschloß das Capitel
zu Eisleben, ihn zum Prior von Erfurt zu machen. Jo=
hann Lang sollte zu Luther's Erstaunen nach Dresden gehen,
Melchior Myritsch, der dortige Prior, nach Gent [3]). Nur
das letztere geschah. Besler wollte seine Sinecure nicht ver=
lassen, obwol man ihn auch das Priorat in Norbhausen und
in Neustadt anbot. Und um seiner früheren Verdienste willen
ließ man ihn gewähren. Lang blieb nicht nur in Erfurt,
sondern wurde vielleicht auch von neuem Districtsvicar [4]). So
blieb alles beim alten, nur daß man den sächsischen Einfluß in
den Niederlanden durch Myritsch noch weiter zu stärken suchte.

Wie Staupitz sah auch Link seine Hauptaufgabe darin,
durch unausgesetzte Visitationen die Observanz im Orden zu
sichern. Sofort nachdem die Angelegenheit Luther's geordnet
war, begab er sich auf die Reise. Ein uns erhaltenes Itinerarium
giebt uns genau seinen Weg an. Noch im Herbst des Jahres
bereiste er sämmtliche in Thüringen und Sachsen gelegenen
Klöster [5]), Ende November war er in Sternberg [6]). Den Winter
brachte er in Nürnberg im Kreise der alten Bekannten zu.
Aus Scheurl's Briefen wissen wir, mit welcher Spannung man

---

[1]) Fortges. Samml. 1732, S. 364 f.

[2]) Vixit annos 76. obiit anno 1520 Idibus Februarii. Höhn,
p. 149.

[3]) De Wette I, 483. Dort muß es Gandensis statt Gaudensis
heißen. Vgl. J. S. 1732, S. 345.

[4]) De Wette I, 527. In einer Urkunde in die S. Urbani 1520
(25. Mai) wird er per thuringiam et Mysiam vicarius genannt. (Staats=
archiv zu Magdeburg.) Dagegen findet sich in der vom 12. Mai 1520 datirten
Widmung des Johann Lonicer zu seiner Schrift Contra Romanistam fratrem
Augustinum Alveld auch Güttel als Eremitarum Augustini divi Vicarius
erwähnt. Ob von einem andern Distrikt?

[5]) Verpoorten, Sacra superioris aevi analecta (Coburg 1708), p. 18.
Für die zweite Reise ergänzt durch Besler, J. S. 1732, S. 365 f.

[6]) De Wette I, 527 und Lisch in Jahrbb. des Vereins für Mecklen=
burgische Geschichte 1847, S. 269.

hier den Gang von Luther's Sache auf dem Reichstage verfolgte.
Nicht am wenigsten Link, der sich seiner ganzen Verantwortlich-
keit bewußt war. Die Bannbulle war rechtskräftig geworden,
tiefe Schmach lastete darob auf dem ganzen Orden, aber keinen
Augenblick hat er daran gedacht, daß ihn dieselbe von Luther
schiede. Was dies sagen will, wird klar, wenn man bedenkt, daß
eben diejenige Congregation, welche ihren Bestand allein dem
päpstlichen Stuhle und seinen besonderen Gunstbezeigungen verdankte, es war, welche den Richterspruch desselben gar nicht einmal beachtete. Ohne es zu wollen, hatte die Congregation hierdurch doch schon mit Luther gemeinsame Sache gemacht, wie er
für immer mit Rom gebrochen. Und Luther selbst hielt dafür,
durch die Bannbulle von den Satzungen des Ordens befreit zu
sein, und freute sich dessen. Uebermäßig angestrengt durch seine
schriftstellerischen Arbeiten und durch seine Lehrtätigkeit, nahm er
es in der Tat z. B. mit dem Horensingen nicht sehr genau mehr.
Er machte es am Sonnabend für die ganze Woche ab [1]). Nur
im Mönchskleid und im Haus wolle er noch bleiben, schreibt er
an Lang [2]). Und damit war es ihm wirklich Ernst. Es mochte
ihm eine gewisse Beruhigung gewähren, nunmehr in keiner Weise
auf seine Zugehörigkeit zum Orden Rücksicht nehmen zu müssen,
bisweilen wohl auch ein Gefühl größerer Sicherheit. So hält er
es für nötig, am Schluß seines Schreibens an Link, mit welchem
er ihm die Schrift wider Ambrosius Catharinus zueignet, ihn
noch besonders darauf aufmerksam zu machen, er möge ja nicht
glauben, daß er sich durch diesen Brief wieder unter seine Gewalt
habe begeben wollen; der heiligste Statthalter Gottes auf Erden
könnte sonst von Link fordern, seine Hände mit seinem Blut zu
beflecken [3]).

Und „sein lieber Wenzeslaus" nahm diese Schrift, in deren
Vor- wie Nachwort die innige Freundschaft Luther's zu ihm so
recht zum Ausdruck kommt, gern an. Hatte er ihm doch selbst
die Schmähschrift des Catharinus zugeschickt und sie mehr der

---

[1]) Joh. Manlii Loc. comm. coll., p. 115 sq.

[2]) De Wette, p. 568.

[3]) Ibid., p. 584.

Verspottung als der Widerlegung für würdig befunden [1]). Und mit Freuden wird er eingestimmt haben in die glaubensstarken Worte Luther's, mit denen er am 1. April, wenige Tage vor seiner Abreise nach Worms, seine Arbeit beschloß. „Ich weiß und bin gewiß, daß unser Herr Jesus Christus noch lebt und regiert! Auf das Wissen und auf den Trotz trotze ich also, daß ich noch tausend Päpste nicht fürchten will, denn der in uns ist, ist größer denn der in der Welt ist. Deshalben laßt uns bitten, daß Gott und der Vater unsers Herrn Jesu Christi uns wieder einmal heimsuchen wolle, nach allen seinen Wunderwerken, und wolle uns zeigen den Tag der Zukunft der Herrlichkeit seines Sohns, damit dieser Schalk verstört und zerbrochen werd, der da ist der Mensch der Sünd und der Sohn des Verderbens und machs einmal ein End mit den gewaltigen Irrtümern des Teufels, durch welche leider alle Augenblick viel tausend Seelen verderbt werden und in die Höll gerissen, von deswegen allein, daß man die Tyrannei des greulichen und apostatischen, das ist abtrünnigen Stuhls zu Rom, in seinem Wesen erhalten möge. Da sage alle Welt zu Amen, Amen." [2])

In der Begleitung des Staupitz, mit dem, wie erzählt, Link Ostern 1521 in München zusammentraf, hatte sich Nicolaus Besler befunden, der schon im Januar dem Vicar den Wunsch ausgesprochen hatte, von seinem Posten in Salzburg enthoben zu werden [3]). Er hat vielleicht damals den Anschauungen des Staupitz, um nicht zu sagen Luthers, nicht allzufern gestanden. Staupitz nennt ihn einmal seinen Mitgefangenen [4]). Jetzt empfahl er ihn dem Link, der ihn zu seinem Socius annahm. Gemeinsam traten sie von München eine größere Visitationsreise an. Zuerst wurde Mindelheim besucht, von da ging es über Ulm nach Eßlingen, welches am 1. Mai erreicht wurde. Noch ahnte

---

[1]) Sic enim et tu ipse iudicasti explosione digniorem quam confutatione. Ibid., p. 585.

[2]) Nach der schönen Uebersetzung durch Paul Speratus vom Jahre 1524.

[3]) Fortges. Sammlungen 1732, S. 365.

[4]) Salutant te concaptivi mei Patres Mayer et Besler. Grimm a. a. O., S. 124. Natürlich nicht Georgius Pessler, der spätere Pfarrer an St. Sebald zu Nürnberg, wie Grimm nach Verpoorten angiebt.

Link nicht, daß alle diese Stätten, denen er die sorgsamste Pflege zuteil werden ließ, in kurzem verlassen sein würden. Mit rast= losem Eifer unterzog er sich seiner Amtspflicht, klösterliche Strenge und Ordnung zur größeren Ehre Gottes aufrecht zu erhalten; wir wissen nicht, ob er damit die Predigt von der Freiheit der Kinder Gottes verband. Einen Widerspruch zwischen seinem Glauben und seinem Tun hatte er noch nicht erkannt, hatte ihn doch Luther selbst noch nicht gefunden.

Von Eßlingen zogen die beiden Visitatoren über Canstatt die „Königstraße" hinauf, nach Straßburg und Schlettstadt; in Rappoltsweiler langten sie Sonntag nach Himmelfahrt an. Pfingsten wurde in Heidelberg gefeiert. Von da ging die Reise über Frankfurt, den Rhein hinab, nach Mühlheim (Ehrenbreitstein) und Köln. Sämmtliche zur Congregation gehöri= gen Convente in Flandern und Holland bis nach Enthuizen hinauf wurden visitirt. Längere Zeit scheint man sich besonders in Gent und Enghien aufgehalten zu haben [1]. Ueber Löwen und Ton= gern wurde die Rückreise nach Köln angetreten. In Hessen muß Link besondere, uns unbekannte Zwecke verfolgt haben. Er durch= zog das ganze Land, ohne doch das einzige Kloster, was zu seiner Jurisdiction gehörte, Eschwege, zu besuchen. Nach kurzem Aufenthalt in den thüringischen und sächsischen Klöstern, die er kaum alle visitirt haben kann, kehrte er in der Woche nach Mariä Himmelfahrt (15. August) nach Nürnberg zurück.

Wie hatten sich seitdem die Verhältnisse geändert! Luther war geächtet, gleiche Strafe drohte seinen Anhängern. Es war kein geringes Wagniß von Link, den man doch als Anhänger oder wenigstens Freund von Luther kannte, den Rhein hinab nach den Niederlanden zu ziehen, wo man allenthalben die Schriften Luther's verbrannte. In manchen Orten wie in Köln und Antwerpen, wo sich schon die Vorboten des nahenden Sturms zeigten, mag man den sächsischen Vicar schon mit scheelen Augen angesehen haben, wir werden später darauf zurückzukommen haben.

Ueber Luther's Schicksal war er nicht lange im Unklaren geblieben. Sobald Melanchthon sichere Kunde erhalten, schrieb

---

[1] Besler a. a. O., S. 366.

er an Link: „Unser teuerster Vater lebt, siehe du zu, daß Du ihm niemals unähnlich bist." [1] Von dem Ueberbringer des Briefes, wahrscheinlich dem Wittenberger Prior Held, sollte er mehr erfahren [2].

Es ist zweifelhaft, ob Link auf der Rückreise nach Nürnberg auch Wittenberg besuchte. Er hätte dort Zustände vorgefunden, die ihn als Vorsteher der Congregation wohl bedenklich machen konnten. Bald nachdem Luther auf der Wartburg eine sichere Zuflucht gefunden, erfuhr er, daß einige seiner Schüler seine Lehren auch praktisch zu verwerten anfingen. Mehrere sächsische Geistliche hatten Weiber genommen [3]. Luther stand nicht an, diese Consequenz anzuerkennen, er bewunderte den Mut des Bartholomäus von Feldkirchen, in so unruhiger Zeit einen solchen Schritt zu wagen.

Aber hatte man erst in einem Punkt den Schritt von der Theorie zur Praxis getan, so lag es nahe, auch weiter zu gehen. Nicht zum Heile der ganzen Angelegenheit stellte sich ein Mann an die Spitze der beginnenden Bewegung, dem es nicht ungelegen war, in Luther's Abwesenheit die erste Rolle zu spielen, Andreas Bodenstein von Carlstadt. Noch waren die evangelisch Gesinnten im höchsten Grade erregt und keineswegs einig in der Beurteilung der Priesterehe, als er auch schon weiterging und die Behauptung in die Menge warf, daß nun auch die Mönche und Nonnen ihre Klöster verlassen und in die Ehe treten dürften. Was uns als einfache Folgerung erscheint, war es in der Tat doch nicht, am wenigsten in der Weise, wie Carlstadt seinen Satz begründete. Mit den Religiosen lag die Sache doch anders, als sie durch ein Gelübde gebunden waren, also nur unter Bruch desselben die Ehe eingehen konnten. Das erkannte auch Carlstadt an und nannte es Sünde, das Mönchsgelübde zu brechen, freilich eine kleinere, als aus Mangel an Enthaltsamkeit in Unkeuschheit zu

---

[1] Sollte diese Ermahnung notwendig geworden sein? Auffallend ist, daß Link bis zum Dezember Luther nicht geschrieben hat. Erst damals hat er ihm auf jene Widmung der Schrift gegen Catharinus geantwortet. Vgl. De Wette II, 116.

[2] Corp. Ref. I, 389 sq.

[3] Vgl. Köstlin I, 496 ff.

verfallen [1]). Es begreift sich leicht, wie dergleichen Unterscheidungen die Gemüter verwirrten. Und in seiner hastigen, sich selbst überstürzenden Weise ließ Carlstadt nicht ab, die Sache zu verfolgen. Was er als erlaubt erkannt hatte, das sollte auch bald als Gesetz gelten; bot doch das alte Testament seiner wunderlichen Exegese Anhaltepunkte genug, es aus der Schrift zu erweisen.

Und die Frage war einmal aufgeworfen, sie mußte entschieden werden. Sie griff allzusehr ins praktische Leben ein, hatte wol auch für Manche Verlockendes genug, um nicht sofort aufgegriffen zu werden. In dem aufgewühlten Boden konnte jedes Samenkorn Wurzel fassen. Kein Wunder, wenn die Augustiner in erster Linie die Sache discutirten; ihr eifrigster Vertreter war der Bruder Gabriel Zwilling. Er hatte bisher keine sonderliche Rolle im Orden gespielt. Im Sommersemester 1512 war er in Wittenberg immatriculirt worden [2]). Während seines Vicariats versetzte ihn Luther auf Veranlassung des Staupitz im Frühjahr 1517 nach Erfurt und empfahl ihn der ganz besonderen Obhut des Priors. Er bezeichnete ihn dabei als einen Menschen, der die Riten und Sitten des Ordens weder gesehen noch gelernt habe [3]). Man weiß nicht, wann er wieder nach Wittenberg zurückgekehrt ist, ebenso wenig, wann und wo er Doctor geworden. Jetzt betrat er, wie scheint, ohne Aufforderung dazu, Luther's Kanzel in der kleinen Augustinerkirche und predigte, ganz ergriffen von Carlstadt's Geiste, in dessen Sinne gegen die Mönchsgelübde und gegen den Greuel der Messe. Es fand sich niemand, der dem Einhalt tat. Melanchthon wußte nichts dagegen einzuwenden [4]). Luther erklärte wol bald seine Zustimmung zu der beabsichtigten Abschaffung der Privatmessen [5]); aber der andere Punkt machte ihn

---

1) Religiosi possunt si vehementer uruntur, uxores ducere, peccant tamen quia primam fidem fregerunt; majus tamen malum incontinens admittit, qui ustus peccat, quam uxorem ducens. These vom 19. Juni 1521 bei Jäger, Andreas Bodenstein von Carlstadt (Stuttgart 1856), S. 176. Vgl. auch Plitt, Einl. in die Augustana I, 279.

2) Fr. Gabriel Zewilling augus. Alb., p. 41.

3) De Wette I, 52.

4) Corp. Ref. I, 445.

5) Vgl. Köstlin I, 504 ff.

höchst besorgt. Es wollte ihm noch nicht in den Sinn, daß man so ohne weiteres die Gelübe brechen dürfe. Carlstadt's Exegese vermochte ihn natürlich nicht zu überzeugen, er fürchtete den Spott der Gegner darüber, und doch konnte er dessen These auch nicht für gänzlich falsch erklären. In jedem Briefe aus jener Zeit kommt er darauf zurück[1]).

Nach langen Ringen hatte er auch darüber Klarheit gewonnen, freilich in ganz anderer Weise als Carlstadt. Fragt man nach dem Wert der Gelübde, das ist seine Ansicht[2]), so hat man zu= erst zu untersuchen, in welcher Gesinnung sie getan worden sind. Tatsache ist nun, daß die Meinung der Mönche dahin geht, durch ihr Mönchtum gerecht zu werden und den Himmel zu verdienen. Das ist aber eine Verleugnung des Glaubens, der sich nur auf Gottes Gnade ergiebt und nicht durch eigene Werke, sondern nur durch Christi Blut Gnade erlangen will; das ist nichts Anderes, als wenn jemand sagen wollte: Siehe da, Gott ich gelobe Dir mein Leben lang kein Christenmensch zu sein, widerrufe das Gelübde meiner Taufe, will Dir nun ein besser Gelübde tun außer Christo in meinen eigenen Werken. Soll das Gelübde nicht wider das erste Gebot streiten, welches den Glauben fordert, so müßte es etwa lauten: Ich will Pfaffe oder Mönch werden, nicht daß ich den Stand für einen Weg zur Seligkeit achte, sondern weil ich je was tun muß auf Erden, will ich dies Leben annehmen, mich drinnen üben, meinen Leib kasteien, dem Nächsten dienen, gleichwie ein andrer Mensch wirkt auf dem Acker oder im Handwerk, ohne alles Aufsehen der Verdienste in Werken. Und so möchten etwa, meint er, Leute wie der heilige Bernhard das Gelübde aufgefaßt haben. Aber ihr Beispiel ist doch nicht nachahmenswert, denn (und damit geht er auf den Inhalt des Gelübdes über) sie haben ein Leben unter dem Gesetzesjoche, das dem Evangelium wider= streitet, angelebt, ein Leben, das der Freiheit, die wir im Glauben haben, widerspricht. Auch hindern die Gelübde die Ausübung der Pflicht der Liebe gegen den Nächsten, wie er es selbst schmerz= lich erfahren. So seien also die Gelübde für unchristlich zu er=

---

[1]) De Wette II, 37 und die folgenden Briefe.
[2]) Vgl. Köstlin 1, 498ff.

achten, und was das Keuschheitsgelübde anbetrifft, worauf er
erst zuletzt zu sprechen kommt, so sei offenbar, daß es den meisten
zu erfüllen nicht möglich sei, weil es dazu einer besonderen Gabe
Gottes bedürfe. Die Kirche dispensire ja von anderen Gelübden,
deren Erfüllung unmöglich sei, wenn aber bei irgend einem Ge=
lübde, so sei bei diesem Not und Ursache dazu vorhanden.

In dieser Weise entwickelte Luther seine Gedanken über den
Wert der Gelübde, zuerst in Thesen, die er am 9. September
an Melanchthon als Grundlage für eine Disputation schickte,
darauf auch in einer Epiphaniaspredigt und in einer besonderen
lateinischen Schrift über die Gelübde [1]), die freilich, weil Spalatin
mit ihrer Herausgabe zögerte, auf den Gang der nächsten Ereig=
nisse keinen Einfluß mehr übte, da sie erst im Februar des
nächsten Jahres erschien.

Bis dahin hatte man in Wittenberg die Sache längst prak=
tisch entschieden. Zwilling's Predigten hatten im Kloster den
höchsten Beifall gefunden, besonders bei den Niederländern, die
damals in erheblicher Anzahl der Studien halber sich im Witten=
berger Convente befanden [2]). Man wird dabei in erster Linie an
Jacob Präpositus und Heinrich von Zütphen zu denken
haben, die in jenem Jahre sich die ersten theologischen Würden er=
warben [3]). Aber auch von andern als von den eigenen Ordens=
genossen wurde der kleine Mann mit der schwachen Stimme gern
gehört. Ein junger Schlesier, Namens Helman, schrieb damals
in die Heimat: Gott habe in ihm einen neuen Propheten er=
weckt; viele nennen ihn einen zweiten Luther, auch Melanchthon
versäume keine seiner Predigten [4]). Man durfte endlich zur Tat
schreiten, und es darf als Beweis dafür angesehen werden, daß
wirklich Gewissensbedenken und nicht fleischliche Neigung dazu
drängten, daß die Messe es war, wo man den Hebel ansetzte.

Es war nur ein Anfang, wenn man am Michaelistag in der

---

[1]) Lutheri Opera var. arg. IV, 344 sq. Erl. A. X, 331. Opp.
VI, 234 sq. Vgl. Köstlin I, 498.

[2]) Vgl. den Bericht des Priors Held an den Kurfürsten. Corp. Ref.
I, 476.

[3]) Lib. dec., p. 24 sq.

[4]) Köstlin, Zeitschrift des Schles. Geschichtsvereins VI, 1. Heft, S. 123.

Pfarrkirche zum ersten Male den Communicanten auch den Kelch reichte. Mehr am Herzen lag dem Gabriel Zwilling die Umgestaltung der ganzen Messe. Schon seit Monaten hatte er, wie wir wissen, gegen die Privatmesse gepredigt, aber niemals heftiger als am 6. October. Die Anbetung des Sacraments, so ließ er sich vernehmen, sei Abgötterei. Es sei Sünde, in der bis= herigen Weise die Messe zu halten; alle, welche zugegen wären, müßten das Abendmahl und zwar in beiderlei Gestalt empfangen. Auf das dringendste ermahnte er die Gemeinde, hinfort keiner Messe als bloße Zuhörer beizuwohnen [1]. Und er selbst, sowie seine Anhänger suchten wenigstens ihrerseits keine Gelegenheit dazu zu geben. Da die Messe nach der bisherigen Weise der Mei= nung Christi und des Evangelii zuwider sei, so meinten sie, nicht mehr, wie die Regel vorschrieb, täglich die Messe selbst lesen zu müssen. Man beschloß, einen, zwei oder drei damit zu beauf= tragen, von denen dann immer je zwölf das Abendmahl empfangen sollten, um sich so nach Möglichkeit apostolischer Form zu nähern.

Vielleicht hatte Zwilling diesen Beschluß in jener Predigt selbst mitgeteilt, jedenfalls wurde er alsbald bekannt und erregte nicht geringes Aufsehen und Bestürzung auch bei denen, die theo= retisch schon zugestimmt hatten. Selbst Carlstadt zeigte sich jetzt, als es zur Tat kommen sollte, zaudernd, vielleicht weil er nicht selbst die Initiative ergriffen hatte. In Gemeinschaft mit Jonas, Felt= kirchen und Melanchthon versuchte er noch am selben Tage die Mönche von ihrem Vorhaben abzubringen [2].

Man discutirte die Sache nach allen Seiten hin. Carlstadt meinte, sie sei noch nicht genügend vorbereitet, man müsse noch mehr gegen die Messe predigen und dürfe erst mit Zustimmung der ganzen Wittenberger Gemeinde, die man zu diesem Zweck zu= sammenzurufen habe, an eine Abschaffung gehen, sonst geriete man in Gefahr, die Pflicht der Liebe zu verletzen. Die Mönche er=

---

[1] Bericht des Felix Ulscenius an Capito bei Jäger, Carlstadt, S. 508: Est hodie concionatum hic per Magistrum quendam Augustinianum, qui nos quod potuit vehementissime adhortatus est ne post auditores nos praebeamus Missae. Vgl. hierzu den Bericht des Brück an den Kurfürsten, Corp. Ref. I, 460.

[2] Corp. Ref. I, 460.

widerten, es sei vor allen Dingen auf die Gefahr des Glaubens zu achten, gerade mit diesem einen Punkte sei der Glaube ver= nichtet worden [1]).

Ganz eigentümlich war die Stellung, die Melanchthon in der ganzen Frage einnahm. Mit Carlstadt stimmte er doch nur darin überein, daß die Verwerfung der Adoration des Sacra= ments nicht biblisch begründet werden könnte, er wolle Christo glauben, wo er auch immer sei. Aber was die gottesdienst= liche Aenderung betraf, stellte er sich auf Seiten der Au= gustiner. Meinte Carlstadt, das sei Gemeindesache, so erwiderte Melanchthon, die Augustiner hätten ihre eigne Kirche. Warum sollten sie die Messen nicht abschaffen, sie hätten damit ein gutes Beispiel gegeben. Man müsse doch endlich einmal anfangen. Wer die Hand an den Pflug lege, dürfe nicht zurückblicken. Das sei der einzige Weg, das Krämerwesen in den Kirchen abzutun, was doch Carlstadt auch wolle. „Ja“, sagte dieser, „jedoch ohne Tumult, ohne den Gegnern einen Anlaß zur Schmähung zu geben.“ Zu einem Tumult war es nun bisher noch nicht gekommen, und wenn die Pharisäer wüteten, so hätten die Mönche Christum für sich, dem es ebenso ergangen, erwiderte Melanchthon [2]).

Diese Zustimmung wird die Augustiner nicht wenig in ihrem Vorhaben bestärkt haben. Alle Vorstellungen des Priors Held, der jeder Neuerung abhold, fruchteten nichts. Der ängstliche Mann entschloß sich endlich, da er die neue Form der Messe nicht glaubte gestatten zu dürfen, die Brüder aber die alte bei= zubehalten sich entschieden weigerten, vorerst gar keine Messe zu halten, bis der Kurfürst und der Generalvicar darüber entschieden haben würden. An letzteren schickte er „auf eigne Kost“ einen Boten, um ihn von dem Vorgefallenen zu unterrichten und um Hülfe anzugehen [3]).

---

[1]) Monachi contra, magis ajebant, inspiciendum fidei periculum, hac enim una re fidem extinctam esse. Jäger, S. 509.

[2]) Ebendas.

[3]) Corp. Ref. I, 460 u. 475 sq. Der Beschluß datirte übrigens vom 7. October, nicht vom 23., wie Plitt I, 284 irrtümlich aus Jäger, S. 509 schließt. Dagegen auch der Bericht des Brück vom 11. October. Corp.

Auch der Kurfürst hatte umgehend Kunde davon erhalten und beauftragte schon am 10. October den Kanzler Brück mit der Untersuchung der Sache. Dieser versammelte das Capitel des Allerheiligenstiftes und die Universitätslehrer und ließ die Sache eingehend besprechen. Man wollte da von dem Vorhaben der Mönche nichts wissen, „wiewol ihre Meinung dem Evangelio nicht möcht ungemäß sein, ausgeschlossen, daß das Sacrament nicht sollt angebethet werden, welches mit der Schrift nicht wohl zu beweisen, jedoch könnten sie nicht achten, daß das Meßhalten, auch in der Gestalt, wie bis daher geschehen, sündlich sei". Ein Ausschuß, in den außer den früher Genannten noch Amsdorf, Tileman Platner und Christian Beyer gewählt wurden, sollte sich noch einmal mit den Mönchen ins Einvernehmen setzen, um in erster Linie genau festzustellen, was eigentlich Zwilling ge= predigt und was für Gründe er vorbringe, und dann die Väter zu vermögen, bei der alten Weise zu verharren, bis ein Bescheid vom Vicar eingelaufen, „oder die Ding in der Universität baß disputirt und beredt sein würden". Der Einfluß Carlstadt's läßt sich deutlich erkennen, es waren seine Gedanken, die hier zum Ausdruck kamen. Der Kanzler Brück hielt die ganze Sache für unerheblich, ein Mönchsgezänk. „Wollen die Mönche nicht Maß halten, so achte ich, sie werden's bald in der Küchen und Keller empfinden", schrieb er an seinen Herrn. Es war dies vielleicht eine Reminiscenz aus dem bekannten Gespräche des Kurfürsten mit Erasmus in Köln, dem er beigewohnt hatte [1]), — vor einigen Jahren mochte eine solche Annahme noch ihre Richtigkeit gehabt haben, jetzt hatte man es mit einer Ueberzeugung zu tun, auf die kleinliche materielle Rücksichten keinen Einfluß üben konnten.

Und jene Commission fand doch, daß die Augustiner ihre Sache trefflich zu bewähren wußten [2]). In dem Gutachten, was sie wenige Tage darauf, am 20. October, an den Kurfürsten ab=

Ref. I, 460. Nach Spalatin's Annales bei Mencken II, 608 war Held oder Helt ein Nürnberger.

[1]) Seckendorf I. 125.

[2]) Dazu aufgefordert, hatten sie es schriftlich getan. Corp. Ref. I, 466. 472.

gehen ließ, findet sich im wesentlichen die Ansicht Melanchthon's wieder, nur daß von der Adoration mit keinem Worte die Rede ist. Daß die bisherige Art, die Messe zu begehen, ein Mißbrauch und darum eine der größten Sünden auf Erden, wird den Augustinern rückhaltlos zugestanden, ebenso daß sie recht tun, sich nicht zu dem sündigen Brauch der Messe zwingen zu lassen. Nur darin wird ihnen nicht zugestimmt, daß die Privatmesse nun über= haupt nicht mehr geduldet werden solle; hierin müsse man die schwachen Brüder noch eine Zeit lang dulden. Im allgemeinen wurde der Fürst angegangen, er möge „als christlicher Fürst zu der Sachen mit Ernst tun, und solchen Mißbrauch der Messe in seinen Landen bald abtun" u. s. w.

Das war nun freilich nicht nach dem Sinne Friedrichs des Weisen. Er hatte bisher alles ruhig gewähren lassen, soweit er nicht Unruhen davon befürchtete. Um selbst einzugreifen in diese theologischen und kirchlichen Verhältnisse, meinte er zu wenig unterrichtet zu sein. Den Wittenbergern gab er jedoch zu be= denken, daß sie nur ein kleiner Teil der Christenheit seien, während die Sache, um die es sich handle, die ganze Christen= heit angehe. Auch sei nicht abzusehen, was daraus werden solle, wenn man die Messen fallen ließe, während doch die meisten Kirchen und Klöster darauf gestiftet seien. Schließlich ermahnt er doch in seinem Antwortsschreiben an die Commission, „als ein Lai, der der Schrift nicht bericht", Capitel und Universität in allen ihren Gliedern die Sache weiter zu beraten, doch nichts vorzunehmen, woraus Zwiespalt und Aufruhr entstehen könnte [1]. Auf den Streit im Kloster ließ er sich gar nicht ein, auch dann nicht, als der Prior direct bei ihm Klage führte [2].

Conrad Held befand sich augenscheinlich in großer Ver= legenheit. Er hatte alles getan, was in seiner Macht stand, um die unseligen Neuerungen zu verhüten, besonders die Communion unter beiderlei Gestalt, woran er in erster Linie großen Anstoß nahm [3]; es war ihm nicht geglückt, seine Mönche verweigerten ihm den Gehorsam. Der Kurfürst hatte ihn mit seinen Be=

[1] Corp. Ref. I, 471 sq.
[2] Ibid., p. 475.
[3] Ibid., p. 481.

schwerden an die Universität gewiesen, diese aber war so uneinig als möglich und jedenfalls in ihrem größten Teile nicht gerade auf Seiten des Priors, so daß von daher keine Abhülfe zu erwarten war. Und die Not sollte erst beginnen. Das Gelübde des Gehorsams war schon gebrochen worden, es war nur ein kleiner Schritt, nunmehr mit dem ganzen Mönchsstande zu brechen. Ich vermute, daß das Bekanntwerden von Luther's Thesen über die Mönchsgelübde den unmittelbaren Anlaß dazu gaben. Die Sätze, die Bruder Gabriel jetzt nach dem Bericht des Priors in seinen Predigten verkündigte, sind im Grunde genommen dieselben, die Luther aufgestellt hatte, nur auf die Spitze getrieben, zum Teil auch mißverstanden. Niemand im Kloster halte die Gebote Gottes, hieß es jetzt, kein Mönch werde in der Kappe selig; wer im Kloster sei, sei in Teufels Namen eingegangen, die Gelübde der Geistlichen, als Keuschheit, Armut und Gehorsam, seien wider das Evangelium.

Dürfen wir den Berichten des Priors trauen, so suchte man auch die Laien gegen die Mönche aufzustacheln. „Man soll die Mönche, wo sie auf der Gasse gehn, zupfen und spotten, auf daß sie aus dem Kloster zu gehen verursacht werden; und wo sie, also gespottet, nicht aus wollen gehen, soll man sie mit Gewalt austreiben und das Gebäu der Klöster also zerbrechen, daß man nicht, ob ein Stück von einem Kloster da sey gestanden, merken möge." [1])

Das waren Reden, die der gemeine Mann gern hörte; auch bei der Studentenschaft fielen sie auf fruchtbaren Boden. Allenthalben kam es zu Unruhen und zu Excessen. Mönche, die sich auf der Straße in der Kutte zeigten, wurden verhöhnt. Studenten, von Erfurter „Martinianern" bestärkt, störten den Gottesdienst, um die Messe zu verhindern [2]). Das Barfüßerkloster geriet in wirkliche Gefahr. In hellen Haufen zogen die Studenten davor, die Mönche verspottend und verhöhnend. In einem an die Kirchtür geschlagenen Zettel drohten sie, das Kloster zu stürmen. Ein hölzerner Altar fiel ihnen auch wirklich zum Opfer. Der Rat

---

[1]) Held an den Kurfürsten, Corp. Ref. I, 483.
[2]) Corp. Ref. I, 489 sq.

mußte den Barfüßern eine besondere Wache gewähren [1]). Im Augustinerkloster, das damals mehr als vierzig Mönche barg [2]), war kaum einer, der es mit dem Prior hielt. Seine Autorität war dahin. Wer hörte noch auf ihn? Und in den ersten Tagen des November legten nicht weniger als dreizehn Brüder die Kutte ab und verließen das Kloster. Es läßt sich ermessen, daß dies nicht ohne Tumult abging. Unter Bürgern und Studenten trieben sie ihr Wesen, die allgemeine Gährung in der Bevölkerung Wittenbergs noch erhöhend. Einer, ein Laienbruder und Tischler, wollte sich verheiraten und bat den Rat um das Bürgerrecht, was ihm dieser gewährte. Die Brüder, die im Kloster geblieben, vor allem der Prior, glaubten nicht mehr des Lebens sicher zu sein und wagten nicht auf die Gasse zu gehen [3]).

Es waren schlimme, in ihren Folgen nicht zu übersehende Zustände, von denen Conrad Held dem Generalvicar zu berichten hatte. Link befand sich seit der Rückkehr von seiner großen Visitationsreise im Nürnberger Convent. Mit den Wittenbergern scheint er damals keinen Verkehr gehabt zu haben. Mit Luther hatte er nachweislich über ein halbes Jahr nicht correspondirt [4]). Wenn irgendwo mochte es in Nürnberg in jenen Monaten gefährlich sein, für einen „Martinianer" gehalten zu werden. Bald nach dem Wormser Reichstage war den Buchführern auf das strengste untersagt worden, Schriften von Luther zu verkaufen, und am 17. October war nach einigem Zögern auch die kaiserliche Achtserklärung am Rathause angeschlagen worden [5]). Unter den Freunden im Convent und den Patriciern, die sich zu den Augustinern hielten, mochte bange Sorge herrschen. Da kam die

1) Corp. Ref. I, 489 sq. Vgl. Strobel, Miscellaneen V, 119 f.

2) Spalatin bei Menden II, 608.

3) Corp. Ref. I, 484. Daß auch in Erfurt damals schon Mönche aus dem Augustinerkloster ausgetreten seien, wie Köstlin I, 503 angiebt, habe ich nicht finden können. In Luther's Brief an Lang (De Wette II, 115) ist ohne Zweifel von den Wittenberger Vorgängen die Rede.

4) Das geht aus Luther's Brief vom 20. Dezember 1521 hervor, wonach Link erst damals die Widmung des Ambrosius Catharinus (vom 1. April) beantwortete.

5) Lochner, Reformationsgeschichte der Reichsstadt Nürnberg (Nürnberg 1845), S. 12.

Kunde von den Vorgängen in Wittenberg — es waren Erwägungen der ernstesten Art, die sie hervorrufen mußte. Link
fand sich vor einer der folgenschwersten Entscheidungen. Jene
Pflichtvergessenen, die „wider den Eid, den sie Gott und dem
Orden geschworen, das Kleid des Ordens abgeworfen", waren
nach der Ordensconstitutionen der Excommunication verfallen, wovon sie nur durch den apostolischen Stuhl Absolution erhalten
konnten. Auch die reuig Zurückkehrenden traf außer der Disciplin
eine Kerkerstrafe von sechs Monaten und der ewige Verlust des
Stimmrechts [1]). Darüber ließen die Ordensstatuten keinen Zweifel.
Aber würde es möglich sein, diese Strafe zu vollziehen; würde
der Rat zu Wittenberg oder der Kurfürst, wie es bisher
Sitte gewesen, sich dazu hergeben, die Entlaufenen wieder ein-
zubringen? Die Sache sah nicht eben danach aus. Und hatte
er überhaupt ein Recht, ein sittliches Recht, die Brüder zurückzurufen. Er kannte ihre Gründe, sie waren doch nur die Consequenz von dem, was er selbst schon lange geglaubt, zum Teil
gelehrt hatte. Er konnte einen Augenblick daran denken, sie gewähren zu lassen: — auch Luther hatte man ja seine eignen
Wege gehen lassen; aber dieser hatte nicht daran gedacht, das
Ordenskleid abzuwerfen. Und die Wittenberger Vorgänge, das
ließ sich voraussehen, würden nicht vereinzelt bleiben. Die
Schmach, die dadurch über den Orden gekommen, war eine un-
geheuere. Die Apostaten nicht zur Verantwortung ziehen, hieß
sich selbst, ja den ganzen Orden aufgeben. Und mit welcher
Liebe hing er daran, mit welcher Hingebung hatte er sein Amt
verwaltet! Es gehört etwas dazu, ein ganzes Leben als verfehlt
anzusehen, das, wofür man nicht bloß selbst gelebt, sondern andere zu entflammen gesucht, wofür man gekämpft hat, auf ein
Mal als eine große Torheit, oder, wie die Sache hier lag, als
eine Sünde zu erkennen. Es lag nahe, die Geschichte der Con-

---

[1]) Staupiß' Constitutionen, Cap. 46: Ut nullus frater nostre congregationis professus extra congregationem sine debita vicarii generalis
licentia petita et obtenta vadat sub poena excommunicationis, a qua
praeter sedem apostolicam absolvi non possit. — Ille autem frater qui
apostatando etiam scandalum ordini notabile fecerit per sex menses
carceri mancipetur sitque voce perpetuo privatus.

gregation in diesem Augenblick an sich vorüberziehen zu lassen.
Das ernsteste Streben nach eigner Heiligkeit, und Gottes Ehre eine
Stätte in ihren Klöstern zu bereiten, hatte seine Vorgänger,
einen Zolter, einen Andreas Proles, einen Staupitz be=
seelt, dafür hatten sie gekämpft so viele Jahre, dafür hatten sie
gelitten, und das alles nur, daß schließlich ein paar unbotmäßige
Gesellen, auf ihre christliche Freiheit pochend, das mühevolle Werk
zertrümmerten. Link müßte nicht der strenge Ordensmann ge=
wesen sein, der er in Wahrheit war, wenn nicht auch der Groll
und der Unmut gegen die Wittenberger Neuerer in ihm auf=
gestiegen wäre. Eiferer wie Besler, der sich noch in seiner
Umgebung fand, mochten ihn zur äußersten Strenge mahnen.
Er vermochte es doch nicht. Seit Jahren war er gewohnt, alles,
was von Wittenberg kam, fast wie ein Evangelium zu be=
trachten, und in dem, womit jene ihre Sache begründeten, war
doch manches, was in seinem Innern wiederklang. Für sich allein
mochte er da nichts entscheiden. Es bedurfte auch noch der
genaueren Untersuchung der Vorgänge. Er schrieb deshalb ein
Capitel aus, welches nach Weihnachten zusammentreten und
darüber beraten sollte. Auf Staupitz' Rat hatte er Witten=
berg dazu gewählt, weil dort am besten die ganze Angelegenheit
von den Gelehrten gründlich erforscht werden könne [1]). Unter=
dessen mochte er auch selbst hoffen, zur Klarheit in der ganzen
Angelegenheit zu gelangen. Luther sollte ihm dazu verhelfen.
An ihn schrieb Link in den ersten Wochen des Dezember und
bat ihn um seinen Rat. Er nahm dabei Gelegenheit, seine Zu=
stimmung zu der ihm von Luther gewidmeten Schrift gegen Am=
brosius Katharinus auszusprechen. Daran knüpfte dann Luther
in seiner Antwort an. Billige er das dort Gesagte, so müsse
er auch der Consequenz zustimmen. Wenn es dem Evangelium
entgegen sei, durch den Gebrauch von Speisen und andern Dingen
zu sündigen, wo blieben da die Gelübde, die Klöster? Und daß
jenes gegen das Evangelium sei, das sei doch ebenso wahr, als es
sicher sei, daß Evangelium Evangelium ist. „Was wirst Du
also tun? Wen wirst Du zum Gehorsam zwingen? Wen, der

---

[1]) Kappen's Kleine Nachlese II, 537.

ausgetreten ist, wirst Du zurückrufen? Wen wirst Du als Apostaten anklagen, wenn Du hier die Freiheit und daß hier keine Sünder seien, lehrst, wie Du doch mußt. Du bittest mich vielleicht um Rat: Ich sage, Du bedarfst meines Rates nicht. Ich bin sicher, daß Du nichts, was dem Evangelium zuwider ist, tun oder dulden wirst, auch wenn darüber alle Klöster zugrunde gehen müßten." [1)]

Das tumultuarische Verlassen der Klöster, wie es in Wittenberg soeben geschehen, mißbilligte er durchaus [2)]. In Frieden und unter gegenseitiger Uebereinstimmung hätten die Brüder scheiden sollen. Aber auch wenn sie nicht recht gehandelt haben, so hält er es doch nicht für gerechtfertigt, sie zurückzurufen. Das Beste würde sein, auf dem abzuhaltenden Capitel nach dem Beispiele des Cyrus in einem öffentlichen Edicte denen, die das Kloster verlassen wollen, die Freiheit zu schenken, Keinen hinauszustoßen, Keinen mit Gewalt zurückzuhalten. Link selbst möge immerhin mit Jeremias im Dienste Babels bleiben, wie er auch selbst Kleidung und Ritus beizubehalten beabsichtige.

Und nach den hier erörterten Grundsätzen handelte Link. Auf dem Capitel, welches um Epiphanien [3)] in Wittenberg

---

[1)] De Wette II, 116 sq.

[2)] Ibid. II, 115.

[3)] Jedenfalls vor dem 8. Januar; vgl. Knaate in Zeitschrift für luth. Theol. 1876, S. 347. Von den Beschlüssen liegen uns zwei Recensionen vor, bei Spalatin-Mencken II, 610 und Corp. Ref. I, 456 (Opp. var. 6, 212), deutsch bei Walch XV, 2333. U. N. 1713, S. 903. Dazu kommt der Bericht des Caspar Güttel in Fortges. Sammlungen 1747, S. 169. Nach Jäger a. a. O., S. 258, hängte Carlstadt, der im Januar von ihm in Druck gegebenen Schrift „Sendbrief meldende seiner Wirtschaft" (die mir nicht zu Gesicht gekommen) die Beschlüsse der Augustiner an. Ein Vergleich des von Jäger angegebenen Inhalts ergiebt, daß es der Spalatinische Text ist. Inhaltlich sind die beiden Texte nicht wesentlich verschieden. Das Wichtigste vielleicht der Zusatz bei Spalatin: Placet nobis hunc habitum tenere donec aliud docuerit Spiritus domini nostri Jhesu Christi. Ich möchte den stricter gefaßten Text in Corp. Ref. I, 456 für den behufs des Druckes redigirten, officiellen halten. Dafür spricht auch, daß die deutsche Redaction lediglich eine Uebersetzung dieses Textes ist. Ein Urdruck davon (in meinem Besitz) hat folgenden Titel: „Schlusße der Augusti | ner Veter yn yrer versammlung | tzu Wittenberg, gestellet, | die trostlich tzu horen | sind den armen | gefangenen ge | wissen" (s. l. et a.).

zusammentrat, waren nur wenige Brüder erschienen; die meisten hatten sich entschuldigt. Infolge dessen wurden eine Reihe Sachen, die zur Verhandlung vorlagen, auf das ordentliche Capitel, das auf nächste Pfingsten angesetzt wurde, verschoben [1]). Nur über das Wichtigste, die Lebensfrage der Congregation, wurde entschieden. Es war gänzlich Luther's Standpunkt, den man da vertrat: dem Worte Gottes müssen allen Creaturen weichen, das ist der Grundsatz, der an die Spitze gestellt wird. „Weil wir der Schrift folgen, wollen wir uns nicht durch irgend eine menschliche Autorität oder menschliche Traditionen drücken lassen." Keinem soll irgend welcher Zwang auferlegt werden; wer die Freiheit noch nicht zu fassen vermag oder sie auszuüben noch nicht die Macht hat, der mag in seinem Sinne walten. Die Beschlüsse sollen den frommen Gewissen zu Hülfe kommen, nicht verderblicher Fleischeslust zum Vorwand dienen. Es stehe ein jeglicher auf seinem Gewissen!

Nach diesen vorangeschickten Grundsätzen stellte die Versammlung sechs Punkte auf, die bald durch den Druck zu aller Kenntnis gelangten.

Jedem ist es gestattet, das Kloster zu verlassen oder in demselben zu bleiben. Denn bei denen, die in Christo sind, ist weder Jude noch Grieche, weder Mönch noch Laie, und ein Gelübde wider das Evangelium ist kein Gelübde, sondern ein unchristlich Ding (1). Denen, die im Kloster bleiben, wird angeraten, das Mönchskleid und die hergebrachten Gewohnheiten beizubehalten (2), doch so, daß weder der Glaube jemandes verletzt, noch gegen das Gebot der Liebe gesündigt wird (3). Der Bettel wird als schriftwidrig unter Berufung auf 1 Thess. 4, [11] [2]) gänzlich verboten, ebenso die Votivmessen, da man auch den Schein vermeiden müsse (4). Die dazu Geschickten sollen in den Conventen auserwählt werden, das Wort Gottes zu lehren; die andern sollen durch Handarbeit die Brüder ernähren (5). Schließlich werden die Brüder ermahnt, da ja von einem bindenden Gelübde nicht mehr die Rede sein könnte, nunmehr den Obern aus

---

[1]) Vgl. den Bericht von Güttel. Fortges. Samml. 1747, S. 169.
[2]) Im lateinischen Text irrtümlich Thess. 3.

freier Liebe zu gehorchen, unter sich und vor andern ohne Aergerniß zu wandeln, auf daß das heilige Evangelium nicht verlästert werde.

Das war aber leichter geboten als durchgeführt. Die neue Freiheit ward vielen zum Fallstrick. Luther, der jene Beschlüsse billigte, fand doch, daß viele Mönche um derselben Ursache willen, derenthalben sie das Kloster betreten hatten, es jetzt verließen: nämlich um des Bauches und der fleischlichen Freiheit willen [1]). Selbst Lang in Erfurt trat, nachdem ihm vierzehn Brüder vorangegangen waren, unter Verhältnissen aus, die nach Luther's Meinung nicht geeignet waren, wie doch wünschenswert, den Gegnern die Gelegenheit zu lästern abzuschneiden. Zwar bat er scheinbar seine Brüder um die Erlaubniß, das Kloster verlassen zu dürfen, indem er seine Beweggründe auseinandersetzte, aber es war doch zum mindesten nicht sehr höflich, wenn er nach Auf= zählung von allerlei sittlichen Gründen schließlich sagt: die Prioren sind im allgemeinen Esel und wissen nicht, was der Glaube ist, und wollen doch die Gewalt haben. Er wurde der erste evan= gelische Prediger in Erfurt, und seinem Beispiele folgten bald eine Reihe anderer aus dem Orden getretener Mönche [2]). So hielten es überhaupt allenthalben die Priester unter den Mönchen. In Nordhausen übernahm der bisherige Prior Laurentius Süße schon im Februar 1522 auf den Wunsch des Rates eine Predigerstelle [3]).

Auch in den süddeutschen Klöstern begann es sich merklich zu regen. In Eßlingen sang Bruder Michael Stysel etwa im Frühjahr desselben Jahres: „Von der christförmigen, rechtgegrün= deten Lehre Doctoris Martini Lutheris, ein überaus schön künstlich Lied sampt seiner Nebenauslegung in Bruder Veiten Ton." Das populäre, singhafte Lied, in dem zuerst der Engel der Offen= barung auf Luther gedeutet wird, fand reißenden Absatz und

---

1) De Wette II, 156sq. 175; vgl. p. 266.

2) Ibid. II. 175. Kappen's Kleine Nachlese II, 527ff. Kamp= schulte II, 143. Erhard, Ueberlieferungen I, 50.

3) U. N. 1720, S. 567f. [Lesser], Historische Nachrichten, S. 171 bis 178. — Süße in Wittenberg inscribirt 26. Juli 1515. Alb., p. 57.

brachte seinen Dichter in aller Mund [1]). Schon im März erbat
sich ihn Graf Albrecht von Mansfeld als Prediger [2]). Bereits
in jenem Liede hatte er seinen Entschluß angekündigt, „das phari=
säisch Kleid, die Kutte, auszuziehen", blieb jedoch noch im
Kloster, bis ihm Ende Mai ein Handel mit dem Constanzer
Weihbischof Johann Faber, der ihn wegen des Liedes und weil
er es gewagt, ein Beichtkind in einem Reservatfalle zu absolviren,
zur Verantwortung zog, zur Flucht zwang. Bei Harmuth von
Kronberg, dem evangelischen Ritter, fand er zunächst als Pre=
biger ein Unterkommen [3]). Auch in Stuttgart war es ein
Augustiner, der uns von früher her bekannte Johannes Man=
tel, der, vom Rat an die St. Leonhardtskirche berufen, für die
neue Lehre eiferte, bis ihn die österreichische Regierung gefangen
setzte [4]).

In Wittenberg hatten die Augustiner kurz nach jenem
Capitel Altäre, Heiligenbilder und Salböl vernichtet [5]), weiteren
Ausschreitungen wurde jedoch nach Möglichkeit gewehrt. Nicht
als ob die Obrigkeit die Mönche im Gebrauche ihrer Freiheit ge=
hindert hätte; der Rat sah vielmehr den Austritt nicht ungern
und verbot auch seinerseits jetzt den Bettel in der Stadt [6]), doch
hielt er es für gut, Carlstadt's und Zwilling's ungestümen
Treiben nach Möglichkeit entgegenzuwirken. Letzterem, der, ohne
dazu berufen zu sein, die Kanzel bestiegen, wurde weiteres Predigen
untersagt. Er beugte sich in Demut und erhielt, nachdem Melanch=

---

[1]) Keim, Reformationsblätter, S. 7 f.

[2]) De Wette II, 154.

[3]) Ueber sein unruhiges, oft durch seine astrologischen Neigungen ge=
trübtes Leben vgl. Strobel, Neue Beiträge I, 1. 5 ff.; Keim a. a. O.
S. 12 f. Er starb als Professor der Mathematik, in der er sich als einer
der ersten Bearbeiter der Regula cos bekannt gemacht (Kästner, Geschichte
der Mathematik I, 163—184; Almanach der k. k. Akademie in Wien 1858,
S. 197—202; Gerhard, Geschichte der Mathematik [München 1877],
S. 60 ff.) im Alter von achtzig Jahren, am 19. April 1567 zu Jena.
Olearii Syntagma I, 216. Ueber die weitere Verbreitung der evange=
lischen Lehre in Eßlingen durch den Augustinerprediger siehe Keim, S. 13 ff.

[4]) Schon von 1511 an war er mehrere Jahre in Stuttgart Prediger
gewesen. Vgl. Heyd, Ulrich, Herzog zu Würtemberg II, 179 ff.

[5]) Spalatin bei Menken II, 611.

[6]) Förstemann, Neues Urkundenbuch, S. 551.

thon ihn vergeblich nach Nürnberg empfohlen hatte, eine Predigerstelle
in Altenburg [1]). Luther selbst, Anfang März nach Wittenberg zurückgekehrt, steuerte dann wie bekannt mit gewaltiger Predigt weiteren
Umtrieben der „Schwarmgeister" [2]). Während Kurfürst Friedrich
die Mönche gewähren ließ, glaubte Herzog Georg auf die Kunde
von den Wittenberger Beschlüssen, an denen die Brüder „sich
mehr geärgert als gebessert hätten", seine Klöster nach Möglichkeit
vor schädlichen Einflüssen bewahren zu müssen, und verbot den
Augustinern seines Landes, obwol sich Link für sie verwandte,
den Besuch des von dem Vicar auf Pfingsten 1522 nach Grimma
ausgeschriebenen Capitels [3]). Unter diesen Umständen erschienen
nur wenige Brüder in Grimma, u. a. Besler, Kaspar
Güttel, der Prior von Eisleben, und Melchior Myritsch,
jetzt Prior von Magdeburg, die in das Diffinitorium gewählt
wurden. Die Beschlüsse des Capitels, welches den Wenzeslaus
Link in seinem Amte bestätigte [4]), zeigten die ganze Haltlosigkeit
der Verhältnisse innerhalb der deutschen Congregation. Während
man einerseits die Abmachungen der Wittenberger Zusammenkunft als durch die Zeitverhältnisse und durch die bessere Erkenntniß abgenötigt zu rechtfertigen sucht, macht sich doch
andrerseits auf Grund der schlimmen Erfahrung, die man
bezüglich des Gebrauches der neuen Freiheit gemacht hatte, das
Bestreben geltend, dieselbe nach Möglichkeit wieder einzuschränken.
Die Wittenberger Beschlüsse hatten die Gelübde für unchristlich,
den Bettel als schriftwidrig hingestellt. Das ganze Klosterleben
mußte danach, wenn nicht geradezu als etwas Verwerfliches, so
doch eben nur als ein um der Schwachen willen zu duldendes
erscheinen. Jetzt drang eine Anschauung durch, wonach das
Mönchtum sich sehr wohl mit dem Evangelium vereinigen ließe,
wenn man als Freier und nicht als Knecht dem Herrn diene.
Die Brüder erklärten, nicht die Regeln und Statuten fortwerfen,

---

1) De Wette II, 156. 171. 183. 191. 194. 199. Förstemann,
S. 642. 548. 557.

2) Köstlin I, 535 ff.

3) Kappen's Kleine Nachlese II, 534. Den Niederländern verbot es
der Kaiser. De Wette II, 206.

4) Fortges. Sammlungen 1732, S. 367.

sondern allen Verpflichtungen in hergebrachter, ordnungsmäßiger Weise nachkommen zu wollen, mit Ausnahme solcher, die sich als Mißbrauch und für das Seelenheil gefährlich herausgestellt hätten. Als dahin gehörend wurden hauptsächlich die Messen und andere „Betrügereien und Possen" bezeichnet, die abgeschafft werden müssen. Der Bettel wurde nicht unbedingt verboten, man forderte nur einen gerechten Titel dafür und wollte beispielsweise kranken Brü= dern, die Gottes Wort lernen und lehren, das Recht, von milden Gaben leben zu dürfen, gewahrt wissen. „Daher ist nicht wegen der üblichen Almosensammlungen noch wegen äußerer Bräuche das gemeinsame Klosterleben zu verlassen, sofern nur der Mißbrauch und die Gottlosigkeit der Herzens nach Möglichkeit abgetan wird. Jemehr wir der christlichen Freiheit im Kloster gebrauchen, umso= mehr werden wir uns bestreben, in den äußern Bräuchen den Willen des eignen Fleisches zu brechen und dem alten Menschen abzusterben. Hiermit sei kein Bruder gerichtet oder verachtet; wir setzen von jedem Gutes voraus; unsere Gebrechen erkennen wir und suchen Gottes Gnade und Hülfe."

Die Brüder konnten wirklich einen Augenblick daran denken, das Klosterleben, von allen Mißbräuchen möglichst gereinigt, zu einer freien evangelischen Gemeinschaft erheben zu können, und er= mahnten daher die Prioren, zu strafen, zu schelten und in Ge= mäßheit der Regel unter Aufbietung „aller apostolischen Mittel" den Ausschreitungen, wie sie vorgekommen, entgegenzutreten. Das unziemliche und unbesonnene Austreten so vieler, von denen nur das Land wie von „Getier und Raupengeschmeiß" bedeckt werde, wurde mit den stärksten Worten gebrandmarkt [1]). Es war doch ver= geblich. Unter denen, die die Freiheit als ihr Recht erkannt hatten, waren doch nur wenige, welche sich nicht beeilten, die drückenden Fesseln zu sprengen. Schon gab es ganze Convente, welche an Auflösung dachten. Die Brüder von Herzberg mit ihrem Prior Johannes Rübe, die schon am 16. Februar 1522 den Wittenbergern mit Abschaffung der Messe und Gewährung des Laienkelchs nachgefolgt waren [2]), faßten etwa im Mai den Be=

---

1) Kappen's Kleine Nachlese II, 535.
2) Burkhardt, S. 44.

ſchluß, ihre Kleinodien und ſonſtigen Habſeligkeiten zu veräußern und den Erlös vor dem Auseinandergehen zu teilen, und Luther hielt es für billig, daß ſie nicht „ſo bloß" hinausgehen und alles da laſſen ſollten, da ſie es doch mit erworben hätten. Der Kurfürſt war jedoch anderer Anſicht, ließ die Kleinodien inventiren und ſpäter nach Torgau ſchaffen[1]). Vergebens wandten ſich die ausgetretenen Mönche deshalb an Luther, der jetzt von allen Seiten von früheren Kloſterbrüdern und Nonnen überlaufen wurde[2]).

Link mußte ſehr bald einſehen, daß alle Gegenmaßregeln erfolglos waren. Seine Stellung wurde immer unhaltbarer. In Oberdeutſchland wie in des Kaiſers Erblanden galt er, als intellectueller Urheber der Auguſtinerbeſchlüſſe und für ihre Folgen verantwortlich gemacht, als ein Geächteter. Es war ihm alſo nicht einmal möglich, ſeinen perſönlichen Einfluß geltend zu machen. Luther ſuchte ihn zu bewegen, nach Wittenberg zu kommen, wo er am ſicherſten ſei, und wo man ſeiner für die Sache des Evangeliums bedürfe[3]). Der Vicar, der ſich in Thüringen aufhielt, zögerte. Da war es die perſönliche Neigung des Kurfürſten für ihn, welche ſeinem Leben eine andere Richtung gab. Schon im Juni bot er ihm durch Spalatin die Pfarrſtelle zu Altenburg an, von der er den Gabriel Zwilling, der beim Hofe ſeiner früheren Umtriebe wegen ſchlecht angeſchrieben war, enthoben wiſſen wollte. Noch ſträubte ſich Link und wollte auf ſeinem Poſten ausharren. Auch verletzte ihn wie Luther das Verfahren gegen Zwilling, der ſich in Altenburg wacker gehalten und in kurzer Zeit die Zuneigung der Bürgerſchaft gewonnen hatte. Da aber der Kurfürſt Zwilling durchaus nicht dulden wollte, entſchloß ſich Link endlich, von Luther vielfach gedrängt, ſeinem „ruhmreichen Vicariat" ein Ende zu machen, den an ihn ergangenen Ruf anzunehmen, und ſiedelte am 28. Januar 1523 als evangeliſcher Prediger nach Altenburg über, mit der Abſicht, ſobald als möglich

---

1) Erneſtiniſches Geſammtarchiv zu Weimar K. K. p. 82, No. 33. 27a. Vgl. Burkhardt, S. 47.

2) De Wette II, 271. 353 sq.

3) Ibid. II, 181. 217 sq.

zu heiraten[1]). Am 22. Februar legte er dann seine Würde
officiell nieder, indem er das Amtssiegel dem Diffinitorium über=
sandte[2]). Drei Wochen später zeigte er den Brüdern an, daß
er sich vermählt habe[3]).

Wie zu erwarten, war Link's Rücktritt das Signal für alle
diejenigen, die trotz besserer Erkenntniß noch gezögert hatten, das
Ordenskleid abzulegen. In Schaaren verließ man jetzt die Klöster.
Im August waren schon verschiedene Convente verödet, wie der
zu Sangerhausen. In Salza konnte man dasselbe täglich
erwarten[3]). Zu Grimma war etwa die Hälfte von dreißig
bis vierzig Brüdern ausgetreten[4]). Nicht ganz so schlimm stand
es in Waldheim und Dresden, wo nur Einzelne entwichen
und die Mehrzahl durch die strengen Maßregeln Herzog Georgs
zurückgehalten wurden[5]).

Zu gleicher Zeit spielte sich in des Kaisers Erblanden eine
Tragödie ab, die das allgemeinste Interesse in Anspruch nahm.
Wir sahen, welcher rege Verkehr zwischen Wittenberg und den
niederländischen Klöstern sich allmählich herausgebildet hatte; da
war es eben kein Wunder, wenn die neuen Ideen auch dort gar
bald Wurzeln faßten. Die frühesten Spuren davon finden wir
im Augustinerkloster von Dortrecht[6]), wo schon 1518 mehrere
Augustiner im Beichtstuhl und auf der Kanzel gegen den Ablaß

---

[1] De Wette II, 266. 286. Caselmann, S. 356 f. De Wette
II, 301.

[2] Anno nempe sequenti videlicet 1523 in Quadragesima misit si-
gillum officii cum litteris ad M. Melchiorem tanquam seniorem diffini-
torem fingens se quasi civili quadam morte defunctum, post hoc autem
duabus aut tribus ebdomadibus, abjecto nedum officio sed et habitu et
religione, Professionis sue oblitus uxorem se in Aldenburg duxisse scripsit,
cum qua ad 4. feriam post Dom. in Albis esset nuptias habiturus.
Besler, F. S. 1732, S. 367.

[3] Seidemann, Lutherbriefe, S. 62. Ueber seine Hochzeit Fortges.
Sammlungen 1731, S. 449. Neue Beiträge 1758, S. 741—745.

[4] Lorenz, S. 1321 ff. Ueber die Verfolgung Einzelner Förste=
mann, N. Url., S. 86. 88. 107.

[5] Seidemann, Lutherbriefe, S. 62.

[6] Schotel, Kerkelijk Dordrecht I, 15 sq. Ders. Het klooster enz.
te Dordrecht. Van Herwerden, Het Aandenken van Hendrik van
Zutphen. Tweede druk. Arnhem 1864. — Alle diese Schriften sind jedoch

und andere kirchliche Mißbräuche eiferten, so daß die Regierung
dagegen die Hülfe ihres Vorgesetzten, des Provincials (Vicars?)
der Observanten, des Wilhelm von Alkmaar, anrief, der
sich jedoch unter allerlei Vorwänden der an ihn gestellten For=
derung, die Augustiner zur Rechenschaft zu ziehen, entzog [1]).
Unterdessen wuchs ihr Anhang unter der Bürgerschaft von Tag
zu Tage. Die Parteien standen sich schroff gegenüber, und nicht
ohne Grund fürchtete der Rat, die landesherrliche Regierung
könnte die darüber entstandenen Wirren dazu benutzen, die Frei=
heiten der Stadt einzuschränken. Auf Anregung des Ratspensionärs
Floris Oem van Wyngaerden, dessen Familie seit zwei Jahr=
hunderten durch die Antonius = Bruderschaft dem Kloster nahe=
stand, begann man im Herbst 1518 gegen die Anhänger
der Augustinerprediger mit Verfolgungen. Sie waren jedoch von
kurzer Dauer, da bald darauf Floris Oem von Karl V. seiner
Stelle entsetzt wurde und die Stadt verlassen mußte. Erst nach
seiner Rehabilitirung, die schon nach wenigen Monaten erfolgte,
beschloß der Rat wiederum, ernstliche Maßregeln zu ergreifen. Ein
Dominicaner, Vincent Dirks, sollte sie (Ende 1516) inauguriren.
Aber seine Schmähreden gegen die beliebten Prediger entflammten

---

zu berichtigen durch Hoop Scheffer, Geschiedenis der hervorming in
Nederland enz., in Studien en Bijdragen I, 68 sq.

[1]) Schotel, Kerkelijk Dordrecht I, 15 sq. Herwerden, p. 21.
Hoop Scheffer I, 72. Wer ist dieser Wilhelm von Altmar, den die
genannten Schriftsteller „Provincial der Observanten der kölnischen Pro=
vinz" nennen? Hoop Scheffer identificirt ihn p. 74, vgl. p. 76
mit dem Vicar der Niederlande, macht ihn also zum Nachfolger Johanns
von Mecheln, indem er De Wette I, 341 auf ihn bezieht. Auf p. 79
heißt es aber von der Dortrechter Regierung, dat zij de wettige en
bevoegde autoriteit raadpleegde en al hare maatregelen nam in overlog
met den vicaris Joannes van Mecheln. Danach war dieser Vicar und
der einzig befugte Vorgesetzte. Was hatte dann aber Wilhelm von Alt=
mar mit dem Kloster zu tun? — Aus dem Briefwechsel des letzteren
(bei Schotel I, 15 sq.) scheint doch hervorzugehen, daß er die zur deutschen
Congregation gehörigen Convente visitirte, so daß der Ausdruck Provincial,
der in den Briefen selbst nicht vorkommt, nur eine Verwechslung für Vicar
sein dürfte. Daß Johann von Mecheln noch Vicar war, ist nirgends be=
zeugt, und daß er an Stelle Heinrich's von Zütphen Prior von Dortrecht
wird (Hoop Scheffer, p. 79), ist kein Beweis dafür.

das Volk zu solcher Wut, daß es darüber zu einem großen Tumult
kam, und der Dominicaner sich nur durch eilige Flucht vor der erregten Menge retten konnte [1]). Trotzdem, daß, nach diesen Vorgängen
zu schließen, eine ansehnliche Partei der reformatorischen Predigt
zugetan gewesen sein muß, gelang es doch den Gegnern, unter
Umständen, die uns nicht bekannt sind, sehr bald die Oberhand
zu gewinnen. Wie es scheint, wurden die anrüchigen Augustiner
vertrieben oder flüchteten sich [2]). Die Leitung des Convents übernahm Johann von Mecheln [3]), während der bisherige Prior
Heinrich von Zütphen, der nach allem, was wir wissen, damals die Neuerungen nicht beförderte, aber ihnen auch nicht ge-
steuert hatte, sich nach Wittenberg wendete, wo er schon einmal, im Jahre 1508, den Studien obgelegen hatte, und sich
jetzt, seit Mitte Januar 1521, die theologischen Würden bis zum
Sententiarius erwarb [4]). Er gehörte zum engsten Freundeskreise
Luthers und Melanchthons. Nicht minder gilt dies von einem
andern Niederländer, der einige Monate später zu gleichem Zwecke
nach Wittenberg kam; es war dies Jacob von Ypern, genannt Präpositus, der Prior von Antwerpen [5]). Von Anfang an trat er in seinen Predigten für Luther's Lehre ein. Schon
am 18. Mai 1518 schrieb Erasmus an Luther über ihn: „Im
Augustinerkloster zu Rotterdam ist ein Prior, der Dich in einzig-

---

[1]) Hoop Scheffer l. c., p. 75 sqq.

[2]) Die holländischen Historiker bewegen sich hierbei vielfach in bloßen
Vermutungen. Sicher wissen wir nur, daß in jenen Jahren einmal Augustiner aus Dortrecht vertrieben worden sind (vgl. Wolters, Reformationsgeschichte der Stadt Wesel, S. 42); wann dies aber geschehen ist, läßt sich
genauer nicht angeben.

[3]) Nach Schotel, Het klooster, p. 56 wird er als Prior bis 1530
genannt. Er wurde es wahrscheinlich auf dem Capitel zu Eisleben. Daß
Heinrich von Zütphen vertrieben wurde, ist doch nirgends bezeugt, vgl. auch
Hoop Scheffer l. c. gegen die vermutliche reformatorische Wirksamkeit
desselben in Dortrecht bei Schotel, p. 5 sq. und van Herwerden,
p. 24 sq. Schon ein Jahr früher hatte er beabsichtigt, nach Wittenberg zu
gehen. De Wette I, 341.

[4]) Alb. Viteb, p. 26; Lib. dec., p. 21. Seine Thesen u. N. 1709,
S. 25. Kappens Kleine Nachlese II, 484. Krafft, Briefe und Documente, S. 50.

[5]) Janssen, Jacobus Praepositus enz. Amsterd. 1866.

artiger Weise liebt, ein ehemaliger Schüler von Dir, wie er sich rühmt. Er predigt fast allein unter allen Christum." [1] Und Luther hatte seine Freude daran, wie durch ihn die evangelische Sache in Antwerpen an Anhang gewann [2]).

Im Kampfe der Wittenberger gegen die Messe und die Verbindlichkeit der Klostergelübbe waren jetzt, wie schon früher angedeutet, die Niederländer die Eifrigsten. Brennend vor Begierde, auch in seiner Heimat die christliche Freiheit zu predigen, verließ Probst wol noch im Herbst 1521 Wittenberg und begab sich wieder in sein Kloster zu Antwerpen. Dort hatten sich während seiner Abwesenheit die Verhältnisse wesentlich verändert. Wenn nirgends, so sollte doch in des Kaisers Erblanden das Wormser Edict mit aller Strenge durchgeführt werden. Am 13. Juli 1521 wurden Luther's Schriften zu Antwerpen verbrannt [3]). Schon hatte man zwei angesehene Laien, Nicolaus von Herzogenbusch und Cornelius Grapheus, ihrer lutherischen Gesinnung wegen verhaftet [4]). Da erschien am 5. Dezember Franz von der Hulst, Mitglied des Rats von Brabant, als vom Kaiser ernannter Inquisitor in der Scheldestadt. Noch selbigen Tages entbot er infolge einer beim Bischof eingelaufenen Klage den Augustinerprior vor sich, um ihm eine Vorladung nach Brüssel einzuhändigen. Und Probst, getäuscht durch die heuchlerischen Freundschaftsbezeugungen des Inquisitors, wonach er nichts zu fürchten habe, ja auf seinen Schutz rechnen dürfe, leistete ihr Folge [5]). Aber in Brüssel angekommen, wurde er, wie es hieß, auf kaiserlichen Befehl gefangen gesetzt. Es waren die heftigsten Gegner Luther's, die ihn überführen und über ihn zu Gericht sitzen sollten, u. a. Nicolaus von Egmond, Jacob Latomus, der kaiserliche Beichtvater, Johannes Glapio, der päpstliche Legat, Hieronymus Aleander. Gebeugt durch die schwere Gefangenschaft und die fortwährenden Drohungen, ließ er sich nach

[1]) Erasmi Epp. VI, 4.
[2]) De Wette I, 483.
[3]) Diercxens, p. 336.
[4]) Janssen, p. 30. 237 sqq.
[5]) Ibid., p. 35 sqq. 291 sqq.

langem Widerstreben am 7. Februar 1522 zum öffentlichen Widerruf herbei, zum Jubel für die Gegner, zum größten Schmerz für Luther, der zu gleicher Zeit die Nachricht erhielt, daß auch Melchior Myritsch, der bisherige Prior von Gent, der sich in gleicher Lage befunden, widerrufen, und zwar insofern schlimmer gehandelt hätte, als er absichtlich doppelzüngig geredet [1]). Der letztere geriet sogar in Verdacht, vom Kaiser sich gegen seine eigenen Ordensbrüder gebrauchen zu lassen [2]). Bald aber liefen in Wittenberg erfreulichere Nachrichten ein. Im Augustinerkloster zu Ypern, wohin man ihn gesandt, begann Probst alsbald wieder in evangelischer Weise zu predigen, und von neuem ergriffen und wiederum seinen früheren Richtern in Brüssel, „der Fleischbank der Christenheit", überliefert, war er schon darauf gefaßt, den Märtyrertod zu sterben, als sich ihm die Gelegenheit bot, mit Hülfe eines Ordensbruders nach Deutschland zu entfliehen, wo er zunächst bei Luther eine Zuflucht fand [3]) und später in Ostfriesland und Bremen als evangelischer Prediger wirkte [4]). Auch Melchior Myritsch entkam in sein Vaterland und wußte in kurzem seine zweifelhafte Stellung vergessen zu machen [5]).

Unterdessen hatte es Heinrich von Zütphen längst nicht mehr in Wittenberg gelitten. Nach kurzem Aufenthalt in Dortrecht [6]) trat er im Sommer 1522 an Probst's Stelle zu Antwerpen. Wie zu erwarten, war das Kloster von den Maßnahmen gegen seinen Prior nicht unberührt geblieben. Die

---

[1]) De Wette II, 179. 182. Krafft, Briefe und Documente, S. 39 ff. Die von Probst widerrufenen Sätze u. N. 1719, S. 169 ff. Ueber die Angelegenheit des Myritsch finde ich nirgends etwas mehr, als Luther's Briefe bieten. Luther erfuhr von der Sache übrigens sehr spät, als Myritsch längst wieder in Deutschland und Prior von Magdeburg geworden war, vgl. oben.

[2]) De Wette II, 207.

[3]) Ibid. II, 206 sq. 213 sq. 218. Janssen, p. 83 sqq. Wann Probst nach Wittenberg kam, läßt sich nicht sicher nachweisen. Das Datum bei De Wette II, 182 ist jedenfalls unrichtig: ob der Brief aber wie van Herwerden, p. 76 und Janssen, p. 96 wollen, ein Jahr später zu setzen ist, bleibt doch zweifelhaft.

[4]) De Wette II, 361.

[5]) Ibid. II, 301. 339.

[6]) Gerdes, Histor. ref. III, 29.

Inquisition war angewiesen worden, mit aller Strenge gegen die
verdächtigen Mönche, die das Volk verführten, einzuschreiten.
Viele erlagen der Versuchung und widerriefen [1]. Es schien jedoch,
als sollten die Gegner nur kurze Zeit triumphiren. Der neue
Prior mußte die Gefallenen wieder aufzurichten. Kühner als
früher konnte man jetzt die lutherischen Lehren verkündigen hören.
Vermutlich war den Brüdern verboten worden, die Kanzel zu
betreten. Nun predigten sie auf den Straßen. Allen voran
Heinrich von Zütphen. Es war am Michaelistage 1522,
als er in der Münze, an der die Bürger, die den Gottesdienst
in der nahen Michaelsabtei besuchen wollten, vorüber mußten, seine
Predigt erschallen ließ und, wie zu erwarten, sehr bald verhaftet
wurde. Darüber entstand ein Aufruhr, der die ganze Stadt in
Bewegung brachte. Unter Anführung der Weiber wurde sein
Kerker erbrochen und der geliebte Prediger befreit. Mit großer
Gefahr entkam er nach Bremen [2]. Um so schärferes Gericht
traf jetzt seine Brüder. Ein Befehl der Statthalterin weihte
das Kloster dem Untergang. Schon am 6. October wurden
sämmtliche Mönche verhaftet. Die Söhne von Antwerpener Bürgern wurden den Begharden zur Verwahrung übergeben, während
die übrigen teils nach Vilvoorden, teils nach Hoogstraten abge-
führt wurden. Einigen gelang es, aus der Gefangenschaft zu
entkommen, wie Adrian Burschot, der der Reformator der
Grafschaft Hoya in Niedersachsen wurde [3]. Unter den übrigen
blieben nur wenige standhaft; von ihnen starben Heinrich Voes
und Johannes von Essen am 1. Juli 1523 mutig für ihren
Glauben zu Brüssel den Feuertod, während ein dritter, Lambert Thoren, nach längerer Haft heimlich bei Seite geschafft
wurde [4]. Da sang Luther sein schönes Klage= und Siegeslied

[1] De Wette II, 206 sq. 214.

[2] Dierexens III, 372. Kappens Kleine Nachlese II, 547 ff. Krafft,
Briefe und Documente, S. 42 ff. 52. J. F. Iken in Bremisches Jahrbuch
1876, VIII, 56 f.

[3] Lehnemann, Histor. Nachrichten von der evangelisch=lutherischen
Kirche in Antorff (Frankfurt a. M. 1725), S. 29 f. Janssen, p. 116.
Hoop Scheffer, p. 113 sq.

[4] De Wette II, 261. 462. Janssen, p. 106 sq. Hoop Scheffer,
p. 113, Anm. 2.

von dem Märtyrertode der beiden „jungen Knaben zu Brüssel in dem Niederland"[1]). Sie sollten bald nicht mehr die einzigen Märthrer sein. Im Dezember des folgenden Jahres starb auch Heinrich von Zütphen, von Bremen nach Dithmarschen gerufen, um dort das Evangelium zu verkünden, einen qual-vollen Tod für seinen Glauben[2]).

Um die niederdeutschen Klöster fernerhin von jeglichem evan-gelischen Einfluß zu isoliren, ließ die Statthalterin Margarethe die reformirten Convente bald nach den Antwerpener Vorgängen zu einem Capitel zu Dortrecht zusammentreten, um einen eigenen, von der sächsischen Congregation unabhängigen Vicar zu erwählen. Vier derselben wählten Johann von Mecheln, der durch Papst Adrian VI. in einem Breve vom 23. November 1523 in seiner Würde bestätigt wurde[3]). —

Link hatte in seinem Absagebriefe an die Augustiner die Hoffnung ausgesprochen, er werde der letzte Vicar sein; so weit war die Sache aber noch nicht gediehen. Fiel auch die Mehrzahl der Brüder dem neuen Evangelium zu und widmete sich der Ver-kündigung der neuen Lehre, so gab es doch auch eine, wenn auch kleine Partei, die voll Zorn gegen die Apostaten die Congrega-tion aufrecht zu erhalten suchte. Ihre Seele war Joh. Nathin, Luther's alter Gegner, dem Nicolaus Besler und Johan-nes Spangenberg zur Seite standen[4]). Mhritsch, dem als Senior der Diffinitoren die Veranstaltungen zur Neuwahl oblagen, berief sogleich nach Link's Rücktritt ein Capitel, und zwar wiederum nach Grimma. Aber wie Besler, der sich seit dem vorigen Capitel bei Güttel in Eisleben aufhielt, ge-fürchtet, erschienen nur die Abgesandten von fünf oder sechs Con-venten am festgesetzten Termine. Auch Mhritsch entschuldigte sich und überschickte durch einen Boten das Amtssigel. Unter diesen Umständen ging das Capitel resultatlos auseinander. Die

---

1) Wackernagel, Das deutsche Kirchenlied III, 3.
2) Herwerden, p. 99 sqq. Klippel in Herzog's Realencyklopädie IX, 709 ff. In Metz wurde in demselben Jahre der Augustiner Jean Chatelain verbrannt. Rante II, 47.
3) Ennen IV, 184.
4) Das Folgende nach Besler, Fortges. Sammlungen, S. 367 ff.

antilutherisch Gesinnten begaben sich aber nach Leipzig und hielten daselbst am 22. Juni im Franciscanerkloster eine Separatversammlung. Auf derselben gaben Johann Nathin, der heiligen Theologie Professor, Discretus des Convents zu Erfurt, Joh. Spangenberg, der heiligen Theologie Professor, Prior von Eschwege, Nic. Besler, der Theologie Lector und Diffinitor des letzten Capitels, Conrad Alborff, Discretus des Convents zu Eschwege, Georg Doliatoris, Discretus des Convents zu Heidelberg und Caspar Pistatoris, Discretus des Convents zu Sternberg in einem offenen Schreiben, um nicht ihres Wahlrechtes verlustig zu gehen, die Erklärung ab, daß sie in Gemäßheit der Ordensconstitutionen die Absicht gehabt hätten, nach der Resignation des Vicars einen neuen zu wählen, dies aber, weil die Brüder wegen der Entfernung der Convente, der Kriegsunruhen und der sonstigen Zwistigkeiten nicht hätten erscheinen können, nicht ausführbar sei, weshalb die Sache verschoben werden müsse. Zugleich erklärten sie für sich und alle, die ihnen beitreten wollen, „daß sie der neuen und fremden Lehre, welche sich in Deutschland erhoben oder entstanden sei, die man die Martinianische oder Lutherische nenne, nicht anhängen wollten oder jemals angehangen hätten, sondern jetzt und in Zukunft wie ihre Vorfahren bei der Entscheidung der heiligen katholischen Kirche verharren wollten" [1]).

Endlich beschlossen sie, ohne Rücksicht auf die Zahl der etwa Erscheinenden, auf einem neuen Capitel, welches zu Mühlheim [2]) bei Coblenz am 8. September gehalten werden sollte, zur Neuwahl eines Vicars zu schreiten. Besler, da auch Güttel nicht erschienen war, der einzig übrig gebliebene Diffinitor, erhielt den Auftrag, die Citation dazu zu erlassen, ein Geschäft, welches er nur zum kleinsten Teil ausführen konnte. Wolfgang Volprecht, der Prior seines heimatlichen Convents zu Nürnberg, wohin er sich von Leipzig aus begab, hinderte

---

[1]) Urkunde im Staatsarchiv zu Magdeburg, abgedruckt im Anhang am Schluß der Staupitzbriefe.

[2]) Vallis mollaria (Fortges. Samml. 1732, S. 368) nicht Vallenbar, wie Seidemann (Lutherbriefe, S. 63) irrtümlich vermutete.

ihn daran und zwang ihn, die schon angefertigten Schreiben zu vernichten. Zu seinem Schmerz mußte er erleben, daß auch der **Nürnberger** Convent, trotz der strengen Edicte des Rats, sich immer mehr der neuen Lehre zuwandte und ihm die Teilnahme an dem Capitel zu **Mühlheim** versagte. Die wenigen Väter, die daselbst zusammenkamen, wählten **Johann Bethel** von **Spangenberg** zu ihrem Vicar, der, einst der Genosse **Luther's** [1] und **Link's**, jetzt sein erklärtester Gegner war.

Es waren nicht mehr viel Convente, deren Obedienz er sich rühmen konnte, und die Zahl derselben nahm fortwährend ab. Eben jetzt, nach kaum achtjährigem Bestehen, wurde das Kloster zu **Eisleben** eingezogen, nachdem es von den Mönchen verlassen war [2]. Auch der Convent zu **Magdeburg** ging dem Vicar nach kurzer Zeit verloren. Seit seiner Rückkehr aus den Niederlanden predigte dort M. **Myritsch** in Gemeinschaft mit **Eberhard Wiedensee** und Dr. **Johann Vogt** das neue Evangelium. Im Jahre 1524 wurde er als erster evangelischer Prediger an der St. Johanniskirche angestellt, und bald darauf übergaben der Prior **Ulrich Müller** und die wenigen noch vorhandenen Mönche — es waren sechs Väter und zwei Laienbrüder — das Kloster dem Rate der Stadt [3]. Ein Jahr später geschah dasselbe zu **Gotha** [4].

Das Kloster zu **Erfurt** war längst verlassen. Vergebens

---

[1] Er wurde mit Luther zugleich in Wittenberg inscribirt. Alb., p. 27. Seit 1518 wird er als Prior in Eschwege genannt. (Archiv zu Marburg.)

[2] von **Mülverstadt** in Zeitschrift des Harzvereins 1868, S. 68.

[3] Fr. Wilh. Hoffmann II, 37. 41. 45. 67. Der Seite 67 genannte Dr. Joh. Jslebius ist der öfter erwähnte Johannes Vogt. Vgl. Alb., p. 17: Frater Johannes foitt de eisleb conventus Magdeburg. ordinis heremitarum sancti Augustini sacre theologie professor. Vgl.: Doctor Melchior || Mirisch, Doctor Eberhardus || Wydensee, Joannes Fritz Hans || sampt andern predigern || des Ewangelij, der löblichenn und kayserlichenn Stadt Magde- || burgt. Erbithen sich diese nach || gedruckte Artickell vor eyner || gantzen gemeyn mit gegrunter || schrifft zu erhalten, widder alle Papisten Alhye zu Magdeburg || Anno MDXX iiij Titelrandleiste 2 Bl. enthaltend 28 Thesen. (Bibliothek zu Hamburg.)

[4] **Möller**, Zeitschrift für Thüringische Geschichte 1861, S. 310 ff.

trat Usingen als der einzige, der seinem Orden treu blieb [1]), mit Wort und Schrift für die alte Lehre ein, ohne doch die Verderbtheit der Kirche leugnen zu wollen. In dem alles Maß überschreitenden Kanzel- und Federkrieg, der sich darüber erhob, mußte er doch hinter Lang und Genossen, die eben damals sehr in Gefahr waren, den Sieg des Evangeliums mehr in der Ausrottung des Papismus als in einem neuen evangelischen Leben zu sehen, zurückstehen. Durch seine eigenen Schüler dem Spott, der Verachtung und dem Mutwillen preisgegeben, was er am wenigsten verdient hatte, verließ er endlich grollend die Stätte seiner langjährigen Wirksamkeit und fand im Augustinerconvent zu Würzburg eine Zuflucht. Kein großer Theologe, auch kein großer Geist, nicht einmal ein guter Lateiner, aber ein ehrlicher Mann, der stets nach neuen Gründen gegen die Gegner forschte, keine Schrift derselben ungelesen ließ und von ihnen lernend sie auch mit ihren eigenen Waffen zu bekämpfen suchte, blieb er bis zu seinem Tode (8. September 1532) ein tapferer Streiter für seine Kirche [2]).

Im Wittenberger Kloster befand sich im Herbst 1523 außer etlichen Gästen neben Luther nur noch der ehemalige Prior Eberhard Brisger. Sie hatten mit Nahrungssorgen zu kämpfen, da die Einkünfte je mehr und mehr schwanden und die Renten schwer einzutreiben waren. Als auch Brisger, der nur Luther zu Liebe bisher geblieben, endlich das Kloster verlassen wollte, richtete dieser im Dezember 1524 an den Kurfürsten die Bitte,

---

[1]) Von Joh. Nathin finde ich seit der Leipziger Zusammenkunft keine Spur mehr. Er galt später den Gegnern als Typus der Antilutheraner. In einem wahrscheinlich von Usingen in seinen Collectaneen übersetzten Dialog Interlocutores homo et spiritus heißt es: Est unus indoctus monachus augustinianus nomine doctor sathan, Nathan dicere debui, et venenatus invidusque scotista parrochus qui oves suas plus radit quam pascit etc. Ueber Usingen und seine Kämpfe Kampschulte II, 144, der freilich gerade hier mit großer Vorsicht zu benutzen ist.

[2]) Die Universitätsbibliothek zu Würzburg bewahrt einen Band Collectaneen von der zierlichen Hand Usingens, die einen Einblick in seine reiche wissenschaftliche Tätigkeit gewähren. 1530 war er einer der Mitarbeiter an der Confutatio Pontificia. Vgl. Lämmer, Vortridentinische kath. Theologie, S. 35. Motschmann, 5. Fortf., S. 597. Höhn, S. 167 ff.

daß er das Kloster mit allem was dazu gehöre, als „jüngster Erbe" übernehmen möge [1]).

Ein halbes Jahr früher hatte Luther auf Wunsch des Herzogs von Mecklenburg den Bruder Hieronymus von Enthuizen, der vorher als Prediger in Neustadt fungirt hatte, mit noch einem andern nach Sternberg gesandt, um dort die evangelische Lehre zu verbreiten, was denn auch sehr bald die Aufhebung des Klosters zur Folge hatte [2]).

Um dieselbe Zeit taten auch die Nürnberger Väter den letzten entscheidenden Schritt. In der Charwoche 1524 hatte der Prior Wolfgang Volprecht als der erste in der Kloster=kirche die Messe deutsch gelesen und das Abendmahl in beiderlei Gestalt gereicht. Die Versuche des Erzbischofs von Bamberg, die Schuldigen zur Rechtfertigung zu ziehen und weiteren Neuerungen vorzubeugen, waren vergeblich. Immer häufiger traten die Mönche aus, was der Rat nicht zu hindern vermochte. Endlich machten die Augustiner am 13. Dezember 1524 dem Rate das Anerbieten, alle ihre Güter, liegende und fahrende Habe des Klosters, dem vor kurzem errichteten gemeinen Kasten des großen Almosens übergeben zu wollen, wofern der Rat sich verpflichten wolle, sie ihr Leben lang mit Kleidung, Speis und Trank zu versehen. Dafür wären sie erbötig, so weit sie für tauglich erfunden würden, „der Gemeinde innerhalb und außerhalb der Stadt nach des Rats Befehl durch Predigen und Verkündung des Wortes Gottes, Reichung der Sacramente und andere christliche Verrichtungen zu dienen". Der Rat nahm am 24. Dezember das christliche Anerbieten an, worauf die Augustiner ihm am 22. März 1525 unter den obigen Bedingungen ihr Kloster übergaben. Volprecht wurde Wochenprediger am neuen Spitale oder an der

---

[1]) De Wette II, 422. 433. 581. Eberhardus Brisger de valle molari Augustinianus Treueren, 16. Juli 1518 in Wittenberg inscribirt. Er blieb noch bis zu Luther's Verheiratung im Kloster und wurde dann Pfarrer in Altenburg. Vgl. Plitt in der Deutschen allgemeinen Biographie III, 334.

[2]) Jahrbb. des Vereins für Mecklenb. Geschichte 1847, S. 233 ff. Seidemann, Lutherbriefe, S. 22. Zu Hieronymus: De Wette II, 153. In Neustadt waren im Jahre 1524 noch vier Brüder. (Archiv zu Weimar.)

Heiligen-Geist-Kirche, während **Wenzeslaus Link**, den man in dankbarer Erinnerung an seine frühere Nürnberger Tätigkeit jetzt aus Altenburg zu berufen sich beeilte, das Hauptprebigtamt an derselben Kirche erhielt [1]). Er wurde neben Andreas Osiander der eigentliche Reformator der Stadt.

Unter allen reformatorischen Predigern aber, welche aus den Augustinerklöstern hervorgingen, ist weitaus der hervorragendste jener früheste Anhänger Luther'scher Theologie, **Caspar Güttel** von Eisleben, der Reformator der Grafschaft Mansfeld, ein Volksredner im besten Sinne des Wortes. In nicht wenigen Orten war es der unmittelbare Eindruck seiner gewaltigen Rede, welche die Einführung des neuen Kirchentums zur Folge hatte. Schon im September 1522 predigte er in Arnstadt auf den Wunsch der Bevölkerung nach alter Gewohnheit siebenmal auf dem Marktplatz [2]). Bald darauf berief man ihn nach Zwickau, wo er wider die Wiedertäufer, „die widerchristischen Soldaten, die großen Haufen" gegen fünf Wochen predigte. Neben der Predigt suchte er für die evangelische Sache in zahlreichen Flugschriften zu wirken, die sich vor anderen dadurch auszeichnen, daß sie zwar volkstümlich kräftig sind, aber niemals in die sonst übliche, schimpfende, gehässige Polemik ausarten. Sie treten besonders für ein praktisches evangelisches Christentum ein und warnen oft in derselben Weise wie Staupitz vor einem fleischlichen Gebrauch der christlichen Freiheit. Bemerkenswert ist, welche große Hoffnungen Güttel in seinen ersten Schriften auf das zu erwartende Concil

---

[1]) F. v. Soden, Beiträge zur Geschichte der Reformation, S. 180. 200. 210. 225. 230. 222 f. Lochner, Die Reformationsgeschichte der Reichsstadt Nürnberg (Nürnberg 1848), S. 41. Kappens Kleine Nachlese II, 627 ff. Möller, Andreas Osiander (Elberfeld 1870), S. 17.

[2]) Diese Predigten erschienen unter dem Titel: Schutzrede || widder eezliche vn= || getzembte freche Clamanten wilche die || Euangelischen lerer schuldigen, wie das sie eynen newen Glauben predigen vn= || ehren die Heyligen, Hanbeln wibber die || schrifft S. Jacobi, Verpieten fasten bet || ten, Gutte werck zu thun, auf sieben Ser || mon, gestellet vn geprediget zu Arnßtadt || durch Caspar Gnethell Augusti- || ner von Eyßleben. 1.5.2.2. Wittemberg. Sehr originelle Titelbordüre. Am Schluß: Datum am tag Sant Franciſci, zu Eyßleben gelegen ym Augustinerkloster. 1.5.2.2. 14 Bl. 4°. Letzte Seite leer. Vgl. Olearii Syntagma II, 179.

setzte, daß den Mißbräuchen begegnen solle und „menigklich weysen, weß sich yederman hebt zu halbten". Ist es nicht möglich, schreibt er im Jahre 1522, ein Concil aus der gesammten Christenheit zusammenzuberufen, so solle doch wenigstens die deutsche Nation eine solche christliche Versammlung je eher je besser zusammen=berufen [1]), und in seinen Fastenpredigten vom Jahre 1523, die er dem Kurfürsten Albrecht von Mainz widmete, ermahnte er diesen Prälaten, da zu besorgen sei, der römische Stuhl werde nicht in ein freies, ungebundenes Concil willigen, sich als „Primas durch ganz Germanien" selbst an die Spitze der Bewegung zu stellen und ein deutsches Nationalconcil zu veranstalten [2]). Seit 1525 wirkte er bis zu seinem Tode (1542) als Prediger in Eisleben, von 1533 an in hartem Kampfe mit Georg Wizel, dem Convertiten [3]).

Von dem Vicariat des Johann Spangenberg ist wenig zu berichten. Wir können seine Tätigkeit nur an einem Convente, dem zu Köln, verfolgen. Auch dort hatten, wenn nicht früher, so doch seit 1521, nachdem Heinrich Humel [4]) aus Emmerich, mit dem Klosternamen Augustinus, aus Wittenberg nach Köln übergesiedelt war und theologische Studien zu halten anfing, lutherische Anschauungen Eingang gefunden. Die theolo=gische Facultät, die ihm die Vorlesungen untersagte, konnte es ihm doch nicht wehren, seine Anschauungen in seinem Kloster vor=zutragen. Die Bemühungen des Johann von Mecheln, das=selbe wie die übrigen niederdeutschen Convente seinem neugegrün=beten Vicariat zu unterstellen, waren vergeblich, da der Papst, auf Antrag der Kölner, den Convent eximirte und unmittelbar

---

[1]) Aus der Schrift: Eyn selig Newiar || von newen vn alten || ge=zceydten. Nyemandt beschwerlich. Me= || nigklich tröst'|| sich wye || dann ann yem || selbst luestig || Alßo auch in hey= || liger schrifft wolge= || grundt vn fast nutzlich || MD XXII 4⁰. Davon existiren drei verschiedene Ausgaben. Eine Anzahl seiner Schriften besprochen bei Krumhaar, S. 85.

[2]) Vgl. Krumhaar, S. 82.

[3]) Ebendas., S. 68. 105. 183 ff. Wizel studirte zu gleicher Zeit wie Gabr. Zwilling in Erfurt: Georius wiczel ex vach. Wintersemester 1516. (Erfurter Matrikel.)

[4]) In Wittenberg inscribirt am 30. October 1516: Augustinus de Embrica ord. div. ang. Alb., p. 64. Ennen IV, 183.

unter den päpstlichen Stuhl und die theologische Facultät stellte, wozu der Rat seine Zustimmung gab. Als der Vicar trotzdem im Mai 1524 mit einem Empfehlungsschreiben der Statthalterin erschien, um eine Visitation vorzunehmen, ließ ihn der Rat auffordern, die Stadt zu verlassen [1]. Gleichwol schien eine Visitation geboten, da die neue Lehre immer mehr um sich griff, und der Versuch des Erzbischofs, gegen Bruder Augustin ein Verfahren einzuleiten, keinen Erfolg gehabt hatte, vielmehr jetzt auch andere Brüder, wie Lambert und Hermann von Bonn, zum Aerger der Gläubigen sich vernehmen ließen, daß es nur einen Mittler, Christus, gäbe und die Anrufung der Heiligen unzulässig sei. Ueber diese „beschmytzung eyner newer lere" kam es denn auch zu „yrthumb und zanck" im Kloster, den der Rat vergeblich zu schlichten suchte. Er wandte sich endlich am 22. Juni 1524 an den deutschen Vicar Joh. Spangenberg, der ihm „als ein eerlicher lovelicher Herr unnd Liesshaber des bemelten Ordens" bekannt war, mit der Bitte, den Convent persönlich zu visitiren [2]. Spangenberg erklärte sich sofort dazu bereit und billigte das bisherige Verfahren des Rats, „dmyt dy lobliche H. Steide Colne wilche eynn sunderlicher schoner zyrat der gantzenn Christenheit myt solchem Irrthumb, schandenn unnd lasternn wy viel andere nyt befleckt werde" [3]. Obwol die Visitation (August 1524) mit aller Strenge vorgenommen, auch mehrere Brüder versetzt wurden [4], so hatte sie doch keinen dauernden Erfolg. Seit dem Frühjahr 1525 bildeten die Irrungen im Augustinerkloster wieder die stehende Tagesordnung der Ratsversammlung [5], und am 8. August mußte der Rat an Spangenberg schreiben, daß sich „ye lenger ye mehe wythter irthumb und entboerung in demselwen Cloister" erhebe, ja daß es „gantz zertoert und verderfflich worden". Er bat deshalb den Vicar, entweder sich selbst in Köln niederzulassen oder einen andern tapfern Mann zu

---

[1] Kölner Ratsprotokolle V, 176. 180.
[2] Copiar. 52, fol. 151 sq. (Kölner Stadtarchiv.)
[3] Originalbrief vom 22. Juli 1524 im Stadtarchiv zu Köln.
[4] Ennen IV, 188.
[5] Ratsprotokoll V. (nicht wie Ennen IV, 310 f. falsch citirt) 304. 318; VI, 4. 7.

schicken, der das Kloster in beständige Ordnung und Regiment bringe [1]). Hierauf berief Spangenberg als den geeignetsten Mann Nicolaus Besler, der, aus Nürnberg geflüchtet, sich eben im Convent von Culmbach aufhielt, und setzte ihn an Stelle des Johann von Huesden bald nach Allerheiligen als Prior von Köln ein [2]). Aber auch er vermochte den Geist der Neuerung nicht zu bannen, obwol ihn der Rat nach Möglichkeit unterstützte und fortwährend Untersuchungen der neuen Lehre wegen anordnete. „Was ich da", klagt Besler, „von gewissen zuchtlosen Brüdern erduldet habe, weiß Gott und mein Gewissen." Er legte endlich im Jahre 1529 mit Erlaubniß des Vicars sein Amt nieder und verließ die Stadt [3]). Bald darauf muß auch Spangenberg zurückgetreten sein [4]). Sein Nachfolger wurde Johann Ferber [5]). Da es auch ihm nicht gelang, der unbotmäßigen Mönche, die jetzt sogar einen lutherisch gesinnten, jenen früher genannten Lambert, zum Prior erwählt hatten, Herr zu werden, wandte sich der Rat an den kölnischen Provincial Lorenz Jvonis, dem im Jahre 1533 unter Zustimmung des Vicars der Convent übergeben wurde. Der Provincial versprach sein Möglichstes zu tun, bei den Brüdern jede Spur des Luthertums auszurotten [6]).

---

[1]) Copiar 53 fol. 72 b. 73. (Kölner Stadtarchiv.) Sehr ungenau und wiederum mit falschem Citat wiedergegeben bei Ennen IV, 310 f.

[2]) Ratsprotokoll VI (nicht VII f.), 84. Fortgesetzte Sammlungen 1732, S. 370 f. Ennen nennt Besler hartnäckig Bresler.

[3]) Die Angabe Ennen's (IV, 314), daß er nach Nürnberg zurückgekehrt sei, dürfte ebenso falsch sein, wie die Behauptung, daß Besler im Jahre 1525 Prior von Nürnberg war. Der S. 313 f. mitgeteilte Brief des Rats an Spangenberg vom 31. (nicht 30. März) in Copiar. 54 (nicht 53), fol. 207 b sq.

[4]) Nach Ennen IV, 315 wurde er evangelisch und Pfarrer zu Nordhausen, was ich nicht bestätigt finde.

[5]) Joh. Ferber, 1508 Prior in Dresden (Cod. dipl. Sax. V, 314). In demselben Jahr mit Luther in Wittenberg inscribirt: Joannis tinctoris de haynis (das ist Großenhain bei Dresden, Alb., p. 27), 1510 als Lector in Dresden, 1517 als Subprior in Köln (Staatsarchiv in Düsseldorf), 1528 wieder als Lector in Dresden (Cod. dipl. V, 317), seit 1536 als Prior in Dresden, bis zu seiner Absetzung 1540. Ibid., p. 322 sq.

[6]) Ennen IV, 317.

Mit dem Verluste des Kölner Convents hatte die Congregation, nachdem 1526 auch der zu Eschwege eingezogen worden,
eigentlich zu existiren aufgehört. Die Gewalt des Johann
Ferber, auf den wahrscheinlich 1536 Ludwig Koteriß[1])
folgte, wird sich kaum noch auf etwas mehr als auf die unter
der Oberhoheit des Herzogs Georg von Sachsen stehenden Convente von Salza[2]), Waldheim und Dresden erstreckt
haben, bis dann mit der Einführung der Reformation in den
herzoglichen Landen im Jahre 1539 und 1540 auch diese Klöster
dem Schicksal der übrigen verfielen.

Während in der bairischen und ganz besonders der rheinisch-schwäbischen Provinz Dank dem Eifer des dortigen Provincials Conrad Treger, eines zelotischen Bekämpfers der
neuen Lehre, etwaige evangelische Neigungen rasch unterdrückt
wurden, so daß in jener ersten Zeit der Reformation dort nur
einzelne Klöster eingingen und die Brüder sich jemehr und mehr
gegen die „Wittenberger Klosterzerstörer" verbitterten[3]), ging die
sächsische Provinz fast ebenso schnell ihrem Untergange entgegen,
als die Congregation. Auf Gerhard Hecker war 1520
Tileman Schnabel von Alsfeld als Provincial gefolgt.
Ein Schüler Luther's und Wittenberger Doctor, hatte er schon

---

[1]) „Ludovicus koteriß der sunsten vicarius vnd mher dann der prior
ist" (Cod. dipl. Sax. V, 332). Er studirte mit Luther 1508 in Wittenberg
(Alb.. p. 28) und wird sonst noch 1528 als Prior von Dresden erwähnt
(Cod. dipl. V, 322).

[2]) Daß in Salza wenigstens noch 1529 ein Convent bestand, geht daraus
hervor, daß ein Brief des Joh. Spangenberg vom 23. April 1529 von da
datirt ist. (Stadtarchiv zu Köln.)

[3]) Das erste Kloster in Baiern, welches einging, war Windsheim, das
schon 1525 vom Rat aufgehoben wurde. Schirmer, Geschichte Windsheims
(Nürnberg 1845), S. 109. Engelhardt, Ehrengedächtniß der Ref. in
Schwaben (Nürnberg 1861), S. 58 f. — Zu Treger, der 1498 in Tübingen
studirte (Roth, S. 541), vgl.: Kappens Kleine Nachlese II, 30. 451 ff.
Höhn, S. 156. Röhrich, Geschichte der Reformation im Elsaß I, 216 ff.
Jung, Beiträge zur Geschichte der Reformation II, 66 f. Bussière,
Hist. de l'etablissement du Protantisme à Strasbourg et en Alsace,
Paris 1856. Sattler, Geschichte des Herzogtums Würtemberg II, Bei-
lagen, S. 230. De Wette II, 411. Friburgi Brisgojae nomen meum
ne perviam quidem licet meminisse.

früh seines Meisters Ideen in sich aufgenommen. Luther nannte ihn später „die erste Creatur, die er geschaffen habe", und wenigstens brieflich bekannte er sich bereits Ende des Jahres 1521 zu Luther [1]). Wenige Monate später, also kurze Zeit nachdem die ersten Austritte innerhalb der Congregation vorgekommen, hatte auch er schon Veranlassung, über die Verwirrung und den Abfall innerhalb der Provinz zu klagen. Der General, der in diese Klage einstimmte, gab ihm doch unter dem 27. März zu verstehen, daß auch den Provincialen einige Schuld zuzuschreiben sei, weil sie nicht genug Widerstand leisteten. Ein Jahr später ermahnte er Tilemann Schnabel noch einmal „mit vielen Worten, seine Brüder in Pflicht und Gehorsam zu halten" [2]). Diese Mahnung kam aber wahrscheinlich schon zu spät. Längst hatte er angefangen, die evangelische Lehre zu predigen, und da es ihm sein Landesherr untersagte, zog er das Ordenskleid aus und ging nach Sachsen, wo er zunächst Pfarrer von Leisnick wurde [3]).

---

[1]) In einem Briefe an Lang vom 13. November 1521 (den ich mit weiteren Nachrichten über ihn demnächst an anderer Stelle mitteilen will), erwähnt er bei Besprechung seiner Bibliothek eines psalterium quo me donavit ille pater et praeceptor M. Martinus Luder quem Deus beatum faciat in terra et non tradat eum in manum inimicorum eius a cuius doctrina si Christianus sum absit ut aliquando desciscam. Cod. Chart. Goth. A. 399, p. 226. Schnabel in Wittenberg 1512; Alb., p. 41. 1515 in Königsberg in der Neumark (als Prior?), bald darauf wieder in Wittenberg, wo er promovirt; Lib. dec., p. 17. Luther über ihn: Burkhardt, S. 375. Danach wären sie auch in Erfurt zusammen gewesen.

[2]) M. Tielmanno Schnabel provinciali Saxoniae de provinciae perturbatione ac defectione conquerenti respondimus; literarum tenor est certe optimus: deplorat generalis non tantum familiam illam germanicam nempe congregationis alamaniae sed etiam plerosque provincialibus sujectos errore Lutherano esse imbutos, culpamque aliqualiter provincialibus adscribit, quod non majori conatu resistant. 27 Martii 1522. Comp. ex reg., p. 90. Provincialem Saxonie multis verbis hortati sumus ut provinciam et fratres in officio et obedientia contineat, ne in damnatissimam Sectam incidant. 27 Juli 1523.

[3]) De Wette II, 567. Ueber sein späteres Leben Susemihl in Hessisches Hebopfer (Gießen 1747), 41. Stück, und Solbau, Zur Geschichte der Stadt Alsfeld (Gießen 1862, Progr.), S. 24 ff.

Und seine Untergebenen folgten bald seinem Beispiele. Fast an allen Orten, wo wir in Westphalen und weiter nördlich die frühesten Spuren der Reformation nachweisen können, führen sie auf Augustinereremiten zurück. Im ganzen nördlichen Deutschland ist die Teilnahme für die Sache ihres großen Ordensbruders bei ihnen die Regel. Aus Wittenberg, wohin sie zum Studium geschickt worden waren, brachten der Prior des Convents zu Lippstadt, Joh. Westermann aus Münster, und Hermann Koiten die neue Lehre in ihren Convent und ihre Stadt; ebenso Gott= schalk Kropp nach Herford [1]), dem sich bald Dr. Hermann Dreyer anschloß. Durch ihre Predigten verbreiteten sie die neue Lehre in der ganzen Umgegend, in Soest, in Paderborn, in den Grafschaften Rietberg und Ravensberg [2]). In Osnabrück und Umgegend wirkte dafür schon seit 1521 Gerhard Hecker mit großem Eifer [3]), und auch in Wesel waren es die Augustiner, besonders der Lesemeister Matheus von Gynderik, welche die Reformation predigten. Da war es denn natürlich, daß auch in der sächsischen Provinz nach und nach die Convente verödeten. Das Kloster zu Münnerstadt zerstörten die Bauern; im Jahre 1527 übergab der Helmstedter Convent seine Habe dem Rate

---

[1]) Cornelius, Geschichte des Münsterischen Aufruhrs I, 33 ff. Wester= mann inscribirt 1510. Alb., p. 34; Lib. dec., p. 24, 27 sq.; De Wette II, 283. Comp. ex reg,, p. 20: Patrum suffragiis dignos habitos Ma= gisterii Laurea et nos approbamus et creamus P. Henricum goldsmidt P. Joannem Westermann et Godtschalcum gropp. 27 Martii 1522. Zum letzteren Alb., p. 108; Lib. dec., p. 26. Westermann noch 1529 Prior. (Staatsarchiv zu Münster.)

[2]) Hölscher, Geschichte des Gymnasiums zu Herford, II. Progr., Her= ford 1872. Kampschulte (H.), Geschichte der Einf. d. Protest. im Bereich der jetzigen Provinz Westfalen (Paderborn 1866), S. 10—90 (übrigens ein sehr unkritisches und gehässiges Buch).

[3]) Ueber ihn meine Abhandlung in Zeitschrift für Kirchengeschichte II, 472. Die seit Hamelmann übliche Annahme, daß Hecker Luther's Lehrer in Erfurt gewesen, erklärt sich, wie ich jetzt nachweisen kann, daraus, daß in der Erfurter Matrikel im Sommersemester 1502 ein Gerhardus Hecker de Bilveldia notirt ist. Daß dies aber nicht der Augustiner ist, geht einmal daraus hervor, daß Hecker damals Provincial war, zum andern daraus, daß er immer und zwar von 1480 an als aus Osnabrück stammend bezeichnet wird.

der Stadt ¹), wie drei Jahre später der zu Anklam ²). Einige fristeten noch mühsam ihr Dasein; da sich keine Novizen mehr fanden, starben sie endlich aus. Und um die Mitte des Jahrhunderts war wol nur noch der Convent von Würzburg übrig. Während in andern Ländern, zumal in Belgien und den Niederlanden, die Augustinereremiten später noch als Lehrer der Jugend in hohem Ansehen gestanden haben, konnten sie sich trotz aller Restitutionsversuche in Deutschland doch nie mehr erholen. Die süddeutschen Convente, die die Reformation überlebten, wurden endlich alle am Anfang dieses Jahrhunderts aufgehoben. Nur zwei, der zu Würzburg und der später wiederhergestellte zu Münnerstadt, der eine der Seelsorge dienend, der andere der Jugenderziehung, haben alle Stürme überdauert und erinnern noch jetzt an den einst so hochgeschätzten, weitverzweigten Orden der schwarzen Brüder, aus dessen Schooße Deutschlands größter Mann hervorgegangen.

---

¹) Archiv zu Wolfenbüttel.

²) Steinbrück, Geschichte der Klöster in Pommern (Stettin 1796), S. 4 ff.

Excurse und Beilagen.

A. Excurse.

I. Ueber die Anfänge von Proles' Vicariat.

Ueber die Anfänge von Proles' Vicariat differiren die Nachrichten. Nach Schöttgen a. a. O. S. 6 wurde Proles (58 feria 3. post Nativitatis B. Virg. electus in vicarium) am 14. September 1458 zum Vicar gewählt. Hiermit stimmt schon nicht die Nachricht des Paltz (vgl. Grimm a. a. O., S. 65), der sich auf eine mündliche Mittheilung des Proles beruft, wonach dieser der unmittelbare Nachfolger Zolter's war und mit Einschluß der sechs Vicariatsjahre Simon Lindner's der Congregation 43 Jahre vorgestanden hat. Da Proles am 7. Mai 1503 abgedankt hat, so werden wir hiermit auf 1460 geführt. Hierzu kommt aber folgende wichtige Stelle aus dem Comp. ex reg. 457: Dedimus litteras et PP. F. F. quinque conventuum reformatorum in provincia Saxonia quibus dedimus eis licentiam ad evitandum discurs. quod possint suum celebrare capitulum de triennio in triennium incipiendo in festo resurrectionis proxime futuro. Etiam praeficimus in vicarium eorum qui eos regat, corrigat ac gubernet autoritate nostra F. Joannem Preyn lectorem et hortati sumus eos ut obediant generali et sint vere obedientes et declaramus, quod tunc electio canonica est, quando electio fit per seniorem et majorem partem vocis quod sic sit electio vicariorum volumus etiam ei ab omnibus obediri ac si nos praesentes essemus. Aus dieser vom 26. November 1459 datirten Erlaubniß, die vielleicht mit einer nach Schöttgen a. a. O., S. 6 in das Jahr 1459 fallenden Reise nach Italien, speziell nach Mantua [1]) in Verbindung zu setzen sein wird, ergiebt sich: 1) daß es damals keinen Vicariat gab, 2) daß Joh. Preyn als interimistischer Vicar vom General eingesetzt wurde, 3) daß die erste reguläre Wahl Ostern 1460 statthaben sollte.

---

[1]) Wenn nicht etwa Proles die Reise nur unternommen hat, um sich mit den Einrichtungen der lombardischen Congregation bekannt zu machen.

Es ist kein Grund vorhanden, daran zu zweifeln, daß dieselbe wirklich stattgehabt hat; fraglich ist aber, wer dabei gewählt worden ist. Hätten wir nur die uns von Palß überlieferte Notiz, so müßten wir ohne Weiteres annehmen, daß es Proles war. Im Comp. ex reg. 457 finden wir jedoch zum 18. März 1461 folgende, auf den sächsischen Vicariat bezügliche Bemerkung: Propter rebellionem nobis factam absolvimus a vicariatu et dedimus facultatem nt possent eligere vicarium, quem electum nunc prout ex tunc confirmamus. Daß sich das auf Proles beziehen sollte, halte ich darum für unwahrscheinlich, weil dann angenommen werden müßte, daß der so officiell vom General Abgesetzte von den Brüdern sofort wieder gewählt worden wäre, was eine Inobedienz gegen den General voraussetzen würde, die in damaliger Zeit kaum anzunehmen ist. Daß der Abgesetzte aber Joh. Prein war, dürfte auch aus der Feststellung der Amtszeit des Simon Lindner sich ergeben. In den uns erhaltenen Urkunden wird Lindner noch mehrfach im Jahre 1467 (an S. Pauli abent Velerung, Freitag vor Sand Anthonii, Montag vor Lätare) als Prior von Nürnberg aufgeführt, aber nur vor Ostern; das erste Mal als Vicar: 1468 „Sambstag vor sand Anthonii tag" (16. Jan.). Da die Wahl Ostern stattfand, wird er also im Frühjahr 1467 den Vicariat übernommen haben, womit in Uebereinstimmung ist, daß er noch am 11. Dezember 1472 (Stabtarchiv zu Nürnberg) als Vicar genannt wird; dagegen 1473 Freitag vor sant Urbanstag (Mai) wieder als Nürnberger Prior erscheint. Seine Amtszeit hat also von Ostern 1467 bis Ostern 1473 gewährt. Da nun die Wahlperiode eine dreijährige war, so werden wir den Anfang von Proles' Vicariat mit großer Wahrscheinlichkeit Ostern 1461 ansetzen können.

Daß Palß, der in ein paar Sätzen die Vergangenheit der Congregation schildert, die wahrscheinlich für die Entwicklung derselben ganz bedeutungslose Thätigkeit des Joh. Preyn (1472 als Prior von Magdeburg genannt) nicht erwähnt, kann nicht besonders auffallen und kommt gegenüber der authentischen Angabe im Comp. ex reg. nicht in Betracht. Die unrichtige Notiz in dem von Schöttgen a. a. O. abgedruckten Verzeichniß, daß Proles am 14. September 1458 schon zum Vicar erwählt worden sei, wird auf Verwechslung mit seiner Erwählung zum Diffinitor des Capitels zu Königsberg beruhen, die in jenen Tagen stattfand. (Riedel, Cod. dipl. Brandenburg 24, 175.)

II. Zu Staupitz' Reliquienreise.

J. K. F. Knaake hat im letzten Heft der Zeitschrift für die gesammte lutherische Theologie und Kirche in einem Aufsatz „Luther's Vicariat 1515—1518" mit vielem Scharfsinn dargetan, daß, was auch

ich schon früher behauptet habe, Luther's Vicariat mit Staupitz' so=
genannter Reliquienreise gar nichts zu tun hat, und daß Luther das
genannte Amt während eines vollen Trienniums von 1515—1518 bekleidet hat. Er wäre mit geringerer Mühe zu demselben wichtigen Re=
sultate gekommen, wenn ihm nicht (wie Köstlin) Besler's Memoiren
(Fortges. Sammlung 1732, S. 356 ff.) entgangen wären. Daselbst
ergiebt die Notiz auf S. 364, daß Besler zu derselben Zeit Districts=
vicar über 10 süddeutsche Convente war, mit Evidenz die Richtigkeit der
Behauptung, daß Luther nicht eigentlich an Staupitz' Statt fungirte,
sondern nur wie mehrere andere auch und im Einklang mit der Ordens=
verfassung einem gewissen District vorgesetzt war, worüber oben das
Nähere beigebracht ist. Knaake sucht nun seinen Beweis dadurch zu
stützen, daß er den Brief Luther's, der bei de Wette (I, 44) und
früher das Datum vom 14. Dezember 1516 trägt, erst in das Jahr
1517 setzt. An dem Schlusse des Schreibens wünscht Luther, Staupitz
bei dem Kurfürsten wegen der unliebsamen Verzögerung des Reliquien=
kaufes entschuldigt zu sehen. Dies werde „bedeutsam, wenn wir aus
einem Briefe an den Kurfürsten selbst etwa November 1517 (de Wette
I, 77) erfahren, daß Staupitz um diese Zeit sich nicht der besondern
Gunst Friedrich's des Weisen zu erfreuen hatte: Luther wollte also dort
einer neuen Verstimmung des Letztern vorbeugen". Weitere Gründe für
seine Ansicht findet Knaake darin, daß Luther in dem letzterwähnten
Briefe den Kurfürsten um ein neues Kleid bittet; „bald darauf" (de
Wette I, 76) schreibe er an Spalatin: Scripsisti mihi promissam
vestem mihi a Principe, und berichte dann am 11. November 1517
(de Wette I, 74): Pannum accepi. Nun bedanke sich Luther in dem
in Frage stehenden Schriftstücke, das aus dem Jahre 1516 stammen
soll, ebenfalls für ein Stück Tuch. Daß dies sich ein Jahr nach dem
andern so gleich getroffen habe, hält Knaake für unmöglich, zumal wenn
man de Wette I, 283 (Juli 1519) vergleicht, wo Luther sagt, daß
er eine ihm vor zwei oder drei Jahren versprochene Kappe (nicht Kapuze,
sondern Ordensgewand, Kutte) noch nicht erhalten habe, weshalb nach
Knaake jener Brief vom 14. Dezember 1516 und mit ihm Staupitz'
Reliquienreise, von der wir durch ihn allein Kunde haben, ins Jahr
1517 zu setzen ist.

Sieht man sich die bei dieser Frage in Betracht kommenden Briefe
genauer an, so ergiebt sich zunächst, daß bei einem der Briefe aus dem
Jahre 1517, Nr. 45. 47 u. 48 die traditionelle Datirung allerdings
nicht ganz richtig sein kann. Nach Nr. 45 (de Wette I, 74) dankt
Luther am 11. November 1517 für ein vom Kurfürsten erhaltenes
Kleid. In Nr. 47, welchen Brief de Wette meiner Ansicht nach
durchaus richtig nach dem 11. November ansetzt — denn sein Inhalt
läßt voraussetzen, daß seit dem Erscheinen der Thesen eine längere Zeit
verstrichen ist — erwartet Luther ein ihm vom Kurfürsten versprochenes

Kleid. Ebenso in einem zweifellos später als Nr. 47 geschriebenen, von de Wette in den November oder Dezember gesetzten Brief an den Kurfürsten (Nr. 48, de Wette I, 76). Daß letzteres Schreiben nicht wie Knaake meint vor dem 11. November geschrieben ist, so daß inzwischen Luther's Wunsch in Erfüllung gegangen wäre, worauf sich auch (nach Knaake's neuer Datirung) de Wette I, 44 bezöge, geht mir mit Evidenz aus einer Vergleichung von de Wette I, 77 mit I, 283 hervor. Danach handelt es sich in beiden Briefen um dasselbe Geschenk, welches Pfeffinger besorgen sollte, aber noch nach 2 Jahren nicht besorgt hat. Ist dies richtig, so ist natürlich nicht anzunehmen, daß Luther (wie Knaake will) am 14. Dezember Ursache hatte, sich zu bedanken, aber ebensowenig am 11. November. Denn de Wette's Anmerkung zu S. 76: „Das Geschenk an Tuch, für welches Luther in Nr. 45 dankt, scheint nicht dasjenige zu sein, an welches er hier und im folgenden Briefe erinnert; denn noch im Jahre 1519 war dasselbe nicht erfolgt" hilft über die Schwierigkeit nicht hinweg. Eine Umdatirung muß jedenfalls hier stattfinden, aber die von Knaake vorgeschlagene macht die Sache noch unklarer; dagegen löst sich die Sache sehr einfach, wenn man Nr. 45 in das Jahr 1516 setzt. Der Brief enthält nichts, was daran hindert, man könnte sogar mit einigem Recht den Umstand, daß in diesem angeblich elf Tage nach Veröffentlichung der Thesen an Spalatin geschriebenen Briefe von diesen mit keinem Worte die Rede ist, dafür anführen.

Darnach würde sich das Verhältniß so stellen: Am 11. November 1516 meldet Luther dem Spalatin, daß er Tuch erhalten, habe und den 14. Dezember, daß er dem Beichtvater des Kurfürsten zweimal geschrieben, ihm anstatt seiner dafür Dank zu sagen. Damals nun versprach der Kurfürst, ihm das Jahr darauf (vgl. „vor diesem Jar", Burkhardt zu de Wette I, 77) wieder ein Geschenk zu machen, was aber 1519 noch nicht eingetroffen war.

Somit würde der Hauptgrund für Knaake's Annahme, daß die Reliquienreise des Staupitz dem Jahre 1517 angehöre, hinfällig sein. Daneben kommt das andere Argument, daß für einen längern Aufenthalt des Vicars in Köln im Jahre 1516 kaum sich Zeit finde, kaum in Betracht, da der betreffende Brief Luther's einen solchen gar nicht einmal annehmen läßt.

III. Die Echtheit des Schreibens des Augustiner= generals Gabriel Venetus an Gerhard Hecker.

Das von mir in Zeitschrift für Kirchengeschichte II, 476 veröffent= lichte Schreiben des Gabriel Venetus an Gerhard Hecker vom 25. August 1518, in welchem der letztere aufgefordert wird, gegen Luther einzu= schreiten, hat O. Waltz in Dorpat in derselben Zeitschrift, S. 623 etwas schnell in einer Anmerkung, wie er selbst sagt „kurzweg", für gefälscht erklärt. Er hält es für einen Widerspruch, wenn am 23. der Cardinal Cajetan, und am 25. der Augustinergeneral den Auftrag er= halten, selbständig vorzugehen, hier der Dominicaner und dort der Augustiner. Der einsichtige Leser, der Lessing's Rettung des Cochläus kennt, werde bereits etwas merken .... Die Schurkerei der Domini= caner ließ die Augustiner nicht ruhen .... „Form und Inhalt des Schreibens sind gleich ungeheuerlich und finden ihre Erklärung in dem Bestreben der Augustiner, an päpstlichen Bevorzugungen und an kirch= lichem Eifer hinter den Dominicanern nicht zurückzustehen."

Darauf habe ich Folgendes zu bemerken:

1. Nach den Regeln der historischen Kritik wird man vor allen Dingen nach der äußerlichen Beglaubigung des betreffenden Schriftstückes fragen müssen. Waltz würde dasselbe nicht für so schlecht beglaubigt erklärt haben, wenn er das, was ich (S. 473) über den Zusammen= hang, in dem dasselbe sich findet, auseinandergesetzt habe, etwas genauer gelesen hätte, er müßte denn den Mut haben, den ganzen großen Fo= lianten mit seinen tausenden von den Inhalt von Briefen aus den Manual= registern wiedergebenden Notizen, deren Richtigkeit ich nach einer großen Zahl von in Weimar befindlichen Actenstücken (vgl. den Abschnitt über Proles) habe controliren können, für gefälscht zu erklären. Daß die Abschriften „von Lohnschreibern" (übrigens nicht „an verschiedenen Orten", sondern allein in der Angelica von S. Agostino) angefertigt sind, kann doch wahrlich nicht gegen die Authentie des ganzen Schriftstückes angeführt werden oder eine Erklärung für die vermeintliche Fälschung abgeben, ebenso wie die „Ungeheuerlichkeit der Form" einen Kenner des Mönchs= lateins füglich nicht in Erstaunen setzen sollte.

2. Haben die Augustiner wirklich in ihrem „Bestreben, an päpst= lichen Bevorzugungen und an kirchlichem Eifer hinter den Dominicanern nicht zurückzustehen" — ein Bestreben, wofür den Beweis aufzubringen Waltz unterlassen hat — jenes Schriftstück gefälscht, so muß man sich höchlichst verwundern, warum sie sich nicht beeilt haben, dasselbe möglichst bald in die Oeffentlichkeit zu bringen. Man pflegt dergleichen Fäl= schungen nicht in den Archiven zu vergraben in der Hoffnung, daß 200 Jahre später ein Pater Mayr aus München eine Abschrift davon nehmen, und wieder 150 Jahre später ein Marburger Privatdocent das

geiälschte Schriftstück zu endlicher Rettung der Augustiner veröffentlichen könnte.

3. Ist das Schriftstück ein späteres römisches Machwerk, so muß es höchst auffällig erscheinen, daß man Mitte October 1518 noch vor Bekanntwerden des Breves Cajetan's in Augsburg seinen Inhalt kannte. Am 15. October schreibt Staupitz an den Kurfürsten Friedrich: „Er (Cajetan) sagt auch ayn schrifft vom general Im lande seye, wider magistrum martinum, Doctor Peyting läßt sich hören eß sey auch wyder mich daß man vns, Zn kärker werfen sylle, vnd gewalt mit vns oben." (Vgl. de Wette I, 182: Taceo quod rumor circumferebatur, permissum esse a reverendo Patre Generali, me capiendum et in vincula, nisi revocarem, conjiciendum.) Hiernach ist es also durchaus kein Widerspruch, daß im Auftrag Leo's X „hier der Legatus de Latere und dort der Augustinergeneral von sich aus und in seiner Weise und in voller Selbständigkeit gegen Luther vorgehen soll" (vgl. Myconius, Hist. ref. ed. Cyprian 33), und auch der Umstand, daß das Schreiben nicht an den zuständigen Oberen, sondern an Gerhard Hecker gerichtet ist, findet in dem, was ich über das Verhältniß von Provinz und Congregation dargetan habe, seine genügende Erklärung. So wird man denn trotz der „Ungeheuerlichkeit des Inhalts" sowol das Breve Cajetan's, gegen dessen Authentie auch Walß nichts Durchschlagendes vorgebracht hat, wie das besprochene Schreiben für echt halten müssen und dann allerdings mit Köstlin (I, 223) darin ein „Denkmal des maßlosen päpstlichen Selbstgefühls, das gegen den kühnen Mönch über alle Gewalten der deutschen Nation zu verfügen können meinte", sehen dürfen.

B. Beilagen.

I. Germania Augustiniana,

enthaltend die Augustinerklöster innerhalb der vier deutschen Ordensprovinzen bis zur Zeit der Reformation mit der Jahreszahl ihrer Entstehung, wo sich diese feststellen ließ.

Abgesehen ist von den nur zeitweilig zur bairischen Provinz gehörigen (mit Ausnahme der schlesischen), jetzt außerhalb Deutschland liegenden Conventen, welche für die Entwicklung, der deutschen Congregation von keiner Bedeutung sind. Die g e s p e r r t gedruckten gehörten zur Zeit des Staupitz der deutschen Congregation an.

Alsfeld.

Alzei c. 1290.

Anclam (Tanglym) 1310.

A n t w e r p e n 1514.

Appingedam.

Basel 1276.

Bedburg 1284.

(Bern) vor 1288.

Breisach 1271.

Breslau c. 1354.

Brügge.

Colmar.

Conitz 1356.

Constanz c. 1268.

C u l m b a c h.

D o r t r e c h t 1293.

D r e s d e n 1404.

E h r e n b r e i t s t e i n (Mühlthal, Vallis mollaria) 1499.

Einbeck.

E i s l e b e n 1515.

Engelberg (Schwaben).

Enghien (Angiensis) 1284.

E n t h u i z e n.

E r f u r t c. 1256.

E s c h w e g e 1278.

E ß l i n g e n.

Freiburg im Breisgau 1278.

Freiburg in der Schweiz 1255 (?).

Friedberg (Wetterau) 1260.

Friedeberg (Neumark) 1290.

Garz.

G e n t.

Gmünd.

G o t h a 1258.

G r i m m a 1289.

Grottkau vor 1294.

H a a r l e m 1493.

Hagenau c. 1279.

Hainau vor 1390.

H e i d e l b e r g vor 1278.

Heiligenbeil 1370.

Helmstedt c. 1290.

Herford vor 1288.

Herzberg.

Himmelspforte (bei Wernigerode) c. 1270.

Köln vor 1280.

Königsberg (in Franken) c. 1366.

Königsberg (in der Neumark) 1291.

Landau.

Langensalza (Salza) vor 1300.

Lauingen c. 1300.

Lippstadt 1280.

Löwen 1256 (?).

Lüttich 1272.

Magdeburg 1280.

Mainz vor 1260.

Marienthal c. 1300.

Marienthron c. 1360.

Mecheln (?).

Memmingen c. 1260.

Middelburg.

Mindelheim 1263 (?).

Mühlhausen (Elsaß) vor 1276.

München c. 1290 (?).

Münnerstadt c. 1279.

Neustadt an der Orla vor 1284.

Nordhausen.

Nürnberg 1265 ?.

Osnabrück 1287.

Pappenheim c. 1372.

Patollen c. 1370.

Pforzheim.

Quedlinburg c. 1300.

Ramsau.

Rappoltsweiler c. 1297 (?).

Regensburg c. 1267.

Reichenbach in Schlesien vor 1410.

Rössel (Diöcese Ermland) 1347.

Sagan.

Sangerhausen vor 1300.

Seemannshausen c. 1270.

Schmalkalden c. 1200.

Schönthal (Vallis speciosa) c. 1271.

Speyer c. 1265.

Stargard 1267 (?).

Sternberg 1500.

Straßburg c. 1270 (?).

Trier vor 1300.

Tübingen 1262.

Uttenweiler 1459.

Waldheim 1404.

Weil c. 1295.

Weißenburg c. 1279.

Wesel 1325 (?).

(Wien).

Windsheim 1291.

Wittenberg.

Worms 1264.

Würzburg 1263.

Ypern 1263.

Ziericzee.

Zürich 1270.

II. Die Provinciale der sächsisch=thüringischen Provinz.

1313 [1]) Ludolph.

1320 Johannes.

1350 Jordan.

1355 Bruno.

1368 Klencour.

1393 Theodoricus Sperysen.

[1]) Die Jahreszahlen geben an, wann dieselben in den Urkunden genannt werden.

1397—98 Theodoricus Speryjen.
1400 Andreas.
1411 Johannes Fink.
1119, 1421, 1425 Joh. Zachariä.
1427 Joh. Vincken (Fink?)
1432 Herm. Zachariä.
1436 Joh. Mayer de Augia.
1439 derselbe.
1447 Joh. Prilop (Vorlop).
1451 Henr. Ludowici.
1453 derselbe.
1455 derselbe.
1455 d. 7. Sept. Henric. Coci.
1458—1560 Ludowici.
1461 Henr. Coci.
1464 Henricus de Modege (Modegle).
1467—1469 Joh. de Dorsten.
1471 Heinrich Modegle.

1473 Joh. Anherr.
1480 Joh. de Dorsten.
1480 (April) Modegle.
1481 ? Heinrich Schott.
1486 Herm. Dreyer.
1487 derselbe.
1488 Henric. Scall.
1491 derselbe.
1491 6. Oct. Herm. Dreyer.
1494 Herm. Dreyer.
1495 Henr. Schall.
1496 derselbe.
1499 Herm. Dreyer.
1500 Gerh. Hecker.
1503 Herm. Dreyer.
1514 Gerh. Hecker.
1518 u. 1519 derselbe.
1522 Tilem. Schnabel.

III. Die Prioren und Beamten des Augustinerklosters zu Erfurt.

1369 [1]) Martinus, Thydericus Scheffner.

1419 Matthias prior, Joh. Principis supprior, Tilemannus sutor sacrista, Nicolaus Hailgelsperg procurator.

1426 Conrad Fröhlich (Erf. Stadtarchiv).

1444 Henricus Lodewici meister der heyligen scrifft Johannes von creuzburg (?) prior leßemeister, Henricus Frybung scheffner leßemeister, Nicolaus Melbing leßemeister, Henricus Coci secundarius, Henricus teufel supprior, Conradus halgelsperg Köster.

1447 Henricus Firbung, Conrad Hailsberg Köster.

1451 Johannes de Ihenis.

1456 Heinrich Vierbung Lesemeister der heiligen Schrift prior, Johannes Wissenberg supprior, Cunradus Hailsberg Küster, Petrus Hegelin Scheffner.

1459 Petrus Hegelin prior, Johannes Hofemeister supprior.

1463 Johannes.

---

[1]) Die Jahreszahl bezieht sich auf das Vorkommen der Beamten in den Urkunden (des Archivs zu Magdeburg).

1468 Jacobus Bilß von Rochliß prior, Joh. Herden unterprior, Petrus Hegelin scheffener vnd Hermannus von Soest Custer.

1469 Joh. Herden prior, Petrus hegelin scheffener.

1475 Petrus Hegelin prior, Johannes hofemeister supprior.

1475 im Dezember. Joh. Torsten.

1480 Petr. Hegelin prior, Henric. Ludovici et Joh. de dorsten, sacre paginae magistri., Martinus Morser procurator.

1482 Petrus Hegelin P., Jacobus Veliß Sup., Martinus Morser procurator.

1487 Jacobus (Veliß).

1488 Jacobus Rochliß prior, Theodorus Birken subprior.

1488 Jacobus Rochliß prior, Henricus Ludewici et magister Johannes de palcz sacre theol. prof., Theodorus Birken supprior, Petrus Hegelin procurator. Joh. Natyn.

1493 Petrus Hegelin Pr., magistri Joh. Nathan et Joh. de Lich sacre theol. Professores.

1496 Petrus Hegelin P.

1499 derselbe.

1500 derselbe. Joh. Schyle von Ylmen Procurator.

1502 derselbe. Johann Nathin der heiligen Schrift Bekenner, Joh. Schiel von Jlmen supprior, Henricus Pilgerin custer, Michael Greymel an Scheffeners stat.

1503 Ditterich Kalbtossen pr, Joh. Palcz u. Joh. Natin der heiligen Schrift Lerer, Nicolaus Fabri Supp., henr. Pilgerin Custer, Martinus Brmeister an Scheffners stat.

1504 Wynandus von Ditenhofen prior, Johannes Natyn der heyligen Schrifft Doctor, Nicolaus Fabri supprior, Adam Horn sacristanus, Theodoricus Kaltofen procurator.

1505 Wynandus von Tydenhofen prior, Joh. Palß, Joh. Nathin der heiligen schrifft doctores, Nicolaus Fabri supprior, Theodoricus Kaldossen procurator.

1506 dieselben.

1514 Andreas Lohr (de Wette I, 12).

1516 Joh. Lange der heyligen Schrifft Baccalaureus vnd prior, Joh. Nathin u. Bartholomeus Arnolbi der heyligen schrifft professores, Georgius Leyser lesmeister, Jacobus Berck, supprior.

1516—1518 Johann Lang.

1520 Andreas Loer conventus Erphurdiensis prior, Joh. Nathyn et Barptolomeus Usinghenn sacrae theol. professores, Johann Hirsfelden, supprior.

1521 Walther Kachem von Heylinge, prior, Joh. Nathin, Bartholomeus Arnolbi von Usingen, Joh. Langhe, alle brei der heiligen schrift professores. Petrus holler von Hilperhausen, supprior, Joh. Golba Coster.

1522 Petruß Molitor, supprior, Johann Nathin und Bartholomeus Usingen, beide doctores der heyligen Schrifft, Heynricus Kóllebe, curator.

IV. Der Briefwechsel des Andreas Proles.

1) Andreas Proles an den Herzog Wilhelm von Sachsen.
10. April 1475.

(Original im Ges.=Archiv zu Weimar.)

Jrluchter hochgeborner furste vnde herre. Myner bruder vnde myn gebete vnde was wir geistlichs binsts vormogen alleczyt zuuor. Gnediger liber herre, so der provincial vwer furstlichen gnaden geschrebin hab woste sy vortracht der provincien mit dem vicarien vm das closter zu konigisberg by sy beschrebin vnde mit angehangenem segel haben, vwer gnade wurde sich anders halben ꝛc.: deßhalben ich komen was vor dem sontage Quasi modo geniti zu wymar vnde hette gerne vwer furstliche gnade gruntlich bericht sulcher vortracht, wen v. g. geschickt war gewest, mich zu horen, wen ich wol besurgitte, der hoptman von gota als eyn wertlich man konde geistliche sachen mit allen vmmestenden nicht so gancz vorzelen vnde noch sagen. Hochgeborner furste, gnediger lieber herre, vor XVI Joren abber by dermoßen was eyn doctor zu magdeburg, genand meister Johannes sartoris, der hatte nicht groß genügen zu vnsern privilegien vnn sachen wil by got wol weyß. So czoch her gein Rome in menunge by zu vornichten vnde cassiren, das her dach an vnserm hilgsten vater dem bobiste mit nichte erlangen mochte. Sunder durch veler prelaten erbit erwarb he lobe, das be bobist erlobitte den clostern vnde brudern vnder den privilegien vnde vicariat gelegen, welche welden, mochten sich zu der provincien geben vnde von den privilegien treten. Mit sulcher kunst wart vnser vnio off das mol zu trant, wen das closter zu konigisberg vnde eczliche ander mehe gebruchten der lobe vnde trothen abe: wor vnne wyssen yr eczliche wol vnde got allerbest; das stelle ich an seyn gerichte vnde mache dor von nicht clage. So lange das vnser hilger vater Pius bobist selgis gedechteniß vnser priuilegien durch eyne bulle gegebin dem closter zu Nuremberg vor newitte vnde gruntlich wedir vffrichte vnde vollmechtigitte. do erbitte ich in craft der privilegien vnde bewelbigte wedir czwey closter by abegetretin woren vnde schreib dem closter zu konigisberg das sy sich wedir geben vnder by privilegien abber ich wolde sy mit bebistlichen bannen dor zu bringen, vnde hette ydes gethon. Sunder vff by czeyt visityrte der erwirbigiste vater bischoff frederich selgis ge=

dechtniß erczbischoff zu **magdeburg**, v. g. groß frund das closter zu **magdeburg**, das och abe getreten was vnde vnder der provincien regiment vff dy eczeyt stunt, vnde vant das so geschicket, das mit rabe der boctores prelaten vnde h͞rn dy syne gnade zu der visitacion geczogen hatte, das closter wedir gesaczt ward vnder dy priuilegien vnde der doctor der das vicariat in moßen vorgescreben zu trant hatte, wart durch v. g. schrift dy gein **esscheweyde** (sic) geschach an dy veter der provincien, von **Magdeburg** geschicket in westfalin, do her nach is. Mit der visitacien vnde eyner reße, dy ich dor noch tat gen **Rome** wart gehindert, das ich das closter zu **konigisberg** nicht anlangitte mit processin vnde ander rechtis wegin, onde in beß kam dy eczeyt myn amacht vff zu gebin, das ich denne tab, vnde der noch myr geloren wart mit synen prioribus vm frebis wil vorczeich sich sulcher gerechtifit, dy wyr vff dy eczeyt hatten in der craft ich dy ander closter wedir erart hatte. das bekenne wir vnde wollen das so vnvorbrochlich halden, als der brif der provincien gegebin beczwget, des ganze copien ich v. g. sende. Noch der vorgenannten bullen ij eczliche jor noch der vortracht mit der provincien is eyne ander bulle gegebin, der Copien ich och sende v. furstlichen g., in der craft wyr dy closter von v. g. entphangen haben, vnde moge alzo dy gelorten der rechte sprechen ander closter entphoen dy vns geantward werden, doburch der provincien leyn vnrecht geschnet vnde vnser vorschribunge mit nichte do burch zu rißen adder geswechet wirt, als v. furstliche wyßheit wol bekennen wird. Vnde bitte v. g. habe nicht vordruß in der langen vngesalczen schrift, wen ich lange sache nicht korczer schriben konde vnde buczer brife zu schriben habe ich nicht erfarunge. Got der almechtige sterke v. g. vnd gebe yr zu erkennen, iwas zu syner gotlichen ere v. g. salikit vnde synes vnde vmers volkes besserunge sey, das sal myr wol gefallen, vnde mag ich dor zu eyner armer cleyner dyner seyn, deß bin ich zu vmerm furstlichin gebote bereyt. Gescr. zu **Erfurd** anno 1475 am **Montage Noch Misericordia domini** vnder myns ampts Ingesigil.

Vmer furstlichen gnaden   Bruder **Andreas Proles**
cleyner demutiger Capellan   Vicarius der Augustiner ꝛc.

---

2) Proles an Herzog Wilhelm.
10. Aug. 1475.
(Gcf.-Archiv zu Weimar.)

Myner bruder vnde myn gebete vnde was wir geistlichs dinsts vermogen zuuor alleziit. Irluchter hochgeborner furste, gnediger lieber herre. So vmer furstliche gnade in der vorgangen vaste den bruder zu **Konigisbergk** geschreben hat, sich zu bereithen dy privilegirte obseruancia noch den oftern, inmoßen ander cloſter in v. g. lanbe gelegen, gethon haben, an zu nemen, daz deme baß nü von großer ſachen wegen by v. g. beſwert haben, vorblebin iz. Nu der almechtige god gnediglich frebe vnbe v. g. ſterđe vnbe geſuntheit gegebin hat, Iz v. g. behegelich, ſo wil ich daz cloſter gote zu eren von v. g. an nemen vnbe mit ge- trawem ſlyße von tage zu tage in geiſtlichim leben vorbeſſern, vnb ſchreibe dor vunn vff biß mol v. g., wen ich beſurge, geſchijt vor mi- chaelis ſulche reformacie nicht, daz dor noch ſwerlich ye abber nymerme geſchee; vunn ſachen bij ich v. g. bychtvater geſchrebin habe, by her v. g. wol berichten wirt, wenne, wy, vnder welcher ſchutz vnbe byſtaut ſulch wergk geſcheen ſulle, wirt vwer furſtliche wyßheit wol bebenđen vnb was myr v. g. gebythen wirt, wil ich mit ſchuldiger bemuth vffnemen vnbe vorbrengen mit gotis gnaben. Ich achte daz vns gar nutze wer, daz wyr hern Hinriche von brandenſteyn zu eynem ynlether vnbe ſchutz- her hetten, ydach gotis vnbe v. g. wylle geſchee. Dem almechtigen gote ſey v. g. perſonn, gemael, land vnd luthe alleczyt beſolen. Geſcr. zu erfurt Anno LXXV. Am fritage noch laurencii vnber dem Ingeſ. des ich gebruche.

Vwer furſtlichen gnaben   Bruder Andreas Proles
    armer Capellan   vicarius der Bruder Auguſtins orben ꝛc.

Zwei Zettel, die nach Schreibart und Tinte zu dem vorſtehenden Briefe gehören.

Och gnebiger herre. bitte ich vm gots wil v. g. wolle vns leyen den vater Gardian, daz mitte czyhe vnbe vns helſſe zu richten, in moßen zu gothe geſchein iz, vnbe em beſelen, von v. g. wegin zugebythen was not wirt ſeyn. —

Gnebiger lieber Herr. Ich habe Her Johann Fryburg, den v. g. wol kennit, geſant, magk v. g. ben horen, der wirt verlichkit verczogeß in der ſachen wol vorczelen vnbe em beſolen zu bethen noch ben briſen by v. g. an daz cloſter Herrn Hinrich vnbe by ſtat zu Konigisberg ſchreyben wil.

3) Herzog Wilhelm an Proles.
22. Dez. 1475.
(Geſ.-Archiv zu Weimar.)

Vnßer gunſtlich gruz zuuor Geiſtlicher vnb lieber Anbechtiger, vns iſt jungſt von Rome ein ſchriſft vom General vnwers Ordens zu komen hirin gelegten copien lawts der Innhald ir vernemen werbet, die wir

uch zu senden nicht verhalben wolten, der wissens zu haben. Begerende
Jr wullet vns widerumb zu uerstehen gebin, wie sichs im grunde damit
heldet, darnach wir vns richten mogen. Kompt vns von uch zu bancke.
Geben zu Wymar uf fritag nach Thome appostoli anno ꝛc. LXXVIᵗᵒ.

· Dem geistlichen vnserm lieben Andechtigen Bruder Andreas Proles,
Vicario der priuilegirten obseruancien Sanct Augustins ordens in Sachsen,
Doringen ꝛc., in sym abwesin dem prior zu Erffurd vnd Doctor Johann
Dorsten desselben ordens in yren handen vf zu brechen.

---

4) Proles au Herzog Wilhelm.
23. Dez. 1475.
(Ges.=Archiv zu Weimar.)

Jrluchter hochgeborner furst vnd herre, myn demutig gebet vnd
was ich allezyt geistlichs guts vermag zcuuor. Gnediger liber herre,
vff hute Sonnabent vmb eyns nach mittage, als ich gen Erffurt kam,
vant ich die vetere vnnsers ordens daselbs sich mit vwer gnaden briue
vnd Jngeslossener vnsers wirdigen vaters des generals schrifft, kurcz
bauor Jn myn abwesen vffgenomen, Jn widerschribunge bekummert, aber
als ich selber kam vormerkinde die schrifft mir zcwforderst zcusten, gedachte
ich billich vwern gnaden mit widerschriben nicht zcu sumen vnd vff des
gnannten vnsers wirdigen vaters des generalis schrifft suge ich vwer
gnaden demutiglich wissenn, das die genannten veter zcu erffurt Jn
myn abwesen vom general kurczlichen derglichen vnd mit bannes beswerunge
hartte processes entpfangen haben, Getrumen aber zcu gote vnd
dem gotlichen rechte, das vnnser angefangen sache, die wir gote zcu lobe,
merunge sins binsts vnd vwer gnaden zcu willenn auch ane der gelartten
Jm rechten sunderlichen Rath vnd vertrostunge nicht gethan, einen gotlichen grundt vnd guten bestand sulle habin, Lasse mich bedüncken, das
der general von vnnsern abgonnern Jn den dingen vil zcu kurcz berichtet, vnnsen Vicariat vnd eynunge, vnsern processen vnd geboten nicht
geringe beswerungen thu, deßhalben die veter von erffurd vorgenannt von
sollichen beswerungen an yn selbs, besser vnd warhafftiger berichtunge
zcu thunde, oder ab not sin wurde, an vnsern heiligsten vater den babst
nach rechts form sich beruffen vnd appelliret haben. Vnd bearbeiten sich
itzund vmbb glaubwirdige, die der appellacion adhesion vnd zculegunge
thun, So bin ich bereyt vnd harre hie zcu erffurt doruff vwer gnaden, so mir die die geinwertigen bescheydet, der sache nach vwer begerunge
muntliche vnd gruntliche berichtunge zcuthunde, wann das Jn schrifft zcu
setzen zcu lange were, Bittinde gar demutiglich, vwer gnade wulle vns
in disen dingen, die wir ye hoffen guten gronnt zcu haben, vwer hulff-
liche hant zcu reychen vnd biestand zcuthunde, als ich an vwer gnade
nicht czwiuele, vnd gereyt in ettlichin entpfintlich habe erlernet, das wil

ich mit sampt den brudern vnnser eynunge, vber die gotliche belonunge willig sin, mit geburlichin gebeten zcuuerbinen. Geben vnder myn Jnf. am Sonnabent vor dem heiligen Christobent anno 1475.

Vwer gnaden bemütiger rc.

> Bruder Andreas Proles Vicarius rc. der
> gefreyeten observancien ordens der
> eynsidler sancti Augustini rc.

— - -

5) Herzog Wilhelm an den Provincial Johann Anherr.
30. Dez. 1475.
(Ges.-Archiv zu Weimar.)

Lieber Anbechtiger. Wir haben uch vormals geschribenn das Closter zcu Ruwenstab vwers ordens vnder den vicarien zcu setzen, vwers willens vnd volwort dorczu begert, habt Jr vncz vnder anderm wider geschriben, das in vwrer macht nicht sey, vnd doch am ende vwres brines des wir noch vnvergessen sint zcugeschr. uch Jn den Dingen den keinwiß wider vns zcu setzen, verwundert vns nicht wenig, das Jr in vergessen-heit solchs zcüsage vber solliche vberantwortunge vnßer closter vnde den vicarien von vns gescheen vwerm general geclagt vnd in wyder den vicarien vnd sine bruder swere vnd pinliche processes zcu geben bewegt habt, vber welche proceßß vnd gebot vwerm anhenger gescheen yr eyn Richter vnd executor geseet seyt. Nun haben wir dem general ware sachin vns dorzcu bewegende auch in welcher crafft vnd macht die ge-scheen sint geschr. Jnhoffenunge sin vorsichtickit werde sich Jn den bingen gein vnß recht halben, dorumbb mit gantzem fliß von uch begernde das ir uch mit besolner execucion enthalbet vnd den vwern gebietet sich an den privelegirten brudern vnd sunderlich an den von ersford die sich vnd andere sie beweginde vff vnßer begen vnder das privilegium gegebin vnd wir sie glich andern conventen vnder vns in vnnsere verteyding genomen haben nicht zcu vergriffenn, bißolange vns von vwerm general antwurt kome, der wir vns furber mugen gehalben, doran thut Jr vns zcu gutem danke.

Geschr. Wymar of Sonnabend nach nativitate Xri. anno rc. LXXVI°.

> Dem wirbigen vnßerm liben andechtigen Bruder
> Johannes Anherr provincial in boringen,
> sachsen ordens sancti Augustini.

—

6) Schutzbrief Herzogs Wilhelm für Proles.

31. Dez. 1475.

(Gef.-Archiv zu Weimar.)

Wir Wilhelm ꝛc. thun kund allen vnd iglichen dieſes briues an-
ſichtigen das wir den geiſtlichen vnſern lieben andechtigen Bruder Andres Proles Vicarien der priuilegirten obſervancien cynſibeler ordens
Seti Auguſtini in Sachſen Doringen, Beyern vnd am Ryne in vnßern
ſunderlichen ſchuz, ſchirm vnd verteyding vigenomen vnd ym vnzer vn-
geuerlich ſtrack ſicher gleyt in unßerm furſtenthum gegeben haben vnd
nemen yn alſo vf vnd geben ym vnßer gleyt, wie vorgerubt geweltiglich
mit dieſem briue, heißen darumb alle vnd igliche die vnßern ernſtlich,
begern auch von andern, die er mit dieſem briue erſuche in gutlichem
flyße, yn by ſollichem vnßern ſchuz, ſchirm, verteibinge vnd geleyte ge-
trulich zu handhaben ym auch wo ym der nobt iſt zu ſym erſuchen
gunſt furberunge vnd guten willen vns zu gefallen zu erzeigen, damit
er vnß genohmen, befinde, doran geſchib vns von den vnßen zu gutem
dancke. Wullen das ſuſt gein eym iglichen beſchulben vnd in gub nicht
vergeſſen. Mit orkunde des wir vnder vnßerm hiran gehangenem In-
ſigel verſigelt. Geben zu Wymar vf Sontag Silveſtri pape Anno
domini anno M⁰. CCCC LXXVI^to.

---

7) Herzog Wilhelm an den Rat zu Erfurt.

9. Jan. 1476.

(Gef.-Archiv zu Weimar.)

Wilhelm vonn gotsgnaden Herzog zcu Sachſenn Landgraue Jn
doringen und Marggraue zu Mieſſenn. Vnnſer gunſt zuuor. Erſamenn
weiſenn liebenn getreuwen. Nachdem der geiſtliche bruder Andres
Proles Vicarius der privilegirten obſervancien einſiedler ordens ſancti
Auguſtini nach vnnſer Begerunge vnd auf vnſern ſchuz vnnd hand-
habunge die cloſtere Jn vnſerm fürſtenthum deſſelben ordens aufgenomen
vnd zu ganzer Reformacion bracht, deßgleichen auch das cloſter bey vch
vmb merer beſtenntlichkeid willen vnder die privilegien genomen hab, ver-
ſtehenn wer von demſelben Bruder andres proles vicarien vnd den reformirten brudern der gemeldten privilegirten obſervancien, wie yn vnd yrer
gemachten vnion die brudere auß der provincien deſſelben ordens ver-
meynen widerſtand vnd ſperrung zu thunde, douon ſie appelliret vnd
vnns derſelben yrer Appellacion adheſien zu thunde gebeten. Als haben
wir auf Jre bete, derſelben Jrer Appellacion adheriret. Dorumb wollet
der auch abheriren, doran erzeigt Jr vnns ſunderlich gub gefallen.

Geben zu Wymar auf Sonnabend Epiphanie domini Anno rc.
LXXVI°.

den Ersamen weisenn vnnsern liebenn getreuwen
dem Rathe zcu Erffurd.

---

8) Proles an Herzog Wilhelm.
22. Jan. 1476.
(Ges.-Archiv zu Weimar.)

Irluchter hochgeborner furste. Myne gebete vnde was eyn cleyn arm
betteler bruder gutis vormag, sey vwer furstlichin geboten alleczyt bereith.
Gnediger lieber Herre. Ich bitte v. g. zu wißßen, das ich bin zu gota
gewest, den rad doselbist besucht, vnde zum eersten vorczalt, in welcher
menunge mit bebistlicher craft v. f. g. by closter vnder by privilegien
gesaczt hat. So nu by closter angesuchten werden mit geboten vnsers
obirsten, von den wyr appellirt habenn, vnde v. g. vns abhesien gethon
hat, en by copie gewyst vnde gebeten, das sy gote zu eren, stewer der
gerechtifit v. g. zu wolgefalnn och abheriren wolden, haben sy sich gancz
swehir dor zu gemacht vnde globe nicht, das sy das thun werdin ane
v. f. g. geboth, wy wol noch mynen groben gebuncken v. g. that vnde
vormanunge vor eyn gebot genugen solde vnde mochten wol merckin, das sy
dorinne v. g. zu willen tethen. Och habe ich das capittel gebeten vm abhesien,
by haben nach zu nach abe gesayt, sunder copien geheyscht der appellacien,
sich dor vff zu bedencken, dor noch getrost vff gute antwort. Item
habe ich gestrig vorczalt dem rabe wy v. f. g. dem rabe zu salcza geboten habe, vns zu beschutczen vor geistlichin vnd wertlichen vnde ab
das not worde seyn, vns knechte zu leyhen, by zu vnsem gebote vns
hulifin gryfin vnde setczen, by das vorbynt hetten rc. in menunge zu
verhoren ir andacht, dor vff sprochen sy, wyr wollin euch gerne beschutczen, wen wyr von euch angeruffen werdin. Wirt vns vnser gnediger
herre was mehe befelin, seyn wyr schulbig gehorsam zu seyn. Item habe
ich vorczalt, wy v. g. bestalt hat zu salcza, kemen eczliche brife, das
man by an v. g. sentte, denne noch rabe der gelorthen wolde v. g. thuen
als recht were. Sprochen sy, was brife kommen by sache belangen,
werden als wyr achten dem Capittel vnde phernern komen; das geit
vns nicht an. deße bingt, gnediger lieber Herre, habe ich in gar guder
menunge also vorhort vnde hoffe nicht webir v. g. gethon, wen mich
dunckit not seyn, schande vnde schaden zu vorkomen, das man beß rabis
menunze wißße. was v. furstliche wyßßheit vß yrer antwort merdin vnde
erkennen wirt, weyß ich nicht. Noch mynen gebuncken volgit das volgk
mehe den synnen wen der vornunft, vnde sullen sy was thuen, gotis
vnde v. g. wercke zu bestant vnde vortgange, muß durch gotis gnabe
vnde v. g. ernste geboth gescheen. Ich schribe deße bing czitterhastig, wen

ich vorchte mich en eyn vngnedigen herrn zu machen, das got beware. Vnde thar dach nicht swigen gancz so myr v. f. g. befolen hat zu schriben, was myr in den sachen begegnen wurde. Ich besurge ich wu von yrer vnachtsamkeit her noch molß was schaden entstunde, mochte v. g. als recht were mich berufen sprechende, vor vunne hast du das vns vorhalden. es is dyn schuld ꝛc. Gnediger leber herre am vorgangen fritage srwe wart eyne czedil angeclebit an vnser kirchin thor zu gota, dy vol vorczwiselunge is vnde gancz wuste von worheit, dy habe ich v. g. bychtvater gesant, v. g. dy zu vorbewezen, wen si latinisch is. Bitte v. f. g. erger sich nicht, das sy suliche vntogent in monchen bekennt. wen spricht beatus Augustinus: Alzo man (nicht) bessir leuthe vinbit, wen dy in örden zu nemen, so vindet man nicht erger, wen dy dor ynne abenemen. Ich vormane v. f. g. bij der großen erbeit, dy cristus ihesus off beßem ertryche vm vnwer ewiger salikit wyl gethon hat, sy wolle sich nicht loßen vordryßen abber vor velen der arbeit dy not is biß werck zu vol enden das y zu seyner ere an gefangen is. Bwer gnade hat sich vm vnser herrn Jhesus wil in verlichkit gegebin der pestilencien, gein salcza zu czyhen, aber das große loyn das v. g. entphoen wirt en Jenem ewigen leben, getrawe ich zu der milden gutikit vnsers herrn, der tod vnde leben in syner hant hat, das her al dy off beßem leben v. g. dor midde beloynen wirt, das sy nicht dorch pestilencien abber andern rytchen vnde boßen tot sunder mit guter frist vnde rycher vornunft wol bewart mit sacramenten ꝛc. vß beßer werlbt schebin mit veil vordinste. Tor zu noch lange czyt gehort, wen also ich sorge habe v. g. hat in den Jungen tagen nicht so veil von gote vorbinit als yr nu lieb were, dor vmme wolle wyr alle vnsen herrn bitten, das syne barmherczikit mit v. g. paciencien habe, in den vorgangen leben vnde langen czyt zu großen vordinste hyr noch vorleye. vnde getrawen syn almechtige milbikit, vnde milde almechtikit werde vns sulcher bite dy syner ere fruchtbar ist mit nichte vorsagen. Ezu Salza is eyn beqweme genugen der bruder, iiij reßige hengiste seyn bessir wen x acitpherde. Ich hußfe got werde vnßer zal meren. V. f. g. vorgebe myr vm gotis wil das ich solang geschrieben haben. V. g. bewyste sich es gnediglich ken myr das got vorgelbe. nü zu salcza. das ich getruwen habe ich moge mit langer schrift nemlich dy sache beslyßende sy nicht vorczornen. ydoch wen ich das wuste, wolbe denne gerne vfis torczte schriben. dem almechtigen gote sey v. g. alleczyt befolen. Geschr. zu erfforb anno ꝛc. LXXVI. Am Tage vincencii mart.

Bwer furstlichen gnaden   Bruder Andreas proles
williger Armer capellan   Vicarius der Augustiner ꝛc.

9) Herzog Wilhelm an Proles.

24. Jan. 1476.

(Gef.-Archiv zu Weimar.)

Vnßern gruß zuuor geiſtlicher vnd lieber anbechtiger, nachdem ir
vns yczund durch uwer ſchriben zu erkennen gebt das ir zu Gotha
geweſt ſeyt, den Rad baſelbſt beſucht vnd zu erſten verzalt, in welcher
meynunge mit bebſtlicher krafft wir die cloſter ſanct auguſtins ordens
by yn vnd anders in vnßen landen vnder die priuilegien geſatzt, ſo
auch die cloſter mit geboten ewer obirſten dauor ir appellieret habt angefochten werden. uch abheſion gethan haben, yn des von uch copien
gewieſt vnd gebeten gob zu eren der gerechtileid zu ſteuer vnd vns zu
gefallen auch abherieren wollten. haben ſie ſich ſwer borzu gemacht vnd
gleubt nicht, das ſie das an vnßer gebot thun werden. habt auch das
capittel vmb abheſion gebeten, die weder zu noch abſagt, ſundern Copien
der appellation vf bedenden geheiſcht, darnach vf gub antwort getroſtet
haben. Jr meldet auch von mer uwer verzelunge dem Rate gethan,
wie von vns dem Rate zu Salza geboten ſey uch vor geiſtlichen vnd
weltlichen zu beſchirmen, auch ob des nod wurde knecht zu lihen, die
verdint hebten zu uwern gebote hulſſen, griffen vnd ſetzen in mynunge,
des yr andacht zu horen, daruf ſie geſproden haben, uch zu ſchirmen
ſo ſie angeruffen, wurden wir yn aber mer beuelen, wern ſie ſchulbig
gehorſam zu ſein; darnach berurt ir von einer latiniſchen zedeln an
uwer kirchthure zu Gota gekleibt, die vns vnßer bichtuater verdeutzſchen
ſulle vnd bytet nach andern mer geſetzten wortten am ende uwers briues,
uch ewer lang ſchriben zunergeben mit furderm Innehald, haben wir
alles gut williglich vfgenomen, geleſen vnd verſtanden, tragen zu ſollichem
vnd anderm uwern notburftigen ſchriben kein verbrißen. Jr dorſſet uch
auch nicht ſchuen vns zu ſchriben, wes in dem gotlichen guten angefangen
werke zu der ere gots vnd zu behertinge des gethanen furnemens der
heiligen obßerwancien borzu wir geneigt ſind, notdorſftig ſin wirt, dann
wo ir vns vmb ichts, das wir thun ſolten zu ſchriben verhilbet vnd
darinn ſuempniß geſchee, ſo wurden wir durch die vnwiſſenheid entſchul-
bigt vnd die ſchuld queme vf uch durch verhalten des ſchribens. Vns
iſt auch nicht zu gefallen, das ſich die von Gotha gewidert haben,
uwer gethanen appellacion zu abheriren, desglichen vmb die zedeln da
angeſlagen vnd ſchreiben yn yczund vmb das vnd anders nach laut hirin
gelegter Copien, als ir vernemen werdet, den briff moget ir yn furd
ſenden. Laſſen vns aber bedunden, es were nicht boſe geweſt, das ir
zu ſtund, alspalbe man die zedeln angeſlagen fand, notarien & teſtes
darzu gefurd vnd dauon guzugnis genomen, vf das ir ſollichs hebtet
an notdorftig ende geſchriben vnd verkunbigen mogen, daruß man ver-
ſtünde, wie ſich dieſelben vngehorſamen monche von Salcza ſo gar
vfinberlich durch yre verſtockte verzweuelunge vß yrem geiſtlichem ſtande

en ein verdampple wesin geben, das man sich vor yn zu huten vnd sie dasur zu halten, auch zu yr zu gedencken hebte gewest vnd mochtet das noch also bestellen, das wir zu vnvern gefallen setzen. Beducht vch auch uber yezig vnser schreiben an die vnßen von Gota von vns icht mer zu thun nod sein, wullet vns zuuerstehen geben, wirdet ir vns in dem auch vch vnd vnwer gehorsamen bruder by behertunge der Reformacion notdorftiglich zu hant haben vnd zu schutzen wievor willig finden. Geben zu Wymar vf mitwochen noch Vincentii martiris anno rc. LXXVI.

Dem Vicario.

10) Herzog Wilhelm an den Rat in Gotha.
24. Jan. 1476.
(Ges.-Archiv zu Weimar.)

Wilhelm. Lieben getruwen, vns zwiuelt nicht, vch sey vnuergessen, wie wir vormals nicht mit geringer muhe die Closter Sanct Augustins ordens by vch vnd andern vnßern landen gelegen zu Reformacion zu bringen furgenomen gehabt, auch etlich zyb dafur gehalten, das sie also reformiret wern. Vnd als wir erfunden, das dieselbe vermeynte reformacio vngegrunbt, auch unbestendig was, dieselben closter dem geistlichen Bruder Andres Proles vicario der convend von der privilegirten obßervancien eynsiedler bruder vorgemeldts ordens In trafft bebstlicher priuilegia in gethan vnd beuolen haben gruntlich zu reformiren, darwider nu der general desselben ordens vf vnguuglich vnderrichtunge etlich mandat vßgehin laßen, dauon aber der vorgenand vicarius an denselben general selbs vf beßer vnderwißunge oder wo er die gutlich vf zu nemen wegerte, dan an vnßen heiligsten vater den Babst, wie recht ist appelliret hab, derselben siner Appellacion wir mit den vnßern, desglichen Capitel, Vniuersitet, Doctores closter vnd der Rab zu Erffurd vf recht adhesion gethan haben, dann vns nichts lieber wer, das dieselbe angefangen vfrichtige Reformacio fallen oder geschwechet werden solte, darumb ernstlich von vch begerende, das ir mit sampt vns vnd andern der gemelden appellacion vf recht adheriert, auch den genanten vicarien sin prior vnd reformirter bruder by vch von vnßen wegen gein geistlichen vnd weltlichen, wie wo vnd alsoft des nod ist, vf yr anruffen vestiglich vnd ernstlich hanthabt, schuezet vnd verteybingt. dorzu by vch mit den pfarrern vnd andern, wo des nod ist, bestellet, ab mer mandat von ymand wider die genanten vicarien prior vnd bruder quemen, das die durch sie nicht vfgenomen noch verkunbigt, sundern vch zu gewiest vnd vns von vch furd zu gesand werden, als dann wissen wir vns dorinn ferner zu halden. Vns ist auch zu tomen ein latinisch zedel in den vngehorsamen vßgelauffen monch vorgemeldes ordens von Saleza namen vf

Sanct Anthonius tag nestuergangen by uch zu Gotha geschriben vnd an die closter thure gecleibt gewest, darinn sie nach andern, damit sie yren vngehorsame vngegrundt meynen zu beschonen, so man yn des nicht „gehengen" wulde, vnuerschemet ußbrucken, das sie zu des ordens vnd yrer beschonunge gedencken, die dinck, die yn nicht czymen zuthunde, als das sie fur closter suchen wullen, gemeyn frawen huser vnd die dorinn sein, auch die reformirten bruder hiemibt beflecken, in welicher weise sie mogen durch sich oder ander personen, wullen auch alle tage gemeyne frawen in die kirchen vnd pforbten des closters brengen, vnczimlich von den brudern zu reden, vf das die jenen, die das sehen vnd hören, daburch nicht gebessert sundern wiber sie mer zu murmelunge vnd wider ewern bunb (?) gereizt werden vnd ab daran nicht gnug wer, dan grossers furzunemen in sollichem ancleiben des zedeln zu Gota ge- schriben vber vnßer vorig verbieten, der da nicht zu liben wir nicht geringe missefallen von uch tragen, das so lichtlich vß gedachtnus komen ze lassen, daburch von denselben vngehorsamen monchen zuuersehen ist, das sie sich uffentlich vß geistlichem stande durch yr verstockte verzwine⸗ lunge in ein verdampt wesin gebin. Ist vnßer ernstlich begern, das ir derselben vngehorsamen monch vnd ander der reformirten bruder wiber= stender keinen by uch zu enthalten zu husen oder zu herbergen gebietet vnd des nicht gestatet. Ab auch die oder ander yrer widerwertigen by uch berieten wurden, yn dan vf yr ersuchen ewer knecht vnd wes nod mer lihet vnd behulffen seyt, dieselben zu griffen, zusetzen vnd zu straffen, ban das also durch die bebstlichen privilegia zu gelassen vnd erlaubt ist, uch auch dorinn nicht anders bann wir obgemelbt verleßlich halbet, des wir vns also zu uch versehen zusampt der billichkeid beschyd vns zu banck. Geben zu Wymar vf Mitwochen nach Vincencii martyris anno ꝛc. LXXVIto.

Dem Rate zu Gota.

———

11) Proles an Herzog Wilhelm.
24. Jan. 1476.
(Ges.-Archiv zu Weimar.)

Irluchter hochgeborner furste. Myne gebete mit armen binste alle= czeyt ꝛc. Gnediger lieber herre. Ee. v. g. weiß wyr mußen bestellen eynen legaten abber procurator, der gotis, vwer furstlichin gnaden vnde vnser sachen an brenge zu Rome. vnde mit wirbigen fluße zu begerthem seliglichem enbe beerbitte. Vnde ee ee besser. So weiß ich vff diß mol nicht bessir, wenn meister Johann von sytwitz der by mynem Herrn von Stolberg is. Wy wol bas ich hoffe, der gnannt herre vorsage vns nicht den man zu sulchen sachen zu leyhen, y bach wenne v. f. g. gut dunckte vnde wolbe dem Herrn bor von schriben abber sagen, achte

ich folbe großen profijt vnbe vorbewinge dor anbrengen bebe by dem
Grauen vnbe dem meyster, wenn v. g. wolgefal vnbe gnabe, by sy dor
an erwerben mochten, worden sy sterken vnbe slyßigen. der meister als
ich vorstanben habe solange zu Rome gestanben kennit Carbinal procu-
ratores, kann welsch, hat sproche vnbe vorstenteniß. vnbe bas groste is
liebe zu götlichen sachen. Ich barff v. g. nicht an halbin mit wortin
zu beßer sache. wenn der almechtige got hat sy mit syner gnaben so
hitczig der zugnegit, bas ich nicht czwisel sy werbe thuen. als ber zu
nutze vnbe not. vnbe der ben willen e. g. ingegeyst hat, wirt och by
werck mit ewiger Cronen rychlich belohnen. des schutcze vnbe regirunge
sey v. g. befolen alleczeit. Amen. Geser. zu erfforb anno ꝛc. LXXVI.
An mittwoche noch Vincencii.

Vwer furstlichin gnaben   Bruder Anbreas Proles
geistlicher byner   der Vicarius der Augustiner ꝛc.

12) Herzog Wilhelm an Proles.

Datumloser Zettel.   Antwort auf den vorigen Brief.

(Gef.-Archiv zu Weimar.)

Ir schreibt vns auch yczund in eym andern briue vmb meister
Johann von Sitewicz, der bi dem von Stolberg ist, wie ir
den meyntet in ben sachen gein Rome zu schicken. Als haben wirs
dafur gehalten vnb gemeinb, Ir hebtet die botschaft gein Rome vor-
lengst bestalt. Wy dem, so bes nicht gescheen ist, bebunckt vns nob
vnb bequeme, bas ir euch ewers ordens nemlich ben prior von der
newenstab ober einen barzu tuchtig in ber botschafft an lenger ver-
zihen hinschicket der bes orbens gelegenheit vnb gestalt getruwelich vnb
baß furczubringen an zuregen vnb zu slißigen west dann sust ein anber
vßwenbiger gethun mocht.

13) Proles an Herzog Wilhelm.

26. Jan. 1476.

(Gef.-Archiv zu Weimar.)

Irluchter hochgeborner furste. Myne gebete. Gnebiger lieber Herre.
vwer furstlichin gnaben schrift. an den Rab zu gota gethonn. habe ich
mit wirbiger bantnemikit entphangen vnbe en hute ober gesant, weiß vff
bis mol nicht mehe not zu schriben. En leyne ben briff an vater Eme-
ritum, beß copien ich v. g. buchtvater gesant habe. noch v. g. wyßheit
von mynem herrn canceler korczer abber lenger zu machen. Och bitte
ich v. g. zu wißen bas wir nicht von vorstumennß wegin. bie legacie

gen Rome vorczogen habenn. wyr haben mogelicher arbeit vnde flyß nicht
gespart vnd doch nicht ee mocht notdorftige brife der appellacien vnde
abhesten ꝛc. von den doctoribus notarijs vnde andern erlangen, vff das
vns sulche vordrybßliche vorcziunge nicht schedelich mochte seyn, habe wyr
geschrebin vnserm vader dem general, vnser vndertheniłit entpothen, vnser
vnschult eyn teyl bericht, gruntlicher zu berichten durch vnsern legaten
vorheischen deß zukumpft gedultiglich zu stunden mit demut gebeten. vnde
hoffen zu gote vnde syner veterlichen rebelichkit. sulche łortze frist werde
vns von sulcher vorwarunge nicht schedelich seyn. V. g. bychtvater hat
myr gescht. v. g. begere zu wissen was die bruder der privilegyrten ob=
servancien mehe thuen wenn dy andern. Gnediger Herre. die hilge
schrift verbewt vns, wyr sullen vns nicht selber loben vnde vnsers
ordens bruder zu lestern is gar pynlich vor boten. der halben weiß ich
nicht wol in der frogen zu antworten. ydoch das ich v. g. nicht gancz
ane antwort lasse, bitte ich gar demutiglich v. g. zum besten vorstehe,
das die bruder der privilegyrten observancien yr ynnewige (sic) vnde
vßwendige wergk noch der regel sancti Augustini vnde vnsers ordens
gesetze gedencten zu thuen vnde thuen mit gotis hulffe mit vorsatcze
tegelicher besserunge, vnde was en bor an von menschlicher vnwissenheit,
vorgessenheit łranckheit adder snodekit gebricht, mit gnediger buße vornugen. Ab die andern dem och so thuen, gebort myr nach nicht zu
sagen, sunder wirt vns ymant schuldigen, bitte ich e. f. g. stelle mich zu
antwort, wenn denne czemit myr vnser vnschult zu sprechen vnde habe
sorge vnser vnschult bewysunge wirt yrer schult entploßinge werdin.
Hyr ann losse v. g. yr vff diß möl genugen y doch was clarerß habe
ich v. g. bychtvader mit gotis vorchte gescr. des barmherczigkit sey sy
alleczyt befolen. Gescr. zu erffurd anno ꝛc. am fritage noch con=
vers. pauli.

Vwer furstlichen gnaden   Bruder Andreas proles
    phlichtiger Capellan   Vicarius der Augustiner.

14) Proles an Herzog Wilhelm.
14. Febr. 1476.
(Ges.=Archiv zu Weimar.)

Irluchter hochgeborner furste vnde herre. Myne gebete vnde geist=
liche dinste vwern furstlichen gnaden geboten alleczyt berehit. Gnediger
lieber herre. Ich bitte v. f. g. zu wißen das ich den prior zu salcza
noch v. g. rade absolviret habe vnde eynen andern geistlichin wolge-
lorthen man bestetigit. vnde huffe das closter sulle in geistlichen vnde
wertlichin guten zu nemen mit gotis vnde v. g. hulffe. Gnediger lieber
Herr. das closter baß her hat sich enthalben von czynsen, terminii vnde

opper der burger. Nu habin dy abgetrethin bruder dy czynse uf ge-
habin dy terminii seyn gebeten. von en das korn das gesammelt iß
vorstackit abber vorfurt. das volgk abegewant, das wyr nicht wißen wy
wyr das regiment wol vornemen sullen. dy bruder mußen notdorft
haben. Burgen gelt, abber clenod versetzen, thun wyr nicht gerne. vnde
mit nichte ane v. g. bewust vnde rad. ander sachen veil habe ich geschr.
dem vater garbian vnde besolen bruder Johannes Friburg v. f. g.
albin dyner, dy zulangk wern zu schr. Ezwisck nicht v. g. werde sich
trostlich vnde gnebiglich by vns halbin, gotlichen trost vnde gnade vor
an zu vordynen. Got beware vwer gnade zu syner ere. vnser vnde
der lande selikit lange cziit. Geschr. zu Erffurd anno ꝛc. LXXVI
am tage sancti Valentini.

Vwer furstlichen gnaden   Bruder Andreas proles
   Armer andechtiger   Vicarius der Augustiner ꝛc.

------

15) Herzog Wilhelm an Proles.
21. April 1476.
(Gef.-Archiv zu Weimar.)

Wilhelm. Vnsern gruß zuuor geistlicher vnd lieber andechtiger.
Vns ist uß dem Conuend uwers ordens zu Erffurd yczund zugeschickt
Copia eins proceß kurczlich by yn angeslagen uch berurend so ir hirinnen
findet, deßglichen sie noch auch selbsten, wie sichs darmit heldet volliglich
schriben werden. Ist vnßer gutbebunden, das ir uch furderlich gein
Erffurd suget vnd einen verstendigen uf die gesaczten termyne gein
Dillingen bestellet gefertiget, transsumpt, da neben priuilegia geschener
appellacion vnd abhesion, auch was zu den bingen bienen furzubringen
vnd damit zuuerwaren das vber uch vnd uwer mit verwanten kein
ferner beswerunge deßhalb ergehe, sundern der appellacion gehalten vnd
nachgegangen werde. Wann ir dann vnß darinn bedorffet, daby werden
wir vns uf uwer ersuchen auch noch redelichkeib finden laßen. Geben
zu Wymar uff Sontag Quasimodogeniti anno ꝛc. LXXVI^{to}.

Dem geistlichen vnßern liben andechtigen Bruder Andres Proles,
Vicario der priuilegirten oßeruancien, einsibeler ordens sancti Augustini
der prouincien in Beyern am Ryn vnd in Sachsen ꝛc.

------

16) Proles an Herzog Wilhelm.
12. Febr. 1477.
(Gef.-Archiv zu Weimar.)

Irluchter hochgeborner furste vnde Herre. Myn gebete vnde was
ich gutis vormagt alle czyt v. f. geboten bereit. Gnediger Herre v. f. g.

hat myr gescrebin das ich sulle in kurcz zu v. g. gein wymar komen
vnde bericht in vnser sachen gelegelicheit, wenn v. g. gehort hat das ich
dem prouincial frist vnde vfsichub vff phingisten gegebin habe vnde verwundert sich, das ich mich des an v. f. g. bewust vnde willen vormessin
habe zu thuen. Gnediger liber herre, ich habe gefallin vnd eyne schene
vff gestoßen das ich ane verlicheit nicht wandern thar so rysch. och seyn
sachen iu magdeburg by ich ane vorminderunge gotis dinsts vnde schaden
der obßeruancien nicht vorloßen kan. Bitte ich vm gots wil v. f. g.
habe kortze mittelybunge mit myr. Ich habe gesant mynen bruder der
mit myr in den sachen gewest is der och zu rome gesant was mit der
appellacien, der v. g. bychtuater berichtin wirt, das sulch vfsichub von
dem richter vm großer not wil mit vffinbarem nutcze von rathe der
boctores procurator vnde andern by myn herre von myßen geschicket
hatte gescheen is. vff wolgefallin v. f. g. als by bryfe bezeugen, by ich
als balde bornach den vetern zu erffurd geschrebin habe. by von keinem
guden geiste als ich vorchte vorhiudert seyn vnde nach nicht weiß wo sy
blebin seyn vnde dach eynem gewissen bothen besolen. Gnediger liber
herre v. f. g. wisse vor wor das ich der sachen so gerne eyn ende sege
als eyn mensche vff erdin. Och globe v. g. das vnser webirpart nicht
geachtet hetti das myr em sulche frist vorsagit hettin, wen dor vß hettin
sy große sachin gehat zu appelliren vnde mechtiglich by sache webir zu
bringen indem hoff zu rome. Och zu strofen vor dem protector vnde
general vnsers ordens by schrift von v. f. g. vnde och von myr. an
sy vormols gethon. Große vnde scheynbarer gerechtikit dor vß geschapt.
dor mitte in cwifel komen weren ob myr by sache ymer mer mehe
mochten gewonnyn haben. Item is durch sulchin vfsichub by sache gesaczt in v. g. gewalt das vor so nicht was. Vnde muß nu geendit
werdin noch v. g. willin vnde wolgefallin. beße artikel alle zu vorclaren.
wer schriftlich zu langk vnde v. g. vordrißlich zu leßin. Mag adder der
bruder mit dem bychtuater v. g. nicht eyne gnügliche vnde wolgefallende
wyssenheit machen, so habe ich em befolen, so balde myr zu schriben, so
wil ich komen wy ich kan. vnde y v. f. g. rath vnde geboth horen vnde
mit allem vormogin dor noch thuen vnde dor an mag mich keyne vor-
willunge gehindern. wen ich in der sachin vor gerichte offinbarlich v. g.
volwort vnde wolgefallin bedinget habe vnde eynaeczogin. der almechtige
got beware v. g. alleczyt. Geschrebin zu magdeburg an mittewochin
noch appollonie anno 2c. LXXV.

Vwer furstlichin gnaden   Bruder Andreas Proles
  bemutiger Capellan   Vicarius der Augustiner 2c.

17) Herzog Wilhelm an Proles.
23. Febr. 1477.
(Gef.=Archiv zu Weimar.)

Wilhelm. Vußern Gruß zuuor wirdiger vnd geistlicher lieber Andechtiger vf jungst vnßer schrift vch gethan gebt ir vns durch yezig vwer schriben der dinge kurz anzeigunge vnder anderm melbende, vwer bruder, den ir darmit schicket werde vnßen Bichtuater gestalt des vssichubs berichten, besließt doch am ende muge der bruder mit dem bichtvater vns nicht ein gnüglich vnd wolgefallende wißenheid machen, habt ir ym beuolen, vch zu schriben, so wullet ir komen, wue ir kemet, haben wir ynnhalt vwers brines verlesen, auch von vnßerm bichtvater berichtunge vwers bruders gehort, konen aber daruß nicht grunds eines wißens souil vns nod beducht geschepfen. Dorumb ist vnßer begerunge. Jr wullet vfs erst ir konnet, so das es ye vor dem Sonntage Letare gesche, by vns her gein Wymar fügen, vns der dinge ein ferner wissenschafft zu machen vnd von vnser meynunge widerumb vnberrichtunge zu empfaen, vf das das loblich angefangen werck fruchtbarn furtgang moge gewynnen daran erzeigt ir vns gud gefallen vnd begern des vwer antwort. Geben zu Wymar nf Sontag Jnuocavit anno 2c. LXXVII^{mo}.

---

18) Herzog Wilhelm an Proles.
13. April 1477.
(Gef.=Archiv zu Weimar.)

Wilhelm von gotis gnaden, Hertzog zcu Sachsen 2c.

Lieber andechtiger. wy wol wyr was vordroß gehat haben in dem vssichobe dem provincial vnde andern brudern vwers mederteylis gegebin. ydach haben wyr das gedolt. das wyr y nicht vormarckt wordin anders wen recht vnde gotis ere in den sachen zu suchen. So wyr deme als yr wol wisset viel fleiß kost vnde erbit vff by sache gestalt haben. is vnse ernste menunge yr wollet in den sachen tapper vnde vorsichtiglich entlich besliffende. wen wyr nicht vortragen mochten das so ernste sache sc,implich beslossen geeudet worde. Doran beschyt vns von vch banck wenigs gefallen. Geben zu wymar auf Sonntag Quasimodogeniti anno LXXVII.

---

19) Proles an Herzog Wilhelm.
2. Juni 1477.
(Gef.=Archiv zu Weimar.)

Jrluchter hochgeborner furst vnde herre. Mnn gebede vnde was ich geistlichs dinsts vormagk alleczyt zuuor. Gnediger lieber herre. der hilgen reformacien sache durch vwer s. g. angesangen in dem gublichin handel vff Sonnabend vnd Sontag geschcen. hat sich so geenbit, das der prouincial mit den synen vorwillet hat. das by closter durch v. s. g. vnder bebistliche privilegien gesaczt dor vnder bestentlich ane alle wedirrede der provincien bliben sullen. Och das by gebot vnde proceß des generals. vm clage des provincials synes vorsarn dor wedir gegebin. durch den richter sulden declarirt werden. das sy vnrebelich vntuchtig machtloß wern geweft vnd vns ny zu gehorsam vorphlichtigit. das wir och von obirsaringe sulcher gebot in keynen bann gefallin wern. Och das vnser privilegien mit allen vnde ytczlichen wercken, by doruß vnde in yrer craft gescheen seyn, durch den richter von bebistlicher gewalt bestetigit worbin. Noch vorwillinge in by drey artikel hatte wyr eyn gut gnugen vnde wusten nicht mehe von en zu begern. vorsogen vns och genczlich v. s. g. hette dor an eyn wolgefallen gnügen, als das deme v. s. g. rab der hoptmann von friburg gnulicher vorczelin wirt. En seyne hatten wyr bekomerniß mit dem closter zu konigisberg. das bebist- licher commissien nicht benümit wirt vnde czwifeln dach nicht v. s. g. wil das mit den andern vnder privilegirter obsseruancien wißen, vorchten wyr so wyr das harte welden anczyhen mit denn andern zu bliben. so es nicht bestimit is in der commissien. das des halben eyne appellacie abder wedirsproche gescheen mochte vnde wu by gescheen wer, hette der richter nicht torst vnser sachin bestetigin als offinlich in der bullen ge- schrebin is. So rab frogitte wyr vnsern gnedigen Herrn Bischoff von myßen. des rab vnder andern was, das wyr des closters swegin so lange by confirmatio gescheen wer. welde denne der provincial bas closter by den ander loßen, gub. welde her das nicht thuen, so hatte v. s. g. alleczyt macht myr bas zu beselen och ich vnvorsperritte gewalt bas vff zu nemen. Sulchen rabe noch haben wyr des closters gancz geswegen. nicht vßgeloßten och nicht eyngeczogin. vff hute dem rechts tag in gegen- wertikit bebir part vnde yrem willen. dem fruntlichin handel noch, hat der richter alle proceß wedir vns gegebin cassirt vnde das by ny craft gehat habin declarirt, dor noch bestetigit. alliß das in craft vnser pri- vilegien gescheen is. dor by v. s. g. rab deß halbin her gewertigit geweft ist, der das lenger v. s. g. vorczeln wirt, wyr bancken der hilgen bryselbikit, by yr barmherczikit by vns gegrößigit. vnde by sache eerlicher, wen wyr behert habin geenbit had. Och bancken wyr v. s. g. vor manchen großen slyß vnde kost vff by sache gelegit. der ryche milde gob beloyne v. s. g. benne vnde bo. wenne vnde wu v. s. g. das am grosten begeren wyrt. Ich wil mich ytczunt beerbitten das by brife gesertigit werbin by obir sulchen handel zu gebin seyn. dornoch das eerste ich kan by v. s. g. kommen alle bingk gnugelicher zu berichten. Eczliche menen das nutcze were, das v. s. g. schrebe dem rabe rethen zu gota vnde salcze enn by closter ernstlicher zu beselin. Vm bestetinge wil der hilgin observancien durch v. s. g. angefangen was v. s. g. wyßheit boran

wol gefallin wirt czwifel ich nicht wirt wol gescheen. Gotis vnde v. f. g.
wille geschee inbeme vnde in allin bingen nu vnbe alleczyt amen. Ge=
schrebin zu Halle anno 2c. LXXVII Am montage nach trinitatis.
Vwer furstlichin   Bruder andreas Proles
gnaben anbechtiger   Vicarius ber Augustiner.

20) Offener Brief des Proles den Convent zu Ueustadt be-
treffend.

18. Oct. 1485.

(Staatsarchiv zu Weimar.)

Vniversis presentes literas inspecturis Ego frater Andreas
proles sacre theologie lector. Reverendissimi patris prioris generalis ordinis fratrum heremitarum sancti Augustini conventuum
de observancia privilegiata nuncupatorum per alemanniam vicarius. Notum esse cupio quod cum ab illustri principe et domino
Wilhelmo duce saxonie lantgravio thuringie et marchione
missne conventum suscepissem Novae civitatis prope Orlam
reformandi et diu multisque imponsis laboribus dolens tardum mo-
dicumque profectum tandem experiencia clara probataque didici,
agricultura, que tunc temporis per conventum exercebatur votivis
regularis obsarvancie impedimenta prestare profectibus. Igitur
maturo prehabito consilio necnon bene placito accedente Illustris
principis et dni. domini Ernesti sacri Imperii marsalci ducis
Saxonie etc. precepi fratribus ut eosdem agros sub certis venderent
lymitationibus. Rogavique certos ejusdem oppidi prutunc procon-
sules et consules ut pro dei honore et beati Augustini honore
fratribus ipsis ad vendendum consilia et auxilia impartiri digna-
rentur quod et fecerunt. Et sic agri sub modis in literis aliis
comprehensi distracti sunt et conventus ab agricultura liberatus.
Talis modi venditiones ego frater Andreas auctoritate confirmo
officii et ratas gratasque habes in horum omnium testimonium
pro me et successoribus meis hanc literam sigilli officii corrobo-
ravi appensione. Datum anno domini millesimo quadringentesimo
octuagesimo quinto in die sancte luce evangeliste.

21) Proles an Hermann Keyser in Leipzig.

23. Oct. 1499.

(Cod. Chart. A. Nr. 121, p. 1 auf ber Bibl. zu Gotha.)

Venerabilis domine magister. Salutem et domini Jesu bene-
dictionem. Diu non scripsi caritati vestre, quia utilia ac salutaria

non occurrebant ad scribendum necessaria. Perambulavi partes
bavarie et suevie etc. intrans audivi novitates sed ita ficticiis
resperse sunt et mendacijs quod hijs pudet et tedet papirum macu-
lare et manum fatigare et calamum. Sed et credo nugigerulorum
in Lypczigk copiosum esse numerum, non cessamus impie agere
Ideo Deus non cessat punire, ne dedecus culpe sine decore ma-
neat, instat. Etquidem sub penis usque resonant gemitus et cla-
mores sed paucas cernimus a culpis cessaciones. Rogo colligatas
velitis quantocius transmittere litterulas. Spero adhuc ante ad-
ventum pertransire Lipczigk ascensurus in Dresden ad instantiam Principis domini Georij. Salutate dominos vestros et meos.
Item dominos doctores bretinbach, wylde, pistoris, et
ceteros fautores meos in Domino, postquam Martha dei (?) et
pistoris ditionem transiit, non adeo afflicior ad lypczigk. Vale
vir de et memento mei. Anno etc. XCIX°. Dominica post Severini.
ff. andreas proles etc.

Auf der Rückseite: Venerabili viro domino hermano keyszer
de stolberg artium magistro sacre theoloye baccalaureo
etc. in lypczensi commoranti studio et Christo colendo.

V. Die Briefe des Johann von Staupitz und einige andere Aktenstücke.

1) Staupitz an Kurfürst Friedrich.
Ohne Datum.
Bitte um Unterstützung des Klosterbaus zu Wittenberg (?).
(Ges.-Archiv zu Weimar.)

Durchlauchter hochgeporner furst meyn allergnedigster herre. Ich
geb e. c. g. vndertänig zu erkennen, daß ich nach dem doctorat wue
mich e. g. sachen nicht mehir vorhindern wurden, Magdeburg zu
visitiren vorgenommen biß gleichen die hymmelphorten vnd besehen
ap ich viis wenigist halben advent prebigen möchte, etwan do iß frucht
vnd nuz prechte dem armen new angefangen Closter zugute vnd Erhebung.
In welcher wir vorgangen summer wol virhundert gulden vorbauwenn,
der summa die vns von E. f. g. zugeschickt vnd noch nicht sunder vil
volendet. Ich wolt wiß got gerne vil thuen möcht ich allayn frey seyn
aber got hat es bißher alzo gewolt, beß wille in ewigkayt volpracht
werde. Auff nue alß der nicht weyter mag, endtlich zu e. f. g. vmb
Hulff vnd Rabt, möcht e. f. g. gote vnd Sancto augustino zcu Eren

28*

Vnd dinſte Etzlicher zigel ſteyne zu e. g. ayguen baw geraten vns domit bgnaden vnd ſünſt alß vnſer allergnebigſter herre helſſen, daß wir nicht zukunftigen ſummer ſtiller ſtehen müſten, wollen wir alle vnd Jch ſunderlich gegen gote nymmer vorgeſſen. E. f. g. iſt herr vnd vater. E. f. g. iſt ſtiffter. E. f. g. iſt nach gote vnſer aynige züflücht. Nehme E. g. vmb gotes willen zu herczen daß gut daß zukunftig nicht in getichte ſunder warhayt der werg geſcheen ſal vnd laſſe ine E. f. g. ſeyn alcz ſey eyn herre in E. f. g. vorlegung durchs laubt gezogen, der E. g. wol alß vil vorheret alß biß gantze haüſß geſteht. Jch wayß die milde gabe vns von e. g. vormalß geſcheen. Jch hoff aber E. f. g. hab nicht vorgeben ſunder eyn ſchatz gelegt der nymmer roſte vorheret aber verloren werde: E. f. g. thue hir Jnne wie ſie noch gote findet guet ſeyn vnd verzeye mir mit gnaden. Jch wayß doch tayn libern freündt den e. f. g. meyn allergnebigſten hern ab es auch meyn eygne perſon betreffe vil mehrer do es E. f. g. nicht weniger ſunder meher dan mich angeht. do mit bevel ich mich gantze alß der vndertanigiſte libhaber der E. g. gegen got nymmer vorgeſſen ſal vnd bitte gnebige vorzceyung in allem daß e. f. g. in diſer bithe vngefor nicht anſteh.

E. f. g.

Vndertanigſter Caplan
bruder Johannes von Staupitz auguſtiner.

---

2) Staupitz an Joh. Othmar.

30. März 1500.

Othmar erhält den Auftrag, die Schrift Decisio questionis de audientia missae durch den Druck zu veröffentlichen.

(Der Schrift vorgedruckt.)

Frater Joannes de Staupitz Augustinianus accuratissimo librorum impressori, Magistro Joanni Othmar S. D. P. In biuijs (ut nosti mi Joannes) Jam huc, nunc istuc a miliariis dirigentibus, quo diuersificati, multiplicatique, eo citius deuiis inuoluimur, seducimurque tramite nunc recto euntes. In via quoque morum aut salutis, contradicentibus sibi praeceptoribus, nil in subiectorum animis, nisi dubietas confusioque generetur, oportet. Ancipites enim cuius dictis fidem habeant, ex ratione non inuenientes, neglecta veritate, allecti fauore clamoribusue plerumque assertioni, que minus veritatis continet firmius herent. Quod et si amarum sit veritatis ministro, non tamen eapropter topiditate frangi, septulum excrescere potius debet, quemadmodum veritatis flumen (quod colit) sine aduersario, unico ac simplici callo contentum, obstructum septem exitus parat. Fit namque sapidius

veritatis ipsius nectar bibitum absinthio praegustato falsitatis.
Erroris itaque documentum ab inimico homine sane adiectum
doctrine ordeo colligatum, evellatur destruaturque. Nam cum
patientissimo non expectandum est euangelico illo patrefami-
lias, cum pro veritate res agitur, cuius inimicus trucidandus in
limine, serpensque sit terendus in capite. Accipe igitur questionis
huius subscripte decisionem atque amore mei veritatisque culto-
ribus ipsius legendam Imprimas. Mercedem veritatem elucidan-
tibus repromissam pro hoc labore aliquando capies vitam aeter-
nam. Amen.

    Datum Tuwingen Anno salutis nostre Millesimo quingen-
tesimo. Die penultima Marcij.

3) Aufforderung an die Augustiner, den von ihm recensirten und verbesserten Constitutionen Folge zu leisten.

1504.

(Den Constitutionen vom Jahre 1504 vorangesetzt. Abgedruckt bei Grimm
a. a. O., S. 116.)

4) Staupitz an die Herzöge Balthasar und Heinrich von Mecklenburg.

24. April 1505.

Staupitz sendet Joh. Voyt und Joh. v. Paltz zur Visitation des
Closters zu Sternberg und zur Beförderung des Closterbaus.

(Original im Großherz. Ges.- und Haupt-Archiv zu Schwerin. Gedruckt in
den Jahrbb. des Vereins für mecklenburg. Geschichte rc. 1847, S. 263.)

    Durchlauchten hochgepornen Fursten, Gnedigen lieben herren. Mein
onbertänige gepeth ond dinste seyn E. f. g. beuor. Gnedigen, lieben
herrn. Ich hab durch ezliche meyner vater vornohmen, wie daß new
angefangen Closter zu Sternberg E. f. g. Stifft eyns tayls durch
ongnädigen willen des hochwirdigen hern ond vaters bischoffs zu
Schwerin ond vielleicht durch meyner bruder onnordnung biß der vor-
hindert, alzo daß wenig daranne gebawet; hette die phlicht meyns ampts
erfordert, daß ich meyne bruder visitiret ond e. f. g. in diemütiger bethe
ersuchet hette zu gnediger hulff ond rate angeruffen, ist bißher durch
andere ordens not ond mergliche geschefste nachbliben: mag auch diß-
malß durch mich in aygner person nicht gescheen. Derhalben han ich
voorordent zwene väter onsers ordens, bayde der heyligen Schrifft doctores, Johannem Voyt ond Johannem Paltz mit onbertänigem
fleyß bittende, E. f. g. wolle die in gnaden horen, ine helfen ond raten,
daß wollen wir in aller onser sampnung mit geflissenem gepethe gegen

gote vordynen, in hofnung, got fulle E. f. g. vmb fulche woltat ann leyb, leben, gute vnd eren reychen. Domit beuele ich mich in aller demütickeyt E. g. in gnebigen furftlichen willen. Geben zw Wymar bornſtag nach Cantate 1505.

E. J. G.

vnbertanigſter Capplan
Bruder Johannes von Staupitz
Reformirter auguſtiner gemayner vicarius.

Auffchrift: Den durchlauchten hochgepornen furſtenv nb hern hern Balthaſarn vnd hern Haynrichen gefettern herzogen zu Meckelenburg ꝛc. meynen gnebigen liebenn hern.

---

5) Quittung für den Geleitsmann zu Wittenberg über 20 Gulden.
7. Dez. 1510.

(Facſimile bei A. D. Genber, De vita Joannis Staupitzii 1837. Abge=
druckt bei Knaake, Opp. I, 13.)

---

6) Staupitz, die Diffinitoren und die ganze Congregation be-kennen den Verkauf von 10 Goldgulden jährlich für 200 Gulden an den Prior und Convent des Nürnberger Klofters.
5. Mai 1512.

(Salbuch des Nürnberger Kloſters II, CXVII: Stabtarchiv in Nürnberg.)

Ego frater Joannes de Staupitz sacre theologie pro-fessor et vicarius generalis. Diffinitores totaque congregatio or-dinis fratrum Eremitarum divi Augustini Reformate Congregationis per Germaniam fatemur per has literas communicato consilio ven-didisse nos de communibus proventibus et redditibus nostre con-gregationis venerabili Patri Priori et Conventui Nurmbergensi prefate Congregationis nostre annuos aureos decem pro aureis ducentis: quos a prefatis priore et conventu in pecunia numerata accepimus: et in publicam communemque ordinis et fratrum nostrorum utilitatem vertimus expendimusque. Promittentes bona fide, sic (ut praemittitur) dictis priori et conventui Nurn-borgensi singulis annis in perpetuum ad dominicam Jubilate post pascha nos daturos, soluturosque aureos decem: donec et quousque praenominata summa aureorum ducentorum per nos seu antecessores nostros reemantur redimanturque: quam reemendi seu redimendi potestatem praenominatus prior et conventus ex pacto nobis fecerunt consenseruntque, ut etiam quinque aureos cum centum redimere possimus. In cujus rei fidem et testimonium has publicas literas Sigillo communi ejusdem nostre Congregationis communiri roborarique fecimus. Actum in Capitulo nostro triennali Coloniensi die Mercurii quinta Maji Anno a reconciliata divinitate millesimo quingentesimo duodecimo.

———— ——

7) Staupitz an die Gräfin Agnes von Mansfeld.
1515.

Widmung der Schrift von der Nachfolge des willigen Sterbens Christi.

(Abgedruckt bei Grimm a. a. O., S. 117; Knaake, S. 51.)

8) Staupitz an Lang.
14. Nov. 1516.

(Cod. Chart. Goth. Nr. 399 f. 224ᵇ.)

Ueber Wiederherstellung des Stubiums [in Erfurt]. Aufforderung an W. Pirkheimer zu schreiben. Grüße.

Venerando dignissimoque Patri fratri Joanni Lang Augustiano priori Erphurdiano viro non obscuro filio invicem dilecto.

IESVS

Salve frater. Accepi vnas a te literas dignissime Pater quibus nondum respondi. Interim ut audio res contra intentionem meam mutata est forsan divino consilio. Homo regitur, Deus disponit. Verum tamen oportet non absque consilio peritorum paucorum tamen tractari super his et alijs, quae necessaria videbantur. Idcirco desiderio desidero, quatenus cum reverendo patre Magistro Bartholomeo [1]) tractes de studio bene instituendo, pusillanimorum fuit, non fortium, Ideo praeteriit [2]) studium quod non accessit stipendium. Sed amicae haec conversationi, dum alter alteri praesens erit, servanda sunt, id quod ante festa fieri non postet propter festa suspenditur. Interim fortuna te deserat, gratia illustret, justitia te damnet immo saluet. Adam te morti, Christus vitae aeternae generet.

Est nobis hic patronus vir graeca Latinaque lingua eruditissimus et multarum rerum peritus, virtute praeclarus et huius inclytae vrbis patricius Dominus Willebaldus Byrckhamer, cuius forte vocabulum tibi antehac innotuit. Illi scribas graece et latine qui (quo?) tandem Augustanam nostram congregationem

———

[1]) Usingen.

[2]) Cod. praeterire.

absoluat omni modo barbaria. Multa alia essent scribenda, hodie tibi illo placeat satiari, quod non minus tibi opto quam velis. Saluum dic Reuerendum M. Bartholomaeum in ordine filium, in aetate parentem, cui me sicut tibi credo. Martyrem quoque aut toties examinatum confessorem patrem Volckmarum saluum ita ex me dicas, ut veterem hominem Adam exuat, Christum induat, de se desperet, in saluatore autem sperans preterita deleat, praesentia corrigat, futura bona consequatur.

Vale, vale iterum atque iterum et millesies vale. Datum. Nvrmbergae 14. Novembris 1516.

Frater tuus Johannes de Staupitz
Christi et Augustianae obseruantiae humilis seruus.

9) Staupitz an Hieronymus Ebner in Nürnberg.
1. Jan. 1517.

[Lateinische] Widmung des Buches de exsecutione aeternae praedestinationis.

(Der Schrift vorgesetzt. Abgedruckt bei Grimm a. a. O., S. 117.)

10) Staupitz an Hieronymus Ebner in Nürnberg.
1. Jan. 1517.

[Deutsche] Widmung der Scheurl'schen Uebersetzung desselben Buches.

(Der Schrift vorgesetzt. Abgedruckt bei Knaate, S. 137.)

11) Staupitz an den Grafen Botho von Stolberg.
18. Aug. 1517.

Staupitz unterstützt die Bitten der Brüder des Augustinerklosters zu Magdeburg an Graf Botho zu Stolberg-Wernigerode (Hofmeister Erzbischof Albrechts von Magdeburg und Mainz), sich ihrer in dem Streit mit denen von Plotho (Plathow) ihres armen Gotteshauses in Magdeburg anzunehmen.

(Aus dem gräfl. Gemeinsch.-Archiv zu Stolberg im Harz mitgetheilt von Dr. Jacobs in Zeitschr. für hist. Theol. 1875, S. 415 f.)

Dem edlen wolgebornen herren, hern Bothen, graffen zu Stolberg und Wernigerode rc. meynem gnädigenn herenn.

Jhesus.

Edler wolgeborner gnädiger lieber herre. E. g. seyn meyne arme gebethe vnd dinste bevor. Gnediger herre, meyn vätere vnd bruder deß closters Magdburg haben irer sachen mit den Plote ¹) halben e. g. zu besúchen, dere radt vnd hülffe zu begeren. Wan dan, alß ich bericht bin, dy sachen vormalß abgerebt seyn, ist meyn vnbertanige bethe an e. g., daß sy dem armen gotzhauß auß schaben zu rúe helfen wólle, vnd für lengeren vorzugt vorhueten. Taß wóllen meyne bruder vnd ich gegen got zu vorbynen geflissen seyn, dem ich domit e. g. treulich wil bevolen haben, bittende daß sy meyn vnd meyner bruder gnädiger herre sey vnd bleybe. Geben am achtzehenden Augusti 1517.

e. g.

vnbertaniger caplan
bruder Johannes v. Staupiß
Augustiner vicar.

12) Staupiß an Kunigunde. Pfalzgräfin bei Rhein, Herzogin von Baiern ꝛc.
1518.

Widmung der Schrift Von der Liebe Gottes.

(Der Schrift vorgesetzt. Abgedruckt bei Grimm a. a. D., S. 118: Knaake, S. 92.)

———

13) Offener Brief.
28. Aug. 1518.

Staupiß nimmt den kaiserl. Statthalter im Elsaß, Wilhelm, Herrn zu Rappolstein, mit seiner Familie aus Anerkennung seiner Verdienste gegen die Congregation in die Brüderschaft des Ordens auf und macht ihn aller Verdienste desselben, Ablaß ꝛc. teilhaftig.

(Original im Bezirksarchiv des Ober=Elsaß in Colmar. Serie II. Augustiner=kloster zu Rappoltsweiler im Ober=Elsaß. Inventar Nr. 246.)

J. H. S.

Dem Edlen wohlgepornen herrn Wilhalm Herren zu rappolstain ꝛc. Römisch kayserlicher Maiestat, obristen hofmaister haubtman, vnd Stat=halter Im Elsas. Pitt ich brueder Johannes von Staupiß reformierter Augustiner deutscher nation generall vicarius von got gnab fried vnd säligkeit, Gnädiger Herr, nachdem dy ewangelische lere Jnn=helt, das kaynn mensch das vnnderlassen soll in dem das es götlich, von ym bittet, aus der lieb, dy got allen geschaft hat, Ervolgt sich,

———

¹) Worum sich der Streit haudelte, habe ich nicht auffinden können.

das wir denen, dy vnns in woltheten vnnd gnaben vorkomen sein, entgegen laufen süllen, auch vnangesuecht mit dem, das ihnen von uns guets beschehen mag. Dyweil dan E. G. iren gnebigen willen zu vnnserm orden vilfechtig erzaigt hat, gepürt mir in danntparkayt mich vermugens zu erzaigen, Derhalben nym ich erstlich E. G. und der selbigen elich geporne kinder herren vnd frauen darzu den alten schwachen Herren all mein gnädig herren vnd frauen in des heiligen ordens brueberschafft vnd tayl in mit alle guete werck, dy got durch dy brueder meiner congregacion wirken wirt in meßhaben, prebigen beschaulikeiten, betrachtungen petten singen vnd lesen sambt allen gelassenhaitten vnnd waren vngebichtem gehorsam. Mer in casteyung des Fleisch vasten, wachen, disciplinen armuet hunger vnnd duerst vnnd sunst in allem guettem. Also das E. G. sambt irer verwanten vnnd obgemelten herren vnnd frauen dy selbigenn vngeschiden mit uns gemain sein. Weyter auß sunderlicher naygung, dar Innen ich E. G. fuer vnnster höchsten ainen woltheter erkenne vnnd dar fuer halt, mach ich sy taylhafftig vnnd gemain aller ablas, den vnserm Orden dy cristenliche kirchenn gebenn hat, auß besunder begnabung des heiligen Römischen stuels. Vnnd zum leczten versprich ich E. G. das wir nach abgang der selbenn, das got mit gnabem in lange Zeit spar, wen vnns bas selbig verkunbet wirt, E. G. vnnd anbrer yeczlicher In sunberhait sel Im ganczen Capitel allen klöstern befelhen vnnd den selbigenn, wie dann gewonlich, nach thuen vnnd gebachtnus halten nach lautt vnsers ordens geseßs, Vorkunde damit allen meinen vättern vnnd bruedern E. G. auch der selben E. G. verwanten herren vnnd frauen vnnser mitbrueder vnnd mitschwestern vnnd vornämliche woltheter vnnd also aller wolthat vnnd ablas als vnnser ains taylhafftig vnnd habhafft todt vnnd lebendig, Im namenn des vatters vnnd des suns vnnd des heiligen geysts Amenn. Vittendt E. G. laß Jr vnnsern ordenn befolhen sein. Geben am tag des heiligenn Augustini, oberstenn vnnsers ordens patron bey got, Nach Christi Jesu vnnsers lieben herren gepurt, Tausend, fünfhundert, Achtzehenn Jar, Vnnter des Ordenns brueberschafft brauchlichem Sigel.

— —

14) Staupitz an Spalatin.
7. Sept. 1518.

Ermahnt ihn, sich für Luther, dessen Sachen schlimm ständen, beim Kurfürsten zu verwenden.

(Abgebr. in Opp. Lutheri ed. Jenens., T. I, fol. 363 b — 364 a. Grimm a. a. O., S. 119 f.)

15) Staupitz an Luther.
14. Sept. 1518.

Kündigt ihm die bevorstehende Trübsal an und fordert ihn auf, Wittenberg zu verlassen und zu ihm zu kommen.

(Abgedr. in Lutherbriefe ed. Aurifaber, T. I, fol. 82 b, bei Löscher, Refor-
mationsacten T. II, p. 445 und bei Grimm a. a. O., S. 121.)

——— —

16) Staupitz an den Kurfürsten Friedrich.
15. Oct. 1518.

Meldet, wie sich Cajetan zu Augsburg gegen Luther verhalten
habe, und welche Gefahr diesem sowohl wie ihm selbst zu drohen
scheine.

(Original in der Ministerialbibliothek zu Erfurt. In moderner Ortho-
graphie abgedruckt bei Grimm a. a. O., S. 122; deßhalb hier noch einmal
nach dem Original wiedergegeben.)

Meinem allergnädigsten Herrn Herzog Friedrich von Sachsen, Chur-
fürsten. Zu seiner Gnaden Handen. Doctor Staupitz.

Jhesus

Durchlauchter Hochgeporner churfürst meyn allergnädigster herr.
E. Churf. g. seyn bevor meyn arme gebeth vnd vnbertanigste dienste.
Gnädigster Herr, der legat von roma handelt wye man (gote geklagt),
doselben phlegt, gibt hübsche wordt vnd dy selbigen lär vnd Eytel. Dan
sein gemute rastet allayn vff dem, daß magister martinus wyderruffe,
vnangesehen, daß sich magister martinus erbewtt stille zu stehen, vnd
hye zu Augspurg offentlich zu disputyren vnd seyner Disputationen
Ja aller wordt dor Innen beschlossen antwordt vnd vrsach zu geben,
aber der vngleiche richter wil nicht, daß er dispütyr sünder reuocir,
Nyhtz mynner [1]) hat Im doctor martinus vff dye fündament, ßo er
Ime vffgelegt, schrifftlich dermaßen geantwort, daß der Cardinal zu den
selbigen geengt Seynen gehabten fündament nicht vertrawet vnd sücht
ytzund hyn vnd haar, ditz vnd daß, ab er daß vnschuldige blüet vortil-
genn möchte, vnd zum widerruff bringen, got wölle der rechte richter
seyn vnd der warheyt beystandt.

Er sagt auch ayn schrifft vom general Im lande seyn, wider magistrum martinum, Doctor Peyting läßt sich hören eß sey auch wyder

———

[1]) Hierfür hat Bretschneider (bei Grimm a. a. O.) das sinnentstellende
„Nächst meiner".

mich daß man vns, Jnn kärter werfen ſylle, vnb gewalt mit vns üben, got ſey ber beſchirmer — Zum beſchlieſß, Jch beſorg ber magiſter müſße apelliren, vnb gewartenn beß, gewaltzt, helff im got, ſyne ſeynbt ſeyn worben ſeyn richter, by Jne beklagen ſellen baß vrtayl, bomit beuelh ich mich E. churſl. g. vnb by ſelbige bem Ewygen gote, vtzunb wayß ich nichtz gewiſß zw ſchreyben, woe ſich aber by ſache myltern würbe, ſal E. g. vſſs Eylenbiſt zugeſchriben werben.

Datum zw aug=pürg 15 tag octobris 1518.

E. Churſl. G.

vnberworfener gehorſamer Cappelan
D. Johannes von Staupitz.

17) Staupitz an Lang.
11. März 1520.

Auſforberung an Lang, zum Capitel nach Culmbach zu kommen.

(Cod. Chart. Goth. Nr. 399, f. 225.)

Reuerendo patri Magistro Johanni Lango, Eremitani ordinis per Duringiam et Misniam vicario dignissimo, patri in Domino Jesu obseruando.

JESVS

Spiritum dei opt. pro salute. Rara admodum, Reuerende pater vicarie dignissime, et ardua rebus nostris aduersantur, estque mihi non modicus timor, nisi in vnum venientes consentientesque vnitionem diuinitus assequamur, negocia nostra in peius itura sunt. Atque ideo, qui solus non valeo reipublicae nostrae unioni consulere, communitati per communitatem seruire contendam. Propterea reuerendam paternitatem tuam praesentibus cito atque voco ad conuentum nostrum Culmacensem, et quatenus ibi compareas vigesima prima die Aprilis bona hora in virtute sanctae obedientiae tibi praecipio in nomine Patris et Filii et Spiritus Sancti. Amen. Ago ut fratres et patres distantes tui, nisi graues habeant caussas, per tuam paternitatem aut certe per literas agant, parcentes expensis. Verum importabilia sustinentibus licitus liberque sit aditus. Viuas et felicissime viuas. Datum Saltzburgae Undecima Martij 1520.

F. Johannes de Staupitz Christi
et Augustinianae obseruantiae seruus.

18) Staupitz an Wenceslaus Link.

4. Jan. 1521.

Klagt darüber, daß ihm von Leo X. durch den Cardinal von Salzburg aufgegeben worden sei, Luther zu verdammen, bedauert seinen Kleinmut, bittet Link um seinen Rat und seine Hülfe.

(Abgedr. bei Alb. Menon. Verpoorten, Sacra superioris aevi analecta. Coburgi 1708. p. 49 sqq. Bei Grimm a. a. O., S. 123 f.)

19) Staupitz an Wenceslaus Link.

5. März 1521.

Dankt ihm für seinen Trost. Er will an Luther schreiben, der ihn des Kleinmuts beschuldigt hat, sieht mit Spannung Nachrichten über die Verhandlungen in Worms entgegen. In Salzburg sei noch nichts gegen Luther geschehen.

(Abgedr. bei Verpoorten l. c., p. 52 sqq. Bei Grimm a. a. O., S. 124 f.)

20) Staupitz an Wenceslaus Link.

16. Oct. 1521.

Meldet seinen Aufenthalt am Chiemsee, lobt das Wohlwollen des Herzogs Ernst von Baiern gegen Luther und bedauert Link's Einladung, zu ihm zu kommen, nicht Folge leisten zu können, da er zur Adventszeit wieder in Salzburg sein müsse. Empfehlungen ꝛc.

(Abgedr. bei Verpoorten l. c.. p. 55 sqq. Grimm a. a. O., S. 125 f.)

21) Staupitz an Rudbertus Freyschlag.

13. Nov. 1523.

Abschlägige Antwort auf das Versetzungsgesuch des Adressaten.

(Origin.=Brief mit angehängten Oblatensigel im Stiftsarchive zu St. Peter in Salzburg.)

Johannes dei gracia abbas monasterii sancti Petri ‖ spiritum sani consilii et tui ipsius cognicionem charissime fili. Tuas accepimus litteras, quibus animi tui fluctuantis insinuas condicionem, quod eum ipse quem propria sponte delegeris locum, iam subito mutare conaris. Velimus pacienciorem te exhiberes et maturitatis et animi constancie studia exerceres. Nescio cuius in te animi sit, prelatus in Vorenpach [1]) nobis quidem incog-

---

[1]) Vormbach, frühere Benedictinerabtei am linken Innufer in Niederbaiern.

nitus est, neque vllum e fratribus nostris vnquam in alium transtulimus locum, nec usque modo quemquam transferre deliberati sumus. Vale nostri memor in oracionibus tuis. Datum Salisburge 13. Novembris.

Auffd)rift auf ber Rüdfeite: Dilecto nobis in Christo fratri Rudberto Freyschlag nostri cenobii professo iam in Peyern [1]) agenti.

---

22) Staupitz an Luther.

1. April 1524.

Beteuert fein Feftfyalten am Evangelium unb feine Liebe ju Luther, wenn er aud) baš Abtun vieler Aeußerlid)feiten, befonbers baš Verwerfen ber Gelübbe unb baš Ablegen ber Mönd)šfutte, woburd) bie Herzen ber Einfältigen verwirrt werben, nid)t billigen fann.

(Aus einer Abfd)rift in bem Spalatinifd)en Cober ju Bern, Epistolae variorum XVII, abgebrudt bei Krafft, Briefe unb Documente aus ber Zeit ber Reformation, Elberfelb [1876], S. 54 f.)

D. Staupicius.

D. M. L. amico summo et Christi servo Frater et discipulus tuus Johannes Christi servus.

Jhesus

Salutem et Sc. [2]) etc. Scribis totiens optime Martine, et suspectam [3]) habes constanciam meam. Ad quod ego: fides mea in Christum et euangelium integra perseuerat, tametsi oratione opus habeam, ut Christus adiuvet incredulitatem meam, detesterque humana et ecclesiam tepide amplectar [4]). In te constantissimus mihi amor est eciam supra amorem [5]) mulierum semper infractus. Sed parce mihi, si quandoque ob tarditatem iugenii mei tua non capio atque ita silencio pertranseo. Videmini mihi dam-

---

[1]) Michaelbeuren, nod) beftehenbe Benedictinerabtei, öftlid) von Laufen im Salzburgifd)en.

[2]) Hier ift nid)tš Anbereš zu lefen, wie Krafft a. a. O. meint, fonbern nur ipfum zu ergänzen. Vgl. Luther an Staupitz: salutem et seipsum (De Wette I, 116). Se totum (Sd)eurlš Briefwed)fel ed. Knaafe II, 51 u. 54).

[3]) Nad) Krafft im Cod. suspecta.

[4]) Conjectur Dr. Seibemann'š (Stubien unb Kritifen 1878, S. 799) für baš finnlofe detester quid humana et ecclesia tepide amplecta bei Krafft.

[5]) amore im Text. Zum Ausbrud zu vergleid)en 2 Sam. 1, 26: dolco super te, frater mi Jonatha, decore nimis et amabilis *super amorem mulierum*. Sicut mater unicum amat filium suum, ita ego te diligebam.

narc multa prorsus externa, quae ad fidem et iusticiam nihil faciunt, neutra sunt, et in fide domini nostri Jhesu Christi facta minime conscienciam granant, cur igitur turbantur Simplicium corda, et quid monachorum habitus naribus tuis odio fecit, quem plerique in sancta fide Christi gestant. Intervenit proh dolor fere in singulis humanis exerciciis abusus et rari ¹) sunt qui fide metantur ²) omnia, sunt nihilominus aliqui ³), ideo non est rei substancia reprobanda propter accidens malum, quod in aliquibus est. Vota passim omnia abijcitis, in paucissimis forte uno duntaxat fundatj. Effundo itaque ad te preces, dulcissime amice, recordare paruulorum et non inquites pauidas consciencias. Que neutra sunt, et cum sincera fide stare possunt oro ne damnes. In illis vero, que fidei aduersantur clama, ne cesses. Debemus tibi Martine multa, qui nos a siliquis porcorum reduxisti ad pascua vite, ad verba salutis. Dominus Jhesus tribuat incrementum, quatenus euangelium, quod nunc auribus percipimus, quod in ore multorum voluitur, tandem vivamus, si quidem ad libertatem carnis video innumeros abuti euangelio. Sed spiritus ubi vult spirat, vobis debemus gracias quia plantastis et rigastis ⁴), deo seruantes gloriam, cui soli damus potestatem faciendi filios dei. Sat scripsi, vtinam vel vnica hora liceret tibi colloqui et aperire secreta cordis. Commendo tibi frater mi, quem coram cernis latorem presencium, discipulum tuum efficere tua industria et facultate vt citius piretum accipiat magisterij et remittatur mihi. Spero certe, quod bonum fructum facturus sit ⁵), studio Wittenbergensi honori futnrus. Valeant apud vos preces mee indigne, qui olim precursor extiti sancte evangelice doctrine et quemadmodum eciam hodie exosam habui captivitatem babilonicam. Vale et Philippum, Amsdorfium, doctorem Jeronimum cum ceteris amicissimis valere iubeas. Datum Saltzpurge prima Aprilis 1524.

Staupitius post
longa silencia ad
D. Martinum Lutherum
M.D.XXIIII.

Staupitius ex Saltzburgo
post longa silencia ad
D. M. Lutherum M.D.XXIIII.

---

1) Im Text vari.
2) So zu lesen statt meantur nach Röm. 12, 2: sapere ad sobrietatem, sicut Deus diuisit *mensura fidei*.
3) Für alia.
4) Für regastis.
5) Cod.: factus sit.

23) Staupitz an den Pater Chilian.

14. April 1524.

Staupitz dankt dem Adressaten für seine Teilnahme bezüglich seiner Krank=
heit. Er sei zwar sehr krank gewesen, es gehe ihm jedoch besser, so daß
er zu genesen hoffe. Von Ordensangelegenheiten.

(Original=Brief mit aufgedrucktem Oblatensigel im Stiftsarchiv zu St. Peter
in Salzburg.)

Jesus! ‖ S. P. in domino Jesu saluatore nostro. Venerunt
littere tue dulcissime pater, in manus meas, 14. Aprilis, ex quibus certiorem me reddidisti, te vtrumque quoque conuentum [1])
ex volante fama aduerse valetudinis mee perturbatos fuisse. Fateor
aliquantulum in exitu a Salisburga peius sensisse in corpore,
ita vt iudicio peritorum periculosum iter meum estimarunt atque
adeo vt de reditu meo male iudicarunt, quasi vel mortuus, vel
alias totus invalidus redirem, quo motus volui potius experiri in
hoc loco sano, in puritate aeris alteracionem corporis mei, et per
dei graciam videor ipse mihi hodie melius habere in bona spe
recuperando sanitatis, siquidem mecum est medicus arte peritus,
dominus Georgius Obsinger iis curam mei agit et medicinas
quottidianas michi tribuit cum bona discrecione. Ideo in primis
gracias habeo vobis omnibus pro pia vestra sollicitudine et cura
filiali, redditurus aliquando paternali affectu bonum pro bono,
teque oratum facio, quatenus vtrisque conuentibus et amicis hi-
lariorem vultum reddas, non enim sum, vt inanis fama effudit ad
mortem infirmus. De hoc satis! Ad ea que punctatim in consilium meum iactas, per famulum nostrum Conradum Frannkh
post vnum vel duos dies deliberacior scribam; nam hodie quies-
cendum michi putant. In hoc vale, sed et qui mecum sunt,
presertim confrater noster Georgius [2]) et ceteri valere te cu-
piunt. Datum in civitate Prawnaw 14. die Aprilis etc.

   Frater tuus Joannes abbas, Christi servus.

Aufschrift: Patri Chiliano oeconomo, fratri et filio pre-
dilecto.

---

[1]) Nämlich des Mönchs= und des damit unter einem Abte verbundenen
Nonnenklosters zu St. Peter.

[2]) Mit dem Beinamen: Olearius oder Oeller, der nachmals i. J.
1535 zum Abte gewählt worden, aber schon am 11. Tage nach seiner Wahl,
nämlich am 17. März 1535, gestorben ist.

24) Staupitz an den Pater Chilian.

15. April 1524.

Ordensangelegenheiten betreffend einen Salzstreit mit dem Herzog Fer-
binand.

(Original=Brief mit aufgedrucktem Oblatensigel im Stiftsarchiv zu St. Peter
in Salzburg.)

Jhesus! || Saluet te deus optime pater! Iam ex litteris prio-
ribus nosti me mediocrem agere vitam; ad alia pergo que reci-
tasti. Negocium Breytenbacht non possum non promovere,
erit forte aliquando tempus memorie beneficiorum. Placet igitur
quod prouideatur equo et si fieri potest secum habeat dominum
Balthazar, descendantque ambo ad me, neque enim procul a
strata publica recedant. Date in causis nostris bonam instruc-
tionem domino Baldazaro (at [ut?] ego visis vestris mea quoque addam). De Elsenhaymer res in . . . . et probo
vestrum consilium. De censibus in Hallis castis (?) comode
venit, nam proxima Mercurii die convenient in unum Praune
consiliarii ducum Baiarie et episcopi Patauiensis, sed et
domini reverendissimi Salszpurgensis in causa salis contra
ducem Ferdinandum, comparebunt autem nomine ducis Wil-
helmi principalis secretarius, mihi ab olim amicissimus cum
certis aliis, ex nomine autem Goder prefectus in Hall, qui
nostre perturbacionis caput extitit: videbo si quo modo pace
transeant omnia, sin autem curabo causam coram principe micius
procurari: quis eventus rei fuerit, cum domino Schlegel com-
municabo. Ceterum quod petam, Franco ore dicet. Vale cor
meum in domino saluta fratres sorores et amicos, et orate pro
me peccatore. Datum Prauna 15 Aprilis 1524.

Frater vester Joh[annes] abbas, Christi servus.

Aufschrift: Patri Chiliano oeconomo viro prudenti fide-
lique.

NB. Von den drei aus dem Salzburger Archiv abgedruckten
Briefen scheint der letzte allein eigenhändig geschrieben zu sein. Der
Sigelstempel ist oval, oben die äbtlichen Auszeichnungen mit der Mitra
in der Mitte; darunter zwei Wappenschilde, rechts (heralbisch) das ge-
treuzte Schlüsselpaar, links ein Posthorn, endlich unter den beiden Schilden
die Anfangsbuchstaben: I. A. (Ioannes abbas).

25) Prior und Convent zu Erfurt verkaufen an Frau Margarete Lang, Mutter des Johann Lang, ein Haus.

22. Nov. 1516.

(Copialbuch des Erf. Augustinerklosters Nr. 380. Archiv zu Magdeburg.)

Wyr hynach geschriben Bruder mit namen Johanns Lange der heyligen Schrifft Baccalaureus vnd prior, Johannes Nathin vnd Bartholomeus Arnoldi der heyligen schrifft professores, Georgius leyser lesmeister, Jacobus Berda supprior, Andreas vnd Johannes loer Balthazar Sachsen von wegen deß ganczen Convents einsidler ordens sancti Augustini des Closters zu erffurt Bekennen offentlich vor vnß vnd alle vnßer Convent Bruder das wir mit wol bedachtem muthe vnd vnsers Convents nucz vnd fromen willen recht vnd redlich vorkaufft vnd czugesaget haben vnßer hauß hie zu Erffurdt vnder vnßern neuen Heußern das mittelst vnd an eins ander eden by vnßerm Closter der Tugentßamen frawen Margarethen Langhen des obgenannten vater priors mutter Jre lebtag zu gebrauchen vnd dasselbige junne zu halten vmb zehn lauer (?) schod, welche sy vns bereyth geneczlichen vnd guttlich bezalt hat. Derhalben sagen wir sie solcher summa queydt ledigk vnd loiß. Doruber sal auch die obin genanthe frawe solchs hauß in jerlicher besserung ßo es die noturpft fordert halten vnd des selbig des schoß halben was das mag betreffen vorrecht. Auch sollen vnd wollen wir vnd vnßer Convent mechtigk seyn einer kamern in gedachtem huße, alßo das wir derselbigen vor vnßer zukunftige gesthe als weyber personen mogen gebrauchen vnd die darinnen beherbergen alß offt vnß das im Jare wyrt von noten sein als wir den mit der vorgenannten keusserin eygentlich sindt ybereyn kome vnd solchs zwuorgunnen vnd gestaten vns bewilliget hat mit handt vnd mundt. So sichs aber begebe wyntherczeyth das wir geste ym selbigen hauß wolten beherbergeth haben, solenn vnd wollen wir be besiezern des hauß hulff vnd scheure thune des feurwergs halben alßo das sy von vnßern gesthen kein sunderliche beswerunge soll haben. Auch nicht sunderlich vorpunden sein soll yn zu aber abe zu tragen. Solcher kauff vnd zu sage wie oben vßgedruck sall weren dieweyll die obgemelthe Matron ym naturlichen sterblichen leben ist vnd noch abschydt vnd tode sall das selbig hauß vnßerm Convent friedlichen an eins yczlichen einsprych volgen alßo das wir vnd vnßere nochkomen mechtigk wollen sein dor mith zu thun vnd lassen nach vnßers Conventis nucz vnd frommen. Czu vhesther vnd siheter haldung auch zu einer waren bekentniß aller oben berurter puncte vnd stuck haben wir bissen offen briff vorsigellt mit vnßers Convents Sigill. Der gegeben ist In vnßerm Closter zu den Augustinern zcu Erffurdt Im funfzcehenhundertesten vnd Sechzcehenden Jare Am tage Cecilie der heyligen Junckfrawen.

26) Beschlüsse der Augustineremeriten auf dem Convent zu Leipzig
am 22. Jun. 1523.

(Staatsarchiv zu Magdeburg.)

Frater Joannes Natin, sacre theologie professor discretus conventus Erffurdens., frater Joaunes Spangenberg sacre theol. prof. prior: Conv. Eschweg., frater Beszle-
rius theologie lector. proximi precedentis capituli diffinitor, fr.
Conradus Aldorff discretus Conventus Eschwegens. frater
Georgius doliatoris discretus Conventus Heidelbergensis
fr. Casparus Pistatoris discretus Conventus Sternbergens.
omnes de vnioue regularis observantie ordinis fratum Eremitarum
Sancti Augustini per Germaniam: Nomine nostro et nomine omnium fratrum totius ordinis nostre Vnionis. Quum nostri ordinis
sive Unionis constitutionibus cautum sit, quod vicarius dicte nostre
vnionis cedente vel decedente aut quomodolibet officium dimittente
ad electionem novi vicarij sub certo tempore procedatur: Nos volentes Nuper post resignationem vicarii nostri Magistri Wen-
ceslai linck ad novi vicarij vt praemittitur electionem procedere hij ad quos spectabat vnionis nostre prefati prioribus ac Ca-
pitularibus scripsere ad electionem huiusmodi vt moris est ex-
citantes. Sed quia propter locorum seu conventuum nostrorum
distanciam magnam et per totam fere Germaniam bellicos motus
maximeque obviam periculosa discrimina ad antedictam electionem vicarii tuto ire non poterant: Res permansit infecta: Ne
igitur ob certi forsan temporis lapsum electionem ipsam activa
vel passiva (voce) privaremur, denec jam loco et tempore debite (a) facere sive celebrare convenienter possimus. Aut ne
super quorundemque caussa Impedimenta nobis fierent sine mo-
lirentur necessarium duximus nobis super his protestandi. Secundo vero Nos omnes et singuli fratres supradicti protestamur
nomine nostro et quolibet per se in solidum ac pro omnibus
vnionis nostre fratribus etc. quoruncunque Conventuum nostrorum
adherere nobis volentem. Et cum Nova quaedam ac peregrina
In Germania surrexerit siue orta sit doctrina quam Martinianam
sive Lutheranam dicunt nos non velle eidem adherere nunc et in
futurum, quemadmodum et antecessores nostri adheserunt et stete-
runt determiniationi sancte nostre ecclesie catholice: Suadere vos
dominum Notarium publicum etc.

Acta sunt hic in monasterio sancti Francisci In Leiptzick
ord. min. 22. Juni 1523.

—

27) Eine Predigt von Staupitz im Benedictinerkloster zu St. Peter in Salzburg gehalten.

(Cod. a. II, 11 im Archiv zu St. Peter in Salzburg, Bl. 236—246.)

Noch gar ein nuczen sermon hat er vns geprebigt im advent im refant da er vns dy gemayn peicht hat zuegesagt.

Mein liebe kint, dy weil yecz ein heilige zeit ist, in der wir mer dan anderleut würchen sullen, wil ich euch sagenn damit wir nit an frucht wirchen, zum ersten dan wyr haissen geistleich, Aber der teufl hat vns betrogen, vnd hat vns nichts gelassen, dan den nam, vnd wellen mainen, wir wellen mit vnsern klaidern oder petten vasten, vnd den leib kasteyen geistleich vnd frum machenn. Ach es fält sych, nembt nur für (236ᵇ) euch das wärtlein geystleich dan von dem geist haissen wir geistleich, dan vnser geist sol gancz veraint sein mit dem geist gots, vnd emssytleich im geist zu im schreyen, Ach mein allerliebster got, machs vnd würch mit mir wie dw wild, damit dw mir nur allains gefalst, vnd ich dich allain lieb vnd lob, gib mir mein gott, das ich mir selbs nit gefall. Auch mich noch nyemant lieb dan dich allain vnd in aym festen vertrauen, vnd gelauben stenn, das er vns wel Sälig vnd frum machen aus seym verdyen, vnd lauterr parmhercz (Bl. 237) tkait, vnd gar nichcz aus vnsern außern werchen, der mensch ist nit geistleich, der daher geet vnd reckt das maul, Syecht saur, vnd henckt den kopf, vnd maint er sey gar wol daran, der versyecht sych er wel mit seinen werchen Sälig werden, vnd gefelt im selb wol, der selbst ist nit geist= leich, dan er würcht nit im geist, vnd im vertrawen zu got, dan er sagt im Ewangely ir sult würchen das prot, das ist ir sült den geist gots in euch lassen würchen, Er hat nit gesagt macht das prot, das ist tuett ewre werch, Sunder würcht es (Bl. 237ᵇ) vnd legt es dar= nach selbs aus vnd sagt, Ich red nit von dem gemainen prot, das da hert wirt, das man nit peyssenn mag, vnd wirt schymplig vnd zu lest zu aschen, das ist nitt ain speyß dy pleibleich ersättigt, Aber das prot würcht im heyligen geist, dy werch davon ir mügt pleybleich vnd ewigk= leich ersättigt werden, wan das prot sein dy werch des geists, dy man würcht in dem gelauben, vnd vertrawen zu got, das wir im fest ge= lauben, Er sey vns zu trost gesentt, geporn, gestorben, vnd erstanden Allein aus lauterr lieb aus der (Bl. 238) er vns auch wil Sälig machen So wir nur gancz vertrawen auf sein zuesagenn dan er mag nit fällen, dar durch werden wir dan pebegt In allain zu lieben vnd von allen außern werchen zulassen, darinn wir dan got nit klar vinden, Ob es gleich das gesecz ist, dan es sagt paulus, Ich pegert das ge= seczt zu halten vnd Eben da ich maint ich hielt das geseczt, da über= trat ich das geseczt, das ist da er dy aussern werch wolt halten, da übertrat er das geseczt gots, vnd yrrt got an seim werch des glauben

im geist, Nun möchteſtu ſagen, Ey (238ᵇ) lieber got ſolt es den alles
genueg ſein mit dem gelauben, Ja freylich iſt es genueg, gelaubt nur
frey Er kan nit an frucht vnd werch der lieb ſein iſt er anders lebentig,
Ey waromb wolten wir im nit gelauben, Nun ſagt er vns doch nichcz
dan nur woltat zue, Sag zu im, Ey mein got erlück mein gelauben,
vnd lieb, damit dw in mir mügſt würchen, vnd ſo der geiſt gocz mit
dem glauben in vns kümbt, So werden wir gancz pegirig zu betrachtenn, dye woltat gocz, vnd mit leib vnd ſel got zu dyenen, Ey waromb
wolten wir dan nit mit allen (Bl. 239) vnſern glyedern got dyenen,
dy fueß müeſſen zu ſeinem lob gen, dy hent zu im erheben, dy augen
zu im auffſechen, vnd an dy pruſt klopffen, der mund mues zu im
petten, den leyb im zu lob kaſteyen, vnd alle außre werch mügen wir
wol in dem gelauben fruchtperlich würchen, wir ſüllens halt würchen,
Secht nur das ir den gelauben vnd vertrawen, ye alzeyt pey euch habt,
daß allain auf got gee, das iſt das erſt, vnd das fundament, darauf
wir ſüllen pauenn; zum andern mal ſült ir mercken wie ir ſült petten,
Als Jhs Xitſ im Evangely (Bl. 239ᵇ) Sagt pet im geiſt, vnd in der
warhait, waromb ſeczt er dy warhait darzue, das wil ich euch ſagen,
wer nit im geyſt pett, des pet iſt nit in der warhait, Sunder nur ain
ſchein vnd ain gedicht ding, das an frucht iſt, So kümbſtu dan Ey das
got ſey gelobt, wie hab mein roſen krenczel ſo ſchon gepet, Ey daß got
ſey geklagt das dw ain ſolicher narr piſt, das ſein gewyßleich dy rechten
geleixner, dye in ire außre werch laſſen gefallen, Syech ſy nur recht
an, So iſt nichcz da, das dir daran kan gefalen, Es iſt gewis das
dw ſy nitt (Bl. 240) recht haſt peſechen, So dir ain werch gefelt,
wann ſy ſeyn noch kynnen nit guet ſein, dan ſy kömen vnd ſein veraint mit geiſt gots, So ſy dann der geiſt gocz würcht, So kanſtu dir
ſelbs nit darinn gefallen, Sunder nur allain der got, daromb ſpricht
paulus Jch entpfünt Ain geſeczt in den ynnern menſchen das mir wol-
gefelt, mein geiſt gyeng im gern nach, Aber das fleiſch wider ſtett im
alzeit, Alſo was ich wil, das tue ich nit, vnd was ich nit wil das
tu ich das, geſeczt des innern menſchen Iſt eben das recht gepet, des
(Bl. 240ᵇ) geiſt, das iſt man das fleiſch ymerdar tobt vnd doch nit
gar erwürg, das tuet dem ſüntſack wol wee, Er hacz nit gern, Er ſycht
alzeit dawider, Alſo das wir nymmer thuen, was wir gern täten, das
iſt er zeucht für vnd für, aus dem geiſt, zu ſych, Aber ſo der
warhaft geiſt gots kümbt, der pringt nichcz mit im, dan vnſer aigen
haſſen vnd allain got loben, vnd danckenn, das iſt das war gepet
des geiſts So wir vns für pueben vnnd puebynn haben, vnd allain
got für gerecht halten ſagen alweg Ach mein frumer got, Jch ſag dir
lob ere vnd danck, das dw mir zu (Bl. 241) troſt kömen piſt, vnd
mich aus meinen ſünten hat erledigt, Jch ſag dir danck, das dw mich
haſt geſpeiſt, mit der ſpeis der engel, das gepet mugt ir tuen, wo ir
ſeyt, An der Arbait, An dem tyſch, Seſſt vnd habt ain gueten muet

doch habt alzeit das gepet im herczen ymer ain gedanck, Ach mein gott sey dir lob vnd danck, das dw mir zu hilf pist kömen dann Ihs ist vns geparn, Ihs halt vns gelytten, Ihs ist vns gestorben, Ihs ist vns erstanden, darvmb ist vnser gepet yecz mer ain danck dan ain gepet, dye heyligen väter haben gepetet (Bl. 241ᵇ) im glauben das er kömen wurd, darvmb sagt der prophet sycha, sycha Er kümbt daher vnd pringt das lönlein mit im Aber wir gelauben, das er schon kumen ist, vnd der himelisch vater hat den son, das ist sein genad vnd parmherczikait mit im vns geben, darvmb süllen wir nuer barcken, der grossen lieb, Es war eben genueg gewesen, das vns Ihs nur wär geben worden, In der gepurt, ain kint in der wiegen, zu der Säligkait Aber er hat vns sein grosse lieb wellen erzaigen, wer dan kain mensch dem andern nymermer mag erzaigen, vnd (Bl. 242) darvmb das er vns zue hat gesagt, Ja er ist halt kömen da wir dy grösten veint waren Eben da das iübisch volck am aller pössisten was, da kam Xts, das wir ye nit mainten, das sy es heten verdyent, Sunder das er es het zue gesagt, Als auch paulus sagt ab romanos am achten, da wir veint war da hat ves Xts erlöst, darvmb sodert er nichcz dan danck von vns, zum briten vnd lesten So wir nun yecz in der heiligen zeit wellen kumen zu rue vnd sycherhait des gewissens, süln wir aus dem lob vnd danck kömen zu verachten hassen vnd (Bl. 242ᵇ) schelten vns selbs, vnd sullen kain tag aus lassen, nym dir ain zeit vnd gee in dein gewissen, vnd peicht beim got vnd erfar zimleich was dir einfilt du bedarfst nit fast darnach suechen, peicht beim got, Sag Ach mein frumer got ich kum zu dir mit so vil sünten, vnd erkenn mich vor dir, das ich ain armer hellprant vnd verdambter hunt pin meinenthalben. Aber in dir pin ich ein erlöster auserwelter, darvmb kum ich zu dir, wann ich kan nichcz anders dann sunten, vnd zum tewffell gen, So ist dein werch nit anders dan nur weschen, parmherczig sein, vnd gerecht machenn (Bl. 243) dye dy sich für sünder achtenn Als wir dan warlich all sein Aber wer sich nit für vngerecht acht, dem ist Xts nit zu trost vnd hail gesent, dan er ist nur von der sünder wegen kömen, dye zu erlösen, Aber wer ist der der sich ain augenplick kan enthalden, vnd nit für vnd für sünt, darvmb mues auch got ymer nur vergeben, darvmb mein got kum ich nit verzagt zu dir, wie wol ich wais das ich ain armer hellprant pyn aus mir, So wais ich doch das dw mir pist geben, Ich sag dir lob ere vnd danck, das du mich So lang hast aufgehaltenn In meinen sünten, vnd mir dy hast alzeit vergeben, Ich kum aber wasch, vnd vergib, aber vnd aber vnd würck dw in mir, dan ich kan werlich nichts guez tuen, Ja ich sag frey, Ich sag dir auch nit zue frum zu werden, mach dw mich frum mein frumer got, Nun möchstu sagen, Ja lieber gott es ist alles verlorn, So ich schon peichtt, So pin ich noch vol sünten, Ich bin rächig, hassig, fleyschleich, vnd hab all pös zuenaigung zum sünten vnd kans nit recht peichten, darumb hab ich ain vngenädigen got, Ach nayn meine liebe kindt got hat dir wol versprochenn Er wöl dy sunt von dir nemen er hat aber nit gesagt, das er den süntsack wöl von dir nemen, zu den sünten, dw hörst nit auf pis das sel vnd leib von einander schaiden, Es haben auch dy grossen heiligen dy im himel syndt oft gesünt, gesluecht vnd gescholten, Es möcht sych das erdtreich haben auf getan, Es ist darumb nit als verlorn, Lauf nur aber zu got, Ach mein got verzeich aber, das ist aber dy hell vnd pueß vmb dy sünt, das wir vns mit den zuenanzzung müessen peyssen, Es dörst warleich ains dem anderen (Bl. 241ᵇ) tain plag an tüen, wir wärn vns selb plag genueg, So wir vns recht ins gewissen sechen, So wärn wir vns selbs veint vnd loben, vnd lieben allain got, vnd dancken im, das er vns so genädikllich, in vnsern sünten erhelt, vnd Sagen Ach mein got, Auf das ich auch ain zeugen hab das ich dych ainig lob, so wil ich auch hingen, vnd wil mich vor dem priester schelten, vnd mein sünt pekennen ꝛc. vnd nach zimleycher erfarung des gewissens kum für den priester, vnd peflag dich, doch sol dy peicht (Bl. 215) mer sein ain lob gots, dann dw dich solt schelten, wann aber got nit gelobt mag werden, dan dw scheltest dych darumb soltu du dich gern schelten, Nun möchtestu sagen, solt ich dan all sünt aym menschen Sagen, der ich mich scham zu gedencken, Sag ich wildu zu rue vnd fryd kumen, So sag alles, oas dir der gelaubenn vnd vertrawen zu got verhengt zu sagen, Sag vnd hiet ich zechen kinder ermörtt, Ich wolt es gern sagen, das mich grosse mörderin mein gott So genädigkleich wil auff (Bl. 215ᵇ) nemen, vnd mir mein sunt ablegen, Ja auch alle meine guete werch, So ers wolt nach gerechtikait richten mich verdambten, vnd so der priester spricht Ich entpintt dich von dein süntten, So laß dir sein, Als Xits selber da stuent vnd entpunt dich, Aber wer nit gern peicht oder verzweyfeln wil, das ist ain gewiß zaichenn, das der kain glauben, noch hofnung, zu Xto hat, wan Xits nit gelobt mag werden, pis wir vns schelten, vnd verdamen dw bedarfst dich darumben nit selbs zu schanten pringen, darfst es nit an ain prief (Bl. 246) schreiben vnd yederman zu lesen geben, behalt das als haimleich dw magst, nur so vyl das der priester dein zeug sey, das dw got damit gelobt vnd im als guets vertrawtt hast, So ain Ee volck zusamen kümbt, weilen sy wol mit ein ander leben, So mueß ains dem andern vertrawen, das sy an ein ander eliche trew wellen halten, tue das weib was es well, So nymbts der man wol von ir auf ob sy halt schon ein wenig leichtfertig ist, So das vertraun peleibt, So kan er ir es nit zu übel ermessen, Also so wir gegen got nur im gelauben, vnd ver= (Bl. 217ᵇ) trawn sten, So er vns schon pey dem har nymbt, vnnd schylt vns, vnd trit vns mit füessen, So nemen wir es als zu guet an, Sagen Ey mein gott Ich wais das dw mein erlöser pist, darumb tue mit mir wie dw wilt, dennoch wil ich in dich hoffen, vnd ob dw mich schon erwirgest, dan ich wais wol das dw mirs als zu guet maynst, vnd wirst nur in den gröſten nötten zu hilf kömen, dann dw haſt mir verſprochen, dw welſt mich ſälig machen, darzue helf vns der, von dem Jedem, vnd aus dem allen ding iren vrſprung, anfang mytel vnd ent haben, vnſer herr Jhs Xſts Amen.

VI. Verzeichniß der Augustiner = und Staupitz= Literatur, ſowie der abgekürzt citirten Werke.

A l b u m academiae Vitebergensis. Ex autographo ed. C. E. Foerstemann. Lipsiae 1841.

B e s l e r i, Nicol., Augustiniani vita ab ipso conscripta, in Fortgeſ.
Sammlung von alten und neuen theol. Sachen. Leipzig 1732.
S. 356 ff.

— Mare magnum Augustinensium etc. (Leipziger Stadtbibl., Cod.
C. C. XIV.)

B u r k h a r d t, Dr. Martin Luthers Briefwechſel. Leipzig 1866.

C a ſ e l m a n n, H. W., Wenzeslaus Link's Leben für chriſtliche Leſer
insgemein in M e u r e r' s Leben der Altväter der lutheriſchen
Kirche III.

C h r o n i c o n Novissimum antiqui monasterii ad sanctum Petrum
Salisburgi ord. s. B. Augustae Vindelic. et Oeniponti 1772.

C h r o n i k e n der deutſchen Städte vom 14.—16. Jahrh. Leipzig
1862 ff.

C i a c o n i u s, Vitae et res gestae Pontificum Romanorum et cardinalium etc. T. I—IV. Rom. 1677.

C o c h l e u s, Joh., Comment. de actis et scriptis Lutheri. Mog. 1549.

C o d e x diplomaticus Saxoniae Regiae. Leipzig 1864 ff.

C o m p e n d i u m ex registris gener. Archivi Generalis eorum, quae
concernunt Provin. german. Ord. E. S. P. Aug. etc. Ma-
nuſcr. der Hof = und Staatsbibliothek zu München. (Cod. lat.
8423. Monac. August. 123. Vgl. Zeitſchr. für Kirchengeſch.
II, 473.)

C o n s t i t u t i o n e s ordinis Fratrum Eremitorum sancti Augustini.
Romae 1625.

C r u s e n i u s, Nic., Monasticon Augustinianum. Monachii 1623.

D i o r e x e n s, Antwerpia Christo nascens et crescens. 2de uig.
Antw. 1773.

Elss, Eucomiasticon Augustinianum. Brux. 1654. fol.

Empoli, Laurent., Bullarium ordinis Eremitarum S. Aug. Romae 1628. fol.

Ennen, Leon., Geſchichte der Stadt Köln. Köln und Neuß 1863 ff.

Erharb, H. A., Ueberlieferungen zur vaterländiſchen Geſchichte. 1 Heft. Magdeburg 1825.

Foerſtemann, Neues Urkundenbuch zur Geſchichte der evangeliſchen Kirchenreformation, Bd. I. Hamburg 1842.

Geiger, Ludw. Johann Reuchlin, ſein Leben und ſeine Werke. Leipzig 1871.

Geuder, Ant. Dan., Vita Joa. Staupitii. Gotting. 1837. 4⁰. Diss.

Götze, G. H., Commentatio de Joanne Staupitzio. Lub. 1715. 4⁰.

Gratianus, Thom., Anastasis Augustiniana, in qua scriptores Ordinis Eremitorum S. Augustini, qui abhinc saeculis aliquot vixerunt, una cum neotericis in seriem digesti sunt. Antwerpiae 1613.

Grimm, W., De Joanne Staupitio einsque in sacrorum Christianorum instaurationem meritis. In Zeitſchr. für die Hiſt. Theol. 1837, S. 59 ff.

Grohmann, Annalen der Univerſität zu Wittenberg. Meißen 1802 f.

Hain, Repertorium bibliographicum etc. Stuttgart 1826 ff.

Hausiz, Germania sacra. Aug. Vindel. 1727—29. fol.

Hardt, H. v. d., Magnum oecum. Constantiense Concilium. Francf. et Lips. 697 ff.

Helyot, Ausführliche Geſchichte aller geiſtlichen und weltlichen Kloſter- und Ritterorden. Leipzig 1754.

Herrera, Alphabetum Augustinianum. Matriti 1643.

Herwerden, van, Het aandenken van Hendric van Zutphen. Tweede druk. Arnhem 1864.

Heyd, Ulrich, Herzog zu Würtemberg. Tübingen 1841 f.

[Hoeggmayr], Catalogus Priorum Provincialium Ord. Erem. S. Augustini per Provinciam totius Germaniae seu Alamanniae deinde per Provinciam Bavariae prout illa complectabatur Bavariam, Bohemiam Austriam, Moraviam Poloniam Styriam, Carniolam ac Liburniam denique per Provinciam Bavariae post aliarum in hisce partibus Provinciarum erectionem ex variis authenticarum litterarum monumentis ac documentis omni fide dignis conscriptam. Monachii 1729. fol.

Höhn, Ant., Chronologia provinciae Rheno-Suevicae ord. FF. Erem. S. S. Aug. 1744. 4⁰.

Höhn, Ant., Auslegung der Regel des heiligen Bischoffs, Hocherleuchteten Kirchen-Lehrers und Großen Ordens-Vatters Aurelii Augustini. Würtzburg 1754. 4°.

Hörmonseder, Heiliges Augustiner-Jahr. Wien 1733. 4°.

Hoffmann, Friedr. W. H., Geschichte der Stadt Magdeburg. Magdeburg 1841.

Holstenii Lucae codex regularum monasticarum et canonicarum, collectus olim a. S. Benedicto nunc autem auctus etc. Aug. Vindel. 1759. VI. Tom. f.

Hoop Scheffer, Geschiedenis der hervorming in Nederlanden. (Studien en Bijdragen op't gebied der historischen theologie verzameld door W. Moll en J. G. de Hoop Scheffer. Amsterdam 1870 f.)

Huber, Aloys, Geschichte der Einführung und Verbreitung des Christentums in Südostdeutschland. Salzburg 1874 f.

Jaeger, C. F., Andreas Bodenstein von Carlstadt. Stuttgart 1856.

Janssen, Jacobus Praepositus, Luthers leerling en vriend. 2de Uitgave. Amsterdam 1866.

Jürgens, Luther's Leben bis zum Ablaßstreit. Leipzig 1846 f.

Kändler, G. A., Geschichte des Augustinerklosters zu Sangerhausen. Leipzig 1750. 4°.

Kampschulte, F. W., Die Universität Erfurt. Trier 1860.

Kapp[ens] Kleine Nachlese 2c. zur Erläuterung der Reformationsgeschichte. Leipzig 1827 f.

Keim, Reformationsblätter der Stadt Eßlingen. Erlangen 1860.

Keller, Index episcoporum Ordinis Eremitarum S. Augustini Germanorum. Münnerstadt 1876.

Köstlin, J., Martin Luther. Elberfeld 1875.

Krafft, K. u. W., Briefe und Documente aus der Zeit der Reformation 2c. Elberfeld.

Krumhaar, Die Grafschaft Mansfeld im Reformationszeitalter. Eisleben 1855.

Laub, Hard., Observationes ad vitam Joh. a Staupitz. Hafn. 1832. Diss.

Leibnitz, Scriptores rerum Brunsvicensium. Tom I—III. Hannov. 1707—10.

[Lesser, Chr. Fr.], Historische Nachrichten von der freien Stadt Nordhausen. Frankfurt und Leipzig 1740. 4°.

Liber decanorum facultatis theologicae acad. Wittebergensis. ed. Foerstemann. Lips. 1838.

Lingke, Joh. Th., D. Martin Luther's merkwürdige Reisegeschichte ꝛc. Leipzig 1769. 4⁰.

Löscher, V. E., Vollständige Reformationsacte und Documente. Leipzig 1720—29. 4⁰.

Lorenz, Die Stadt Grimma. 1856 ff.

Lubin, Orbis Augustinianus. Paris 1672.

Luther's Sämmtliche Werke. Erlangen 1826 ff. (Erl. A.)

(Walch) Luther's sämmtliche Schriften ꝛc., herausgegeben von Joh. G. Walch. Halle 1740 ff.

Lutheri Opera latina varii arg. Cur. Henric. Schmidt. Frankof. ad M. et Erlang. 1865 ff.

— Colloquia, meditationes etc. ed. Bindseil. Lemgoviae et Detmoldiae 1863 f.

Luther's Tischreden oder Colloquia ꝛc. ed. Förstemann und Bindseil. Leipzig 1849 ff.

Meibom, Henrici, Rerum germanicarum tomi tres. Helmstad. 1688. fol.

Mencken, Scriptores rerum German. Lips. 1728—61.

Möller, Augustinerkloster zu Gotha. (Zeitschr. für thüringische Geschichte 1861.)

Moll, W., Kerkgeschiedenis van Nederland voor de hervorming. 1864 ff.

v. Mülinen, Helvetia sacra. Bern 1858. 1861.

Nicolaus de Siegen: Chronicon. Eccles. Nicol. de Siegen ed. Wegele, in Thüringische Geschichtsquellen II.

Olearii Rerum Thuringicarum syntagma. Frankfurt und Leipzig 1704—1707. 4⁰.

Onuphrius, Panuinius, Chronicon Augustiniani Ordinis per seriem digestum a P. S. Augustino atque ad annum 1510. Rom. 1510?

Ossinger, Bibliotheca Augustiniana historica, critica et chronologica. Ingolstadii et Augustae Vindelicorum 1776 fol.

Paltz, Joh. de, Celifodina. Erfordiae, Wolfg. Schenk, 1502. 4⁰.

— Supplementum Celifodinae. Erfordiae, Wolfg. Schenk, 1504. 4⁰.

Pamphilus, Jos., Chronica ordinis Fratr. Eremitarum sancti Augustini. Rom. 1584. 4⁰.

Panzer, G. W., Annales typographici. Norimb. 1781 ff.

— Annalen der älteren deutschen Literatur. Nürnberg 1788 ff.

Pasig, Johannes VI., Bischof von Meißen. Leipzig 1867.

Plitt, G., Einleitung in die Augustana. Erlangen 1867—68. 2 Bde.

Potthast, A., Regesta Pontificum Romanorum. Berolini 1874 f. 4°.

Pröhle, Andreas Proles. Gotha 1867.

Riedel, Cod. diplomaticus Brandenburgensis. Berlin 1838—69. 28 Bde. 4°.

Ritschl, Die christliche Lehre von der Rechtfertigung und Versöhnung. Bonn 1870—74.

Römer, Geschiedkundig overzigt van de kloosters en abdijen en de voormalige Grafschappen van Holland en Zeeland. Leiden 1854. 2 Bde.

[Roth], Urkunde zur Geschichte der Universität Tübingen (Tüb. Matr.). Tübingen 1877.

Sagittarii, Casp., Historia Gothana congessit et duobus supplementis illustravit Wilh. Ern. Tentzelius. Jenae 1773 ff.

Sattler, Chr. Fr., Geschichte Würtembergs unter den Herzögen. Ulm 1769—1783.

Scheurl's Briefbuch, ein Beitrag zur Geschichte der Reformation. Herausgegeben von Franz v. Soden und J. K. F. Knaake. Potsdam 1867—72.

Schnurrer, Erläuterungen der Würtembergischen Kirchen-, Reformations- und Gelehrtengeschichte. Tübingen 1798.

Schöttgen, Lebensbeschreibung eines gelehrten Dreßdeners, Andreas Proles. Dresden 1734.

Schotel, Kerkelijk Dordrecht. Utrecht 1845.

— Het klooster, het hof en de kerk der Augustijnen te Dordrecht. Dordrecht 1861.

Schütze, G., Das Leben des Andreas Proles. Leipzig 1744.

Seckendorf, Commentarius de Lutheranismo etc. Francofurti et Lipsiae 1692.

Seidemann, Lutherbriefe. Dresden 1859.

— Martin Luther's erste und älteste Vorlesungen über die Psalmen aus den Jahren 1513—1516. Dresden 1875 ff.

Soden, Franz v., Beiträge zur Geschichte der Reformation mit besonderem Hinblick auf Christoph Scheurl. Nürnberg 1855.

Staupitii, Joh. ord. S. Augustini per Germaniam vicarii Generalis opera quae reperiri potuerunt omnia ed. J. K. F. Knaake. Vol. I. Potisd. 1867.

— Constitutiones fratrum Heremitarum Sancti Augustini ad apostolicorum privilegiorum formam pro Reformatione Alemanie. 8°. (Auf der Jenaer Universitäts-Bibliothek. Abschrift in Dresden.)

Steinbrück, Geschichte der Klöster in Pommern. Stettin 1796.

Strobel, Georg Theob., Miscellaneen literarischen Inhalts ꝛc. Nürnberg 1778—82.

— Beiträge zur Literatur besonders des XVI. Jahrh. 1784—87. 2 Bde.

Stüve, Geschichte des Hochstifts Osnabrück. 1853.

Tentzel, Historischer Bericht von Anfang und erstem Fortgang der' Reformation ed. E. S. Cyprian. Gotha 1717.

Torelli, Secoli Agostiani. 8 voll. Bologna 1659—86. fol.

Ullmann, Reformatoren vor der Reformation. 2. Aufl. Gotha 1866.

Verpoorten, Sacra superioris aevi analecta. Coburg 1708.

Vischer, Universität Basel. Basel 1860.

Wagner, H. J., Die vormaligen geistlichen Stifte im Großherzogthum Hessen. Darmstadt 1873—78. 2 Bde.

De Wette, Luther's Briefe ꝛc. Berlin 1825 f.

Register.[1]

[1] Die Ortsnamen bezeichnen ausschließlich die betreffenden Augustiner-klöster.

Druck von Friedr. Andr. Perthes in Gotha.